北卡大時期的喬丹。

1984 年，喬丹第一次入選美國國家籃球隊，出征洛杉磯奧運會。

THE MICHAEL JORDAN LIFE

麥可喬丹傳

（麥可喬丹唯一授權）

羅倫 · 拉森比 Roland Lazenby 一著

蔡世偉一譯

遠流出版公司

Contents

前言

防守者的雙眼瞪大，想當然爾應該瞪大的。即將在他面前上演的那種不可思議的運動能力，正是人類之所以發明慢動作重播的原因。這種動作發生的當下，人類的知覺無法參透，只有在重播之後，才能清楚當時發生的事情。

這個場景熟悉得令人痛心。進攻端出了一些問題，造成防守方的反快攻，原本的進攻方現在只好趕緊退防。現在，這名防守者飛快回防，一轉頭，只看見一道模糊的身影。那個身著紅色球衣的男人持球，一邊運球一邊以極快的速度穿越場上的混亂。接著，他換手運球，把右手的球交到左手的同時，跨步間，從臀部左側將球舉起，準備起飛。

就在這個剎那，男人吐出舌頭。有時候，他的舌頭只是從牙齒間稍微閃現，但是這次，整條舌頭都露了出來。那神情宛若某種滑稽的玩偶，正默默地恥笑著眼前的防守者，好像即將發生的扣籃還不夠羞辱人似的。多年來，戰場上的鬥士也會本能地用這種表情來威嚇敵人。也許有一點這樣的意味，但也許，只是像這個男人親口說的——是從他父親那裡學來的，一種代表專注的表情。

很快，那條舌頭又收了回去，一邊跨步，麥可喬丹把球舉到左肩處，當他的腳在罰球線附近離地時，他用兩手將球劃過自己的臉前。所有防守者跌撞之間都退回了禁區，但是，那個紅色的高瘦身影已經脫離地面，飛越他們。接近目標時，他把球交到了自己巨大的右掌，向著籃框滑翔這一刻，他的右臂彎曲，如同蓄勢待發的眼鏡蛇，正準備襲擊獵物。滯空的同時，他冷靜斟酌進球的方式，而時間，彷彿暫時停止。

他把球扣進籃框的響聲，能激發觀賞者的一種反射動作，球迷們會像肉食性動物看到食物一般分泌唾液。因此，為了加強這個玄妙的效果，球賽轉播單位往往會在籃框附近設置麥克風。

他的攻擊路徑形成了一條完美的拋物線。從物理學教授到空軍上校都將仔細研究這個現象，試圖去解答那個縈繞在全世界每個球迷心中的問題：「麥可喬丹會飛嗎？」他們將測量他的「滯空時間」，然後宣告說他的飛行只是一種假象，來自於他起跳時的動力。他們愈是談論什麼特殊的大腿與小腿肌肉，談論快速抽動的肌肉纖維，談論他的「平衡中樞」，就愈像是無知的人類在發表一些不著邊際的言論。

喬丹從罰球線到籃框的飛行時間根本不到一秒鐘，他們是這麼宣稱的。

沒錯，埃爾金・貝勒（Elgin Baylor）和朱利爾斯・厄文（Julius Erving）也擁有異於常人的滯空時間——但是他們的表現，多半出現在攝影技術比較落後的年代，球迷還沒有眼福慢慢品嘗他們的動作。飛人喬丹，是完全不同的，那是定義了一個時代的現象，不，是定義了每個時代的現象。

好幾百萬人打過籃球，他是唯一能夠飛行的那一個。

在職業生涯初期的那幾個月，喬丹本人也被問到這個問題。看完自己打球的錄影帶之後，他說：「我在飛嗎？看起來好像是這樣，至少短時間內是這樣。」

如此罕見的才華如同劃過天際的彗星，我們只能透過燃燒的軌跡來短暫捕捉它的絢爛。麥可喬丹懾人心魂的籃球生涯，讓球迷、媒體、前任教練及隊友，甚至是喬丹他自己，在他離開球場的好幾年後，還努力想理解到底發生了什麼事。

「有時候我會想，回首前塵的感覺會是如何，」他曾經這樣敘述：「不知道這一切是否會如夢似幻。」

這一切到底是真是幻？至少，這一切造就了一個很明確的矛盾。晚近幾年，神情比較憔悴，身形比較臃腫的喬丹，將會成為大量嘲弄與網路漫罵的靶子，儘管如此，他作為一個球員所綻放的光芒，並不因此而有一分黯淡。作為球員的麥可喬丹，根本不像是這個世界的產物。

第1章 冬青避風塘

全世界球迷口中的「籃球之神」出生的時候流著鼻血，在布魯克林，一九六三年的一個禮拜天，二月的寒風讓坎柏蘭醫院外頭人行道旁的汙水孔散出的熱氣形成白霧。籃球界的大師級人物霍華德・加芬克爾（Howard Garfinkel）之後很開心的指出，這間醫院也接生了伯納德・金（Bernard King）以及他的弟弟亞伯特（Albert King），所以對於一個很看重運動員的城市來說，這間醫院簡直成了某種傳說中的聖地。

儘管出生於布魯克林這件事，本身就有傳奇氛圍，驅動喬丹非凡一生的力量其實來自其他地點，也來自更早遠的年代。在二十世紀即將到來前不久，喬丹的曾祖父誕生於北卡羅萊納的海岸平原。

在那個年代，死亡似乎無所不在，它每天都會循著河流爬上來，然後凝結在帶有鹹味的空氣裡。海鷗的叫聲淒厲，宛若女妖。在那些小貧民窟裡頭，沒有人膽敢把活著這件事看作理所當然。這其實就是麥可喬丹那炫麗人生故事的起點，就在河岸旁的破爛小木屋裡。屋旁的河川淌流著黑色的水，蜿蜒流入松林及沼澤。在那樣的一個地方，私釀酒悄聲滴著，隱晦的謎團，如一叢叢灰色的苔蘚，垂掛於林木之間。

當時是一八九一年，距離美國內戰的暴動與混亂只過了短短二十六個寒暑，那是一個名叫冬青避風塘（Holly Shelter）的河濱小村落，位於彭德郡（Pender County），走陸路的話約莫在威爾明頓（Wilmington）的西北方三十英里處，如果像喬丹的祖先常常做的，用木筏渡過蜿蜒的東北開普菲爾河（Cape Fear River），則有四十英里遠。冬青避風塘之所以得名，據說是因為當年美國獨立戰爭時期的士兵們，常常在寒冷的冬天夜晚，窩在冬青樹下尋找遮蔽。另一個說法是，黑奴時期，這裡的草原地邊緣都是沼澤，這種地形也為逃跑的奴隸們提供了某種形式的遮蔽。這個地區一個大農場的主人，是一個來自喬治亞州，名叫喬丹的白人牧師。

解放黑奴之後，很多獲得自由之身的奴隸被吸引到冬青避風塘這個地方來。「他們在沼澤地安身立命。」喬丹的一位遠親瓦特・班納曼（Walter Bannerman）這麼解釋：「這個地方也只有沼澤。」

然而，很快地，惡劣的時勢讓冬青避風塘的名字完全失去意義，因為那裡根本沒能成為任何人的避風港。

這就是那個小男孩之所以特別的第一個原因。

他在一八九一年一個灼熱的六月天來到人世，就在一連串常常威脅靠河流討生活的人的暴風雨之後。在當地人居住的那些小木屋裡頭，驗屍官們記錄了非常多胎死腹中或是嬰兒夭折的案例，所以那裡的家庭總習慣等上好幾天，甚至好幾個禮拜，才敢替新生兒取名字。但是這個男孩卻十分有活力，其中一個證據就是他那常常把自己的母親從睡夢中驚醒的嘹亮哭聲。很多年之後，他深沉渾厚的男低音，也能馬上讓不受管束的好動曾孫麥可喬丹乖乖坐好，專心聽他講話。

歧視黑人的時代正要開始，而白人至上的政治氛圍席捲整個北卡羅萊納州，其威勢之猛，在這些不平等的惡法成為歷史很久之後，仍有後勁餘波。在這個殘忍已成為慣例的世界裡，喬丹的曾祖父必須一邊忍受著不堪的貧困，一邊在無情的種族歧視中生活。更慘的是，猙獰的死神不斷帶走他愛的人，他的朋友、他的親戚，其實根本就是所有人，這個黑人社區裡的嬰兒、小女孩，或是高大威猛的男人，死神在他們人生最燦爛的時候，把他們一個一個帶走了。

但是這些困境，全都擺在這位小男孩的眼前。在他一八九一年六月的生日這一天，可想而知的是，他那年僅二十一歲的母親夏洛特・韓德（Charlotte Hand），處境有點糟糕。在這個小社區裡，她沒有結婚，卻懷了愛人狄克・喬丹（Dick Jordan）的孩子。婚姻這個概念本身，在這個貧民區裡本來就格格不入，因為當時北卡羅萊納的法律禁止奴隸通婚，當然也連同禁止了許多其他的權益。這州對於奴隸的法律一直以來都特別殘忍，還曾經允許主人以閹割的方式來懲罰不聽話的年輕男性黑奴。

在那充滿不確定性的一八九〇年代，這個小男孩唯一可以仰賴的，就是母親的愛。他是她的獨子，多年來他們共享著不衰的感情。出生後二十年內的大部分時間裡，他在官方文件上的名字，登記的都是道森・韓德（Dawson Hand）。小男孩出生之後，夏洛特在她的家人那兒尋求庇蔭，並在韓德家族中把小孩養大，他們母子倆一會兒住到夏洛特的某個兄長家裡，一會兒又住到另一個兄長家裡。縱使所有的兄弟姊妹們都很歡迎這對母子，但是不用多久，道森就已經大到足以察覺一個他與其他人之間的顯眼差別。

韓德家族的人膚色很淡，淡到很多家庭成員常常「有幸」被誤認為白人或是印地安人，而喬丹家族的人擁有濃重的深巧克力膚色。多年後，韓德家族的人回想當年，說他們整個世代，包括所有的兄弟姊妹及表堂兄弟姊妹之中，只有一個人有著深色皮膚。而彭德郡裡姓韓德的白人們，可是某個顯赫的蓄奴家族。他們的黑人後代過了很久之後還津津樂道的一件事就是，某個姓韓德的白人男子終於承認了那個所有人避而不談的真相——某個姓韓德的黑人就是他的親生兄弟。

這也許可以解釋，為什麼在小男孩長成青年的某段時間裡，他選擇改姓父姓。從此，在官方文件中，他成了道森・喬丹（Dawson Jordan）。儘管他已經叫做喬丹，但他將長成一個乍看之下跟他那如雕像一般體態優美的曾孫完全不像的年輕人。道森・喬丹很矮——頂多只有五呎五吋——身型粗壯。而且他是個瘸子，在往後漫長的人生路上，他不得不拖著一隻跛了的腳前進。

但是，就像他的曾孫一樣，道森・喬丹擁有驚人的體能條件。而他異於常人的強韌，也證明了他與他的曾孫一樣無所畏懼。道森・喬丹年輕時的許多英勇事蹟，好幾十年後，在他的社區裡仍然被當作傳說傳頌。更可貴的是，面對著往後世代的人們無法理解的逆境，道森・喬丹從來沒有屈服，也從來不曾言敗。

因為麥可喬丹的人生故事太過華麗，以至於我們很容易忽略了可能形塑他人格的最重要因素。在人格養成期的大部分時間裡，他跟喬丹家族的男人們可是四代同堂。這是一件十分難能可貴的事情，因為當時有太多社會性的因素威脅著黑人男性的生命。

在少年麥可喬丹的生活中，曾祖父道森扮演著一個神祕而有威嚴的角色。他們的家庭在北卡羅萊納州的蒂奇（Teachey）這個農業社區生活了將近十年。儘管當時早已是汽車與四線道高速公路的年代，道森・喬丹仍會驕傲地將他的騾子綁在牛車前面，堅持使用這樣的交通工具。就算已經垂垂老矣，道森・喬丹還是會為騾子的四蹄纏上軟墊，極度細心地為牛車的輪軸上油，好讓他半夜偷偷運送私釀酒的時候，可以悄無聲息地來去。白天的時候，他的曾孫們喜歡跳上牛車進城，麥可和他的哥哥們也常常為了好玩，逗弄老曾祖父畜養的豬隻，一直到他在一九七七年過世為止。當時，麥可喬丹剛要滿十四歲。

那些喬丹家族的小男孩們根本不了解，那些平凡無奇甚至看似搞笑的東西——騾子和豬隻——其實是曾祖父努力經營人生的獎賞。麥可喬丹多年後這麼解釋，他說道森曾祖父並不是一個喜歡談論過去的人，也不會去向他的曾孫們解釋一些他們不懂的事情，像是家畜所代表的意義。然而，多年以後，就算只是稍微提及道森・喬丹，還是會讓這位名滿天下的曾孫眼眶泛淚。

「他很堅強。」喬丹談起曾祖父時是這樣講的：「他是一個很堅強的人。沒錯，他就是這樣。」

河

想要了解道森・喬丹的世界是什麼樣子，你可以在清早的空氣中，站在冬青避風塘的東北開普菲爾河岸。如今，這個地帶已經被徹底改建，有了現代化的住宅、餐廳以及店家，然而當時的陽光跟今天的一樣，大部分的日子都銳利而刺眼，在水面上跳躍閃爍，只有團團塵霧能使它稍微柔和一點。要躲避讓人睜不開眼的光線，你必須再往內陸去，穿過沼澤林地與小溪，到達一片荒地，當時曾經有高大的針松提供遮陽的樹蔭。

道森・喬丹在此處度過他的青少年時期，踩在林地的瀝青湖上工作，砍倒高大的林木，將木材綑成巨型的木筏，再乘著木筏順東北開普菲爾河而下，抵達威爾明頓的船塢。

這種工作是軟腳蝦幹不來的。

進入二十世紀，道森・喬丹長大成人，此時他在河上的舊生活也隨著最後幾棵大王松的倒下與卡車工業的到來而慢慢消逝。古老的長河，可靠的森林與木頭，一直是定義他青少年歲月的重要元素。他知道怎麼獵捕野生動物，知道如何清洗他的獵物，也知道如何用正確的方式烹煮牠們。很多年後，當他已經是一個老人，當地的狩獵會所還曾經雇用他去為成員們烹煮好吃的野味。

九歲的時候，道森的外貌成熟到足以讓人口普查員們相信他已經十一歲，有資格開始工作賺錢了。他有讀寫的能力，因為上過當地那只有一間教室的「有色人種專用公立小學」。在那裡，四個月的學年常常要被打斷，好讓學童們去附近的鋸木廠打工。一位居住並且耕種於彭德郡，名叫莫瑞斯・尤金・喬丹（Maurice Eugene Jordan）的遠親回憶道：「我父母常常跟我說，在那個鋸木廠裡做木瓦是多麼吃力的工作。」在小小的校舍裡，學童們必須自己砍柴，自己生火烹煮，就算對那些就讀比較高檔學校的白人小孩來說，這樣的情形也是家常便飯。

在二十世紀初的幾十年，沒有電力設備，沒什麼自來水與水利設備，沒幾條鋪好的路，而且可想而知，基本上也沒有所謂的中產階級。這也代表，幾乎所有的男人，黑人跟白人都一樣，大部分的時間裡都兢兢業業地工作，以佃農、佃戶或是勞工的身分從事僅能糊口的農耕，為那少數的地主提供服務。

一九二二年，北卡羅萊納州的農業局針對一千個農業家庭做了一份深度研究，發現儘管佃農工作的時間非常長，他們一天賺不到三十分錢，有時候甚至只賺十分。這份研究也補充說，大部分的佃農根本沒辦法種植可供自己食用的作物，常常為了填飽肚子和付清帳單，必須試著去借錢。四萬五千個農耕家庭都住在擁擠狹小，只有一房或是兩房的小木屋，沒有任何室內的衛浴設備，也只能用薄薄的報紙來遮蓋牆壁與天花板的裂縫及漏洞。只有三分之一的佃農家庭擁有廁所，或是屋外的茅房。

如此低劣的衛生條件也在一定程度上解釋了當時無地農民家庭中頻繁的疾病與很高的嬰兒死亡率。這份研究又說，當時黑人的死亡率高出白人兩倍以上。

在韓德家族的協助之下，道森・喬丹和他的母親夏洛特挺過了如此惡劣的環境。人口普查的資料顯示當時狄克・喬丹就住在附近，而且很快就另外擁有了自己的家庭。顯然的，就像他之前好幾代的喬丹族人，狄克・喬丹從事一些農耕工作，但也同時沿著河流處理木材。韓德家族也一樣利用河流運送木材，教導道森操控木筏技巧的，很可能就是他們。家族與社區的傳聞說道森在很小的年紀就已經非常嫻熟於自己負責的工作。製作那些巨大的木筏並非易事，而且還要乘著它們通過詭譎多變的河流，沿途可能遭遇蛇、鱷魚、暗流或是變換的潮汐。駕駛著木筏穿過河上那麼多彎曲與轉變方向，需要很強的體能。儘管危險滿佈，道森還是很喜愛這條河，那是那個年代最主要的商業要道。他跟一位堂兄弟加勒威・喬丹（Galloway Jordan）一起工作，他跟道森一樣是個瘸子。居住並耕作於彭德郡，名叫莫瑞斯・尤金・喬丹的遠親回想他的父親德爾瑪・喬丹（Delmar Jordan）曾經轉述道森的故事：「他們說道森真的很會操控那些木筏。」莫瑞斯・尤金・喬丹自己也記得：「加勒威・喬丹跟道森一樣，一條腿瘸了。當時他們真的很要好。」

東北開普菲爾河受潮汐的影響，這又帶來更多挑戰。莫瑞斯・尤金・喬丹解釋道：「他們必須要注意潮汐的變化。它隨著月亮的盈缺，湧進來又湧出去，不斷進來又出去。當漲潮漲得夠高時，他們就可以移動木筏。但是當潮水的力量太小，他們就必須先把木筏綁在岸邊的樹上，然後等潮水湧回來。」

有時候一等就是好幾個小時，他補充道：「他們身上都帶著鍋子和食物，當潮水退去，他們會把木筏綁好，到岸邊的小山丘上去煮點東西吃。」

這是寒冷而艱險的工作，從殖民時期以來，就是那些不怕這種挑戰的人在做的，獲得自由身的奴隸、筏夫或是地痞流氓。靠河討飯吃的人們占據最低的社會階層，他們賺的錢也少得可憐，一天就那麼幾分錢，跟最低等的佃農相去不遠。然而，道森・喬丹似乎頗享受在河上獨立工作的自由。人口普查的資料將他列為「自立營生」，而不是受雇於別人。況且，這份工作給他機會定期前往充滿異國情調的港城威爾明頓，那繁忙的港口滿是來自世界各地的船隻與水手，酒吧與妓院林立。

我們可以想像，一個世紀之前，一個寒冷清爽的夜裡，道森・喬丹的木筏停在河上無波之處，他坐在筏上，仰望滿天星斗。這樣一段獨處於蒼天與河流之間的寧靜時刻，很可能是讓道森・喬丹短暫逃脫那個不斷壓迫著他的世界的唯一出口。對麥可喬丹的曾祖父來說，這大概已經是最頂級的享受了。

幾十年後，他的曾孫指出，在籃球場上的時間是自己唯一的避風港，唯一心靈平靜的片刻，唯一逃脫的出口，逃脫這個遠比世上他那數百萬個信徒所能想像的，更加令人煩躁，更加令人沮喪的世界。透過不同的方式，橫跨一整個世紀，這兩位喬丹其實有很多一樣的地方，雖然說兩者在社會上的地位有天淵之別。在那些艱苦到近乎殘忍的歲月裡，道森・喬丹一定會想嚐嚐看曾孫那種甜美而奢華的生活方式。

克萊萌特

對麥可喬丹而言，這個星球上最精緻最迷人的女人，信手拈來就是滿坑滿谷，可惜道森・喬丹沒有他的曾孫那麼幸運。又矮又瘸的他，跟母親一起住在一個又狹小又偏遠的社區，每天還要花很長的時間在河上在林裡做著危險的工作。好啦，他也許可以在教堂裡認識某個女人。教堂在當時那些岸邊的小社區中，就是社交生活的核心了。就算他運氣夠好，可以讓某個年輕女子對他投以善意的微笑，在當時那些社區中，要追女生還要辛苦地魚雁往返，以求得到女方家人的青睞。

當他的母親終於在冬青避風塘找到了真愛，道森才稍微意會到所謂的男女之情是什麼。艾薩克・凱倫（Isac Keilon）比他的母親大上二十歲，當兩人在一九一三年的五月結婚時，艾薩克已經六十好幾了。而他們幸福的樣子，也讓道森開始思考自己感情的歸宿。

有著那麼多不利條件的道森竟開始贏得了克萊萌特・伯恩斯（Clementine Burns）的好感，她是與他住在同一個社區的女孩。她的父母親會給她克萊萌特這個名字，很可能是因為在一八八四年有一首很紅的歌，叫作〈哦，我親愛的克萊萌特〉。她比道森大一歲，跟她的父母親和七個弟妹就住在冬青避風塘。某種層面而言，她的選擇也跟道森同樣有限。他們的戀愛就像是當年其他人的戀愛一樣，一開始是兩小無猜的羞怯談話，之後講的內容才敢隨著時間愈來愈大膽。道森很快愛上她，對於情感強烈的喬丹一族來說，愛上一個人可不是一件小事。

他們在一九一四年的一月底互換了婚約，然後開始一起生活。八個月後克萊萌特發現自己有了身孕。一九一五年的四月，她在冬青避風塘的小木屋裡，產下了一個健康強壯的男嬰。他們把他取名為威廉・愛德華・喬丹（William Edward Jordan）。任何人都看得出來，這件事為這個新手父親帶來極大的幸福。

要是這份幸福可以持續就好了。

麻煩的前兆在產後發生。夜晚盜汗，排尿不順，然後克萊萌特開始咳血。最顯著的病徵是那些日益嚴重的結核，附著在骨頭與肌腱上的團塊或小瘤。

莫瑞斯・尤金・喬丹回憶道：「結核病，那是黑人的病。當時他們能做的真的不多。」

這種藉由空氣散布的疾病傳染性非常強，儘管北卡羅萊納州在南方各州裡面，算是很早開放療養院給黑人的，那個私人贊助的機構裡面也只有十二張病床，而且費用高得過分。病患家屬的另一個選擇是在房子外頭的草皮上設置帳篷或是臨時住所，好讓這些病患可以在家人身邊度過最後的日子，或許還可以避免把結核病傳染給家人。這段最後的日子可能煎熬地拖過好幾個月甚至幾年。克萊萌特・喬丹在病發初期看過醫生，大概一年之後才離開人世，在一九一六年四月的一個早晨，就在她的兒子剛要過一歲生日的時候。

那個年代，年輕的鰥夫拋棄小孩是時有所聞的事。讓克萊萌特的家人把小孩帶大，對道森來講再簡單不過了。很顯然道森有一些選擇。作為一個海港，威爾明頓有太多船隻來來往往，登記上船工作的機會也很蓬勃。再怎樣不濟道森也可以登記成為船上的廚師，跟著船隻出海，花點時間看看這個世界。

然而，記載他生平的資料，顯示了一個很簡單的事實：他深愛他兒子的母親，他也深愛他那還在蹣跚學步的兒子。這是他的所作所為告訴我們的。而他堅持打造一個家庭的決心成了一條強韌的纖維，這條纖維終將編織出一篇名為麥可喬丹的偉大故事。

幾個月後，道森承受了另一個巨大打擊，得知自己的母親，雖然才年近半百，卻因為腎臟病而行將就木。在這片岸邊的平原上，死亡一向來得又早又勤，然而，在一九一七年與一九一八年間的彭德郡，因為惡名昭彰的西班牙流感，死亡人數翻成兩倍、三倍、然後四倍。道森眼睜睜看著韓德家族的人、他的同事們，以及大家所愛的人，一個一個以破紀錄的速率死去。一九一七年的九月到十一月，短短九十天之內，這波流感帶走了一萬三千個北卡羅萊納州居民的生命。

道森母親日漸惡化的腎臟病讓她不得不從艾薩克・凱倫家中搬回去與兒子同住。隨著臨終逼近，她已經無法像以前一樣幫忙道森照顧小孩，於是他們收留了一個寄宿的人，這位名叫艾索・蓮恩（Ethel Lane）的女人自己也有一個小女兒，她可以同時幫忙道森照顧他的兒子與母親。在他們照料夏洛特的期間，艾薩克・凱倫出乎意料地突然辭世。他們一起將他下葬，三個月之後，道森的母親也在一個春日的早晨，終究不敵她的腎臟病。

道森將夏洛特・韓德・凱倫葬於冬青鎮的班納橋路。那個曾經一心想要一個家庭的男孩現在幾乎又是孤身一人，唯一陪伴著他的，只剩腳邊那個躁動不已的孩子。這對父子將在往後的人生中相依為命，一邊工作著，一邊換過一個又一個破舊木屋，但從沒有脫離那個河岸邊的小社區。他們一起努力蓄積僅有的資源，面對著貧困生存下去。

公開的紀錄上顯示著，這對父子在他們的人生中終究沒能蓄積什麼財富，然而時間也終將透露，他們也已經留下足夠的東西，讓後世的喬丹一族能夠發光發熱，儘管在開普菲爾河的薄霧當中，其實默默潛伏著另外一份包藏著禍害、回憶起來近乎離奇的遺物，這也一併留給了後代。

第2章 血腥威爾明頓

通往過去的道路，麥可喬丹本人也常常走，沿著鄉間小路回到開普菲爾河邊的往昔。如果你走四十號州際公路，向東離開教堂山（Chapel Hill），山麓風光將被海岸平原的景色取代，那片肥沃廣闊的原野，邊緣是單調的矮松林，以及漸漸破敗的菸草穀倉。很快的，你會看到蒂奇的路標，然後是華勒斯（Wallace），再來是伯高（Burgaw）以及冬青，也就是喬丹一族多年前落地生根的農耕社區所在。

如今，州際高速公路系統，帶著好幾英里的平坦道路還有一大堆加油站和連鎖餐廳，共同遮掩了開普菲爾這個地方令人不安的過往。似乎只有偶爾看到某個烤肉攤，才會稍微聯想到北卡羅萊納從前的文化。現在不論在任何地方，幾乎不會聽到有人提及當年民主黨白人至上的政治運動，但在一八九〇年代，也就是道森・喬丹的童年時期，那樣的政治氛圍可正瀰漫於空氣之中。而那些遠古的傷痛——連著好久以前在威爾明頓發生的某些事情——將以奇怪而諷刺的方式，浮現在麥可喬丹的生命之中。

到了一八九〇年代，美國南部的民主黨反對派人士已經在北卡羅萊納州的大部分地區重新建立起白人統治，但是偏偏不包括威爾明頓以及海岸平原，因為當地十二萬名有投票權的黑人選民還是有一定的影響力。威爾明頓漸漸要成為另一個亞特蘭大，有著新興的黑人上流階級、兩份黑人報紙、一位黑人市長、黑人與白人共同組成的警力，以及大量由黑人經營管理的事業。對此，民主黨員的解決方法是在一八九八年的十一月十一日，於威爾明頓挑起一場種族暴動。在那場暴動中，受民主黨的政治語彙煽動的白人們走上街頭，縱火焚燒那些膽敢挑戰民主黨的黑人報社。

當日稍晚，被稱做紅衫軍（Red Shirts）的武裝白人們在街頭開槍。隔天，據當地停屍間回報，他們收到了十四具遺體，其中有十三具是黑人，但是有人宣稱真正的死亡人數高達九十人。隨著暴力行徑愈演愈烈，驚魂未定的黑人們帶著家人逃往附近的沼澤地帶。傳聞紅衫軍一路追殺，又在那裡處死了許多黑人，而那些人的遺體據說從沒被尋獲。

隔天，這場精心策劃過的暴動的第二階段開始了。白人們押送一些地位較為顯赫的黑人——神職人員、商業領袖、政治人物——到當地的火車站，將他們永遠逐出這個城市。

這場暴動的徹底勝利，使白人至上主義穩定延續了好幾十年。在一九〇〇年被選為州長的查爾斯・艾科克（Charles Aycock）配合著這場暴動的暴力信條，制定了一個立法議程。法條的主幹，是要透過讀寫能力的測驗來限制投票權的申請。於是，北卡羅萊納州的黑人男性選民人數，原本是超過十二萬的，在暴動後大幅下滑至六千。到了一九四〇以及一九五〇年代，在喬丹家族居住的杜普林郡（Duplin County），有投票權的黑人選民只有兩位。這是兩位黑人選民中的一位，拉菲爾・卡爾敦（Raphael Carlton）告訴我們的。

這樣的不平等以及暴力，得到州政府以及當地執法單位的默許，甚至伴隨其他勢力帶來的威嚇。身為佃農之子的拉菲爾・卡爾敦年輕的時候，與喬丹家族的人同時在杜普林郡一起工作過。他的父親堅持他工作之餘也要有時間上學。終於，卡爾敦順利進入附近的蕭爾大學（Shaw University）就讀，在一九四〇年代拿到教育學位的他，返鄉教學，加入當時那些認真投入的黑人教育者之列。他記得在種族隔離主義最高峰時，有一次，當地學校的全體教職員開會，會議中一位白人主管站起來對著黑人教師們說：「你們這群黑鬼最好給我認真點。」

改變心態

一九三七年，未來將以教練身分入選名人堂的約翰・麥克蘭登（John Mclendon）被北卡羅萊納黑人大學

（也就是後來的北卡羅萊納中央大學）雇用，擔任籃球隊的教練。執教期間，他被年輕球員那種被打壓的低落心態嚇到了。麥克蘭登回憶道：「當時我作為一個教練最大的挑戰，竟然是說服我的球員們，他們的運動能力其實不比白人差。」

這位教練光是出現在北卡羅萊納，就標示了麥可喬丹生命裡另一個重大影響，這個影響其實也可以說早在一八九一年就成型了。麥可喬丹的曾祖父誕生後五個月，在麻薩諸塞州的春田（Springfield），詹姆士・奈史密斯（James Naismith）將一個桃子籃掛在體育館的牆壁上，因而開啟籃球的時代。幾十年後，奈史密斯成為堪薩斯大學（University of Kansas）的教職人員之一，在那裡帶領籃球隊一陣子之後，就將教練的棒子交給了霍格・艾倫（Phog Allen），也就是後來大家公認的籃球教練之父。

一九三〇年代早期，約翰・麥克蘭登成為堪薩斯大學最初的幾名黑人學生之一。當時，霍格・艾倫禁止他參加籃球隊，也不讓他使用學校游泳池。對於這個黑人學生來說，情況本來可能更糟，好在奈史密斯將麥克蘭登找去，要他一邊在堪薩斯讀大學，一邊在一個當地的高中籃球隊裡擔任教練。一九三六年，麥克蘭登從堪薩斯大學畢業之後，奈史密斯幫他爭取到愛荷華大學的獎學金，讓他可以在那裡繼續攻讀碩士。麥克蘭登在一年內就拿到碩士學位，之後他在北卡大學的小分校裡擔任球隊教練。在那裡，麥克蘭登創立了第一個體育課程，為北卡羅萊納訓練出了一代又一代的黑人體育教師與教練。麥可喬丹高中時的球隊教練帕伯・賀寧（Pop Herring）就是這個課程訓練出來的。

早期的黑人大學籃球隊，預算低得可憐，而且還要在種族隔離的危險氛圍中運作。而他們終將達到一些成就，儘管在當時的文化之下，就連帶隊移動都是不可能的任務，沒有任何公共廁所、飲水機、餐廳或是旅館能給黑人球隊使用。麥克蘭登說：「單單從一個學校前往另一個學校的路程，就像穿越地雷區一樣艱難。」

麥克蘭登說他絕對不會把他自己或是他的球員，擺到一個可能會被鄙視甚至羞辱的處境。「你當然不會希望自己的尊嚴在全隊面前被摧毀。」維持球員的自尊至關重要，因為他必須讓他們相信自己跟白人一樣是人，而且是一樣優秀的人。

二次世界大戰的時候，情況有了突破。當時軍方徵用杜克大學（Duke University）的醫學院來訓練戰場上的醫生，這些受訓的醫生之中有很多是頂尖的白人大學籃球員。德罕（Durham）的報紙上每天都在大肆頌揚醫學院球隊屢戰皆捷。同時，麥克蘭登率領的球隊一樣保持不敗之身，但是見報率卻是零。因為不滿這樣的差別待遇，麥克蘭登的球隊經理羅維拉決定安排這兩隊交手。杜克大學的教練說他只願意在禮拜天早上打一場「閉門比賽」，現場不能有任何球迷或是媒體。中場休息時，麥克蘭登的球隊靠著全場壓迫，得到的分數整整比他們那高不可攀的對手多上兩倍。這時候，杜克大學的白人球員們走向板凳區的麥克蘭登，建議將黑人跟白人打散，平均分配之後再來打下半場的比賽。

這是麥克蘭登對抗種族主義的第一場偉大勝利，也同時打開了手下球員的眼界。在麥克蘭登離開之後很久很久，他的影響仍然迴盪在北卡羅萊納，首先是整個州的黑人社區都開始風行籃球，再者，卻也更加重要的，是他對於往後大學籃球造成的改變。作為一個非常具有創造力的教練，麥克蘭登受到Converse球鞋公司的邀請，到他們舉辦的籃球教練訓練課程上去講課。而麥克蘭登在那個訓練課程上的演說，也啟發了一個在美國空軍學院（Air Force Academy）擔任助理教練的年輕小夥子，他的名字叫作狄恩・史密斯（Dean Smith）。他就是從麥克蘭登那裡得到靈感，腦中描繪出一個戰術的初步藍圖，這個戰術後來成了北卡大知名的四角（Four Corners）進攻。

麥克蘭登和他的好友，溫士頓賽勒姆州立大學（Winston-Salem State）的「大房子」蓋恩斯（Bighouse Gaines），兩個人都被視作籃球教練界的雄獅。但在當時，兩位教練都無法想像他們帶領的運動能夠幫忙打破全國的種族藩籬。兩位教練終其一生也無法想像北卡羅萊納州的人們，無論是黑人或白人，將會真心熱情地接納一位叫作麥可喬丹的黑人球員。

兩位教練也無法想像，他們有一天會被選進以詹姆士・奈史密斯為名的籃球名人堂。

耕者

一九一九年，當道森・喬丹年滿二十八歲，他不只在個人的家庭生活中痛失至親，也因為木筏產業的消逝而被迫轉行。

雖然他持續在當地一間木材廠上班，他也同時成為一個佃農。跟美國南方大部分的人一樣，道森・喬丹成了一個名下沒有土地的農夫，成了社會階級最底層的存在。

要靠租來的土地討飯吃，最重要的是擁有一頭騾子。基本上，擁有騾子等於擁有一定的地位。威廉・亨利・喬丹（William Henry Jordan）解釋道：「當我還小的時候，騾子比車子還貴，因為大家必須靠騾子吃飯。」

後面幾代的農夫會自己購買農耕器械，佃農們會向波特・牛頓（Porter Newton）這種販子購買或是租借騾子。莫瑞斯・尤金・喬丹解釋道：「你可以從他那裡弄來一頭騾子，但是如果某一年收成不好，他會來把騾子討回去。借你種子跟肥料的那些人也一樣。愈到收成不好的時候，你就像掉進一個坑，要再拼個一兩年，你才有辦法從那個坑爬出來。」

對於道森・喬丹和他的兒子這樣的人來說，沒有逃離此番窘境的出路，但不知怎地他們就是有辦法不餓死。有時候他們大清早就起床工作，到附近的乳牛農場幫忙擠奶，或是幫忙放牛吃草。在最拮据的時候，大部分的農夫會從比較好過一點的佃農——承租土地但是擁有騾子與器械——變回一無所有的佃農。

這就是為什麼農夫們總在尋找其他收入來源，也因為這樣，私釀酒對他們來說變得十分重要。道森・喬丹應該不太可能一開始就打定主意要搞私釀酒。早在殖民時期，這片海岸平原上的白人與黑人們就已經自己釀造玉米威士忌了。大部分的人根本沒錢買酒，所以也只能自己釀來喝。莫瑞斯・尤金・喬丹解釋道：「從很久很久以前，大家就只能喝自己釀的玉米威士忌，所以本來就有很多私釀酒了。」

當權之後，民主黨通過立法，在北卡羅萊納州禁酒。這遠比美國國會在全國頒布禁酒令的時間整整早了十年。所以，每當州政府或是地方執法單位要執行這項禁令時，私釀酒這樁生意就會變得暴力。當地傳說著這樣的事：一個白人私釀酒商駕著馬拖著馬車經過楓樹山（Maple Hill），一個彭德郡的警官要上前盤查。這個私釀酒商開槍射殺了警官，把警官的屍體塞進馬車，並且把馬車送到伯高市，作為給執法人員的一個警告。其他因取締私釀酒而爆發的暴力事件也在這個海岸平原上層出不窮。

嚴峻的執法逼得農夫們必須採取更多措施來躲避政府的偵查，妙的是，白人跟黑人在私釀酒這個事業上，似乎還算合作無間。首先，他們各有各的主顧，所以不太需要互相爭奪地盤，而且，威爾明頓一向是私釀酒的大市場。其實當道森・喬丹在河上運送木材的時候，他老早可以開始經營私釀酒業。莫瑞斯・尤金・喬丹帶著會心的微笑說道：「那木筏上載的可能全是威士忌，誰會知道他們到底在河上搬運什麼東西。」

販賣玉米威士忌的所得，大概稍稍緩解了生活的困苦，也確實讓漫漫長夜的氣氛比較放鬆，讓保守的農民們有閒情逸致小賭幾把。彭德郡上那些辛勤勞作的男人們有時會擲骰子賭個幾分錢，這當然跟幾十年後麥可喬丹的一擲千金有天壤之別。

莫瑞斯・尤金・喬丹說：「大家根本沒啥錢可以拿來賭。所以那只是玩玩骰子，稱不上什麼賭博。」這就是喬丹一族的個性：努力工作，然後選擇自己的娛樂。從這個角度看來，喬丹家族的男人們之所以如此，可以說是得到道森・喬丹的真傳。他懂得為了取樂放縱一下自己。他喜歡喝幾杯酒，抽幾管菸，也喜歡在北卡羅萊納的長夜裡小賭怡情。

新世代

一九三〇年代，長大成人的愛德華・喬丹（後來以麥德華・喬丹〔Medward Jordan〕之名而為人所知）找到一份工作，是幫一家造景公司開卡車送貨。他還是會幫忙父親耕作，而他的薪水雖然算不上豐厚，可是卻也代表著他們父子不再需要全然倚賴看天吃飯的佃農生活。

麥德華長成了一個愛開玩笑也愛往外跑的男人，很喜歡認識新朋友，也喜歡跟人聊天。開著一台傾卸卡車到處運送造景用品，不僅讓麥德華有機會多多認識社區裡的人，也為他帶來了一種新的地位，對於以前習慣在孤立中生活的農夫來說，這是一個滿戲劇性的改變。根據家庭成員的敘述，當時大家都知道麥德華很得女性們的歡心。

青少年時期的尾聲，他開始跟一個女孩交往，她的名字叫做蘿莎貝兒・韓德（Rosabell Hand），是麥德華母親那邊的遠親。一九三五年，當兩人快要滿二十歲時，蘿莎貝兒成了麥德華的妻子，兩年後的七月，一個男嬰呱呱墜地——也就是麥可喬丹的父親。他們把這個男嬰取名為詹姆士・雷蒙・喬丹（James Raymond Jordan）。

這對夫婦終生與道森・喬丹同住，也終生沒有違抗過他那充滿霸氣的存在。他們一起住在一間窄小的房子裡，這房子也是麥可喬丹和他的兄弟姊妹們一同成長的老家。甜美的蘿莎貝兒聲音柔細，而她的公公則總是聲如洪鐘。年近半百，道森走路時愈來愈需要依靠他的拐杖，但是只要他說一句話，整個喬丹家族的人都必須乖乖聽命行事。

跟所有農耕家庭一樣，經濟上的麻煩對於喬丹一家來說一直是揮之不去的陰影，但是家庭成員們記得，他們從不讓這種事情對生活造成太深遠的影響。也許這是因為道森在很小的時候就已經明白，生命中有太多事情，比偶爾缺錢繳帳單可怕得多了。當他們度不過經濟上的難關，道森・喬丹終於也做了所有其他佃農都做過的事。他把行囊打包好放上馬車，繫上騾子，然後舉家遷移。

要重新開始不用跑太遠，道森、他兒子、懷著身孕的媳婦以及他們的小兒子在蒂奇的一個農業社區住下，距離冬青避風塘也不過二十五英里左右。搬家後不久，蘿莎貝兒產下他們第二個兒子金（Gene）。

蘿莎貝兒總共為麥德華生了四個小孩，而他們之後總共又帶來十二個孫子，定期地為這個不大的住處增添新成員。最後，靠著麥德華的工作，喬丹一家總算存夠了錢，可以在蒂奇外郊的卡里科海灣路（Calico Bay Road）上購買一棟小小的便宜房子。它只有三間小臥房和一間庫房，但是對道森和喬丹家族來說，這就是屬於他們的城堡。這間房子後來也成為麥可喬丹幼時生活的中心。

用不了多久，喬丹一家又沿著卡里科海灣路添購了一些土地，全家也因為麥德華的工作與道森的私釀酒事業而愈加興旺，他們居住的地方漸漸發展成一個小型的住宅區。這裡的房產對喬丹家族的成員來說有非常高的情感價值，從一件事情就可以看得出來：幾十年後，儘管麥可喬丹已經富可敵國，喬丹家的人還是繼續持有這裡的房子，只是把它租出去而已。

除了這份前所未有的興盛之外，對於道森以及他的兒子來說，生活上最大的轉變，無疑是家裡多了一個虔誠的蘿莎貝兒。她對所有的兒女以及孫子們都付出滿滿的愛，甚至對於她老公麥德華在社區裡亂來而不小心產下的小孩，她也不吝給予關愛。而大家口中的「貝兒女士」對自己的大兒子似乎最感驕傲。詹姆士・雷蒙・喬丹就是有一種與眾不同的氣息，散發著特別的光芒與能量。第一，他滿聰明的。十歲的時候他就能夠開著拖拉機在田裡幫忙父親，而且還教導父親拖拉機壞掉時應該怎麼修。當他長成一個年輕人，整個社區的人都知道他很懂機械，而且有著一雙修理東西的巧手，而當他極其專注於手上的任務時，會不自覺地吐出舌頭。詹姆士做事情與說話的方式開始讓家裡人興起一份希望，覺得他終將成就一番大事。他的母親就是知道。而父親麥德華在大家面前對此不置可否，但是私底下他跟道森也都覺得詹姆士的未來充滿希望。他們都感覺得出來。

從小男孩長成青少年的過程中，詹姆士一直跟在他父親與祖父身邊工作，自在往來於他的出生地冬青與他的成長地蒂奇之間。跟他一起在玫瑰山（Rose Hill）的慈善高中（Charity High School）一起念書的莫瑞斯・尤金・喬丹回憶道：「他其實還滿安靜的。如果跟你不熟，他不太會講太多話。」然而，如果詹姆士認識你的話，他可以展現迷人的一面，尤其是在女性面前。這點跟他的父親麥德華一樣。跟大部分的青少年一樣，詹姆士熱愛引擎、棒球與汽車，跟大部分的青少年不同的是，他在這些方面都非常厲害。也就是說，當時的詹姆士常常有自己的交通工具可以使用，對於一個一九五〇年的青少年來說，這代表著很特別的地位。而當滿月在某些夜裡升起，將月光灑在這片海濱平原上的時候，詹姆士也很明白要去哪裡找點樂子爽一下。

一九五〇年代的時局對黑人依舊不利。非裔美國人在二次世界大戰中奉獻了自己，這很有限地緩解了整個國家對黑人的黑暗心態。然而，如同後來爭取公民權利的艱苦掙扎所示，古老的態度還是緊緊掐著北卡羅萊納的社會不放。一九五四年，一個來自印地安那的年輕白人狄克・尼爾（Dick Neher）娶了一位當地女孩並且在威爾明頓定居。他是海軍陸戰隊的成員，後來更成為麥可喬丹青少年時期的棒球教練。有時候，尼爾會載著一些他認識的黑人到華勒斯去打棒球。尼爾很喜歡棒球，而棒球在華勒斯這個城鎮也十分風行。他當時還不知道，不過在一九五〇年代華勒斯的棒球場上，尼爾也許曾經跟詹姆士・喬丹對壘過。然而，他在那裡打棒球的日子並不長。一次，尼爾回到家之後，發現他家庭院上停著一台小貨車。三K黨的成員在那裡，警告他以後不准繼續載著黑人們到處跑，也不准再參加黑白混合的棒球賽。尼爾沒理會他們的警告，於是三K黨再度造訪他家，說這一次是最後的警告。尼爾從此不再前往華勒斯打棒球。

在這樣的氛圍之下，光是每天的生活就已經夠棘手，道森・喬丹和他的家人並不敢對未來抱持太多想望。儘管如此，家庭成員與鄰居們還是看出詹姆士・喬丹代表這一個新的世代，而他所代表的這個世代，可能會從舊的世界裡破繭而出，朝著更新更好的方向而去。

在一九五〇年代早期，大家毫無所悉的是，所謂的更新更好會是什麼，大家也不知道，未來將會以深不可測的方式，把希望和傷痛糅合在一起。我們很容易揣測的是，倘若喬丹一家人預先知曉未來的樣貌，他們很可能會趨之若鶩，但也如同某些家庭成員的後見之明所示，他們也很可能會逃之夭夭。

第3章　影響

如果曾祖父道森是在麥可喬丹的生命爐火中添柴的第一人，那真正為火焰催出生猛力道的就是他的母親荻洛莉絲・匹伯斯（Deloris Peoples）。一九四一年九月，她出生在洛基角（Rocky Point）一個相對富裕的家庭裡。她的父親愛德華・匹伯斯（Edward Peoples）是一個很難親近的人，有些人說他毫無幽默感，但大家都知道他的企圖心強，而且工作勤懇。多數的黑人垂頭喪氣身無長物，在這種注定要讓他們失敗的經濟體系當中，整個世代的人一輩子穿著工作服，付出大量工時，卻不知所措，縱然如此，愛德華卻得到罕見的成功。莫瑞斯・尤金・喬丹回憶道：「我認識她老爸。愛德華・匹伯斯那個老頭，他不是佃農，他有自己的農地。」

既然在那個年代不給予他們任何接觸政治的管道，愛德華・匹伯斯與一些北卡羅萊納的黑人乾脆專注於追求經濟上的進展。約翰・梅里克（John Merrick）創立了一間黑人所有的人壽保險公司，在他的帶領之下，所謂的「黑人華爾街」在附近的德罕興盛起來。愛德華・匹伯斯的小小成就當然不是這種等級的，但是資料顯示，他確實汲汲於財富的追求。除了農耕之外，荻洛莉絲的父親也在洛基角的卡希木材公司（Casey Lumber Company）上班，而她的母親茵娜茲（Inez）則從事幫傭。他們也許算不上富貴，但匹伯斯家族絕對不窮。二十世紀的前幾十年就像是一個泥淖，許多農民，無論是黑人還是白人，都沒能逃脫，但是匹伯斯家族展現了前進的決心。和喬丹家族一樣，在疾病與死亡橫行的年代，匹伯斯家族經歷的心痛也沒少過。然而，他們終究成為地主，可以為了自身的收益而耕作。沒什麼人知道匹伯斯一家，在麥可喬丹的故事裡，他們也很少被提及，但是不可否認的是，這個家族固有的巨大野心與工作態度，透過麥可喬丹之母面對生命的方式，滲透到喬丹家族的神話之中，當然，也傳承給這個名滿天下的兒子。

喬丹家族的故事被一而再再而三地傳頌，但是很多關鍵層面的敘述都有失真實。這是可以被體諒的。每當一個家庭在鎂光燈下找到了無邊的名氣與財富，他們總會很快建構出家族的神話。他們之所以這麼做，多半是出於自保，想要在這個由媒體帶動的、吞噬一切的流行文化之中，保護自己的家人。

當她的兒子在一九八〇年代成為名人，荻洛莉絲．喬丹必須在各種處境之下守護家人。她會開始創造一些不真實的敘述並不奇怪，她必須省略或至少遮掩許多難言之隱。她先是在訪談之中這麼做，然後在她的暢銷書《我兒麥可喬丹》（Family First）之中也依樣畫葫蘆。《我兒麥可喬丹》這本書旨在提供養兒育女的建議，明確一點的說，就是教讀者如何養出「如麥可喬丹一般」的孩子。這本暢銷書讓喬丹女士可以周遊列國，在各大公開場合露臉支持許多家庭議題。

荻洛莉絲．喬丹所經歷的事實，比她建構出來的故事更加有力，因為這些事實彰顯了她的人格，也讓大家知道晚年的她，如何一手帶領家庭度過殘忍處境。無庸置疑，荻洛莉絲．喬丹遭遇到的阻礙，反而激起了她成就一個家庭的決心。所以，這些阻礙也同樣為飛人喬丹提供了燃料。

洛基角

這樣的相遇背景似乎順理成章，即將構成麥可喬丹基因庫的兩家子最初碰頭的地方，是擠滿加油學生的體育館籃球場。根據社區及家庭成員的模糊記憶，詹姆士和他的弟弟金．喬丹（Gene Jordan）為慈善高中打球，而荻洛莉絲的兄弟愛德華和尤金．匹伯斯（Eugene Peoples）則效力於彭德郡的洛基角訓練學院（Rocky Point Training School）。在當時這兩間學校算是球場上的宿敵，而社區裡的人們還記得匹伯斯家的男孩子們很會打球。

他們也記得學生與教職員對於洛基角訓練學院的愛。羅斯瓦爾多基金會（Rosenwald Fund）是由席爾斯（Sears）、羅斯巴克（Rosebuck）以及公司的總裁朱利爾斯・羅斯瓦爾多所創立，這個基金會在全國社區為非裔美國人建造了五千所學校、商店以及教師住所，創立於一九七一年的洛基角訓練學院就是其中之一。用過的課桌椅和被撕掉好幾頁的書本，從郡內的白人學校被送過來。威廉・愛德華・喬丹回憶道：「他們用爛的就給我們。」在那樣一個年代，黑人的教育頂多只是學校董事會原本的計畫之外再加進來的東西，學校裡熱誠的老師們，早已幫學生做好心理建設，好讓他們面對各種挑戰。所以直到一九六〇年代種族隔離漸鬆之前，洛基角訓練學院對於整個彭德郡的黑人居民來說無疑是非常重要的。

放學後校園裡總有籃球賽在進行著，往往持續到晚間。為了進行比賽，禮堂會被清空，而讓詹姆士與荻洛莉絲相遇的比賽發生在一九五四年的十二月。早先，荻洛莉絲曾告訴記者，那場比賽發生於一九五六年她十五歲的時候。但在《我兒麥可喬丹》這本書裡，荻洛莉絲改正了這個疏誤，解釋說她是在一九五四年的一場比賽之後，初次遇見她的老公。

那時，還不滿十三歲的荻洛莉絲，對於能夠幫洛基角訓練學院打氣助陣感到很亢奮。她雖然唐突而易怒，卻是個好女孩。她時常禱告，也定期陪著家人上教堂。

瑪莉・斐森（Mary Faison）回憶道：「我在教她的時候，她是個好學生。」

我們並不清楚當晚詹姆士是否有為慈善高中出賽。他是十七歲的高年級生，那一天還開著車。這也顯示了喬丹家族日益好轉的經濟情形以及詹姆士對機械的愛好。

跟許多青少年愛情故事的開頭一樣，她在男生還沒察覺到自己之前，先發現了對方。詹姆士有著一雙無辜的眼睛，顴骨很高，但這些都不是贏得她好感的原因。「真正吸引我的是他的個性。」後來荻洛莉絲如此解釋：「至於外表嘛，他其實也沒贏其他那些男生多少。他很外向，很有幽默感，而且是一個會照顧人的好男生。」

比賽過後，荻洛莉絲跟著她幾個親戚一起跳上詹姆士的後座，搭便車回家。當車子差點要開過她家時，她喊著要他停車。

他說：「哦，我沒發現車上還有這個人。妳還滿可愛的。」

據說荻洛莉絲這樣回嘴：「你還滿沒禮貌的。」

根據荻洛莉絲的回憶，他回答說：「也許是。但是有一天我會把妳娶回家。」

「我知道他有別的交往對象。」她後來說道：「所以我對他保持距離。」

荻洛莉絲跑進家裡，然後如同一個十三歲小女生慣於做的那樣，甩上身後的房門。這個社區並不大，詹姆士・喬丹可能早就聽說愛德華・匹伯斯自己耕作自有的土地，而且他送女孩子回家時一定也發現了，荻洛莉絲家的房子比大部分的都大。那是一間距離馬路比較遠的兩層樓木屋。莫瑞斯・尤金・喬丹回憶道：「她家庭院裡有好多可以遮蔭的大樹。」

他又接著補充：「那時候很多人都只是農地上的勞工。」他解釋說愛德華・匹伯斯讓自己的農地保持全年無休，同時還在卡希木材公司上班。除了一般的農耕之外，他也像許多鄰居一樣，把時間跟金錢投資在其他的商業作物：愛德華・匹伯斯也是一個私釀酒商。事實上，聽說愛德華・匹伯斯和大衛・喬丹（David Jordan）滿熟的，大衛是道森・喬丹那些搞私釀酒的堂兄弟之一。莫瑞斯・尤金・喬丹解釋說：「他們擁有不少釀酒廠。緝私員會找到這些廠房，把它們拆了，但他們總會東山再起。最重要的是不要再被抓到。」

沒過多久，詹姆士就去找愛德華・匹伯斯，說要跟他們口中的「露易絲」交往。作為一個勤奮而不喜歡胡鬧的男人，愛德華・匹伯斯並不喜歡這個想法。他說，他的女兒年紀還不到。年少輕狂的愛情——更別說野心了——是連自己都管不住的。然而，不顧父母的反對，兩個人很快就開始來往。荻洛莉絲回憶道：「我們馬上陷入愛河，接著談了三年的戀愛。」

詹姆士在一九五五年從學校畢業，加入了空軍，這讓他的父親與祖父都很驕傲。儘管因此分隔兩地，他與荻洛莉絲的感情也沒有降溫。詹姆士在德州受訓的時候，荻洛莉絲的家人把她送到阿拉巴馬跟一個叔叔同住，並且去讀兩年的美容課程。她說這個安排主要是怕那個空軍大兵的腳步太快，想不到其實生米早已煮成熟飯。一九五七年初，十五歲的荻洛莉絲有了身孕——這件事情她在自己的回憶錄裡並沒有承認——而且也自己承擔了後果。突然在阿拉巴馬註冊讀書這件事，後來看起來像是一個典型的解決方法。因為當時懷孕的青少女通常會被送離家鄉產子。

那年四月，詹姆士和「露易絲」都回到了彭德郡。他們相約去看電影，很顯然是要搞定眼前的處境。她決心不能讓詹姆士毀她清白之後撒手不理。所以當詹姆士在車子裡向她求婚時，事情就解決了。詹姆士做了對的事之後，荻洛莉絲馬上通知她的家人說她不會回去阿拉巴馬上課，這後來又成了另一個不太理想的決定。多年之後，荻洛莉絲表示她母親當時應該把她送回學校。荻洛莉絲告訴記者：「我媽當年應該直接把我放進火車裡。」

反之，當時的她住進了未婚夫在蒂奇擁擠的家。已經六十三歲的道森・喬丹，在那個房子裡仍是一家之主。在那裡，這位懷著身孕的青少女很快就跟剛滿四十歲的蘿莎貝兒建立了長遠的情誼。詹姆士的母親是一個虔誠而善於處世的女人，她喜歡小孩，喜歡在周末假日讓親朋好友塞滿這間小房子。荻洛莉絲也跟著大家叫她「貝兒女士」，而在她跟父母的關係十分緊繃的當時，荻洛莉絲卻在這裡遇到了一個有智慧又懂得照顧人的長輩。這兩個女人之間的情誼，漸漸演化成一份堅實的家庭羈絆，對於麥可喬丹往後的成就，也功不可沒。

很快地，在一九五七年的九月，詹姆士和荻洛莉絲慶祝了第一個孩子的誕生，他的名字是詹姆士・羅納德・喬丹（James Ronald Jordan）。這位剛滿十六歲的母親把孩子抱在懷裡，想知道這個世界為他準備了什麼。後來，這個小嬰兒將長大成為跟父親一樣勤奮的男人。被大家暱稱為羅尼（Ronnie）的他，讀高中的時候就身兼兩份工——負責開校車並且在晚間管理一間當地的餐館——同時在後備役初級軍官訓練隊（Junior ROTC）裡表現傑出，讓他的雙親深感驕傲。這個長子似乎遺傳到道森・喬丹那種威風凜凜的氣勢。往後，他將再以士官長的身分為美軍執行多次作戰任務，成就一段非凡的生涯。

荻洛莉絲把這個新生兒帶進這間本來已經很擁擠的房子裡。詹姆士被調派到維吉尼亞州東南部沿海地區

（Tidewater Virginia）的基地，離家幾乎兩小時之遙，只有在周末放假的時候可以回來看剛出生的兒子。荻洛莉絲承認，就是在這段時間裡，她開始對於至今的人生轉折產生了懷疑與自責。她希望更常探望娘家的親人，但是要差不多半個小時才能抵達他們居住的洛基角。她保持信心，她的婆婆也總是有辦法幫助她正面思考。詹姆士也扮演好自己的角色，相信服役的經驗將帶他走上一條足以養家活口的道路，他決心要為自己的孩子提供中產階級的成長環境。

這是典型的美國夢，而這場夢正在發展，縱使北卡羅萊納州的種族歧視醜惡依舊。一九五四年，美國最高法院的布朗訴托皮卡教育局案，為公立學校種族隔離的破除，打開了一扇門，儘管要經過好多年，法院的裁定才發生完全的效力。一九五〇年代中期，威爾明頓市雇用了兩個黑人警官，這是在半世紀前那場險惡暴動之後的首例。兩位警官的照片被刊印在地方的報紙上，這多少讓非裔美國人們心安，儘管，周遭每天發生的事情，還是讓他們人心惶惶。

從布魯克林到蒂奇

一九五九年，詹姆士和他的年輕妻子迎來第二個孩子荻洛莉絲（Deloris）。一開始她以荻洛莉絲為名是因為父母取的，之後她自己決定要用這個名字。早先幾年為了要和同名的母親做出區別，家人們稱她為「姐姐」。女嬰出生的同一年，詹姆士從空軍退役回到蒂奇，在當地的織品工廠找了份工作。這對年輕夫妻帶著孩子暫時跟父母親擠在一起，直到他們在道森、麥德華和蘿莎貝兒的對面，隔著卡里科海灣路蓋了一幢小房子。

祖父母就住在對街是有好處的。荻洛莉絲・喬丹滿二十三歲時已經生了五個孩子，對於一個這麼年輕的媽媽來說，小孩的養育無疑是一份重擔。所以早先幾年，這份重擔幾乎都落在蘿莎貝兒・喬丹的肩頭，她什麼都不想，只想把愛澆灌在一個一個被生出來的孫子身上。四代同堂的喬丹家族中，家人的關係十分親密，但是荻洛莉絲在阿拉巴馬的那段時間，以及詹姆士在空軍服役的經驗，都讓這對年輕父母開了眼界，看見了北卡羅萊納州之外的世界。也正因為這樣，就算他們只隔著一條卡里科海灣路，在自己的父母對面建立了家庭，他們慢慢開始明瞭，自己內心深處渴望的東西，不是蒂奇和華勒斯這樣的小農耕社區可以給得起的。

就這個層面而言，他們兩人與同世代的數百萬年輕美國人沒有什麼不同。尤其是非裔美國人，在窒息這麼久之後，他們終於呼吸到第一口新時代的空氣。經濟大蕭條與二次世界大戰之後，佃租土地的農奴體系漸趨式微，也迫使數以百萬計原本居住在鄉村的黑人，為了尋求新的經濟命脈而遷居都市。這種情形在美國北方尤其明顯。

前往自由的腳步在一九六〇年的二月一日加速了。那一天，四個黑人大學生走進格林斯堡市（Greensboro）的伍爾沃斯商店（F. W. Woolworth Store），買了幾樣東西之後，坐在吧台前點咖啡。這一個簡單的動作卻讓整個北卡羅萊納州為之震動。當天，商店的店員對他們視而不見，所以這幾個黑人學生索性就坐在那裡直到打烊。隔天早上，那些北卡羅萊納農工州立大學（A&T）的黑人學生又帶了另外五個朋友，坐在吧台前再次尋求服務，店員也再次靜默以對。於是，這些學生開始了所謂的「靜坐抗議」，一種安靜而非暴力的示威策略。白種年輕人們很快出現了，在旁邊嘲笑，甚至把菸頭彈到這些靜坐的黑人學生身上，但是類似的行動卻在北卡羅萊納州遍地開花，在溫斯頓塞勒姆（Winston-Salem）、德罕、夏洛特（Charlotte）、羅里（Raleigh）以及海波因特（High Point）。短短兩個禮拜之間，這場運動接著擴散到十五個城市，並且在全國許多家伍爾沃斯商店上演。作為全國性連鎖業者的伍爾沃斯商店很快妥協了，開始為那些坐在吧台的黑人學生提供服務。很顯然，這家公司不願公然力挺古老的種族主義，尤其是在大眾的鎂光燈與電視頻道網的攝影鏡頭之下。

持續擴大的公民權力運動，只是這個國家文化劇變的一部分。有了這樣的改變，人們可以對生活有嶄新的期待，所以詹姆士和荻洛莉絲也不免抱持同樣的想法。那是一個令人興奮的時代，卻也同樣令人困惑，而且仍然危機四伏。

一九六二年初，荻洛莉絲生下了他們的二兒子賴瑞（Larry），兩個月後，發現自己又懷了一個孩子。不久之後，二十一歲的荻洛莉絲和她的丈夫抱起小嬰兒賴瑞前往紐約的布魯克林，然後在那裡幾乎住滿兩年。因為在士兵福利法案（the GI bill）的輔導之下，詹姆士要到那裡讀職業學校，學習如何搭造、修繕以及維護液壓設備，合理延續他在空軍受過的訓練。這次搬遷讓他們不得不把兩個比較年長的孩子留給喬丹家的祖父母照顧幾乎兩年。這兩個孩子當時都未滿五歲，還處於人格養成的關鍵時期。之後，荻洛莉絲曾如此評論，本質上她跟詹姆士擁有兩個家庭：一邊是被遺留在原地的，比較年長的兩個孩子，一邊是生下來就在紐約受他們倆照顧，比較年幼的兩個孩子。這將為往後的家庭生活劃下一道不小的鴻溝。

雖然新生命的加入令人雀躍，但隨之而來的心碎卻使之失色。喬丹一家人才在紐約落腳不到幾週，荻洛莉絲就收到消息，她的母親茵娜茲在一九六二年的六月十一日驟然辭世。痛失至親的震驚與泉湧般的悲痛，撼動了荻洛莉絲，也危害到還在腹中的胎兒。她的醫生於是要求她臥床休息一週。

幾年後詹姆士‧喬丹回憶道：「當時幾乎要流產了，情況真的很糟糕。」

在荻洛莉絲過早懷孕結婚那幾個艱困的年頭過後，她與母親的關係漸漸好轉，如今，至親突如其來的早逝，卻讓她們彼此之間留下許多懸而未決的問題。情況不穩的身孕加重了荻洛莉絲的失母之痛，而且遠離家園，待在一個擁擠的陌生城市裡，當下身處的環境也沒有讓她比較好過。幾年後回想，她沒辦法清楚記得她和詹姆士當時是住在布魯克林哪個地方。她記得自己的醫生是在曼哈頓執業，因為一些事件強化了這部分的回憶。她懷了足月才要生產，但是分娩稍微提早了一點，這就是為什麼她會被送到布魯克林的坎柏蘭醫院（Cumberland Hospital）的原因。

一九六三年，二月十七日，星期天，麥可喬丹的誕生讓醫院的人手忙腳亂。隨侍護士還來不及讓荻洛莉絲躺上急診室的輪床，這個巨大健壯的男嬰就急著登場，全身孔穴塞滿了黏液，掙扎著要呼吸。

「麥可剛出生的時候，我們以為他的身體有什麼毛病。」多年後詹姆士在芝加哥論壇報（Chicago

Tribune）的訪談中透露：「他出生的時候就流鼻血，荻洛莉絲出院之後，醫院還把麥可留下多觀察了三天。一直到五歲他都會無緣無故流鼻血，之後就忽然好了。」

麥可的母親也回憶道：「麥可出生之後醫院確實把他多留了幾天，為了確保他的肺部沒有黏液殘留。」從很多方面看來，麥可的到來讓荻洛莉絲服母喪的那幾個月比較好過。「我常常說麥可的誕生是一個徵兆。」她之後如此解釋：「我在懷著麥可的期間突然喪母，所以他就像是一份天賜。麥可是我生命中非常哀傷的時間之後，上帝賜給我的幸福。」

麥可喬丹本人，都要在多年後才透過芝加哥的報社記者們知道他出生時的一些細節，這些記者從麥可的家人那裡蒐集了完整資料。「我現在還是很容易流鼻血。」他這麼告訴芝加哥論壇報的鮑伯・沙加摩德（Bob Sakamoto）：「生下來就流鼻血的事情我媽沒告訴我。我媽只有跟我說，我小的時候曾經跌到床後面，差點窒息而死。看來我經歷過不少命懸一線的瞬間。」

差點窒息這件事，發生在他們全家搬回北卡羅萊納之後，這個意外讓麥可的母親對於他這份天賜大禮的焦慮指數更高了。「他是個很好帶的嬰兒。」荻洛莉絲回想著：「他從來不哭。只要餵飽他再給他個什麼東西玩玩就好了。」

飛人大帝五個月大的時候，這家人從布魯克林回到蒂奇，住在卡里科海灣路上的小房子。這是懷有身孕的荻洛莉絲的最後一次搬遷（小女兒蘿絲琳已經在肚子裡了）。回到家鄉之後，詹姆士學以致用，在威爾明頓附近的海恩堡（Castle Hayne）的通用電氣（General Electric）工廠裡面擔任維修人員。

很快地，年輕的母親發現自己跟五個小孩單獨待在小房子裡，而且其中四個孩子還不足五歲。她的丈夫稱她作露易絲，其他人也就跟著這麼叫。而她對丈夫使用的膩稱是雷（Ray）。因為服役於空軍的經驗以及通用電氣的好工作，詹姆士在這個小小的農耕社區中成了頗受敬佩的人物。雖然大致上來說溫暖而友善，但此時的他也開始展露比較嚴厲的一面。面對小孩，他是一個嚴格的督導者，而且不管是對自家的或者是別人家的小孩都一樣。這種事情很快就在附近的小孩子之間傳開。雷不會跟你玩鬧，他隨時會把你修理一頓。

麥可喬丹就在這條步調慵懶的卡里科海灣路上度過他人格養成的階段。各方說法都表示，他很容易笑，總是急著想要討好，很渴望為別人帶來歡樂，因此，他也常常被修理。

「你必須要把他管好。」荻洛莉絲某次如此回想：「他會把你逼到極限。麥可總是會惹上什麼麻煩。」一天下午，兩歲大的麥可晃到屋外，他的爸爸正在後院處理一台汽車。他用一個檯燈照明，而那個檯燈接著兩條通過廚房潮濕地板的延長線。在爸爸還來不及阻止之前，麥可已經一把抓住兩條延長線相連之處。隨之而來的電擊把麥可彈飛到三呎之外，雖然沒有受傷但也驚魂難定。

這個事件讓本來就對小孩很嚴格的喬丹家人更加強他們的控管。無論任何情形之下，沒有人可以未經允許擅自離開家門。每天晚上孩子們都必須八點上床就寢，就算那個時間別人家的小孩都還在外頭玩耍。但是經驗很快證明，當麥可再長大一點，就不太可能繼續限制他的野性。

有一次，麥可在道森曾祖父的馬車下找到一個蜂窩，他想把蜂窩浸到汽油裡。接著更大的麻煩來了，有一天麥可揮棒打一塊帶有釘子的木頭，結果木塊像飛彈一樣射出去，打在麥可姐姐的頭上，上面的釘子也跟著釘進去了。麥可的冒險還沒結束，他在草坪上把好幾張椅子疊在一起，高得嚇人，他爬上去展現自己飛行的能力，結果是手臂上多出一道長長的傷口。

也許最嚴重的一次，是在麥可四歲的時候。他從家裡偷偷溜出去，跑到對街的曾祖父家。他發現堂哥在劈柴。小麥可把斧頭舉起來一、兩次，然後他的堂哥說如果麥可敢用斧頭剁下自己的腳趾，他就給麥可一塊錢。急著要表現的麥可把斧頭舉起來，砍下去，正好削到腳趾尖。他痛得大叫，奔回對街，一路上一邊尖叫一邊跳腳一邊流著血，哭著回家找媽媽了。

後來，詹姆士・喬丹帶著微笑回憶道：「他是個很調皮的孩子。」

家中的長女「姐姐」記得父母親各有自己偏愛的孩子。她跟賴瑞是父親的寶貝，而在母親的眼裡，羅尼跟小麥可做什麼都對。家裡的小嬰兒蘿絲（Roz），則擁有所有人的全神關注，這也代表年幼的麥可在這個忙亂的大家庭中面對不小的競爭。一份驅動他一生的力量就此生根。他總是急著想討好人——先是父母親與家人，再來是教練與崇拜他的大眾。

「他很了解怎麼讓人開心，而且會花很多時間逗我們。」姐姐回憶起早年的生活時如此說道：「跳舞、唱歌或是調笑，任何能讓人微笑、露齒大笑或是笑出聲來的事情，他都會去做。而且永遠不滿足於自己玩自己的，他總是需要觀眾。無論我們怎麼嘗試，他絕不會允許我們不理會他。」

再次搬遷

五歲大的麥可有著一張堆滿笑意而且天真無邪的臉，能做出一些讓人絕倒的表情。喬丹家兩個比較小的男孩子，雖然相差十一個月，但看起來就像雙胞胎。詹姆士・喬丹似乎迫不及待想要他們長大到可以手握球棒的年紀，趕快把這兩個小孩帶到後院，教他們如何揮棒，然後投球給他們打。

在一九六〇年代的美國，麥可在蒂奇這種悠閒祥和的童年其實得來不易。卡里科海灣路上，一個白種人家庭住在附近，喬丹家的孩子們跟這些白人小孩玩在一起，彼此之間什麼問題也沒有。但在一九六八年，麥可即將上幼稚園之前，情況有了戲劇性的轉變。那年一月，詹姆士和荻洛莉絲把蒂奇的房子賣出去，一家大小打包好，搬到了距離海岸六十英里遠的威爾明頓市。詹姆士・喬丹已經在海恩堡的通用電氣工廠工作了好幾年，每天都要通勤四十分鐘。荻洛莉絲・喬丹也說整個家庭渴望鄉村生活之外的東西。他們希望孩子們能夠享有更好的生活。他們與祖父母依舊親近，而且想辦法常常回去華勒斯與蒂奇。特別是他們計畫每個月至少空出一個週末，回到家鄉那間喬丹一家去了好幾十年的教堂（Rockfish African Methodist Episcopal Church）做禮拜。

搬到威爾明頓之後，喬丹一家人還沒來得及卸下行李，就傳來馬丁・路德・金恩（Martin Luther King）被暗殺的消息。整個國家因此陷入騷動。金恩博士死後，連遠在華勒斯與蒂奇的黑人與白人們都開始互相爭孰叫囂。威爾明頓的情形也沒好到哪去。其實在一九五〇年代，當地社區的種族關係有了一些進展，因為當地的領導者們發現，要吸引商業進駐，必須改變舊日作風。威爾明頓一直是個鐵道城，但大西洋沿岸鐵路公司（Atlantic Coastal Railroad）在一九五五年把總部遷往傑克遜維爾（Jacksonville）之後，這個城市不得不找尋其他產業，來填補流失的工作機會。而像是通用電氣等等公司都堅持，威爾明頓必須讓當地白人與黑人的機會平等，它們才願意到此設廠。

儘管如此，威爾明頓的種族關係仍然緊繃。喬丹一家搬到那裡的時候，法院正好命令當地的學校廢止種族隔離。這樣的政策激起不小爭議與不滿。這個城市的報紙頭條與人民情緒都圍繞在學校要循序漸進讓黑人與白人學生一起上課這件事情上。因為在這個規畫之中，小學是最晚開始廢止種族隔離的，所以麥可以及同年的小孩進入小學就讀時，還是坐在以種族分班的教室裡。

這樣的氛圍持續悶燒，直到一九七一年的二月終於爆發，當時，在一個住戶多半是黑人的社區裡，一間白人經營的雜貨店遭到汽油彈攻擊。十個人，九名黑人男子加上一名白人女子，因為涉入此案而被逮捕，並且被判以非常重的刑罰。被新聞媒體戲稱作威爾明頓十犯（the Wilmington Ten）的他們，接下來幾年每一次上訴都出現在頭條，直到聯邦法院終於駁回原本的判刑。

孩子們正在社區裡適應新的學校，衝突的氛圍卻甚囂塵上，這讓荻洛莉絲・喬丹更加憂心忡忡。

喬丹一家人先在某處住了一段時日，接著搬到高登路（Gordan Road）上一個叫做威佛艾可（Weavers Acres）的社區。他們同樣先暫時住在某間屋子，後來又再次搬遷，但是沒有搬離這個社區，因為詹姆士在那裡蓋了一棟新房子。那是一間由磚頭和隔板組成的錯綜式屋舍，建在一片十二畝的大土地上，旁邊圍繞松樹，不論是要到新漢諾威郡（New Hanover County）的郊區學校或是進城都很便利。大海就在幾英里之外，安靜的夏夜裡，詹姆士和荻洛莉絲有時會逃往海邊小憩一下。然而，年幼的麥可很快就對水產生反感。大概在他七歲的時候，他跟朋友一起在海裡游泳，這個朋友溺水，也跟所有驚慌的溺水者一樣，他緊緊抓住麥可不放。為了避免被一起拖下水，麥可把他推開。結果這個小孩就這樣溺死了。幾年後，當麥可隨著棒球隊出遊比賽，他自己也在一個游泳池裡溺水，還好後來被救了起來。又過了幾年，麥可大學的女性好友之一，返鄉度假時溺斃。

據聞麥可之後曾經這麼說：「我不招惹水的。」

威佛艾可是一個滿新的社區，大部分的居民都是黑人，但是比起其他地方，不同族裔的家庭在這裡算是相處融洽。詹姆士和荻洛莉絲都教育自己的小孩要尊重所有的種族，告訴他們將不同種族的人掛上刻板印象是沒有意義的，無論對方有著什麼膚色，人類就該被當成人類來對待。這種態度也代表家裡的大人對於以往經歷過的悲情，選擇不去多加著墨。這樣開放的胸懷，也代表喬丹家的大人寧可自己背負傷痛，也要幫助小孩們迎接嶄新的世界。

這種對他人的態度，確實成為在威爾明頓的少年喬丹的正字標記。三年級的時候，麥可與白人同學兼鄰居大衛・畢爵斯（David Bridgers）成為至交。他們兩人一起打棒球，一起騎腳踏車，一起上上下下探索威佛艾可的叢林與溪流。畢爵斯的家人剛從南達科他州（South Dakota）搬來，他的父親是一位計程車司機。當他面對父母離異，畢爵斯與麥可的關係變得更加緊密。麥可的父親大方歡迎畢爵斯，他們三個人剛好都有著對棒球的熱愛。在少棒聯盟的一支強隊裡，麥可與畢爵斯輪流擔任投手，沒有投球的那個就固守中外野。

「每一次投球之前，我會先看看中外野的麥可，這時他會對著我用大拇指比一個讚。」畢爵斯回憶道：「換作他站在投手丘上的時候，我也會對他這麼做。」

當其中一人名滿天下之後很久，畢爵斯和喬丹還是很親近；當然，就像兄弟一樣，兩人有時也會爭執。一個灼熱的下午，當麥可對水的恐懼還沒有那麼深的時候，他們兩人趁某個鄰居不在家，偷偷潛入別人家後院，跳進游泳池裡。這家人當場抓到這對現行犯，馬上命令他們離開泳池。這個事件裡有某些幽微的細節，讓兩個小孩察覺到，這家人的舉動乃出於種族歧視。

「他們是因為看到麥可才把我們趕出去。」畢爵斯說：「一起騎腳踏車回家的時候，麥可一言不發。我問他知不知道我們為什麼會被趕出去。他說他不知道。然後他給了我一個微笑。我永遠不會忘記那個表情。然後麥可對我說：『我剛剛有涼到，你呢？』」

第4章 競爭者

要把他激怒，根本用不上幾個字，有時只要隱約到幾乎無法察覺的一抹冷笑就夠了。他也會自己編故事，憑空捏造出別人對他的侮辱。

後來大家都明白這件事。他會抓住一些顯然無傷大雅的玩笑或是手勢，把這些東西深深埋進自己的內心，直到它們輻射出光芒，成為他偉大火焰的核能燃料棒。

很久很久之後，大眾才知道，就算是小到不能再小的事情，他也無法釋懷。很多從一旁觀看的人們誤解了，以為讓喬丹不爽的這些「侮辱」，只是他自己編造出來博君一笑的軼事，或是用來刺激自己的競爭心的小工具，等他利用完之後就會一邊開著玩笑一邊把它們拋諸腦後，當他又一次流著汗水奪到當晚的勝利之後就能忘卻。但是要叫他拋下這些侮辱，就好像叫他卸下自己的右臂一樣困難。這些東西和那條知名的舌頭一樣，都是他身上不可分割的部分。很多大大冒犯麥可喬丹的言論，根本算不上是刺人的非難，除了最初，後來證明也是最重要的那一句。

「跟女人們一起進屋裡去。」

詹姆士．喬丹跟他的小兒子說過數百萬句話，這一句卻在幾十年之後，仍如霓虹一般閃閃發光。

「我父親是一個很會搞機械的人。」後來喬丹回憶道：「為了省錢，他總是試著幫別人修車。兩個哥哥會出去幫他忙。他會叫他們拿十六分之九英寸的扳手給他，他們就會照做。我出去幫他的時候，他會叫我幫他拿十六分九英寸的扳手，而我根本聽不懂他在講什麼。這時他就會對我不耐煩，然後跟我說：『你根本搞不懂自己在幹嘛。跟女人們一起進屋裡去。』」

父親這些話迴盪在他的心裡，挑戰他青少年的男子氣概。當時，第一波男性賀爾蒙還沒加深他的五官，他還是一副天真無邪的模樣，很得兄弟姊妹的喜歡，他的母親更愛把他擁入懷裡。然而，這是他的偽裝。父親的刻薄言詞啟動了他內在某些游移的基因串，異變後的好勝天性從此強硬如同鈦金屬。在麥可敏感年歲的日常生活裡，這些話語代表著，父親透過對待他的方式與態度所表現出來的蔑視。

麥可的姐姐荻洛莉絲回憶道：「多年之後，在NBA職業生涯的初期，他曾經坦承，父親一開始對待他的方式，以及父親當眾表示他沒有用這些事，成為激勵他的動力……他的每一項成就，都像是戰場上的吶喊，為了打敗父親對他的負面評價。」

喬丹本人之後也透露，小時候他很清楚知道父親比較疼愛哥哥賴瑞。

詹姆士・喬丹自己也承受父親類似的對待。麥德華對他的輕蔑，在家族裡無人不知無人不曉。詹姆士證實過，就是因為這份輕蔑，他離開蒂奇，進入空軍去證明自己。家庭成員說，很明顯地，麥德華對自己的兒子感到驕傲，只是他似乎永遠不知道要用什麼方法面對面表現出來。

詹姆士一次又一次展開報復，成就了許多他的父親做夢都成就不了的事情。

從小得不到父親肯定的孩子，往往會做出這樣的事。不知不覺之中，他們鎖定了一個目標，然後一次又一次地達成，證明自己不需要進屋裡去。不斷證明，甚至等父親已經歸入塵土仍不肯罷休，彷彿跨越時空繼續在跟老爸的爭執中嘶吼著。

就在他一直叫麥可去跟女人們一起進屋裡去的那段時間裡，詹姆士・喬丹為兒子們在家裡的後院架設了一個籃框。也許他壓根不知道此舉將為未來帶來多少改變。那時，家裡面主要的體育活動，就是詹姆士在後院投球給兩個年幼的兒子，教他們揮棒，教他們愛棒球。他們在五、六歲的時候就開始打兒童式的簡易棒球。七、八歲的時候，他們挑戰投球機。九歲、十歲的時候，他們第一次面對真正的投手，就是在這個時候，兩兄弟開始展現截然不同的打法。賴瑞把目標放在一壘安打，而麥可只想全力揮棒打出全壘打。

據稱，其實比較早愛上籃球的，是哥哥賴瑞。後院的籃球場蓋好的時候，麥可已經開始在少棒聯盟嶄露頭角。突然間，事情朝向不同的方向轉彎。

詹姆士也許只是隨著本能行事，想說既然麥可要走上棒球路，那他應該為了賴瑞的興趣在後院弄個籃球場。然而，其實弟弟麥可也已經迷上籃球了。九歲那年，麥可專心盯著電視，看一個球風狂野的年輕後衛道格・柯林斯（Doug Collins）率領美國隊，在一九七二年的奧運戰場上與俄羅斯一決雌雄。當美國隊在高度爭議之中落敗，麥可跑進廚房，告訴母親有一天他將會代表美國參加奧運。「他說：『有一天我會打奧運，而且保證會讓美國隊贏。』」他的母親後來回憶道：「我微笑著回答他：『寶貝，要贏得金牌可是要付出很多代價哦。』」

然而，大劇情已經開始進展了。從那時起，麥可要吸收所有電視轉播的比賽，其實也沒有很多。在還沒有第四台的年代，在電視上還沒有那麼多職籃可以看的年代，未來的籃球之王竟然沒有辦法收看ＮＢＡ賽事。好在當地的附屬電視台每週會播一些大西洋沿岸聯盟（Atlantic Coastal Conference）的球賽，讓麥可可以欣賞大衛・湯普森（David Thompson）誇張的空中動作，以及北卡羅萊納州立大學狼群隊（North Carolina State Wolfpack）對抗被大家討厭的北卡羅萊納大學（University of North Carolina）。ＮＢＣ則轉播全國大賽，讓麥可可以看到他另一支最愛的球隊，加州大學洛杉磯分校熊隊（UCLA Bruins）。幾年之後，前ＵＣＬＡ名將馬奎斯・強森（Marques Johnson）完全不知道為什麼會在喬丹北卡大的宿舍牆上看到自己的海報。那是因為在喬丹最容易受影響的年紀裡，率領ＵＣＬＡ熊隊的他是當時的明星。

麥可十一歲時，當詹姆士・喬丹對後院球場做完最後的加工之後，他們買了全家第一顆籃球。這個設施很快吸引了整個社區的球員，但是喬丹家的家規牢不可破。功課沒有寫完誰也不准踏進籃球場，而且八點就寢的守則仍被嚴格執行。儘管如此，麥可與賴瑞史詩級的一對一大戰仍然成為每天的重頭戲。

雖然麥可比賴瑞小十一個月，他的身高已經超過哥哥。麥可比較碎嘴，但是兩個人都會講垃圾話，都會想盡辦法惹毛對方。兩兄弟的對戰很快開始出現肢體碰撞，火藥味也愈來愈濃。當喊聲與爭執到達一定程度，荻洛莉絲・喬丹就會從後門出來逼他們和好。有時候她必須強制命令兩兄弟進屋。一天一天又一天，他們不厭其煩地單挑對方，賴瑞總是有辦法用力氣壓過弟弟的身高優勢。

比較矮的哥哥帶來的重擊，敲打著麥可的心靈。輸球的常態延續了整整一年半。

「我想麥可會變得那麼強，是因為賴瑞以前總是在球場電他。」詹姆士・喬丹後來解釋道：「這讓他很難接受。」

賴瑞也這麼回想：「我們兩個在單挑中長大。」

喬丹說：「我總是很認真打。我哥跟我每天都會打到媽媽叫我們進去……我們不會去管什麼兄弟之情，常常打到最後都吵起來。」

漸漸地，麥可學會運用自己的身材優勢。但是當時的他瘦得像根蘆葦，而且力氣也不夠大。很長一段時間裡兄弟倆勢均力敵，兩個人打球的動作就像是在照鏡子一樣。喬丹後來這麼描述：「當你看我打球，就等於是在看賴瑞打球。」

「大部分都是我贏，直到他長得比我大隻。」賴瑞說：「然後我就沒辦法打贏他了。」

當喬丹青少年時期的棒球教練狄克・尼爾造訪這個後院球場時，籃框已經破舊而且歪一邊了，很可能是被賴瑞灌壞的。在賴瑞的灌籃之下壞掉的籃框也成了一個證據，證明了麥可好勝的心靈曾在自己哥哥的掌中被蹂躪。

這些後院大戰也為兩人成年後的關係定調，親近中帶點兄弟較勁的色彩。那些後院大戰也建立了喬丹整個籃球生涯裡對待隊友的方式。每次他加入一個球隊，一定會找裡面最強的那個一打一。就算在他還沒加入任何球隊之前，這也成了他在威爾明頓市的安皮公園（Empie Park）或是馬丁・路德・金恩中心（Martin Luther King Center）的一貫作風。中心的館長威廉・莫菲（William Murphy）說：「已經搞到我必須要求他不要再來這裡打球。」

莫菲說：「我不希望他受傷。我怕他的腳會被砍斷。他來這裡就是挑戰每個人。」他那種攻擊性的態度確實有可能激發這種回應。

詹姆士·沃錫（James Worthy）記得，當喬丹以大一新鮮人的姿態加入北卡大的籃球隊時，就一直糾纏著要找他一打一：「他的任務就是要找球隊裡最強的球員單挑，而大三的我就是那個球員。他是個霸凌者。他來霸凌我。」

在喬丹的職業生涯中與他共事的心理學家喬治·孟佛（George Mumford）解釋說，無論喬丹去到哪裡都一樣。每一個對手都是一個必須被擊敗的賴瑞。很久之後，後院單挑的神話，讓這位哥哥在喬丹身邊的圈子裡享有一定的地位，先是在大學，然後在芝加哥。

「麥可和賴瑞小時候一定比拼得很兇，賴瑞的形象在麥可的生命中極其大。」麥可在北卡大的室友兼球隊經理大衛·哈特解釋道：「麥可真的很愛賴瑞，而且常常會講到他——真的對這個哥哥崇敬有加。就算作為一個運動員，麥可已經超越他的哥哥太多，他也絕不會讓這件事影響他對哥哥的感情——他對哥哥的情感羈絆以及尊敬太強烈了。哥哥在場時，麥可會丟下他那所有高不可攀的名聲與成就，變回一個單純敬愛著哥哥的弟弟。」

之後，在芝加哥，賴瑞·喬丹加入了一個規定球員身高必須低於六呎四吋的職業籃球聯盟。但是他很快因肩傷而退出，但也擔心大家會以為他是因為麥可才放棄打籃球。「我從來不覺得自己相形見絀，因為我可以看得見他的努力。」二〇一二年，賴瑞接受梅莉莎·艾薩克森（Melissa Isaacson）的訪談時這麼說：「我一輩子都在玩運動，但我沒有麥可對籃球那種激情。我比較是那種手巧的人，像我老爸一樣愛弄機器。」

「他是一個非常強壯的運動員。」麥可在芝加哥的教練道格·柯林斯有一次這樣說起賴瑞：「我記得我第一次見到他——這個年輕人雖然有點矮，大約五呎七吋，但是身材非常棒，有著不可思議的肌肉，比較像是打美式足球而不是打籃球的。一看到他，我就明白麥可的拼勁從何而來。」

在威爾明頓的蘭尼高中（Laney High School），麥可成為了球星，而賴瑞連上場的時間都很有限。當時在那裡擔任兩兄弟教練的克里夫頓「帕伯」賀寧（Clifton "Pop" Herring）曾經這麼說：「賴瑞是一個很拼也很好勝的運動員。倘若他長到六呎二吋而不是五呎七吋的話，我確定大家會知道麥可是賴瑞的弟弟，而不是像現在，大家永遠只會說賴瑞是麥可的哥哥。」

也許有些溢美之辭是講得太誇張了，這有一部分也是來自家人朋友對賴瑞・喬丹的溫暖情感。人們總是把他描述成一位真誠而低調的紳士，但是不得不從命運那裡習得痛苦的一課。青春期時他跟麥可的能力是如此不相上下，但是之後他卻必須永遠活在麥可的陰影之下。幾十年來，荻洛莉絲・喬丹對此感到憂心。甚至在兩兄弟長大成人之後，調笑間這份陰影仍然揮之不去。在麥可成為NBA的巨星之後，有一天兩兄弟重演當年的一打一戲碼，麥可突然停下來，看著賴瑞的腳說：「不要忘記你的球鞋上印的是誰的名字。」

比爾・畢林斯立（Bill Billingsley）回想起兩兄弟初次踏上正式籃球賽場的情形。那是一九七五年初期，在威爾明頓以前的栗木街（Chestnut Street）上的學校，有一間古舊的體育館，市政府在那裡籌辦了一個青少年的籃球聯盟。當時，二十四歲的畢林斯立執教的球隊，是喬丹兩兄弟的對手。「當你看到他們，你會覺得賴瑞才是弟弟。」他說：「麥可比他高得多了。早在那個時候，賴瑞的球技就已經不如麥可了，而且根本不能相提並論。」

賴瑞記得，讓他們兩兄弟打籃球的，其實是他們青少年時期的棒球教練。狄克・尼爾正在幫忙創立一支青少年籃球隊，所以打電話給奈德・巴瑞許（Ned Parrish），他是麥可青少年時期的棒球教練。巴瑞許二話不說推薦喬丹家的兩兄弟入隊。

在二〇一二年的訪談之中，尼爾笑著說起年輕的喬丹在球場上的表現。「他很喜歡出手。」這位教練回憶道：「他從沒打過正式的比賽。他少棒聯盟的教練推薦他進入籃球隊。他滿會運球的。他懂得如何處理球，而且速度很快。但是如果把球傳給他，就永遠要不回來了。那顆球一定往籃框的方向去。我們會拿這件事來笑他。」

畢林斯立的球隊與初出茅廬的喬丹打了三場，而且贏了其中兩場。這多半是因為畢林斯立的球隊採用人盯人的防守，反觀，當時聯盟裡的其他隊，用的都是青少年籃球慣用的死板而鬆散的區域防守。

畢林斯立指派隊上的明星球員瑞吉・威廉斯（Reggie Williams）——這個人後來也有稍微打一下大學籃球——去防守喬丹。「麥可是對方球隊裡最棒的球員。如果你想知道年紀還那麼輕的他有多麼聰明，我告訴你，他竟然低位單打瑞吉，然後在禁區跳投得手。」這位教練回憶道：「早在十二歲的稚齡他已經擁有真正的籃球技巧和智慧。」畢林斯立相信這樣的動作出自麥可的本能，因為任何一位青少年籃球隊的教練，都不會有那個時間或意圖去傳授類似的技術。

「十二歲的時候，我哥賴瑞跟我是那個聯盟的先發後場。」喬丹回想起那段經驗時這麼說：「他負責防守，而我負責得分。我投進了致勝一球。結果當我們坐車回家時，我父親說：『賴瑞，你剛剛那防守太漂亮了。』我想說的是：『馬的，是我抄到球然後上籃得到致勝分耶。』我心裡覺得父親顯然沒有看見我做的事，所以我必須讓他看見。回頭去看那些促成你好勝心的處境和階段，是一件很有趣的事。」

在棒球場上也是一樣。喬丹回想到，他總是想要揮出全壘打，而賴瑞的目標是靠安打上壘。然後他的父親會說：「賴瑞，這種態度就對了，想辦法打安打吧。」

畢林斯立解釋說，這個籃球娛樂聯盟的初體驗，發生在美國業餘運動聯合會（AAU）引進青少年選手之前。同時，大部分是由白人從事的棒球，就得到威爾明頓市完整而細膩的支援。相較之下，青少年籃球聯盟可以得到的資源實在少得可憐。

球季結束之後，麥可入選明星隊，雖然他是聯盟裡年紀最小的球員之一。畢林斯立執教的球隊拿下該季的聯盟冠軍，所以他成為明星隊的教練。他開始準備要帶這支明星隊進行橫跨整州的聯賽之旅，也就在這個時候第一次遇見了詹姆士與荻洛莉絲・喬丹。

「麥可的父母親看了每一場他打的比賽。」這位教練回憶道：「沒有父母親會比他們更投入，孩子對他們來說就是一切。喬丹先生是一個沉默寡言的人，而喬丹女士是兩人之中活力四射的那一個。曾花時間跟他們相處過的人，沒有一個不讚嘆於荻洛莉絲・喬丹堅強的意志。她很保護自己的小孩。有些家長只是開車載小孩到球場，然後人就走了，但他們不是這樣。他們留在孩子身邊，而且從不干涉任何事，也沒有試圖影響過我的決定。」事實上，對於教練執教球隊的方式，他們從沒多說過一句話。

一九七五年春，威爾明頓明星隊驅車來到北卡羅萊納的雪爾比（Shelby），位在夏洛特附近。有幾個家長陪同前往，而詹姆士・喬丹就是其中之一。畢林斯立記得球隊在兩天內打了四場比賽，一路殺進準決賽，才在準決賽中敗給一支來自教堂山的球隊。對方的前場球員體格太好，擁有壓倒性的優勢。

教練回憶道：「住在旅館的最後一天晚上，孩子們在自己的房間裡玩鬧，一些父親們和教練團一起打個小牌。不是什麼認真的賭局，只是好玩而已。某個人提議：『我們弄點啤酒來喝吧。』」

畢林斯立印象很深刻，當時詹姆士立刻指出他們身處於一個不販賣酒精飲品的郡縣。

「喬丹先生完全知道要去哪裡搞到啤酒。他開車到州與州的邊界，帶回二、三手啤酒。」畢林斯立這麼回想：「我們那天很晚才睡，一起開心地打牌，沒有認真在賭。喬丹先生真的是一個非常好的人。」

這是兩父子第一趟球賽之旅，往後幾年他們還會一起踏上許多旅途。而每一個遇過詹姆士・喬丹的人，都同樣對他讚不絕口。真的是一個很棒的人啊，人們將一而再再而三地這麼說。這個人會馬上跟你混熟，會給你一個微笑，拍拍你的肩頭。他總是大方付出自己的情感，甚至對公牛隊的總管傑瑞・克勞斯（Jerry Krause）也不吝溫情相待，而傑瑞這傢伙跟麥可起過的衝突可不少呢。

畢林斯立說：「他就是一個非常友善的人。」

更重要的是，人們看見了別的東西。麥可已經完整而徹底地得到了父親的寵愛，而且顯然在某些層面上，麥可自己也察覺到這個事實。但是，在更深的層面上，在唯一重要的那個層面上，這個事實還是沒能突破麥可那無堅不摧的好勝核心。麥可喬丹的方向已經設定好，永遠不會有所變動，而只要有任何一丁點的刺激，就會掀起一陣激情的驚濤駭浪，旁觀者只能在瞠目結舌之間讚嘆不已。

當然，對於這些接受刺激之後的神奇時刻，麥可本人比誰都驚訝。在往後幾年，這樣的時刻會接二連三發生，每一次，麥可的內心總會閃爍著同樣的一種訝異，也會閃爍著同樣的一個問題。我的下一步是什麼？

黑暗

縱然外表和睦，在一九七〇年代中期，詹姆士與荻洛莉絲．喬丹的家庭生活其實擺盪於自我毀滅的邊緣。他們對外投射幸福的假象，其實婚姻中充斥著不和諧，時時引爆激烈衝突。每當衝突升溫，詹姆士與荻洛莉絲會在孩子面前針鋒相對，此時孩子們就會穿過卡里科海灣路，到對面找祖父或是祖母過來，希望可以化解一場混戰。舉家搬遷到威爾明頓之後，同樣的事情依舊層出不窮。他們夫妻倆不是每天都吵，但是只要一開始吵，情況很快就會失控。女兒「姐姐」記得有一次母親找碴，父親的回應是一拳把她打暈。孩子們當時很害怕媽媽被打死了，但是隔天一早，她一如往常從臥室走出來，準備好面對新的一天。還有一次，兩個人在家門前的街道上展開可怕的飛車追逐，而且孩子們還坐在其中一輛車上。這樣的事件斷斷續續地侵擾著讓家庭前進的和平，而且恐懼的因子無所不在。

詹姆士在通用電氣公司的職位讓家人可以舒服度日，也為孩子們提供許多機會。所有的孩子在校外都有參與活動，年紀比較大的甚至已經開始打工。但是就算詹姆士的薪水豐厚，喬丹一家還是有財務上的壓力。當最小的孩子蘿絲琳開始上學，荻洛莉絲立刻在當地穀物工廠的裝配線上覓得一職。那是一份輪班制的工作，排班的時間很不固定，家裡既定的行程因而連帶陷入一團混亂，直到有一天荻洛莉絲覺得自己再也受不了時，就突然辭職了。她完全沒有跟詹姆士討論就擅自辭去工作，但是詹姆士對此倒是從容應付。幾個月之後，荻洛莉絲又在聯合卡羅萊納銀行（United Carolina Bank）的分店當起櫃員。

好像處理這麼多事情還不夠似的，夫妻倆竟然決定要自己開一間夜店，叫作依麗甘薩俱樂部（Club Eleganza）。也許這在當時看起來是個好主意吧。他們倆當時三十多歲，大半部分的青年時期與成年時期都忙著養育孩子。之後當記者問起麥可喬丹的成長過程，夫妻倆都不曾提過這個俱樂部的事情。非常可能的是，依麗甘薩俱樂部是他們婚姻問題的一部分。像這樣冒險性質的投資，往往會耗光時間與金錢，而詹姆士與荻洛莉絲本來就已經為了孩子們忙得不可開交了。

姐姐暗示說，不快樂的家庭生活，可能促成羅尼離家的決定。一九七五年，高中畢業僅僅兩天之後，他就搭船去參加陸軍新兵訓練。其實，多年來他都夢想著軍旅生涯，從他高中時參加後備役軍官訓練隊就可以看得出來。無論姐姐說的是真是假，羅尼的離去確實讓家裡的情緒更加緊繃。全家人在公車站目送羅尼時，荻洛莉絲泣不成聲。

「那就好像家裡某個人過世一樣。」荻洛莉絲如此描述當年羅尼的離去：「我好幾年都不敢踏入他的房間。他是第一個離家的孩子。」

面對為人母親的壓力與挑戰，跟很多其他女人一樣，荻洛莉絲也胖了不少。雖然她後來有將體重控制住，但是對於五個孩子的媽來說，那確實是一段情緒上十分掙扎的歲月。此外，因為不想要女兒步上自己青少年時期的後塵，荻洛莉絲對於女兒「姐姐」在性關係上的任何徵兆都感到忐忑。從來不特別親近的母女兩人，開始每天一連串的醜惡爭吵。一九七五年的一個夏日早晨，喬丹女士開車載女兒去上班的路上，兩個人照例又吵了起來。當她們把車停在姐姐上班的吉普遜折扣店（Gibson Discount Store）前面時，彼此的言語交換加倍激烈。據說荻洛莉絲罵她的女兒「蕩婦」。想不到她的女兒竟駁斥道：「如果我是蕩婦，那妳何不管好妳的老公，不要讓他上我的床？」這件事情在姐姐後來獨立出版的書《在我家人的陰影下》（In My Family's Shadow）有詳細的敘述。

受到這句話的震懾，喬丹女士張著嘴，下巴掛在空中。還來不及回神說點什麼，她的女兒已經跳下車跑進工作的地方。喬丹女士什麼都做不了，只能把頭靠在方向盤上，試圖用喇叭聲把女兒喚回車上。在商店裡的姐姐試著裝作沒聽見嘈雜的喇叭聲，但是店經理終於出面，叫她出去看看媽媽到底想幹嘛。

當姐姐回到車上，荻洛莉絲請她對剛剛講的話做出解釋。母親靜靜聽著姐姐描述父親八年來持續的侵犯。詹姆士・喬丹會在深夜跑去找跟蘿絲琳睡在一張床上的姐姐，這段傳聞中的侵犯開始時，蘿絲琳還是個學齡前的幼兒。姐姐說她的父親一開始解釋說他是要教女兒如何像大人一般親吻，她告訴母親自己心裡有多亂，也說侵犯的程度愈來愈誇張。

根據女兒的敘述，接下來的情景不堪回首。母女倆把車開回依麗甘薩俱樂部，詹姆士正在那裡做一些維修的工作。他老婆把他叫進車裡，把車開到一條人煙罕至的路上停下，然後叫女兒重述剛剛說的種種控訴。等姐姐說完，荻洛莉絲·喬丹對她的丈夫說，兩人婚姻裡的某些事情現在終於都說得通了。詹姆士勃然震怒，掐住她女兒的脖子大吼：「妳寧可相信這婊子也不相信我？」姐姐記得聽到父親叫她婊子的時候，她真的嚇傻了。雖然她跟母親常有爭執，她跟父親一直很親近，連口角都少有。被掐著的姐姐喘著，喬丹女士從儀表板的置物櫃裡拿出一把手槍，跟詹姆士說，如果不馬上放手就要把他殺了。

終於，盛怒的僵局解開。他們全都慢慢冷靜了下來，喬丹女士把手槍放回置物櫃裡，把車開回家，然後女兒馬上躲回自己的房間。一個小時過後，母親進到房裡，跟女兒說現在的情況已經不允許他們三個人生活在同一個屋簷下。因為姐姐還有兩年才從高中畢業，喬丹女士說她必須要離開家住進少女之家。

母親告訴女兒，詹姆士解釋說他「只是試著要幫女兒的忙」，他說女兒徹底誤解了他的感情。

母親也告訴女兒，無論在任何情況之下，都不能將自己那段控訴告訴任何人，在家裡對外都一樣。女兒沒有告訴母親的是，現在說這些為時已晚。早在十二歲那年，她就已經把父親對她做的事，透漏給一個跟她同年紀的堂姐妹知道，聽說這個堂姐妹又接著告訴了自己的哥哥。但就算這整件事已經在喬丹大家族裡傳開，大家也只敢竊竊私語。因為詹姆士在家族裡是受人欣賞也受人畏懼的，似乎沒有其他人想為此跟他當面衝突。

雖然威脅說要把女兒送到少女之家住，喬丹家族中從沒有真的這麼做。這對父母想辦法吞下了這整件醜事，繼續過日子，同時對外維持著開朗的形象。尤其詹姆士·喬丹更是繼續扮演著那個特殊運動員的和藹老爸，繼續贏得大家的讚美與喜愛。

二〇〇一年，當女兒的控訴在幾十年後對外公開時，要去判斷真假已經近乎不可能了，因為他們從來沒有向有關當局報告，也從未接受社福單位或是警方的調查。荻洛莉絲·喬丹顯然曾對女兒的控訴作出思考，但還是覺得訴諸法律不只會毀掉整個家庭，也會危害到其他孩子們。刑事罪名很可能讓詹姆士失去工作，而他這份工作是家庭主要的經濟來源。

向母親透露此事的十年之後，姐姐曾聯繫一位夏洛特的律師，想要對父母親提出告訴。她在自己的書中回憶道，那位律師將她轉介給威爾明頓的刑事單位，結果他們說這件事情的法定追訴期已經過了。

事發當時麥可才十二歲，對這個情形一無所知。好幾年後他才得知姐姐的說法。年輕的時候他跟姐姐是很親近的。一九七七年，姐姐離家結婚，開啟了屬於自己的家庭。她的人生中滿是憂鬱和一些有問題的行為，一些家庭成員也藉此來質疑她對父親的控訴。但是站在性侵被害人這一方的人們則宣稱，這些人格特質正是被害人遭受性侵之後的典型症狀。

性侵的控訴雖然沒有被張揚，卻也終究成為一家分裂的種子，隨著時間推移扭曲了這個家庭，讓它朝著更為艱困的方向前去，無論大家多麼努力要將之拋諸腦後，結果都一樣。麥可喬丹對父母的愛與忠心同樣深厚，他也從中提煉出自己好勝的天性。為了他的家人而產生的情緒，存在於崇拜他的大眾所無法理解的心靈深處。這麼多年來，他的成長經歷一直被視為一則完美的故事。當然，他的母親一再強調麥可來自一個再正常不過的中產階級家庭，也強化了這樣的公眾觀感。

但是提到她自己青少女就懷孕，她會試圖去掩蓋這樣一件完全稱不上是正常的事情。挺她的人們會說，她在一九七五年的那一天之所以如此決定，是因為她覺得這樣最能保全自己的家庭。

真實的故事也許能解釋，為什麼在晚年已經七十多歲的時候，荻洛莉絲還要繼續環遊世界，在幾十個國家裡進行關於家庭議題的演說。她從來不熱中於探討威脅她自己人生最深的衝突，但是她常常講述自己最了解的一件事：生存。

第5章 棒球場

一九七五年，在家庭生活的混亂之中，麥可喬丹在少棒聯盟展現了非凡身手。他投出了兩場無安打比賽，帶領球隊拿下州冠軍，也成為全州最有價值球員。之後，在喬治亞州（Georgia）的區域比賽中，麥可在關鍵時刻把球轟出場外，也證明了自己的打擊能力。這項壯舉讓他的父親多年後回想起來都還會笑。

「他常常聊到我的球隊要進軍少棒聯盟世界大賽的那個時候。」喬丹這麼回想：「我們在喬治亞州比賽，有人提議說誰轟出全壘打，就可以得到一塊免費牛排。那時我好一陣子沒吃到牛排了，然後我父親說：『如果你轟出全壘打，我另外再多請你一塊牛排。』那是一個很大的球場。第四局的時候我把那顆球打到中外野的全壘打牆外，帶有兩分打點，讓球隊三比三追成平手。我們最後還是四比三輸球了，但是在運動場上，我還沒有經歷過比把球轟出場外還要爽的感覺。」

那個時候，詹姆士‧喬丹開始覺得自己的兒子正在往更高階的聯盟邁進。威廉‧亨利‧喬丹這個堂兄也有相同的看法。「十二歲的麥可在一場全明星賽擔任投手，當時我兒子在另一隊。」他回憶道：「根據當時的規則一名投手只能主投四局。如果我沒記錯的話，上場面對麥可投球的十二名打者，全部被三振了。他投球的力道好猛。他為新漢諾威郡投球，而我兒子效力於彭德郡。那一天，看完麥可打球之後，我們都很確定他未來一定會成為職業球員。」

喬丹不單單只是投手。「十二歲的時候，他是個非常出眾的少棒球員。」之後將在貝比‧魯斯聯盟（Babe Ruth League）教導喬丹的狄克‧尼爾回憶道：「他手長腳長。他也能守游擊位置。他能在三壘後方追上滾地球，用反手接起來，然後跳到空中把球傳到一壘。你們會在德瑞克‧基特（Derek Jeter）身上看到一樣的動作。

麥可曾被選為北卡羅萊納州的棒球先生。」

得到這個獎項之後，喬丹拿到一份獎學金，讓他在那年夏天到密蘇里（Missouri）參加為期兩週的米奇・歐文棒球訓練營（Mickey Owens Baseball Camp）。這是一項殊榮。多年來他的家人驕傲地展示麥可少棒聯盟的獎座。「在喬治亞州的淘汰賽裡，麥可敲出一記兩百六十五呎的全壘打。」詹姆士會對來訪的客人們這麼說：「進到少棒聯盟的第一天開始，他就很愛打棒球，也很會打棒球。」

然而，小麥可落入谷底的速度跟他登上巔峰一樣快。那年春天貝比・魯斯聯盟的選秀會上，尼爾挑選了喬丹以及另外四名十三歲的球員。貝比・魯斯聯盟裡的球員年紀是十三歲到十五歲。「他從少棒聯盟走出來時是個超級球星，但是我總告訴那些十三歲球員的父母：『你們的兒子今年大概不會打到多少球。』」

小麥可在十三歲時沒球可打的另一個原因是，為了配合比較年長的球員，這個聯盟的棒球場也變大了。壘包跟壘包之間的距離變長，投手丘也離本壘板比較遠。喬丹的手臂已經無法像以往一樣支配比賽了。「把他選進隊裡之後，我無法讓他擔任游擊手。」回想起一九七六年，也就是麥可在貝比・魯斯聯盟的第一年時，尼爾這麼說：「他沒辦法投球。十三歲的麥可為我打的比賽大概不到四場吧。我想他整個球季大概也只上場揮棒四次。」

就算喬丹家的人對這樣的情形不爽，他們也從沒有表現給尼爾看。隨隊練習時，詹姆士・喬丹還協助這位教練搭造了一個棒球場。「麥可的老爸跟老媽，對於他沒有上場這件事看得很開。」教練在二〇一二年的訪談中這麼說：「他們本來就是個性很好的人……三年來詹姆士沒有干涉任何事，完全沒有。他就只是在旁邊幫很多忙。」

十三歲的喬丹也從沒吐露半句怨言。尼爾說：「我帶麥可的三年經驗當中，他都非常合作。擔任他的教練是一件很開心的事。我認識他的時候，他什麼都不想，只想要打球。」

看到這支球隊打球的時候，比爾・畢林斯立十分訝異。十三歲的喬丹竟然常常穿著防風外套站在界外，充當一壘教練。對當時的喬丹而言，機會顯然相當有限。青少年的運動就是如此殘酷，年輕的球員在某個階層的比賽累積了許多榮耀，然後在另一個階層的比賽裡全部被剝奪。

既然上場作戰的機會變少，喬丹轉而開始娛樂自己與他人。「他是那種能讓氣氛輕鬆的人。」尼爾說：「他幫助每個人放鬆。」本來就很愛開玩笑的喬丹，現在讓他的把戲更上一層樓，他會把刮鬍泡擠在同隊打者的安全帽裡，拍拍某人的肩膀然後躲起來，任何想得到的惡作劇他都會去做。喬丹的老朋友大衛・畢爵斯也在隊上。「他是喬丹的頭號粉絲。」尼爾回憶道：「他們說他是白色的麥可喬丹。他跟麥可是最要好的朋友，但是幾乎每一次練習，兩個人都會差點打起來。他們兩個都很好勝，會去找對方的碴。畢爵斯也是一個很棒的運動員。」

一天，尼爾去看球隊的打擊練習，結果看到畢爵斯壓在喬丹身上大吼大叫。原來，擔任捕手的喬丹在畢爵斯揮棒落空幾次之後開始講垃圾話嗆他。他告訴畢爵斯如果他用那對大耳朵來打球的話應該有機會打出安打。「麥可躺在地上，全身裝備都還在，壓在上面的大衛不斷朝著麥可的捕手面罩揮拳。」尼爾回憶道：「就好像冰上曲棍球選手一樣。他們兩個老是打起來。」

尼爾把兩人分開。他記得畢爵斯淚流滿面。教練聽到這場騷動的起因之後，笑了笑，問喬丹最近有沒有照鏡子看看自己。喬丹自己那對特別的耳朵，在後院的對決裡一直是賴瑞嘲弄的主題。尼爾習慣用綽號稱呼隊上每個球員，於是，因為喬丹頭上那對杯把似的耳朵，尼爾就幫他取了「兔子」這個綽號。當然，原本憤怒的氣氛也就煙消雲散了。

「孩子們很愛這個外號。」教練說：「我們在那裡鬧他，麥可頭上兩個耳朵靠得很近，像一隻兔子一樣。所以某次大家站在那裡，想說：『我們何不乾脆叫他兔子？』那對耳朵真的靠得很近。大家都笑了，麥可也不在意。在芝加哥的時候，詹姆士告訴記者，麥可小時候被暱稱為兔子是因為他速度很快。其實根本不是這麼一回事。」

喬丹還是進到了選手名單，因為他說服尼爾讓他在第一年的某一場大賽之中擔任捕手。尼爾的球隊還沒有輸過球，當他們遇上由奧馬哈人壽（Mutual of Omaha）贊助，同樣保持不敗之身的球隊時，隊上兩名捕手剛好都不克出賽。喬丹懇請教練讓他以捕手身分上場，儘管以他投球的力道，需要靠彈地球才能把球從本壘傳到二壘。尼爾回憶道：「麥可說：『教練，讓我當捕手吧。』當時的他真的又瘦又小，但是有著一雙很大的手掌。我回答：『別鬧了，兔子，這是不可能的事情。你根本沒辦法把球傳到二壘，那可是一百二十八呎的距離耶。』他說：『教練，我會想辦法做到。』他就是這樣的孩子。」

其中一位助理教練建議尼爾教導喬丹如何精確地讓球「彈跳到」二壘。那位助教叫喬丹把球壓低，恰恰高過投手的頭就好。喬丹立刻學會了這個技巧。他讓球低彈跳到一個理想的位置，二壘手接到之後剛好可以順勢觸殺滑壘的跑者。

尼爾還記得那場大賽開始之前的熱身：「我們進入內野熱身，奧馬哈人壽的球員站在場邊看著。看見喬丹丟那種彈地球時，他們都笑出來了。他們愈笑愈誇張，然後開始嗆喬丹：『喔，看看那隻手臂，簡直跟義大利麵條一樣細。麵條手先生，我們今晚會一直在你面前盜壘。』麥可掀開他的捕手面罩，看著他們，面帶笑意地說：『你們盜壘，我就讓你們出局。』我們都笑了。真的很有趣。第二局的時候，他們派一個盜壘，麥可傳球過去把他觸殺。他們又接著又派三個還是四個人盜壘，麥可的傳球讓他們全部出局，然後他們就不敢再盜壘了。這件事讓我們笑好久。比賽過後，麥可對我說：『我早告訴你我可以做到。』」

多年之後，在芝加哥，喬丹向公牛隊的助理教練約翰・巴赫（Johnny Bach）提及這段往事，透露說他當時的處境十分艱難。作為青棒球隊上唯二黑人球員之一，他有一種痛苦的被孤立感。尼爾的棒球教練生涯長達三十七年，期間他的隊上總共只有過三名黑人球員，而喬丹就是其中一個。「這樣的數字可以讓你稍微了解當時的狀況。」這位教練說：「因為隊上沒有任何黑人球員，我被美國有色人種協進會（NAACP）盯上。通常，你會在場上看到十二名球員裡只有一個黑人。我告訴有色人種協進會，兩百五十個小孩來參加球隊徵選，裡面就只有三個黑人小孩，要挑到黑人球員實在不是一件容易的事。」

在貝比・魯斯聯盟的頭兩年，喬丹唯一的黑人隊友是泰瑞・艾倫（Terry Allen）。待在聯盟的最後一年，他唯一的黑人隊友是克萊德・西門斯（Clyde Simmons），這個人後來成為費城老鷹隊（Philadelphia Eagles）

全職業賽的防守邊鋒（All-Pro defensive end）。這樣的數字更讓大家明白，要把兒子放進這種幾乎純白種的比賽環境裡，喬丹一家要承受多少痛苦。當球隊因巡迴比賽需要在外地過夜時，麥可會被另外安置在當地的黑人家庭裡。這當然讓他有機會多認識人同時結交新朋友，但是這樣的處境顯然是尷尬而難堪的。對於球隊這種具有種族主義色彩的處置，喬丹的家人從未表現出任何負面情緒。尼爾說：「我從來沒有在麥可身上看到一絲憎恨。」

教練還記得某天晚上，球隊在一個比較亂的地區練球。練到一半，突然有兩個男人闖進選手休息區，開始在冰櫃裡面東翻西翻。尼爾要求他們停手，他們以威脅和髒話回應。隊上某個人跑去打電話報警。等候警察到場的時間裡，喬丹竟然用歧視黑人的詞彙咒罵那兩個人。當下，喬丹處境之難堪顯露無遺。在一個種族仇恨依然高漲的年代裡，幾乎都是白人在打的青棒球隊，到一個幾乎都是黑人居民的社區練球，確實是一個棘手的情境。青少年時期的喬丹，在這種背景之下，對自己的身分認同感到困惑，也是合情合理的。

那一個冬天，一九七七年一月後半接連幾天，美國廣播公司（ABC）播出獲獎的電視影集「根」（Roots），改編自艾力克斯・哈利（Alex Haley）的小說，探討非裔美國人的經歷以及不人道的蓄奴制度。喬丹震懾於這個故事，內心深深被觸動了。「他們讓我們經歷了數百年的苦難，觀看『根』的時候，我才第一次了解到這些事情。」多年後他這麼解釋：「起初我對這些事情幾乎一無所知，但那時我終於睜開雙眼，看見了我的祖先必須承受的一切。」

喬丹之後解釋，關於種族歧視，他個人其實沒有太強烈的切身經驗。但是對美國醜惡過往的理解令人震怒，也占據了他的心靈。無論走到哪裡，他都覺察到那些他以前沒有注意到的事情，心裡便生出更多關於種族主義與其不公義的問號。

看完電視影集的三個禮拜之後，麥可的曾祖父在蒂奇過世了，差幾個月就來得及過八十六歲生日。道森的離去為全家人帶來的深切感傷，也許也加強了麥可最近才有的那份種族憤怒。對於曾祖父的生活細節，麥可並不是太清楚，但是只要看著那深深嵌在老人臉龐的苦痛，就可以想見在那不得安寧的一生之中，他遭遇過多少麻煩，又被迫跨越了多少無理的重重阻礙。

同一年稍晚，學校裡一個女孩叫麥可「黑鬼」。

「我直接拿一罐汽水往她身上砸過去。」他回憶道：「那是很不好過的一年，我變得很叛逆。我覺得當時的自己是個種族主義者，我反所有的白種人。」

喬丹因為這件事情被停學。母親並沒有讓他在家度日，而是要求他每天坐在車裡，車子就停在母親上班銀行的附設停車場，好讓母親可以透過櫃檯的窗戶監控他的一舉一動。只有這樣，母親才能確保他有好好做功課，而不是在外頭惹麻煩。多年後喬丹會拿這件事情來取笑母親，說那完全算得上是虐待孩童，但是當時的他可是真的非常生氣。接下來幾個月，母親一次又一次告誡他，不要把精力浪費在悲情與種族的憤怒之上，一個年輕男孩很可能因為這樣毀掉了自己。她說，關鍵不在於遺忘，而在於原諒。

超過一年，麥可才慢慢接受了母親想要傳達的訊息，他的怒火也才漸漸退燒。喬丹回憶道：「我的父母親是這樣教育我的。你必須能夠說，好吧，過去發生了這些事情。那我們從現在開始，看看未來會發生什麼事情。要拿自己的一生來憎恨他人是很簡單的，也很多人真的這麼做了。但是你要有辦法面對現在發生的事，然後設法讓一切變得更好。」

透過自己在海岸平原上的親身經歷，荻洛莉絲・喬丹形塑了兒子的人生態度。但是，不單單只是如此。她太過專注於創造未來，專注於正面思考，專注於成就一切，所以絕不允許任何事情阻擋她的家庭前進，無論是這個社會令人髮指的不公不義，或是她的女兒令人心碎的性侵控訴。任何一項議題，不管多麼嚴重，只要沒辦法讓生活變得更好，她一概不願意多花時間處理。對荻洛莉絲・喬丹來說，因為某些事情的牽絆而停下腳步，形同被打敗。在人生剛要開始的時候，就親嚐種種失望的她，現在說什麼都不願意再一次被擊倒。

要來囉

一九七七年三月，透過電視轉播，喬丹看著北卡大在全美大學體育協會（ＮＣＡＡ）的籃球錦標賽一路挺進，但是無動於衷。之後他會承認，身為北卡羅萊納州立大學的粉絲，當時的他徹底鄙視北卡大柏油腳跟隊（Tar Heels）。

儘管如此，對於大學籃球的球迷來說，這確實是一段引人入勝的時節。在轉播單位的推波助瀾之下，每年的這個時候也漸漸形成所謂的三月瘋（March Madness）。這陣熱潮當然與灌籃的回歸脫不了關係。自從賈霸還在ＵＣＬＡ的年代開始，灌籃這個動作已經被大學籃球禁止了整整九年。年輕的麥可之所以厭惡北卡大，可能還有一個更為本能性的原因。當灌籃再一次擄獲觀眾的目光，同時間另外一個聞名天下的，或者應該說惡名昭彰的東西，就是狄恩・史密斯和北卡大那套專門拖慢比賽節奏的四角進攻。

這一年的錦標賽席捲了整個北卡羅萊納州。在中東部的區域賽中，麥克斯威爾（Cornbread Maxwell）帶領新崛起的北卡大夏洛特分校（UNC-Charlotte）爆冷擊敗密西根州大，讓兩支來自北卡羅萊納州的球隊擠進最後四強。最終，北卡大與馬凱爾大學在總冠軍賽碰頭。北卡大的主力球員是帶著肘傷上陣的控球後衛菲爾・福特（Phil Ford），可惜他因傷無法投籃，面對馬凱爾大學的區域防守一籌莫展。狄恩・史密斯再度與總冠軍擦肩。喬丹喜孜孜地跟著家人一起看這場比賽的轉播。「我媽很愛菲爾・福特，但我就是受不了北卡大那群人。」他回憶道：「所以一九七七年那場總冠軍賽裡，我為馬凱爾大學加油，我媽因此很生氣。」

那一年的春季與夏季，在貝比・魯斯聯盟裡，喬丹每一場都為尼爾先發出賽，但是他十二歲時擁有的神奇實力真的是一去不復返了。尼爾回憶道：「我沒辦法讓他擔任游擊手，他的傳球力道不夠。有時候我會讓他守三壘。我也讓他守一壘。我也讓他守左外野。他也可以投球。十四歲的時候他已經進入我的投手輪替陣容。每兩、三場他會出來投一次。」

然而，他投的球已經失去了宰制力。站在本壘的時候，他揮棒的速度又不到位。「那一年他的打擊率在.270到.275之間。」尼爾說：「這已經是他表現最好的時候了。在青棒聯盟裡，你會看到有些小孩的打擊率飆出.380到.400這樣的數據。麥可能打擊，他是個可靠的球員。在隊上平均打擊率.230的那些人之中，他大概是比較好的打者了。他是全隊不可或缺的一部分，但是在貝比・魯斯聯盟裡面，他已經失去當年在少棒聯盟的球星身價了。他為我打了三年的球，一次都沒有入選明星隊。」

一九七七年秋，喬丹進入D.C Virgo就讀，那是威爾明頓一所專門給九年級生就讀的預備學校。很快地，他成了學校體育館每天早上的固定訪客。負責開館的員工達夫・艾倫（Dave Allen）馬上注意到喬丹的跳躍力，還有那條裸露在外的舌頭。艾倫回憶道：「我記得很清楚，我告訴他：『孩子啊，我很擔心你會把舌頭咬斷。』」果不其然，大概一週之後，流著血的喬丹從校長室走出來。艾倫問他是不是咬到舌頭了。喬丹也只能點頭。

在季前的練習期間，喬丹其中一個夥伴就是當時已經幾乎六呎七吋的哈維斯特・李洛伊・史密斯（Harvest Leroy Smith）。一對一的比賽，就是他的身高對上喬丹的速度。「我跟他每天一起練球，而不管怎樣他非贏不可。如果你贏了一場花式投籃比賽（HORSE），他就一定會要你再跟他比一場，反正要比到他贏就對了。」史密斯回憶道：「他沒贏之前你休想回家。」

當時才五呎七吋高的喬丹，找到了很多攻擊籃框的方法。「你看見他把球送進籃框，你會懷疑他到底是怎麼做到的，因為他真的不高大。」史密斯說：「但重點是他很快。現在唯一的問題就是，他會長到多高——還有他會將自身的球技提升到什麼境界。」

在佛瑞德・林區所執教的球隊裡，喬丹用一段令人大開眼界的九年級球季來回答這個問題。喬丹的表現很快激起附近籃球校隊教練的興趣。狄克・尼爾的兒子史蒂夫跟喬丹一起打籃球，尼爾回憶道：「我去看他在Virgo的處女秀。他們的球隊前往伯高參加一場國中賽事。麥可獨得了44分，國中的比賽一節可是只有六分鐘啊。」

喬丹得了全隊54分之中的44分，尼爾回想道：「他回到自己投籃順手的地方出手，然後開始找機會往籃框切入。」

附近新漢諾威高中（New Hanover High School）的校隊教練吉姆・赫布朗（Jim Hebron）開始密切注意喬丹。南方韋恩高中（Southern Wayne High School）的教練馬修・漢彌爾頓（Marshall Hamilton）回憶道：「我記得在喬丹九年級時，吉姆・赫布朗跟我說，他以後會成為不得了的球員。」

風聲也許沒有太響，但無庸置疑地，一切就是從D.C Virgo的九年級開始。喬丹嶄露頭角的時候，籃球的風靡程度尚未爆發。之後，美國業餘運動聯合會（AAU）將用一種精心設計過的程序，包裹整個運動，也將這些年輕球員們商品化。資深球探湯姆・康卓斯基（Tom Konchalski）在二〇一一年的訪談中，提出這樣的見解：「業餘運動聯合會裡那些不到十二歲的球員都以為自己已經很大咖了。」

一九七七到一九七八年間，喬丹能打的籃球比賽不多，因為公立學校聯盟安排的球季並不長。後來，業餘運動聯合會讓年輕球員累積很多時數的比賽經驗，但是太多比賽的折騰，以及對球員太過悉心的照料，也很可能將喬丹最珍貴的本質消磨殆盡。康卓斯基補充道：「我不認為他的競爭心態可以挺過這一切。真正將他區別出來的，就是他那強大的好勝心，那就像是競爭心態中的X-Y-Y染色體。對於生活的其他面向來說，這也許會是缺陷，但是在籃球場上，好勝心定義了這名球員，也昇華了他的運動能力。但是，倘若在業餘運動聯合會之下打球，他就不會保有這份好勝心了，因為永遠都有下一場比賽。你一天要打三場比賽。你可能輸了一場難看的球，但兩小時之後，又有另外一場比賽可以讓你捲土重來。你不會太執著於勝利。贏球在那裡並非一種執念，而這份執念偏偏是麥可喬丹與眾不同的原因，他是一個求勝若渴的球員。如果他在業餘運動聯合會塑造的環境下成長，他也許就會失去那份對勝利的渴望。他可能會失去他的好勝心，也就是說，失去他最珍貴的資產。」

就是這麼巧，曾經在喬丹十二歲時擔任他明星隊教練的比爾・畢林斯立，在一九七八年的春季被D.C Virgo雇用為代課老師，並且被指派去執教九年級的棒球隊。他清楚注意到喬丹在棒球場上的挫折。「他漸漸失去興趣。」談到喬丹與棒球的關係，畢林斯立這麼說：「他的身體正在改變，正在成長，而且他在籃球場上也已經小有成就。」

事實上，畢林斯立雖然是在 D.C Virgo 帶九年級的棒球隊，但是許多最美好的回憶卻跟籃球有關。巴德・布蘭登（Bud Blanton）是一個白人小孩，他跟喬丹顯然是九年級球隊裡最出色的兩名運動員。每天下午，畢林斯立都會在學校的體育館裡，看見這兩個人在進行激烈的一對一。「他們倆會進到球場去，開始打籃球，然後你會以為第三次世界大戰發生了。」這位教練笑著回憶道：「他們都拿出真本事來拼。」

有一天，喬丹甚至要當時二十多歲的畢林斯立跟他打一場。「當然，他跟我打的時候沒有像跟布蘭登打那麼認真。」教練解釋道：「他站得很遠，在罰球圈的外圍，跟我說：『嘿，教練，你要放我投這一球嗎？』」為了防備麥可切入的速度，畢林斯立退到禁區內守著，結果卻看著喬丹在外線連中三元。當時三分球還不在規則之內。教練心想，這孩子的射程變遠了。

年輕時的喬丹就已經開始習慣用一些垃圾話來為這些比賽時刻增色。畢林斯立說：「十四歲的他可一點都不謙虛，在場上嘴巴從沒閒著。他喜歡那些言語上的小動作。」有些人不是很喜歡喬丹這種做法。「他確實曾經跟其中一個男孩起了衝突。麥可打了他幾拳。」畢林斯立說：「我記得他因為這件事惹了一點麻煩，還被送到校長室。麥可其實是一個有禮貌又乖巧的孩子，但要捍衛自己的喜歡的東西時，他也沒在怕的。」

那一年球季，他為 D.C Virgo 投了幾場球，但是大部分的時間都是擔任捕手。巴德・布蘭登已經開始展現自己的棒球天分，並且贏得了一份獎學金，可以在肯塔基大學（University of Kentucky）為東南聯盟（Southeastern Conference）投球。喬丹在本壘板後面的表現，則有一點米克・傑格（Mick Jagger）混合亨尼・揚曼（Henny Youngman）的味道。

回想起 D.C Virgo 的主場比賽，畢林斯立說：「他接到球之後，會在本壘後方一邊笑一邊踩著舞步。全場觀眾都嗨翻了。」

布蘭登是一位已故地方民意代表的兒子，天生就有很好的棒球才能，球速快，而且能投很刁鑽的蝴蝶球（Knuckleball）。因此，擔任捕手的喬丹可不輕鬆。回想起一場對上附近的傑克遜維爾的比賽，畢林斯立說：

「布蘭登能投出很猛的球，然後再切換成他招牌的蝴蝶球。面對他的時候，打者通常會感到困惑，甚至有點怕怕的。但真正讓他們不知所措的人應該是本壘後方那位。麥可會告訴打者：『你不可能打得到這顆球。』布蘭登屈膝抬腿準備投球，此時喬丹就蹲在那裡跟打者說：『要來囉！要來囉！』」

畢林斯立就坐在擋球網之外，笑著：「我看得到麥可在做什麼，也聽得到他說什麼。蝴蝶球過來的時候，那些打者根本連棒子都揮不出去。打者們已經一個頭兩個大了，而喬丹還繼續從後面發動言語攻勢。所以，他們常常轉頭偷瞄喬丹，沒有專心盯著投過來的球。我笑得太開心了，還差點從椅子上跌下來。每次布蘭登要投球的時候，麥可都會跟打者說：『小心哦，要來囉。』」

那一年夏天，喬丹完成他在貝比・魯斯聯盟的最後一個球季。「已經十五歲了，照理說他應該會是我隊上的主力投手之一。」狄克・尼爾說：「事實並非如此。我可以把他擺在外野，或是偶爾讓他守一壘。」喬丹的打擊甚至比前幾年還退步，但是他還是很有效率。「我們打的是小球戰術，有很多短打，很多高飛犧牲球，很多盜壘。」尼爾解釋道：「麥可喜歡這種打法，他能跑。他根本不用跑得太快，光是步伐就夠大了。」

這已經足夠讓他幫助球隊拿下冠軍。從一場加賽可以明顯看得出來，九局打完，兩隊都沒有得分，比賽進入延長。「麥可被保送，然後盜上二壘。」尼爾說：「我記得我們用短打把他送上三壘。這個時候我下令執行強迫取分（suicide squeeze）。我們隊上有一名十三歲的球員很能短打。我讓他上場，要他保護三壘的麥可。當投手把球投出去的時候，麥可已經跑到三壘跟本壘中間的位置了。」尼爾往本壘的方向看，看見打者已經走下打擊區。

看起來球隊好像大難臨頭了，教練回憶道：「捕手接到了球，蹲在那裡看著四十呎外的麥可。所以他跳了起來。三壘手站在壘包旁，雙腳交叉，還一邊咬指甲。麥可回頭，作勢要跑回三壘。捕手回傳三壘時把球丟到了左外野。所以麥可直奔本壘，而捕手就蹲坐在本壘前三呎處。麥可跨越他，在本壘落地。麥可完完全全跳過了他。每個人的反應都是：『哇，你們有看到嗎？』我們就因為麥可這一招，以1比0拿下比賽勝利。」

「有一個規則是，如果捕手手上沒有球，而你跟捕手產生肢體接觸，就會被判出局。所以麥可避免了任何身體上的碰觸。他乾乾淨淨地跳過了捕手。」

重點不僅僅在於他有能力做出這種動作，也在於他了解這條規則，並且懂得利用自身的運動能力完成任務。

隔年夏天，喬丹進入了蘭尼高中美式足球校隊的二軍。那時的他已經長到五呎九吋，比家族裡所有男性都高。但是他的母親試圖說服他不要去，說他的手臂跟腿都太瘦弱了。他苦苦哀求，母親終於妥協。他在防守後場得到一個位置，很快就在攔截這項數據上勇冠全隊。球季進行到後半，蘭尼高中對上布倫瑞克郡（Brunswick County）。對方高大威猛的跑鋒（running back）一開賽就突破蘭尼的防守陣勢，纖瘦的喬丹很勇敢地上前補位。眨眼間，他已經倒在地上，痛苦地扭曲著身體。

「斷了，教練。它斷了。」當教練佛瑞德・林區走進場察看他的狀況時，喬丹這樣喊著。聽慣喬丹開玩笑的林區跟他說：「快起來，你耽誤到比賽了。」然後他才發現喬丹不是在開玩笑。

荻洛莉絲・喬丹比較晚到，在觀眾席坐下時，她發現比賽沒有在進行。一個朋友告訴她麥可受傷了，而且好像派了救護車要來把他送醫。荻洛莉絲記得她當時第一個反應是要跑進場中去看看她兒子是否還好，然後她想起自己曾經承諾喬丹不可以當眾讓他尷尬。於是她回到車上，開車到醫院等候兒子。

他的肩膀脫臼了，但是幾週後球隊吃慶功宴時，他已經痊癒。吃慶功宴之前，麥可和巴德・布蘭登拿起美式足球，一起傳接了幾球，然後到他家後院的籃球場打了幾場一對一。打完之後，喬丹加速起跑，試著把球灌進籃框。他沒能灌進，但是差距小到值得再試一遍。然後兩遍、三遍。流著汗，皺著眉，接下來整整一個小時，他都吐著舌頭，不斷嘗試灌籃。終於，大概到了第三十次，他把球高舉過籃框，灌了進去。他臉上的笑容說明了一切。

「他很興奮。」幾年後布蘭登回憶道：「他很開心自己可以灌籃了，不過這本來就是遲早的事。」

第6章 被砍掉

一九七八年的秋天，那位把一切希望放在蘭尼高中籃球校隊徵選的十五歲男孩，和後來世人眼中無敵自信的麥可喬丹，兩者可說是天差地別。自我懷疑糾纏著這位年輕人。他的學業成績不差，大部分的科目都可以拿到B或C，但是沒有任何跡象顯示他未來可能在學術界發光發熱。而且他痛恨工作，總是拿自己的零用錢來賄賂兄弟姊妹，要他們幫忙做自己應當負責的家事。他完全懶得靠除草之類的事情來賺取零用錢。他對於羅尼高中就兼兩份工的榜樣不以為意。在父親眼中，很顯然麥可願意付出任何代價，來避免任何形式的勞力。

「他是我見過最懶惰的小孩，」詹姆士‧喬丹常常這麼說。「如果他是要在工廠打卡上班的話，他絕對會餓死。為了讓兄弟姊妹甚至是附近的小孩幫他做家事，他願意散盡身上最後一分零用錢。所以他總是身無分文。」

但是一扯到運動，他這份懶惰馬上神奇地煙消雲散。只要有一顆懸在空中的籃球，只要有一場勝負未定的比賽，他身上的開關就被打開了。在他的青少年腦袋裡，麥可覺得自己以後也許可以當一個職業運動員。這世界上唯一會讓他產生興趣的東西差不多也只有運動了，這樣的他，跟數百萬個做著白日夢的同齡小孩毫無不同。他不知道怎樣才能讓夢想成真，而確實也很少有一條清楚而合情合理的道路，可以通往職業運動員的生涯。

隨著時間過去，他的選擇範圍愈來愈窄。他看著自己在棒球場上的優勢消失殆盡。而母親又堅持他必須完全放棄美式足球。他的選擇已經貧乏到荻洛莉絲甚至建議他去修家政課，這樣往後才可以為自己縫衣做飯。更打壓他自尊的是，荻洛莉絲暗示上家政課也許是一個很明智的做法，因為麥可似乎不像是能夠輕易交到女朋友那種人。這簡直就是荻洛莉絲版本的「跟女人們一起進屋裡去。」

沒有因此一蹶不振，麥可竟然真的聽從母親的建議去修了家政課，而且發現自己還滿喜歡的。「我記得他在學校烤了一塊蛋糕，好吃到我們都不相信是他做的。」母親回憶道：「我們還打電話去跟老師確認。」

儘管如此，十五歲的喬丹，跟許多青少年一樣，游移在憂鬱的邊緣。事實是，他沒有太多朋友。現在他生命裡唯一的明燈，唯一的光亮之處，就是籃球了。

在Virgo讀完九年級之後，喬丹和高瘦的李洛伊・史密斯一起參加了蘭尼高中校隊教練克里夫頓「帕伯」賀寧舉辦的籃球營。這個學校才剛落成三年，擁有一座嶄新的體育館。有著四成黑人學生的蘭尼高中，象徵了威爾明頓在廢止種族隔離上的勝利。這個城市仍帶著種族主義的舊傷，在一八九八年的那場暴動裡，黑人們被送往火車站，被告知他們應該離開，如今，很多事物仍然反映著這場暴動的餘波。擁有歷史學博士學位的比爾・畢林斯立曾經撰寫這個城市的種族歷史，他說：「當時，對於許多非裔美國人來說，前進的最好方法，仍舊是離開。」

然而，喬丹在蘭尼高中就讀的那幾年，校園裡的種族氛圍相對平靜，一部分是因為黑人跟白人在運動場上的合作。除了在黑白混合的教室裡的進展，運動競賽提供了讓兩個種族的人們學習共同相處的主要機會，立足點就是最近發展而出的相互尊重。不過這些事情只在事後回憶的時候才顯得重要。一九七八年的喬丹，只是一個一心想要進校隊的孩子。

喬丹很顯然是整個九年級球隊裡最傑出的球員，那年夏天在賀寧的籃球營裡，他的表現也讓人印象深刻。所以後來，他已經開始想像著自己要在籃球場上為蘭尼海盜隊（Laney Buccaneers）做什麼事了。他頗有信心自己可以在下一個球季被選進校隊一軍。畢竟，李洛伊・史密斯和其他九年級的隊員也都欣然承認，喬丹就是隊上的主將。

當然，麥可喬丹的偉大神話，與帕伯・賀寧教練一生的悲劇就在這一刻產生交集，造成了一個將在往後數十年被不斷放大的誤會。無盡浪濤般的雜誌專文、新聞報導、電視片段、影像以及廣播都敘說過這段故事，一而再再而三地告訴世人：超級巨星麥可喬丹，竟然在高中籃球校隊的選拔裡被砍掉。

埋在神話創造的雪崩之下的，就是麥可的教練帕伯・賀寧。他是威爾明頓土生土長的孩子，在新漢諾威高中為傳奇教頭里昂・伯格登（Leon Brogden）打過球。伯格登曾經帶領八支不同的球隊拿下州冠軍，賀寧就是效力於他最後一支球隊。幫助伯格登再添一座冠軍之後，賀寧進入北卡羅萊納中央大學（North Carolina Central University）擔任四分衛，一九三〇年代約翰・麥克蘭登就是在這個大學開設了教練課程。賀寧在大學的時候其實也可以打籃球，但是他選擇利用美式足球來拿到學位。畢業之後他回到威爾明頓，在伯格登身邊做了一陣子助理教練。當蘭尼高中在一九七〇年代中期落成，賀寧的出身背景剛好適合擔任籃球校隊的教練。值得注意的是，他是一位非裔美籍的總教練，這在當時是很罕見的。一九七八年麥可喬丹進入蘭尼高中就讀時，賀寧是一位聰明、風度翩翩而且前途大好的年輕教育者。事實上，賀寧就住在喬丹家附近，所以很快就養成習慣，每天順路開車接喬丹到學校的體育館參加晨練。他願意為球員們做很多份外的事，甚至為了確保球員高中畢業後還有球可打，還會特別幫忙寫信給大學。他之後對於喬丹的處置可以證明，獲勝，對帕伯・賀寧而言並不是最重要的。他的球員才是。

慣於仔細觀察每個教練的狄克・尼爾，有個兒子也在賀寧的隊上打球。「他是一個很棒的人。」尼爾回憶道：「他心理崩潰過。但他為人很有趣，也對小孩們很好。他是一個好教練，而且風度翩翩。但他後來真的跌到了谷底。」

很不幸地，喬丹從蘭尼高中畢業後不到三年，賀寧罹患的精神分裂症就讓他結束了教練生涯。當他的心理疾病發作，人格便會突然而迅速地崩壞。原本體貼有活力的年輕教頭，會幾乎在一夕之間變成一具衣衫不整的殭屍，走在大街上自言自語，彷彿追逐著某個看不見的惡魔。這樣的事情讓老朋友們十分苦惱。「為什麼會發生這種事？」他們再三問道：「這個聰穎而特別的人怎麼可能淪落至此？」藥物的控制稍有幫助，但是他的生活已經陷入情緒與行為劇烈變動的輪迴，隨之而來的，是一落千丈的社會地位。

他的教練朋友們盡其所能保護他，但是就在賀寧的生活分崩離析之際，喬丹的高中故事開始有了自己的生命。喬丹的成長背景中最詭異的一段，將激起人們暴風般的興致。他被高中的籃球校隊砍掉？接著當然是一個再合理不過的問句：這到底是哪個白癡做的決定？

媒體們在報導喬丹時，往往一再地重訪這段故事發生的現場，而威爾明頓的社區則避而不談賀寧的處境。第一個在發掘真相上做出重大突破的記者，是來自達拉斯的凱文・薛靈頓（Kevin Sherrington）。許久之後，《運動畫刊》（Sports Illustrated）也透過一篇寫得非常棒，關於賀寧的文章來深究真實的狀況。這些報導配合其他故事顯示，喬丹的說法本身可能帶有虛構的成份，這大概是這位超級巨星那份奇特而猛烈的好勝心的產物。

然而，這樣講似乎也不完全接近真相。縱使《運動畫刊》那篇文章所塑造的觀感，確實成為喬丹神話裡值得一談的部分，但其實在這一大堆的誤解以及刻意的修正主義之中，最基本的事實不過就是：多年來公立學校裡的競爭就是這樣。年輕的運動員去參加球隊徵選。有的人被選中。有的人被砍掉。

為了喬丹的故事回應媒體好多年之後，教練們開始暗示當年蘭尼高中校隊根本沒有舉辦過什麼正式的選拔。如此修正後的說法本身就引人疑竇。如果沒有選拔的話，就不會有入選球員的名單被張貼出來。但是當年的夏天，賀寧張貼了這麼一張名單，上面按照字母序寫著入選球員的名字。最後的幾天，喬丹充滿期待，終於等到最後幾個小時，最後幾秒，當入選名單一公布，喬丹幾乎是馬上出現在名單之前，讀了一遍，然後又讀了一遍。他腦中第一個想法是，這名單顯然出了什麼錯。就連十五歲的喬丹都知道自己是九年級球隊裡最厲害的球員，而且程度跟其他人差遠了。但是，名單上唯一的高二生是他那位人高手長的朋友李洛伊・史密斯。

當天，知道自己失敗的他，彷彿被一塊巨石砸中。他獨自走回家，沿途不與任何人交談。「我跑進房間，把門關上，然後開始痛哭。」之後喬丹回憶道：「好一陣子眼淚都停不住。雖然那時候家裡沒人，我還是緊閉房門。我真的不想讓任何人看到我這樣或是聽見我哭。」

對賀寧而言情有可原的是，他在一九七八年的秋天組了一支經驗十分老到的球隊。共有十一名高三以及高四生回到了校隊裡面。其中有八個是後衛。李洛伊・史密斯能提供球隊缺乏的身高優勢，雖然說他的上場時間也不多。隨著時間慢慢消化了教練這個決定的喬丹，做出了一個不可迴避的結論——長得高不高，有差。一九九○年，喬丹對作家約翰・艾德格・懷德曼（John Edgar Wideman）這麼說：「我真的氣炸了。因為我最好的朋友，六呎六吋的那位，入選了校隊。他不強，但是身高有六呎六吋，那在高中生裡面算很高了。他進了球隊，但我覺得其實我比較強。」幾年後，史密斯強調說自己看到名單也很驚訝：「因為那顯然不是靠強弱決定的。」

賀寧的助理教練朗・卡力（Ron Coley）回憶道：「值得爭論的點是，我們如何運用李洛伊・史密斯。」後來執教於彭德郡高中的卡力宣稱他並不記得喬丹有來參加徵選，但他記得年輕時的喬丹是一個「羞澀的球員。」

後來教練們都承認他們當時應該可以把這件事情處理得好一點。賀寧也許曾跟這位高二生談過他的未來，但就算他真的有這麼做，喬丹顯然沒有聽進去。而且，也沒有任何人記得他曾經先找喬丹談過。機率比較大的是，當時賀寧根本沒有對此多說什麼，因為這是一個很稀鬆平常的狀況，而且公立學校的體育競技一向如此：教練執教並且做決定。這中間不會有太多討論的空間。灼痛人心的是那張名單本身，接下來整個球季它都一直被張貼在那裡。喬丹回憶道：「那張沒有我名字的名單貼在那裡好久好久。」

多年後，為了解答喬丹被高中校隊砍掉的謎題，記者們造訪威爾明頓。以前的教練以及球隊成員們告訴記者，一切都是為了球隊，當時的喬丹還沒準備好，他還太矮太瘦，就算一打一，他也不可能打贏校隊裡那些年紀比他大，而且身材比他好的球員。也許他們說的是實話，但從往後幾年喬丹的表現來看，這些說法仍有待商榷。對於所有見證一九七八年那些事件的人來說，教練們與球隊成員的這些回答其實再清楚不過了，當然，除了其中最重要的那個人之外。

喬丹的心碎了，他不想再繼續打籃球。後來他將一切歸功於母親當下的鼓勵。她激勵喬丹在這巨大的失望之中繼續奮戰。很幸運的，在那一年的冬天，他的意志保持毫髮無傷。

「我們覺得把他放在二軍對他來說比較好。」擔任二軍教練以及校隊一軍助理教練的佛瑞德・林區這麼說：「他並沒有繼續生悶氣。他努力練球。我們知道麥可是一名好球員，我們希望他可以多打一點。」

林區解釋說，進入校隊一軍代表他要打替補，比較少的出賽時間也代表比較少的進步。在二軍球隊，他有宰制全場的空間。但是，二軍球員的身分在青少年之間還是頗不光彩。所以，蘭尼的球員們注意到麥可的頭型，開始喊他「花生」或是「毛頭」。打從棒球時期開始，麥可已經受夠別人幫他挑選綽號了。

「我們這樣喊他時，他從來沒理過。」當時校隊一軍的成員麥可・布瑞格（Michael Bragg）提到：「麥可透過跟高年級生的對戰來評估自己的球技，但是在高二尾聲之前，他都沒能在一對一中打敗任何一個。」

很快地，每個二軍出賽的夜晚，麥可用自己在球場上的表現對一切做出回應。很快地，校隊一軍的隊員們一定都會在球場集合，觀賞麥可的演出。他們目不轉睛盯著麥可的每一個動作，直到自己也必須熱身準備比賽為止。麥可開始一連串爆炸性的得分演出，有兩場比賽得分甚至超過四十，在每節六分鐘的狀況之下這樣的數據簡直荒謬。作為一個組織進攻的後衛，麥可那一季的平均得分竟然高達二十八分。

當時的喬丹只有五呎五吋高，但是有一天，校隊一軍的四年級替補後衛凱文・愛德華茲（Kevin Edwards）注意到喬丹的手掌，然後把自己的手掌拿去比比看。他回憶道：「他的手是我的兩倍大。」巨大的手掌讓球員能夠在運球時輕鬆地掌控球，而且能夠造就一些驚人的得分動作，如同朱力爾斯・厄文（Julius Erving）在當年的職業球賽中所展現的那樣。年輕的麥可之後承認，當時的他已經開始注意電視上的職業球賽。往後，隨著ESPN的興起，NBA的電視轉播無所不在，然後整個世代的年輕球員都將試著模仿麥可喬丹的動作。喬丹解釋說當年的自己也做過一樣的事情，在電視上找到了一些特別而珍稀的指導者。首先是大衛・湯普森，接著就是打球猶如特技表演的「J博士」厄文。

「高二的最後一場比賽，我們在戈爾茲伯勒（Goldsboro）處於落後。麥可抄到球，找到一個空隙，切進去灌籃——我說，他真的把球扣進籃框。」隊友塔德・帕克說：「我相信那是他人生中第一次在比賽裡灌籃。」

大家的反應是：『哇，怎麼會有這一招？』」

喬丹自己的回憶裡，他第一次在比賽中灌籃是在 Virgo 的時候。「那只是個小灌籃，簡簡單單的。」他這麼回想：「灌完之後我才知道自己做了什麼事。我自己都嚇到了。是有其他小孩灌過籃沒錯啦，但一個國中生可以灌籃總是滿厲害的。我很驕傲自己可以做到。」不管是不是他比賽中的處女灌籃，喬丹在二年級尾聲的那個灌籃很有霸氣，同一時間，大學籃球也正好重新引進這種激發情緒的、引人入勝的動作。

隨著棒球漸漸從生命中淡出，喬丹找到了適合他驚人運動能力的舞台。在籃球路上的每一步，對於他投入競爭的熱情，每個人都表示訝異。在每一個層級裡，他鞭策著自己，宛如追逐著其他人看不見的東西。在籃球場上，好像他整個存在都化為一道怒火。隨著體能條件的進化，這道怒火將化為一次次的奇觀，沿途的每個見證者都絕不會忘記。

「第一次看到他時，我根本不知道麥可喬丹是誰，我當時在蘭尼校隊的一軍擔任助理教練。」卡力在一九九九年的一次報紙訪談中回憶道：「我們帶隊前往戈爾茲伯勒，那學校是我們的死對頭。二軍比賽快要結束時我進到體育館內。場上九個球員都只是想把時間拖完，但是有一個小孩卻拼盡全力在打。他的態度讓人以為球隊落後一分，比賽還有兩分鐘。於是我看了一下計分板跟計時器，結果發現他的球隊落後二十分，比賽只剩一分鐘。那個孩子就是麥可，我很快就了解到他的個性就是這樣。」

撒了鹽的鞋

跟許多其他正值青春期的孩子們一樣，麥可也有著那些混合著喜悅、困惑與傷感的種種奇想。而儘管麥可的父母之間有著深刻難解的麻煩，但重要的是他們的眼光超越己身之外。他們也許不願意去正視侵犯的問題，但是詹姆士與荻洛莉絲・喬丹設法日復一日地關心著孩子們。尤其是荻洛莉絲，她帶著警醒的態度領導孩子們，讓他們遠離一切可能的陷阱。在工作與經營自家夜店的壓力之下，詹姆士仍出席了孩子們的所有活動，就算他與他的妻子已經貌合神離。

從一個比較膚淺的層面來看，夫妻倆對孩子的關愛明顯表現在他們不斷給予的實質禮物上。三個比較年幼的孩子上學之後，夫妻倆買了幾匹小馬給他們。當麥可與賴瑞進入青春期，詹姆士為他們買了一台小型的摩托車。當這兩個孩子試圖大膽飛躍一個斜坡然後摔車之後，讓他們騎車這件帶有實驗性質的事情當然就告終了。然後，夫妻倆盡其所能支持賴瑞和麥可打少棒，他們同時辛勞工作著，同時隨隊到處跋涉，陪著孩子們練球和比賽。

比禮物跟參與度更重要的，這對父母在養育小孩的過程中最大的影響，在於他們時時塑造孩子們的態度。他們反覆宣揚一些座右銘：努力工作。設定目標。達成目標。眼光放遠。不要被挫折打敗。要能為別人設想。不要把心思放在種族上。

「要成長，就要努力。」荻洛莉絲・喬丹告訴孩子們：「必須要律己甚嚴，然後設定目標。」她的話語產生最大效用的時刻，大概就是在一九七八年的秋天，那時，麥可沒能進入校隊一軍。論及自己的生涯與成就時，喬丹說：「時機就是一切。」這段對於時機的評論，也許是在說，一九七八年秋天發生在他身上的事，其實只是一次失足，而且對他的未來是有所助益的。要不是接下來又發生了另一件事，被校隊一軍砍掉的事也許還不會傷他那麼深。當時有一個不成文的習俗，高中校隊的教練帶隊參加分區季後賽時，會把一個最好的二軍球員拉進隊裡。喬丹期盼被選回一軍。從大家的反應中他知道自己的球技已經受到注意。但奇妙的是，賀寧跟他的團隊對這位高二生沒有說一句話。顯然，沒有任何一位教練想過要把喬丹拉進一軍。

賀寧的助理教練卡力回憶道：「完全沒討論過這件事。」

喬丹非常不爽。而命運就是那麼妙，季後賽開始之前，一名球隊經理掛了病號，這讓喬丹有機會隨隊出征，幫忙做一些數據統計以及類似球隊經理的工作。他記得當時為了避免付入場費，他還要幫另一個球員把球衣背進球場。他太生氣了，所以對於蘭尼海盜隊，他只有唾棄，沒有支持。

他回憶道：「他們打進季後賽，而坐在板凳席最末端的我無法為他們加油，因為我覺得自己應該在場上奮戰。」

在二軍球季時，他發現自己很難幫一軍加油，但還是勉強做了。到了季後賽之後，已經不可能了。「這是我頭一次真的沒幫他們加油。」他解釋道：「我希望他們輸球。很諷刺地，我希望他們輸球好證明自己能夠幫助他們。當下的我是這樣想的：沒有把我選進隊裡是一個錯誤，而你們現在將自食惡果，因為你們會輸。」一九七九年春季，海盜隊的最終戰績是十五勝七敗。最後四場比賽中他們輸了三場，所以沒能挺進州季後賽。

這次的經驗讓喬丹第一次面對面見識到他的自私。這將成為往後支配他生涯的習題之一：學著將強大的拼勁與自尊導往正確的方向，以幫助團隊贏球。

高二這年的挫敗還為喬丹帶來了另一個直接的影響，讓他從此執迷於長高這件事。如果教練們可以因為一個比較高的球員砍掉一個比較強的球員，好吧，那麼他就必須長得更高。每天他都花好幾個小時懸吊在後院一根單槓上，懸吊在任何他的手可以穩穩抓住的地方，試著把自己身體拉長。

他的母親看見了一切事情的發展，也跟喬丹談到了他的焦慮。他們母子倆一起為了長高而禱告，然後喬丹也會自己禱告，在每一天睡前的時候，在每一天醒來的時候，在每一天的任何時候。拜託啊，上帝，讓我變得更高。讓我長高吧。

長高的機會似乎渺茫。當時五呎十吋的喬丹已經比家族所有男性都高出許多。父母親勸他應該試著讓自己的心靈以及意志成長。「但是我想要長高啊！」他總是如此堅持著。同樣的討論幾乎每晚上演。最後，他的母親告訴他：「去把鹽巴放在鞋子裡，然後禱告。」

「他跟我說這樣很蠢，但是沒辦法，必須讓他冷靜下來，我才能好好把晚餐吃完。」喬丹女士這麼回想：「然後他的父親走進來，他跟父親說他想要長高。我們就會跟他說：『你的心靈能夠有這樣的高度。高度就在你的體內。你的想法要多高就有多高。』」

接下來，除了吊單槓之外，每天睡前喬丹會把鹽巴放進鞋子裡，然後禱告。許多晚上，他的母親會在就寢時間之前幫他把鹽巴拿進房裡。她不敢跟他說這一切都是她瞎掰出來的，那個鹽巴根本就只是，嗯，鹽巴而已。

然後近乎神奇地，一位堂兄來拜訪喬丹一家。他有六呎七吋高。六呎七吋耶！希望突然又被點燃了。唯一惱人的是麥可的膝蓋持續疼痛，痛到他晚上有時候都睡不著。母親帶他去看醫生，討論他的膝蓋以及想要長高的渴望。醫生看了一眼X光片，看到了喬丹的生長板之後就叫母子兩人不用擔心。年輕的麥可還很有得長呢。

結果真的，夏天的時候他的身高已經飆到六呎三吋，而且遠遠還沒完。事實上，他進了大學之後還在長，甚至在NBA裡又長了一點，直到六呎六吋，比家族裡的所有人都高一呎以上。

「十年級結束之前，麥可才大概五呎十吋，不到五呎十一。但是他的球技一直很好。」佛瑞德‧林區這麼回想：「他是我們隊裡最好的九年級球員，然後是最好的十年級球員。他打球的時候全心投入，他有後衛的技巧，而且他那雙大手掌一直很有力。高三時他飆高到六呎三吋，幾乎六呎四。突然之間，有了配得上球技與拼勁的身體……他的籃球才能就這樣開花結果了。」

第7章 23號

一九七九年春，密西根州大的二年級生魔術強森（Magic Johnson）率領他的斯巴達人隊（Spartans）殺入ＮＣＡＡ的總冠軍賽，對上印地安納州大的大三生大鳥柏德（Larry Bird）以及他的無花果隊（Sycamores）。來自十大聯盟（Big Ten Conference）的新興黑人球星遭遇來自印地安納的新星白人球星，這場對決激起了全國民眾的好奇，也成就了史上電視轉播收視率最高的ＮＣＡＡ冠軍賽。

住在北卡羅萊納州威爾明頓市的年少麥可，也在著迷的群眾之列。他一路觀看著兩人直到下一季，看著柏德加入了波士頓塞爾提克隊（Boston Celtics），看著強森帶著一身球技進入洛杉磯湖人隊（Los Angeles Lakers），職業籃球史上最「傳奇」的兩支球隊。隔年春天，當強森以令人目眩神迷的技巧，帶領湖人隊殺入ＮＢＡ的總冠軍賽，麥可對他的著迷已經到了無可自拔的程度。威爾明頓的那名青少年從此愛上了湖人隊。湖人是他支持的隊，而魔術強森是他支持的人。

同年，喬丹的家人給了他人生第一台車。喬丹的女友蘿桂妲・羅賓森（Laquetta Robinson）深諳他的心思，於是為他訂做了一面特殊車牌，好讓他臭屁地掛在新車的前保險桿上。車牌上寫的是：魔術麥可。

日後，許多聽聞此事的籃球人們，多數是教練，都會發出會心的一笑。柏德和強森有著高大的身材，兩人都是六呎九吋。他們的球技美妙，在場上打球的神態氣勢為ＮＢＡ吸引了數以百萬計的新球迷。兩個人都很會傳球，強森當然更是箇中翹楚，但是兩個人都有能力傳出讓觀眾血脈賁張的絕妙好球。魔術強森發動的那種快攻，是籃球界從未見識過的畫面。

一九七九年的夏季和秋季，當魔術強森沐浴在ＮＣＡＡ的勝利與被湖人隊選中的喜悅當中，威爾明頓的麥可喬丹也正要點燃屬於自己的傳說。那年秋天，喬丹開始為蘭尼高中的海盜隊打球。雖然遠遠稱不上完美，但是他在一軍最初幾場比賽的表現還是值得一看。他為了長高所做的禱告得到應許。他已經有六呎三吋，還繼續往六呎四吋長著。他的手掌變得更大，手臂更長，步伐也能跨得更遠了。有了這些新工具，他更能拓展自己的球技。在二軍時，他打的位置是控球後衛，雖然在進攻端很有侵略性，但仍時時不忘將球分給隊友。看著他的驚人才華在校隊慢慢綻放，蘭尼高中的總教練帕伯・賀寧以及助理教練們發現喬丹打球時真的太過無私了。賀寧的結論是：喬丹的能力太強，應該要多得一點分來幫助相對缺乏經驗的球隊，而不是把球託付給其他隊友。喬丹專心聽著教練的解釋，但仍不太願意改變球風。他還是相信籃球是團隊的運動，所以也會繼續在場上尋找隊友。

終於，帕伯・賀寧向詹姆士・喬丹尋求協助。這位父親一開始不太情願，他解釋說自己最討厭那種干涉教練執教的家長，如果他現在插手了，等同破壞了自己這項原則。然而，最後，他還是妥協了，勸他的兒子聽從教練的指示。

經過父親的規勸之後，喬丹開始多加著重個人表現，結果更加顯露了他的天分。從此確立了這樣的規律：他做得愈多，他的教練和觀眾們就想要他做得愈多。然後發現自己有能力做愈多的時候，他的喜悅就愈多。他的球技和形象開始自己餵養著自己，這種情況在生涯初階還不是那麼顯而易見。然而，一切很快變得明顯，關於他的所有東西都在繁殖增長。對於他的父母親以及身邊的人們而言，起初這樣的繁殖增長並沒有帶來什麼麻煩。但之後，隨著他的成功而來的負擔將愈來愈難以忽視。麥可的成功愈大，這份負擔就愈加沉重，而且永遠不會消失，無論他們用多少力氣試圖將之舉起都一樣。

校隊一軍

一九七九年，阿帕拉契州立大學（Appalachian State）三十一歲的總教頭巴比．柯瑞明斯（Bobby Cremins）很開心也很疲憊，因為他正四處奔忙，籌備著自己的夏季籃球營。曾在南卡羅萊納大學（South Carolina）受教於法蘭克．馬奎爾（Frank McGuire）的控球後衛柯瑞明斯，篳路藍縷地花了整整四年建構了阿帕拉契州立大學的籃球校隊，使之成為卡羅萊納山區裡一顆公立學校的明珠。他的球隊有一個很適切的名字，叫作登山者隊（Mountaineers）。這支球隊在一九七九年首度進軍ＮＣＡＡ錦標賽，儘管很快就輸給了路易斯安那州立大學，但柯瑞明斯的長久耕耘也總算有所收穫。那年六月，當城市的興奮正要冷卻，柯瑞明斯為高中球隊舉辦的籃球營開幕了。這個夏令營讓一些高中球隊有機會到因為高海拔而比較涼爽的卡羅萊納山區打夏日籃球，也讓年輕的教頭柯瑞明斯可以看到許多他原本沒有機會發掘的高中球員。

看到威爾明頓的蘭尼高中時，一位雙腿細長的球員吸引了柯瑞明斯的注意，他的能量以及運動能力衝擊了夏令營的賽事與訓練。柯瑞明斯觀察愈多，他的驚喜也愈強。終於，柯瑞明斯撥了通電話給鮑伯．吉本斯（Bob Gibbons），他是附近的球探報告刊物《書面資料（poop-sheet）》的編輯。柯瑞明斯用他那濃厚的紐約嗓音說：「鮑伯，這裡有一個超乎你想像的小孩。」

過沒幾年，吉本斯將成為高中籃球球探報告界執牛耳的人物，但在當時，他出版的刊物還乏人問津。柯瑞明斯對一個從來沒打過一軍的球員如此大力讚揚，這激起了吉本斯的興趣，所以他驅車前往阿帕拉契州立大學親自探個究竟。

「我看見一個很有爆發力的六呎三吋球員。」吉本斯回憶道：「但真正讓我印象深刻的是，巴比將他介紹給我認識時，麥可說的話——『吉本斯先生，如果要成為一個更好的球員，哪個地方還需要改善？』」

訝異的旁觀者不只是柯瑞明斯跟吉本斯，喬丹的隊友們之後回想，也說當時見證了驚奇的蛻變。「高三那年他回到球隊，已非吳下阿蒙，不再是當年那個瘦巴巴的麥可。」蘭尼的隊友陶德．帕克（Todd Parker）

回憶道：「他幾乎要跳出體育館外了，我當時只能說：『怎麼回事？』」

「我看得見非常大的變化。」當時蘭尼校隊一軍的四年級生麥克・布瑞格（Mike Bragg）也同意：「他的決心更強了，他的能力也是。」

吉本斯不了解這場蛻變的背景，但是他在下一期的報告中指出了喬丹的潛力。這位球探回憶道：「我寫說他是個很棒的潛力新秀，但是當時只有小區域裡一、兩百名讀者會看我寫的東西。」

「我絕對不是當時大家熱中討論的球員。」回想起阿帕拉契州立大學的那個夏天，喬丹說：「沒有人真的認識我。」

然而，帕伯・賀寧注意到大家對喬丹的興趣，並為此感到愉快。這讓他更加確信自己即將指導一位非常特別的球員。後來襲擊這位教練的心理疾病，讓他沒有機會跟大家分享擔任喬丹教練的經驗。賀寧並不是一個喜歡自吹自擂的人，但紀錄顯示，對於自己的所作所為，他還是給予很高的評價，儘管，喬丹對於「被校隊砍掉」這件事一直耿耿於懷。沒有任何資料顯示賀寧想要濫用喬丹非凡的能力，而這可是許多教練會做的事呢。資料告訴我們的是，賀寧抓緊任何一個機會，想要拓展青年喬丹未來的選項。事實上，這位教練玲瓏地處理了喬丹進大學之後打球的問題，一開始似乎沒什麼成果，但後來幾乎在一夕之間瓜熟蒂落。

一九七九年秋，風暴之前，賀寧坐下來寫了一封信給北卡羅萊納大學的教練團，詢問他們對喬丹是否有興趣。不是每一個高中教練都會這麼認真看待手下球員的未來，更別說在一名球員還沒為一軍打過任何一場比賽時去寫這樣一封信。但這就是賀寧做的事情，同時每週一到週五早晨六點半接喬丹去學校練球。

「他的左手比較弱。」賀寧記得當時曾跟沒能進入校隊的高二生喬丹這麼說：「加強自己的左手，還要練練運球之後的跳投。」

早晨的練球，重點就在於加強這些東西，然後盡可能地投進愈多球愈好。所以，喬丹往後的成功很大部分源自於那位年輕教練特別付出的努力。多方說法證實，賀寧跟喬丹後來變得很親近，只是沒有親近到可以讓喬丹忘卻高二那年被拒於校隊門外的恥辱。回想起當年在蘭尼體育館的晨練，喬丹說：「每當我練球練累了，覺得自己應該休息的時候，我總會閉上眼睛，想起球員休息室牆上那張沒有我名字的名單，然後往往就有力氣繼續練下去。」

那個秋天，賀寧把喬丹叫進辦公室，問他下一季想要穿幾號球衣。他給這位三年級生兩個選項，也是隊上兩位畢業的四年級生的球衣號碼：詹姆士・畢亞堤（James Beatty）的23號或是達夫・麥基（Dave McGhee）的33號。

顯然對數字頗有想法的喬丹選擇了畢亞堤的23號。多年後他解釋說，當時之所以會選擇23號，是因為這個數字比較接近45號的一半，而45號是他哥哥賴瑞的球衣號碼。在他還沒脫下這身球衣之前，籃球世界的每個教練都將把這個背號看作一個表徵。無論是在業餘運動協會的比賽中、公立學校的聯盟比賽中，或者只是十歲小孩參加的娛樂比賽中，所有教練都知道，只要是有種穿上23號的球員，一定需要特別嚴加看防。

同樣地，未來世代最傑出的年輕球員們也將爭相穿著23號球衣，同時承擔隨之而來的壓力與期待。對於喬丹本人而言，這個數字很快成了他的招牌，將會作為他旗下精品店的註冊商標，或被印在他那架天藍色的私人噴射機上頭。這台飛機常常載著喬丹，從一個高級度假中心到下一個高級度假中心，方便他找尋完美的高爾夫球場。

在他第一個一軍球季中，崛起的喬丹第一個發燒時刻發生在一場客場比賽中，地點恰恰好就是在彭德郡。在滿場家人朋友與遠親的面前，喬丹拿下三十五分，率領蘭尼高中在球技的第一場比賽，於延長賽中取得勝利。他的家人們、他的隊友們、他的教練們，甚至連喬丹自己——都被這樣的表現驚呆了。

從此而後，被壓抑已久的情緒以及失落，在一場場比賽中爆發開來，挾著高純度的烈焰襲捲他曾經夢想得到的一切。乍現的狂猛讓所有目擊者們為之一震。他一次又一次攻擊著籃框，張開的嘴巴如同賽車的進氣口，沿途吸收空氣，累積的G力足以讓翻開的上唇緊貼著牙齦上方。舌頭沒有理由地外露，彷彿只是要讓大家更看清楚這一切。向著籃框殺去時他時常這麼做，光是猙獰的表情就能讓防守球員慢上半拍。抓籃板時，他也同樣兇猛地跳起來一把將球奪去。他在場上的速度，讓對手和隊友一起目瞪口呆。他帶來的體能挑戰明確地將他與身邊所有男孩做出切割。少數幾個比較厲害的對手接受了這個挑戰，跟他一起跳到空中，最後往往也只能臣服於地心引力，直直伸著雙手，在內心禱告。

新漢諾威郡校區的體育組長麥克・布朗（Mike Brown）跟許多人一樣注意到了。喬丹在一軍賽場上的狂轟猛炸讓他瞠目結舌，所以，他主動聯絡了狄恩・史密斯在北卡大的頭號助理教練比爾・古德里奇（Bill Guthridge），告訴他威爾明頓這裡有一個超凡脫俗的年輕後衛，北卡大一定要派人來看看。種子就這麼被播下了。

蘭尼高中當時的陣容還包括打低位的李洛伊・史密斯跟四年級的後衛麥克・布瑞格。另外一名鋒衛球員是三年級的阿道夫・席佛（Adolph Shiver）。幾年前，喬丹在威爾明頓的安皮公園就已經認識他了。喬丹回想到，青少年時期的席佛是那種碎嘴型的人，整天叼根牙籤不停說著垃圾話。兩人在球隊裡開始的友誼，將遠遠延續至成年後的生活。之後，席佛將成為喬丹身邊小圈子裡的重要成員，雖然朋友們及旁觀者們都搞不懂到底為何。高中時，席佛曾因為侮辱了大衛・畢爵斯的女友而被喬丹扔去撞牆，但是他的尖銳性格之中有某些讓喬丹願意與之親近的東西。

成年後的席佛會以活動承辦者或是夜店老闆的身分在夏洛特的都會派對中現身。如此一來，他這樣的角色剛好可以幫助喬丹接觸都會的社交圈，也就是喬丹的母親一直以來努力不想讓他接觸的圈子。

此外很有可能的是，高中時席佛的存在與態度，為喬丹賺得了一些街頭人士的認同。在喬丹的芝加哥歲月裡，席佛會在重要比賽的前一晚出現在旅館套房裡，陪喬丹打幾手牌，幫助這位老兄弟放鬆。兩人之間的情誼，起於喬丹發現席佛是位可靠的隊友。時間會讓大家知道，喬丹對於人生中累積下來的身邊的緊密朋友圈異常忠心。席佛可以說是第一個通過考核的人。喬丹可以接受朋友一些有問題的行徑，但是絕不能接受不忠心。對於喬丹而言，信任，是一份珍貴的資產。而就是在這第一個一軍球季裡，喬丹建立了自己與席佛之間信任的羈絆。

雖然席佛的作風常常引起其他人的反感，但是他那永無止境絮叨與垃圾話似乎往往能逗樂喬丹，如同莎士比亞戲劇裡的弄臣逗樂國王那樣。事實上，喬丹渾身散發的強大能量感染了席佛，也同時感染了蘭尼一軍裡的每個人，甚至教練也不例外。

球季第二戰，海盜隊又添一勝，喬丹再次爆發，在主場球迷面前拿下二十九分。但是美夢終歸要醒。第三戰的對手南方韋恩高中擁有兩位喬丹未來的隊友——長人西塞爾・埃姆（Cecil Exum）以及控球後衛林伍德・羅賓森（Lynwood Robinson）——兩人當時都被視為頂尖選手。面對蘭尼，羅賓森拿下27分，埃姆拿下24分。喬丹的28分帶來更多的驚奇，但他耀眼的表現還是沒能讓球隊逃過一敗。南方韋恩以83比58的懸殊比數給蘭尼難看。

賽後賀寧只能吹吹口哨。「遇上這麼強的對手對我們來說是好事。」試圖在敗北中注入一點正面能量的教練這麼說：「喬丹才高三而已，隨著球季進行我們全隊都在進步。今晚我們被痛電了一頓。我們必須要重整旗鼓。」

三個晚上之後，蘭尼看起來好多了。喬丹和李洛伊・史密斯鞏固籃板，而且在快攻上技壓對手。麥可拿下24分，率領球隊擊敗鄰鎮的霍格高中（Hoggard）。賴瑞在這場比賽裡也有貢獻，從板凳出發拿下6分。喬丹哥哥在球季裡也有表現的機會，但很多時候他還是坐在板凳上，欣賞自己的弟弟化身成超凡球員。「我們一起待過校隊一軍，當時我四年級，而麥可是三年級生，就是在那個時候，他的籃球實力昇華到另一個境界。」賴瑞後來回憶道：「就算場上有五名球員，他基本上五個位置都打。他的程度比我們其他人高上太多了。人們常常問我會不會為此感到困擾，老實說真的不會。因為我剛好有機會在旁見證他成長，我知道他為籃球投注了多少心血。」

儘管兩兄弟兒時的競爭激烈，賴瑞的存在，也代表著喬丹好運的一個重要部分。在蘭尼一軍裡面，兩兄弟沒有過任何爭執，這也證明了賴瑞根深蒂固的得體與耐性。不是每個作哥哥的，都願意乖乖坐在板凳上看著自己的弟弟奪走眾人的注目。

事實上，所有家族成員，包括詹姆士與荻洛莉絲，都沒料到麥可的地位會突然一飛衝天。「我記得一個禮拜五晚上我們去蘭尼高中看比賽，那年麥可高三，他已經長到……」詹姆士的弟弟金・喬丹後來回憶道：「比賽開始之前他跟我說：『看著我，我今晚要灌三個籃。看好了，我會灌籃三次。』然後我站在那裡跟他說：『孩子啊，你想騙誰啊？你才不可能灌籃。』嗯，他確實沒有灌三次，但是他扎扎實實灌了兩球。那天晚上我跟我哥說：『你兒子真的太猛了。』」

對此，詹姆士和其他幾個熱情的觀眾都無法否認。

十二月十八日，查克・卡瑞（Chuck Carree）在威爾明頓當地的報紙上寫到：「蘭尼的主將現在是麥可喬丹。」一個晚上之後，喬丹攻下31分，率隊擊敗金斯頓高中（Kinston），並且為自己贏得了第一個頭條：「喬丹鐵蹄踏破金斯頓。」季初的幾場勝利讓蘭尼拿下四勝一敗的戰績，也讓賀寧更加信心滿滿。

賀寧斷言：「這是我在蘭尼高中執教期間防守能力最強的一支球隊。」防守端的成功部分仰賴喬丹阻斷對方傳球路徑的能力，以及他對籃板球的鞏固。進攻的時候他站側翼，但防守的時候，靠著敏捷度以及補防速度，他能遊走於鋒位之間。像他的偶像魔術強森一樣，防守時他會在籃框附近游移，希望能抓下籃板之後快速帶球往前場推進。

多年後，喬丹饒富興味地回想高中時代野性潛能的爆發。無拘無束地放縱自己的體能條件，讓他看見了自己在場上可以做出來的動作，那些讓最好的教練也丈二金剛摸不著頭腦的動作。

這又扯到籃球進化史上的另一個主題：比起其他運動，籃球更是逼得白人不得不去理解並且漸漸順服於黑人的運動能力。這個過程源於種族隔離廢止之後的頭幾年，早在喬丹還沒登場之前就開始了。首先是在高中，接著是在一九五〇年代的舊金山大學（University of San Francisco），教練們指導比爾・羅素（Bill Russell）不要跳起來阻擋對手投籃。羅素照他們指導的方式防守了一陣子，然後決定跟隨自己的本能——高高躍起，然後用沒有人用過的方式蓋火鍋。

籃球場上黑白混合之後的幾十年間，許多白人教練還不太明白黑人特殊的運動天賦將為比賽帶來什麼轉變。唯一能讓這些教練明白的方法，就是讓他們親眼見證。

「我們天生就是這樣打球的。」後來，在與作家約翰・艾德格・懷德曼進行的一次對話中，喬丹下了這樣的評論：「這是教不來的。」

喬丹效力過的所有教練之中，只有頭兩位是非裔美籍。在高中的那段年歲裡，佛瑞德・林區以及賀寧有機會坐在一旁看著喬丹探索自己特出的運動天賦。他們也不會因為喬丹違反了這項運動的一些基本常理而大驚小怪。林區與賀寧陪著喬丹練基本動作，同時幫助他引導己身優越的運動能力。賀寧教導他如何在切入的第一步讓自己的速度完全爆發出來，這個動作後來讓北卡大的喬丹常常被大學賽場上的裁判們吹判走步，直到狄恩・史密斯清楚地說明了喬丹其實沒有多走一步。

資料顯示，賀寧花很多時間跟喬丹以及他的隊友們談論出手的選擇以及節奏的掌控，同樣也非常在乎團隊防守。喬丹讓他教得很輕鬆，助理教練朗・卡力還記得：「早在高中時期，就沒有任何孩子有他那種拼勁。他對自己的防守很自豪。如果在練習的時候隊友沒有認真防守，麥可就會抓狂。」

雖然對自己的球隊讚譽有加，最初那幾個月，賀寧顯然不太喜歡公開評論喬丹。他沒有提過自己為喬丹寫的那些信，也沒講過自己每天早晨陪著這位年輕球員練球的事。許多教練都會把帶過的球隊以及球員看作自己的履歷，但是賀寧對自己的付出不張揚。很久之後這些事情才終於為人所知，多半透過喬丹本人的回憶。當時的賀寧並不知道，喬丹在高中時期的榮耀時刻，就是他本人短暫的榮耀時刻了。這位教練的作為也許並不完美，但是回頭看，卻也絕不平凡。在那個球季裡，帶領著那支經驗尚淺的球隊。賀寧雖然充滿激情，卻也不乏自制與慎重。

考量到喬丹的身高以及跳躍力，大部分的教練會把他留在禁區，在籃下或是底線附近行動。然而，雖然喬丹在場上幾乎無所不在，賀寧主要還是讓他打後衛。「帕伯讓他打的位置，是他以後在大學或是進軍職業之後可能會打的位置。」新漢諾威高中的教練吉姆・赫布朗評論道：「如果帕伯把他留在禁區或是底線附近，當時大概就可以拿下州冠軍了。」

風聲

聖誕節後兩日，蘭尼高中參加了新漢諾威的星新聞（Star-News）邀請賽，賀寧的球隊上一季在這裡拿下冠軍。這項活動讓當地的球員可以和其他地方的強者碰頭，最遠的甚至來自紐約。蘭尼高中第一戰的對手是韋斯伯勒的包曼高中（Wadesboro Bowman），一支來自北卡羅來納州中南部的球隊。「我們聽說過他。」韋斯伯勒的教頭比爾・塔克（Bill Thacker）於二〇一一年回憶道：「我們隊上有些孩子認為他們也能比得上麥可喬丹，但是他們差遠了。」

尤其是隊上一名運動能力頗佳的球員，名叫提姆・史德林（Tim Sterling）。塔克回憶道：「他覺得喬丹灌一個籃，他也可以灌回去。那是一場很棒的比賽，很多高低起伏。」

在蘭尼高中的壓迫與陷阱防守之下，兩支球隊以劇烈的節奏你來我往。距離比賽結束還有六分鐘時，蘭尼高中以46比44領先，賀寧喊了暫停，讓他的隊員們喘口氣，也提醒他們要一路選擇好的出手機會直到比賽終了。在季初的那些勝場中唯一讓賀寧煩心的事，就是他的球隊很容易失控。距離比賽結束剩下三分四十八秒時，兩隊48比48平手，比賽一度緊繃起來。但是保持鎮定的喬丹以及隊友們用盡全力防守，拉出一波18比2的高潮，最後以66比50終結對手。「我們隊上的孩子整晚都保持強力的防守，一直到比賽終了都守得很好。」賽後賀寧如此評論，尤其針對喬丹。

塔克也回憶道：「他的體能真好，真的太好了。」

這種認為球隊會在比賽後段爆發的期盼反而在隔天的準決賽上傷害了球隊。對手是聖十字高中（Holy Cross），他們遠從紐約的法拉盛（Flushing）搭了十五個小時的車而來。打到第四節的一半，蘭尼高中還領先六分，剩下兩分鐘時，還以51比47領先。但是，剩下45秒時，喬丹兩個罰球失手，聖十字高中則把握機會將比數追平。終場槍響之前，喬丹得到一個出手的空檔，可惜還是沒進，從此之後聖十字高中就掌控了局勢，以65比61在延長賽中擊敗蘭尼高中。

賽後，賀寧很火大。「他們在場上應該做好自己的工作。」他向一位記者抱怨道：「我們為此開了一場球隊會議。」

他的行為也許預示了即將到來的心理失衡。可能他不想讓死對頭新漢諾威高中看見自己的先發球員，也可能他只是單純不爽。總之在隔天對上新漢諾威高中的季軍戰裡，賀寧整場球讓先發球員全部坐板凳。困惑而惱怒的喬丹，就這樣坐看自己的球隊打出一場好球，但仍以53比50敗北。

無論他有何居心，這樣的決定反噬賀寧。接下來三週，他的球隊吞下五連敗，戰績一落千丈。當然，這段低潮當中也不乏亮眼表現。對上強大的戈爾茲伯勒高中時，喬丹豪取40分。對方的主將是安東尼・帝奇（Anthony Teachey），他之後將成為維克弗斯特大學（Wake Forest）的先發球員。那天晚上，帝奇賞給蘭尼高中17個火鍋。當球隊以72比64敗陣之後，賀寧只能搖頭。

「帝奇太不可思議了。」他說：「17次阻攻太不可思議了。」

也許幕後的故事可以幫助解釋喬丹那天晚上40分的大爆發。十六歲的時候，喬丹跟一個住在戈爾茲伯勒的女生交往。戈爾茲伯勒在威爾明頓的西北方，開車大約要兩個小時，也就是說喬丹拜訪她的時候需要過夜。他的女朋友蘿桂妲・羅賓森就住在帝奇家附近，所以這位戈爾茲伯勒的球星早就跟喬丹打過好幾次照面了。「他那時跟一個女孩子交往，是我們班上同學。所以他跟戈爾茲伯勒高中裡的人認識。」帝奇在二〇一二年的一個訪談中回憶道：「他很常來戈爾茲伯勒。」

早在那個時候，喬丹就有著某種氣息。帝奇這麼回想：「他不太搭理人。他有一種氣勢。他在場上也是這樣。如果他不認識你，下場之後他不會跟你有什麼互動。如果他不認識你，他不會跟你講話。」

喬丹並不是沒禮貌，他其實很友善。帝奇回憶道：「只是他信任的人不多。」

對上女朋友的學校，喬丹顯然想要表現一下。從哪裡看得出場上的火花？一隊的球星狂得40分，另一隊的球星狂搧17個火鍋。帝奇不記得他擋下的出手有多少次來自喬丹，但他承認：「喬丹真的一直往籃框殺過來。」

從喬丹的第一個一軍球季開始，戈爾茲伯勒高中的資深教頭諾威爾・李（Norvell Lee）就已經從他的線人那裡聽到很多關於他的事。帝奇笑著回憶道：「我們高中教練告訴我們，喬丹一走下巴士我們就要開始緊盯著他……對方的進攻能力，大概就在於他一個人吧。」

帝奇記得那天晚上喬丹說著垃圾話，但是沒有一句衝著他來。「他的實力已經給了他很多優勢。」帝奇解釋道：「我想他自己也清楚這一點。至於那些嘴上功夫，是不是又讓他更強？反正不管怎樣你也無能為力，因為他說出來的事情，他就會做到。」

就一個打一軍比賽第一年的球員而言，喬丹展現了驚人的成熟度。「當時我看不到他的球技裡有什麼真正的弱項。」帝奇如此回想：「不知怎地，他有辦法在年紀很輕的時候就拓展了全方位的球技。他不是真的整天都在扣籃。他也能投中距離。而且他的射程也很遠。沒有偏重球場的哪一邊，而是每個位置都可以出手。他能夠拔起來跳投，也能夠切入，好像到處都是綠燈一樣通行無阻。」

在接下來的比賽中，這一切變得更為明顯。兩天過後的晚上，喬丹在另一場敗仗中又拿下26分，那是他們對上新漢諾威高中的二連敗。又一次，他是全隊唯一得分達到雙位數的球員。下一場，排名後段的傑克遜維爾高中靠著比賽時間終了之後的罰球擊敗了蘭尼高中。喬丹攻下17分，但是十四次罰球只中了七球。當晚全隊在罰球線上的命中率只有百分之三十六。

比爾・古德里奇發掘球員的慧眼一向深受狄恩・史密斯的器重，他在一九八〇年代初造訪威爾明頓，來瞧瞧讓大家大驚小怪的球員究竟如何。然而，當他開始觀察喬丹時，蘭尼海盜隊剛好陷入連敗的低潮，而喬丹也顯得有些渙散。古德里奇看著他投出許多長距離的球都碰框而出，於是向史密斯回報，說這位特別的潛力新秀有著充分的運動能力與過人的敏捷速度，他整場比賽都拚盡全力，但是花了太多時間勉強出手，減低了自己在場上的效率。古德里奇告訴史密斯，喬丹的才華「還沒被榨出來」。儘管如此，他還是斷定喬丹是業餘運動聯合會等級的選手，所以北卡大學還需要對他繼續多做觀察。史密斯從來不喜歡被大眾知道自己想要招募什麼球員，對於喬丹當然也不例外，但是他們派球探來發掘喬丹的消息如此令人興奮，風聲自會走漏。

為當地報紙報導北卡大的亞特・強斯基（Art Chansky）是助理教練艾迪・佛格勒（Eddie Fogler）的好友。「雖然我是一個新聞人，我還是不會公開他們告訴我的事。」強斯基回憶道：「我知道他們對他有興趣，而且他們認為他遠比自己以為的強多了。但當時的麥可只想在某個學校拿到獎學金。他甚至還考慮要進空軍服役。他就是這樣一個大器晚成型的人，在蘭尼高中也低調行事。當北卡大開始招兵買馬的時候，不只是大家都開始注意他，這個小孩的評價在每一份球探報告中都會開始上揚。有時候這對孩子反而有害，因為大家都認為你很厲害，結果到頭來其實還好而已。」

北卡大的一位研究生助理羅伊・威廉斯（Roy Williams）原本被派去觀察喬丹，後來這項任務因為一個衝突而告吹。顯然威廉斯對外放出消息，說北卡大對喬丹很有興趣。他打電話給他的朋友布瑞克・奧汀格（Brick Oettinger），他是為美國業餘運動聯合會負責做招募球員的內情報告的人。

「羅伊叫我要保守這個秘密，因為史密斯教練不想要媒體談論這件事。」多年後奧汀格回憶道：「他告訴我：『蘭尼高中有一個叫作麥可喬丹的人。古德里奇教練已經去那裡看他三次了。這小子信手拈來就是一個三百六十度灌籃。』」

喬丹並沒有察覺到球探報告作者之間的小小騷動。事實上，在古德里奇造訪之前，他完全不知道北卡大想要挖他。賀寧並沒有告訴喬丹，因為他不想讓自己手下的球員緊張。當喬丹確實聽說這件事，他既驚訝且興奮，也讓自己的信心從季中屢投不進的低潮中為之一振。

「我從來沒想過自己可以打大學的一級（Division I）籃球。」談及當年的發展，喬丹說：「他們竟然會對我有興趣，這讓我又爽又嗨。其實只要有人對我有興趣我都會很開心。」

他在場上遭遇困境，部分是因為對手的教練開始為了守住他而設計戰術。口耳相傳之下，喬丹現在面對的防守壓力遠遠大於剛開季的時候。當對手為了他的打法而調整打法，喬丹發現自己遇上更大的挑戰。也就是說，能否因應對手的調整而做出調整，決定於他能力的高下。從一九八〇年的一月到二月，喬丹證明了自己調整得還不賴，在新添加的防守壓力之下，他仍然能夠為球隊做出巨大貢獻。

他越過了生涯第一個巨大障礙。當時在任何層級的籃球之中，都還沒流行錄影帶的偵查方式。所以在喬丹第一個一軍球季，海岸平原二級（Division II）籃球的教練們都只能透過記憶以及數據圖卡來作業。儘管如此，喬丹還是給了他們以及北卡大的教練們很多觀點。當他進入大學然後進軍職業，他的表現讓對手要花愈來愈多時間待在錄影帶室裡頭，研究防守他的方法。

關於北卡大的團隊第一次看喬丹打球之後的感想，從狄恩・史密斯到羅伊・威廉斯說法各有不同。「比爾・古德里奇是很會看人的伯樂。」後來狄恩・史密斯回憶道：「第一次看完麥可打球之後，他就說麥可是業餘運動聯合會等級的選手，但是我們還不確定是否要招攬他。」不同的說辭中倒是有一個共同點——北卡大的教練們想讓麥可參加史密斯的夏季籃球營，好看看他到底有多強。

喬丹在一九八〇年球季最後幾週的表現，更讓他們沒有遲疑的理由。帶著七勝五敗的戰績，蘭尼高中在一月二十三日作客由羅賓森與埃姆坐鎮的南方韋恩高中。那次的客場之旅喬丹病了，靜靜地躺在巴士後頭。十七年後，當喬丹在NBA冠軍賽中抱病打敗猶他爵士（Utah Jazz）時，助理教練朗・卡力想起了這段往事。在一九八〇年，喬丹才剛開始獲得他那異於常人的集中力，也才剛發現一些逆境，諸如生病一般的小事，可能會把他的集中力送入更高的檔次。

那天晚上，賀寧採取拖慢比賽節奏的進攻模式，這讓海盜隊差一點顛覆了戰局，可惜最終仍以36比34敗北。喬丹只拿下7分（其中兩分還是比賽終了前隨手亂丟丟進的），而大部分的分數來自於禁區的席佛和史密斯。

此後，蘭尼高中從霍格高中手中添得一勝，接著與金斯頓高中進行你來我往的纏鬥。距離比賽結束剩下一分鐘時，兩隊戰成51比51平手，賀寧請求暫停，指示他的隊員在場上散開，執行四角進攻。然而，這一次稍微有點不同。從板凳出發的賴瑞・喬丹雙手持球，發現空檔之後自己切入，在禁區中間上籃得分。隔天早上，威爾明頓星辰報（Wilmington Star）的頭條寫著：「喬丹兄弟聯手擊退金斯頓。」

「賴瑞・喬丹替補上場表現得很好。」賀寧跟體育記者查克・卡瑞這麼說：「比賽經驗不足是他唯一的問題。」

賴瑞的弟弟也為這場勝利貢獻了29分。

接著，他們敗給了紐伯恩高中（New Bern），然後再次遭遇戈爾茲伯勒高中以及帝奇，但是這一次地點是在威爾明頓。結果沒什麼差，面對女朋友的母校喬丹還是難以施展拳腳。上半場他只拿下兩分。他在末兩節回神得到15分，幫助球隊從15分的落後中追回來。海盜隊只能將比分追近，離勝利卻還差臨門一腳，這讓賀寧賽後抱怨說他已經輸戈爾茲伯勒輸膩了。這場敗仗之後，蘭尼高中的球季戰績降至九勝九敗，季後賽第一輪的比賽的主場優勢看來岌岌可危。

二月八日，他們將與同處威爾明頓的死對頭新漢諾威高中最後一次一決雌雄。新漢諾威高中的總教練吉姆・赫布朗仔細研究過喬丹，也設計出相對應的防守策略。然而，從球季最後四場比賽可以明顯看得出來，賀寧的球隊成長了多少。這位教練重新組織了球隊的進攻。喬丹攻下21分，讓新漢諾威的防線崩盤。但這一次他得到的幫助可不少，席佛拿下17分，麥可・布瑞格也貢獻16分。

蘭尼高中獲勝之後，赫布朗表示：「帕伯教練功不可沒。」公立高中的教練們，因為比較沒有招兵買馬的壓力，所以在評論其他教練時往往比較客觀。大學教練可就不一樣了，他們絕對不願給競爭對手一丁點優勢。

兩個晚上過後，席佛砍下24分，配上喬丹的18分，蘭尼高中在威爾明頓擊敗來犯的傑克遜維爾高中。接著，情人節當晚，蘭尼高中打敗了東方韋恩高中（Eastern Wayne）。從這場勝利之中，喬丹找到了往後將習以為常的一種節奏，他說這是重大比賽的「方程式」。第二節的時候，他已拿下全隊22分之中的15分，第三節再添7分，然後第四節又拿了11分，全場攻下破校隊隊史紀錄的42分。這樣的火力展現裡面什麼元素都有了，跳投、轉換快攻還有幾個扣籃。最棒的是，這次他沒有把隊友都變成觀眾。漸漸學會如何在他的「僚機」旁邊尋找得分機會的席佛，這場比賽也以14分作收。

收到羅伊・威廉斯的線報之後馬上動身的籃球寫手布瑞克・奧汀格，在一九八〇年的二月看見蘭尼輕取東方韋恩。「喬丹真是棒透了。」奧汀格回憶道：「他以前沒出現過。但是當你看到他打球，你一定會想：『這個人去年怎麼可能沒被選進校隊一軍？』」事實上，當天晚上奧汀格就跟他的朋友們說：「作決定的教練一定是個白癡。」奧汀格顯然非常興奮。「我在下一期的刊物——一九八〇年二月號——這樣寫著：『你也許沒聽過麥可喬丹這個名字，但是在我見過的所有高中後衛當中，他擁有體能條件、籃球技巧以及無形能力的最佳組合。』」

這場勝利讓蘭尼高中得以在二級聯盟裡穩居4A的第三名，二級聯盟也是整州最高層級的高中籃球聯盟。賀寧跟星辰報說：「戈爾茲伯勒與南方韋恩是全州最強的兩支球隊，排名在它們之後沒什麼好丟臉的。」以這種戰績結束球季的蘭尼，將在分區季後賽的開幕戰擁有主場優勢。喬丹一出場就充滿侵略性，但是很快惹上犯規麻煩，所以他再一次旁觀球隊展現平衡的團隊戰力。席佛拿下17分，喬丹20分，李洛伊・史密斯13分，麥可・布瑞格9分。蘭尼高中擊退霍格高中。

接下來，蘭尼高中作客達德利（Dudley），將在二級聯盟的準決賽上遭遇南方韋恩高中。季賽戰績二十一勝兩敗的南方韋恩高中是北卡羅萊納州最頂尖的球隊之一。那一年，南方韋恩將拿下州冠軍，林伍德・羅賓森也將成為錦標賽的最有價值球員（MVP）。然而蘭尼高中差一點中斷了南方韋恩的奪冠之旅，那天晚上，他們用壓迫性的1-2-2區域防守，把比賽逼進延長加時。為了阻擋喬丹，南方韋恩的總教頭馬修・漢彌爾頓（Marshall Hamilton）祭出五花八門的防守陣式，例如二盯人三角區域防守（triangle and two）、一盯人四菱形防守（diamond and one）、人盯人防守（man-to-man），甚至全場壓迫防守（full-court press），總之任何可以對喬丹施加壓力的招數都用上了。上半場的時候，喬丹似乎不受影響，輕描淡寫地拿下12分，但到了下半場以及延長賽，不斷變換的防守似乎開始對喬丹造成影響，讓他僅僅得到6分。漢彌爾頓的策略收效，球隊在驚濤駭浪之中以40比35取勝。蘭尼高中最終以十三勝十一敗的戰績結束球季。然而，最後這場比賽凸顯了喬丹日益增進的成熟度。

「喬丹帶給我們很大的麻煩，不過這對每一隊來說都一樣。」漢彌爾頓在賽後評論道：「他最厲害的地方在於耐性。如果他只會一直出手的話事情就好辦了，因為我們可以逼他做出不好的出手選擇。但喬丹偏偏不是這樣。」

那一個球季，喬丹每場球平均攻下 24.6 分，抓下 11.9 個籃板。「對於麥可我還能多說什麼呢？」球季過後賀寧對星辰報這麼說：「從新漢諾威高中在一九八六年拿下州冠軍那年開始到現在，他大概是我見過最優秀的球員。我相信他以後會很不得了。他已經是一個很棒的射手，很能得分，而且他不認為整個世界圍繞著麥可喬丹而轉。」

更好的是，這位教練慢慢發覺，他幫助喬丹建構的未來似乎有譜了。「古德里奇教練正在注意他。」賀寧指出：「代表那些籃球名校已經知道有這麼一號人物存在。」

第8章　蛻變

高二的麥可喬丹深感孤立，擔心自己在這所大學校裡沒有交到什麼真正的朋友。他外向而且喜歡惡作劇，但是內心裡卻和許多十五歲的青少年一樣，因為不確定性而掙扎著。在蘭尼高中的第一年沒能被選進校隊，更加劇他的自我懷疑。後來他說：「你們知道小孩子總是想太多又煩惱太多。」回想起來，他突然抽高的身材也影響了他的自我觀感。本來就瘦的他，長高之後更是像一把刀刃一般單薄。他說：「那時我身材很瘦長，真的很高，所以很顯眼。在你還小的時候這會帶來一些問題。」

就算當大家對著他微笑，或者是跟他一起笑鬧時，不知道為何，他總覺得大家似乎在嘲笑他。然而，其他人卻有著不同的看法。「那時的蘭尼就像一個大家庭一樣。」李洛伊・史密斯回憶道：「學校裡白人跟黑人的比例大概是六比四，但是沒有什麼問題，氣氛緊繃之類的都不會。這是一所新學校。在那裡你不用認真地『選邊站』——這是很特別的。而麥可之所以為麥可，他也是很特別的。我們都在找尋自我的認同。但是麥可……他似乎已經找到了。」

儘管如此，麥可似乎認為自己是個無可救藥的怪咖。「我一直覺得我會單身一輩子。」他如此回想：「我找不到約會對象……我太愛在那邊玩鬧。我一直都習慣在女生面前耍寶。我是個丑角。我常常吐槽別人。為了跟那些很嚴肅的人開啟話題我只能這麼做。我的課業表現不錯，成績都有A或B，但是我的操性成績大概只有N或U，因為我到處開玩笑，整天話講不停。」

他的姐姐記得當年的麥可很有愛心，也很讓人開心。她現在已經嫁作人婦，也與家裡漸漸疏遠。這份疏遠並沒有被明言，但青春期的喬丹顯然察覺到了。在那段日子裡，喬丹往往是家裡主動跟她聯繫的那個人。

他很尊敬姐夫瑞可（Recco），也喜歡和姐姐家的人相處，尤其是她那兩個小孩。一直以來，跟小孩玩耍，喬丹很有自己的一套。通常這個年紀的青少年都不太理會那些精緻的小生物，但是喬丹幾乎一見到他們就很開心，總是一把抱起那些剛學會走路的娃娃。「他喜歡小孩。」他的父親後來解釋道：「我猜大概是因為小孩子理論上是好動的，而他本身就很好動。他已經把我女兒那兩個小孩徹底寵壞了。」他的父親說，就連住在附近的小孩們都會被喬丹吸引，而且會為了他特別過來，因為他隨時準備好要陪他們玩。

從某些角度看來，這不只是因為他很愛小孩。他非常急於討好人，而且不管面對任何人，他都想要得到他們的注意。透過高三這一年，他清楚知道，比起他嘗試過的任何方法，籃球能夠最有效地幫助他贏得眾人的注目。他迅速崛起成為校隊球星之後，在蘭尼高中走廊上不管走到哪裡，人們必定對他投以微笑，順便對他的表現誇上幾句。籃球改變了他的地位——從一個生活於邊緣的人成為校園裡的大人物——這是大部分的青少年只能在夢中遇到的事情。他把這一切歸功於團隊的力量。

「在我開始打籃球之前，我在高中沒有很多朋友。」那一年的四月，回顧自己神奇的處女球季，喬丹說道：「籃球讓我可以認識更多人。我愛我的隊友。她們幫助過我，我也幫助過他們。」

「今年我平均每場拿下27分，抓下12個籃板。沒有我的隊友，我做不到這些。我認為我的隊友和教練功不可沒。團隊合作。這是最重要的事情。我發現，當你在運動場上表現得愈來愈好，你也會遇見愈來愈好的人，然後交到愈來愈好的朋友。」

縱使喬丹當時才年方十七，這些隨口說出的話語代表著他深刻了解到發生在自己生命裡的事情將帶來什麼樣的影響。三十年後，聽到他在名人堂入選儀式上吐出口的尖酸論調，許多人會希望他想起青少年時曾說過的智慧之語。但是沒有辦法，過往的失望像是鑽石一般堅硬，他也把這份失望如鑽石項鍊般掛在頸上，而前方有太多挑戰，為了克服這些險阻，他必須不厭其煩地求助於這個護身符。

在學校裡，喬丹最喜歡的科目是數學。就是在數學教室裡，少年喬丹的轉變最為明顯。先教他代數，後來又教他三角函數的珍妮斯・哈蒂（Janice Hardy）這麼說：「一開始進來我班上的時候，他嚇得要命。我喜歡他這樣。隔年他直接坐到第一排，聽我講笑話會笑，而且還敢亂弄我頭髮。」

一直以來，他渴望受到歡迎，當願望成真的時候，他還想要更多，於是急著填滿生活裡還沒被運動佔據的部分。「他從沒辦法自己好好待在房間裡。」他的母親如此回想：「他一定要往外跑，找朋友晚上一起玩，出去露營什麼的。」

荻洛莉絲・喬丹帶著一種沉靜的熱情來面對麥可的成功，雖然我們並不清楚她內心主要的情感是開心還是寬心。無論根源為何，最後的結果都是滿漲的驕傲。她最小的孩子蘿絲琳則透過學業表現來贏得父母的肯定。這個跟母親很親近的小女兒有一個秘密計畫，她想要提早一年從高中畢業，好跟麥可同時進入大學。理所當然地，她的努力激起了麥可的好勝心，雖然還是追不上蘿絲琳，但這也幫助麥可達到不錯的學業成績，也讓那些即將為了招募他而搶破頭的大學更加想要得到這名學生。

麥可跟她的妹妹之間最顯著的差別就是，當蘿絲琳入選優等生名單時，不會有報社記者來家裡訪問。接下來幾年，隨著麥可的能力繼續增強，媒體對於他成長背景的好奇心也被不斷激起，而荻洛莉絲已經準備好要回答他們的問題了。她驕傲地談論著家裡比較年幼的孩子們。「他們知道下課後一定要直接回家。」她這麼告訴威爾明頓的記者：「父母親回家之前，朋友都不可以到家裡來找他們。他們下公車，進門吃個三明治，就要開始寫功課……。課業一直都很重要。但更重要的是，你必須參與孩子的生活。你不能幫他們打包好就把他們送出門。你必須支持他們，去參加家長會，盡可能了解他們，也了解他們在做些什麼。他們需要的就是愛與關注。我們家的人常常聚在一起。我們總是知道他們身在何處，又跟哪些人來往。」

她顯然自豪於養兒育女的努力。然而，荻洛莉絲曾覺得她跟丈夫扶養著兩個家庭，在現在這個階段，這種感覺似乎更加清晰了。跟大女兒老是不和，荻洛莉絲看著姐姐的人生在家庭糾紛中崩壞。大兒子羅尼跟詹姆士之間也有歧見與衝突，這可能也加速了他從軍的決定。長大的孩子總會想辦法逃離父母充滿戒備的目光，考量喬丹家庭裡的分裂，他們的孩子會想要遠走高飛似乎一點也不奇怪。喬丹一家為後代的生活帶來了豐裕富足，但難以避免的是，逃脫還是成了他們生命裡的主題。

如果其中有什麼神秘之處，大概就是荻洛莉絲・喬丹跟她自己父母親之間的關係了。這麼多年來，在眾多的訪談甚至是自己的書中，她鮮少談及個人的成長背景，但是她的孩子們坦承，母親與她自己喪妻的父親之間的氣氛頗為尷尬。詹姆士與荻洛莉絲往往開車經過彭德郡的娘家家門而不入，直接回婆家拜訪貝兒女士、麥德華與道森。而當他們偶爾停車拜訪愛德華・匹伯斯時，姐姐記得房子裡的氛圍冰冷而嚇人。

道森・喬丹也有自己嚇人的一面，但那跟荻洛莉絲與愛德華・匹伯斯之間那道明顯的鴻溝是不能比的。荻洛莉絲似乎也在對抗著自小到大父親的不認同。再怎麼說，自從她青少女懷孕然後離家之後，匹伯斯一家就不再那麼和樂了。

然而，毋庸置疑的是，荻洛莉絲對孩子的嚴格紀律以及高度期許確實根源於自己的家庭背景。在無情的農耕環境下，匹伯斯一家就是用這種堅定不移的毅力砥礪出難以獲致的成功。比起外孫將來累積的資產，愛德華・匹伯斯的成就也許微不足道，但若將艱困的程度考量進去，在佃農文化的苛刻挑戰中崛起，終於擁有並且經營自己的土地，這確實是一件豐功偉業。

在這樣的過程裡，某些東西觸發了一種奇妙的疏離，而且不只是針對她的父親。接下來幾年，當喬丹一家被小兒子的成就捲進一個魔法世界時，姐姐發現到，他們似乎也覺得詹姆士的父母那種樸拙的天性愈來愈讓人感到難堪，似乎愈來愈看不起出身農地的年老世代。幾乎可以說，詹姆士與荻洛莉絲試著要把蒂奇與洛基角的世界遠遠拋諸身後。

詹姆士與荻洛莉絲・喬丹也被往另一個方向牽引，被吸進兒子的體育夢裡。為了替孩子們爭取體育相關的機會，這個家庭願意去任何地方，做任何事情。在那個世紀末，這樣的行為模式將成為家庭生活的顯著特色，但是喬丹一家可謂這種風潮的先驅。球賽本身成為一種強力的藥劑，吸引了全家人的注意，先是賽前的期待，然後是賽中的刺激，最後是賽後的回味。他們會馬上為了下一場比賽而蠢蠢欲動，等不及要重新享受這整個過程。

也許他們就是最早的直升機父母。

在喬丹表現開紅盤的最初幾個月，這樣的沉迷是快樂的。好多年來，他們為了運動場上的孩子投入全力，現在看起來似乎快要有很大的回報了。他們經歷過麥可在少棒聯盟的高潮，貝比・魯斯聯盟裡的現實卻將他們打醒。但是，籃球似乎是真正的出路。北卡羅萊納大學的教練團來過電話，這樣的事情讓他們可以開始想像未來。北卡大的教練已經邀請麥可去參加他們的夏季籃球訓練營。一切感覺起來都非常棒，只差一件小小的事。

「一開始就必須做的事情之一，就是設定生活裡的優先順序。」一次，當妻子正在回憶家庭的成功秘訣時，詹姆士插嘴說：「而你的孩子絕對是最優先的。當孩子們長大到可以懂事，我們就會幫助他們設定生活裡的優先順序。」

那年春天，為人父親的詹姆士最優先要做的事，就是讓他的小兒子接受打工這個想法。他為此不厭其煩地糾纏著麥可，幾乎讓家裡的人都覺得尷尬。荻洛莉絲也為這件事情發愁，直到她想到可以向H.L.「白鬼」普雷維特（H.L. "Whitey" Prevatte）求助。他是一個好人，也是她上班的銀行的顧客。他擁有一間旅館以及一間餐廳。所以荻洛莉絲向他討了一份工作給兒子。

「關於他的母親有太多可以說的了。」普雷維特回憶道：「她是一個銀行櫃員，而我們常常在那家銀行談生意。她打電話來，問有沒有什麼工作可以給麥可做。」

「我是一個旅館維修人員。」喬丹還記得：「我清理游泳池、粉刷欄杆、換空調濾網，還要打掃內室。」麥可打這份工只拿最低工資，一小時三點一塊美金。當時誰會想到，喬丹整個職業生涯裡唯一拿過的一張支票票根，來自普雷維特的一百一十九點七六元，將來會被放在展示櫃裡，成為威爾明頓市開普菲爾博物館裡喬丹相關收藏的一項。

「那玩意兒為我帶來不少生意。」多年後普雷維特向一位記者透露：「有一次，我遇過一群遠從德國而來的人，在博物館看到那張票根之後，跑來向我打聽喬丹的事情。」

普雷維特記得喬丹是一個舉止合宜的好孩子，但是基於某些理由，喬丹無法繼續做這份工作，也許最重要的原因是，這份工作包含泳池維修。喬丹就是不喜歡水，他忘不了小時候朋友溺斃的那件事。

「我們在那邊踩踩水，乘著打過來的浪玩耍。」多年後他回憶道：「一個太強的浪把他捲到水底，然後他用手把我鎖住。當溺水的人知道自己麻煩大了快要溺斃時，這種抓法被稱為死亡之鎖。為了掙脫，我幾乎要弄斷他的手。他差點把我一起帶走……結果他就這樣溺死了。」

「我不會再下水了……每個人都有自己懼怕的東西。我不招惹水。」

當然他也要打掃也要清理。於是喬丹用了最膚淺的一個藉口，說他怕朋友看到他做那些工作會嘲笑他。他完全不想做這些事，這讓他的父母親震怒，尤其是詹姆士。但是喬丹不管。「他試圖改變我。」喬丹回憶道：「但是他沒有成功……一個禮拜後我就辭職了……。」

「我說，永遠別再來這套。我寧可當一個街友，也不要一份朝九晚五的工作。」

這是寫給妳的，羅賓森小姐

那個春天，麥可確實擁有的是青少年滿心期待的高三、高四舞會。住在戈爾茲伯勒的蘿桂妲・羅賓森不在蘭尼高中就讀。他們究竟是如何認識的，這是喬丹傳奇中隱而不宣的秘密之一。合理的推斷是，喬丹隨棒球隊四處征戰時，曾在她家寄宿。在還沒有手機簡訊的年代，他們透過美國郵政魚雁往返。喬丹寫了好多封信給她，每一封都是上課無聊時隨手寫在筆記本上的。和一般青少女沒有兩樣，她將這些信件好好保存。多年之後，其中兩封信出現在收藏者的市場上，據傳聞是被她的一個親戚盜取出來賣的。兩封信之中的一封在二〇一一年以五千美元售出，但在蘿桂妲・羅賓森表達不滿之後，又回歸到拍賣商手上。然而，信上的內容早已透過網際網路飛快傳遍世界。

從這封信看得出來，跟許多青春期的男孩子一樣，喬丹在試圖表達感情的過程中，有一點生澀，也有一點魯莽。

我親愛的蘿桂妲：

妳和妳的家人最近好嗎？我希望你們都很好。我現在坐在進階化學課上，寫信給妳，由此可見我有多麼在乎妳。我決定寫這封信，是因為昨晚見面之後，我好像讓妳不開心了。我想要跟妳說聲對不起，也希望妳接受我的道歉。我知道我搞丟項鍊，或是讓項鍊被偷，妳都感到受傷。

很開心我跟妳打賭贏了，也從妳那裡拿到贏來的錢幣。我想要謝謝妳把紀念冊借給我，我給學校每個人都看過了。大家都覺得妳是一個很正的少女，我不得不同意，因為他們說的一點都沒錯。但請不要太驕傲哦（笑）。很抱歉，我生日那天沒辦法跟妳一起去看比賽了，因為那天我老爸要帶整個籃球隊出去吃飯。拜託不要生氣，因為二月十四號的下一週，我會想辦法過去找妳。如果我真的可以過去，請安排一些我們兩個可以一起做的活動。

我希望妳能知道，我對妳的感覺沒有改變，目前還沒（開玩笑的啦）。我終於開始習慣跟一個比我小隻那麼多的女孩子出去。希望妳了解我在暗示什麼。好啦，在課堂上寫信給妳算是善用時間。希望妳趕快回信。那就先寫到這裡，快要下課了。下次見，希望下次很快到來。

附上我最真誠的愛

麥可．喬丹

年輕的喬丹似乎熱中於表達愛意，但也跟許多青春期的追求者一樣，為了怕自己是一廂情願，所以處處留下逃離的空間。二〇一一年這封信件被公開之後，蘿桂妲・羅賓森馬上被一堆電視台採訪。她的評論多所保留，清楚讓大家知道對於隱私受到如此侵犯她深感震驚。警方對此事件的調查紀錄也證實了她並不是試圖從信件中獲利的人。而她確實透露，年輕時的麥可常常讚美她，但隨後又馬上收回，過程中總不忘提醒她「不要太驕傲哦」。信中提到兩人之間的打賭，以及麥可很開心從她那裡拿到「贏來的錢幣」，我們可以看出，麥可好賭與好勝的性格，從早年就開始萌芽。

兩人在一起那幾個月裡的亮點，大概就是舞會上的合照了。他們以全白裝扮登場。她穿著一身合宜的禮服，高領緊緊包著精緻的頸部，七分袖正好讓她驕傲地秀出手上的花飾，那是麥可買給她的。最顯眼的是她的髮型。簡簡單單的中分，沒有波浪，沒有纏包包頭，也沒有特別蓬鬆，反而襯出她明亮的雙眼，漂亮的高顴骨，還有那抹出自溫柔靈魂的，開朗而真摯的微笑。她看起來完全放鬆，坐著，雙手安份地交疊於膝上。她給人的感覺，像是那種全然不虛假矯情的人，而她這個年紀的少男少女，包括喬丹本人，總難免喜歡擺個樣子。高大的喬丹站在她旁邊，一身雪白的燕尾服，一隻手放在她的肩上，另一隻手插在口袋裡，一種青少年硬要故作老練的姿態。正式的領結，甚至是西服領上的康乃馨，全是白的。而那件燕尾服和襯衫的領子，對他來說有點過大。他臉上的微笑，如果那算是在笑的話，是含蓄而有所保留的，彷彿在說，現在這樣的生活還可以，但是他有著更遠大的計畫。這份回憶對於喬丹而言，終究如同眾多回憶一般，不是用來證明他們兩人在一起的時光有多快樂，只是用來標示一段過往而已，因為他正朝著其他地方前進著。當時的他還不知道那個地方到底是哪裡，但他非常想要知道。他已經獲得了一種目標感，所以明白日常生活中的大小瑣事都只是填補空檔而已。唯一重要的時間，只有打籃球，或是打棒球的時候。

那年春季，喬丹為蘭尼高中棒球隊出賽，在帕伯・賀寧教練的帶領下，以右外野手的身分被選進市明星隊。他的體能與信心都更上一層樓，而且現在的教練了解他的運動能力，所以也給了他不同於以往的評價。他也擔任蘭尼高中的投手，雖然大衛・畢爵斯似乎才是投手群裡的王牌。某些下午，喬丹在投手丘上的表現差強人意，但是那些敗投之外，他有時也繳出不錯的成績，有時也有勝利的光榮時刻。最重要的是，他有了上場打擊的席次，那是他從一開始就一直在練的東西。

開幕賽上，他四次上場打擊擊出帶有三分打點的四支安打，幫助蘭尼高中以九比二痛宰南方韋恩高中。第二場比賽在週二下午進行，喬丹擔任投手，控球不穩之下保送了不少打者，結果被對手霍格高中剝了一層皮。兩場比賽過後，對上新漢諾威高中時喬丹再度站上投手丘，下場差不多慘。

當喬丹在第六局連失六分，葬送了海盜隊之後，賀寧如此評論：「他的球速太慢了，他應該可以投得更快才對。」下一場比賽，雖然喬丹在第七局敲出一支帶有兩分打點的二壘安打，可惜蘭尼高中還是輸給了傑克遜維爾高中。

再次對上南方韋恩高中，喬丹在第七局被換下來之前，被敲出七支安打，於是蘭尼再吞一敗。對上金斯頓高中，喬丹敲出一支帶有一分打點的一壘安打，蘭尼終於拿下一勝。三天過後，蘭尼高中在主場再戰金斯頓，賀寧的耐性終於有了回報，因為喬丹不僅轟下致勝打點。而且還繳出整場只被打出三支安打的投球表現。對上紐伯恩高中，喬丹被派去守中外野，全場有一分打點，可惜最後還是功虧一簣輸球。下一場面對戈爾茲伯勒高中，喬丹重返投手丘，再次繳出整場只被打出三支安打的成績，幫助球隊獲勝，也拿下他四場敗投之外的第二場勝投。

緊接著是他的第三場勝投，六比一擊敗傑克遜維爾高中，喬丹主投五局，沒有給對方任何一支安打，而且三振了七名打者。比賽一開始，他因為不滿主審的判決而失去一點專注力。賀寧把他換下場，讓他在休息區坐個幾局冷靜一下再重回投手丘（高中比賽的規則允許這樣的調度），然後看著他終結比賽。

球季最後一場比賽，蘭尼高中對上戈爾茲伯勒高中，儘管喬丹轟出兩支安打，包含一支陽春全壘打，球隊還是敗北。他以後援投手的身分上場，被對方打出致勝打點。蘭尼高中在二級聯盟以八勝八敗作收，總戰績是九勝十一敗。

那一年籃球一軍球季讓他清楚的事情，經過棒球球季之後，又更清楚了。那位因為「校隊砍掉喬丹事件」而受千夫所指的教練賀寧，其實全心專注於這位年輕球星的未來發展。

四月尾聲，查克・卡瑞在星辰報的週日體育版寫了一篇專欄，標題是：「蘭尼高中的喬丹：全能的明日之星。」賀寧為喬丹說了很多話：「我覺得他是一名出眾的運動員。高二的時候，他是二軍美式足球隊裡攔截數最多的球員。不加入美式足球隊的一軍，是他的選擇。家裡人堅持不讓他打美式足球。麥可是一個很棒的籃球員。他一定會成為全州前五名的選手。如果給我選的話，我會把喬丹選進美國高中的全明星隊。言語不足以形容他在籃球場上的表現。我不認為有人能夠一對一守住他。如果他某一場比賽得分比較低，只會是因為那本來就是一場慢節奏的低比分比賽。」

那年春天，喬丹甚至還騰出時間來幫蘭尼高中田徑隊跳高。「我喜歡跳。」他告訴卡瑞：「我在田徑隊裡就是負責跳。我愛棒球，那在我心中是第一名的運動。讀大學的時候，我想要同時打棒球和籃球，雖然我知道，在大學裡籃球應該會是我的第一考量。如果我沒辦法兩個運動都申請到獎學金的話，我會先打籃球，然後再看看有沒有機會打棒球。我得要先聽聽父母親和教練們的建議。」

年方十七的他已經清楚知道自己要的是什麼，而且也不吝於公開說出來。「如果有機會的話，我一完成大學教育就會馬上進軍職業。我的目標是成為一名職業運動員。我的另一個目標則是上大學就好。」

第9章　五星籃球訓練營

一九八〇年的夏天才剛剛開始，狄恩・史密斯與他的教練團就在訓練營裡好好看了看麥可喬丹，也好好認識了喬丹的父母親。詹姆士與荻洛莉絲到訓練營探班，遇見了史密斯跟他的助理教練。這讓雙方一開始就有機會對彼此留下好的印象。儘管如此，招募麥可喬丹的事情卻讓兩邊有點不知道該如何看待對方。

在狄恩・史密斯的籃球營裡頭，房間的分配似乎透露著教練團對喬丹愈來愈有興趣，雖然他們釋放出來的訊息沒有那麼明顯。跟喬丹和李洛伊・史密斯這兩位來自海岸平原的年輕黑人一起住的，是來自北卡羅萊納州西部山區艾西維爾市（Asheville）的兩位白人隊友，巴斯・彼德森（Buzz Peterson）與朗迪・雪帕德（Randy Shepherd）。在高三那一年被選為北卡羅萊納州籃球先生的彼德森，跟林伍德・羅賓森一樣，已經是北卡大校隊全力招募的對象。彼德森之前幾年都有參加史密斯的訓練營，在這裡算是一個老鳥了。他和喬丹在第一週就交上朋友，兩人在接下來幾個月愈來愈要好。但是跟喬丹排在同組一起練球一起比賽的是雪帕德。很快地，每天晚上他都會跟彼德森訴說這個來自威爾明頓的後衛又在球場完成了什麼驚采表現。雪帕德跟彼德森說，他從未見過喬丹這種類型的球員。每天，他的驚喜都多一點，到第四天他就斷言，喬丹未來絕對有能力打進ＮＢＡ。

北卡大的教練們也看到了同樣的東西。一月的時候，看過喬丹為蘭尼高中出賽之後，布瑞克・奧汀格對喬丹已經讚譽有加，現在在訓練營看到的，只是讓他更加肯定自己的看法。「林伍德・羅賓森也同時間在訓練。」奧汀格回憶道：「巴斯・彼德森也在場，但是麥可喬丹很明顯是裡面最厲害的球員。他真的太誇張了。」研究生助理羅伊・威廉斯向教練團回報，說喬丹是他見過最棒的六呎四吋的球員。「當時根本沒多少人知道他是誰。」威廉斯後來回憶道：「麥可進到訓練營裡面，然後就這樣摧毀了每個人。」

在訓練營裡，威廉斯的工作就是在那一週無情的烈日之下管理不同年齡組別球員的流動，好讓每一組都有機會離開室外球場，進入有空調的卡米科禮堂（Carmichael Auditorium），也就是北卡大柏油腳跟隊的主場。

看見喬丹在一些練習項目中的表現，威廉斯邀請他去跟年紀比較大的組別一起進到體育館裡打打看。這位教練後來回想到，那天晚間，喬丹一直偷偷溜進下一個組別，想要多打一點球。教練團們認為這證明了喬丹很喜歡競爭，也同樣很喜歡空調。

每天練球結束之後，這四個隊友相處十分融洽，尤其是喬丹跟彼德森，兩個球員都知道北卡大校隊將會招募自己，所以建立了堅實的友誼。而雪帕德跟史密斯來到這個訓練營，是希望也許北卡大會對他們有點興趣，而這一週的訓練證實了他們兩人的球技比較適合小一點的學校。確實，李洛伊・史密斯之後將在北卡大夏洛特分校打大學籃球，而雪帕德則將效力於北卡大艾西維爾分校（UNC-Asheville）。

雖然說羅賓森與彼德森才是狄恩・史密斯團隊的首要目標，但是訓練營結束之後，喬丹在教練團心目中的排名似乎爬升到更接近頂峰的位置。訓練營期間，狄恩・史密斯特別抽空找喬丹吃了兩頓飯，而且還造訪了喬丹的父母親，這位教練愈來愈相信這個來自威爾明頓的人將可以完美融入他的籃球體系。

儘管因為教練團的反應而感到興奮，喬丹卻也還沒打定主意要進入北卡羅萊納大學。他已經厭惡這支球隊好幾年了，而縱使他將愈發敬重史密斯，但這個教練充滿控制欲的處理方法卻讓喬丹跟賀寧都不得不有所提防。

回想起史密斯時，喬丹說：「那時他想要把我藏起來。」

在招募階段的這個緊要關頭，賀寧挺身而出，以一個細膩的手段大大開拓了喬丹的選擇空間。在北卡大訓練營的某個晚上，賀寧向羅伊・威廉斯提到，他想幫麥可增加曝光率，所以正考慮要把他送進霍華德・加芬克爾在匹茲堡（Pittsburgh）的五星籃球訓練營或是比爾・庫諾爾（Bill Cronauer）在喬治亞的 BC 籃球訓練營。在高中籃球選手的評鑑還沒成為主流之前，這兩個訓練營是頂尖高中新秀的必去之處。

威廉斯了解史密斯不想要喬丹相關的消息走漏，但儘管只是一個年輕的助理教練，他仍明白與高中選手的家庭之間樹立信賴的重要性。威廉斯答應要幫賀寧這個忙，當然是在沒有史密斯允許的狀況下，雖然說後來有人對這個說法提出質疑。

「他問我的想法如何。」談起賀寧時威廉斯說：「我說：『我覺得他該去。我覺得那對他來說會是一項很好的試煉。如果給我選，我會選擇五星籃球營。』我覺得那裡對他比較好，因為那個訓練營的教學很棒。在那裡不只是一直打球而已。他們會教導你籃球比賽最基本的觀念。」

幾天之後，威廉斯向幫忙營運五星訓練營的湯姆・康卓斯基提到了喬丹。博學強記的康卓斯基總愛開玩笑說自己展現體能的方式，就是飛快做出結論。他已經建立起名聲，大家都知道在挖掘高中新秀這件事情上，他是最全面，也是眼光最銳利的評估者。好幾年之後，他仍舊清楚記得那天跟威廉斯一起搭車的情景：「羅伊說：『你知道嗎，有一個北卡羅萊納州的小子，他未來可能會成為不得了的球星。我們現在還不太確定。他今年夏天來我們球隊的訓練營，但是我們那裡沒有太多厲害的球員，所以他沒能遇上太多厲害的對手。』」

兩人接著討論到五星籃球訓練營。那裡的第一階段的營期，被稱為匹茲堡一號，是訓練營裡最人才濟濟的時段。康卓斯基回憶道：「羅伊說：『我不知道匹茲堡一號的強度對他來說會不會太強。』」康卓斯基與加芬克爾都記得當時北卡大的教練團還沒有下定決心要招攬喬丹，好像這個來自威爾明頓的小孩強得太不真實。於是威廉斯和康卓斯基決定喬丹比較適合夏季第二或是第三階段的營期，也就是匹茲堡二號或是匹茲堡三號。

「我撥了通電話給霍華德・加芬克爾。」威廉斯後來回憶道：「我跟他說麥可要過去，而他看到這樣的球員一定會很滿意。我告訴加芬克爾：『至少他可以當個服務生。』懂了嗎，如果你願意兼做服務生，就可以只繳一週的錢，但是參加兩週的訓練。所以，我確實打過電話給加芬克爾，請他給麥可這個機會。」

加芬克爾對當時狀況的回憶略有不同。他記得接到一通十分不尋常的電話，電話裡威廉斯要求他在最後一刻在他的訓練營裡空出一個位置，給一個北卡大正在考慮招攬的球員。「他先自我介紹。」回想起當年跟威廉斯的對話，加芬克爾說：「我們聊了幾句，然後他說：『有一個我們覺得很棒的球員。他來參加我們的訓練營，拿下MVP，痛宰了所有人，但是這裡提供給他的對手不是那麼強。所以，我們還沒有百分之百確定。其實我們差不多百分之九十五確定了，但是我們想要百分之百。可不可以把他弄進你的訓練營，好讓他遇一遇全國最頂尖的對手呢？』」

在他經營訓練營的好幾十年裡，加芬克爾從來沒有聽過這麼奇怪的要求。畢竟，威廉斯在北卡大只是一個研究生助理。一開始，加芬克爾並不認為自己可以在最後一刻讓喬丹擠進去，但威廉斯幾乎是堅持他非做到不可。考量到這是史密斯團隊來的電話，加芬克爾最終還是妥協了，稍微做了一些調動，在匹茲堡訓練營的第二週給喬丹空出了一個位置。更好的是，加芬克爾還另外做了一些安排，讓喬丹在訓練營的服務生團隊裡兼差，然後就可以享有優惠的報名價格。加芬克爾後來聽說史密斯對於喬丹參加五星籃球訓練營很不爽，但是他並不相信這樣的說法。加芬克爾暗示說史密斯其實想要喬丹參加五星籃球訓練營：「我的意思是，如果史密斯不想要他參加，羅伊・威廉斯怎麼可能打電話來逼我逼得那麼猛？」雖然既不違法也沒有錯，但是北卡大的教頭就是不想要大家知道，讓喬丹參加五星訓練營的人就是他。

如果說這樣的情況透露了什麼的話，那大概就是大學教練們在招兵買馬時糾結的心思。多年來，狄恩・史密斯將數十個炙手可熱的球員拉進自己的球隊，而且是以一種無與倫比的正當手段做到的。他最有名的就是，絕對不會為了引誘球員跟北卡大簽約，而承諾他們一定的上場時間。而且，史密斯絕對不碰那些招攬球員的陰招，不像一些有錢的大學校友們會對想要招攬的對象以及他們的家人提供一些現金、車子或是其他的誘因。別的教練以及球隊需要仰賴這些檯面下的小動作，但是史密斯在這個運動中成名多年，卻很少有人質疑過他的正直。

然而，這並不代表史密斯沒有自己的怪癖。他在意自己球隊的形象到一個誇張的境界。在往後的年代裡，當時北卡大對喬丹的處理方式可能會在NCAA引起一些驚呼，但至少一切都沒有逾矩。根據威廉斯的記憶，知道五星訓練營的事情之後，史密斯其實心神不寧。威廉斯記得他還必須提出解釋好讓自己開脫：「我說：『教練，我的想法是，他本來就會去，而我只是提供我的建議，讓他知道什麼對他最好。而且麥可的家人都很感激我這麼做。』」

最後的結果就是，這位來自威爾明頓沒沒無聞的球員，連北卡大的教練都還沒摸清楚的麥可喬丹，將前去參加五星籃球訓練營的匹茲堡二號，看看他在全國的高中球員中排在什麼位置。這些球員都真的是在高一或高二就被選進校隊一軍，而且在賽場上也證明自己跟別人不一樣。傳統上一般認為，最棒的年輕球員其實早就盛名遠播了。

參加北卡大訓練營之前喬丹有些緊張，但那跟參加五星訓練營之前的壓力無法相提並論。因為在那裡，跟他比較的人皆為一時之選。基本上匹茲堡一號營期的選手會是最強的，但是匹茲堡二號營期裡頭也有十七名美國高中全明星隊的成員。來自堪薩斯威奇托（Wichita）的奧伯雷・雪洛德（Aubrey Sherrod）也在名單上，在當時一群崛起的高三生中，許多球探都認為他是最好的邊翼後衛。

想到要跟這些頂尖球員一較高下，喬丹憂心忡忡，但是賀寧叫他放輕鬆，以他的實力不會有問題的。儘管如此，當五星籃球訓練營在七月後期開幕，第一眼看到匹茲堡的羅伯特・莫理斯大學裡面那樣人聲鼎沸的場面，喬丹還是覺得很難放鬆。一百五十位教練以及球探塞爆球場，每個人手中都拿著記事板，隨時記下各個球員的優缺點。訓練營第一個晚上的八點到十一點，全員隨機分隊打非正式比賽，好讓訓練營裡十二支球隊的教練挑選球員。

訓練營裡最高層級的聯盟被稱為NBA。作為新進菜鳥的喬丹，在NBA裡當然不可能擁有保留席次。一切端看他那天晚上的表現，而且是在室外球場，也是他最不喜歡的一種場地。

「我緊張到兩手都在冒汗。」他回憶道：「我看到那些全美明星隊的球員，而我是全場最低階的生物，只是一個來自威爾明頓的鄉下小孩。」

當年NCAA的規則允許大學教練在全明星訓練營擔任教練或顧問。雪城大學（Syracuse University）聰明而嚴格的助理教練布蘭登・馬龍（Brendon Malone）已經參與五星訓練營好幾年了。去年，他的隊上有奧伯雷・雪洛德，還有一名評價很高的中鋒葛雷格・德瑞林（Greg Dreiling）。他的球隊拿下去年的訓練營冠軍。

帶領球隊奪下訓練營冠軍是積極進取的馬龍想要的殊榮，這種履歷對於一位助理教練的生涯發展很有幫助。在一九八〇年的訓練營中，一心爭冠的馬龍打算再次把德瑞林與雪洛德選進陣中。正好，馬龍握有當年選秀會上邊翼後衛的第一順位選擇權。但是就在訓練營開幕的前一天，馬龍因為家中有急事而必須回去一趟。所以他請好友湯姆・康卓斯基幫他注意開幕夜的徵選，然後幫他挑選球員。馬龍嚴格指示康卓斯基一定要選到德瑞林與雪洛德。

那天晚上，康卓斯基本來是要遵循馬龍的指示——但是他看見了那一個來自威爾明頓的不知名球員。「我記得他有著很棒的急停跳投。」康卓斯基回憶道：「他會在罰球圈附近急停，旱地拔蔥，直直往上升，然後在很高的出手點把球投出去。當時還沒有三分球，所以他沒有很長的射程。但是他的中距離和急停都很棒。他跳投的時候跳得好高，防守球員根本只能守到他的肚臍眼。他的體能非常勁爆。」

加芬克爾的訓練營辦了好幾十年，慢慢流傳著一個辭彙，用來形容那些強手中的強手，那種極端罕見的新秀，那種旁觀者不可能不注意到的球員。「這種人就是我們所謂的『一球選手』。」加芬克爾解釋道：「意思就是你只要看他打一球就夠了。」

一開始注意到喬丹的時候，加芬克爾坐在他的辦公室裡，透過窗戶觀看頭幾場比賽。「他跳起來投籃。本來有三個人在防守他，但是他起跳之後，空中只有他一個人。只有他一個人。他就這樣停留在空中。他真是棒透了。」加芬克爾心理第一個念頭是：我的天啊，一球選手出現了。

喬丹也立刻發覺自己擁有別人所沒有的東西。「打得愈久，我的自信就愈強。」他如此回想：「我暗自想著：『也許我真的不輸這些人。』」

突然間，康卓斯基必須要做一個抉擇。在選秀會上，他到底該聽從馬龍的指示，還是挑選一位完全與眾不同的球員呢？隔天一早，馬龍回來了，他直接走向正在訓練營自助餐吧用早餐的康卓斯基。「他說：『讓我看看我的球隊。』」康卓斯基回憶道：「我說：『我選到狀元了。』他說：『你有選到德瑞林嗎？』我回答：

『有。』他說：『奧伯雷・雪洛德呢？』我回答：『沒有。』他說：『你現在是什麼意思？』當時大家都覺得奧伯雷・雪洛德是高四生裡面最強的得分後衛。我回答他：『我選了一個北卡羅萊納的小子。』」

加芬克爾笑著回想這兩個人的對話：「布蘭登說：『他馬的麥可喬丹是哪位啊？』他整個失去理智，也許他沒說他馬的啦，但是他真的暴怒，他說：『你對我做了什麼事？麥可喬丹是哪位啊？』湯姆跟他說：『別緊張，別緊張，他是一個很棒的球員。』布蘭登還是忿忿不平。他直接掉頭走掉。他真的被惹毛了。」

馬龍不記得這樣的對話順序，但是他確實記得，看了喬丹一眼之後他就冷靜下來了。他回憶道：「我記得第一次看到麥可，他在室外球場打球，地板是柏油的，他在場上移動著。他移動的方式就像是一隻純種馬，他的步伐，他奔跑以及停頓的優雅姿態，讓他在人群中會被立刻注意到。你只要看著他，看著他移動，看著他奔跑，不用眼光特別好也能馬上看得出來。任誰都可以馬上看出他優於當時訓練營裡所有的高中球員。」

傳說幾天後訓練營的一場比賽裡，喬丹在上半場就攻下40分，短短的二十分鐘之內。

「最讓我印象深刻的是他根本無法防守。」康卓斯基回憶道：「因為他可以跳過防守者，而且出手的手感很好……我的意思是，他可以隨心所欲地得分。」

戈爾茲伯勒高中的安東尼・帝奇也在當時的訓練營，在他的回憶之中，讓喬丹遠遠超越其他球員的，是他的好勝心。「那裡同時有全國最厲害的七十二名球員。」帝奇解釋道：「所以一週過去每個人都有各自表現好的時候……他只是剛好在那個夏天數據爆表。」

加芬克爾發現自己應該打通電話給好友達夫・克雷德，他是Street & Smith's年鑑的編輯。在那個年代的大學籃球，這本年鑑是季前主要的刊物，它編列了六百五十名最佳高中新秀。加芬克爾打電話過去問說：「達夫，在你的年鑑裡麥可喬丹排名第幾？」

據聞，克雷德查看了年鑑，然後回答說裡面沒有麥可喬丹這個人，只有一位吉姆・喬丹。加芬克爾建議克雷德最好趕快再加另一個喬丹上去，而且要擺在前段的位置。加芬克爾說：「我打電話給Street & Smith's，建議他們把喬丹放進季前的全明星第一隊或是第二隊。」

克雷德回說太遲了，雜誌已經送印。加芬克爾勸克雷德最好想點辦法，因為沒有把喬丹這種未來之星列進名單裡，將會讓他的雜誌社很難堪。

「那個年代他們都提早好幾個禮拜送印刊物。」加芬克爾回憶道：「達夫跟我說：『在《Street & Smith's 季前雜誌》裡的前六百五十大新秀裡，你不會看到麥可喬丹這個名字。』」克雷德後來透露，他們派駐在北卡羅萊納州的寫手，在 1980-81 號刊物中甚至沒有把喬丹列為全州前二十名的高三球員。

在訓練營裡，無論喬丹走到哪裡，羅伊・威廉斯都跟在旁邊，用一種混雜著焦慮與得意的眼神看著他。「每次我們走到看台，羅伊・威廉斯都在看台上看著。」馬龍如此回想：「雖然在北卡的威爾明頓，他只為一軍球隊打過一年的比賽，但是很明顯北卡大已經將他當成頂尖球員鎖定著。在那個禮拜裡，讓我印象最深的是，大家都很畏懼喬丹的切入，因為那是他當時最厲害的武器。」

他踩著剪刀腳往籃框切，多踏一步以加速超過防守球員。馬龍回憶道：「他往籃框殺的時候太猛了，所有人都擠在禁區裡面試著阻擋他。」

待在訓練營的第一週，喬丹帶領馬龍的球隊打進 NBA 冠軍賽。「冠軍賽的最後幾秒，我喊了暫停，告訴球員比賽已經到了決定性的關頭。我說：『麥可，你必須要終結這場比賽。』他是一位很受教的球員。下一波防守的時候，他把兩掌貼在地上，好像是在說，他絕對會擋下眼前這個人。」就是在這個時候，馬龍了解到，喬丹身上最強的，也許不是充沛的體能，而是他的好勝心。

加芬克爾記得：「他與一位來自印地安那名叫麥克・福婁爾斯（Mike Flowers）的球員並列當週最佳球員。他拿下全明星賽的 MVP，還有一些其他獎項。」

在匹茲堡的第二個禮拜，喬丹受了傷，所以必須缺席一些比賽。但是在這第二階段的營期中，他又搜刮了更多獎項。「第二週他回到訓練營裡，再一次颳起一陣旋風。」加芬克爾說：「他所屬的球隊沒有拿下冠軍，但那是因為在一些比賽中他因傷缺陣。」

「他弄傷了腳踝，所以只打了一半的比賽。」湯姆・康卓斯基回憶道：「他又拿下全明星賽的 MVP，等於連拿兩週。這次他沒有被選為當週最佳球員。得到這項殊榮的是一位來自水牛城（Bufflo）的孩子，名字叫作李斯特・羅歐（Lester Rowe），後來將在西維吉尼亞大學（West Virginia）出賽。這個人大概六呎四吋或是六呎五吋高吧，他贏得這個獎項是因為他整個禮拜的比賽都沒缺席。」

回家之後，喬丹驕傲地告訴威爾明頓日報（Wilmington Journal）：「我拿了九個獎。」

當時還是高中教練的傑瑞・溫萊特（Jerry Wainwright）見證了喬丹突破性的表現。第二週的尾聲，當訓練營裡的人都差不多打包離開的時候，溫萊特聽到體育館裡傳出籃球的聲音，進去一看，發現喬丹自己在進行全場的投籃練習。後來將執教於北卡大威爾明頓分校（UNC-Wilmington）的溫萊特問喬丹在做什麼。溫萊特記得喬丹這樣回答：「教練，我才六呎四，進大學之後可能要打後衛。我必須強化我的跳投。」

五星籃球訓練營很快地為喬丹傳說開啟了新的章節。喬丹本人尋思道：「那是我人生的轉捩點。」

這份經驗再度提醒大家，在運動場上運氣往往急轉直下，這是喬丹在貝比・魯斯聯盟就已經學得的道理。小時了了，大未必佳。湯姆・康卓斯基說：「在匹茲堡一號營期中，林伍德・羅賓森是北卡大學鎖定的後衛，更甚於喬丹。他們認為他會是下一個菲爾・福特。但是他後來在高中受傷了。經歷了膝蓋手術之後，他不再是原本那樣的球員。他失去了曾經擁有的力量。」雖然說在更高的層級裡他將不會再有所成就，但是狄恩・史密斯仍堅持提供他獎學金。羅賓森後來轉學到阿帕拉契州立大學，在那裡表現得不錯，但是從此沒有人再把他拿來跟菲爾・福特相提並論了。

對於喬丹而言，從五星訓練營裡得到的最大獎項，是一份新孵化出來的名聲。現在甚至連家人都用不同的眼光看待他。在參加訓練營之前，詹姆士・喬丹仍然認為他的兒子將來會成為一名棒球選手。訓練營之後，這些想法開始消退。喬丹向威爾明頓日報坦言：「我父親本來真的很想要我打棒球，但現在他希望我追求籃球生涯。」事實上，現在是籃球生涯在追著他，這是在棒球場上沒有發生過的事，無論他的父親怎麼樣緊抓著棒球夢。

加芬克爾開始對外放話，說一九八一年的高中畢業生中，喬丹是全國前十名的新秀。在這一年的畢業生中，最被看好的是來自麻薩諸塞州（Massachusetts）的少年中鋒派屈克・尤恩（Patrick Ewing）。布瑞克・奧汀格讓喬丹名列第二，緊接在尤恩之後。而分析家鮑伯・吉本斯更進一步將喬丹排在尤恩之前，說他是全國最佳高中球員。「我看過很多場他高三時的比賽，而且我當時也待在五星訓練營裡面。」吉本斯回憶道：「你無法想像我因為把喬丹排在尤恩前面而被譙得多慘——大家都說我只是特別關照同鄉的小孩。」

戲劇性的排名變動讓數百間學校都有了招募喬丹的意願。所以北卡大突然發現，現在要跟一大堆球隊爭奪這位天選之子的好感。多年來狄恩・史密斯在招兵買馬時一向不肯魯莽做決定，但現在看來他必須為此付出代價。

「對我來說，有幸遇到像是喬丹這種角色，一定一眼就會看出來。」布蘭登・馬龍評論道：「我無法想像他們竟然還在那邊猶豫不決。值得給這個人獎學金嗎？看過他打球一次，我就會馬上撲過去把他弄到自己的球隊裡。」

後來馬龍打電話到威爾明頓，試圖要將喬丹招攬到雪城大學。儘管在五星訓練營的經驗讓他對馬龍讚譽有加，喬丹還是禮貌地婉拒了，說他的志向不在雪城。像其他人一樣，馬龍認為喬丹應該是鐵了心要讀北卡大。但其實喬丹的心思也不在北卡。他的遲疑部分來自於對自我的懷疑。在威爾明頓，無論他走到哪裡，遇到的人都會告訴他，想要進去北卡大的柏油腳跟隊，他是眼高手低。「家鄉的人們完全不認為我會成為什麼球星。他們都說我會進去球隊，但是只能坐在板凳上，根本不會上場。我自己其實也有點相信他們講的……。」

這情況讓他開始斟酌自己的選擇。如果北卡大如此熱情招募他，何不多看看其他也對他真的有興趣的學校呢？賴瑞・布朗（Larry Brown）教練才剛剛帶領ＵＣＬＡ殺入全國冠軍賽，而喬丹也真的很喜歡那年春季熊隊的表現。「我一直很想去讀ＵＣＬＡ。」他後來解釋道：「那是我夢想中的學校。隊上有卡里姆・阿布都・賈霸（Kareem Abdul-Jabbar）、比爾・華頓（Bill Walton），還有約翰・伍登（John Wooden）。可惜ＵＣＬＡ從沒招募我的意思。」

被稱為教練界吉普賽人的布朗，才執教UCLA兩年，就已經開始在找下一份工作了。他在一九八一年球季結束後離開這間學校。此外，布朗在史密斯手下打過球，也曾經跟他合作執教。喬丹當時並不知道，但是布朗不太可能半路殺出來搶奪被史密斯看中的地方新秀。

喬丹的另一個選擇是維吉尼亞大學（University of Virginia），這件事在當時從沒被公開過。維吉尼亞的超級新鮮人拉爾夫・桑普森（Ralph Sampson）才剛剛在紐約帶隊打進全國籃球邀請賽（National Invitational Tournament）的冠軍賽。喬丹看得出來自己應很適合這支球隊。於是他主動聯繫維吉尼亞大學的教練團。「我也想去維吉尼亞大學，因為我想在拉爾夫・桑普森還在那裡的最後兩年，跟他同隊出賽……我寫了信給維吉尼亞大學，但他們只回寄了入學申請表給我，沒有派任何人來看我打球。」

當年維吉尼亞大學的總教頭泰瑞・霍蘭德（Terry Holland）在二〇一二年的訪談之中承認當時喬丹確實有表達興趣，並且補充說，他的教練朋友達夫・歐登（Dave Odom）是在加芬克爾的訓練營裡觀察喬丹表現的評估者之一。「我知道在麥可升上四年級之前的暑假，達夫・歐登對於他在五星籃球訓練營的表現深感驚喜。」霍蘭德回憶道：「但是麥可是個大器晚成的球員，在訓練營之前根本沒人知道他的存在。所以在他打的位置上，我們已經將獎學金提供給提姆・穆林（Tim Mullen）以及克里斯・穆林（Chris Mullen），並且與聖母大學（Notre Dame）、杜克大學（Duke）以及聖若望大學（St. John）展開搶人激戰。當時感覺起來可以順利招攬兩人，所以為了確保之前為了招募而投資的努力，我們決定把焦點放在他們身上。最後我們得到了提姆，但在激烈的爭奪之後，克里斯還是選擇了家鄉的學校。麥可說他喜歡我們的球隊，也希望我們認真招攬他，但是並沒有表示他會為了維吉尼亞大學放棄北卡大。」維吉尼亞的教練不會知道，無視這位威爾明頓少年的主動示好，是一件多麼不明智的事情。未來遇上維吉尼亞大學騎士隊時，喬丹顯然還把當時對方教練的怠慢放在心上。

後來北卡羅萊納大學與維吉尼亞大學爭奪大西洋沿岸聯盟的龍頭寶座時，當年放棄招募喬丹的陰影仍舊揮之不去。一九八一年，維吉尼亞兩度擊敗北卡大，但是當兩隊於費城的四強賽再度碰頭，柏油腳跟隊獲得了最後的勝利。

多年後，喬丹向桑普森透露，當年曾經很渴望跟他並肩作戰。這位七呎四吋高的中鋒在大學待滿四年，試圖為維吉尼亞抱回一座全國冠軍。被問及當年錯失與喬丹在維吉尼亞大學同隊的機會時，桑普森輕描淡寫地答道：「事情發生就發生了。我也很滿意自己當時的隊友。」

多年以後，霍華德・加芬克爾出版了一本書，敘述自己經營五星籃球訓練營的種種回憶，其中最值得大書特書的，當然是麥可喬丹的發掘。一九八〇年的夏日過後，加芬克爾與喬丹其實就沒再見幾面了，但是一天晚上，他還是帶著自己那本書到喬丹比賽的現場，打算在賽後把書送給他。加芬克爾跟一群人一起站在休息室外頭等了半個小時，原本打算放棄，他還記得：「突然間一個小孩從走廊另一頭跑過來，喊著：『他要來了！他要來了！』麥可喬丹確實從遠處走來。我往前站了一步。我像是刺客傑克・魯比（Jack Ruby）一樣站到他的隨扈們前面。但他前方站著兩個我這輩子看過最大隻的警察。喬丹被夾在中間，這兩個警察護送他走過長廊。我再往前站，其中一個警察驅趕我走，他說：『請不要碰他。不簽名。不簽名。』於是我退到旁邊，看著喬丹從我眼前走過。然後喬丹從他的眼角餘光瞥見我，大喊：『等一下！這是霍華德・加芬克爾！就是因為他我才會在這裡。』當然，這不是真的。才不是因為我呢。但我對天發誓，他當時真的是這麼說的。」

一九八〇年夏天五星籃球訓練營的那兩個禮拜不僅僅改變了喬丹的人生，也改變了每個與喬丹有關的人的人生。事實上，也徹底改變了籃球這項運動。

第10章　麥可

全國有許多所大學都提供這樣的基本組合：霉爛的磚牆，帶溝槽的柱子，還有邊緣植滿樹木的人行道，這樣的景色之間，點綴著男女學生上下課的優雅身影。然而他發現，只要在教堂山逗留得夠久，就能感受到值得珍惜的東西——秋日的陽光以某種特別的方式，灑在方院裡的黃色橡樹葉上；圖書館前的學生慵懶地坐在階梯伸懶腰，書本就擺在膝蓋上；氣充太飽的籃球在室外的柏油場地上，發出有節奏的聲響。

是的，其他學校也有類似的吸引力，但是沒有一個地方像是北卡羅萊納大學教堂山分校（the University of North Carolina at Chapel Hill）一樣，用這樣的方式把這一切元素放在一起。一九八〇年秋天造訪此地之時他尚未了解，但是他當下選擇的地方，將在成功攫取他的私生活之前，容納他最後四年的自由。北卡大合他的胃口。

至少那是他拜訪校園之後的結論。還記得的人們笑著回想到，他初次拜訪北卡大時，喋喋不休講著垃圾話，帶著一具纖瘦的身體蹦蹦跳跳走過運動員宿舍的走廊。來自波士頓，牙買加裔的七呎長人派屈克・尤恩是那一年的高四生之中最廣受討論的新秀。他在十月的某個周末正式造訪北卡大時，第一次見到了喬丹。多年後，那天的回憶還能讓尤恩微笑。他回憶道：「他真的是滿嘴垃圾話。」當年北卡柏油腳跟隊的大二生詹姆士・沃錫也同意：「我清楚記得麥可的招募之旅。還沒見到他的人影，就已經聽到他的聲音。」喬丹後來承認，之所以這樣，至少有一部分是出於年少的恐懼。畢竟，根據家鄉威爾明頓那裡的人的說法，他根本就不屬於教堂山。雖然他已經征服了五星籃球訓練營，但是當他踏進這個地方，心頭還是湧現恐懼。

當他們開始對他表露興趣，他對柏油腳跟隊的懷疑便開始淡去。教練團所展現的關懷開啟了雙方的關係，而造訪校園的經驗，又加深了他對這個地方的好感。他呼吸著帶有菁英氣息的空氣，沐浴在令人安心的北卡大天藍色校徽裡，這個標誌隨處可見，為這個校園注入一股生活的歡愉。這幫助他下了一個多年來許多頂尖運動員都曾下過的結論：「我可以適應這裡的生活。」

父母親的心願也舉足輕重。鮑伯・吉本斯指出：「他的家人很愛北卡大。」當時在威爾明頓，他們看著一年級的麥可坐進種族隔離的教室裡，十二年之後，他們現在看到的是，一所名校需要麥可的服務。所以教堂山分校提供的這份助學金對於詹姆士與荻洛莉絲而言別具意義。

「我告訴荻洛莉絲，如果麥可是我的小孩，我會送他去北卡。」普雷維特回憶道：「在我的印象裡，狄恩・史密斯一直是一個好人，也是一個好教練。」

好像喬丹一家人還需要鼓勵一樣。內心已經驕傲滿漲，想到自己的兒子將穿上北卡藍隊服，他們更是鼓漲得像梅西百貨遊行裡的飛船一樣。而當狄恩・史密斯終於在那年秋天領著一行人拜訪喬丹家時，就如同湯姆・康卓斯基笑著描述的：「像是宙斯從奧林匹斯山上下來親臨。」跟球員家人與父母往來，史密斯很有自己的一套。比起任何教練，他更誠懇地談著課業與優先順序。喬丹一家坐在客廳，麥可盤腿坐在地板上，玩弄著一顆籃球。當他們聽著史密斯娓娓道來，麥可慢慢轉著那顆球。史密斯說，現在還不能給什麼承諾，麥可必須自己去贏取。「那時全都是關於教育的高談闊論。」作家亞特・強斯基回憶道：「史密斯知道詹姆士與荻洛莉絲很吃這一套。」

從最初的這一刻，喬丹夫婦就已經看見史密斯執教風格的金字招牌。他能徹底而超乎尋常地參與手下球員的個人生活，又能同時保持教練應該有的距離與客觀。

「跟史密斯教練發展情誼大概是天底下最簡單的事情。」詹姆士・沃錫評論道：「因為他是那種全然誠實的人，大小事都會注意到。他真的了解你來自何方。他會花很多時間去認識你的父母，還有你的父母對你的期望。這是他跟手下球員來往的方式……誠實是最棒的一點，這就是為什麼很多球員都會被他吸引，而不是那一大堆招攬技巧或是校園導覽什麼的。」沃錫又補充道：「有一個對你頗為了解的人，是一件特別的事。」

儘管維吉尼亞大學與UCLA對他似乎興趣缺缺，區域裡一些學校還是對喬丹展開攻勢。當喬丹造訪南卡羅萊納大學（University of South Carolina），他跟著比爾・佛斯特（Bill Foster）教練去州長家作客，還花了一些時間陪州長的小兒子一起投投籃。「他們並不擔心。」講到北卡大的教練團，亞特・強斯基說：「他們倒是覺得當時南卡大的教練比爾・佛斯特很好笑，竟然帶喬丹去州長的宅邸用晚餐。競爭之下就是會發生這種不入流的鳥事。我不認為他們擔心喬丹會去別所學校。」

馬里蘭大學（University of Maryland）的「左撇子」卓塞爾（Lefty Driesell）企圖從狄恩・史密斯手上把喬丹搶走，而且還想要說服喬丹夫婦，說開車走切薩皮克灣大橋（Chesapeake Bay Bridge）到馬里蘭，跟從威爾明頓到教堂山的距離差不多。喬丹的父母聽了只能翻白眼。北卡羅萊納州立大學的吉姆・沃瓦諾（Jim Valvano）也對喬丹出手，甚至還亮出大衛・湯普森這張牌。沃瓦諾鼓勵喬丹在湯普森的母校重現這位兒時英雄當年的飛行動作。

早在正式參訪教堂山之前，喬丹就已經私下去那裡好多次，也把那個地方看個徹底了。亞特・強斯基回憶道：「喬丹一家常常來北卡大，有過很多次非正式的拜訪。」他又補充說，雖然研究生助理羅伊・威廉斯不能上路去做招攬的動作，但還是可以在校園裡接待喬丹一家。詹姆士・喬丹與威廉斯愈來愈好，後來詹姆士還幫威廉斯在他教堂山的家裡搭造一個木造火爐。但是直到正式參訪，喬丹的心念才終於篤定。賀寧催促喬丹在球季開始之前決定好要接受哪個大學的招攬，之後才能專心為高中的全國冠軍拚鬥。而且這些對喬丹的招攬行動，也可能讓他的隊友分心，甚至影響蘭尼高中的全體學生。「沃瓦諾、左撇子卓塞爾……尤其是羅伊・威廉斯，他在這裡的時間真的太久，我們還以為他是蘭尼的教職員呢。」陶德・帕克這樣回想：「然後，穿著一身淡藍色西裝的狄恩・史密斯現身，一切都結束了。如果狄恩・史密斯親自出馬，代表北卡大是真心想要你這個人。」

喬丹的想法跟賀寧一樣，他想要趕快讓這件事情定案。「北卡大是我拜訪的第四所學校。」他回憶道：「去過那裡之後，我的腦中就沒有什麼疑問了。一個禮拜內我就下定決心，然後取消前往克萊門森大學（Clemson）以及杜克大學的行程。」

一九八〇年十一月一號，他在自家舉行的記者會上公開宣布此事，眼前只有當地電視台提供的兩支麥克風。林伍德・羅賓森也選在同一天宣布他加入教堂山的計畫，所以大部分的焦點都被轉移到他那邊。德罕的運動記者基斯・卓姆（Keith Drum）表示，對於當時的柏油腳跟隊來說，喬丹的加盟其實遠比羅賓森重要得多，但是各大媒體的採訪編輯們顯然沒有收到這則訊息。

喬丹一家人坐在客廳的沙發上，玻璃咖啡桌上是兩支麥克風，旁邊還擺著玻璃烏龜以及盆栽。母親坐在左邊，父親坐在右邊，喬丹雙手置於膝上，身體前傾靠近麥克風，然後宣布，沒錯，他將加入教堂山。

幾週前才剛滿三十九歲的母親，靠著椅背坐著，指甲修剪得宜的雙手交疊在膝頭那件樣式流行的深色裙子上。這幾年來她的體重下降不少，開始讓人看得出來，日漸成熟的她往後將能自在面對兒子帶來的鎂光燈。聽著喬丹的公開聲明，她的臉上帶著一抹微笑，表現出絕對的狂喜，也透露了她把家中最懶散的孩子拉拔到今天所付出的努力。同時間，正對著電視台架設的攝影用燈光，十七歲的喬丹看起來幾乎睡眼惺忪。未來數千次訪談之中，同樣的鎮靜從容將成為他的正字標記。當他聽取著記者的問題，思索著自己的回應，極淡的笑意與含蓄的欣喜之情劃過他的臉龐。

同樣地，他的父親也背靠沙發而坐，好像小心翼翼不要侵犯到打在兒子身上的鎂光燈。那一天，他心中的巨大驕傲帶有一點莊嚴肅穆，顯然盡力掩飾著滿溢的情緒。

帕伯・賀寧也在現場，喬丹宣布時，他遠遠站在一旁，但臉上也滿是驕傲的光芒。這位年輕的教練還陪著喬丹在鏡頭前搞怪，兩人一前一後靠近攝影機比手畫腳。後來，當喬丹拿起一顆北卡藍色的籃球，教練還做出防守他的姿勢。因為兩人每天早晨一起在蘭尼高中體育館裡練球，才能培養出這種一起耍寶的默契。

「對我們來說，他就像是一個爸爸。」在威爾明頓日報的一次訪談中，喬丹如此描述賀寧：「我們可以在任何時候去找他，也可以跟他說任何事情。我們可以跟他說那些不願意對自己父母親吐露的事，因為他很善體人意。我覺得他將會帶領我們拿下冠軍。」

荻洛莉絲・喬丹一直很仰慕杜克的學術成就，也很欣賞前杜克球星金・班克斯（Gene Banks），所以杜克大學裡那位積極進取的年輕教練麥克・沙舍夫斯基（Mike Krzyzewski）對招攬喬丹抱持著希望。當喬丹表明自己的歸屬。沙舍夫斯基馬上寫了一封信給喬丹，表達無法看見喬丹加盟藍魔鬼隊的遺憾，也祝福喬丹未來順遂。幾年後，這封信將在威爾明頓的開普菲爾博物館中展出，就放在喬丹展示間裡，也成為北卡大球迷最愛的收藏品。

「安皮」公園

搞定未來要進哪所大學之後，喬丹可以全心爭取高中聯賽的全國冠軍。在北卡羅萊那州第一分區的４Ａ分級之中，蘭尼高中需要先擊敗身材優越體能勁爆的新漢諾威高中。

一直以來，新漢諾威高中是威爾明頓主要的白人學校，在名人堂教頭里昂・伯格登的領導之下，有著堅實的體育傳統。尤其出產了許多美式足球界的傑出校友，像是國家美式足球聯盟（ＮＦＬ）的四分衛桑尼・爵根森（Sonny Jurgensen）以及羅曼・加布里埃爾（Roman Gabriel）。種族隔離制度廢止之後，在這個城市裡營運多年的黑人學校威利斯頓高中（Williston）被降級為國中，這個決策讓當地的黑人社區十分不滿，可能也間接激發了威爾明頓十犯事件。

一九七六年蘭尼高中開幕時，種族間的緊繃情勢稍有緩解，而帕伯・賀寧也成為城市裡第一位黑人總教練。沒有人對賀寧這樣的新地位公然發表什麼意見，但是大家的眼睛都緊盯著他的表現，當蘭尼高中的對手是吉姆・赫布朗教練率領的新漢諾威高中時，更是如此。喬丹成為北卡大延攬的球星這件事，也提高了大眾對於蘭尼高中與賀寧這位教練的注目。

很有趣的，兩位同為三十出頭的教練展現了截然不同的執教風格。一九八〇年到一九八一年，新漢諾威高中的陣容包括未來成為ＮＦＬ全職業防守邊鋒的克萊德・西蒙斯（Clyde Simmons）以及未來將成為老道明大學（Old Dominion University）先發球員的肯尼・加蒂松（Kenny Gattison）。加蒂松後來也在ＮＢＡ享有不錯的球員與教練生涯。一九八〇年的秋天，加蒂松才高三，但是身高已經接近六呎八吋，體重也有兩百四十磅。克萊德・西蒙斯身高將近六呎六吋，滿身肌肉而且反應敏捷。當年的新漢諾威高中校隊還擁有另外兩位出眾的球員，終究默默無聞的他們倆，其實本來大有可能在運動界闖出名堂。加蒂松回憶道：「身高六呎三吋體重兩百一十五磅的朗卓・邦尼（Rondro Boney），只需要 4.25 秒就可以跑完四十碼。當他在美式足球場上擔任跑鋒，你根本追不上他的身影，他是赫歇爾・沃克（Herschel Walker）那型的球員。羅納德・瓊斯（Ronald Jones）是身高六呎四吋的外接員（Wide Receiver），速度也十分驚人，就像傑瑞・萊斯（Jerry Rice）。這兩個人應該要進軍ＮＢＡ或是ＮＦＬ才對。」

一九八〇年，擁有這些球員的新漢諾威高中在美式足球球季取得十勝，而當他們穿上籃球服時，加倍令人畏懼。對比之下，赫布朗是一個小巧精實的男人，總是不停地做著跳繩運動。他第一愛的是新漢諾威高中的教練工作，第二愛的是威爾明頓適合衝浪的海灘風景。在學校裡，他負責的體育課是出了名的輕鬆隨興，但是對於自己執教的隊伍，他則擁有徹底的掌控權。

「他的外表確實沒什麼氣勢。」加蒂松回憶道：「他有點像是達斯汀・霍夫曼（Dustin Hoffman）。他是我見過最不會擺架子的人。他從來不大吼，從不提高音調。但你知道這個人是挺你的，所以他說什麼，我們就做什麼。」

雖然社區裡的人覺得赫布朗頗有意思，但是真正讓大家默默凝視著的，是賀寧這位非裔美籍教練。加蒂松說：「就像其他東西一樣，這是一項考驗，看黑人當教練到底行不行。」種族隔離制度廢止後的幾十年間，新的種族刻板印象正被快速建立。舉例來說，黑人運動員幾乎絕不會不被選作四分衛，直到一九八六年到一九八七年球季，當道格・威廉斯（Doug Williams）率領華盛頓紅人隊（Washington Redskin）拿下超級盃

（Super Bowl）冠軍時，人們的想法才開始有所轉變。同樣地，黑人也幾乎不會被派任為總教練。然而，賀寧贏得了這樣的職位，而且一開始就讓大家看見他教練生涯前途無量。至少，站在邊線時，他充滿了活力。「如果說吉姆‧赫布朗是達斯汀‧霍夫曼的話，帕伯‧賀寧就是佛瑞德‧山佛（Fred Sanford）。」加蒂松笑著回憶道：「這兩個教練的個性南轅北轍，但他們都會穿上休閒西裝踏上球場工作。那真是美好的往日時光啊。」

儘管身材與力量如此強大，那年秋天，高三的西蒙斯與加蒂松也才第一次在一軍球季亮相。「在新漢諾威高中裡頭，十年級的人是不能打一軍的。」加蒂松解釋道：「不管你是哪一號人物都一樣。當二軍球季結束，而你的表現又夠好，他們會允許你坐在一軍板凳席的最尾端觀摩比賽。」

所以，新漢諾威高中這組強大的陣容將首次遭遇身穿藍金色蘭尼球衣的喬丹。但事實是，這些人早就摸透喬丹了，他們早在街頭球場上與喬丹鬥牛激戰多回，尤其是在威爾明頓的安皮公園。聚在那裡打球的人都把它簡稱為「安皮」。

「這是一個互動緊密的社區，每個人都互相認識。」加蒂松解釋道：「我們總在打球。我們在男孩俱樂部裡打球。我們在安皮公園打球。很多經典戰役是在安皮公園的柏油地上發生的。那裡沒有什麼人，你帶你的人來，我帶我的人來。」

喬丹的「人」就是他的基本班底：老哥賴瑞、阿道夫‧席佛、李洛伊‧史密斯以及麥克‧布瑞格。加蒂松跟新漢諾威高中的隊友一起現身——邦尼、瓊斯以及西蒙斯——這幾個人是在各種不同聯盟一起打籃球長大的。

「我們配起來很不錯。」加蒂松如此形容他的團隊：「要單單比運動能力，我們只輸在麥可那個點，但其他四個點的優勢都在我們這邊。兩方人馬激戰不休，整個禮拜六都耗在球場上。每場比賽打11分。不知道為什麼，很多場比賽裡，我們都以8比3領先，然後麥可就會跳出來搧掉我們每一次出手，然後拿下所有的分數，最後我們就以11比8輸球。」無論我們碰頭的地方是在安皮公園的室外球場，或者是坐滿五千名觀眾的伯格登禮堂（Brogden Hall），想贏的心情都是一樣的。

在高中籃球的賽場上，赫布朗不喜歡球員講垃圾話。但就算這個教練沒有表示什麼，新漢諾威高中的陣容也恐怖到足以讓對手安靜了。然而在安皮公園的報隊比賽之中或是之後，大家就有點碎嘴了。

「阿道夫的話比麥可還多。」加蒂松回憶道：「他的嘴裡一定會叼著某個東西，可能是一根牙籤或是稻草。阿道夫是說得一口好球的那種人。在高中聯賽上，阿道夫會在雙方球員列隊時講垃圾話威嚇對方，但比賽開始之後，他就只會把球傳給麥可，然後閃到一邊去。」

一九八一年的五星籃球訓練營之後，回到安皮公園的麥可不只有了新的自信，還帶來新的資訊。「我從來沒聽過什麼五星訓練營。」加蒂松回憶道：「麥可去參加五星籃球訓練營然後贏了那裡所有的獎項。他回來之後，我們一如往常在體育館碰頭，麥可跟我們說：『兄弟，你們一定要去五星訓練營看看。』接著又說：『待在威爾明頓這裡，我們根本不知道自己有多強。』他說因為我們都已經習慣跟彼此對壘了。這是真的。只是待在自己高中的校隊裡面，我們真的不明白自己的球技已經到了什麼層級。我們這兩隊如果聯合起來，可能連很多大學球隊都不是對手。」

當時，許多名門大學正在招攬加蒂松這位傑出的美式足球邊鋒。要不是他跟新漢諾威在隔年夏天聽從了麥可的建議，他可能早就接受美式足球的獎學金了。他們參加了五星訓練營，期間加蒂松吸引了老道明大學的注意，得到了籃球獎學金，最後成就了一段長久的NBA生涯。

「從這個角度來看，促成我生涯的人確實是麥可。他說的沒錯。」加蒂松說：「我們真的不知道自己其實有多強。」

當時他和喬丹都心知肚明的一件事情是，在那一年冬季的高中籃球聯賽裡，兩隊終將一決高下。事實上，五星籃球訓練營結束之後，喬丹迫不及待想展開新的球季。禮拜五晚上，他會去蘭尼高中的美式足球賽場看朋友打球，但是他真正想要的是趕快開始練球，好讓他可以炫耀一下夏天裡學到的新招。

儘管如此，蘭尼高中的體育老師露比・桑頓（Ruby Sutton）說那個秋天重返校園的喬丹似乎沒有受到突如其來的盛名所影響。她記得喬丹一樣是那個隨遇而安的人，臉上總是掛著微笑。隨著球季接近，喬丹確實有向威爾明頓日報透露，他很期待繼續在場上展現飛行能力。他承認觀眾對於灌籃的反應很讓他興奮，尤其是當他抄球快攻，前場無人防守，對籃框演出誇張的攻擊動作時。他說：「那能激勵我更認真表現。」他很早就了解到，他的能量來自於觀眾的能量。「我太享受他們的反應了，所以我開始做出一些常人無法做到的動作。」在與約翰・艾德格・懷德曼的一次對話中他回憶道：「然後這又更刺激我……因為我感受到粉絲與人們的興奮，而我有能力去做一些其他人想做但是卻做不到的動作，他們只能透過你來實現那些想像……這給了我衝勁。我可以做到其他人都做不到的事情。」

喬丹跟北卡大簽約的事情把地方上的群眾都引來觀賞蘭尼高中的比賽。很多人都想要在未來炫耀說自己看過高中時期的喬丹打球。一九八〇年十一月二十六日的球季開幕夜，蘭尼高中體育館外面排著長長的人龍。那些有辦法擠進場的人們，看見喬丹獨得33分，摘下14個籃板，率隊擊敗彭德高中。那是開季六連勝的第一場，季初的亮眼成績也將蘭尼高中推進到整州的前幾名。十二月初，連勝期間，狄恩・史密斯大駕光臨，親自到場觀看海盜隊的比賽。根據在場人士的說法，那天晚上全場爆滿，大家都必須伸長脖子才能看得見比賽，而入場的觀眾人數也打破了紀錄。這個場面說服了那些說喬丹不適合北卡大的人。同一個禮拜之內，在一場對戰金斯頓高中的勝利之中，喬丹拿下26分，抓下12個籃板，送出9次助攻，還賞給對方3記火鍋，更多的懷疑者改變了原先的想法。金斯頓高中的教練保羅・瓊斯（Paul Jones）坦承：「我們被喬丹催眠了。」這位教練指出，他手下的球員太過注意喬丹，以至於蘭尼的其他球員每個都有大空檔。

這個球季的真正亮點在十二月尾聲的聖誕大戰，蘭尼高中在新漢諾威高中的主場伯格登禮堂搶下勝利。喬丹與他的街頭球友們再次碰頭，只是這次他們穿著新漢諾威黑橘相間的球衣，這是一場肢體衝撞激烈的比賽。那天晚上，喬丹很快陷入犯規麻煩，只能眼睜睜看著他的隊友們落後給對手。距離比賽終了不到五分鐘的時候，賀寧把喬丹送回場上。接著，喬丹秋風掃落葉似的連得15分。「我只記得每一球都給喬丹出手。」比賽結束前加蒂松說：「我們抓住他，擒抱他，拉他的球衣，把他撞倒在地。他還是把每一球都投進了。」比賽結束前最後一波進攻，喬丹帶球準備攻擊籃框。然後，他就這樣飛起來了。

「我記得他在聖誕大戰裡那一球絕殺。」加蒂松說：「我扯著他的球褲，又抓了他的球衣，想要把他拉下來。但是他的身體還是繼續上升，投進了那顆球。」

在最後那個球季裡，賀寧已經懶得再裝了，他直接承認球隊的戰術就是把球給喬丹，鼓勵他去攻擊籃框。這樣的策略大部分的時候是有效的，因為許多晚上，喬丹都強到足以靠一己之力贏球。但是到了一月中，海盜隊吞了分區賽場上的兩敗，在第二分區的排名中與別隊並列第三。這種排名不會讓人有信心去談論什麼州冠軍。

威爾明頓晨星報（Wilmington Morning Star）的體育記者葛瑞格・斯托達（Greg Stoda）評論道：「很多時候，蘭尼不像是一個球隊，比較像是一群等著喬丹出手拯救的人。」

在喬丹未來的生涯裡，這樣的主題將一而再再而三地浮現。他展現的運動能力超凡絕塵，場上的隊友與對手會同時停下來看他表演。賀寧跟斯托達說：「但是我們現在有好一點了。」他又補充說到，有時候，喬丹坐在板凳上，其他人的表現反而會好一點。「但是，任何情況下我當然還是希望球交到他手上。他超強的。」

麥可本人則朝著另外的方向開始努力，追隨著他心目中的英雄。他的車子現在有兩塊訂製車牌，後面那塊寫著「魔術」，前面那塊寫著「魔術麥可」，證明他想要練好魔術強森看東傳西的絕學。「某一天練球的時候，我開始做出強森那些變態的動作。」他跟查克・卡瑞這麼說：「我看著一個地方然後傳向另一個地方，其中一個隊友開始叫我『魔術麥可』。他幫我買了後方的訂製車牌，我的女友則幫我訂製了前方的車牌還有一件T恤，上頭都寫著『魔術麥可』。」

在場上他習慣把球分給隊友，高四那年球季平均每場六次助攻，這樣的數據記錄了他的無私。但是很多時候，對於蘭尼高中的其他隊員來說，那顆球彷彿是燙手山芋，他們總是急著把球回傳給喬丹。「誰有空檔我就傳給誰。」喬丹向斯托達解釋道：「教練叫他們出手，我也叫他們出手。但我知道他們很依賴我。」

新漢諾威高中的赫布朗教練明白這些球員的反應。「孩子們都對他很敬畏。」這位教練主動提到：「他們受到震懾。很多教練都跟我說喬丹是整個東岸最強的高中球員。我看過他走進一個體育館想要報隊鬥牛，結果每個正在打球的人都停下手邊的動作。這也許聽起來很怪，也有很多人不會了解，但有些孩子只要能跟他站在同一個球場上就很開心了。他要去讀北卡大，而且以後還可能進軍職業。這些孩子以後就可以跟別人炫耀說，他們曾經在籃球場上跟麥可喬丹對戰過，或者是跟他並肩作戰過。」

「他就在我們眼前進化了。」加蒂松解釋道：「研究他也是枉然，因為他每場比賽都做出不同的新動作。每一場比賽他都用新的方法擊敗我們。在運動能力上，他做出沒有人見過的事。他跳起來，我們也跟他一起跳，但我們會落回地上。用不了多久，我們就明白他天生就跟我們不是同一塊料。」

喬丹用傑出的表現撐起了這些評語。那一個球季，他平均每場攻下 27.8 分，抓下 12 顆籃板，帶領蘭尼高中拿下十九勝四敗的戰績，其中包括在常規賽三度擊敗新漢諾威高中。每一次敗北之後，加蒂松和他的隊友都發誓下次絕不再輸給麥可喬丹。他們還有最後一個復仇的機會，兩隊的第四度交手將發生於分區準決賽，獲勝的一方才可以挺進州錦標賽。比賽剩下不到一分鐘，新漢諾威高中還落後六分，在蘭尼主場舉行的這場比賽，看起來似乎已經被穩穩抓在喬丹及其隊友手中了。

「剩下一分四十秒的時候，我們落後十分還是十一分。」加蒂松回憶道：「當時沒有規定進攻時間。他們只要運球把比賽時間拖完就好了。但不知道為什麼，我們竟然逆轉贏了比賽。直到今天，我都還不太清楚那最後兩分鐘到底發生了什麼事。他們大可以運球耗掉所有時間，但我們就是逼出了一次又一次的失誤，其中包含用某種方法把麥可困住。」

加蒂松後來很懷疑，當時他們怎麼能夠在沒被吹犯規的狀況之下，進行壓迫性以及陷阱式的防守。

他問道：「而且是在他們的主場耶？」

距離比賽終了剩下七秒，喬丹持球進攻，跳投出手。他被吹了進攻犯規，也是個人的第五犯，犯滿畢業，只能坐回板凳。主場的球迷坐在位子上不敢置信。加蒂松也記得當時的自己很感訝異，在比賽的最後幾秒，在自家主場，竟然會出現這樣的吹判。

新漢諾威高中罰進兩球取得領先。急轉直下的局勢讓全場球迷散發著一種暴戾之氣，這在北卡羅萊納州海岸平原的高中賽場上並不稀奇。同一個球季稍早，新漢諾威高中也在戈爾茲伯勒高中主場贏球。加蒂松說：「我記得在戈爾茲伯勒出賽，那是安東尼・帝奇坐鎮的地方。在他們的場子擊敗他們之後，我們得待在休息室裡，直到警察進來設法把我們弄出去為止。」

在蘭尼高中比賽時，兩隊的人馬互相比較熟悉，所以氣氛也沒那麼劍拔弩張。加蒂松解釋道：「大家都互相認識嘛。」但是赫布朗教練走下場時，卻被蘭尼的球迷故意撞了一下。「贏了那場比賽之後，大家回到休息室，教練跟我們說：『不要沖澡了，東西收一收，我們趕快離開這裡。』」加蒂松說：「裁判才是他們真的要追殺的對象，但是那天晚上我們真的沒有沖澡就離開了。」

以這種意料之外的方式結束高中籃球生涯，對喬丹而言是一份刻骨銘心的失望。他一直很想要贏一座州冠軍。加蒂松說：「他的情緒真的非常低落。」同樣失望的賀寧也沒有太多話，只說了這麼一句：「我們瞄準月亮，然後落在星星上。」

將近三十年之後的訪談中，加蒂松對那場比賽的回憶仍舊交織著悔恨。

加蒂松在二〇一二年解釋道，雖然在後來的生涯中兩人又碰了很多次面，但是他從來不敢在喬丹面前提起最後在威爾明頓的那一場比賽，無論氣氛多麼輕鬆，無論場面多麼隨興。縱使在喬丹贏得許多座職業冠軍之後，縱使這份傷痛似乎早該消散，加蒂松還是認為這是個過於敏感的話題。同樣地，喬丹對此也絕口不提。

而兩隊的人馬從此也不再去安皮公園鬥牛了。那場比賽的結果似乎污染了年輕人原本單純的競爭。他們都知道喬丹把這件事情看得多重。

「你必須要了解這個男人的燃料是什麼，這個男人偉大的原因何在。」加蒂松說：「他接受了輸的痛苦……對大部分的人來說輸的痛苦是暫時的。他接受了輸的痛苦，然後永遠緊抓不放，然後那份痛苦成了他生命的一部分。這也影響了我。他打敗我三次，其中有兩次是在我的主場。我們贏了第四場球，至今我卻仍為那場球於心有愧。」

輸給新漢諾威高中之後幾天，賀寧大膽預測，有了喬丹在陣中的北卡大將拿下全國冠軍。又幾個月之後，這位教練開始往暗黑深淵下滑。

「好幾年來大家都試著幫助帕伯。」談到那個詭異的轉折，加蒂松說：「每個人都盡了自己的努力。但就是拖了好幾年都沒有適切的診斷，所以也拖了好幾年都沒有適切的治療。他墜落得好快。那種疾病非常耗損心神。那個曾經站在邊線，心中充滿烈焰的人，現在成了一個游魂。幾年之後，如果你在街上遇見帕伯，你不會知道自己將會跟哪一個帕伯說話。太令人傷心了。心理疾病真的是很悲慘的事情。」

儘管如此，加蒂松仍表示，喬丹的球員生涯就是賀寧教練生涯的遺產。不是因為他沒有把高二的喬丹選進一軍，而是因為他為喬丹做過那些設想周到的決定。「在當時高中籃球的賽場上這是很自然的事，如果你的身高有六呎四吋，你就算是一個長人了。」加蒂松說：「你會被視作中鋒或是大前鋒，總之要在籃下討生活。但是賀寧慧眼看出喬丹的天賦所在，把他擺在前場，讓他打後衛。」

在高中賽場上，很多身高夠高的人都沒有機會磨練後衛技巧，之後他們往往成為籃球場上所謂「不上不下」的人。「這些人通常十七歲時就有六呎五吋或是六呎六吋高，但是他們不會再長了。」加蒂松接著補充道：「他們上大學之後會試著打大前鋒。也許他們大學的籃球生涯也會不錯，可能每場平均還有個二十分八籃板之類的。但是，當他們進入NBA訓練營，大家會覺得他們的身高應該打後衛。而他們卻從來沒有打過那個位置，所以沒有辦法調適。他們就這樣毀了。」然而，賀寧讓喬丹為了下一個階段的成功做準備。

「帕伯看見了喬丹的未來在哪裡。」加蒂松解釋道：「然後他讓喬丹可以抵達那裡。」

大麥克

高四那年球季裡唯一可以撫慰喬丹的是，他被 Parade 雜誌選為全美最傑出的預校球員之一，但是季後他的心靈隨即又被刺傷，因為被美聯社（Associated Press）票選為北卡羅萊納州最佳高中球員的人是巴斯・彼德森，而不是他。

「我們就是跟新漢諾威高中交手太多次了。」球季結束後三週，他在接受星辰報的訪問時試圖理清自己的失落感：「當你跟一支好球隊一再碰頭，他們勢必會追上來。要連續打敗那麼棒的球隊四次實在太難了。可能就是該輪到他們贏了吧。」

照理說他的下一個行程應該是四年級的棒球球季，但原先這樣的規畫被打亂了，因為他受邀參加知名的麥當勞高中全明星賽（McDonald's High School All American Games）。一個新的規則要求參與此項賽事的北卡羅萊納州高中球員必須放棄參加其他比賽的資格，這讓喬丹必須要馬上在棒球賽與麥當勞球賽之間做一個抉擇。他跟棒球隊一起拍了大合照，也有在開幕戰上場，但是表現卻慘不忍睹，失誤連連，所以事情差不多也就這麼定了。也許會讓他的父親很痛苦，但是喬丹放棄了棒球。

他跟威爾明頓的報紙說：「我知道自己志不在此。」

一九八一年三月底，在馬里蘭州的藍道佛（Landover），麥當勞高中錦標賽的第一部分讓當地球星與來自全國各地的「國家級」球員對戰。高四生艾德・平克尼（Ed Pinckney）也是全明星陣容的一員，他從紐約到華盛頓來參加這項賽事。他沒有在前一年的夏天與喬丹一起待過五星籃球訓練營，但是紐約有其他人去了，他們回到紐約後大肆宣揚說見到了一個來自北卡羅萊納州的超強球員。到了三月，平克尼老早忘了那個球員的名字，但在麥當勞錦標賽中參與一次練球之後，他就馬上明白那些紐約同伴所說的球員是哪個人。

「他不太講話。」平克尼回憶第一次看到喬丹練球的狀況：「他就打自己的球，然後大家的反應都是：『哇賽……』住在紐約，所以一直以為最強的球員都在紐約了。嗯，但是在那裡練了兩次球之後，關於到底誰是最強的球員，我的想法徹底改變了。」

那個週末，平克尼被分配與巴斯‧彼德森同房。他們有不少時間可以混在一起，尤其當球隊前往白宮與副總統喬治‧布希（George Bush）合照時。即將進入維拉諾瓦大學（Villanova）打球的平克尼花了一些時間與喬丹和彼德森討論未來將執教他們的兩位截然不同的教練：北卡羅萊納大學裡世故而衣冠楚楚的狄恩‧史密斯以及維拉諾瓦大學裡暴躁而衣衫不整的羅利‧馬西米諾（Rollie Massimino）。

「我們聊的就是那些。未來的學校會是怎麼樣啦，未來我們的教練會是怎麼樣啦。」他回憶道：「我記得他們如何談論並形容狄恩‧史密斯，談他對當地社區的重要性，談他是一個怎麼樣的人。他們說他是一個安靜而低調的人，但是跟我的教練一樣，受到校園附近社區絕對的尊敬。我記得自己說：『我將要為這個瘋狂的人打球。這個人，他會在邊線旁滿場跑。』而這就是他吸引我的地方。他非常好動，喜怒形於色。我想要為這樣的教練打球。」平克尼看得出來，對於將要進入北卡大受教於史密斯，兩人都很感驕傲。

令人驚訝的是，在第一場麥當勞的比賽中，喬丹並非先發，而平克尼根本不記得當時隊上的教練到底是誰（查證是麥克‧賈維斯〔Mike Jarvis〕，也是尤恩的高中教練，執教於波士頓的劍橋拉丁高中〔Rindge & Latin〕）。然而，很明顯的，到了下半場這位教練決心要贏球了。

他回憶道：「情況是這樣的，比賽上半場，每個人都有機會上場打打球。」但是到了下半場，尤其進入倒數時刻，一位來自北卡羅萊納州的瘦小子就接管了比賽。「一過半場，我們就把球交給他，然後他拿下了所有的分數。」平克尼笑著說：「所以後來的重點已經不是我們會不會贏，或是什麼時候會贏，而是他會在哪裡拿到球，又會投進幾球。」

第一場比賽裡，喬丹得了14分，巴斯‧彼德森得了10分，這對北卡大新秀的表現已經足以讓他們在「國家級」的麥當勞全明星賽裡擔任後場先發，那場比賽將於兩週後在堪薩斯州的威奇托舉行。

對於詹姆士與荻洛莉絲‧喬丹來說，這也是他們第一個大型的籃球之旅。眾多活動之中還包含了UCLA傳奇教頭約翰‧伍登的致詞。畢業於維克弗斯特大學，大西洋沿岸聯盟的前全明星球員比利‧派克

（Billy Packer）也躬逢其盛，他現在是美國哥倫比亞廣播公司（CBS）的體育播報員。第一場麥當勞比賽時，派克正在費城忙著轉播大學的四強戰，搞定那件大事之後，現在他可以來威奇托瞧瞧。

派克也住在北卡羅萊納州，而且負責轉播大西洋聯盟的賽事，所以對於即將進入這個聯盟的新鮮人十分好奇。而那一年新秀的強大水準也讓他深感訝異。東區的陣容包括米爾特・華格那（Milt Wagner）、比爾・溫寧頓（Bill Wennington）、阿德萊恩・布蘭奇（Adrian Branch）、克里斯・穆林以及傑夫・亞德金（Jeff Adkins）。在第一場麥當勞比賽被選為MVP的奧伯雷・雪洛德是威奇托的家鄉英雄，也是吸引觀眾進場的超級王牌。

派克說：「但是麥可把他的場子搶走了。」喬丹轟下破麥當勞大賽史記錄的30分。更棒的是，他在最後一刻幫助球隊逆轉。比賽剩下十一秒，95比94，他的球隊落後，他站上罰球線，罰進第一球的話可以再罰一球（one-and-one），結果冷靜地罰進兩球。他的數據傲人，十九次出手命中十三球，罰球線上投四中四，外帶六抄截與四助攻。

比賽結束之後，大會請三位評審選出MVP，這三位分別是伍登教練、費城籃球傳奇桑尼・希爾（Sonny Hill）以及馬里蘭高中的偉大教頭摩根・伍藤（Morgan Wooten）。結果，不顧喬丹的破紀錄表現，三位評審選擇讓布蘭奇與奧伯雷・雪洛德並列比賽的MVP。根據一些報導，當天伍藤並沒有投票，因為他是布蘭奇的教練，而布蘭奇也將進入馬里蘭大學就讀。

「我們轉播了那場比賽。」比利・派克回憶道：「當他們宣布最有價值球員並不是麥可時，我們當然很震驚。結果竟然是雪洛德以及在高中為摩根・伍藤打球的阿德萊恩・布蘭奇。我知道摩根與伍登教練的為人都很正直。他們顯然在比賽中看見了大家都沒有看見的東西。因為他們兩個都絕對不會墮落到『不管怎樣就是要選自家球員』。阿德萊恩當然也打得很好，但是不及麥可。」

最憤怒的人莫過於荻洛莉絲・喬丹。她失去了平素的冷靜自持，讓所有聽得見她說話的人都知道她的兒子被別人陰了。宣布MVP獎落誰家之後，比爾・古德里奇抬頭一看，看見盛怒的喬丹女士拖著巴斯・彼德森的母親正要走進場內。

湯姆・康卓斯基還記得：「他媽媽真的超火。」

「她非常不爽。」霍華德・加芬克爾回憶道：「我跟她解釋，唯一重要的一張名單，是ＮＢＡ選秀夜第一輪的名單。」

晚一點的時候，派克在體育館外碰見喬丹一家。「他的母親還是忿忿不平。」這位播報員說：「我開開玩笑安撫她，然後跟她說：『不需要為這場比賽不爽。麥可將會成為一個了不起的球員。他也即將進入北卡大為一位很棒的教練打球。有一天妳會忘記他今晚沒拿到ＭＶＰ。』」

派克將很快明瞭，就算喬丹女士可以對此釋懷，她的兒子可沒有這個打算。「麥可也許還對阿德萊恩・布蘭奇小小眨了幾眼，所以阿德萊恩根本沒有察覺到什麼。」派克笑著說：「但是喬丹至今心裡都還印著威奇托那場比賽的畫面。大西洋沿岸聯盟裡沒有任何人知道類似的事情可以帶給喬丹多大的動力。但是他真的什麼都銘記在心裡。」

一九八一年春，喬丹與妹妹蘿絲琳從蘭尼高中畢業，準備面對下一輪在教堂山的挑戰。

蘭尼的畢業紀念冊 the Spinnaker 詳述了喬丹的履歷：「導師班代表、西班牙文俱樂部……新漢諾威聽詢委員會……活力俱樂部。」紀念冊裡還包含了一段獻給喬丹與李洛伊・史密斯的話：「蘭尼只希望你們可以拓展自己的潛能，讓別人如同蘭尼一般為你們感到驕傲。永遠要記得蘭尼是屬於你們的世界。」

當然，屬於喬丹的世界正要指數型擴張。而任何一個人，尤其是喬丹本人，都沒料想到一切將發生得如此之快。

第11章 大一新鮮人

在大西洋沿岸聯盟裡，敵對學校球迷的目光似乎總是離不開迪恩・史密斯的大鼻子還有圓小如珠的眼睛。對他們來說，他的樣貌就像是一幅諷刺漫畫，將討人厭的優越感具體化了。事實證明，這樣的公眾形象與史密斯在北卡大球隊裡的形象有著天淵之別。史密斯在北卡大的地位超乎尋常。在手下球員的眼中，他的自我貶抑更強化了他對團隊籃球的堅定信念。

「讓我永遠難以忘懷的是他的誠實。」NBA巨星巴比・瓊斯（Bobby Jones）曾經這樣告訴《運動畫刊》：「我們都知道，他跟其他人一樣，也會有自己的問題。但是大部分的教練都不會承認。他卻總是勇於承認自己沒有一切解答。」

奠基於這份誠實之上的，是手下球員常常對他表達的愛與尊敬，尤其是在這些球員停止為他打球之後。當他不再是這些球員的教練，他會努力成為他們的朋友。麥可喬丹也把史密斯稱為他的第二個父親，幾乎每一個受教於他的球員都呼應著類似的情感。

有時候，史密斯在這方面的努力讓他牽扯上很大條的事情，例如說詹姆士・沃錫在洛杉磯湖人隊時期因召妓而被逮捕的事件。「史密斯教練是第二個打電話給我的人。」沃錫坦言：「他跟我說：『我們都是人。我知道你是一個頂天立地的男人，所以就用男人的態度面對吧。』」

史密斯也需要處理一些比較沒那麼戲劇化的事情，例如以前帶過的球員生涯與家庭發生的問題等等。他有天才般的記憶力，往往能叫出球員的朋友或親戚的名字，那些他只見過一兩次面的人。湖人隊的總管米區・庫巴契克（Mitch Kupchak）以前也在北卡羅萊納打球，某次跟史密斯通電話的時候他真的嚇到了，因為史密斯竟然聊到庫巴契克的姐姐珊迪生下一個小男孩的事。「他見到我姐的時候是一九七二年的夏天耶。」庫巴契克說：「他怎麼可能還記得她的名字？」

皮特・奇爾卡特（Pete Chilcutt）也是史密斯的子弟兵，他觀察到很多球員都會說自己大學教練以及大學球隊的壞話。北卡大不會有這種事，奇爾卡特解釋道：「柏油腳跟隊隊員共有的一個東西就是驕傲。」這也讓史密斯帶過的球員們常常在暑假回到教堂山，報隊打幾場比賽，或是參加球隊一年一度的高爾夫球聚會。史密斯營造的家庭氛圍，也間接幫助他拓展人脈與招攬球員。在大西洋沿岸聯盟被視為全美最頂尖籃球聯盟的年代，史密斯帶領的球隊樹立了典範。

然而，局外人們對他可完全不抱持這份尊敬。在這個競爭白熱化的聯盟裡，史密斯常常遭受其他學校學生以及其他隊伍球迷的辱罵。這份蔑視部分來自於北卡大的招牌戰術：四角散開進攻。維吉尼亞的前任高中球員里克・摩爾記得當年在電視上看到史密斯的球隊這樣打，他感到極端厭惡。「我對狄恩・史密斯的憎恨沒有極限。」摩爾說：「你把籃球界最傑出的幾個球員擺在場上，卻要他們把時間拖完。這對比賽來說簡直是詛咒。」對此，史密斯的基本回應就是，四角進攻給了他的球隊最大的贏球機會，但是沒有多少球迷願意買他的帳。大西洋沿岸聯盟的想法也差不多，此聯盟之所以在大學籃球界裡率先採用進攻計時器，大部分就是為了抵制四角進攻戰術。

對於那些詆毀他的人來說，史密斯惹人嫌惡之處還不只是戰術。對手們抱怨說他自鳴得意而且自以為是，其實人們也很常這樣抨擊UCLA的約翰・伍登教練。另外跟伍登一樣的是，大家也認為史密斯非常善於操弄，不放過可以影響比賽環境的任何一個環節。已故的北卡羅萊納州立大學教練吉姆・沃瓦諾（Jim Valvano）曾開玩笑說，如果狄恩讚賞大西洋沿岸聯盟裡某個裁判，那聯盟裡的所有教練都會馬上開始排擠那位裁判。曾被所謂史密斯的操弄手段激怒的杜克大學教練比爾・佛斯特悻悻然地說：「我以為發明籃球的那個人叫作奈史密斯，不叫狄恩・史密斯。」

維吉尼亞大學教練泰瑞・霍蘭德曾經解釋道：「這個人本身跟他試圖投射的形象之間有一條鴻溝。」

（一九八〇年代在夏律第鎮〔Charlotteville〕流傳的一個廣為人知的笑話是，霍蘭德養了一隻名叫狄恩的狗，而且是一隻母狗。）

有時候史密斯似乎覺得自己高於規則之上。霍蘭德還記得一件事情：「一九七七年的大西洋沿岸聯盟錦標賽中，他認為我們隊上的球員馬克・法雅羅尼（Marc Iavaroni）在場上對菲爾・福特動作太粗暴。中場休息，兩隊走下球場時，他直接過來找馬克的碴——身體上真的碰觸到他，然後對他講了一些話。我認為在這個方面狄恩一直很有問題。為了保護自己的球員，他的腦袋裡覺得自己就是有那個權力去跟別人的球員起衝突。這太危險，而且也太超過了。」

「為了挺自己的球員，我們都做過一些不光采的事情。」史密斯的大敵，杜克大學的麥克・沙舍夫斯基教練說：「但我想不起來曾經聽到他怪罪或是貶抑自己的球員，反過來，他的球員對他也是忠心耿耿。這種忠誠不會是一夕之間出現的。日復一日的作為才能營造出這樣的關係。」

比利・派克花了幾個下午觀察史密斯的球隊練習，球員奮力按表操課，但是場面卻異常靜默。每一個練習項目與每一次爭球都被精確地計時、測量與觀察，最終目的就是要將個人能力昇華為團隊戰力。

「就連爭搶球我們都試圖建立一套標準。」史密斯曾經解釋道：「如果某個球員在一個不好的出手時機後仰跳投球進，我會跟球隊經理說：『這球不算分。』如果他好好地上籃把球放進，我會把那一球算作三分。用這種方式計算分數一陣子之後，球員們就會明白我們球隊追求的是什麼了。」

詳細的操課表每天都被貼在牆上。球員按表進行練球的時候，球隊經理會站在邊線，舉起手用手指表示每一個項目還剩下幾分鐘。菲爾・傑克森（Phil Jackson）在芝加哥公牛隊（Chicago Bulls）長期合作的助理教練德克斯・溫特（Tex Winter）解釋說，要是沒有史密斯的球隊結構，喬丹在職業生涯中就不會享受到那麼多的團隊成就。

溫特在二〇〇八年的訪談中說：「如果麥可沒有為狄恩・史密斯打過球，他就不會成為那麼棒的團隊球員。」

在喬丹神話之中常常被忽略的一個點是，在史密斯身旁擔任幾十年頭號助理教練的比爾‧古德里奇曾在堪薩斯州大（Kansas State）受教於溫特，然後也擔任過溫特的助理教練。當然，溫特發明了複雜的三角進攻戰術（triangle offense），先在他自己的堪薩斯州大球隊使用，接著在喬丹的公牛隊發揚光大。北卡的柏油腳跟隊雖然沒有使用溫特的三角進攻戰術，但是他們確實採用溫特所謂的「系統籃球」，也就是，球隊的打法必須貫徹一個核心的哲學以及一些根本性的原則。溫特解釋說，許多教練沒有一套自己的系統，選擇隨意混合一些戰術跑位，造成獨立的，沒有連貫性的策略。

在史密斯的球隊裡，「系統」比個人天賦重要，球隊的化學效應也高於個人天賦。「我覺得大家都低估了球員之間的化學效應以及對彼此的信心。」史密斯曾向派克解釋道：「無私，在我們隊上是很重要的一部分。不用說，我們當然很拼。我們總是說：『拚命打，聰明打，團結起來打。』而想要打得聰明你就必須在練習時非常拼，不厭其煩地重複做一些動作，這樣一來，就算情況讓人不知所措，你還是會知道該如何反應，就算場邊的球迷對著你嘶吼，你還是知道該做些什麼。」

「無論在場上還是場下，狄恩做了所有他能做的事。」派克說：「不管你是地位很低的球隊經理或是像麥可喬丹這樣的球員，他都願意全心參與你的生活，我覺得這是他最珍貴的一項優點。」在比賽場上，史密斯也試圖掌控一切，他明確要求球員們不可以做出可能會羞辱對手的花俏動作。一場大勝喬治亞理工學院（Georgia Tech）的比賽中，吉米‧布萊克（Jimmy Black）將球拋給空中的詹姆士‧沃錫，讓他第一時間（alley oop）灌籃，灌籃之聲響徹場館。史密斯見狀勃然大怒，在下一次的練球中馬上對此罪刑做出懲處。北卡大的球員根本不會想要在場上做這種事。

然而，他也很容易因為自己的偏執而冒犯他人。「那時我正在轉播北卡羅來納州大與北卡大的比賽，那是一場大賽。」派克回憶道：「分析完排名前五的這兩支球隊，我正準備要走進場中介紹雙方先發球員出場。兩隊球員坐在各自的板凳區，然後狄恩走過我身邊跟我說：『我不喜歡你的領帶。』我低頭一看發現自己戴著一條紅色領帶。被他這麼一說我才發現我戴的領帶是紅色的。我心想：『這傢伙到底有完沒完啊。兩隊正準備上場開戰，他馬的這種時候怎麼會有人在意我打什麼領帶？』」

史密斯不在賽後的記者會認真討論比賽內容，而是巧妙地利用這樣的發言機會對外放話，對象可能是自己的球員，甚至是裁判，有時是對方的教練與球員。派克承認這也讓他很困擾。「播報的時候我總是必須臆測他賽後會講什麼。」派克回憶道：「常常聽完他說的東西我會想：『天啊，這實在太蠢了，他說的根本不是比賽的關鍵啊。』這往往讓我很惱怒，因為我在轉播的時候完全沒提到他所說的東西。」他總是愛說一些有著弦外之音的話語。「最終你會發現他到底有多聰明，而沒能明白他言下之意的自己又到底有多愚蠢。」

於是，在一九八一年的秋天，麥可喬丹抵達北卡羅萊納大學，準備為一個非常不一樣的教練打球。早年的發展過程裡，帕伯・賀寧的存在是一份恩賜。下一段旅程，喬丹將徹底浸淫於這項運動的紀律當中。「剛從高中畢業的你，有的是天然而未經雕琢的能力。」喬丹曾經解釋道：「沒有人循循善誘。離開高中的時候，我滿身都是天生的能力，跳躍力，速度等等。北卡大是我人生中一個不同的階段。我吸收了從奈史密斯開始的籃球知識……籃板、防守、罰球等等的技術。」

招攬喬丹的同時，史密斯也打造了他所擁有過最強的球隊之一，陣容包括沃錫、後衛艾爾・伍德（Al Wood）以及中鋒山姆・柏金斯（Sam Perkins）。當年的季賽中，維吉尼亞大學兩度擊敗北卡大，之後兩隊又在全國的準決賽碰頭。霍蘭德針對北卡大的系統籃球下達戰術，結果史密斯卻擺了騎士隊的教練團一道。史密斯一反常態地把進攻重心放在運動能力超群的伍德身上，他活力十足的表現幫助球隊拿下勝利。

這是史密斯第六度在全國四強戰露面。從一九六二年到一九八一年，他的球隊累積超過四百六十勝，拿下九座大西洋沿岸聯盟冠軍。他現在唯一缺少的成就，就是全國冠軍了。一九八一年四月的第一個星期一晚上，他的球隊又再一次於冠軍賽敗北，只能眼睜睜看著印第安那大學的教練巴比・奈特（Bobby Knight）與後衛以賽亞・湯瑪斯（Isiah Thomas）抱走金盃，也將北卡羅萊納的失落繼續延長到下一個球季。賽後，他的隊員們聚在一起，立誓說隔年必定要終結長久的冠軍荒。麥可喬丹在電視上看完那場比賽，人生中第一次在內心深處與柏油腳跟隊有了一種同仇敵愾的感覺，遺憾自己沒辦法上場幫助球隊幹掉印第安那大學。

「我猜我們有可能像是賓州州立大學的美式足球隊一樣。」輸給印地安那之後，史密斯尋思道：「永遠都是第二名。」

史密斯把自己的球隊比喻為賓州傳奇教頭喬・帕特諾（Joe Paterno）的球隊，目的是要北卡的球迷保持耐心。帕特諾跟史密斯都建立了一份穩固的名聲，那就是他們都以正確的方法做事。最為人稱道的是，他們能在追求冠軍的野心與運動員的學業表現之間取得平衡。

「他期待你進教室上課。」沃錫解釋道：「大一新生必須要上課，除非你的父母明令允許你不用去。他承諾說四年後你一定會畢業。就是這麼簡單。而他的家庭哲學也很棒。」

然而很難忽視的是，球迷與報導球隊的媒體對北卡大愈來愈不滿意。感覺起來，在嚴苛的大學運動之中，史密斯強調的平衡似乎並不夠。他堅持以正確的方式做每一件小事，反而讓他無法成就「大事」。無論是史密斯、助理教練們或是球員，沒有人開口談到那些針對北卡大而來的嘲諷漫罵，但是第六度打進四強卻又鎩羽而歸之後，他們更能清楚地感受到這些批判的力道。

事實上，史密斯打造的球隊，是全國最傑出而且最持久的。出身這支球隊的優秀選手都能完成學業，也更清楚了解真正的自己。最明白這些事的莫過於球員本身了。

「史密斯教導我們如何跟別人相處。」沃錫解釋道：「這在社會上帶給我們的幫助很大，因為社會有一套自己的規則，因為在社會上我們必須跟別人溝通，我們必須學會以退為進，我們必須在不失去自身正直的情況下服從公權力。所以，他教我們如何處理人，還有如何去依賴並且信任人。」沃錫解釋說，史密斯建構起來的「系統」的重點在於為彼此正確地做好每一件小事，分享出手機會，幫隊友執行擋人。他又補充說，我們不應該低估史密斯對球隊經理與培訓球員的良善態度。

他說：「你在場上的態度，會轉化到你的生活之中。」沃錫又解釋說，正因為他們對史密斯忠貞不二，而史密斯又是他們的良師益友，贏得總冠軍這件事更形至關重要。

一些長期觀察這支球隊的人甚至從費城的敗北之中看見了一絲嶄新的希望。為了配合艾爾・伍德這種球員的特殊能力，史密斯似乎願意稍微放鬆他的系統。大學籃球的版圖漸漸改變，這位教練顯然樂意做出調整。在這些改變之中，最明顯的就是大量的金錢進駐，而大眾關注的程度也不可同日而語。再過個幾年，像喬丹這種天賦異稟的球員，可能不會在狄恩・史密斯在北卡大這種保守的系統中找到位置。

同一時間，看著電視轉播的喬丹，滿喜歡四強戰裡的北卡大籃球隊。他喜歡他們的同袍之情、精神以及才能。他決定，就算自己只是個大一新鮮人，還是要想辦法離開板凳。只要有機會踏上球場，喬丹相信他一定會想出幫助柏油腳跟隊的方法。

幫助球隊，確實如此。三十年後，在入選籃球名人堂的前夕，拉爾夫・桑普森想起麥可喬丹，想起那個摧毀他一切完美計畫與遠大期盼的男人。沒有人料到他的降臨。桑普森指出，喬丹史無前例的崛起奠基於一份不應該被忽視的好運：在北卡大，喬丹走進一支幾乎建構完成的冠軍隊，彷彿上帝為他保留了一個位置一般。

桑普森指出：「進入那樣的環境是他的福氣。」

在史密斯的系統之中，作為新鮮人的喬丹只需要對號入座。在史密斯執教多年的生涯裡，只有三位球員——菲爾・福特、詹姆士・沃錫以及麥克・歐寇朗（Mike O'Koren）——曾以新鮮人之姿擔當先發位置。跟當時的其他球隊一樣，史密斯的系統非常重老輕少。他會把比賽安排在大四球員的家鄉，或是他們的家鄉附近。他會給予大四球員所有想得到的榮耀和特權。因為支撐球隊的，就是他們四年來的參與以及投入。

而菜鳥球員基本上比球隊經理和培訓助理教練更低階，他們要負責背球隊的袋子，扛球隊的器材，還要做各式各樣的粗活。每天練習的時候，球滾遠了，該追過去把球撿回來的是菜鳥們，不是球隊經理。他們必須自己爭取在球隊的一席之地。大一那一年，喬丹的任務之一就是負責將沉重的投影設備從一個場地搬運到另一個場地。但是，連這都算是好事：作為大一生，他不必面對強大的壓力與期待。

七呎四吋的桑普森是一個高大而靜默的觀察者，他看著這一切發生，不帶一點沮喪。一九八一年維吉尼亞大學與北卡大之間的戰鬥，為所謂的教堂山喬丹時代揭開了序幕。大西洋沿岸聯盟的維吉尼亞大學在當時並沒有太深厚的籃球傳統，一九七九年，桑普森與這間家鄉學校簽約，一九八〇年就以大一新鮮人之姿帶領球隊拿下全國邀請賽的冠軍。他被期待成為籃壇下一個偉大的長人，經常被拿來跟卡里姆・阿布都・賈霸做比較，也因此承受巨大的媒體壓力與球迷期待。一九八一年在四強賽中敗給北卡大對他來說是個很大的打擊，但全國許多媒體都預測桑普森將在一九八二年帶領球隊摘下全國冠軍。他的奪冠之路上唯一一個巨大阻礙就是北卡大柏油腳跟隊，而才華洋溢的大四生艾爾・伍德剛從北卡大畢業。

所以，一九八一年的秋天，狄恩・史密斯必須解決的大哉問就是：球隊裡誰能取代伍德？顯然，六呎九吋的沃錫準備好要挺身而出擔當主力得分手，同樣六呎九吋的柏金斯本身也是一具強大的武器。史密斯還需要在邊翼擺一個人，這個人必須打出率性的球風，可以在防守端注入活力，還能在沃錫與柏金斯搞垮對方的區域防守之後找到空檔把球投進。

那年秋天稍早，吉姆・布拉達克（Jim Braddock）似乎是個合適人選。大三的他是個很棒的射手，防守能力也不差。另外兩個可能的選擇是大一新鮮人彼德森與喬丹。彼德森善跑能跳，速度快，投籃能力也堪用。看過喬丹在高中的狂野表現之後，史密斯一直在思索著幾個問題。但是看到史密斯思考的樣子，球迷們只想翻白眼。這位北卡大的教練怎麼會浪費時間去想東想西，無視那麼明顯的答案呢？答案就是喬丹啊。

然而，史密斯是一個很重程序的人，所以在那一年的秋天，他有很多要考量的因素。當喬丹開始跟新的隊友還有校園裡的其他人報隊鬥牛的時候，史密斯馬上收到風聲。在威爾明頓的安皮公園打街頭籃球的經驗似乎給了喬丹不少助益，童年時期與賴瑞的後院大戰也是。後來，公牛隊的隨隊心理學家喬治・孟佛指出，與賴瑞那些言語與肢體的激烈交鋒為喬丹設下了某種公式，未來他都將套用這種公式去與隊友們相處。對他來說，球賽的根源就是兄弟間的較勁。然而喬丹的新隊友們還沒體驗到兄弟的部分，倒是很快感受到較勁的氣氛。沃錫解釋說，喬丹似乎很急著要去「霸凌」北卡大球隊裡的學長，而講垃圾話就是他霸凌風格的一部分。

「那時我就看出來了。」沃錫說：「他有著未經雕琢的天分，渾身散發這種野性。他挾著自信而來，搜尋球隊裡最強的球員，鎖定他即將拆除的目標。」

這個大一新生開始跟隊友說他會在他們面前灌籃。似乎就沃錫聽了最不爽，其他人都只是一笑置之。但這樣的行為也開始讓隊裡的資深球員感到擔憂。他們已經立誓要在一九八二年重返四強，並且為教練奪下冠軍金盃。這件事對他們來說無比重要。這種時候，他們不希望某個喋喋不休又自命不凡的菜鳥來擾亂球隊裡得來不易的化學效應。其實喬丹也不是不了解他們對於冠軍的渴望。他自覺是球隊的一份子，春天時在電視上看著柏油腳跟隊輸球，他也感到沮喪失落。但是無論如何，在一九八一年的秋天，他就是一個大一的菜鳥，所以他的積極與侵略性得到褒貶摻半的評價。

「我記得大家覺得他真的很跩，而且只會出一張嘴。」亞特・強斯基回憶道：「而且他想要大家暱稱他為魔術，因為威爾明頓的人已經開始叫他魔術了。狄恩跟他講說：『你怎麼會想要當魔術呢？這名字已經是別人的了啊。』如果你去翻一九八二年北卡的手冊，你會發現當時他的名字還被寫作麥克（Mike）喬丹。狄恩說：『你到底想要大家怎麼稱呼你？』喬丹回答：『大家都叫我麥可。』狄恩說：『好，從現在開始我們就叫你麥可喬丹。』狄恩這步棋下得實在聰明，因為從此他就成了麥可喬丹。稱呼他為魔術根本沒意義。狄恩還是比較聰明。」

不管他叫什麼名字，球隊的學長們很快了解到，喬丹的內心深處有一股沸騰的泉水，激勵著他去支配統治。他們發現喬丹有著複雜的人格，從一方面來看他的垃圾話俏皮而無害，但是從另一方面看也很讓人惱怒，因為他是真心想要挑戰這些學長。然而，隊友們很快明白，他其實是用這些垃圾話來砥礪自己。講愈多垃圾話，他就必須做愈多來支撐這些話。喬丹不是第一個愛說大話的菜鳥球員。可怕的是，他有能力去實現說出來的大話。正因為如此，大家立刻發現喬丹這樣的人物，很可能徹底顛覆北卡大的籃球。至少，沃錫是這樣覺得的。

這位新人將沃錫鎖定為單挑對象，好測試測試自己的實力。沃錫覺得喬丹是想要馬上奠定自己在球隊的地位，所以拒絕被扯進他的把戲之中。從很多層面來看，他們是光譜上的兩端。沃錫習慣把事物內化，不常講出自己的想法。花了好幾年的功夫，他才學會如何像十八歲的喬丹一樣，直接表達出內心最真實的感覺。所以對於這位學長來說，喬丹在很多方面都構成挑戰。

「身體上，他是個瘦骨如柴的小孩，但在心理上，他強壯而自信。」沃錫如此回想：「他已經超越了許多比他年長的球員。他的信心已經到達一定的程度。」

而真正重要的，不只是這兩個人的對決。所有的籃球隊都有其階級制度，史密斯的球隊尤甚。喬丹初生之犢不畏虎的挑戰，可能會在球季還沒開始之前，就打亂了北卡大長久以來的球隊生態。

「來打一場嘛，大隻佬。」喬丹會這樣跟沃錫說，試著引誘他單挑。

過了好一段時間，這位大三生的耐性終於被磨光了。「球技愈來愈好之後，他一直找山姆・柏金斯與我單挑。」在三十年後的一次訪談中，沃錫帶著淺笑回憶道：「他會說：『我們就來場小小的一對一嘛。』最後我終於妥協了。我記得三場裡面我贏了兩場。」沃錫的勝利鞏固了球隊的階級，喬丹卻顯然很不滿意，不過這大概是件好事。沃錫若有所思地說，幾乎花了三十年喬丹才願意承認他輸過那兩場。ＨＢＯ為杜克大學與北卡大的世仇對決製作了特別節目，喬丹似乎就是在裡面的訪談中坦承的。

然而，當時至少有一些人認為這個無禮的大一菜鳥在教堂山將會格格不入。沃錫解釋道：「你不會認為那種個性的人會適合在北卡大打球，因為北卡大的球員是有耳無嘴的。」而麥可恰巧是有嘴無耳的那種人。但是他明白史密斯教練是何許人也。他知道菲爾・福特，也知道華特・戴維斯（Walter Davis），所以很清楚自己加入的是一支什麼樣的球隊。

「其實他就只是一個惹人嫌的小弟弟。」亞特・強斯基如此描述大一的喬丹：「那個時候，沒有人認為麥可喬丹會成為什麼偉大的人物……。沒有人知道他將成為世界之王。所以對那些學長來講，大一的他就是個煩人的小鬼……。但是他們喜歡他的信心，欣賞他作為一個菜鳥的膽量。他們喜歡這些特質，也想確保這些特質被引導向正確的地方。所以他們也不會潑他冷水。他當時的話真的很多，但是我想隨著生涯的進展他的話也漸漸少了，因為聚集在他身上的燈光多了。」

出了籃球場，喬丹跟其他試著尋找自我的大一生沒有兩樣。ESPN的史都華・史考特（Stuart Scott）當時是北卡大美式足球隊的一員，他還記得喬丹就像是普通學生一樣，騎著腳踏車在教堂山的校園裡閒晃，只有在校園裡遇見妹妹蘿絲琳的時候，才會駐足停留片刻。高中時一心向學的小胖妹，在教堂山甩了幾公斤之後，現在已經是亭亭玉立的年輕女子。保守而行事謹慎的蘿絲琳，想要確保哥哥的家居生活順利，所以每當喬丹的房間髒亂到毒害人間的地步時，她都會去幫忙清理。詹姆士與荻洛莉絲・喬丹也常常來教堂山探訪兩個孩子，每次來都大受歡迎。蘿絲琳與母親特別親近，當時的喬丹也算是一個媽寶。球季開打之後，如果沒看到父母親安全抵達會場坐在觀眾席上，喬丹就無法靜下心來打球。

溫士頓賽勒姆州立大學的名人堂教頭的兒子克雷倫斯・蓋恩斯二世（Clarence Gaines, Jr）那一年在北卡大讀研究所（他後來擔任芝加哥公牛隊的球探），住在校園裡的格蘭威爾大廈（Granville Towers）。不少同校的運動選手都住那裡，所以幾乎每一個北卡大的球員蓋恩斯都認識。

「我記得一些老鳥球員，尤其是吉米・布萊克，談論著那個新加入球隊的跩小子。」蓋恩斯回憶道：「所以我在他被稱為MJ之前就認識MJ了。」

他回想起喬丹在格蘭威爾大廈附近的室外球場鬥牛的情景。

「MJ渾身散發一種氣息。」蓋恩斯說：「有些人就是很有氣勢，很顯然他就屬此類。」

無論如何，許多人好奇的是，當猛烈好勝的喬丹在練球時衝撞史密斯的系統，會爆出什麼火花。令人訝異的結果是，一切順順當當。喬丹在鬥牛場上放蕩不羈的打法似乎在一夕間消失無蹤。很久之後，當喬丹以職業球員的身分崛起時，大家才漸漸明白，喬丹曾多麼深陷在北卡大的球隊裡頭，在那裡，他的能力又被遮掩了多少。然而，圈限他的不僅是史密斯的系統，還有別的令他謙遜的力量將進駐他的生命。

最初的喬丹團隊

進入大學前的兩個暑假，喬丹在百忙之中撥空前往北卡羅萊納的布伊斯溪（Buies Creek），參加坎貝爾大學（Campbell University）的籃球學院。對於南部的籃球圈子來說，這個籃球營已經成為必訪之地，許多頂尖的球員以及教練都會露臉。喬丹在那裡打球，同時兼任顧問，大學期間他持續從事這份工作。他就是在坎貝爾大學結識了佛瑞德・懷特菲爾（Fred Whitfield），這個人成了他一生的好友，也帶給他很大的影響。來自格林斯堡市的懷特菲爾在坎貝爾大學打球，是校史上前幾名的得分手。大學畢業之後，他一邊讀企管碩士，一邊在學校擔任研究生助理教練。

在籃球營擔任顧問時懷特菲爾才二十出頭，他對喬丹與巴斯・彼德森有了興趣，彼此的友誼於焉展開。這位顧問聰明而友善，是堪當喬丹榜樣的人。他經歷過大學籃球生活的起落，總是能提出一些喬丹覺得有道理的見解。

懷特菲爾既是良師也是益友。「麥可在升上高四之前就來參加我們的籃球營。」懷特菲爾回憶道：「他剛好被分到我這一組。我們兩個一拍即合成了好友。那個時候在大學裡我可能還是球員，或者已經是教練了。而且我也在籃球營工作。當他進入北卡大，我成為坎貝爾大學的助理教練。週末如果我們學校沒有比賽，我就會去教堂山看喬丹打球，順便找他和彼德森聊一聊。我的工作之一就是要請一些大西洋沿岸聯盟的球員到我們的暑期籃球營露個臉。麥可就是其中一位。我會請他來營隊待一天，跟裡面的孩子們講講話。我們之間的感情就這樣愈來愈好。」

「不知道原因是什麼，總之在布伊斯溪我跟他就是看對眼了。」懷特菲爾如此描述他跟喬丹早期的關係：「更重要的是，我們建立起友誼與信任。從那個時候開始，我們鼓勵著彼此，期待對方能達到最高的成就。」

透過那些週末前往營隊的旅途，喬丹建構起球隊之外最初的小圈子，後來將慢慢演化成嚴選的喬丹團隊。亞特・強斯基指出：「從大學時期開始，喬丹身邊出現了一些跟隨者，像是懷特菲爾這個大好人。麥可只跟他信得過的人來往。」除了懷特菲爾之外，阿道夫・席佛也進入教堂山分校就讀。跟喬丹的好關係幫助他在柏油腳跟隊的二軍求得一席之地，當時帶領二軍球隊的教練是羅伊・威廉斯。在喬丹的小圈子之中，席佛將長期主掌娛樂部門，相較之下懷特菲爾就腳踏實地的多了。

詹姆士與荻洛莉絲・喬丹都很欣賞懷特菲爾。他是個聰明的年輕人，而且與籃球界的關係緊密。懷特菲爾帶來的影響能夠幫忙抵制席佛的傻氣，以及大一新鮮人會遇到的一些不成熟的豬朋狗友。席佛一隻嘴天花亂墜，但是鮮少說出真正觸動喬丹自尊的東西。懷特菲爾也可以跟其他人一樣扯些瞎話，但已經發展出自身的沉穩世故，也成為喬丹從青少年過渡到大人世界的橋梁。

與懷特菲爾之間的關係，也是喬丹的好際遇之中值得注意，但卻很少被討論到的一環。在喬丹成為炙手可熱的大學球星的同時，他的父母親、兄弟姊妹、北卡大的教練團、室友巴斯・彼德森、懷特菲爾，沒錯，甚至還有阿道夫・席佛，這些人一起構築了強大的支撐體系。彷佛一定要有這樣一個大小適中的圈子，方能將十八歲的喬丹，電量爆表的喬丹，混雜著雄性激素與巨大自尊的喬丹，往一個正確而完美的方向推去。

傾聽者

在教堂山的最初幾個月，喬丹之所以成功，最大的原因就在於他傾聽的能力。這個透過與母親相處而得來的特質，緩和了他過於生猛的活力。當鎂光燈剛開始聚集，荻洛莉絲・喬丹引導兒子躲過許多她提早看穿的陷阱，而喬丹傾聽母親說話的方式，也與他往後的成功大有關係。這是他們母子兩人共同開發出來的能力，大部分是因為，在荻洛莉絲・喬丹自己青少年的關鍵時期，她沒能聽從父母的建議，因而付出很大的代價。就算很難，就算他的欲望與朋友們都把他拖往另一個方向，喬丹基本上還是會聽話。他必須花很多時間消化母親的話語，尤其是當他與母親意見相左時。但是喬丹從很小的時候就明白，母親是為他指引方向的北極星。

「我從父親那裡遺傳到性格與笑聲。」他曾經如此解釋：「我從母親那裡遺傳到生意人嚴肅的那一面。」狄洛莉絲是兒子最大的批評者，而且能以讓喬丹聽得進去的方式，說出一些逆耳的忠言。隨著年紀增長，要違背自己的本性聽從母親的建議，對喬丹而言並不容易。但喬丹之所以很能接受教練的指導，原因就來自從小與母親的關係，這也促成他未來許多偉大成就。多年之後，他把母親形容為他的「教練」。

傾聽的能力是他最珍貴的天分之一，雖然詹姆士・沃錫抱持相反的主張。對於教練們來說，這也是最讓他們印象深刻的事情，甚至超越這位十八歲青年勁爆的身體素質。狄恩・史密斯明言：「我從沒見過一個球員會如此專注聽教練的話，然後去執行。」

儘管如此，喬丹的做法仍有瑕疵。進入球隊後沒多久，喬丹偶一為之的懶散態度升起了紅旗。羅伊・威廉斯當面向他挑明，喬丹回答說他跟其他人一樣努力。於是，威廉斯告訴他，若真心想要成就偉大，就應該比所有人都努力。威廉斯萬萬沒想到的是，對喬丹來說這樣一句話足矣。從此之後，沒有人能夠練得比喬丹更勤。

這種傾聽的能力讓史密斯明白，儘管大家對於他鮮明的性格與滿嘴的垃圾話有所擔憂，他仍舊是取代艾爾・伍德的最佳人選。「我最厲害的地方就是，我很受教。」喬丹後來評論道：「我就像是一塊海綿。就算我覺得教練是錯的，我還是會試著傾聽，然後從中學點東西。」

往後將有一大群一大群的追隨者，試著仿效喬丹，而傾聽的能力是他們都忽略的一點。他們以為讓自己超越他人的，是強大的技巧與身體的素質。喬丹從來就不是這麼想的。然而，這樣的態度，將在大一那年遇上第一個考驗。

封面照

球季快要開始時，喬丹因傷所困，但仍是最有可能先發的候選人。開季之前，北卡大被票選為最被看好的球隊，所以《運動畫刊》想要拍攝球隊的先發五人，當作季前預報那一期的封面。喬丹愈是在場上展現不可思議的動作，關於他的傳言就愈是盛囂塵上。那年秋天的練習中，他做了一些事情，最特別的一次是在沃錫與柏金斯雙人包夾之下得分，這讓教練與隊友們都倒抽了一口氣。團隊中有羅伊・威廉斯這位愛到處放砲的人，所以這種事情一定會傳出去。聽到風聲之後，《運動畫刊》的照片編輯希望喬丹能出現在封面照上，但是史密斯拒絕了。他不可能允許一個連一場球都還沒幫北卡大打過的人登上《運動畫刊》的封面。

「喬丹被革除在那些開季前宣傳廣告等等的活動之外。」比利・派克回憶道：「這大概是史密斯指示的。現今的大學籃球很重視大一的超級新人，但在當年可不是這樣。」

能夠成為《運動畫刊》的封面人物，而且能夠在季前的媒體大戰中被探聽，這對任何年輕的運動員來說都是令人興奮的事。沒辦法跟其他人一起登上封面，讓喬丹受到冒犯。這大概是史密斯的作風第一次對他帶來衝擊。

不管喬丹對這類的事情多麼生氣，他一秒都不會允許自己情緒失控。這些蔑視彷彿被吸進他靈魂裡那個巨大黑洞，靜靜躺在裡面，然後被提煉為純粹的能量。沒有人比他的室友巴斯・彼德森更為此感到訝異。自從在夏季訓練營認識之後，兩人變得頗為親近。高四那年，彼德森放棄了進入北卡大的機會，似乎決意要與肯塔基大學簽約。喬丹撥了電話給他，說彼德森忘記了要跟他在北卡大繼續當室友的約定，令他很感受傷。最後，彼德森妥協了，與北卡大簽約。

在大學繼續同住的他們兩人，儘管爭奪著北卡大先發的位置，感情仍然愈來愈好。隨著時間過去，彼德森才漸漸了解到，不論兩人之間的友誼多深，喬丹仍燃燒著自己，想要證明高四那年彼德森被選為北卡羅萊那州的籃球先生是個錯誤。喬丹也沒有忘記家鄉裡的那些人，包括蘭尼高中的老師們，說他在北卡大會坐板凳。「聽到我要進北卡大，很多朋友都潑我冷水。」他回憶道：「他們跟我說大一菜鳥在那裡不可能上場。連一些老師都這樣跟我說，雖然他們是北卡羅萊納州州立大學的球迷。」

喬丹第一次見到史密斯，就討論到這個問題。「威爾明頓大部分的人都認為，進了教堂山，麥可不會有機會上場。」這位教練回憶道：「他說：『史密斯教練，我要上場打球。』我說：『麥可，我們就是要為了讓你上場才招攬你啊。我相信你會上場打球。』然後他說：『我要讓他們看見我可以上場。』」

整個秋天的重點，就是回應這些蔑視，有些是真的，有些是幻想出來的。在證明自己屬於這支球隊的過程中，喬丹超越了許多學長。「北卡大球隊裡有很多跑步的訓練項目。」詹姆士・沃錫解釋道：「球員被分為ABC三組。A組是速度快的後衛。B組是喬丹這種中等身材的人。C組是高大的長人。每一組有不同的時間標準。」比較矮的那些後衛開始對喬丹嗆聲，說中等身材那組很簡單，可以多花三秒跑完全程。「他要求史密斯教練把他排進A組，然後痛電了那群人。」沃錫說：「這是我那時看到的。」

那年大二的山姆・柏金斯記得喬丹不想要被當作大一的菜鳥：「他很快追上我們。他才大一，而縱使大一菜鳥其實不應該真的上場打球，這個來自威爾明頓的傢伙非打不可。」

那個秋天，因為腳踝附近的血管問題，喬丹兩週沒有參加練球，但他還是抱持著希望。史密斯苦心斟酌著，而且打算等到最後一刻才公布第五位先發球員的名字。這位教練深明競爭對團隊的成長與投入很有益處，何苦要提早終結競爭呢？柏油腳跟隊的開幕之戰，將在夏洛特對決堪薩斯大學，這場比賽的轉播單位是一間新興的媒體，叫做ESPN。考量因傷缺席的時間，喬丹預測自己不會先發。他期待能以第六人甚至是第七人的角色上場貢獻。

他回憶道：「當史密斯教練把我的名字寫在黑板上，要我先發上場打一整年的第一場比賽，我真的嚇到了。」

「開賽前十分鐘，教練團中的某個人上來告訴我們說麥可將要先發。」三年後詹姆士・喬丹在一個訪談中說：「我們都不敢相信。」

那一天，喬丹為北卡大投進整季的第一球——也是他整個大學生涯的第一球——那是左邊底線附近一個短距離的跳投。ＥＳＰＮ的巴奇・瓦特斯注意到這個為柏油腳跟隊先發上場的大一菜鳥在觀眾間引起一陣騷動，這些球迷將他比擬為大衛・湯普森以及華特・戴維斯。

前六場比賽喬丹都繳出雙位數的得分。他的跳投穩定性高，面對不同陣勢的區域防守，他總能神奇地找到空隙鑽進去。史密斯的球隊以流暢的傳導聞名，在這方面喬丹也能獨當一面。如果一開始有什麼值得批評之處，那大概是面對區域防守時，喬丹往往放棄出手，試圖把球傳到更靠近籃框的位置。但這正是史密斯球隊的註冊商標，他們不滿足於外線跳投，總是堅持找到更好的出手機會。

作為排名頂尖的球隊，柏油腳跟隊一開季就南征北討。夏洛特的比賽一結束，他們在格林斯堡市對上南加大（Southern Cal），兩隊在卡米科禮堂快速進行了兩場比賽做為調整。然後球隊就在聖誕假期間前往紐約。聖誕節前一週，他們在麥迪遜廣場花園（Madison Square Garden）對上羅格斯大學（Rutgers）。喬丹拿下15分，還在全場觀眾面前秀了兩次快攻扣籃。聖誕節後兩日，柏油腳跟隊在草原體育館（Meadowlands）遇上強敵肯塔基大學。又一次，在電視轉播的鏡頭下面對排名頂尖的對手，喬丹似乎無視於這種大賽壓力，北卡大拿下讓自己信心大增的一勝。之後，他們飛往西岸，參加加州聖克拉拉（Santa Clara）的纜車經典賽（Cable Car Classic），他們在延長賽擊敗賓州大學，接著又痛宰地主聖克拉拉大學。

決心不錯過任何一場比賽的詹姆士與荻洛莉絲・喬丹跟隨著北卡大籃球隊踏上令人頭暈目眩的旋風式征程。旅遊的費用大幅增加了家裡的經濟負擔，但是他們已經著迷於自己兒子那童話故事般開展的人生。一如往常，他們保持適當的距離。「在控制家長這件事情上，狄恩・史密斯是經驗豐富的舵手。」亞特・強斯基解釋道：「狄恩很懂得控制那些踰矩的家長。而大家都知道詹姆士・喬丹就是個大好人，對自己的兒子非常支持。每場比賽過後他一定會出現在休息室裡。」

北卡大球隊裡的一些人確實察覺到詹姆士與荻洛莉絲並不是那麼合拍，但是沒有人明講，因為這並不被視為一個問題。「荻洛莉絲，她是個堅若磐石的女子。」亞特・強斯基解釋道：「認識她的每個人都會這麼說。」就好像每個人都帶著會心的一笑，點出詹姆士・喬丹也不是什麼聖人。強斯基評論道：「喬丹看著他的父親，於是在自己身上留下了印記。他遺傳了詹姆士的急躁，然而大部分的時候他都將這份活力引導到正確的方向，使自己成為最不服輸的球員。你們知道的，場上的他猶如刺客。」

整季總共三十四場比賽中，喬丹的父母看了三十二場，有時候也帶著女兒蘿絲琳一起。賴瑞就讀於格林斯堡市的北卡羅萊納農工州立大學，遇到主場比賽，他也會從學校開車過來看。

最初那幾個月，儘管球賽播報員的聲音愈來愈亢奮，喬丹初出茅廬的過程還算相對低調。喬丹顯然是少年早慧，但更重要的是，早先對於他難纏個性的疑慮現在已經平息。他融入球隊的過程順暢無礙，一場一場比賽過去，對教練與隊友的信任也愈形穩固。拉爾夫・桑普森日後爭論說，這一切都是環境使然。「他可是進到擁有詹姆士・沃錫、山姆・柏金斯、馬特・多爾蒂（Matt Doherty）以及吉米・布萊克的球隊耶？」這位維吉尼亞大學的中鋒評論道：「這些人在當時都是非常高端的選手。他們熱切想要變得非常、非常強。然後你一個大一的菜鳥進來，還能怎麼做？不就只能乖乖向他們討教。你知道嗎，我想他從每個人身上都學到幾招。」

這支球隊確實是萬事具備了，但在那一季，北卡大教練團組出來的陣容有著異常淺薄的板凳深度。超乎尋常的好運彌補了這項劣勢，整季打下來球員竟然都沒有什麼太大的傷兵問題。過去幾年，兵強馬壯的時候，史密斯常常被批判的一點就是，太喜歡換人，結果往往讓球隊的氣勢無法連貫。這一季，板凳深度不足反而終結了這個問題。先發五虎──喬丹、柏金斯、沃錫、控球後衛吉米・布萊克以及六呎八吋的前鋒馬特・多爾蒂──平均上場時間都在三十五到四十分鐘之間。身材纖瘦性情平穩的柏金斯，未來也注定是ＮＢＡ第一輪選秀的成員。布萊克是高效能的控球後衛，得分雖然不多，但是串連了整隊的攻勢。多爾蒂是配角型球員，防守很好，每場也能貢獻九分。先發五虎每個人的命中率都在五成以上。

從板凳出發的吉姆・布拉達克、巴斯・彼德森和西塞爾・埃姆也有所貢獻，但是沒有一個人平均得分超過兩分。傳統上大家會比較關注出身紐約的選手，也就是布萊克、多爾蒂與柏金斯。沃錫與喬丹是北卡羅萊納本土的球員，但是兩個人來自這個州的兩端，所以支持他們的文化背景也截然不同。

沃錫是一個很棒的球隊領導者，徹底浸淫在北卡大的籃球文化當中。他的家鄉是北卡羅萊那州的加斯托尼亞（Gastonia），就在夏洛特再過去一點的地方。虔誠的父母親讓他學會尊敬教練與權威。十多歲開始他就參加史密斯的籃球訓練營，所以順理成章能夠配合球隊的目標。身高六呎九吋的他擁有罕見的敏捷度，場上跑動的速度也快。在當時的大學籃球裡，沒有任何同樣身材的球員可以跟上他的速度。有這樣的前鋒在陣的球隊，半場進攻之中會很有殺傷力。利用自己的速度與手感，攻守轉換的時候他也是最後把球放進籃框的完美人選。在史密斯系統性的戰術下，球隊有空間在攻守轉換中製造得分機會，而且面對任何快攻，他們都來得及回防到位。

而且，籃球的純粹主義者們很欣賞沃錫在低位的動作。球傳到那裡，通常幾秒鐘之內就會結束了。後來常常在職業賽中防守沃錫的莫里斯・盧卡斯（Maurice Lucas）評論道：「他的第一步踩得太棒了。」「面對防守者，他會先做兩、三個假動作，用步法過他，然後翻身出手。」他在職業隊的教練派特・萊里（Pat Railey）曾經解釋道：「這已經是反射動作了。」

沃錫配上另一個前場大將柏金斯，這兩人在區域防守中會吸引許多注意力以及包夾。柏金斯的身高一樣是六呎九吋，但是他的雙臂似乎能無盡延展，這讓作為大學籃球中鋒的他如魚得水。惜字如金的他臉上總是掛著倦容，所以進軍職業之後被暱稱為「愛睡山姆」，但其實在北卡大的時候，他就差不多是這副德行了。

布萊克與多爾蒂則是配角型球員。「一支球隊要強，隊上必須要有不想著得分的人。」史密斯解釋道：「如果吉米和馬特也想著得分的話，我們就不會成為一支偉大的球隊。我們可能會是一支好球隊，但不會是冠軍隊。他們知道自己的角色，也扮演好自己的角色。每個人都是這樣。」

來自紐約希克斯維爾（Hicksville）的多爾蒂在高中是個得分能手。布萊克出身布朗克斯（Bronx），在天主教學校打球，一九七九年被比爾・古德里奇相中之前，他其實正準備要前往愛納市（Iona）去為吉姆・沃瓦諾教練打球。北卡大的教練群看得出來他的投籃不夠好，但是他們喜歡布萊克的控球、穩定的罰球、機智、敏捷，決策能力以及對球的壓迫能力。史密斯對布萊克的偏愛表露無遺。北卡大的教練群多次表示，要不是因為這個控球後衛，他們不會擁有神奇的一九八二年球季。

「我不知道我是不是真的那麼不可或缺。」布萊克後來說：「我們一起打出漂亮的籃球，我們享受跟彼此並肩作戰的感覺，我們也有很良好的溝通。我還是會將一切歸功於整體的團隊合作。」

大二那年，布萊克的母親因為心臟衰竭而過世。幾個月之後，一場車禍又讓布萊克差點癱瘓。為了要在大三重返球隊，他拚命撐過復建。那年秋天，他戴著頸部支架開始練球。一九八二年的球季裡，將球隊帶往成功的，就是布萊克這種決心。很難想像北卡大的球員之中，有誰比他更受人尊敬。

至於喬丹，他那一季還沒有什麼爆發性的表現，但是前途看來一片大好。平均每場拿下 13.5 分，出手的命中率也高達百分之五十三點四。儘管如此，亞特・強斯基仍如此描述這支經驗豐富的球隊裡的喬丹：「他完全是配角型球員。看看他的隊友是哪些人物吧。」

史密斯回憶道：「很多人都忘記了，就算是麥可也會有不穩的時候。他在大一球季的表現起伏不定。」教練團持續引導喬丹加強傳球與處理球的能力。他們也指點喬丹的防守，試著教導他在非持球的狀態下幫助隊友，而高中時期的喬丹是不太需要做這種事的。

那一季，比利・派克並沒有看見其中的燦爛煙花。「在他大一那一年，甚至一直到最後四強，你都還是看不太出來他到底有多厲害。」派克這樣回想：「他有貢獻，但是從未掌控比賽。他在進攻端沒有爆發性的演出。他在系統之內完成教練指派的工作。基本上他就是一個融入系統的球員，當年我未曾看見後來他在職業賽中那種突破性的演出。他的表現不會讓人喊出『我的天啊』。很顯然我們已經知道他會是一位好球員。但在那年，當你開始談論起麥可喬丹，你不會說：『沒錯，他會是那種名留青史的球員。』當然，現在歷史擺在眼前，聽到我這樣講你可能會說：『啥？你瘋了嗎？』但是他當時真的只是球隊系統的一份子，當球隊攻擊對方的區域防守，他做好應該做的事。當球隊發動快攻，他出現在應該出現的位置。」

當然，也有一些屬於他的「時刻」，而且往往是在學到教訓之後發生。聖誕假期過後，柏油腳跟隊從西岸回來，在自家主場與威廉與瑪莉學院（William and Mary）打一場調整賽，然後前往馬里蘭州開始大西洋沿岸聯盟的賽程。一開始北卡大就勢如破竹，以十六分之差大敗「左撇子」卓塞爾教頭領軍的球隊。一月九號，他們回到主場迎接桑普森與全國排名第二的維吉尼亞大學。那一天，北卡大展現侵略性，一開賽就全場壓迫，試圖加快比賽的節奏。但當維吉尼亞的兩名年輕後衛奧瑟爾・威爾森（Othell Wilson）與瑞奇・斯多克（Ricky Stoke）挺身而出，北卡大反而自食惡果。第一次與桑普森同場競技，喬丹震懾於這位中鋒的身形與表現，那一天，桑普森拿下30分，外帶19個籃板。上半場喬丹三投不中之後信心動搖，不斷放棄十五呎到二十呎之間的投籃空擋，因此維吉尼亞得以將區域防守的範圍內縮。前二十分鐘他只貢獻四顆罰球，得到四分。然而，中場休息過後，當球隊重新踏上球場時，沃錫把喬丹拉到一旁跟他說，面對維吉尼亞的區域防守，外圍有出手空檔不要遲疑。

「比賽前段，我一直想要找到更好的出手機會。」賽後他向記者解釋：「我們想要把球傳到內線，試著引誘桑普森多犯幾規。」

儘管肩膀有點痠痛，他還是聽從了沃錫的建議，在下半場拿下個人16分之中的12分。「我沒有要強迫他做什麼。」沃錫後來告訴記者：「但我注意到上半場他放棄很多原本可以得分的機會。我們需要他的進攻火力。」

比賽剩下大約七分鐘，北卡大落後八分，吉米・布萊克犯滿畢業，維吉尼亞似乎仍大局在握。北卡大卻在替補上場的布拉達克的帶領下吹起反攻號角，最後以65比60搶下勝利。在球季尾聲，這場逆轉勝有著舉足輕重的影響。賽後，桑普森的不滿全寫在臉上。「我還是覺得我們是全國最強的球隊。」他說：「他們只是在比賽後段打開了。你知道的，他們之後還是得來一趟我們的主場。」

下一場比賽，他們以二十分之差痛宰北卡羅萊納州立大學，之後在德罕與實力較弱的杜克大學交手。兩隊一路纏鬥到下半場五分鐘左右，喬丹連續投進三個跳投，外加一球補籃得手。他在下半場拿下個人全場19分之中的13分。但是下一場比賽他只拿6分，讓北卡大吞下本季第一敗，在自家主場輸給維克弗斯特大學。

「我們限制他們的持球。」維克弗斯特大學的安東尼・帝奇在二〇一二年回憶道：「我試著控制籃板球。我們不能只守喬丹，因為隊友是沃錫跟山姆・柏金斯那幫人。我們不能只專注在喬丹身上，因為他們的陣容太強了。」帝奇表示，當年的北卡大真的是一支很棒很棒的球隊。

北卡大又接著搶下三連勝，然後如同桑普森所料，柏油腳跟隊必須前往夏洛特拜訪騎士隊。這一回，史密斯選擇不採用壓迫防守。不積極製造對方失誤的北卡大鞏固區域防守，等待對方出手沒進。然而對方很少沒進。騎士隊全場命中率高達百分之六十四，把北卡大扎扎實實電了一頓，比數74比58。以如此懸殊的分差吞下第二敗，讓北卡大人心惶惶。回到教堂山之後，吉米・布萊克召集全隊開會，提醒大家莫忘奪冠的初衷。

重新上緊發條之後，北卡大拿下球季所剩的八場比賽，進軍格林斯堡體育館（Greensboro Coliseum）參加大西洋沿岸聯盟錦標賽。傳統上，這項為期三天的賽事，帶點南部的風情，卻也不乏充滿世仇廝殺的激情。但在一九八二年，賽事的唯一重點，只在柏油腳跟隊與騎士隊身上。北卡大輕取喬治亞理工學院以及北卡羅萊納州州立大學，將在冠軍賽與維吉尼亞大學碰頭。

泰瑞・霍蘭德教練率領的球隊在賽程尾聲經歷一場又一場的激戰，包含在先發後衛奧瑟爾・威爾森坐在場邊的狀況下驚險擊敗克萊門森大學與維克弗斯特大學。北卡大與維吉尼亞大學的教練都明白，如果能在聯盟錦標賽中拿下冠軍，就能在之後的NCAA六十四強錦標賽中得到東區第一種子的位置。輸的一方則必須跋涉到別的分區作戰，這對球隊來說並非好事。

它們是兩支很傑出的大學球隊，勢均力敵。兩隊在大西洋沿岸聯盟的戰績都是12勝2敗。桑普森負責跳球，但是出乎意料地被北卡大掌握球權，結果是沃錫的灌籃。從這一球開始，北卡大展開攻勢，取得8比0的領先，接著又將比分拉大到24比12。早早喊出暫停的史密斯告誡他的球員，落後的維吉尼亞一定會反撲，要準備好抵擋他們的攻擊。果不其然，騎士隊縮小了比分差距，上半場剩下兩分四十二秒時，喬丹吞下個人第三次犯規，讓騎士隊進一步取得優勢。中場時北卡大勉強保有三分領先，但是下半場一開始，維吉尼亞大學連中六元，逼得史密斯不得不提早請求暫停。史密斯本來以為霍蘭德會叫球員們把區域防守往內縮，但結果卻不是這樣。

騎士隊取得領先，而且攻勢還未停止。就是在這樣一個壓力滿檔的情況之下，喬丹挺身而出，連續命中四記跳投，為球隊奪回氣勢。左邊底角投進第一球之後，將落後差距縮小為一分。霍蘭德喊出暫停，但是接下來維吉尼亞卻在下半場首度出手沒進，喬丹抓住機會在右邊投進一記十八呎的跳投。現在換北卡大取得一分領先，史密斯指示球員散開進攻，企圖迫使維吉尼亞放棄區域防守。然而，霍蘭德堅持他的防守布陣，讓兩個後衛開放地防守自己周邊的空間，避免十秒違例就好。北卡大的散開進攻整整拖了三分鐘，喬丹才透過一個雙擋溜到罰球線附近接球，投進第三記跳投。

桑普森馬上還以顏色，再度將比分差距縮小為一分。史密斯決定故技重施，在隊友幫忙擋人之下，喬丹跳出來接球，連續第四次出手命中，讓北卡大以44比41取得領先。「在大西洋沿岸聯盟錦標賽的冠軍賽中，對上維吉尼亞大學，麥可投進很多極度關鍵的球。」亞特・強斯基回憶道：「如果他沒有投進那些球，如果他不夠大膽，不夠有種……桑普森就待在禁區不出來，所以北卡大也無法再更靠近籃框出手了。如果麥可沒投進那些球，北卡大就不會贏得那場比賽。那時候你就看得出來他開始變得果敢。」

資深籃球記者迪克・韋斯表示：「早在那個時候，喬丹就表現出能在關鍵時刻出手命中的傾向。」比賽時間還剩下將近九分鐘。北卡大縮小區域防守，維吉尼亞的傑夫・蘭普以一記二十呎的跳投回應，再度將比數追近到只差一分。

沒有分毫遲疑，史密斯舉起四根手指頭，要球隊發動四角進攻，這個動作激怒了大量的觀眾、媒體以及聯盟長官。但是這招有用。接下來維吉尼亞沒有任何出手的機會，直到柏油腳跟隊幾乎要把時間拖完。比賽剩下28秒的時候，霍蘭德不得不下令執行犯規戰術。多爾蒂兩罰中一，可惜維吉尼亞大學沒能把握機會。吉米・布萊克最後又罰進兩球，然後桑普森在哨聲響起時秀了一記灌籃，但是無關痛癢。北卡大以45比43登上第一種子的寶座。

這場比賽透過NBC轉播到全國，在媒體與球迷之間激起巨大不滿。後來大家普遍認為，就是這場比賽讓大西洋沿岸聯盟的高層決定在下一季引進進攻計時器，同時還實驗性地加上了三分線。

騷動中大家忽略的是某一種加冕，但是詹姆士・沃錫沒有漏看。「麥克喬丹在那一年的大西洋沿岸聯盟錦標賽脫穎而出。」這位前鋒回憶道：「親眼目睹他的表現真是太棒了，他彷彿說著：『把球給我，這是我的場子。』」隨著賽程進入尾聲，喬丹的信心更增。這支經驗豐富的球隊帶來的安全感，讓現在的他可以自在夢想更遠大的東西。

儘管有幾場驚險的比賽，柏油腳跟隊還是以排名第一的姿態挺進NCAA六十四強錦標賽，就算區域賽的每一場比賽都要在對方主場進行，也沒有傷及北卡大。第一場比賽在夏洛特舉行，柏油腳跟隊與維吉尼亞州的詹姆士・麥迪遜大學（James Madison University）苦戰，最終還是以52比50險勝。在羅里舉行的區域準決賽，阿拉巴馬大學（Alabama）在投降之前為史密斯的球隊帶來另外一波麻煩，但北卡大最後仍以74比69勝出。區域決賽中，北卡大面對的是由羅利・馬西米諾教練領軍，艾德・平克尼坐鎮的維拉諾瓦大學。那一天北卡大仍舊屹立不搖，而一次快傳前場的進攻透露了一些事情。柏油腳跟隊迫使對方發生一次失誤，然後把球傳給偷跑到前場的喬丹。維拉諾瓦大學的中鋒約翰・皮諾尼（John Pinone）退防固守籃框。

「我們的教練總是這樣教我們，眼看對手快要得分，就直接把他抱住，不要讓他有輕鬆上籃的機會。」平克尼解釋道：「我知道約翰會對他犯規。他跳了起來，約翰也跟著跳起來。綽號叫作『大熊』的約翰——他是真的很壯——把他整個人抱住。在半空中，喬丹轉身掙脫約翰的雙臂，犯規的哨聲響起。看起來是絕無可能的一球，但是他就是做到了……我們已經要輸掉比賽了，看到這一球大家也只能搖搖頭說：『這是在開玩笑吧。』照理說他不可能灌籃，因為皮諾尼的兩支手臂已經將他攔腰抱住。他必須在空中托起兩百四十磅的巨漢才可以把球灌進。對我們而言，皮諾尼大概是史上最壯的男人了，但他就是掙脫了皮諾尼的雙臂。喬丹應該要掉落到地上才對。那種情況下，他不應該有辦法保持平衡而且把球灌進。那真的是很變態、很變態的一球。」

曾經在海岸平原上用他的利牙咬過肯尼・加蒂松、克萊德・西蒙斯以及安東尼・帝奇，現在的喬丹在攻擊籃框時沒有猶豫，也沒有畏懼，無論站在前方阻擋他的是誰。

在區域決賽中以十分之差擊敗維拉諾瓦大學之後，柏油腳跟隊的球員們開始覺得他們可以為史密斯贏得朝思暮想的金盃。最終四強賽的場地非常棒，將在紐奧良（New Orleans）的超級巨蛋（Superdome）舉行。北卡羅萊納大學、喬治城（Georgetown）大學、路易斯維爾（Louisville）大學（仍擁有一九八〇年冠軍隊的四名先發球員），以及休士頓（Houston）大學，全都是這十年來大學籃壇的一時之選，加起來總共十一度擠入最後四強，球隊陣容更是星光熠熠，有著當代籃球場上最出色的幾個球員：喬丹、沃錫、歐拉朱萬（Hakeem Olajuwon）、尤恩、柏金斯、崔斯勒（Clyde Drexler）。

聚集的媒體準備好要向史密斯發問了。他們問說，連續六次打進最後四強卻都與冠軍無緣的感覺是怎樣？「我調適得很好。」他回答道：「我並不覺得空虛。」

準決賽，北卡大的對手是休士頓大學。一九八三年，休士頓美洲豹隊成為知名的「灌籃俱樂部」（Phi Slama Jama），但是在一九八二年，他們只是大學籃壇裡另一支灰姑娘球隊。

巨穴般的超級巨蛋之中，群眾鼓譟吶喊，這並沒有嚇倒喬丹，他為球隊先進兩球。然後，柏金斯接管了比賽，拿下25分，抓下10個籃板，而北卡大的防守也讓休士頓大學的羅勃・威廉斯（Rob Williams）一分未得。整場比賽北卡大不曾落後，最終就以68比63挺進冠軍戰。「我記得柏金斯的表現。在準決賽對上哈金・歐拉朱萬，他真的打出一場好球。」比爾・古德里奇在這場比賽的二十周年慶中回憶道：「對上休士頓大學時，如果山姆沒有那樣的好表現，我們很可能沒辦法打進總冠軍賽。」

在另一邊的準決賽中，擁有大一中鋒派崔克・尤恩與全明星後衛艾瑞克・「愛睡」佛洛伊德（Eric "Sleepy" Floyd）的喬治城大學驚嘆隊（Hoyas）以50比46擊敗排名二十的路易斯維爾大學，促成了體育記者心目中冠軍戰的夢幻戲碼：狄恩・史密斯與約翰・湯普森（John Thompson）的對決。交情很好的兩人在一九七六年都是美國奧運代表隊的教練，如今將捉對廝殺，爭奪彼此都很垂涎的冠軍金盃。史密斯與湯普森的發言都很低調，說上場比賽的是球隊，不是他們兩個。無論如何，北卡羅萊納大學與喬治城大學在一九八二年的NCAA冠軍決賽被視為史上最戲劇化的一場比賽。資深播報員柯特・高第（Curt Gowdy）認為，這場比賽將NCAA決賽的娛樂性提高至大聯盟世界大戰（World Series）以及美式足球超級盃那樣的層級。

六萬一千六百一十二名觀眾湧進路易斯安那州（Louisiana）的超級巨蛋，粉碎了原本的記錄，另外還有一千七百萬人透過電視轉播觀看這場比賽。

湯普森後來說：「跟狄恩交手讓我五味雜陳，因為我對他有著太多尊敬與情感。」然後他又坦言：「但正因為對手是狄恩，我更感覺熱血沸騰。」既然彼此是好朋友，兩人都很明白對方的把戲。媒體抓緊這個主題大做文章，然而這條故事線裡其實還有其他題材。例如，沃錫和喬治城的佛洛伊德都入選全明星隊，兩人都出身於北卡羅萊納州的加斯托尼亞，也都是各自球隊的中堅份子。儘管場地廣大開闊，賽前的緊張氣息仍然濃得化不開。喬治城大學的學生加油區吶喊著：「狄恩很悶，狄恩很悶。」

一開賽，十九歲的尤恩就蓋下北卡大四次投籃，其中有兩球出自沃錫之手。四球全部被判妨礙中籃（goaltending），後來尤恩在上半場蓋的第五球也是。柏油腳跟隊就這樣沒投進任何一球，卻已經拿下八分。

「派崔克非常擅長打火鍋。」五年後的一次訪談中，湯普森這樣跟派克說：「我們想要盡可能在禁區揚威。我到今天仍對於當時一些妨礙中籃的吹判有所質疑。」

有些教練可能會擔心，被蓋了那麼多球，沃錫的信心可能受到打壓，但史密斯很放心。「我知道詹姆士不會受這種事情干擾。」這位北卡大的教練說：「有些人很討厭被打火鍋，但是詹姆士的等級遠遠在此之上。」

之後，這場比賽成了兩位教練的追逐戰。驚嘆隊取得領先，北卡大又馬上追成18比18平手。沃錫表現生猛。上半場就轟下18分。比數形成鐘擺。中場休息時，喬治城大學以32比31領先。

「喬治城打死不退。」沃錫回憶道：「他們意圖用防守讓我們崩潰，而他們也差一點辦到了。他們一度領先三到四分，在當時的比賽這算是很難追上的差距。然後，吉米・布萊克上籃放槍，麥可飛身把球補進——

在尤恩面前用『冰人』葛文（"Ice" Gervin）式的挑籃把球放進。」沃錫指出，雖然賽後他拿下最傑出球員獎項（Most Outstanding Player），但這場激鬥其實呈現了喬丹的崛起。下半場二十分鐘內，兩隊依然你來我往，互有領先。距離比賽終了剩下六分鐘的時候，沃錫罰進兩球，讓北卡大以57比56取得領先。從此，就是折磨人的惡戰。

讓喬丹聲名大噪的，當然是最後那球致命一擊，也就是所謂的「the shot」。但是對於北卡大的教練團來說，更加關鍵的是比賽終了前三分二十六秒時喬丹的左手上籃。「那是那場比賽中最漂亮的出手之一。」比爾‧古德里奇回憶道：「比賽結束前幾分鐘，喬丹切入上籃，在尤恩面前把球高拋，幾乎是從籃板的上緣附近擦板球進。」

「我覺得那球切入很棒。」史密斯在這場比賽的二十周年慶說：「看到派崔克補防，我腦中閃過一個念頭，覺得這一球一定會被他搧掉。結果那是很震撼人心的一個進球。」

「我不知道那時我怎麼會用左手上籃。」二〇〇二年麥可這樣告訴柏油腳跟月刊（Tar Heel Monthly）：「我很討厭用左手。左手是我的球技中最弱的一環。但在那一次我就是用了。不敢相信那一球真的進了。我拋出了不可思議的一球，幾乎要打到籃板上緣，然後擦板球進，而且還是在尤恩面前。」

這一球讓北卡大以61比58領先，但是驚嘆隊馬上反擊。比賽終了前兩分三十七秒，尤恩高舉高打投進一記十三呎的跳投，喬治城把比分拉近到61比60。下一波攻勢中，北卡大一顆關鍵罰球不進，年輕的喬治城中鋒搶下籃板。「愛睡」佛洛伊德在籃框附近跳投得手，驚嘆隊反而以62比61超前。距離比賽終了，只剩不到一分鐘。

剩下三十二秒的時候，史密斯喊出暫停，他預期喬治城會退回區域防守的陣勢，所以要設定戰術對症下藥做出攻擊。「通常在這種時候我不喜歡喊暫停。」史密斯說：「球員們應該要知道怎麼做。但是我猜測喬治城會重新搬出區域防守，所以我說：『多爾蒂，看看詹姆士或山姆有沒有空檔，還有吉米，然後把球傳給對角的麥可。』結果，喬丹那一側果然空掉，因為防守球員的注意力都在詹姆士身上。如果喬丹那一球跳投失手，山姆就會成為英雄，因為他一定會搶到籃板。」

暫停時大家圍成一圈，那時的史密斯表現出自己最好的一面。助理教練羅伊・威廉斯還記得自己瞄了一眼計分板，心中暗想史密斯教練一定是看錯比數了，因為聽史密斯講話的態度，好像領先的一方是北卡大一樣。球員回到球場之前，史密斯拍了拍喬丹的肩膀，跟他說：「把球投進吧，麥可。」

三十年後，在場邊為CBS轉播那場比賽的派克仍然對當時的情況抱持懷疑。「我一直覺得那個出手不可能是狄恩・史密斯設計的，縱使他直到今天都說他原本設定的戰術就是那樣。」這位播報員表示：「你的隊上有沃錫跟柏金斯，而且他們都進到內線了。有人會設計這樣的戰術嗎？把球輪轉到麥可手上？現在每個人都會回答：『廢話，當然要給他啊。』但當時你絕對不會這樣講。你會先把球交給沃錫，不行的話再給柏金斯，頂多他們切入之後再把球分出來。我不是要質疑狄恩的籃球素養。但在我轉播的當下，把球傳給麥可絕不會是我心中第一、第二或是第三個選擇。」

北卡大持球進攻，傳導中找尋合適的出手機會，比賽終了前十五秒，布萊克把球傳到左邊底線附近的喬丹，十六呎跳投出手。

「說起來那算是一個空檔。」派克說：「但現在回想起來，我不在乎到底原本是設計給誰出手的。總之麥可想要拿到那顆球，麥可也知道自己可以把球投進。這成了我們生命裡最棒的一件事情的開端。有些人空檔敢出手，但是投不進。有些人空檔拿到球，但是不敢出手。麥可就是想要在那種時候拿球，而大家也看到結果了。沒有任何猶豫，沒有多餘的假動作。他彷彿說著：『嘿，把球給我，我會把它放進籃框。』他就是擁有這種勝負一肩扛的天性。」

大部分的球員從這樣的時刻中逃離，只有少數幾個會奔向這樣的時刻。派克說：「他沒有躲在角落。他就是想要在那裡拿到球。」喬丹後來透露，賽前在球隊的巴士上，他就已經在腦中模擬了這樣的劇情。

球場的另一端，喬治城的板凳席眾人痛苦地扭曲著。距離喬丹起跳之處不遠，北卡大的教練團面無表情地坐著。史密斯緊閉雙唇，稍稍挑了一下眉毛，露出隱約幽微的苦笑。以往決賽中的這種時刻，對他來說總是苦澀的。

喬丹騰空而起，他本能伸出的舌頭嚐到了超級巨蛋的空氣。在最高點，球從右手指尖滑過，他把左手移開，讓球彈射出去。

破網的美妙聲響像一陣從天而降的微風，在北卡大的加油區興起波瀾，他們如雷的吼聲在整個體育館內迴盪不去。

「我們坐在超級巨蛋中，然後麥可投進了那一球。」荻洛莉絲・喬丹記得她看到這球之後，轉身想找老公與女兒蘿絲琳，但是他們已經往球場奔去。「我心中唯一的想法是：『不會吧，他才大一。』」

資深籃球記者迪克・韋斯在二〇一一年的訪談中回憶說，他真的被那一球嚇到了，他不敢相信迪恩・史密斯會把最後一擊交給一個大一菜鳥。韋斯驚嘆道：「在那個時候，那是狄恩的生涯中最重要的一場球賽。」

「那是注定好的。」喬丹在二〇〇二年說：「一切都是命運。自從投進那球之後，我生命中所有事情都各歸其位。如果那一球沒有進，我想我不會有今天的地位。」

事實上，比賽蓋棺論定之前，還發生了最後，也是最令人難以忘懷的一件事。喬治城以63比62落後，但是時間還很充裕，他們馬上展開反攻。後衛佛瑞德・布朗（Fred Brown）在北卡大的防守陣勢邊緣運球，眼角餘光中他以為自己看見了「愛睡」佛洛伊德，但是那個穿著白色球衣的人影其實是北卡大的沃錫。布朗把球誤傳給沃錫時，沃錫也嚇了一跳。這位北卡大的前鋒趕緊把球運往前場，在那裡被犯上一規。

湯普森馬上受到責難，因為在這一波持球攻擊之前沒有喊出暫停。然而史密斯認同湯普森的做法。他說：「約翰當下沒喊暫停是明智的。」他還指出布朗之所以決定回傳，是因為喬丹的防守：「麥可把佛洛伊德守得很好，然後詹姆士衝出去抄球，結果來不及回到防守位置。直到今天，我還是認為，要是那天喬治城穿的是整個錦標賽以來習慣穿著的白色球衣，而不是深色球衣的話，布朗就不會把球誤傳給沃錫。因為之前的一個假動作，詹姆士撲出去抄球，失去了自己的防守位置。他站在自己本來不應該站的位置，想不到反而騙到了布朗。」

湯普森覺得那個傳球是布朗的反射動作。試圖抄球的沃錫已經整個離開了防守區域。「我們那時其實是五打四。」湯普森說：「沃錫站在一個通常是進攻方球員會站的方位，我想佛瑞德只是反射性做出反應。這就好像街頭球場那個老招。防守球員故意站在進攻球員的位置向持球者要球。但是沃錫沒有要球，他只是從球場另一側走回來，佛瑞德就反射性地把球傳給他了。」

比賽時間剩下兩秒，沃錫兩罰皆不進，但是已經沒差了。終場比數63比62，柏油腳跟終於進入屬於他們的藍色涅槃。除了喬丹的致命一擊之外，促成北卡大勝利的因素還有很多。湯普森說：「比起其他人，我想沃錫對我們造成的傷害最大。你們聽到許多關於喬丹那個最後一擊的故事，那確實壓垮了我們，但是整場比賽沃錫都持續帶給我們麻煩。他夠快，所以我們的大個子跟不上他。他夠壯，所以我們的小個子擋不住他。」

「我特別為教練感到高興。」吉米・布萊克賽後說：「從此我不用再看到你們這些體育記者寫文章抨擊說他每逢大賽必軟。」

「贏了全國冠軍之後，我並不覺得自己就變成一個更好的教練。」史密斯這樣告訴賽後擠爆採訪室的記者們：「我還是同一個教練。」

比賽結束之後，喬丹脫下球鞋，靜靜坐在自己的更衣櫃前面，準備回答一位NBC電視記者的問題，那也是喬丹眼前唯一的記者。穿著三件式西裝的詹姆士坐在兒子的旁邊，稍微進到了攝影燈光的範圍之內。喬丹緊閉雙唇，等著記者開口問他關於那最後一擊的事。

「當時的我沒有感受到任何壓力。」他冷靜地說：「那就只是一個區域防守弱邊的跳投而已。」

第12章　新生活

畢林斯立被一群朋友約到紐奧良去看決賽。比賽過後，當喧鬧狂喜的人群擠入體育館裡的法國區，畢林斯立往外走，就在這個時候遇見了喬丹。他和兩個隊友正靜靜在旁觀賞這一幕。

喬丹馬上認出九年級時的棒球教練。「畢林斯立！」他說：「你怎麼會在這裡？」他們寒暄閒聊了一會，臨走之前畢林斯立開心地恭喜喬丹。後來，這位教練很訝異，喬丹竟然可以獨自享受那個光榮時刻，而沒有被慶祝的球迷淹沒。當時他們兩人都還不曉得，這就是喬丹沒沒無聞的最後一瞬了，從三月二十九日那一晚之後，一切都將不一樣了。鏡頭回到教堂山，當北卡大的廣播主持人伍迪・德罕（Woody Durham）宣布：「柏油腳跟隊即將拿下全國冠軍。」三萬名球迷湧上富蘭克林街（Franklin Street）。

「混亂、瘋狂、煙火和啤酒。」隔天，格林斯堡每日新聞（Greensboro Daily News）這樣報導：「這就是全國冠軍了。」慶祝活動持續到凌晨四點，幾天之後又接著展開，因為兩萬名球迷要夾道迎接他們的冠軍隊榮歸。

歡慶的氛圍直到幾個月後才消退，而就在這幾個月內，喬丹見識到他個人生活的全新面貌。「我就像是一隻看著車頭燈迎面而來的鹿。」許久之後，他如此回顧當初：「我不了解我做了多大的一件事。」那場比賽取悅了數百萬人——其中很多人原本與北卡大毫無瓜葛——也讓許多人瞬間成為柏油腳跟隊的終生球迷。這座全國冠軍讓整個州的黑人與白人都同樣感到驕傲。這場勝利粉碎了大家對狄恩・史密斯與球隊的質疑，也將年輕的麥可加冕為籃球王子。「我好像一個脫殼而出的小孩子。」喬丹評論道：「我的名字是麥克。每個人本來都稱呼我為麥克喬丹。投進那球之後，我就成了麥可喬丹。」

幾個月前故鄉的人們還譏笑他說不可能會在北卡大有所表現，拿到全國冠軍之後，衣錦還鄉的麥可發現自己的名聲已經築起一道道高牆，很快地將他圍在一個孤高絕塵的世界裡。他打算到威爾明頓的街頭球場打幾輪鬥牛，就像進大學之前那樣。但是抵達球場之後，卻發現已經有大批群眾守在那裡等候。根據目擊這件事的當地警官的說法，那一天麥可根本無法踏出車門。那是第一個大徵兆，預示著他的舊日生活已經一去不返了。

幾個禮拜之後，城裡特別為麥可喬丹設宴。他為幾十個粉絲簽名，其中包括幾個穿著球隊球衣出席的，亢奮的年輕球員。當晚，宴會飯桌上，喬丹坐在狄恩・史密斯的右邊。他的教練面掛滿足的微笑，談笑自若，而生性奔放的年輕球星卻坐在一旁不發一語。顯然他還是個青少年，幾乎可以說還是個孩子，在這麼多人的注目之下，一時還不知如何自處。

他的父母也與會，在內心洶湧澎湃的驕傲與興奮之下，還是保持端莊得體。常常碰見喬丹父母的比利・派克說：「無論去到哪裡，他們總是舉止合宜。」冠軍賽當晚，派克曾與他們笑鬧一陣，那時距離讓喬丹女士既憤怒又失望的堪薩斯麥當勞賽事，正好過了一年。「你知道有些父母總是要站在鎂光燈的中間或是鏡頭前面。喬丹的父母親從來不是這樣。他們總是彬彬有禮，行止有度，每次都讓我留下深刻印象。」對於夫婦倆人來說，那都是一個值得記憶的春天。荻洛莉絲回家之後，發現工作的銀行裡擺滿了北卡藍色的恭賀標語。一位同事這樣跟她打招呼：「哈囉，麥可喬丹的媽媽。」她試圖說服大家，就算她的兒子不打籃球，只是一個普通的北卡大新生，她也一樣驕傲。她確實曾對一位採訪者承認，在北卡大最後一波進攻中，看到大家把那顆球像燙手山芋一般傳來傳去，母性的本能讓她的腸胃糾結。當球最後落到她兒子的手上，她的第一個念頭是希望喬丹把球傳給別人。

詹姆士回到家鄉之後，他工作的通用電氣工廠特別舉辦了一個「麥可喬丹，歡迎回家」的慶祝會。那個關鍵一投，不僅永遠改變了麥可的生活，他的父母親也同樣被浪潮席捲。

雖然在宴會上喬丹展露稚氣未脫的不自在，卻不減他對於新地位的陶醉。通常，大一新生在外獨立生活一年，回到家裡往往發現父母親還是把他們當青少年對待。喬丹回家之後，發現他的新地位將讓家庭關係做出重大調整。他個人的聲望將很快遮掩家中其他成員的光芒，也改變了原本家庭生態的本質。雖然還早，他也才剛結束大一，但是家人們都感覺到了：他現在還不是職業選手，但是他將來一定會是。

他們試著不把太多心思放在未來的想像，尤其是喬丹女士。拿下全國冠軍之後，喬丹開始觸摸到夢想的質地，而他的母親卻變得更加警戒。要謙虛。不要太強調自己。記得提到隊友。她跟狄恩・史密斯兩個人好像念著同一套劇本似的。每次跟記者講話，她一定強調自己為所有的孩子們感到驕傲，解釋說麥可只是剛好得到了大眾所有的目光。

對於喬丹來說，一九八二年的春天，立即面對到的挑戰就是要找到某個地方，讓他可以繼續享受往日的自由。在彭德郡某處，他找到機會跟一個當地球星打一場一對一，原本以為那個場地夠偏僻了，結果還是引來好幾百人圍觀。根據當地人的回憶，那天喬丹輸了一場，贏了兩場。

最終，他還是在教堂山找到平安的避風港。因為狄恩・史密斯營造的家庭氛圍，從前的北卡大球員像是NBA球星華特・戴維斯與菲爾・福特，都會在夏天回到學校打打鬥牛。拿下全國冠軍之後的暑假，他們都急欲看看那個投進最後一擊的年輕人有多厲害。校友們都很喜歡喬丹那種街頭籃球的球風。跟沃錫不同，艾爾・伍德在喬丹剛進北卡大的幾個月就主動對喬丹挑釁，當時他覺得喬丹有點畏畏縮縮。第一次一起打鬥牛的時候，伍德故意賞喬丹一記拐子。但是大一升大二這個夏天，喬丹也還給伍德一記拐子，讓他明白現在自己已經不再懼怕了。事實上，那年夏天的後段，喬丹與伍德的關係才愈來愈好，因為他們兩個一邊鬥牛，一邊研發灌籃的招式。後來喬丹在對上馬里蘭大學時，使出的那一招搖籃式甩臂單手扣籃，就是出自伍德的發想。當然，有一些人，跟沃錫一樣覺得只是大一菜鳥的喬丹未免過度自信。但是到了第二年，他們都領略到，喬丹對自我的信心反映了未曾被人理解的情感強度。

又是格蘭威爾大廈

喬丹和巴斯・彼德森現在住在格蘭威爾大廈的一樓，走廊短短的，為了保護住在此處的少數幾個籃球員以及普通學生，兩端都鎖起來了。大衛・曼恩（David Mann）是住在這一樓的普通學生之一，他是主修廣播、電視與動畫的大四生。身材矮小、不出風頭的曼恩有機會從內部一窺喬丹十九歲的生活，正當他的地位飛升之時。

「早在那個時候他就非常跩了。」曼恩回憶道：「他是自信先生，而且他很相信自己。」

曼恩看到女孩子們在上鎖的走廊門外逗留，希望有機會可以闖進去。跟宿舍裡大部分的「普通」學生一樣，無論看到喬丹做什麼事情，曼恩都默默記下。讓他訝異的是，他在喬丹身上看不到派對咖的影子。

「他是個滿嚴肅的人。」曼恩回憶道：「宿舍裡有幾個派對咖，球員或學生都有，而他從來沒有真的跟那些人混在一起。」

舉例來說，大家就會看見巴斯・彼德森手上拿著酒，在宿舍裡跟他的女友跳舞，顯然還沉醉在幾個月前柏油腳跟隊贏得全國冠軍的事實當中。

「巴斯絕對不像麥可那樣全心投入於籃球。」曼恩評論道：「巴斯比較像一個派對咖。他不會認真看待事情，遠不如喬丹那樣。說老實話，他有點像是個傻蛋。」

那年秋天，《運動畫刊》發表了一張喬丹的照片，他戴著耳機，舉著雨傘，在房間裡跳舞。這張照片讓曼恩很火大，因為那顯然是設計出來的。彼德森也許會跳舞，但喬丹絕對不會，縱使在他大可以稍微為自己的人生慶祝的時候。

「這就是他的獨特之處。」曼恩評論道：「他大可以徹底變得自我中心，迷上派對還有那些好玩的事情，女人和其他的那些東西。然而，他給我的印象是，他太投入了，所以不允許自己分心，縱使他還如此年輕。他知道自己想要變成最好的，他也知道潛藏的陷阱，而他不會讓自己落入其中。他似乎很相信自己，很確定自己想要做的事情，沒有任何事情可以阻擋他。」

曼恩注意到，雖然喬丹只是個十九歲的大二生，他似乎光靠自己的存在感就能掌控全場，就算面對住在同一層樓的其他籃球員也一樣。「他不是一個會大聲嚷嚷的人。他在言語上並沒有支配一切，但是當他開口，你非聽不可。他不會對其他球員頤指氣使或擺出一副大人物的樣子，但我很確定，其他球員都很尊敬他。我想他們有點怕他。但他不會到處對他們大小聲之類的。」

喬丹很快發現曼恩學的是媒體，打算未來在好萊塢的電影產業裡謀職。「麥可覺得我瘋了。」曼恩回憶道：「之後，他就會跑來跟我講：『你知道你應該找狄恩‧史密斯的老婆談談。』狄恩‧史密斯的老婆是精神科醫師。每次遇到麥可，他總會說：『你去看狄恩‧史密斯的老婆了沒？你跟她談過了沒？』他覺得這很好笑，像我這樣的人竟然會想要搬到洛杉磯，還自以為有機會在電影業工作。」

這樣的嘲弄持續了一、兩個禮拜，每次相見，喬丹總會取笑曼恩的好萊塢大夢。就在那個時候，曼恩學會了每個在喬丹手下活過來的人都必須學會的事情——你必須要挺身對抗他。

「終於，我告訴他：『麥可，我的意思是，這是我的夢想。我一直想要從事電影業。難道你沒有夢想嗎？』然後他說：『有啊，我的夢想是進ＮＢＡ打球。』從此以後，他就沒有再拿這件事情鬧我。」

喬丹很快發現，身為媒體主修生的曼恩在房裡放了一台錄影機，那是很罕見的設備，因為錄影科技在當時還算相對新穎而且昂貴。曼恩同時也是個死忠籃球迷，所以會錄下北卡大的比賽。喬丹開始造訪曼恩的房間，觀看自己打球的重播。

「那是好久好久以前，遙控器還要接線。」曼恩回憶道：「你必須要仰起那個十二呎長的，接著線的遙控器。他會坐在那裡看自己打球，然後倒帶再看一次。我想他從中學到許多。我不知道那些教練做多少這種錄影帶的工作，但他確實用我的錄影機做了很多。」

這個未來將會做很多事情來定義錄影時代的球員，此時初次得到觀看自己的機會。

曼恩和喬丹最初一起看的東西之一就是對上喬治城大學的冠軍賽。播報的過程中，球評比利‧派克談到沃錫是北卡大隊上速度最快的球員。

「聽他在放屁。」喬丹小題大作：「我才是隊上速度最快的。」當他們看到喬丹的致勝一擊，曼恩問他對於那一球的看法。「他說當他投進最後一擊的時候，他其實不太確定自己的跑位是不是史密斯教練要的。他以為自己搞砸了。他跟我說，在那一次進攻之中，他有點搞不清楚自己要跑到哪裡。他剛好有空檔就出手，然後投進了。」

隨著球季進行，喬丹持續造訪曼恩的房間，觀看自己的比賽。「他一言不發。」曼恩回憶道：「他什麼話都不多說。他完全專注於自己腦子裡的想法與策略。他在看比賽時總是很沉默，而我也不去煩他。」

一天，喬丹看到曼恩在走廊上用推桿把高爾夫球推進杯子裡。「他也想玩，然後他想要賭誰推進杯子裡的球比較多。」曼恩回憶道：「我們只賭二十五分錢還是一角，但無論怎樣，他玩了大概三十分鐘，而我一直打敗他。我有課要上，但他不讓我停。於是他逼我留在那裡，但我也不想輸，所以我一直把球推進。」

終於，氣急敗壞的喬丹扔下推桿，揚長而去。「他最後輸我七十五分錢。」曼恩還記得：「而且一直沒還我。」

升級

經過夏季的籃球訓練營、街頭鬥牛賽以及自主訓練，一九八二年秋天開始參加球隊練球的，是一個升級版的喬丹。後來史密斯回憶道：「在他大二那一年季前訓練的時候，我不敢相信大一球季結束之後他竟然成長了這麼多。練球時他如果被編到藍隊，藍隊就會贏。他如果被編到白隊，白隊就會贏。教練團的每個人只能面面相覷，心想：『現在到底是怎樣？』他沒有參加任何季前的全明星隊，但是他又長高了兩吋，在夏天努力鍛鍊自己的運球與投籃，而且增添了好多信心。」

「狄恩總說大一到大二之間是球員進步最大的階段。」亞特・強斯基表示：「打了一年的大學籃球之後，狄恩會告訴他們哪些地方需要加強。如果回家之後真的聽話照著練，往往會進步神速，因為他們已經有了一年大學籃球的經驗。如果他們好好練的話，身體會變得更強壯，球技也會有大躍進。夏天後麥可回到球隊，大家的反應是：『哇賽，我的天啊。』」

他變得更大、更壯、更快。四十碼衝刺的時間已經降到四點三九秒，幾乎比大一的時候快了兩成。似乎所有的指標都在往上。在比較沒有戒心的時候，喬丹脫口承認他的目標是再拿更多座全國冠軍，這代表說他並不明白，贏得一座已是多麼幸運。其實，如果史密斯自私一點，要求大四的沃錫繼續留下來為北卡大奮戰，那麼他們衛冕冠軍的機會也許就大多了。

然而，這位教練的一貫作風，就是把球員的成功擺在自己的成功之上，甚至是球隊的成功之上。換作另一個教練，一定會跟沃錫講清楚，說柏油腳跟隊快要可以成就二連霸。如果沃錫留下，那麼隊上將保有去年的四位先發在陣，絕對有機會創造歷史。然而，不但沒有對沃錫施加任何留隊的壓力，史密斯已經開始研究沃錫在今年ＮＢＡ選秀會上的前景。

當他知道沃錫很可能成為選秀狀元，便盡職地建議沃錫宣稱「家境清寒」，必須提早棄學投入選秀。如果繼續在大學打業餘籃球，受傷的風險與損失的大筆金錢，對沃錫而言都是太大的代價。史密斯展現了令人稱道的人格，這也是手下球員對他如此景仰的另一個原因。亞特・強斯基還記得，五個球季之前，他也為北卡大的控球後衛菲爾・福特做了一樣的事情，堅持要他大三之後就進軍職業。然而福特拒絕離開學校，他跟史密斯解釋道：「要怎麼跟我媽說我大學沒畢業？」他繼續為北卡大出賽，在大學的最後一個球季拿下年度最佳球員的獎項。

沃錫的家人也很重視教育。但是史密斯強調投入選秀才是保險的做法。沃錫以選秀狀元之姿被洛杉磯湖人隊選中。為了填補這個空缺，史密斯引進下一輪的高中全明星隊成員，包括十六歲的七呎長人布萊德・多赫蒂（Brad Daugherty）以及運動能力卓越的六呎五吋後衛柯第斯・亨特（Curtis Hunter）。於是，球隊陣容面臨大規模的重組。儘管如此，開季前夕，柏油腳跟隊在票選之中仍是最被看好的隊伍，可惜這樣的地位馬上就被顛覆了。

一九八二到八三年這一隊之所以開高走低，其實還有其他的原因。開季前六週，喬丹左腕骨折。打上石膏的他繼續參加練球。球季進行到一半，巴斯・彼德森也傷了膝蓋。這也開啟了喬丹另一個註冊商標：為了向這位隊友致敬，喬丹開始在左前臂中段戴上護腕。最重要的仍舊是，少了沃錫在場上，北卡大左支右絀。如同比利・派克點出來的，沃錫是一位過於出色的球員，所以他的離去留下難以填補的空洞。

開季之前，來自費城的資深籃球寫手迪克・韋斯前往教堂山探訪喬丹。喬丹暢談他跟老爸都是納斯卡賽車（NASCAR）迷這件事。韋斯記得自己當時心想，這個年輕人不落任何刻板印象的窠臼。韋斯在二〇一一年回想到，喬丹是個好孩子，卻也補充說到，從喬丹身上或是喬丹的比賽中，他完全沒有想過「這孩子將會是NBA下一個救世主。」不過這位體育記者倒是相信喬治城與北卡大在隔年春季將再次碰頭爭奪總冠軍。

韋斯說：「結果並不如我所料。」

儘管手上還打著石膏，喬丹在開幕戰還是勇奪25分，柏金斯也拿下22分，但是球隊還是在延長賽中輸給擁有克里斯・穆林以及強大板凳深度的聖若望大學，比數78比74。一週之後，他們前往聖路易（St. Louis）與密蘇里大學進行一場肢體碰撞激烈的比賽。他們又輸了，比數64比60。很顯然這將是波折不斷的一個球季。三天之後，杜蘭大學（Tulane）帶著他們強猛的中鋒約翰・「熱柱」威廉斯（John "Hot Rod" Williams）到教堂山踢館。比賽還沒結束，球迷們已經認為自己即將目睹一件不可思議的事情——北卡大將吞下開季的三連敗。自從一九二八到二九年球季之後，北卡大不曾寫下如此難堪的紀錄。

真正的麻煩發生在比賽終了前四分三十三秒，柏金斯五犯離場，這讓六呎九吋的「熱柱」威廉斯更有施展拳腳的空間。杜蘭大學以51比49取得領先。喬丹抓下一顆進攻籃板，把球補進，將比數追平，比賽時間剩下三十六秒。終場前八秒，北卡大的犯規把威廉斯送上罰球線，他兩罰俱中，杜蘭大學綠浪隊（Green Wave）再度取得兩分領先。再一次，喬丹又在比賽的決定性幾秒之中持球。他切向籃框，結果竟然以進攻犯規收場。

詹姆士・喬丹坐在兩個女兒中間，看著這個過程。他在一九八四年的一次訪談中回憶道：「當時我心想：『這下我們輸定了。』」蘿絲琳看著他說：「老爸，你太早放棄了。」比賽剩下四秒，杜蘭大學界外發球，喬丹把球抄掉，在計時器鳴笛聲響起的同時投進一個三十五呎的跳投，把比賽帶入了延長。卡米科禮堂爆出如雷的歡呼，然而緊張的氣氛才沒有那麼早消逝呢。

進入第三度延長賽，剩下不到兩分鐘的時候，才終於塵埃落定。喬丹沿著底線切入，擦板球進，犯規加罰，把北卡大的領先拉開到五分。柏油腳跟隊在驚濤駭浪中拿下今年的第一勝，比數70比68。史密斯回憶道：「他戴著石膏展開球季，卻還是幫我們擊退杜蘭大學。」

賽程並沒有提供太多休息的時間。接下來，北卡大前往紐澤西的草原體育館對戰聖路易斯安那州立大學（LSU），並以四分之差贏得比賽。然後他們在聖克拉拉大學身上拿到本季第三勝。一週之後，聖誕假期前夕，他們前往突沙市（Tulsa）參加油城經典賽（Oil City Classic）。首場比賽突沙大學金色颶風隊（Golden Hurricane）就以十分之差給北卡大難看。沃錫不只可以低位單打，也提供許多禁區的牽制力，北卡大仍在適應沒有沃錫的生活。三天之後，他們到客場挑戰田納西大學查塔努加分校（UT-Chattanooga），到了比賽剩下四分鐘的時候，他們還落後一分。喬丹再次創造所謂的「ＭＪ時刻」，拿下球隊最後17分之中的11分，鎖定了勝局。

聖誕假期間，喬丹父母隨隊遠征檀香山（Honolulu），參加彩虹經典賽（Rainbow Classic）。在那裡，除了大啖夏威夷烤豬之外，北卡大也吃下三勝，包括以73比58痛宰密蘇里大學，復仇成功。這場比賽激勵全隊士氣，讓北卡大接著拿下十八連勝。回家之後，柏油腳跟隊馬上在格林斯堡市對上羅格斯大學。大西洋沿岸聯盟錦標賽開始之前，他們又前往夏洛特與雪城大學一較高下。雪城大學的助理教練布蘭登・馬龍也是喬丹在五星籃球訓練營的教練，他終於有機會親眼評估一下喬丹的境界。雪城大學橘子人隊（Orangemen）覺得他們必須要對喬丹進行包夾。「我們在後場設下陷阱。」馬龍回憶道：「他在壓力之下展現的從容令人印象深刻。被包夾之後，他運球離開包夾他的人，壓低重心，觀察包夾的相對位置，然後傳出完美的一球。他在這樣的處境下完全不慌。」

為了抵制一九八二年大西洋沿岸聯盟冠軍戰中史密斯那招拖延戰術，今年球季，聯盟實驗性地引進進攻計時器以及三分線。現在史密斯不能像從前一樣，抓住一點點領先，就叫球員四散在場上玩貓捉老鼠的遊戲了。慵懶的區域防守也不再適用。球隊必須想出更完善的方式來鞏固自己的陣地。

作客馬里蘭，上半場喬丹只拿下兩分，下半場復活，攻下15分。然而，他最漂亮的一球出現在比賽尾聲。馬里蘭大學總教頭「左撇子」卓塞爾的兒子查克・卓塞爾在比賽終了前切入上籃，喬丹賞給他一記火鍋，為球隊保住勝利，比數72比71。

現在擋在柏油腳跟隊眼前的，是拉爾夫・桑普森的維吉尼亞大學。這場在維吉尼亞大學體育館舉行的比賽將由NBC直播，比賽之前，維吉尼亞大學在票選上高居第二名，而北卡大則位居第十一。在桑普森統治的年代裡，騎士隊保有主場四十二連勝的紀錄。這是六週以來維吉尼亞的第一場主場賽事，對手剛好又是柏油腳跟隊。於是，全場擠進九千名觀眾，兩隊熱身時，每次桑普森上籃，全場球迷都發出喝采。史密斯站在板凳區，手上NCAA的冠軍戒指在電視轉播的燈光下熠熠生揮。球迷們對著他發出噓聲，韻律地喊著：「迪恩，給我坐好。迪恩，給我坐好。」

柏油腳跟隊馬上對桑普森進行包夾，並且展開一連串的三分球攻勢，拉出十二分的領先。中場休息時，體育館因為失望而陷入一片死寂。史密斯讓六呎九吋的大一菜鳥布萊德・多赫蒂守住桑普森的一邊，柏金斯守他的另一邊，外圍還有一個邊翼球員隨時準備撲進來幫忙防守。柏油腳跟隊有效率地不讓球傳到桑普森手上，同時也沒讓維吉尼亞大學的其他球員打出進攻的節奏。上半場二十分鐘，桑普森只出手八次，命中兩球。反觀柏金斯卻在進攻端打出生涯的代表作，光是在上半場就拿下25分，其中包括三記三分遠射。

中場休息過後，桑普森接連吞下個人的第三犯和第四犯，全場球迷噤若寒蟬。北卡大將領先的分數擴大到23分，比數形成85比62，比賽剩下九分四十一秒。兩分鐘之後，比賽終了前七分三十七秒時，桑普森在左邊底線十九呎處投進整季第一顆三分球。維吉尼亞於焉展開反攻，隊上的瑞奇・斯多克、吉米・米勒（Jimmy Miller）、里克・卡萊爾（Rick Carlisle）、提姆・穆林以及奧瑟爾・威爾森都有貢獻得分。桑普森再次出手命中。接著卡萊爾再補上一記三分彈。短短五分鐘之內，維吉尼亞大學把原本23分的差距縮小到6分。比賽時間剩下兩分鐘，北卡大仍以96比90保持領先，桑普森在禁區右側起跳出手，電光石火間，喬丹從禁區另一側飛來，兇悍地將那顆球一把拍掉。

媒體席的記者們全都倒抽一口氣。站在邊線的維吉尼亞大學總教頭泰瑞・霍蘭德甚至不自覺地鼓掌。「只有麥可和大衛・湯普森。」霍蘭德回憶道：「只有這兩個人在場上的表現曾讓我因為純粹的驚嘆而鼓掌……鼓完掌才發現自己正在為敵隊喝采。」

「他賞給桑普森的那個大火鍋……我一邊鼓掌一邊對裁判喊著：『那是妨礙中籃啊。』」霍蘭德說：「我猜當時裁判也跟我一樣驚呆傻眼了，也搞不清楚喬丹到底是怎麼做到的。理論上來說那球一定是妨礙中籃，球是往下落的，因為桑普森是在籃框的上方出手的。那顆球看起來就像是一顆泰坦飛彈。我甚至搞不懂喬丹怎麼會想要去封阻那顆球。」

「那是年少時候的事了。」十五年後喬丹這麼說，承認自己也沒想到可以打到那顆火鍋：「我能讓自己驚訝，這就是我的球風美妙之處。生涯之中，這樣的事情也在某種程度上推著我前進。沒有人可以坐在那裡告訴我，說我能夠做到什麼事。我自己都沒辦法告訴你我不能做到什麼事，或是我能夠做到什麼事。這也是籃球的美妙之處。」

在史密斯系統下打球的喬丹，還遠遠尚未觸及自身能力的全貌。

喬丹的阻攻過後十四秒，奧瑟爾・威爾森投進一顆三分球，將比數追近到兩分差，時間還有五十秒。但是騎士隊不得不採取犯規戰術，喬丹和吉姆・布拉達克穩穩把球罰進，北卡大最終就以101比95拿下勝利。那一天，桑普森步出大學體育館時，沒有對記者說一句話。

拿下這場勝利之後，北卡大登上大西洋沿岸聯盟的龍頭寶座。接著柏油腳跟隊又大比分屠宰了北卡羅萊納州州立大學以及杜克大學。沃錫脫隊進軍ＮＢＡ之後，喬丹開始在禁區附近游移，展現了低位單打的能力。這項技巧後來在職業生涯中為喬丹提供了穩定的得分。他在場上奔跑的速度很快，往往能在史密斯的第二波快攻之中找到空檔。就算沒有空檔，他也能利用自己的第一步與跳躍力把球投進。他有時還是會因為這個動作而被吹判走步，但史密斯已經寄送了慢動作的錄影帶給ＮＣＡＡ，證實喬丹的第一步並沒有違例。北卡大的進攻製造許多空手切入以及開後門的機會，利於喬丹這種運動能力優異的選手累積數據。

「喬丹付出的努力不比任何人少，縱使他已經是一個頂尖球員。」一月那場比賽之後，杜克大學的教練麥克・沙舍夫斯基說：「他為球賽定調。他的心理素質與球技一樣強。他彷彿在說：『我想要球。把球給我。我會搞定。』他真的太棒了。我們想要把他守住。我們透過圖解事先告訴球員：『他會這麼做。』上了場他還是做到了。就連投不進的時候，他也拚命衝搶籃板。他就是不給我們任何反撲的機會。」

喬丹的手感延續到下個禮拜與喬治亞理工學院的比賽。他出手十六次命中十一球，轟下個人大學生涯最高的39分。其中包含七次的三分線出手，他投進了六球。

當維吉尼亞大學作客卡米科禮堂時，喬丹的表現已經獲得ＥＳＰＮ球評，也是前任教練迪克・維泰爾（Dick Vitale）的讚賞。最近的連勝讓北卡大在票選中獨占鰲頭，位居老二的維吉尼亞大學緊追在後。維吉尼亞那些知道體育界內情的人對維泰爾很不爽，他們控訴說他在年度最佳球員的票選中，試圖以個人的力量杯葛桑普森。維泰爾本來就對喬丹讚譽有加，但是泰瑞・霍蘭德與維吉尼亞大學的公關人員認為維泰爾不單單只是支持喬丹，還惡意中傷桑普森。

他們說，維泰爾形容桑普森是「超級巨星」，但卻語帶揶揄。這位球評則覺得自己被誤會了。維泰爾說桑普森跟某些偉大中鋒不同，他在維吉尼亞大學並沒有收到隊友太強大的協助。但是維泰爾也指出，在桑普森最後一個大學球季，他似乎缺乏熱誠。反觀，喬丹卻是渾身散發熱力。

三十年後，霍蘭德評論道：「無庸置疑，麥可當然是合理的候選人，而迪克也有權力去投票或是為他支持的人宣傳。我們不滿的是，他評論說喬丹應該成為年度最佳球員，但拉爾夫不應該。迪克這個人就是這樣，不懂得適可而止。我們不覺得為了捧自己支持的人而批評拉爾夫是對的作為。」霍蘭德補充說桑普森自願為學校打滿四年，而且當時也已經兩度獲選年度最佳球員了。

這場論戰將在卡米科禮堂的場上見分曉。賽前，學生加油區的噪音震耳欲聾。介紹球員出場時，維吉尼亞的球員幾乎聽不見自己的名字。儘管如此，他們打出漂亮的籃球，在比賽剩下九分鐘的時候，仍擁有16分的領先。

比賽終了前四分四十八秒，維吉尼亞的吉米・米勒完成一個三分打，比數形成63比53。騎士隊從此沒有再添任何一分，在失誤與被抄截的亂流之中跌跌撞撞。比賽終了前一分二十秒，維吉尼亞仍以63比60領先，桑普森罰球失手。最具代表性的一球即將上演。計時器上的時間還有五十一秒，喬丹在中線附近從里克・卡萊爾手上把球搶走，加速衝向籃框，把球灌進，讓北卡大以64比63取得領先。維吉尼亞拖過剩下的五十秒，最後零點零五秒，卡萊爾長距離投籃，球彈框而出。

喬丹從桑普森頭上摘下最後這顆關鍵籃板，這似乎說明了什麼。比利・派克回憶道：「那一年他的精彩鏡頭往往不是出現在進攻端。他那些精彩表現讓我了解兩個重點。第一，他的好勝心無人能敵。第二，他的防守技巧也很了得。我在一九八三年球季才知道他的防守能力有多好。不用多說，他當然是很好的得分手，但他在防守端的表現更是超群。」

那場比賽剩下八分四十三秒的時候，柏油腳跟隊還輸騎士隊十六分，剩下四分十二秒的時候，也仍以63比53落後。是喬丹的防守吹響了反攻的號角。這就是敵隊難以針對他做出準備的原因。霍蘭德在二〇一二年回憶道：「麥可喬丹是一位出眾的、全方位的大學球員，在防守端的效率尤其驚人。比起一個強大的進攻球員，這樣的球員更難處理，因為你沒辦法包夾一個防守者，也沒辦法設計戰術去阻止一個防守者搶到球。」

那一天，北卡大的球迷起立喝采良久，直到比賽結束仍未停歇。三天後，維拉諾瓦大學前來重演一九八二年分區決賽戲碼時，北卡大球迷喧騰依舊。艾德・平克尼與山姆・柏金斯私下有聯絡，兩個人都出身紐約，似乎積極想要相互探聽一些內幕消息。他們談論的重點往往放在聯盟間的較勁之上。維拉諾瓦大學隸屬大東聯盟（the Big East），和喬治城大學一樣。

「我們通常不想跟敵軍成員太過要好，因為一不小心他們就有能力讓你難看。」平克尼回憶當年的柏油腳跟隊：「柏金斯總說喬丹是他見過最強的球員。而我當然會說是尤恩才對。對我們來說，有機會對上喬丹以及一支大西洋沿岸聯盟的球隊是一件很難忘的事情，因為當時大西洋沿岸聯盟可說是稱霸武林。那是最頂級的聯盟，也擁有最多好手。」

「他們當時在全國排名第一，而且陣中還有喬丹。」平克尼解釋道：「我們並不認為自己有能力抗衡。你只知道那傢伙是個很厲害的球員。身為球員的你只能對自己說：『我以前看過這個人打球。所以事情什麼時候要發生呢？』因為你知道即將發生什麼事。『他什麼時候要接管比賽呢？』」

那天，這件事沒有發生。喬丹的表現並不特別突出，於是，維拉諾瓦大學擊敗了全國第一的球隊，而且還是在北卡大主場。「照理說他們應該摧毀我們，但是我們沒有讓他們輕易得手。」平克尼說：「那場我們打出神了。」

這場敗仗讓北卡大墜入深淵。三天後他們出征馬里蘭大學，輸了十二分，再三天之後，又以七分之差敗給北卡羅萊納州州立大學，也預示了北卡大將在同年的大西洋沿岸聯盟錦標賽的準決賽再次不敵狼群隊。吉姆・沃瓦諾教練手下的球員打順了自己的節奏，最終將以黑馬之姿一路挺進到總冠軍賽，與休士頓大學一決雌雄。

同時，柏油腳跟隊也一路打到雪城的分區決賽，然而卻不敵喬治亞理工學院，比數82比77。喬丹大秀幾記令人目眩神迷的灌籃，但是沒能幫助球隊拿下勝利。賽後，他跟羅伊・威廉斯說他筋疲力盡，想要退出籃球場休息一下。這位助理教練能夠理解沃錫離開之後喬丹扛下的重擔。史密斯的系統稍稍緩解這樣的負擔，但為了推動北卡大這具籃球機器，喬丹仍必須每場比賽都拿出最好的表現。威廉斯跟喬丹說休息一下是合情合理的，結果隔天卻驚訝地發現喬丹又重回體育館鍛練球技。威廉斯問他為何改變計畫，喬丹只說自己非得變得更強不可。

柏油腳跟隊在球季尾聲屢遭重創，但喬丹的聲望卻節節攀升。根據《運動畫刊》的說法，他現在「很顯然是地表上最會防守的後衛。」其實短短一年之前，他在教練團的眼中還是一個不在乎防守的大一生。「喬丹似乎總是知道球的位置與動向。」馬里蘭大學的前鋒馬克・法瑟吉爾（Mark Fothergill）說：「他像個瘋子一樣滿場遊走，無所不在，為進攻方帶來各式各樣的混亂。」

也因為大西洋沿岸聯盟的三分線實驗，喬丹把他的場均得分提高到20分（在大西洋沿岸聯盟之中最高），另外加上5.5個籃板。但他仍不滿足。他的命中率高達百分之五十三點五，但是外線投射的水準卻跟大一時差不多。而對於每場比賽面對各種區域聯防的北卡大來說，外線是至關重要的一環。「我覺得三分線改變了我在場上的思維。」他斷言：「我太勉強了，想要投進太多遠距離的球。」事實上，他的三分球命中率仍有高水準的百分之四十四點七，在北卡大的後衛群中排名第四。「另外，我出手的弧度愈來愈高了。」他說：「我想八二年的那個致勝一投可能影響了我的腦子。我大概看了三十次的重播。哇賽，那一球的弧度簡直像是彩虹一樣。」

每場比賽過後，北卡大的教練群都會選出一個最佳防守球員，大一的喬丹從未得到這項殊榮，但是大二那年卻贏了十三次。他會溜進對方的傳球路徑中做出干擾，而他的長臂往往能把球點掉，這讓他單季累積了七十八次的抄截，在隊史紀錄上只落後給杜德利・布萊德利（Dudley Bradley）。積極防守卻也讓他付出代價，整個球季總共被吹判一百一十次犯規，在四場比賽中犯滿畢業，這四場比賽北卡大都以輸球作收。

數據之外，喬丹也秀了幾回精彩的身手。一次，他直接從北卡羅萊納州立大學的後衛西德尼・洛維的頭上跳過去。對上喬治亞理工學院的時候，他曾演出一記扣籃，後來被《運動畫刊》稱為「毀人心志的一灌」。他從罰球線附近起跳，滯空時間令人匪夷所思，在最後一刻才把球轉向籃框扣進。喬治亞理工學院的提姆・哈維（Tim Harvey）後來驚嘆道：「我還以為我看見超人了。」

喬丹神話繼續蓬勃演進。他被選進大西洋沿岸聯盟第一隊以及美聯社的全明星隊，只可惜還是沒能從桑普森手中搶下年度最佳球員的獎座。喬丹在美聯社票選的全國最佳球員中位居第二，運動新聞（the Sporting

News）則將他選為年度最佳大學球員，寫道：「他在空中飛翔。他抓籃板，他得分（兩年內超過一千一百分，破隊史紀錄），他一次防守兩個人，他搶下不受任何一方控制的球，他阻攻，他抄截。最重要的是，他能在比賽末段挺身而出，幫助球隊贏球。」

儘管如此，當球季驟然告終，喬丹的情緒也落入深谷。「這讓我難以釋懷。」那一年稍晚，他說：「也許大一就拿下冠軍，把我給寵壞了。」對於一些他認為不具備足夠爭勝心的隊友，他感到很不爽。此般對隊友的質疑也成為他往後人生常見的主題，他也常常承認。「跟沒有好勝心的人相處對我來說是不容易的。」他後來解釋道：「無論在場上或場下，我總會測試隊友的好勝心。我會找他們的碴，然後看他們敢不敢挺身反抗。如果他們沒有逆來順受，我就知道自己可以信任他們，他們能挺過場上的壓力。」他解釋說，成為職業球員之後他比較善於處理這類問題，然而許多公牛隊的球員可不這麼認為。

後來的報導顯示，輸給喬治亞之後，喬丹開始藉著高爾夫球來舒緩狂暴的情緒，教他打球的是巴斯・彼德森以及當年北卡大的全明星高球選手大衛・愛三世（Davis Love III）。這樣的說法有其真實性，但事實是比較循序漸進的。

彼德森在高中時就打高爾夫，並因此結識了愛三世，愛三世的父親曾教過狄恩・史密斯打高爾夫球。彼德森、愛三世與羅伊・威廉斯好幾天都待在高爾夫球場上，而喬丹不想要落單，於是跟著他們到球場。愛三世回憶道：「他先是一起坐在高爾夫球車上，後來說他也想要打。我跟彼德森就去搞了一套球桿，找了幾顆老舊的球，讓他開始打……我們可以說創造了一頭怪獸。」布萊德・多赫蒂、馬特・多爾蒂還有一些球員也三不五時來高爾夫球場湊個熱鬧。好勝如常的喬丹常常與隊友們聚在高爾夫練習場練揮桿。

「很多籃球員都來這裡打高爾夫。」愛三世回憶道：「有一次史密斯教練跟我說：『所有球員都跑來練習場了，可以麻煩你把他們送回體育館嗎？』」

「認識他然後看著他成長是一件很好玩的事。」幾年後愛三世說：「對他而言，高爾夫球最棒的地方就是可以讓他暫時離開群眾，離開明星的地位。我想這也是他之所以那麼熱愛高爾夫的原因。高爾夫很困難，對他而言是一項挑戰，也讓他可以在籃球之外的世界放鬆一下。」

除了高爾夫球之外，他其實還有其他的出口。亞特・強斯基回憶道：「住在格蘭威爾大廈的籃球選手們組了一支壘球隊，拿過校內冠軍，喬丹是隊上的明星。我記得他是游擊手。他們吸引了大批群眾到校內球場看球。不像現在大家都自己在外面租公寓，那時他們都住在格蘭威爾大廈，整天混在一起。那是很棒的事情，可惜現在時代不同了。當時的喬丹已經踏上巨星之路，只是還沒有人知道他會成為一位什麼樣的巨星。」

泛美運動會

也許喬丹需要從籃球世界請個假，但在委內瑞拉的卡拉卡斯（Caracas）舉辦的泛美運動會（the Pan American games）很快就把他召喚回去了。NCAA失利之後，他現在更急欲參加美國代表隊的徵選。這將是一份很棒的國際經驗，但是更重要的是，他想打籃球。

他回憶道：「我等不及要開始打下一場比賽了。」

泛美代表隊的徵選從美國的兩支業餘球隊中找來了幾十名選手。堪薩斯州大的傑克・哈特曼（Jack Hartman）教練將在印地安那大學總教練巴比・奈特的法眼盯梢下帶領這支球隊。當時，巴比・奈特已被遴選為一九八四年洛城奧運的美國國家代表隊總教練。

艾德・平克尼記得喬丹帶著強大的氣燄打球，他也從沒聽過喬丹講那麼多垃圾話，連在紐約都沒有。「現場可能有一百名選手參加徵選吧。」平克尼回憶道：「他們幫我們分隊。我永遠不會忘記徵選時喬丹的表現。巴比・奈特坐在場中央一個看台上，俯瞰所有比賽。我記得還有其他教練陪他坐在上頭。我們隊上有麥可，所以一場比賽都沒有輸。真的很扯。一場比賽打七分，場邊有人幫忙計時。其中一隊得到七分或是時間到比賽就結束。」

這個程序的目的本是為了讓競爭最大化，但喬丹卻讓它最小化了。平克尼笑著說：「我們到其中一個球場，7比0擊敗對手。全部的分數都是他得的。我們到下一個球場，7比3擊敗對手。他連拿五分，加上我們某個隊友可能上個籃或是什麼的。簡直像是在開玩笑。那時我告訴自己：『這個人已經失控了，強到失控了。』」

平克尼跟喬丹都入選代表隊，另外還有克里斯・穆林、里昂・伍德（Leon Wood）、麥可・凱奇（Michael Cage）、山姆・柏金斯、馬克・普萊斯（Mark Price）、魏曼・迪斯戴爾（Wayman Tisdale）以及安東尼・帝奇等等的球員。哈特曼帶著這支球隊前往堪薩斯打兩場熱身賽，對手是一群NBA球員，其中包括堪薩斯城國王隊的賴瑞・德魯（Larry Drew）與艾迪・強森（Eddie Johnson）。

「有些人已經聊到NBA了。」平克尼回憶道：「我們都知道麥可之後一定會進軍NBA，這是無庸置疑的。他也知道自己將進入NBA。但是我們都很好奇對上真正的NBA球員會是怎樣。結果喬丹支配了那兩場熱身賽。他抄球快攻，而那是我第一次看到他的搖籃式灌籃。面對那些真正的職業球員他完全沒有問題，一點問題都沒有。我的意思是，在職業球員之中他一樣脫穎而出。」

旅館附設標準桿三桿的小型高爾夫球場，這馬上就吸引到喬丹的注意。「沒有在打籃球的時候，他唯一想做的事情就是打高爾夫。」平克尼還記得：「我們練完球，回到旅館之後那個人就會把時間都花在高爾夫球場上。他就只做這些事。打完高爾夫，然後又去練球。出國征戰的時候他也是這個樣子。他就是很愛打高爾夫。我知道他睡得不多。他總是跟里昂・伍德混在一起，他們倆形影不離。」

前往委內瑞拉的途中，他們在波多黎各打了一場表演賽。安東尼・帝奇還記得，就算波多黎各的球員可能根本聽不懂他在講什麼，喬丹依然滿嘴垃圾話：「他覺得要讓那些傢伙知道，籃球可以說是我們美國人發明的。出國在外讓他變得更加好勝。而他也沒打算遮掩這一點。」

接著，美國隊就前往委內瑞拉準備參加八月的賽事，到了之後卻發現他們的宿舍根本只是水泥蓋成的空殼。後來將擔任大學與NBA教練的朗・克魯格（Lon Kruger）當年擔任這項賽事的美國隊經理。「那座選手村根本還沒完工。」克魯格回憶道：「窗戶沒有裝上去。門沒有裝上去。我們只能面面相覷，想說：『現在是怎樣？』」

喬丹看了這些什麼都沒有的水泥牆壁一眼，就把行囊往地上一扔，說：「開始辦正事吧。」哈特曼感到很訝異，喬丹只想把事情做好，竟然對這麼差的住宿環境沒有一句怨言。

「麥可喬丹站出來說：『這就是選手村，我們住這沒問題。』」克魯格還記得：「麥可說沒問題，大家就沒問題了。」

後來成為NBA裁判的伍德也記得當時喬丹的態度就是：「反正現在我們也不能拿這宿舍怎樣。」「我們來這裡是要拿金牌的。」喬丹跟他的隊友們說：「那就開始行動吧。」

美國隊將在十二天之內連戰八場，面對不同的國際球隊。第一場比賽，美國開賽以20比4落後給墨西哥，而喬丹右膝的肌腱炎又惡化了。他忍痛奮戰，為美國隊拿下勝利。第二場比賽對上巴西，喬丹一樣帶傷上陣，攻下27分，其中包括一記穩定勝局的扣籃，帶領美國隊後來居上贏球。賽後，他的腿上包滿冰塊。「這肌腱炎是很久以前的舊傷了。」他告訴記者：「這不是什麼問題。況且，現在我不會為任何事情缺賽。」

儘管有傷在身，喬丹對每支敵隊發動攻勢。平克尼回憶道：「他在防守端抄球，在進攻端低位單打進球。打得不順的時候他會很火大。他挾著一股火焰在打球。有這樣的一個領導者在隊上，每個人只要上了場一定要拼盡全力。我們的對手都是外國的職業球員，他們都在歐洲或是南美打職業賽，而且每個年紀都比我們大。喬丹上了場，完全不在乎這些，彷彿說著：『打好球，不然就給我換一個人上來。』」

這項賽事之中，喬丹的外圍投射有時陷入低潮。此時挺身而出的其實是控球後衛馬克・普萊斯。比利・派克指出：「我們的球員其實沒有打得很好。大部分的時間我們都打區域聯防。我們的跑動不夠。而其他隊伍根本不怕這群小孩子。比起任何球員，馬克・普萊斯大概是打出最多場好球的那個。喬丹表現不錯，但並不是太出色。」

然而，傑克・哈特曼卻對喬丹印象深刻。「這個孩子在場上付出的努力比任何人都多。」這位教練後來說：「有時候我覺得當他的教練根本是在作弊。麥可做出太多不可思議的動作，讓我想要馬上看重播。可惜沒辦法，因為我就站在現場，不是在看電視轉播。」

八場比賽打完，喬丹是隊上的得分王，平均每場可以拿下17.3分。雖然他錯失了第二座NCAA冠軍，但是他現在有了國際賽的金牌。

回到家，荻洛莉絲・喬丹看了一眼枯槁憔悴的兒子，馬上命令他休想出門去街頭球場鬥牛。「夠了。」她說：「你給我乖乖待在家。」

保險起見，荻洛莉絲沒收了兒子的車鑰匙，並要求他去做一件一直以來沒有時間也沒有意願做的事：好好睡個覺。

第13章 系統崩壞

養精蓄銳之後，喬丹回到教堂山。他說：「大一生已經開始在放話了，我要去看看他們有什麼料。」狄恩・史密斯從Parade雜誌票選的全美最佳陣容中拉來兩名球員：喬・沃夫（Joe Wolf）與達夫・帕森（Dave Popson）。但是真正激起喬丹興趣的，是狄恩從紐約找來的控球後衛肯尼・史密斯（Kenny Smith）。肯尼・史密斯已經贏得「噴射機」的稱號，而且高分通過喬丹的好勝心試煉。他擁有充分的速度與敏捷度。他不求得分，而是跟吉米・布萊克一樣能夠縱觀全局，也了解控球後衛的真正功能。巴斯・彼德森傷癒歸隊，大二生史蒂夫・海爾（Steve Hale）也有能在大賽挺身而出的能力，現在狄恩・史密斯擁有足以再拼一冠的陣容。

「現在對他們來說是最難調適的階段。」史密斯告訴《運動畫刊》：「我們丟了很多難題給他們。」

教練丟出來的最大難題就是喬丹本人了。最近，教堂山的四角餐廳（Four Corners Restaurant）才在菜單上推出了「喬丹三明治」——如今在這學校裡他可以算是永垂不朽了。

喬丹領導球隊的方式，不只是讓隊友害怕受責備。包括大一菜鳥們，隊上沒有任何一個人想要讓喬丹失望。有些事情喬丹不會明講，如同他常常解釋的，他不是在場邊當啦啦隊那種人。就像平克尼在泛美賽事中形容的那樣，喬丹會身先士卒上場奮戰，然後堅持他的隊友們也付出同樣努力。有時候，他只要皺個眉頭就能激勵隊友，沒有人想要被眉頭深鎖的喬丹瞪著。更重要的是，他本身就是效能的象徵。「來自紐約的我看到太多球員糟蹋了自身的天賦。」大四生的馬特・多爾蒂有一次解釋道：「麥可善用自己身上每一盎斯的才能。」

老鳥隊友們似乎專注於跟上喬丹的腳步。老了一歲的布萊德・多赫蒂比從前壯多了。柏金斯已經兩度被選進全明星隊，喬丹也曾為他向半信半疑的傑克・哈特曼解釋道：「需要他表現的時候，他一定不會讓你失望。」有了瓦倫・馬丁（Warren Martin）之後，北卡大在低位的陣容更形完備。多爾蒂打小前鋒，足傷痊癒的柯第斯・亨特則為邊翼添加了深度。

現在的喬丹也是一位不同於以往的球員，球技更加細膩，決心更加堅定。杜克大學的後衛強尼・道金斯（Johnny Dawkins）如此評論喬丹的長進：「他火力全開。但不是像以前一樣只是用體能壓過你，他現在連想法都在你之上。這裡開個後門，那裡來個空拋，防守端再來個精彩好球。所有的球員之中，最讓人印象深刻的非他莫屬。」

這代表著，一九八三到八四年球季的北卡大擁有一支特別的球隊，堪稱史上最優秀的隊伍之一。比利・派克說：「很不得了。那是狄恩・史密斯帶過最強的一隊。你想想看，這支球隊有後場，有前場，有爆炸性的得分球員，有身材優勢，萬事俱備。而且經驗老道。我們目前在講的這群人，真的有能力打出最高檔次的籃球。隊上三名先發球員擁有當年拿下全國冠軍的經驗。」派克也指出，跟喬丹與柏金斯一樣，肯尼・史密斯與布萊德・多赫蒂未來也有著出色的NBA生涯。

在二〇一二年的訪談中回顧當年，這位播報員說那支球隊是跨年代的精選，優於史密斯曾擁有過的兩支全國冠軍隊伍。

話講不停的肯尼・史密斯會在深夜溜進格蘭威爾大廈，到喬丹與彼德森的房裡玩幾場吹牛。在場上，史密斯絕佳的視野與傳球能力讓他與喬丹合作無間。他們倆合作演出的第一時間戲碼總能啟動北卡大球迷的興奮開關。

柏油腳跟隊季初大開紅盤，拉出二十一連勝（前七場平均贏對手17.4分），直到二月十二號輸給阿肯薩斯州立大學（Arkansas）時才吞下首敗。大西洋沿岸聯盟結束了他們上一季的三分線實驗，這讓喬丹的命中率提升到百分之五十五點一。雖然平均得分小幅下滑至19.6分，但他的專注與能量贏得了媒體一致的盛讚。

球隊連勝期間，一月某一天，喬丹頂著一顆大光頭現身，驚呆了體育記者們。「我父親禿頭，所以我想有一天我也會禿。」他告訴記者們：「我想要提早看看那會是什麼樣子，又會是什麼感覺。」他們聽了喬丹的解釋後開始大笑，於是他很快坦言：「沒有啦，其實就是我的理髮師不小心剪太多而已。」

帶著這顆反光的腦袋，他每次出場都製造精彩鏡頭。但當北卡大以74比62在馬里蘭獲勝的時候，喬丹在比賽尾聲的一個動作卻讓「左撇子」卓塞爾氣得直跺腳。狄恩・史密斯告訴人們，「戰斧式扣籃」一詞就是在那一天誕生的。有些人也把那一招稱為搖籃式扣籃。大西洋沿岸聯盟後來會把這季扣籃的影片當做宣傳帶使用。那一球隱約在人們心中埋下了一顆種子，讓大家有了喬丹會飛的念頭。再一次，喬丹讓自己吃驚了。

他後來回憶道：「在我意識到之前，我已經夾著球往後扭，把球從左邊甩到右邊，用手扣著球直到我把它灌進……當時前面沒有人防守，似乎是嘗試新招的好機會。」

對比利・派克而言，那一記扣籃猶如天啟。「我從來沒有看過如此震撼人心的動作，直到大西洋沿岸聯盟把那球錄製成宣傳影帶。在馬里蘭，他單手夾著球，在快攻中把球扣進。」這位播報員說：「照理講北卡大的球員就是不會做這種事。如果有快攻機會，你會把球運到禁區，然後規規矩矩地上籃。你不會演出一招戰斧式爆扣。看到也只能說：『我的天啊！』那是我第一次目睹這樣的體能條件與靈巧度。那是我第一次看清楚他的能力。」

果然，隔天史密斯把喬丹叫進辦公室。他首先指出，那球快攻中肯尼・史密斯已經跑在前面，應該把球往前傳給他。然後，他提醒喬丹，那種炫耀並非北卡大之風。

喬丹解釋道：「我從來不想要羞辱對手。」

亞特・強斯基還記得史密斯拒絕讓他的電視節目製作人播放那記灌籃的影片：「他告訴伍迪・德罕和節目製作人說他不想要那記灌籃出現在電視上，因為在快攻時這麼做稍微羞辱了馬里蘭大學。他因此對喬丹很生氣。」

喬丹接受教練的指正，但後來卻也指出那樣的動作是他「自我的一部分，也是表現自我的一種方式。」

安東尼・帝奇宣稱，如果仔細注意，就會發現喬丹對整個情況也有所不滿。「我想大學時期的他有時候是沮喪的，因為沒有隨心所欲顯露自己能力的自由。」帝奇在二〇一二年的訪談中說：「一進大學，那些限制就使他受挫，因為缺乏自由。我看得出來。高中時他隊上沒有沃錫或是柏金斯那種人。他的挫折感源於自由的匱乏，但是他克制得非常好。」

帝奇認為喬丹展現了值得嘉許的成熟度，因為他壓抑了自身的充沛能力，以便融入史密斯的系統。帝奇說：「我不覺得高中時期的喬丹有辦法為史密斯打球。」他評論說，為了融入北卡大，喬丹大幅度改變自己的打法。明明願意做出這麼大的調整，但喬丹卻從沒因為這件事得到讚賞。

球隊的榮景又持續了一個月，直到喬丹攻下29分，帶領球隊擊敗聖路易斯安那州立大學。這場比賽的插曲，是老虎隊的約翰・都鐸（John Tudor）在肯尼・史密斯準備快攻取分時，給他來了一記惡劣的「洩憤型犯規」。都鐸重重地往史密斯臉上招呼，這位菜鳥控位在籃下摔倒，以手撐地。喬丹馬上衝過去推了都鐸一把，裁判過來把他拉開。後來史密斯因傷缺陣四場，雖然替補的史蒂夫・海爾表現可圈可點，但大家普遍認為這個傷打斷了北卡大的氣勢。似乎老是如此，每當狄恩・史密斯的球隊即將迎接最好的一季，某個球員往往會在半途受傷，影響整個大局。

輸給阿肯薩斯州立大學不久之後，肯尼・史密斯傷癒歸隊，喬丹繼續貢獻精采好球。對上維吉尼亞大學，他投十五中十一，拿下24分，接著又狂轟32分，帶領球隊以25分之差擊潰北卡羅萊納州州立大學。而馬里蘭大學不知為何總是能激起喬丹展現灌籃技巧的興致（媒體人都認為是因為馬里蘭隊上的阿德萊恩・布蘭奇拿下當年麥當勞大賽的MVP）。最後一次對上「左撇子」卓塞爾的球隊，喬丹拿下25分，並以一記漂亮的灌籃做結尾，這次是灌在高大的中鋒班・柯曼（Ben Coleman）頭上，是一個犯規進算的三分打。打敗喬治亞理工學院的時候，他光是在下半場就拿下18分。接著，就是他最後一次在北卡大的卡米科禮堂出賽了。沙舍夫斯基帶著年輕的杜克大學球隊前來踢館，把比賽逼進第二度延長賽，最終才以96比83不敵柏油腳跟隊。喬丹攻下25分，但這場比賽是一個預兆。一週之後，兩隊在大西洋沿岸聯盟錦標賽的準決賽再度碰頭，杜克大學藍魔鬼隊以77比75爆冷得勝。

比利・派克評論道：「大西洋沿岸聯盟錦標賽最神奇的地方就是，那是喬丹籃球生涯裡唯一表現並不突出的賽事。他在大西洋沿岸聯盟錦標賽的數據並不好。當然，除了菜鳥球季那年在聯盟錦標賽擊敗維吉尼亞大學那一場。」

又一次，大西洋沿岸聯盟錦標賽的失利將讓北卡大在NCAA錦標賽中的氣勢消失殆盡。三十二強，柏油腳跟隊在夏洛特對上天普大學（Temple），泰倫斯・史坦貝力（Terence Stanbury）的速度讓他們困擾不已，他光是在上半場就攻下18分。為了保持為數不多的領先分差，狄恩・史密斯下達不斷第一時間傳球給喬丹的戰術，讓喬丹累到做出反常的要求——要教練讓他下場喘口氣。約翰・錢尼（John Chaney）教練持續以區域聯防施壓，這對北卡大而言十分棘手，但是那些第一時間傳球與北卡大的身材優勢還是起了作用，柏油腳跟隊最終仍晉級到甜蜜十六強（Sweet Sixteen）。下一輪的比賽將在亞特蘭大的全方位體育館（Omni）舉行，一個喬丹一向表現平平的場館。他們將遭遇由巴比・奈特教練指揮，大一新人史帝夫・埃爾福特（Steve Alford）領軍的印地安那大學，雖然沒被排名，但是擁有二十二勝八敗的戰績。

比賽前一晚，比利・派克私下與奈特談到隔天要面對的挑戰。奈特問派克認不認為印地安那大學有辦法擊敗喬丹以及柏油腳跟隊。這位評論員回憶道：「我說：『不，你們沒辦法擊敗北卡大。』他說：『我也是這樣想，但是我們會對他們做出一些抵抗。也許他們最後還是會擊敗我們，但他們不會有任何開後門空切的機會。在十八呎之外，他們想要怎麼投都可以。』他說：『如果他們真的投得進那些球，我們很快就會被遠遠拋下。但是我不認為麥可能投進那些球，我也不覺得除了他之外還有誰可以。』」

奈特也決定要派這一季只先發上場五次的丹・達基奇（Dan Darkich）去防守喬丹。達基奇夠高，也有一定的敏捷度。在奈特的計畫中，達基奇必須退一步防守喬丹的切入，如果喬丹要在外圍跳投，就往前撲過去讓他分心，而達基奇也確實執行了這樣的防守方式。直到開賽前三小時，印地安那大學的教練才告知這位替補後衛他的任務。達基奇後來說：「聽到之後，我馬上衝回我的房間嘔吐。」

那一天，裁判早早就吹判喬丹兩次犯規，這讓奈特的計畫如虎添翼。在那一季前面的比賽裡，只要喬丹在上半場累積兩次犯規，史密斯一定會先把他換下來坐板凳。在這場區域準決賽裡，他維持同樣的做法，後來卻因此飽受批評。上半場結束，喬丹只得四分。

「每個人都認為史密斯教練把我放在場邊是錯誤的。」幾年後，喬丹向今日美國（USA Today）的記者麥克・羅普里斯蒂（Mike Lopresti）回憶道：「但就算我不在場上，我們仍是一支強隊。」

派克回憶道：「趁著麥可坐板凳，印地安那大學掌控了比賽。」

派克質疑史密斯的地方是，當印地安那防守時都擠在禁區，就不該繼續把喬丹留在板凳上，因為比賽的步調很慢。這位評論員指出：「印地安那大學打的是退一步的人盯人，幾乎就像是區域防守。他們沒有在跑動。這種打球風格會把比賽縮短，所以五犯畢業的機會其實不大。」因為喬丹坐在板凳上，印地安那大學在中場以32比28取得領先。下半場二十分鐘，奈特的戰略並沒有改變。「下半場重回球場時，我覺得好像要把四十分鐘的比賽擠進二十分鐘一樣。」喬丹回憶道：「我完全無法找回自己打球的節奏。」

「麥可沒有把握機會在外線出手。」派克說：「而對方全都擠在禁區，所以北卡大完全沒有開後門空切的機會。但是不只是這樣，對於印地安那的兩項決策，北卡大都沒能做出回應。」

奈特故意指派沒沒無聞的達基奇去看守喬丹，結果竟然奏效。派克和其他播報員都無法相信眼前發生的事情。「其實只需要叫喬丹站在側翼，跟他說：『聽好了麥可，我們會把球傳給你，每一球都由你來出手吧。』」派克評論道：「達基奇怎麼可能守得住喬丹呢？」

「我沒有要貶低他的意思，我想他徹底執行了奈特教練的指令。」談到達基奇時，喬丹說：「但是他們（媒體）把這寫成某種一對一的決鬥。像我這麼好勝的人，聽到別人說唯一可以守住你的人就是丹・達基奇……當我回想到當時投的那些球，我只能默默舔一舔臉頰。總之我就是沒投進。」

史密斯從未調整進攻方針，讓喬丹盡情揮灑。比分最高差到十二分，比賽終了前，柏油腳跟隊將差距縮小到兩分，並對大一新人史帝夫・埃爾福特犯上一規。他兩罰都進，幫助球隊爆冷得勝，比數72比68。印第安那大學全場命中率幾乎高達七成，也因為這樣才有辦法顛覆戰局。埃爾福特攻下27分。喬丹全場投十四中六，僅僅拿下13分，而且還犯滿畢業。在北卡大球隊的三年之中，他從未在任何一場比賽中出手超過二十四次。

賽後，北卡大的休息室籠罩著一片慘霧愁雲，喬丹與柏金斯尤其垂頭喪氣。肯尼・史密斯後來回憶道：「我覺得自己讓他們失望了。」狄恩・史密斯賽後向來不對球員多言。那一天，他一如往常召集全隊進行賽後的禱告，然後走進記者室接受訪問。每一個問題，每一個回答，都讓他愈來愈按捺不住自己的情緒，終於，史密斯走了出去，提早結束訪問。

「我想在這場比賽當中，妨礙他們贏球的，就是球隊的系統。」派克在二〇一二年說：「在他執教過的那麼多場比賽裡，我敢保證史密斯最想要重頭來過的就是這一場，因為那一天，他被自己的系統反將一軍。印第安那的球員們是不錯，但是沒有到超強。他們在比賽尾聲表現非凡，因為他們成功保護住球，而埃爾福特的罰球又夠穩。但是這是可以預見的。你不會想要陷入這樣的窘境，讓埃爾福特持球，然後用他的罰球將你擊敗。」

「我覺得當年的我們是全國最強的球隊。」回頭前塵，喬丹說：「然而一場比賽就足以將這一切奪去。」

「有時候北卡大會為了球隊的福祉而犧牲掉某一些比賽。」派克說：「那場對上印第安那大學的比賽可能就是其中之一。如果把喬丹放到場上，叫他隨意出手，盡情轟炸籃框，然後叫柏金斯幫他搶下所有籃板，那比賽早就結束了。但是狄恩絕對不會為了贏一場球而去犧牲球隊的核心原則。」

亞特・強斯基有不同看法：「難道說他寧可要保持球隊系統而輸球，也不要打破球隊系統而贏球。我不這麼想。狄恩做出自己認為最好的決策。他相信麥可必須要在上半場的最後八分鐘坐板凳，下半場才可以打得更有侵略性。在這個系統之內，巴比・奈特知道怎麼防守他，也找到了對的人去防守他。麥可是個好球員，但是他大學的最後一戰打得爛透了。他被達基奇守死。五個白人選手幹得掉山姆・柏金斯、麥可喬丹跟布萊德・多赫蒂？拜託，別開玩笑了。要不是有進攻計時器的話根本就不可能有這種事。不斷的傳球出手，傳球出手，在這中間讓北卡大失了節奏。印第安那大學的命中率確實也高達百分之六十五，要不是這樣他們也絕對贏不了那場比賽，但他們就是做到了。」

強斯基坦言說後來幾年史密斯確實不得不調整他的系統，因為杜克大學的麥克‧沙舍夫斯基教練循著奈特的法門讓史密斯以傳導為主的系統陷入困境。史密斯必須開始仰賴那些能夠一對一運球單打突破防守的球員。「後來，在八〇年代的後期，當北卡大沒了喬丹這種水平的球員，他們的進攻就打不出來了。」強斯基回憶道：「狄恩意識到這一點。他了解到他們至少必須突破第一層防守。」

喬丹後來表示，如果印第安那大學最後拿下全國冠軍，他會好過一點。但非常諷刺的是，兩天之後，沒有拉爾夫‧桑普森的維吉尼亞大學（桑普森已經畢業，在一九八三年的選秀會上以狀元之姿被休士頓選中）擊敗了印第安那大學，挺進最後四強。那一年維吉尼亞大學在大西洋沿岸聯盟的排名中只排第六。

徹底頹喪的喬丹回到教堂山，思索著自己的未來。那一年春天，他得到所有大學籃球可以給予的殊榮，拿下所有年度最佳什麼什麼的獎項。

「我必須承認，高曝光率其實還不錯。」當時的喬丹說：「以前這就不難處理，現在也一樣。當然，我想一開始是有比現在有趣一點，因為現在人們愈來愈對你緊追不放。但整體而言，能被大家注意是好事，也很好玩。」

效力北卡大的三個球季，喬丹的平均得分是17.7分。這在一九八〇年代後期激發了批評的聲浪，以一種傳遍籃壇的笑話的形式：唯一可以把喬丹的得分壓制在20分以下的人是誰？答案顯然就是狄恩‧史密斯。雖然盡責的數據統計者指出，大二那一年喬丹的平均得分剛好達到20分，但這樣的抨擊也非全是空穴來風。然而喬丹本人總是站在北卡大教頭這一邊，解釋說史密斯教導他如何運用己身天賦得到更高的效能。「我本來不懂籃球。教練他教我怎麼打球，教我何時應該利用速度，如何善用敏捷度，何時可以施展那個第一步，如何因應不同情況使用不同技巧。我從教練身上學到了這些知識，所以進軍職業之後，只要把這些資訊運用在場上就行了。狄恩‧史密斯傳授的知識，讓我可以一場比賽拿下37分，這是人們所不了解的。」

「進入北卡大之前，他擁有那種熱血，他擁有那種好勝心，他擁有那種運動能力。」布蘭登・馬龍評論道：「在北卡大裡面，他成了一個更好的射手，基本動作也更加紮實。從北卡大走出來的時候，他已經準備好要成為NBA的一顆明星了。」

的確，時候到了。長久以來史密斯都明白大三球季很可能會是喬丹在教堂山的最後一季。那年春天他也知道，該來討論一下喬丹的未來了。是否要投入選秀會的最終決定，必須要在五月五號星期六之前公布。在四月二十六號，史密斯與喬丹先對於目前的狀態開了一個初步的記者會，結果只是讓當地的記者們一頭霧水。喬丹說他目前仍不確定自己的下一步。「我計畫要留在學校，也期待我在這裡的下一季。」他告訴記者：「教練一直很照顧球員，希望球員得到最好的一切。」

喬丹說他也會聽父母的意見：「我的爸媽懂得比我多太多了，所以我也會把他們的建議納入考慮。我媽媽就像一位老師一樣，我想我已經大概知道她的想法。但我爸爸有點像個小丑，我真的猜不透他現在是怎麼想的。我也不知道。我不想給他們太大的壓力。」

荻洛莉絲・喬丹堅決反對兒子離校。然而，當天的記者會結束之後，狄恩・史密斯會見了ProServ運動經紀公司的經紀人唐諾・戴爾（Donal Dell），當地記者視此為惡兆。似乎，如果喬丹現在離開學校，最糟糕的狀況下也能進入可能擁有第三到第五順位選秀權的費城七六人隊（Philadelphia 76ers）。這是一個頗為理想的出路，但是喬丹想要進入湖人隊。並不是隨便一支球隊都會讓他願意撇下教堂山進軍職業。

五月四號星期五，喬丹與他的教練碰面，晚間又見了父母與哥哥賴瑞。接著，他與巴斯・彼德森以及一些朋友們出去吃東西。他的室友對他施壓。他真的捨得離開哈狄斯（Hardee's）的肉桂餅乾、葡萄蘇打和蜂蜜麵包嗎？他們兩人跟每天溜過來耍嘴皮子肯尼・史密斯在宿舍房間裡徹夜長談的美好時光呢？喬丹承認自己還是不知道下一步應該怎麼走。

隔天早上起床整裝準備參加十一點在費澤體育館的記者會時，情況還是一樣。「我知道他正在經歷抉擇的痛苦。」那年夏天稍晚荻洛莉絲・喬丹回憶道：「但我也明白他必須為自己做出這個決定。我們跟他談過好幾次。在麥可公開宣布的前一天晚上，史密斯教練打電話給我們。我們離開家裡去找史密斯。我們跟麥可與史密斯討論。隔天早上十點半，麥可再一次與他的教練閉門開會。十一點記者會開始前一兩分鐘他們兩個才出現。出來以後，史密斯教練捏了一下我的手臂，我就知道麥可的決定了。」

宣布完畢，喬丹快步離開，直奔高爾夫球場，在那裡待了一整個下午。

三十年後，公牛隊前任總管傑瑞・克勞斯基於多年在大學籃壇擔任NBA球探的經驗，為喬丹的離校提出了比較苛刻的見解：「是狄恩叫他離開北卡大的。」克勞斯說：「他叫他滾蛋。喬丹已經變得比球隊還要大。我不知道狄恩會不會承認，但是事實就是這樣。」喬丹並沒有做錯什麼事，也不曾以任何方式公然忤逆史密斯。克勞斯基解釋道：「狄恩是個很棒的人。他非常和藹可親。球員不會主動離開他的球隊，而他會叫球員離開。當他們變得比球隊還要大，他就會告訴他們離開的時候到了。」

派克不贊同克勞斯基的看法：「我告訴你，如果狄恩・史密斯想要喬丹離開，沒有人會知道。狄恩・史密斯從來不會透露自己正在做的事情。跟麥可說：『該是離開的時候』，這件事他對很多球員做過。」

羅伯特・麥卡杜（Robert McAdoo）是最早得到史密斯首肯的北卡大球員之一，當然是在史密斯研究過球員的選秀前景之後。「以NCAA的標準來看，取得那些資訊其實是不被允許的。」派克說：「但史密斯是箇中高手。他會坐下來跟球員談，而球員也會聽他的。他會說：『我已經跟這一隊談過了，他們有這個選秀權。麥可，你大概會是第三順位。』狄恩會想要讓麥可離校的原因，只可能因為這對麥可來說是最好的選擇，不會是因為這對狄恩自己有利或不利。這就是為什麼他會是一位特別的教練。」

喬丹若要大過球隊，他必須先大過史密斯本人，然而在北卡大，教練是至高無上的。肯尼・史密斯提出意見，說隊上的競爭氣氛並非來自喬丹，而是來自教練，因為他「用心理學的方式誘導我們去跟隊上的每個人較勁。」

喬丹宣布投身NBA的那天晚上，北卡大的助理教練艾迪・佛格勒結婚了，婚禮上瀰漫著一股強顏歡笑的味道。亞特・強斯基回憶道：「艾迪感覺就像是說：『嘿，我結婚了，但是，嘿，我們也失去了全國最好的球員。』婚禮現場有許多北卡大的球迷。」

吉米・德姆西（Jimmie Dempsey）就是其中之一。他是史密斯很要好的朋友，也是柏油腳跟隊的重要支持者。史密斯需要東奔西跑招募球員時，他會把自己的私人飛機借給他。「他和他老婆是隊上球員的乾爹乾媽。」強斯基回憶道：「婚禮那一晚，吉米說他很氣狄恩。他說：『他的工作是把最好的籃球選手擺在北卡羅萊納大學的場上。這才是他的工作。他的工作不是在那個球員明明還有資格打大學籃球時，就把他送進職業隊。』我笑著回他說：『去跟史密斯教練這樣講啊。』他說：『我正要這麼做。我現在就去跟他說。』他跑過去跟他講，然後又跑回來。我問：『他說什麼？』他回答：『狄恩笑了。』」

詹姆士・喬丹很開心教練可以把喬丹的利益放在第一位，然而荻洛莉絲・喬丹一直以來都夢想著她的兩個小孩可以在同一天從北卡大畢業。喬丹向母親承諾他會馬上回學校拿到學位，他也說到做到，在未來幾年利用暑期課程完成了這個任務。縱使說那個春天的平衡將影響他的未來，他還是堅持為了準備考試而苦讀，在學業方面努力前進。事實上，他認真的程度讓肯尼・史密斯以為他大四那年還會留在學校。史密斯問說，不然的話，一個要進軍ＮＢＡ的人還考什麼試呢？

「他們宣布，然後我得知麥可最終的決定。」喬丹女士說：「媒體室裡擠滿了人，而我們必須回答各式各樣的問題，但後來我不得不一個人靜一靜。回到家以後我們必須暫時離開房子，因為電話響個不停。有一陣子其實情況有點麻煩……。」過了幾個月之後，喬丹夫婦才慢慢適應新的現實。他們夫妻倆幾乎出席了喬丹每一場比賽，當人們問說旅費從何而來時，詹姆士・喬丹說：「感謝老天，好在通用電氣存款互助會。」但就在幾個月之內他被控告從一個私人承包商那裡收取回扣，並且承認有罪。大家沒有張揚，但這件事還是上了威爾明頓與北卡羅萊納州的新聞。

「通用電氣廠裡的人都嚇到了。」狄克・尼爾在二〇一二年回憶道：「大家都不敢相信。公司裡所有女性都很愛他。他很有魅力。我跟他共事整整二十五年。我們在不同的建築物裡工作，但我每天都會見到他……詹姆士是個很機靈的人。他總是風度翩翩，每個人都很喜歡他。」

根據當年的有關單位聲明，喬丹先生在海恩堡負責控管存貨。在他兒子讀北卡大大二那一年，詹姆士‧喬丹寫了一張假的訂購單，向一家叫作 Hydratron 的公司訂購了三十噸的液壓設備，主導那間公司的人名叫戴爾‧蓋澤斯基（Dale Gierszewski）。此案的法律文件指出，為了那三十噸的圓筒容器，通用電氣支付了一萬一千五百六十元給蓋澤斯基。詹姆士‧喬丹在法庭上承認，蓋澤斯基並沒有交出那三十噸的圓筒容器，反而給了喬丹七千元的回扣。

一九八五年三月，蓋澤斯基被控盜用公款，獲判有罪。他被處以一千元的罰款以及緩刑。三週之後，詹姆士‧喬丹自己認罪以求減刑，被處以類似的罰款與緩刑。

「扯上這種事，他本來應該要進監獄的。」狄克‧尼爾在二〇一二年說：「因為麥可，他才得以脫身。」被判重罪的兩個人原本都有可能被判處十年的有期徒刑。這個事件讓通用電氣即刻解雇詹姆士‧喬丹。同樣也是工廠高層的尼爾說，詹姆士涉入的事情遠比有關當局公布的還要多。尼爾解釋道：「他負責管理我們的公司商店。」公司商店的功用是一種員工俱樂部，大家可以用折扣的價錢在那裡購買冰箱、電視、吐司機、各式器械等等的物品。作為經理的詹姆士‧喬丹可以重新配送原本要送往商店的商品。尼爾說：「他會簽收某一項商品，然後那個商品從此不會出現在商店裡。他偷了這些商品，我猜想他應該是把它們拿去賣。他們控訴說他大概偷了七千元。這種事其實層出不窮。其他人也會這樣搞。」

顯然，家裡決定要出席喬丹每一場比賽，包含國際賽，這給了需要支付所有費用的父親很大的壓力。尼爾說：「不要考量那些過錯的話，其實你找不到像他那麼好的人。」他還記得詹姆士‧喬丹在社區裡的種種義行，像是自願投入時間去打造一座給青少年使用的棒球場。

差不多就是在這個時間，他們的大女兒姐姐開始考慮要為性侵之事對父母親提出控告。她的婚姻生活已經分崩離析，有一段時間還住進當地醫院的精神病房。一位年長的男親戚曾去那裡探望她，跟她說祖父母很擔憂她的情況。在自己的書中，姐姐寫說她馬上辦理出院，前去拜訪麥德華與蘿絲貝爾‧喬丹。

他們問：「孩子，妳到底怎麼了？」

姐姐寫到，麥可在籃壇崛起之後，她的父母親幾乎不再找時間回去看蒂奇老家的祖父母了。麥德華愈來愈常靜靜地坐在卡里科海灣路的房子前廊打發時間。大女兒說，跟北卡的籃球圈搭上線之後，喬丹夫婦似乎因為自己父母是「那種鄉下人」而感覺丟臉。對於頂尖年輕運動員的家庭來說，這是尋常景況，孩子在運動中不斷向更高的階層挺進，全家人都被捲進漩渦之中，而喬丹一家發現自己正處在最明亮的聚光燈下。柏油腳跟隊就像是當年的電視實境秀一樣，在熱中籃球運動的北卡羅萊納州，每個人的眼光都緊緊追隨這支球隊。

喬丹夫婦承受了整整三年的南征北討和比賽競技，而且無止盡地曝光在媒體鏡頭下。有比賽的時候，他們在下午三點從威爾明頓出發，以便趕上晚間的賽事。比賽結束後他們會找兒子簡單聊幾句，然後趕回家看比賽的錄影。他們倆每每興奮到無法入眠。荻洛莉絲・喬丹解釋道：「我們錄下所有比賽，讓麥可回家後可以看。他會坐在那裡說：『我真的有這麼做嗎？』你們看，比賽的當下，麥可在球場上太過投入，所以常常不記得一些事情。」

他們跟北卡大其他球員的父母親們成為朋友，大家在比賽中與征途上都處在一起。一九八二年分區季後賽的其中一晚尤其特別，喬丹夫婦描述說那是神奇的一夜。「山姆・柏金斯的父母親在場，伊拉瓜夫婦在場，還有布拉達克夫婦、彼德森夫婦、沃錫夫婦和多爾蒂夫婦。教練們和他們的老婆也都在。」荻洛莉絲・喬丹在一九八四年回憶道：「我們出去找了一些中國菜，整晚一起吃。」

她的丈夫插話道：「我永遠不會忘記，大概在凌晨三、四點的時候，我們一起在街上唱著北卡的歌，就像是一群小孩子一樣。我們真的很享受當下的每一刻。」

讓一九八四年五月的他們最驚訝的是，這一切竟然這麼快就過去了。

「我們一點都沒有偷懶。」詹姆士・喬丹說：「我們參與了他的每一場比賽。任何人能給你的任何錢財都買不起這些回憶。對麥可來說那是美好的年歲，對喬丹一家來說那也是美好的年歲……我一直相信，你不能生下一個孩子之後，寫下一個劇本，找一個導演，再找一個製片，然後跟孩子說：『你的人生就照這樣演吧。』再怎麼計畫，也計畫不出比麥可所擁有的更完美的人生故事。」

第14章 淘金熱

七月，喬丹選定了華盛頓特區ProServ公司的唐諾・戴爾作他的經紀人。早在尚未正式雇用之前，大衛・佛克就與唐諾・戴爾與ProServ一起研究過喬丹在選秀會上的前景。與喬丹原本預期的不同，那年春天費城七六人隊的戰績稍有提升，反倒是芝加哥公牛隊在季末連續輸給紐約尼克隊（New York Knicks）兩次之後擁有了比較好的選秀順位。評論家們抨擊說，公牛隊每每想要渡過一個又一個爛透的球季，結果總是接著遇上一次又一次同樣爛透的選秀。

這些失敗選秀的幕後推手是球隊總管羅德・索恩（Rod Thorn），一位來自阿帕拉契山區南部的謙遜紳士，他也不避諱地承認球隊長久以來都在選秀與找尋球員方面很掙扎。一九七九年，公牛隊有百分之五十的機會可以選到剛剛帶領密西根州大奪下全國冠軍的魔術強森。那一季他們挾著一如往常爛透的戰績，將可以跟湖人隊以擲銅板的方式來爭奪第一順位的選秀權。遵循球迷票選的建議，羅德・索恩選擇了銅板的正面。結果是背面朝上。

索恩猜錯面，失掉了魔術強森，在當年的選秀會中又跳過了西德尼・蒙克利夫（Sidney Moncrief），選擇UCLA的大衛・格林伍德（David Greenwood）。儘管因傷所苦，格林伍德還是在公牛隊打滿六個球季，前五季平均有14分8籃板。以一個小前鋒來說算是不錯的數據了，但是跟魔術強森完全無法相提並論，人家可是帶領湖人隊拿下五座冠軍，就這一點看來，蒙克利夫也遠勝格林伍德。當然，倘若公牛隊當時選到蒙克利夫，在一九八四年的選秀會上可能就不會再挑選一個得分後衛。但是無論如何，格林伍德一直被視為公牛隊所做的錯誤選擇。根據富比士雜誌（Forbes magazine）的統計，魔術強森在陣的十二年間，湖人隊的市值從三千萬美元飆漲到兩億美元。

當時科夫勒曾開玩笑：「擲一次銅板價值兩千五百萬。」

他後來又說：「結果原來這個銅板值兩億。」

一九八二年的情況更糟，索恩從舊金山大學（University of San Francisco）選來後衛昆汀・戴利（Quintin Dailey），過了不久，他就在學校的宿舍裡侵犯一位學生護士。到芝加哥報到之後，他拒絕為自己的所做所為表達懊悔，於是婦女團體很快集結在公牛隊的賽場上抗議。另一位天分過人的公牛隊球員奧蘭多・沃爾里奇（Orlando Woolridge）則是眾所皆知的古柯鹼毒蟲。在一九八四年的春天，這種種的災禍把球隊帶向破產邊緣。

那年二月，索恩把球迷最愛的瑞吉・席爾斯（Reggie Theus）交易到堪薩斯城，換來史帝夫・強森（Steve Johnson）與選秀權，產生了立竿見影的效果：實力更爛，但運勢好轉。公牛隊以二十七勝五十五敗結束例行賽，連續三年無緣晉級季後賽。戰績爛成這樣，於是索恩再次擁有很前面的選秀順位。

「那一年我們沒贏過幾場球。」公牛隊助理教練比爾・布雷爾（Bill Blair）回憶道：「但羅德提醒我們說北卡羅萊納州有一個非常非常棒的球員。他講麥可喬丹的事情講個沒完。羅德總是很正面，他肯定這傢伙會成為名留青史的球員。然而很多人都說：『嗯，他不能打後衛。他也不適合打小前鋒。』就連巴比・奈特都說過類似的話。但是羅德說：『這個孩子有他特別的地方。』」

「包含我在內，當時沒有任何人知道喬丹會變成如此偉大的球員。」索恩回憶道：「選秀會之前我們沒有對他進行體能測試，但我們有進行訪談。他很有自信。他知道自己會是一位好球員。顯然麥可是相信自己的，但就連他本人也不知道自己究竟會變得多麼偉大。」

例行賽結束之後，休士頓與波特蘭共同擁有第一順位的選秀權，後面就是芝加哥。顯然火箭隊（Houston Rockets）想要的是運動能力出眾的休士頓大學（University of Huston）中鋒哈金・歐拉朱萬，而波特蘭在考慮長年因傷所苦的肯塔基大學中鋒山姆・鮑威（Sam Bowie）。「從一開始休士頓就擺明了要選歐拉朱萬。」

索恩回憶道：「大概在選秀會前一個月，我跟當時波特蘭的總管史都・英曼（Stu Inman）談過。史都跟我說他們想要山姆・鮑威。他們的隊醫說鮑威的身體狀況沒問題，而他們確實也需要長人，所以不會考慮別的人選。」

公牛隊擁有第三順位的選秀權，而休士頓擲贏了銅板，從波特蘭手中搶走第一順位，於是拓荒者隊（Portland Trail blazers）屈居第二順位。「當休士頓在擲銅板戰之中勝出，我們就知道喬丹是我們的囊中之物了。」擔任公牛隊副總裁多年的厄文・曼德爾（Irwin Mandel）解釋道：「如果擲贏銅板的是波特蘭，他們一定會把歐拉朱萬選走，然後休士頓可能就會挑選喬丹。我記得當時羅德好興奮。他整個嗨起來，因為在他的心中喬丹和鮑威差很大。」

塵埃落定，六月二十號選秀會當天，喬丹就以探花之姿被公牛隊選中。前往選秀會的途中，他承認自己最希望進入湖人隊，他的學長沃錫已經漸漸成為那裡的球星，但是芝加哥也不錯。喬丹在那一年的秋天解釋道：「因為湖人隊陣容太完整，在那裡我可能也幫不上什麼忙。」

「喬丹沒被前兩隊選走，所以他們非選他不可。」芝加哥的一個體育節目製作人傑夫・戴維斯（Jeff Davis）回憶道：「他們也沒其他選擇了。當然，這個人兩度被選為大學籃球的年度最佳球員，也曾帶領北卡大拿下全國冠軍，但是沒有人知道他真正的實力如何。」戴維斯回想說，好在波特蘭選走了鮑威，不然要是有機會的話，索恩搞不好會選擇這位來自肯塔基的中鋒。

「我們也希望他有七呎高，可是他就是沒有。」被問到如何抉擇時，索恩這樣告訴芝加哥論壇報：「中鋒都已經被選走了，能怎麼辦呢？喬丹不會讓球隊改頭換面，我也不會這樣要求他。他的進攻能力非常棒，但還不到擋不住的程度。」

對於一個應該試圖多賣幾張門票的球隊總管來說，這確實是一則奇怪的發言。波特蘭的失算將成為選秀史上最愚蠢的敗筆。史都・英曼後來指出，他的決策受到團隊其他成員的支持，包括名人堂教頭傑克・拉姆齊（Jack Ramsey）。英曼後來又表示，狄恩・史密斯的系統掩蓋了喬丹的鋒芒，而拉姆齊也贊同這個論點。

然而，波特蘭的教練團已經在那年春天看過喬丹在奧運代表隊徵選時的表現，卻還是跳過他不選。達拉斯小牛隊（Dallas Mavericks）的里克・桑德（Rick Sund）看見了喬丹的能力，主動提議要用小牛隊炙手可熱的年輕球星馬克・阿吉雷（Mark Aguirre）交易喬丹。

索恩拒絕了。「羅德絲毫沒有動搖。」桑德回憶道：「他也懂。」

奈特因子

搞定選秀的事情之後，喬丹現在可以全心投入奧運代表隊的徵選與練習，從選秀會之前一路到洛杉磯的奧運賽事開始。雖然喬丹沒有被奧運代表隊刷掉的風險，但是自從甜蜜十六強的戰鬥之後，奈特教練對他就沒有太大的信心。「那場比賽過後，我想巴比就一直覺得喬丹的投籃不行。」比利・派克回憶道：「而且在奧運隊的徵選上他的投籃確實也不到水準。」此外，比起狄恩・史密斯，奈特是一個更加重視系統的教練。「在史密斯手下他必須全盤接受他的角色、他的責任與整個系統。」這位播報員笑著說：「結果夏天他竟然還必須在巴比・奈特的手下打球，這個人基本上比狄恩還嚴謹。」

史密斯當然是詭計多端又善於操控，但是他行事作風總是帶有一份圓滑。奈特的性情狂野而易變，他的自尊跟印第安納波里斯（Indianapolis）的 Hoosier 巨蛋一樣大。而且，粗魯兩個字已經不足以形容他，對很多人來說，他簡直是個滿嘴髒話的霸凌者。喬丹打趣地說：「史密斯教練是四角進攻的大師，奈特教練是三字經的大師。」

打從一開始，奈特就讓他手下的奧運代表隊了解，他追求的就是完美。「我告訴他們，我不在乎我們的對手是誰，或者分數是多少。」奈特解釋道：「我在乎的是成為我們所能成為的一支最棒的球隊。只要能夠達到這個目的，我會用盡一切手段去激勵你們。」

但這位球員和這位教練一拍即合。喬丹用他那不怒則威的面容以及堅定的鼓掌引領著隊友。奈特的領導方式則是祭出嚇唬人的脾氣與姿態。對於監管業餘籃球的委員會來說，奈特是一個很妙的人選，因為他在國際賽場上的行為好壞參半。在一九七九年的泛美運動會，波多黎各的有關當局曾對奈特發出拘捕令，因為他與當地一位警官起衝突。後來他被判加重傷害罪，而且還在審判中缺席。

現在，奈特使命必達。他想要用美國籃球這把重鎚敲碎國際賽事。為了達到這個目的，他集結了二十二名助理教練，並在七十多名球員中進行了嚴謹的徵選。

當奈特坐在高塔上縱觀全場，巴克利、柏金斯、約翰・史塔克頓（John Stockton）、卡爾・馬龍（Karl Malone）、克里斯・穆林、查克・波森（Chuck Person）等等幾十名選手在底下賣命演出。查爾斯・巴克利（Charles Barkley）在這次的徵選中顯然是除了喬丹之外的最佳選手，他帶著驚人的運動能力與控球技巧在場上殺進殺出，但是比起奈特的青睞，他似乎更想要獲取職業隊球探的注意。奈特確實也只看見這位奧本大學（Auburn）前鋒兩百八十磅的肥肚。

在這次徵選中，被奈特刷掉的偉大球員包括巴克利、史塔克頓與馬龍。憤怒而疑惑的史塔克頓對巴克利與馬龍說，他想要跟他們組成一隊，跟奈特選出來的那十二個人打打看。

最後十二名入選奧運代表隊的成員有喬丹、柏金斯、尤恩、克里斯・穆林、魏曼・迪斯戴爾、里昂・伍德、阿爾文・羅伯森（Alvin Robertson）、喬・克萊恩（Joe Klein）、喬恩・考恩凱克（Jon Koncak）、傑夫・特納（Jeff Turner）、沃恩・佛萊明（Vern Fleming）以及史帝夫・埃爾福特。

褪下了招牌的23號球衣，喬丹在美國國家隊的指定背號是9號。

印第安那大學的教練現在有了他認為可以讓國際球隊難堪的陣容。他跟他的朋友派克說，就算美國隊全場只拿下九十分也沒關係，但是對手的分數必須被壓制在三十分以下。「他有著不可思議的專注力。」派克回憶道：「巴比就跟麥可一樣，好勝心無與倫比。他的準備萬無一失。大家都忘記他是怎麼選出國家隊的。這一支大學聯隊的每一個成員，都是他從教練的角度精挑細選而來的。透過徵選的過程，他讓所有球員都投入其中。他的球員們當然必須了解：『這就是我們的風格，這就是我期待你們打出來的風格。』所以，在那些比賽裡，他們摧枯拉朽。他想要的不是拿下金牌，他想要的，是徹底支配世界籃壇。而他們也確實做到了。」

事實上，讓派克近距離看見麥可喬丹崛起的，是奧運前對上ＮＢＡ球員的表演賽。八月洛杉磯奧運開始之前，ＮＢＡ的首席顧問賴瑞．佛萊雪（Larry Fleisher）籌辦了這一系列表演賽。基於多年的播報經驗以及與奈特的友誼，派克得以坐在場邊的位置上欣賞這九場精彩的比賽。

派克說：「跟ＮＢＡ球員打表演賽有時候是這樣的，他們下午才姍姍來遲，套上球衣隨便打一下。但是在這三到四週之內，這幾場表演賽成了你死我活的激鬥。」

炒熱比賽氣氛與鬥心的就是這兩個人——奈特與喬丹。巡迴的表現賽於六月底在羅德島（Rhode Island）的普羅維登斯（Providence）開始，中間造訪明尼亞波里斯（Minneapolis）與愛荷華城（Iowa City），然後七月九號要在印第安納波里斯的眾多觀眾面前上演。「抵達印第安納波里斯之前，奧運隊已經贏了四場。」派克回憶道：「所以那天晚上職業球員們一定要終止他們的連勝。賴瑞．佛萊雪不想看到ＮＢＡ球員敗給一群大學生。」

佛萊雪召集了大鳥柏德、魔術強森、以賽亞．湯瑪斯等眾家球星，在印第安那 Hoosier 巨蛋裡的三四千人面前點燃火花四濺的氛圍。奈特長久以來的良師益友，也是助理教練之一的彼特．紐維爾（Pete Newell）在賽前造訪奧運隊的休息室，然後去找派克。紐維爾坦白向派克形容奈特：「老兄，我這輩子沒看過有衝勁的人。」儘管ＮＢＡ隊的陣容眾星雲集，奧運隊在印第安那再奪一勝。

真正的試煉發生在密爾瓦基（Milwaukee）。派克回憶道：「直到麥可在密爾瓦基對上ＮＢＡ球員之前，我還未看過他如此偉大的進攻表現。那是我第一次看到麥可喬丹打出如此高水平的進攻。奧斯卡．羅伯森（Oscar Robertson）執掌ＮＢＡ隊的兵符。那是一場粗暴到不可思議的比賽。切入上籃時，喬丹被麥克．鄧利維（Mike Dunleavy）劃傷了鼻子。這一球讓巴比．奈特被驅逐出場。麥可的鼻子流著血，球彈到奈特手上，他把球放到身後，拒絕還給裁判，於是裁判就把他趕出場了。奈特跟奧斯卡認真地針鋒相對。表演賽裡沒有所謂的犯滿離場，所以NBA球員對這些奧運隊的孩子下手很重。」

奈特離場之後，奧運隊的助理教練們喊出暫停，試圖重新組織。派克回憶道：「重新回到球場之後，麥可接管了比賽，那些NBA球員簡直呆若木雞。太難以置信了。雖然我看過他打三年的高中籃球與三年的大學籃球，但那是我第一次看見麥可喬丹化身真正偉大的進攻者。我從來沒有看過他的這一面，原來他可以輕易地掌管整個戰局。巴比根本沒坐在板凳上，但是麥可就這樣上場，彷彿說著：『我不管什麼系統，我要把這場比賽搞定。』而他也確實辦到了。」

奧運隊帶著八勝零敗的戰績前往鳳凰城（Phoenix）進行最後一場表演賽。「他們的對手可是NBA球員耶。」派克說：「而且還不是NBA的烏合之眾。比賽移師鳳凰城的時候，巴比跟我聊了一會。麥可讓他成為一個信徒。他對我說：『我可以告訴你我對麥可喬丹的看法。我本來對他有所懷疑，但是他一定會成為他馬的人類史上最偉大的籃球員。』」

奈特不太跟記者們談論任何一名奧運隊的選手，因為他不希望膨脹的自傲擾亂了球隊的平衡。儘管如此，執教完一系列的表演賽之後，他向記者們坦言：「麥可是一位非常非常傑出的籃球員。」

奧運隊以84比72在鳳凰城拿下最後一場表演賽的勝利。喬丹攻下27分，在一球快攻中他加速過了魔術強森，灌籃得手。還有一球，他從左側的低位把球餵給尤恩，然後電光石火之間閃身到禁區右側，把這位中鋒投失的球給補灌進去。

一球又一球，喬丹成了場上的奇觀。他奧運隊的隊友喬恩・考恩凱克對記者說：「那些NBA球員都站在原地觀賞。」

湖人隊的總教練派特・萊里當天也坐在NBA明星隊的板凳席，賽後他說：「他是我這輩子看過最有天賦的籃球員。」

後來，喬丹評論說，這幾場表演賽激烈的肢體衝撞讓他做好準備，後來才能在菜鳥球季破繭而出。派克指出，奈特的陣容中沒有一個純控球後衛，取而代之的是一群多功能的球員，其中最多功能的非喬丹莫屬，他可以打三個位置——控球後衛、得分後衛還有小前鋒。

1984

奧運籃球賽於七月二十九號在洛杉磯的大西部論壇體育館（the Great Western Forum）展開。蘇聯和匈牙利杯葛比賽，擺明著抗議美國隊在一九八〇年杯葛俄羅斯的奧運會。美國男籃隊沒有遭遇太多頑強抵抗，輕鬆拿下八連勝，每場比賽的平均勝分高達32分。喬丹以17.1分的場均得分成為隊上的得分王。「我們很明顯看見喬丹可以做到的事情還有他的全能身手。」派克指出：「但在奧運賽場上，他也不是說上場就拿個四十分。那支球隊的打法不是這樣的。」

儘管奈特的系統性進攻只給了麥可有限的上場時間與得分機會，在比賽與練習當中，麥可仍能讓隊友與群眾血脈噴張。「當麥可持球快攻，只會有一種結果。」史帝夫・埃爾福特說：「某種精采的灌籃。」

「有時候球員們會習慣性停下來觀賞麥可。」埃爾福特說：「因為他往往會做出一些你不想錯過的事情。」

當美國隊一路撂倒對手，一位國際記者拿了一本國外的雜誌給麥可看，封面是麥可的照片，標題說他是全世界最強的籃球員。那位記者詢問喬丹對此有什麼看法。他坦言：「目前為止，我確實還沒有遇到可以阻止我為所欲為的人。」

先是壓制了眾星雲集的NBA球隊，接著又讓國際上最傑出的幾支球隊顏面無光，那一年夏天讓他體驗到平步青雲的感覺，其中只有一段負面的插曲。對上西德的比賽中，美國隊耗掉了二十二分的領先，喬丹投十四只中四，而且有六次失誤。板凳席的奈特暴跳如雷，好在美國隊及時止跌，最終還是以78比67保全了勝局。賽後在休息室裡，這位教練惡名昭彰的脾氣暴發了，他命令喬丹向隊友們道歉。

他對喬丹怒吼：「打成這樣你應該覺得羞恥。」淚水盈眶的喬丹站在隊友之間，嚇到一句話都說不出來。

喬丹是球隊的領袖，他的火焰激勵了所有人。他們欣賞他的才華與衝勁，所以看到他被訓斥，所有人都驚訝莫名。山姆・柏金斯後來透露：「老實講，我們不覺得麥可真的打得那麼糟。但是奈特教練知道自己葫蘆裡賣什麼藥，結果也確實砥礪了喬丹。」

在往後的執業生涯中，大家常控訴說喬丹霸凌隊友。也許跟巴比・奈特相處了幾個月之後，喬丹從他那裡學到了幾招。「我不是怕他。」喬丹告訴負責報導奧運的記者：「但他是球隊的教練，一直以來也因為這樣的執教風格而成功。所以我絕對不會去挑戰這個東西。我不敢想像在他手下打四年的球。但他是個直腸子的人，他想什麼就說什麼。不管他用什麼樣的言語，總之你不會聽不懂他在講什麼。」

被奈特羞辱過後，喬丹帶著怒火一路打到底，包括在決賽砍下20分，幫助美國隊以96比65大破西班牙，拿下金牌。賽後，他給了面帶微笑的奈特一個長長的擁抱，又在頒獎台上揮舞著小小的國旗。他親吻了獎牌，唱了國歌，然後衝到看台上把金牌獻給母親。

喬丹提醒母親當年的事，一九七二年美國隊輸給俄羅斯之後，一個九歲的失望男孩曾許下的誓言。當時的他不會知道，金牌的代價包含委身接受奈特的霸凌。喬丹不是一個能對羞辱忍氣吞聲的人。縱然奪牌的當下甜美，他的心頭仍留有苦澀的餘味。

維克弗斯特大學的安東尼・帝奇沒能入選奧運代表隊，但有機會在一旁觀察喬丹如何犧牲自己的才能，只為配合另一位控制狂教練的要求。帝奇覺得這是非常值得稱道的事情。「多數人都沒有發覺這件事。」帝奇在二〇一二年的訪談中說：「如果仔細觀察他的打法，你會發現從高中隊進入大學隊他做出調整，從大學隊進入奧運隊他做出調整，從奧運隊到職業隊他做出調整。因為他有足夠的器量，可以為狄恩・史密斯、巴比・奈特或是菲爾・傑克森那樣的教練打球。」

看到喬丹在奧運會的表現之後，最高興也最能鬆一口氣的，莫過於公牛隊的總管羅德・索恩了。這證實這位總管在選秀會上做出了正確的決定。「在奧運隊打球確實給了麥可一種動力。」索恩在回顧時解釋道：「他成了家喻戶曉的人物，因為奧運會在洛杉磯舉辦，也因為每一個晚上，他的灌籃與炫目的動作都把比賽變成精彩鏡頭集錦，就算他的上場時間不多也一樣。」

兩週後，在一九八四年的九月十二號，公牛隊宣布與喬丹簽下一紙七年六百萬的合約，是聯盟史上第三高價，僅次於休士頓火箭隊與長人哈金・歐拉朱萬與拉爾夫・桑普森簽下的合約。毫無疑問是後衛球員簽過最高價位的合約。「有捨有得嘛。」公牛隊的合夥人強納生・科夫勒（Jonathan Kovler）打趣地說：「我們捨，他們得。」

然而幾天之內，其他ＮＢＡ球員的經紀人就提出相反的看法。像喬丹這種擺明會成為巨星的球員，為何要簽下七年後看起來一定太過廉價的合約呢？魔術強森與以賽亞・湯瑪斯的經紀人喬治・安卓司（George Andrews）告訴 The Southtown Economist：「這不合理。」經紀人李・芬卓斯（Lee Fentress）也表示，這樣的合約未來保證會出問題，因為球員合約的開價已經開始大幅飆升。

「我不想要扮演上帝。」大衛・佛克（David Falk）在公布合約時說：「這個決定是麥可和他的爸爸媽媽一起做的。」

其中一個關鍵元素是喬丹堅持加上在合約上的「競技愛好」條款。標準的ＮＢＡ合約會要求，若是球員在球隊核准的活動之外受傷，協議視同無效。然而，喬丹想要在不會受到懲處的狀況下，隨時隨地隨心所欲地參與各種競技，他將此定義為對競技的愛好。因為喬丹一家接受其他對於球隊比較有利的條件，所以球隊決定在這一點上做出讓步。

「我的律師團對這份合約還有一些意見，但我沒有。」喬丹告訴芝加哥的記者：「很高興協商終於告一段落，我現在迫不及待要融入公牛隊。這將不會是麥可喬丹個人秀。我只會是球隊的一份子。」

第15章 黑色力量

第一次見到桑尼・瓦卡羅（Sonny Vaccaro）的時候，Nike的高層想說他會不會是道上兄弟。他的口音與習氣確實有這樣的味道，而且總讓人覺得他知道一些秘密，一些一般人不會知道的事情。第一次跟這位眼睛下垂的矮胖義大利人坐下來聊時，麥可喬丹也有著同樣的想法。後來喬丹若有所思地承認：「我不確定是否想跟這種可疑的傢伙扯上關係。」

面對這些尷尬場面，瓦卡羅只能竊笑。親近的朋友都知道他跟犯罪等等的事情毫無瓜葛。但是瓦卡羅從不認真澄清說自己不是黑手黨。他滿喜歡大家誤以為他有那方面的人脈。在生意的世界中，任何形式的優勢都有幫助。

況且，瓦卡羅確實認識不少身穿俗豔西裝的成功人士，只不過他們是籃球教練，不是幫派份子。美國頂尖的大學籃球教練也不太清楚瓦卡羅是何許人也，他們唯一清楚的是，瓦卡羅簽給他們的支票很大張。在一九七八年的籃壇，你可以用鈔票打通很多關卡。瓦卡羅讓Nike成為這條鐵則的活生生的例子。

瓦卡羅身穿滿是皺褶的運動服，臉帶著一整天沒刮的鬍渣，這個景象總能讓比利・派克發笑。「如果他是個華爾街的主管或是麥迪遜大道的大咖那就不一樣了。」派克說：「但他不是這種人。他是來自街頭的角色。籃壇不讓他進入圈內，他就在圈外作業，並且讓自己與公司獲得莫大的成就。」

瓦卡羅革新了整個運動界，也沒有試圖掩蓋自己的真實身分：一個來自匹茲堡的友善傢伙。嗯，至少一年裡面有半年是這樣。另外半年他是屬於拉斯維加斯的。如果他道上兄弟的氣息不一定會讓人不安，那他跟賭城的關係也一定會。一年中有半年，你會看見瓦卡羅在像是Alladin或是Barbary Coast那種破舊的下注區裡面徘徊，在那些地方，你可以查出任何東西的賠率。在那裡，他透過幫助他的「顧客」下注賭美式足球來賺取「佣金」。聽瓦卡羅本人解釋，一切感覺起來更加隱晦。謠傳說他個人也有搞一些賭博事業。他像是魯尼恩筆下的人物，而雖然賭城裡滿是這樣的人物，他還是能被一眼認出。據說愈接近球賽開始的時候，運動下注區的擴音器就愈常傳出他的名字。

瓦卡羅這樣的一個角色結果竟然會為Nike這樣的一個公司工作，大概要歸功於他另外半年在匹茲堡做的事情。一九六四年，二十四歲的他與大學室友派特・迪西賽爾（Pat DiCesare）創立了丹氏少年籃球菁英賽（Dapper Dan Roundball Classic），也是最早為高中明星球員舉辦的高端籃球錦標賽之一。他們讓這項賽事發展成匹茲堡當地的一項慈善活動，但在相對短暫的時間之內，瓦卡羅發現他的錦標賽滿足了一份巨大的需求：他為高中球員搭造了一個舞台，讓他們可以被大學教練看見。丹氏少年籃球菁英賽很快開始吸引頂尖的籃球選手以及頂尖的籃球教練，像是約翰・伍登與狄恩・史密斯。

這就是影響力的關鍵。瓦卡羅跟任何想聽的人都這麼說：人脈就是一切。他在二〇一二年回憶道：「丹氏少年籃球菁英賽給了我入場券。」

從來沒有任何一年，這項錦標賽能夠淨賺超過三千美元，但是從人脈的角度來看，這項比賽卻是一座大金礦。瓦卡羅跟所有的大牌教練都交上朋友。他的力量與五星籃球訓練營的霍華德・加芬克爾相仿，但是瓦卡羅的眼界涵蓋了籃球行銷，而加芬克爾則專注於實力評估。

吸引大牌的籃球名流代表吸引大牌的媒體。一九七〇年，《運動畫刊》專文報導瓦卡羅的賽事。「在威廉佩恩旅館裡，無論走到什麼地方，你一定會看到某個大學教練正在尋找高中球員，無論在大廳、走廊、咖啡店、電梯甚至是棕櫚盆栽下。」雜誌社的柯里・柯克派崔克（Curry Kirkpatrick）如此描寫那裡的場景：「這群無所不在的人通通聚集在匹茲堡觀看丹氏少年籃球菁英賽。這個一年一度的高中明星賽才舉辦六年，卻已經成為同類型活動之中最棒的賽事。」

根據球探湯姆・康卓斯基的說法，光是看著瓦卡羅縱橫在旅館大廳就夠有意思了。「他同時跟身處於旅館大廳的八個人進行不同的對話。約翰・湯普森才剛被喬治城大學雇用，傑瑞・塔卡尼安（Jerry Tarkanian）還在加州大學長灘分校（Long Beach State）。桑尼・瓦卡羅每個人都認識，簡直像是把那些教練耍弄在鼓掌之間一樣。大廳裡大概會有三十個教練，他對每個教練致意，也跟在場三十個人都保持對話。」

一九七七年，瓦卡羅的膽子大到直接造訪 Nike 在奧勒岡州（Oregon）波特蘭的公司，向他們推廣自己對新鞋的想法。Nike 公司沒有興趣，但是高階主官之一的羅勃・史崔塞（Rob Strasser）卻被瓦卡羅與眾教練們的關係所吸引。Nike 其他的主管想要請 FBI 對瓦卡羅進行背景調查，但是史崔塞完全不想搞這套。

他以五百美元的月薪雇用了瓦卡羅，另外又匯了三萬美金進他的戶頭，請他去找教練簽約，讓他們為 Nike 代言。瓦卡羅說：「不要忘了當年的 Nike 只是一間價值兩千五百萬美元的公司。」

對瓦卡羅而言，這是小事一樁。他會請教練們簽一張簡單的 Nike 合約，給他們支票，再將球鞋免費送給他們球隊的選手穿。他開始大把大把地簽下教練，包括喬治城大學的約翰・湯普森、剛被內華達大學拉斯維加斯分校（UNLV）雇用的傑瑞・塔卡尼安、愛納大學的吉姆・沃瓦諾以及他的老兄弟，華盛頓州立大學（Washington State）的喬治・雷弗林（George Raveling）。

「不要忘記對當年的教練來說，五千元可是一筆很大的數字。」派克回憶道：「我只有稍微瞄一眼，只有桑尼知道他給了那些教練多少錢。」

對於教練們來說，這樣的提議好得不像是真的。「讓我搞清楚。」據聞吉姆・沃瓦諾這麼說：「你要免費送我球鞋，還要另外付我錢？這合法嗎？」

本質上這是籃球場上的賄賂。這是合法的，但是否合乎道德就見仁見智了。核心的概念其實很簡單，就是請這些教練讓他們手下的業餘球員穿上 Nike 球鞋，藉此對球迷與顧客釋放強烈的訊息。一九七八年，當印第安那州大的大鳥柏德穿著一雙 Nike 登上《運動畫刊》的封面，瓦卡羅的可信度瞬間激增。他為他的新「顧客」找到了物超所值的投資。

公司產品的銷量暴漲，很快地，史崔塞又往瓦卡羅的戶頭裡匯了九萬美金，指示他再繼續多簽一些教練。

當華盛頓郵報專文質疑 Nike 的作法，公司高層準備好要面對一陣猛烈的負面評價，結果，他們面對的卻是更多想要參一腳的教練們。瓦卡羅在美國的業餘籃壇中注入了一股金流。很快地，球鞋公司不只簽約贊助大學教練與球隊，也開始簽約贊助青少年籃球的教練與隊伍。「運動的生態被改變了。」湯姆・康卓斯基如此評論瓦卡羅開啟的賄賂之風：「現在在美國業餘運動聯合會打球的小孩還不滿十二歲，但是每個都覺得自己已經功成名就。」

遠見

到了一九八二年，Nike 透過瓦卡羅支付給教練們的錢已經高達數百萬。那一年在紐奧良舉辦的大學四強賽中，他是約翰・湯普森的座上嘉賓，就在這個時候，他想到了下一個大計畫。他發現，雖然拿下最傑出球員獎的是詹姆士・沃錫，但是抓住所有人目光的是麥可喬丹。「當時發生了一件事。」瓦卡羅如此描述喬丹對喬治城大學的致命一擊：「在全世界眼前，一顆明星誕生了。」

瓦卡羅並不認識麥可喬丹。狄恩・史密斯跟 Converse 簽約，所以柏油腳跟隊上場都是穿 Converse 球鞋。喬丹自己喜歡全身 Adidas。他尤其喜歡 Adidas 的球鞋，因為從鞋盒裡拿出來就可以直接穿上場，不需要先把它們穿軟。喬丹練球時都穿 Adidas，上場比賽時才盡職地換穿 Converse。瓦卡羅相信，喬丹的個人魅力會是行銷上的利器。他想要讓 Nike 簽下喬丹，然後以他為核心打造一個產品線。在一九八四年一月的會議之中，瓦卡羅讓羅勃・史崔塞與其他 Nike 高層知道了他這個想法。當時，大三的喬丹甚至尚未決定自己是否要放棄大四的球季進軍職業。

在籃球鞋的代言上，公司擁有兩千五百萬的預算，並打算要將這些錢分配給幾個年輕球員，像是奧本大學的查爾斯・巴克利，他顛覆傳統的魅力已經為自己搏得名聲，或是山姆・鮑威，即將被波特蘭簽下的他未來離 Nike 在奧勒岡的「校區」很近。一九八四年的選秀會臥虎藏龍，所以 Nike 想要將預算分配給一群有意思的年輕球員是很合理的。「千萬不要這麼做。」瓦卡羅告訴史崔塞：「全部給那個孩子。全部給喬丹。」

他開始對喬丹的吸引力誇誇其談，說這個人物將會把運動鞋的市場推向另一個境界。更重要的是，瓦卡羅說喬丹是他見過最棒的球員。

喬丹會飛，瓦卡羅跟史崔塞這麼說。

在那個年代，多數職業球員的代言合約都不會超過一萬美元，只有一個球員例外。每個人都認為洛杉磯湖人隊的卡里姆・阿布都・賈霸每年靠球鞋合約賺超過十萬美元。

讓瓦卡羅的要求更顯奇怪的是，大眾還沒有將喬丹視為一個偶像。「那個時候，喬丹還沒榮耀加身，還沒大放異彩。」瓦卡羅指出：「他是個好球員，但也只被看作狄恩團隊的其中一人。」瓦卡羅辯稱說喬丹即將踏入無法想像的巨星地位，那將會是任何籃球選手都未曾觸及的境界，而 Nike 應該要在這個明日之星身上孤注一擲。「我的重點就是，有多少錢就全部給他。」瓦卡羅回憶道：「羅勃聽完我的話，然後問我：『你敢賭上你的工作嗎？』」

瓦卡羅在 Nike 工作的七年當中被加過幾次薪，也將好幾十萬美金分發給大學教練們，但自己每年也只賺兩萬四千美元的微薄工資。所以他微笑回答：「當然。」

史崔塞已經學會要信任瓦卡羅的直覺，但是對於這份賭注還是有所疑慮。要成功行銷一位球員，Nike 必須要把許多事情組織在一起，將鞋子與服飾整合成一個產品線，廣告與品牌打造的功夫也不能少。

羅勃・史崔塞聯絡大衛・佛克，他是華盛頓特區的超級經紀人唐諾・戴爾在 ProServ 的合作夥伴。史崔塞告訴他 Nike 正在考慮簽下喬丹。曾共同研究其他運動員合約的佛克與史崔塞都同意，應該以網球選手的方法來行銷喬丹，從個人面切入，而不是用籃球員那種透過球隊關係的傳統行銷手法。史崔塞建議佛克與喬丹簽下經紀約。佛克回答說他會考慮，但也警告史崔塞，球員通常不會提早離開北卡大。這其實不完全正確。對這間經紀公司來說，要取得狄恩・史密斯的注意並不難，因為唐諾・戴爾跟史密斯本來就熟。

那年春天，狄恩・史密斯曾多次被目擊到與 ProServ 的佛克私下會談，所以也許史密斯在鼓勵喬丹進軍職業的同時，就已經將球鞋代言的前瞻性納入考量。史密斯從未透露兩件事之間的關聯，但也如同比利・派克所觀察的，史密斯本來就從不透露任何事。史密斯主要透過與ＮＢＡ球隊的對談來估量喬丹的職業前景，其中包括費城七六人隊。當時七六人隊的教練是比利・康寧漢（Billy Cunningham），他也曾是史密斯手下的明星球員。

七六人隊告訴史密斯，如果可以拿到第二或是第三順位的選秀權，他們就會挑選喬丹。然而前七六人隊教練馬特・古奧卡斯（Matt Guokas）在二〇一二年的訪談中透露，雖然身為北卡大球隊學長的比利・康寧漢教練很愛喬丹，老闆哈羅德・卡茲（Harold Katz）似乎無論如何都要選擇查爾斯・巴克利。

不管怎樣，喬丹提前離開大學的「決定」讓瓦卡羅為他打造產品線的計畫更添力道。一九八四年八月，也就是奧運期間，羅勃・史崔塞與 Nike 的創意總監彼得・摩爾（Peter Moore）在華盛頓特區與大衛・佛克會面。那時，佛克已經為喬丹鞋子以及裝備的可能名稱列出了一張清單。單子上有一個名字是「飛人喬丹（Air Jordan）」，史崔塞與摩爾看到之後立馬決定。

「就是這個了。」摩爾說：「飛人喬丹。」

會議尾聲，摩爾已經打好商標的草稿，那是一顆有著一對翅膀的籃球，中間寫著「飛人喬丹」。

同時，瓦卡羅還必須說服隱遁的 Nike 總裁菲爾・耐特（Phil Knight），讓他了解對這樣一個相對無名而且尚未經歷考驗的年輕菜鳥開出天價是一個好主意。洛杉磯奧運期間，他安排了一場晚餐，要與奈特談談，也約了比利・派克一起出席，顯然是要他幫忙當說客。

曾經是長跑選手的耐特和他在奧勒岡大學（University of Oregon）的傳奇教練比爾・鮑爾曼（Bill Bowerman）聯手創立了 Nike。他現在放手讓羅勃・史崔塞這種個性外向的人掌管公司日常的業務，然而，大決策與大計畫仍然需要經過他的首肯。耐特清楚知道，瓦卡羅建立的人脈讓 Nike 產品的銷量產生直線上升。事實上，《運動新聞》很快就要把耐特與瓦卡羅同時納入體壇最有影響力的百人名單當中。晚餐餐桌上，瓦卡羅滔滔不絕地談論著這個名叫喬丹的年輕球員。派克回憶道：「耐特的態度含糊，他問了很多問題但是並不表態。完全沒有『天啊，桑尼，我希望你可以簽下他』這回事。我不知道菲爾・耐特的作風本來就是如此還是怎樣。反正他沒有心動，也沒有說：『老天，我們可以怎麼幫助你呢？我們一定要簽下這傢伙。』完全不是這樣。一切都就事論事，非常冷靜。而桑尼繼續解釋他為什麼認為麥可會是絕佳的行銷對象。其實就算在奧運賽場上也可以很清楚看見，若是要將麥可打造成 Nike 的商品，還有好多行銷要做呢。」

同時，史崔塞與瓦卡羅也需要說服喬丹一家人接受 Nike。麥可後來會承認，當年才二十一歲的他還很不成熟，也不太在乎球鞋市場。瓦卡羅向正在奈特的奧運代表隊裡擔任助理教練的老朋友喬治・雷弗林求助，在他的幫忙之下，瓦卡羅才與喬丹搭上線。在洛杉磯奧運期間，雷弗林介紹兩人認識。「在 Tony Roma's 餐廳，喬治把麥可帶來，把我介紹給他。」瓦卡羅回憶道：「那是我第一次見到麥可。我們坐下來談論他與 Nike 簽約的事情。你們必須了解的是，當時他根本還不太知道 Nike。我告訴他：『麥可，你還不認識我，但是我們將要為你打造一雙球鞋。專屬於你個人，獨一無二的鞋。』」

雙方給彼此的第一印象都不是太好。喬丹認為瓦卡羅似乎頗為可疑。瓦卡羅覺得喬丹是個乳臭未乾的小子，尤其當喬丹對產品線的想法意興闌珊，卻開口跟他討一台車的時候。瓦卡羅告訴他：「簽下這份合約，你要買什麼車都可以。」

喬丹強調：「我想要一台車。」

「當時的麥可是個惹人厭的小鬼，他真的是。」瓦卡羅回憶道：「第一，他沒有好好估算一下那些錢。第二，他只是個孩子，這傢伙才剛從北卡大出來沒多久。好啦，在八〇年代球鞋合約本來就不是什麼大事。所以他擺出一副事不關己的態度。他不想跟我們簽約。他想要跟 Adidas 簽約。在八〇年代，Adidas 的連身運動服是最帥的。」

喬丹確實有問起錢，瓦卡羅叫他不用擔心，如果合約搞定，他就會變成百萬富豪。喬丹主要的興趣仍然放在一台新車上。瓦卡羅漸漸了解，如果非要用車子來引君入甕，那他就要去搞一台車。

他承諾：「我們會給你一台車。」

喬丹臉上露出了微笑，但是瓦卡羅並沒有因此得到保障。「你們知道喬丹那種微笑。」他說：「他的眼睛會看著你。那是一個很難解的微笑。你永遠不會知道那個微笑代表著什麼。」

Nike 團隊知道佛克同時也在跟 Adidas 與 Converse 談，但是史崔塞與佛克的好關係讓他們不用太擔心。那年九月，這位經紀人搞定了喬丹與公牛隊的合約。而 Nike 也很清楚，他們在喬丹身上設想的計畫是遠遠超過 Adidas 與 Converse 所能想像的。瓦卡羅與史崔塞有信心，覺得喬丹終究會了解這是一紙多麼不可思議的合約。

美國隊拿下奧運金牌的隔天，佛克、史崔塞與瓦卡羅坐下來討論喬丹合約的細節。Nike 確實是把所有的預算都砸在喬丹身上，提出一紙五年兩千五百萬的肥約，包含各式各樣的保障條款、簽約津貼以及年金。Nike 也承諾他們會傾全力為飛人喬丹打廣告。從職業籃球與球鞋合約的角度來看，這項協議是史無前例的，因為每賣出一雙喬丹鞋，喬丹可以得到百分之二十五的抽成。他也將從 Nike 的其他氣墊鞋鞋款的銷售中抽成。說老實話，佛克大概會在這裡抽掉喬丹百分之五十的收入。瓦卡羅在二〇一二年說：「大衛想要檯面上直接有更多現金，因為在一九八四年，沒有人知道喬丹鞋到底賣不賣得出去。」

無論如何，這項協議確實是很大的賭注。畢竟，喬丹未來在聯盟裡的球隊經營不善，而且仍處在一九七〇年代派對狂歡與古柯鹼濫用的陰影之下。剛簽下喬丹的公牛隊裡，有幾個球員的人生哲學就是：吸食古柯鹼，日子好過點。如果 Nike 有做過正式的風險評估，應該早就取消這項協議了。然而，這一切本來就與生意計畫無關，只是桑尼・瓦卡羅的直覺而已。

喬丹與父母親預計要飛往奧勒岡聽 Nike 高層說明飛人喬丹鞋款的未來計畫，但就在出發的前一晚，喬丹打電話告訴父母說他不去了。最近的南征北討已經讓他疲倦，現在他完全不想要為了一雙他根本不喜歡的球鞋飛越整個國家。荻洛莉絲・喬丹堅持要她的兒子明天早上出現在機場，她不接受討價還價。想當然爾，隔天一大早喬丹就在羅里德罕機場（Raleigh-Durham Airport）現身。

史崔塞、瓦卡羅與Nike所有的重要人物都出席了這場會議。其中包含前馬里蘭大學球員霍華德・懷特（Howard White），他將在Nike與喬丹的長期合作關係之中扮演要角。甚至連菲爾・懷特都露了面，這位總裁很少這麼做。瓦卡羅與其他Nike代表馬上被荻洛莉絲・喬丹的專業與專注所震懾。「我可以告訴你，她是我這輩子見過最令人印象深刻的人物之一。」瓦卡羅說：「因為她有能力引導兒子走上這樣的人生。」

Nike代表在做報告的時候，喬丹面無表情地坐著，似乎毫不在乎。他本來就不想出席，所以也打定主意不做任何反應。他看著那雙紅黑相間的球鞋，評論說那樣的紅色是「惡魔的顏色」。他補充說到，可惜他已經不在北卡大打球，不然的話這雙鞋就可以套上「天堂藍」的配色。儘管喬丹的態度很差，瓦卡羅還是把目光鎖定在荻洛莉絲・喬丹身上。說明喬丹可以從每一雙賣出的鞋子上抽成時，他仔細觀察荻洛莉絲・喬丹的表情。他告訴喬丹一家，在這件事情上，Nike是「孤注一擲」了。「我確實這麼說，而我也很高興自己當時跟他們說：『我們孤注一擲了。』」他回憶道：「我賭上我的飯碗，Nike賭上公司的未來。太不可思議了，那是我們全部的預算耶。對於麥可的母親來說，如果公司願意賭這一把，那我們就成了一個大家庭。我們彷彿在說：『我們就是那麼想要麥可。』他母親的回應像是：『你們要讓我的兒子成為公司的未來。』我們想說的是：『麥可，如果你搞砸了，我們的公司就會破產。』基本上我就是講這些，重點就是這樣。」

會議室裡每個人心頭最要緊的想法卻沒被明講。從財務方面看來這是史無前例的一份肥約，但更大的重點是，這一大筆錢的接收者，是一個還沒打過任何一場職業球賽的二十一歲黑人男子。美國已經經歷了許多黑人運動偶像的興起，像是傑奇・羅賓森（Jackie Robinson）、威利・梅斯（Willie Mays）、比爾・羅素、威爾特・張伯倫（Wilt Chamberlain）、吉姆・布朗（Jim Brown）以及穆罕默德・阿里（Muhammad Ali）。他們突破了這個國家糾結的民權運動火網，功成名就。麥迪遜大道的人從來不曾想過要以Nike行銷麥可喬丹的方式，去行銷上述任何一位黑人運動員。

時機確實是一切。縱使說合約的事情未有定論，瓦卡羅從喬丹女士臉上閃現的神情得到了信心。「看荻洛莉絲的反應我就知道了。」他回憶道：「這間公司想把他們當成合作夥伴，而不是只付給他們酬勞。她喜歡這樣。一切的決定權都在這個女人身上。麥可愛他的父親，他真的愛，但荻洛莉絲才是做主的人。」

雖然沒有立刻被辨明，但那場會議其實代表了一股黑色力量的崛起。這股黑色力量並非來自於對社會不公與種族歧視的抗議。由荻洛莉絲．喬丹所引領的這股黑色力量源於北卡羅萊納州的海岸平原，在那個地方，黑人曾被殘酷地隔絕於政治與社會之外。荻洛莉絲從她的父親身上認識了這股黑色力量，它的基礎是佃農制度的經濟現實。這是一股經濟層面的黑色力量，可能也是黑人所擁有的最強大的力量。種族隔離期間，在亞特蘭大與德罕等等的都市裡，黑人所經營的銀行與小商家蒸蒸日上，由此可見一斑。大眾可能並不清楚那些隱姓埋名的黑人專業人士與實業家到底賺了多少錢，但是他們所累積的財富確實居於非裔美人生活的核心位置。

與Nike的協商將開始為喬丹帶來徹底改變生活的經濟能力。但是在此之前，Nike主管們與荻洛莉絲．喬丹必須先說服她那有點任性的兒子，讓他知道他是這份合約的最大受益者。他當下的反應是一張撲克臉。然後，他再一次向瓦卡羅問起車子的事情。瓦卡羅從口袋裡拿出兩台玩具車，把它們推給桌子對面的喬丹。幾年之後，瓦卡羅還記得其中一台應該是藍寶堅尼（Lamborghini）沒錯。

瓦卡羅回答：「我們會買這兩台車給你，麥可。」接著，他重申這份合約可以讓麥可想買什麼車就買什麼車。事實上，球鞋公司將付給喬丹的錢比公牛隊給他的還要多。會議室裡每個人似乎都面帶微笑，除了喬丹本人之外。菲爾．耐特打趣說道，在喬丹答應簽約之前，公司早就幫喬丹買好車子了。說完，這位總裁先行離開會議室。

「麥可，在某些時間點上，你必須要學會去信任人。」瓦卡羅記得當時自己是跟喬丹這麼說的。「在那句話中我真正想說的，而他也清楚是事實的是：『我們在你身上投下的賭注跟你在我們身上投下的賭注一樣多。』」

會議告一段落，Nike團隊還是不知道喬丹對於他們的報告有什麼看法。後來，他告訴佛克說他已經受夠了那一大堆會議。一直到當天晚上，當喬丹跟他的父母、史崔塞以及其他Nike高層共進晚餐時，他才開始放鬆。那個晚上，這位年輕的球星令人印象深刻，風度翩翩，魅力四射，在高檔餐廳的客人之間行止自若。他那天晚上投射出來的形象讓Nike的主管們確信自己做出了明智的決定，這個年輕人確實有其特別之處，有能力跟來自不同背景的人們往來。當時還沒有「後族裔（post-racial）」這個詞彙，如果有的話，他們就可以借用這個詞來形容喬丹給他們的感覺。晚餐之後，高級轎車把喬丹一家送回旅館，他們還特別準備了喬丹在北卡大的精彩鏡頭集錦，讓他可以在回程的車上觀賞。這是畫龍點睛的一招。他也順便重新看了一遍飛人喬丹產品線的介紹影片，這一系列的產品未來可能專屬於他。合約還沒簽成，但關係已經建立，印象已經給予。

「他會聽母親的話。」瓦卡羅如此形容喬丹母子：「她擁有決定性的一票。她告訴兒子：『他們把我們當成合作夥伴。』她說服了麥可。她真的做到了。我永遠不會忘記那一天。」

職責所在，所以佛克還是拜訪了Converse與Adidas，看看他們提出的條件如何。喬丹甚至主動聯繫了自己認識的Converse代表，還跟這位代表說他們公司提出的條件「至少不要差Nike太多」。瓦卡羅為麥可喬丹準備了超高規格待遇，無論是Converse或是Adidas都沒有打算做出類似的事情。

據說菲爾・耐特從來沒有對這項協議做出正式的認可或是批准。但是當羅勃・史崔塞採納並執行瓦卡羅的想法時，他也沒有做出任何阻攔之舉。結果就是，耐特的沉默成了默許。

「菲爾・耐特會去傾聽並且相信桑尼這種人講的話。」派克說：「不管他們付給桑尼的薪資多高，都遠遠不及他為公司帶來的貢獻。他是一個很有遠見的人，當然，最偉大的一個遠見就是，看出麥可不僅會成為這樣一位球員，而且他那種富有磁力的性格可以幫忙賣出球鞋以及任何商品。」Nike的主管們當時並不知道，但是他們所踏出的這一步，將不可逆轉地讓麥可喬丹成為公司的全面合夥人。

那年秋天，大衛・佛克透露，喬丹與Nike、威爾森體育用品以及芝加哥雪佛蘭經銷協會（Chicagoland Chevrolet Dealership Association）簽約。他後來說：「喬丹的肖像就是一個商標。」Nike的合約尤其在職業籃壇掀起驚嘆的波瀾——以及憤恨。還沒上場遭遇任何對手的喬丹已經感受到敵意了。然而，身為初生之犢的他當時仍不明白事情有多大條。

「我知道所有人的目光都在我身上。」即將開啟菜鳥球季的喬丹說：「有時候我做出來的事，讓我自己都嚇一跳。很多事情都不是計畫好的，但就是發生了。」

同時，桑尼・瓦卡羅很高興，因為他最偉大的計畫即將起飛。「如果他失敗的話，整個公司可能也將一敗塗地。」三十年之後回首前塵，瓦卡羅說：「我們把所有的錢都砸在他身上。如果他後來只是一個平庸的球員怎麼辦？當時沒有人敢確定。如果這樣的話我們一定會很不堪。我的意思是，我不知道另一種情況發生的話會怎樣。但我知道那種情況並沒有發生，他沒有變成一個平庸的球員。他成了一個在換手運球間賺進百萬美元的人物。」

第16章 初見

喬丹在八月後期回到家鄉參加另一個表揚成就的儀式，在威爾明頓的塔利安廳（Thalian Hall）正式把奧運金牌獻給他的母親。蘭尼高中也利用這個場合退休了他的23號海盜隊球衣。一個月後，他前往芝加哥參加季前訓練營。

他早就知道身為芝加哥公牛隊的一員跟身為北卡大柏油腳跟隊的一員會有很大的不同，但是，他仍沒料到情況竟會如此天差地遠。首先，教練的風格就差很大。喬丹不再被狄恩・史密斯或是巴比・奈特的獨裁所捆綁。他的新教練是四十四歲的凱文・朗格利（Kevin Loughery）。在職業籃球尚未成熟的六〇與七〇年代，他曾是巴爾的摩子彈隊的先發球員，行事浮誇的朗格利有著一口很重的布魯克林腔，帶著一抹很配合他歡樂執教風格的歪嘴笑。

「凱文是老派風格的人。」公牛隊的訓練員馬克菲（Mark Pfeil）回憶道：「那個時候，打職籃還是一件好玩的事。你上場做完你的工作，賽後大家會聚在酒吧找點樂子。」

朗格利對籃球有敏銳的直覺。他自己在職籃的表現不俗，十二個球季下來平均每場可以拿下15.3分。喬丹馬上被他吸引了，因為他曾經執教於紐約籃網隊，與朱利爾斯・厄文攜手拿下兩座美國籃球協會（ABA）的冠軍。球員時期，他曾在東區冠軍賽負責防守傑瑞・韋斯特（Jerry West），當時韋斯特連續幾場個人得分破四十，打破了多項紀錄。防守韋斯特與執教厄文的經驗讓朗格利了解，超凡的運動能力有其自主性。在朗格利手下打球，這位公牛隊的年輕球星將會有很多的持球機會。

喬丹曾多次表示，為朗格利打球是最好玩的。「他給我信心，讓我知道我可以在他要求的水平上打球。」

喬丹後來解釋道：「在我的菜鳥年，他把球丟給我，跟我說：『嘿，小子，我知道你能打。打吧。』換作是在別的教練的系統下打球，我想情況絕對不會是這樣。」

忽然之間，場上的喬丹又變回蘭尼高中體育館裡那個張牙舞爪盡情飛行的幽靈，只是現在他的體態更成熟，球技更細膩。現在的他無須再隱藏自己的運動能力。

朗格利在這一年要喬丹做的，是找到作為一個球員的自我與自信。這位教練並不將想法強加在喬丹身上，他放任喬丹探索屬於自己的打法。他看出喬丹心中巨大的渴求，也認為餵養這份渴求是教練的職責。如果說狄恩・史密斯與巴比・奈特的系統限制了喬丹的發展，那朗格利將給喬丹無限的自由，讓他盡情揮灑。朗格利在公牛隊裡的權力來源是總管羅德・索恩，這對執教很有助益。索恩曾在籃網隊擔任朗格利的助理教練，所以對他的執教風格有絕對的信心。

同樣重要的是朗格利與這位年輕球星的私交。喬丹解釋道：「我可以把他看作一個朋友。」本身打過職籃的朗格利了解這個菜鳥將要面對的挑戰，這些挑戰之中包括新的隊友們。不像是北卡大那群衝勁十足的全美明星球員，喬丹現在的夥伴是一群憤世嫉俗的殘兵敗將，有些人甚至有古柯鹼成癮與酗酒的問題。頗具天分的後衛昆汀・戴利在芝加哥已是惡名昭彰，早在喬丹報到之前就是如此。訓練員馬克菲回憶道：「昆汀是我的好朋友，我為他感到難過。我們試過要威嚇他，但是你要怎麼去威嚇一個本來就一無所有的人？他說：『我最後會流落街頭？我又不是沒待過街頭。我在街頭存活下來了。這嚇不倒我的。』」

另一個開始在酒精與古柯鹼的濫用之中淪落的，是二年級前鋒奧蘭多・沃爾里奇。來自聖母大學的他更是天賦過人。然而喬丹的這兩個隊友，都踏上提早進入墳墓的不歸路。公牛隊陣中滿是麻煩人物。球隊公關提姆・哈倫（Tim Hallam）解釋說，喬丹的好勝心太強，所以不會想要去沾染酒精或是毒品。這代表著向對手暴露出自己的弱點，而這是喬丹絕對不會做的事情。

浪人球員羅德・希金斯（Rod Higgins）比喬丹大三歲，他是當時隊上少數幾個比較穩重的球員。在那年球季的紛紛擾擾之中，他們倆很快交上了朋友，這份友誼長存到兩人退休之後。六年後，喬丹回顧菜鳥年的公牛隊，評論說那年的隊友們是體能天賦最好的一群，卻也是最瞎的一群。喬丹把這些人稱為「樂一通（Looney Tunes）」人物。

比起那些奇形怪狀的新隊友，公牛隊的練球「場館」似乎也沒有對成功比較有益。「那是一個很黑很暗的體育館，而且地板超硬。」提姆・哈倫解釋道：「沒有什麼裝潢。你把車子停在後面的草地上。有一個小小的人行道，球員們可以先把車開上人行道，再開下去停在草皮上。休息室非常老舊。裡面也沒有食物。懂了嗎，總之什麼便利設施都沒有，完全沒有。」

天使守護者體育館（Angel Guardian）也開放給兒童，所以裡面常常塞滿小孩。在公牛隊擔任多年票務經理的喬・歐尼爾（Joe O'Neil）回憶道：「球員們必須排隊，等三年級生下了球場之後，公牛隊才能練球。球員在大廳排成一列，小孩子也一列一列穿過大廳，準備去游泳池或是體育館。」

前公牛隊後衛約翰・帕克森（John Paxson）還記得，那個場館非常冷，沒有辦法在芝加哥糟透的天氣中提供任何溫暖。一如在委內瑞拉的泛美運動會一樣，喬丹對惡劣的環境毫不在意。比起安皮公園的室外球場，或是他從小打球的其他場地，天使守護者體育館也沒差到哪去。所以他只是聳聳肩，就開始辦正事了。

最初那幾週，公牛隊讓這位菜鳥住在距離天使守護者體育館不遠的林肯伍德・凱悅大樓（Lincolnwood Hyatt House）。訓練營開始前幾天，喬丹在奧黑爾機場（O'Hare）降落，迎接他的是一位二十九歲的禮車司機喬治・寇勒（George Koehler）。他才剛錯過一個乘客，準備好要接下一個客人。他看見這位纖瘦的菜鳥，不小心把他喊作「賴瑞・喬丹」，跟他說只要二十五元，他可以載他到城裡任何一個地方。喬丹困惑地斜眼看著這位司機，問說：「你認識我哥嗎？」無論如何，這是一段美好關係的開始。因為寇勒將會成為喬丹的專用司機、私人助理以及終生的朋友。

他記得第一天報到的喬丹又菜又嫩，在大城市裡顯得不知所措。「我看了看後照鏡，卻看不見後座的他，因為他像個小孩子一樣把頭縮得很低。」寇勒回憶道：「我不知道他以前有沒有坐過加長型禮車。他在芝加哥無親無故的。我是個陌生人，而他顯然有點緊張，怕我隨便把他丟在某個巷子。」

喬丹很快找到自己的方向。「他每天都來練習，搞得像是要打ＮＢＡ冠軍賽的第七戰一樣。」公牛隊票務經理喬・歐尼爾笑著回憶道：「他會在練球時把你徹底摧毀，而這樣的情形也為我們的球隊定了調。」

朗格利曾經遠遠觀察過喬丹，但是近看的效果更是震撼。這位教練回憶道：「當我們開始做一對一的單打練習，我們馬上看出隊上來了一個球星。我不敢說我們當時就知道隊上擁有籃球史上最強的球員啦。但是我們一直都感覺得出來麥可很能投籃。許多人質疑過這一點。麥可大學時在狄恩・史密斯的系統下打球，參加奧運時又在巴比・奈特的系統下打球，這兩位教練的系統都是以球的傳導為基調，所以人們從來沒有機會看到他展現個人持球能力。接著，我們又發現他那無與倫比的好勝心，然後就知道現在隊上擁有一個無所不能的球員了。」

助理教練比爾・布雷爾還記得，第二天練球，朗格利教練就決定舉行練習賽，來看看喬丹在場上的實力。布雷爾說：「喬丹從籃框旁邊摘下防守籃板，把球運到另一端，從罰球區起跳，往禁區滑翔，灌籃得分。然後，凱文說：『我們以後不用再搞什麼練習賽了。』」

「他對球的預測很棒──他能夠縱觀全場──他很敏捷，而且很有力。」朗格利回憶道：「這也是另一個常被忽略的點，大家不知道麥可有多壯。他真的俱備所有條件。」

然而打從一開始，麥可的注意力就不在他所擁有的東西上，而是在他所欠缺的東西上。「無庸置疑，我現在在一個更新更強的層級打球。」第一次參加職業隊的練球之後，他說：「我還有很多要學的。」

「一看就知道麥可是一個特別的人，因為他總是提早四十五分鐘開始練球。」比爾・布雷爾回憶道：「他想要加強投籃。練球結束之後，他會要你幫忙他，他要留下來繼續練投。他不在乎自己已經在場上練多久了。我最喜歡他的一點就是，當你在練習賽中把他換下場休息，他會不斷要求你把他放回場上。麥克真的很愛打籃球。」

神駒

喬丹在訓練營的首日，負責報導的媒體成員只有一位報社記者、一位雜誌寫手、四名攝影師以及一組電視團隊。當然，那個週末芝加哥小熊隊（Chicago Cubs）剛好要將他們傳奇的一季做個收尾，將在軍人運動場（Soldier Field）與達拉斯對決。然而，冰冷的事實就是，在一九八四年的九月，沒有什麼人在乎芝加哥公牛隊，有沒有麥可喬丹都一樣。當時在第二城（也就是芝加哥）擔任體育節目製作人的傑夫・戴維斯解釋道：「公牛隊是整個城市裡最不受寵的孩子。」

不是只有芝加哥這座城市不在乎，NBA本身也不在乎。那一季，聯盟與CBS體育台簽下新的電視合約，但轉播節目表中卻沒有任何一場公牛隊的比賽。連當地電視台都懶得為了新聞報導來拍攝公牛隊的影片。戴維斯解釋道：「當年很少有電視台會去拍攝球隊。」就算真的有拍攝團隊出現在天使守護者體育館，朗格利也毫不在意。當時沒有什麼練球相關的媒體限制。傑夫・戴維斯會到場，純粹因為他是一個籃球迷。他回憶道：「我永遠不會忘記那一年稍早我去參觀的練球。我的天啊，喬丹散發的霸氣跟其他所有的球員都不一樣，因為他真的太有天分了。你看得出來他非常努力，你也知道他一定會有所成就。在每個人的防守下，他還是可以輕鬆地把球帶往籃框。他咄咄逼人，想要防守者緊緊黏著他。『再守緊一點。快一點，守我啊。他馬的！』他會辱罵對手。他是個天殺的垃圾話高手。」

「麥可每天都會挑個人來找碴。」訓練員馬克菲還記得：「很早就看出這個慣例了。每一天，都會有某個人成為麥可的犧牲品。都是隊上的人，像是恩尼斯・華特利（Ennis Whatley）、羅尼・萊斯特（Ronnie Lester）或是昆汀・戴利。麥可會在他們面前出手，一次又一次讓他們難堪。他以前總會故意激怒他們，為了讓他們更認真打球，主要就是因為他的競爭心太強了。還是菜鳥那年，有時候大家會被他搞得無法練下去。朗格利也只能雙手一攤，隨麥可高興了。」

「有一個像麥可這樣的菜鳥進來球隊很有趣。」羅德・希金斯在二〇一二年回憶道：「憑藉著好勝心，他瞬間贏得老鳥們的尊敬。訓練營一開始我就注意到，如果你不提升自己的球技水平，這個孩子會給你難看。他根本不在乎防守他的老鳥是何方神聖。」

「麥可就像是叫作秘書長（Secretariat）的那匹神駒。」那年稍早助理教練佛瑞德・卡特（Fred Carter）打趣說：「其他的馬都知道要拚命跟上他的腳步。」

「練球的時候，朗格利常常把麥可編到不同的隊伍，來試探他的能耐。」羅德・索恩說：「不管凱文把他放在哪一隊，那一隊都會贏。凱文跟我說：『我不知道是其他人太廢，還是他太強。』」

「凱文很愛在練球時來這套。」馬克菲回憶道：「他會把球員分成兩隊，先拿到十分的那隊算贏，輸的那隊要罰跑十圈。凱文把這稱為『十分或十圈』。一整年下來，麥可一圈都沒跑過。有一次，麥可那一隊以八比零領先，凱文突然把他換到另一隊。麥可非常火大。他個人獨得前九分，結果他所在的那一隊贏了。」

「看到他在訓練營的表現，我就改變了關於球隊未來將如何進攻的想法。」朗格利回憶道：「我們所需要的進攻類型視他而定。除了麥可之外，我們的陣容並不強，所以他將要負責大部分的出手。我馬上開始思量他的單打戰術，讓他一對一突破防守。合理的方法是讓他做低位單打，因為他的身體比多數的後衛強壯。你不得不圍繞著他打造進攻戰術。」

喬丹原本就希望打得分後衛，覺得自己對上比較小隻的對手會有優勢。然而，朗格利將此概念再往前推一步，因為這個菜鳥確實能在這個位置上製造出錯位防守。事實上，他也能打小前鋒。他的多功能性代表公牛隊在三個位置上都獲得升級。

球季開始之前，球隊出發去快打一輪表演賽。比賽在皮奧里亞（Peoria）市民中心裡的兩千五百名觀眾面前展開。喬丹開賽時坐板凳，最後卻攻下全場最高的18分。賽程也安排公牛隊到紐約的格倫斯福爾斯（Glens Falls）蹋館，喬丹在熱身時大秀灌籃，取悅了滿場的觀眾。觀眾們於是為他熱情加油，直到發現喬丹將在那一晚擊敗他們的尼克隊。

在印第安那郊區的表演賽中，提姆・哈倫第一次察覺喬丹對球迷的吸引力與眾不同。那一晚喬丹轟下40

分，賽後一長串的球迷一路跟著他跟進走廊，好像喬丹是他們的魔笛手一樣。隨著一天一天過去，喬丹的磁力愈加明顯。未來，派保鏢將他隔離保護是必須的，因為球迷的情感可能帶來失控的力量。但要好幾月後，保鑣人牆才會漸漸成形。在那一季的最初幾日，追隨他的群眾愈來愈多，也只是單純讓他覺得好玩而已。

從訓練營裡教練團與隊友們的反應，到表演賽中球迷的熱情，喬丹讓大家更加堅信，他將讓整支球隊改頭換面。朗格利回憶道：「我們都看過他的技巧，但是你要每天待在他身邊才能感受到他的好勝。他會試圖接管所有艱難的處境。他會衝鋒陷陣，身先士卒。因為他樂在其中。」

這個新人能夠提供的一切，這支球隊都需要。第一次到芝加哥體育館（Chicago Stadium）看公牛隊的比賽時，詹姆士與荻洛莉絲・喬丹被場內稀少的觀眾與死寂的氣氛嚇了一跳。他們已經習慣北卡羅萊納大學裡那種濃烈的籃球能量，相較之下，公牛隊的比賽根本可悲。喬丹夫婦很懷疑這支球隊怎麼有辦法每年支付他們的兒子好幾十萬。荻洛莉絲跟她的丈夫說，情況會好轉的，但是她自己也完全不敢確定。消極的氛圍源自體育館本身，這座「麥迪遜的瘋人院」位於全芝加哥最亂的區域。馬丁・路德・金恩的暗殺事件過後，這一區在一九六八年的芝加哥暴動中受到重創。此後十五年，西區的景況變得徹底淒涼。對那些有膽子去看比賽的球迷來說，光是停好車到進場館大門之間，心臟就要跳到喉嚨了。「會有一些小孩問你：『先生，我可以幫你洗車嗎？』」傑夫・戴維斯回憶道：「如果你把車停在街上，又沒有把一些鈔票摺好給他們的話，你的輪胎就會被割破。這樣的情形屢見不鮮。跟媒體團隊一起來的時候，人家會跟你說：『除了球隊批准的停車場之外哪裡都不要停，賽後盡快離開這個地方。』所以，每次比賽結束之後都好像出埃及記一樣，半小時到四十五分鐘之內所有人都遠離此處。人們賽後絕不會在體育館附近逗留。」

「當時的公牛隊在泥淖中掙扎，場館又剛好位在西區。」提姆・哈倫解釋道：「那時候的體育館跟現在看起來不一樣，沒有那些周邊的經濟發展。它是全聯盟第二老的球場，僅次於波士頓花園（Boston Garden）。你知道的，人多的時候那個地方是滿棒的。所有的噪音都被包在裡面，聲音會撞到屋頂然後反彈回來。裡面沒有任何音響設備，這對於吵雜的群眾而言是好事，但是當時的我們根本吸引不到什麼群眾，所以基本上體育館裡總是一片死寂。」

「會買季票的觀眾少之又少。」公牛隊的票務經理喬・歐尼爾坦言：「第三節的時候，我可以數清楚進場的觀眾。我真的可以走出去數數看有多少球迷。」

一九八一年，史帝夫・蕭沃德以白襪隊（the White Sox）行銷主管的身分來到芝加哥。畢業於馬里蘭大學的他很喜歡大西洋沿岸聯盟的激情，也決定要看幾場公牛隊的比賽。結果他同樣被嚇到了。「對於籃球比賽來說，那個體育館是一座沒有生命的建築物。」蕭沃德回憶道：「我本來還滿喜歡來這裡看球，因為坐在位子上可以隨意伸展手腳。但那景象真的是很不堪。我不敢相信那是NBA的球賽。似乎還比較像是CBA，或是更低檔聯盟的比賽。塞滿觀眾的時候，體育館本身是很棒。但是當裡面的人寥寥無幾，整個場景就很令人沮喪，像個墳場。沒有誇張炫目的計分板。我聽說早期的公牛隊球迷會透過冰上曲棍球場的塑膠玻璃看比賽。公牛隊就是如此不受人尊重。」

這種淒涼的氣氛讓喬丹的處女戰難上加難。他邀請了兩位女客，但不想要她們發現彼此。他才剛搬到這個城市一個月，當然大部分的時間母親都與他同住，然而開幕賽當晚，他的客人名單裡還是有了兩個女生。喬丹為兩人弄到了免費票，賽前才確認了她們會坐在場館的不同區塊。他想，最好讓兩人坐在對角的位子，這樣比較保險。當然，菜鳥就是會犯菜鳥的錯。那天晚上，他不小心把風聲透露給記者，因而破壞了自己安排座位的詭計。漸漸地，他學會在媒體人士聽得見的範圍裡小心講話。

無論如何，跟高中時找不到女朋友的自己比起來，他顯然已經進步很多了。一九八二年投進擊敗喬治城大學那一球之後，他跟室友巴斯・彼德森發現在教堂山的女性之間，兩人的受歡迎程度直線飆升。喬丹在芝加哥找到了更大更活躍的社交生活。這個社交生活的先驅者是前公牛隊員瑞吉・席爾斯，這位瀟灑的跑趴人士在城裡被稱為「熱街瑞吉」。一九八三年席爾斯離隊之後，菜鳥喬丹就補上他的空缺，成為芝加哥頭號的把妹達人。喬丹對籃球很認真，但還沒有認真到放棄這些社交機會。在北卡羅萊納，他的名氣是最大的吸引力。現在，在芝加哥，他發現自己的財富更是誘人。

開端

一九八四年十月二十六號星期五，二十一歲的喬丹心中滿是期待，準備好要打他的處女戰。公牛隊將在嘎滋作響的老舊體育館對上華盛頓子彈隊（Washington Bullets）。往後賽前介紹喬丹出場時，將會有雷射燈光秀，但是當時還沒有這種東西。喬丹第一次出場時，只有麥可傑克森的〈Thriller〉這首歌當作配樂。一萬三千九百一十三名球迷進場觀戰，比去年的開幕戰多上六千人。他們大聲歡迎喬丹出場，每當他做出任何改變比賽節奏的事情，觀眾席就爆出如雷喝采。光是看第一節大家就明白了，以後公牛隊的比賽將不再是引人發睏的無聊小事。

開賽二十一秒，他投失第一顆球，那是一記十八呎的跳投。一分鐘後，他從華盛頓的後衛法蘭克・強森（Frank Johnson）手上抄到球，達成職業生涯第一次抄截。開賽沒幾分鐘，他就讓全場球迷倒抽一口氣。他從左側切入，打算在華盛頓的中鋒傑夫・羅蘭德（Jeff Ruland）頭上扣籃，這位肌肉棒子輕描淡寫地處理這次入侵，他直接把喬丹打倒在地。喬丹躺在地板上一動也不動，整個場館鴉雀無聲。他終究站了起來，後來也只說頭頸有點痠痛。他跟羅蘭德都同意說這次的衝撞是無心的，但這也預示了喬丹早期的典型進攻場景——喬丹穿過大樹攻擊籃框，而大樹也要讓他吃點苦頭。

第一節七分二十七秒的時候，喬丹投進了他在NBA的第一球，禁區右側十二呎打板球進。接下來，他的緊張情緒造成一整晚不穩定的投籃表現。他出手十六次只命中五球，拿下16分7助攻6籃板。除了失手九次之外，另外還有五個失誤。但他已經讓全場球迷很開心了。

「對於我的生涯來說，這是個好的開始。」賽後他說：「我今晚的主要目標是讓每個人都投入比賽。首先，自己要先努力拼鬥。接下來，讓大個子打出節奏。然後，所有事情就會上軌道。」有一件事情顯然需要改變。第一場比賽中，大部分的時間都是他的隊友持球。

在密爾瓦基上演的第二場比賽，教練團大飽眼福。助理教練比爾・布雷爾回憶道：「西德尼・蒙克利夫是聯盟防守前五名的後衛。當麥可開始在場上欺負他的時候，我們就知道隊上擁有一個特別的人物了。」

第三場比賽的對手仍是密爾瓦基公鹿隊（Milwaukee Bucks），喬丹全場拿下37分，光是在第四節就轟下22分。現場九千三百五十六名觀眾見證了公牛隊的逆轉勝。

一場一場比賽打下來，他發現自己持球的時間愈來愈多。不想讓大家失望，這位菜鳥吐著舌頭，在場上殺進殺出。他的速度快到讓人看不見，抓到籃板之後會像美式足球的持球員一樣往前場發力狂奔。他可以在全速衝刺之中換手運球，所以對手們學會往前一步阻斷他的換手運球，結果卻發現，他也可以在全速衝刺之中做出流暢的大轉身。這些動作就算對「地虎型」的後衛來說都是難事，一個六呎六吋的人做出來不會太扯嗎？

如果對手退防的時候稍有遲疑，就已經看不見他的車尾燈了。就算對手來得及退防保護籃框，喬丹也會為他們帶來新的難題。一次又一次，他提早脫離跑道，往籃框滑翔而去，在空中悠閒決定要怎麼把球放進。一九五〇年代後期，埃爾金・貝勒首度讓聯盟看見了所謂的滯空時間，後來的朱利爾斯・厄文又在飛行動作中添加了幾分詩意。但是這個飛翔的喬丹卻更加引人入勝。當他吐著舌頭一邊觀察防守陣勢一邊往籃框飛去，似乎吐露著一份從容不迫的冷靜。現在的他可以使出搖籃式扣籃，可以思索各種動作，不用再顧慮教練會怎麼想了。在這些扣人心弦的灌籃之中，觀察者們很少提到他反手上籃的驚人能力。如果防守者站好位置垂直起跳，在空中構成不可侵犯的圓柱體，喬丹就會繞過他們，從籃框的另一邊把球拋進。

「喬丹開始打球而且打得很好的時候，球迷們的興致就來了。」羅德・索恩這樣回想著：「球季剛開始，我們銷售的範圍大概在六千張左右。轉眼間，我們已經可以賣出一萬張票。喬丹本身就是一場秀。」還要再過一陣子，門票才會場場售罄，但現在芝加哥公牛隊的商業模式顯然已經升級了。

初生之犢的烈焰燒到對手之後，一些跳不起來的防守者開始與喬丹發生衝突。「早期的比賽中，這傢伙只要一拿到球就往籃框殺。」索恩解釋道：「他的招式就是灌籃或是空中轉體之後的高難度出手。敵對的球員不斷把他從空中擊落。我們很快就了解到，他總有一天會被殺掉。」首次對上底特律活塞隊（Detroit

Pistons），喬丹起飛準備要灌籃的時候，中鋒比爾・蘭比爾（Bill Laimbeer）把他撂倒在地。場上需要有一個人保護喬丹，但隊上還沒有人立刻自告奮勇。

季初的幾場勝利讓昆汀・戴利等人洋洋得意地說他們迫不及待要跟衛冕冠軍波士頓塞爾提克隊一較高下。面對大鳥柏德一行人，喬丹拿下了27分，但塞爾提克還是輕騎過關。賽前有人大聲朗讀公牛隊年輕球員們的挑釁之詞，所以塞爾提克諸將都很有幹勁。然而，喬丹還是讓柏德留下深刻印象。「我從沒看過任何一個球員可以像他那樣顛覆一支球隊。」賽後他這樣告訴芝加哥論壇報的專欄作家鮑伯・瓦的（Bob Verdi）：「公牛隊所有球員都因為他而變得更強了……這個地方很快就會每晚爆滿……球迷們會願意為了看喬丹而付錢。他是最棒的。就算只是在生涯的初期，他做的已經比我多了。我在菜鳥的時候無法做到他做到的事。可惡，今晚有一球切入。他右手持球把球端高，又把球放低，然後又把球端高。我的手壓在球上，犯了他一規，他還是把球投進。而且全程他都在空中。」

「有在打球的人一定知道這有多難。看見這樣的球你也只能說：『馬的，還能怎麼辦呢？』我以前就稍微看過他的表現，當時還不怎麼覺得震撼。我是說，我以前就知道他很強，但不知道有這麼強。沒有他做不到的事情。對球隊而言這是好事，對聯盟而言也是。」

「球探報告說，放我切入，因為我不會切左邊。」喬丹回憶道：「他們不知道我的第一步、我的動作還有我的跳躍力。我知道我讓每個人訝異，包括我自己。」

感覺到巨星即將誕生，朗格利馬上擬定了「無論怎樣，球給喬丹」的進攻策略。提姆・哈倫回憶道：「凱文是那種教練，怎麼說呢？這樣講好了，只要有馬，他就一定要騎，懂吧。隊上有麥可就是這樣的情況。」

一場一場比賽過去，將帥之間的信賴日深，喬丹也愈來愈適應朗格利的執教風格。哈倫說：「凱文是個好教練，很懂得因時制宜。當時的他是個謀略家，喬丹也因此尊敬他。」

當然，有喬丹在陣，似乎所有的謀略問題都得到解答了。才不過打了九場職業賽，他就在對上聖安東尼奧的時候狂砍45分。六週後，他再度豪取45分，摧毀了克里夫蘭。接著，面對紐約繳出42分的表現，然後面對亞特蘭大又拿一次45分。這樣強猛的能量水平幾乎讓人不安。當年亞特蘭大老鷹隊（Atlanta Hawks）的老鳥控衛道格・里佛斯（Doc Rivers）回憶道：「他的新人球季那一年，我記得自己在休息室跟隊友們說：『那傢伙不可能整季維持這樣充滿能量的打法。』確實，NBA的菜鳥通常會遇上所謂的『撞牆期』。打了二十五場比賽左右，大概一個大學的球季過後，他們就會發現自己腿軟了，身體沒力了。喬丹沒這個問題。」

「兩年過後他還是那樣打。」里佛斯驚嘆道：「他的智慧也很突出，但是在MJ身上，他的霸氣總是更加突出。那是極少數人擁有的東西。很少看到擁有這種程度霸氣的超級巨星。每個晚上都是敵方陣營的眾矢之的，每個晚上卻依然能夠攻城掠地。實在太厲害了。」

對上丹佛的時候，他拿下生涯第一次大三元（35分15助攻14籃板）。然後，就在明星週之前，他又在衛冕冠軍波士頓手中笑納41分。每一次對上大鳥柏德，喬丹總會想起奧運表演賽時這位波士頓球星對他的不敬之舉。熱身的時候，喬丹的球不小心滾到NBA代表隊的板凳區，柏德把球抓起來，沒有直接丟還給正在等球的喬丹，而是把球扔過喬丹的頭頂。「柏德這麼做是要讓我知道他是玩真的，而且我不如他。」談起那件事時喬丹說：「我沒有忘。」

塞爾提克隊的老闆紅衣主教奧爾巴赫（Red Auerbach）看得出喬丹是個愛出風頭的人。「他的眼神透露了一切。」奧爾巴赫跟訪問他的人這麼說：「看到滿場的觀眾他就開心，而且他也很能秀。」

波士頓的傳奇中鋒比爾・羅素也同意，他說：「他是少數會讓我願意花錢看球的人。」

禁鞋

趁著這位新人表現火燙，Nike在一九八五年初推出了第一雙喬丹鞋，紅黑相間的款式馬上受到NBA的禁止。聯盟的規章要求球員們穿著白色球鞋，NBA下令，每一次喬丹穿上這雙新鞋出場，都必須繳納五千美元的罰款。Nike的羅勃・史崔塞與彼得・摩爾馬上打電話給桑尼・瓦卡羅。「羅勃跟彼得都說：『管他們去死。』他們真的是這樣講的。」瓦卡羅回憶道：「你們的意思是?我們不要讓喬丹穿那雙鞋上場嗎?」

史崔塞立刻決定要喬丹照樣每場比賽都穿那雙鞋，Nike會幫他支付所有的罰款。此外，他們還要推出一個廣告，向球迷介紹這一雙被禁穿的球鞋。結果，NBA的禁令反而為這家球鞋廠商提供了絕佳的行銷平台。「當你告訴一般大眾某個東西被禁了，一般大眾會怎麼做?」瓦卡羅笑著回憶道：「告訴他們不能做某件事，他們就一定會去做。」

Nike快速採取行動，好好利用這一份天外飛來的大禮，他們主打NBA的禁令，讓這雙鞋變得更夯。瓦卡羅回憶道：「然後一切就發生了。」喬丹季初的表現、聯盟對那款球鞋的禁令加上後續的行銷，銷售量開始狂飆。光是前三年，Nike就透過喬丹鞋賺進了嚇人的一億五千萬美金，進而為喬丹帶來生涯第一波巨額的財富。

第一個球季，Nike傾全力增加喬丹系列商品在印第安納波里斯全明星賽中的曝光率。瓦卡羅回憶道：「我們把所有東西都做成紅黑配色。護腕、T恤等等所有東西都套上公牛隊的顏色。」

人們會長久記得一九八五年的明星週，主要是因為兩件事：那個穿著漂亮衣服的亮眼新秀，以及聯盟老鳥球員們在全明星賽上對他進行的「冷凍」。這項傳聞中的陰謀非常精湛，一開始連喬丹本人都沒能察覺。賽後才爆出消息，因為查爾斯・塔克博士在機場談論此事。他是魔術強森、以賽亞・湯瑪斯與喬治・葛文（George Gervin）的顧問。塔克跟記者們說：「那些人不滿意他的態度。他們決定要給這小子上一課。防守端，魔術跟喬治給他吃點苦頭。進攻端，他們根本不給他球。」

塔克就站在那一群球星附近，他們在等著飛離印第安納波里斯機場。他解釋道：「他們現在就是在笑這件事。喬治問以賽亞：『你覺得我們給他的教訓夠嗎?』」

他們之所以有這樣的反應，顯然是因為看不爽喬丹參加灌籃大賽時的一身行頭。他穿著連身運動服參賽，脖子上還掛著一條金項鍊。他後來在決賽敗給亞特蘭大老鷹隊的多明尼克・威金斯（Dominique

Wikins）。搭克透露，老鳥們也覺得這個新人不可一世，一副高不可攀的樣子。據說湯瑪斯曾覺得受冒犯，因為喬丹跟他一起搭電梯時不太願意說話。「剛進聯盟時我很安靜。」喬丹解釋道：「我不想搞得好像我是什麼大咖新秀，大家都應該尊敬我的樣子。」

喬丹在全明星賽出場二十二分鐘，全隊一百二十次出手之中，他只佔了其中的九次。

經紀人大衛・佛克解釋說，喬丹是在Nike的要求之下穿上飛人喬丹系列服飾。談起大家對他的冷落，喬丹說：「那讓我覺得自己很沒存在感。我想要挖個地洞躲起來。」

記者們問起這個事件時，以賽亞・湯瑪斯否認冷凍喬丹的行徑。「怎麼可以做這種事呢？」這位底特律的後衛說：「也太幼稚了吧。」

公牛隊的隊友衛斯里・馬修斯（Wes Matthews）後來被要求對冷凍事件發表評語，他說：「他的天賦是上帝給的。他是上帝的孩子，所以就讓他好好當上帝的孩子吧。」

如今回首，瓦卡羅看出這個事件是針對Nike的反制行為，發起者就是那些從Converse那裡賺取相對微薄金錢的球員們。「Nike才是他們的敵人。」他解釋道：「他們是衝著Nike來的。我們公司打造了這個人。Nike才是他們的目標。才不是因為喬丹在灌籃大賽現身的方式，也不是因為他是球迷的最愛。J博士也是球迷的最愛啊，沒聽過有球員討厭J博士。重點是我們公司在這個人身上做的事。」

J博士，J博士

那個時候，很少人了解，引人入勝的打法與Nike的合約，將讓喬丹取得多麼巨大的力量。喬丹本人承認，冷凍事件讓他知道那些已經在江湖留名的球星們看他不順眼。而這也埋下了種子，讓他開始厭惡湯瑪斯與魔術強森。公牛隊與活塞隊在聯盟中央組（Central Division）的競爭更讓他對湯瑪斯恨之入骨。洛杉磯湖人隊在一九八四年的冠軍賽輸給波士頓之後，魔術強森鼓勵老闆傑瑞・巴斯（Jerry Buss）把詹姆士・沃錫給交易出去。這個消息傳到喬丹耳裡，也讓他愈來愈討厭魔術強森。

花愈來愈多時間在幕後與喬丹合作的瓦卡羅解釋說，冷凍事件無疑為喬丹的好勝心添了柴火。「這成了支撐他的事物。」瓦卡羅回憶道：「這就是為什麼我們會看到他上了場就化身成一個殺手。他把那些人一個一個都當成自己的標靶。他永遠不會忘記那一天。今天的他會微笑著跟每個人親吻打招呼，但是他從沒忘記那些人做過的事。那是麥可喬丹第一次被公開冷落。他們之中有任何人到今天還記得嗎？有任何人承認過嗎？當年的以賽亞顯然是個很棒的球員，受到他那樣的對待之後，麥可就默默把這件事藏在內心深處。」

明星賽週休息過後，活塞隊的第一場比賽剛好就要作客芝加哥體育館。被記者問到是否參與冷凍喬丹行動時，湯瑪斯大力駁斥。「根本沒有這回事。」湯瑪斯說：「讀到這個報導時我很不爽。這可能會影響我跟麥可的私交耶。」賽前，這位底特律的球星送出訊息，表示說他想跟喬丹談談。在短暫的會面之中，湯瑪斯當面道歉了，但是這樣的動作後來被喬丹描述為「基本上是在作秀」。當晚，喬丹狂轟了49分，另外抓下15個籃板，率領公牛隊以139比126在延長賽中取勝。在一次快攻中，喬丹顯然刻意停頓下來，讓湯瑪斯有時間回防，然後才在他面前扣進石破天驚的一球。現場的轉播人員馬上看出喬丹是蓄意嘲弄。賽後，湯瑪斯再度對記者們動怒，告訴他們：「都結束了。都結束了。」還早呢，往後幾季公牛隊將試圖挑戰活塞隊東區龍頭的地位，而兩人的衝突糾葛也將繼續延燒。

升溫的競爭只是眾多進行中的改變之一。在印第安納波里斯明星賽期間，擁有公牛隊超過十年的董事們決議要將球隊的多數股權賣給傑瑞・藍斯朵夫（Jerry Reinsdorf）。藍斯朵夫告訴媒體，交易程序將在一九八五年的三月一號完成。

球季尾聲，喬丹與他的公牛隊遭逢客場十二連敗的打擊。例行賽的戰績以三十五勝作收，比去年進步了八勝，也讓他們在一九八一年之後首度打進季後賽。然而前場陣容因為傷兵問題而稀薄，公牛隊最終仍三比一被密爾瓦基公鹿隊淘汰。

「一年過去，我們打進季後賽，而麥可的粉絲愈來愈誇張。」助理教練比爾・布雷爾回憶道：「我記得作客華盛頓時，我們贏得穩固季後賽席次的一場球。兩天後要在費城比賽，但是麥可卻留在華盛頓，因為參議員比爾・布萊德利（Bill Bradley）要帶他去國會亮個相。所以他在晚上才搭上飛往費城的飛機，只參加了隔天的投籃練習，但是對上七六人隊他還是拿下40分。由此可見，麥可可以處理好場外的眾多雜事，上了場還是游刃有餘。」

那一天在費城吞敗，讓菜鳥球季的喬丹五度挑戰朱利爾斯・厄文與他的七六人隊都鎩羽而歸。長期以場上格調著稱的厄文與喬丹冷凍事件毫無瓜葛，雖然他也是Converse的代言人，但是七六人隊的教練馬特・古奧卡斯不認為關於喬丹的那些騷動會對心高氣傲的厄文造成影響。古奧卡斯從球賽轉播做起，後來成為七六人隊的助理教練，又接著升格為總教練，所以他就近觀察J博士的生涯超過十載。「我從各種不同的角度觀察過J博士。」曾在一九六七年偉大的七六人隊與威爾特・張伯倫並肩作戰的古奧卡斯在二〇一二年的訪談中說：「朱利爾斯是一個非常有魅力的人。他為組織帶來的精神高度、他所受到的尊崇以及他對待人們的方式，這些東西都很美好。不管對方是誰，他似乎總是有時間好好跟那個人相處。而且是發自內心的。當麥可正要綻放光芒，朱利爾斯的籃球生涯已經日暮西山。但是你知道嗎，我覺得他們兩人之間存在著英雄惜英雄的敬意。麥可總是非常的——我不想說小心翼翼啦——但他總是會用巨星級的方式跟朱利爾斯打招呼。麥可沒有忘記，在他之前，朱利爾斯為NBA貢獻良多，也為職業籃球比賽帶來了驚嘆的元素。而我想J博士也因此對麥可心存感激。很可惜，麥可沒有機會跟巔峰時期的J博士切磋。但是我跟你說，我看了他們兩人捉對廝殺的幾場比賽，J博士不但表現可圈可點，甚至好幾次都佔了上風。當然，他們在場上並不是一對一，勝敗都是整隊的事。但是每次遇上麥可，J博士都會比較願意賣老命，在場上好像也飛得比較高。那些頂尖選手，沒有一個人想被羞辱。他們知道如果只是例行公事般上場，把它當成八十二場球裡面的其中一場，麥可會讓你難看，非常難看。所以他們總是準備好要面對挑戰。」

古奧卡斯坦承，最初那幾個球季，連他自己也被喬丹的霸氣震得七葷八素。這位教練還記得有一次七六人隊到芝加哥體育館作客，在賽前的休息室裡，他一直講喬丹講個沒完。「那個體育館的休息室裡什麼都沒有，而且很潮濕，簡直糟透了。」古奧卡斯回憶道：「但是球場本身很棒，那是我最喜歡帶隊打球的地方。我記得當時我們正準備上場。我們要連打兩場比賽，所以我想確定隊上的球員都準備好了。我開始喋喋不休地談論喬丹。J博士低著頭坐在那裡，兩手在弄他的球鞋還是什麼的。終於，他抬起頭來。他受夠了。他說：『嘿，等一下。你知道嗎，我們也不是不會打球。』」

「我說：『你說的沒錯。』他幫我上了很好的一課。說夠了就好，不用一直強調喬丹有多強。」古奧卡斯笑著回憶道：「那天晚上，他跟安德魯・托尼（Andrew Toney）上場把麥可痛電了一頓。在那些比賽之中，朱利爾斯有時候難免會跟喬丹放對。那場比賽打完，J博士向我使了個眼色。他仍然寶刀未老啊。」

第17章 年輕的困獸

為了應付訪問以及公開露面的行程，狄恩・史密斯建議麥可喬丹選修北卡大的溝通課程。在NBA初登場時，他也有過猶豫不決甚至不知所措的時刻，這是很合理的。在喬丹的生涯之中，光是儀態方面就進步很多，跟媒體也一直保持良好的關係，就連記者們惹惱他的時候都一樣。原本對公牛隊意興闌珊的當地電視與廣播公司，一夕之間全都爭相報導這位城市的新星。「他的口條十分清晰。」芝加哥的體育節目製作人傑夫・戴維斯解釋道：「而且非常上鏡頭。」

公牛隊的公關提姆・哈倫看著喬丹慢慢進化成一個沉著穩重的公眾人物。作為一個職籃巨星，朱利爾斯・厄文展現了一份優雅，喬丹很欣賞這點，所以面對媒體時也見賢思齊。荻洛莉絲・喬丹的功勞也不小，她仔細觀察兒子的每個動作，只要稍有疏漏就在他的耳邊輕聲叮嚀。此外，喬丹的傾聽能力也讓他了解記者的問題，所以總是有辦法構思出討喜的回答。

「我覺得他在各方面都有所成長。」哈倫評論道：「如果回頭看他早期受訪的畫面，會發現他的口條沒有四年後、八年後或是十二年後來的好。懂嗎，他的一切都在改變。他所穿戴的東西也改變了他。對照他第一年的穿著跟四年之後的穿著還滿有趣的。本來都穿寬鬆運動褲的他後來都改穿設計師品牌西裝了。」

公眾的聚焦是好事，也有利可圖，但卻加速了喬丹與人群的疏離，哈倫在他菜鳥年的二月發現了這點。這份疏離感一部分與他日益顯赫的聲名有關，一部分源自明星賽冷凍事件的羞辱。冷凍事件之後，桑尼・瓦卡羅飛往芝加哥，向喬丹解釋聯盟那些大咖球星的心態。「明星賽之後，Nike公司裡沒有人知道該怎麼做才好。」瓦卡羅回憶道：「麥可跟我長談。我告訴他：『麥可，他們會這麼做是因為你比他們所有人都強。這件事也讓你明白他們會做到什麼地步。』」兩人的對談還是沒有減輕太多失落感。一直以來，魔術強森都是他心目中的英雄。也如同喬丹跟記者們說的，這個事件讓他想要挖個地洞躲起來。他很快地成為旅館房間裡的囚徒，除了比賽與既定的行程之外，基本上不願意出門拋頭露面。偶爾才會從他的孤立狀態中走出來。提姆・哈倫回憶道：「大家的反應是：『哇，麥可竟然出來了！』你會因此為他感到高興。意思就是，有點像看到一頭獅子步出牢籠，在動物園的圍牆內隨性地逛一逛。」

除了被聯盟的球星公然排擠之外，一夕爆紅的壓力也夠他受的了，而且大部分的苦差事仍難以避免。當年的球隊還是以商務飛行的方式移動，也就是說，客場征戰之旅從清晨五點的鬧鐘鈴響開始，然後馬上就要把自己暴露在公開場合，而每一個地方的每一個人都認識他。人們不可能不去接近這位運動場上最新的魔法師，用不了多久喬丹就會被群眾團團包圍。哈倫解釋道：「我會說：『你知道嗎，他應該要說，管他們的，然後就做自己想要做的事。』但然後你就看到他現身時的場面，就知道他沒辦法這麼做。因為人們對他太過狂熱了，無論是大人小孩或是任何人，他們自己都拉不住自己，媽的全都失心瘋了。這就是喬丹的生活。」

這樣的景況讓他想要尋找避風港。「麥可常常說要去電影院。」喬・歐尼爾解釋道：「在電影院裡面坐下來，你就變得像是一個一般人。除了這個地方之外，不管是餐廳、商場、加油站，總之任何所到之處，人們都會巴著你不放。」

喬丹的私生活之所以被犧牲，Nike與NBA本身終歸要負上一定的責任。在一九八五年成為喬丹隊友的喬治・葛文評論道：「老兄啊，一切就是從那裡開始改變的。他們讓他的形象大過本人。這讓他很不好過。他們讓他成為籃球史上最有名的人。但是不論去到哪裡都要帶著保鑣，這樣的生活很苦。你無法好好吃飯，因為一坐下來身邊就圍滿了人。他過著麥可・傑克森的生活。老兄，這種生活很難過，可能會逼一個人早死啊。而且ESPN與有線電視進駐之後，整個籃球比賽的生態也在改變。他不得不把自己孤立起來，因為他們瘋狂宣傳他。Nike和所有其他的公司都瘋狂宣傳著喬丹。這種情況下他怎麼可能當一個正常人。他的生活被剝奪了。」

「光是要應付大眾就已經夠難熬了。」提姆・哈倫回憶道：「而我覺得他現在所受到的要求也很不可思議。不要忘了，光是公牛隊要求他做的事就已經夠不可思議了，遑論他自己的投資、生意、Nike還有整體的生活。所有的東西摻在一起就是一片混沌，尤其是在剛進NBA的那段時間裡。」

根據芝加哥長年的廣播人布魯斯・理凡（Bruce Levine）觀察，喬丹漸漸覺得受到物化。「有點像是一個超級美女總會煩惱大家只注意她的外表，因為人們受她的外型與身體所震懾。喬丹也知道大家沒有把他當成一個人對待，而是當成一個商品。」

「他要處理的事情太多了。」哈倫說：「我不知道這是否改變了他的人格，但是這讓他成了一個不一樣的人，因為他必須變得不一樣。你不可能同時滿足所有的人。你可能會先嘗試一陣子，了解這個道理之後你會覺得：『知道嗎，我沒辦法這麼做，而且這也不值得花力氣去做。』所以有一些事情勢必要半途而廢的，然後有些人就會覺得，那是因為你太心高氣傲，或是因為你現在有大頭症了，或是因為你現在名利雙收了。其實根本就不是這樣，一天就只有二十四小時。我覺得這是我在他身上看到最大的事情，我也因此為他感到難過。這是沒有人能夠控制的。」

哈倫隨後又補充道：「儘管如此，他依然做好所有他應該做的事。」

兩難

說也奇怪，喬丹發現自己跟那些負責報導球隊的一般記者相處起來反而放鬆，彼此之間已經培養出足夠的信任，所以喬丹可以在賽前跟他們閒話家常。

他的家庭依舊是他的支柱，母親與哥哥們會到芝加哥探望他，有時也與他同住。父親也會來訪，但這卻也造成另外的問題，因為父母親之間的衝突日益升溫。很快，與喬丹與公牛隊有關的人會發現，他們很少看到詹姆士與荻洛莉絲・喬丹同時出現。桑尼・瓦卡羅指出，最初那幾場會議之後，他幾乎沒有同時面對過詹姆士與荻洛莉絲・喬丹。「因為要四處跋涉，所以起初還覺得很正常。」瓦卡羅回憶道：「他們兩人本來會連袂出席，一開始我們還一起開會。但是一兩次會議之後，他們就畫清了楚河漢界。之後，老實說我不記得曾經同時跟他們兩人說過任何一句話。」

然而 Nike 團隊卻因此鬆了一口氣，因為喬丹女士總是專業而可靠。

「你可以信賴荻洛莉絲・喬丹，她是一個受過良好教育的女性，穿著總是一絲不苟，相對之下詹姆士就比較像個大老粗。」然而，他兒子是他們生意上的合夥人，Nike 高層很快就發現他們還是得應付詹姆士，瓦卡羅並不喜歡這項任務。他說，大家都知道詹姆士會喝酒，在生意上也展露不可靠的一面，他搖擺不定，而荻洛莉絲・喬丹總是堅若磐石。

大女兒姐姐指出，為了影響兒子，父母親陷入了激烈的競爭。父親寡言而內斂，但母親已經常常出現在聚光燈之下。姐姐解釋道：「他一夕爆紅，讓他的成就遠近馳名，卻也讓父母親之間的爭鬥如雪崩猛烈。」與十年前的婚姻失和一樣，外人沒看見的時候，夫妻倆的爭執也會一發不可收拾。

「麥可從一開始就在父母親之間拉扯。」桑尼・瓦卡羅解釋道：「當然不是公開的，但是兩人之間互相蔑視的關係一直存在。」

對於喬丹的未來與喬丹的行止，夫妻倆人多半持有不同的看法。這個兒子深愛著父母，對兩人都很忠誠，多年來也設法將紛爭保持在有害的程度之內。然而隨著他的生涯發展，這件事變得愈來愈難，瓦卡羅這麼認為，而喬丹家的大女兒也同意。

兒子在芝加哥的第一個球季，詹姆士・喬丹自己的生活也絲毫稱不上完美。處理北卡羅萊納的犯罪審判時，這位父親嚐盡了羞辱。而姐姐也讓父母親知道，她正在考慮因性侵的控訴對他們採取法律行動。她已經進入威爾明頓醫院接受精神疾病的治療。難怪詹姆士想要在兒子的夢幻人生中逃避現實，縱使情況窘迫。

公牛隊的員工與球迷都感受到這對父子之間的情感。詹姆士・喬丹的形象是可親而低調的。媒體從業人員與公牛隊的工作人員都很喜歡他的好性格。也如同喬丹在高中時期一樣，詹姆士表明他不會從任何方面干預球隊的作業，只會幫助兒子在場下做出調整。

「麥可很崇拜他的父親。」前公牛隊助理教練強尼・巴赫（Johnny Bach）在二〇一二年回憶道：「他們會混在一起。他們比較像是叔叔帶著孫子。他們有很棒很親很熟的關係。他們可以一起廝混打鬧。」

「你知道的，他們比較像是好兄弟。」提姆・哈倫如此描述喬丹與他的父親：「我覺得這樣還滿棒的。他們倆形影不離，老是混在一起。我覺得這對喬丹來說是好事。」

然而，很多時候，詹姆士的陪伴只讓他與荻洛莉絲的關係更加惡化，因為夫妻兩人都試圖要影響兒子。並不是每個人都看得出或感受到這些衝突。公牛隊票務經理喬・歐尼爾還記得跟喬丹夫婦相處的情形，當公牛隊在客場的征途中掙扎的時候。「我記得跟詹姆士與荻洛莉絲・喬丹一起在旅館大廳裡坐著。他們的態度就是：『有一天我們會做到的。你知道我們會。』他們總是非常非常正面，非常願意支持。麥可的老爸是一個很好玩的人，一個搞笑人物。荻洛莉絲就像是每個人的媽媽一樣。她像全天下的母親一樣看照著自己的兒子。她是你所能想像最溫柔最好的一個人。她從來不會擺出一副『我兒子是天王巨星』的架子。麥可的父母親很保護他，非常非常以他為榮。天下父母心嘛。」

團體時間

有一些人在喬丹年輕的生命裡停泊。首先是 Nike 的主管霍華德・懷特，以前曾為馬里蘭大學打籃球的他剛好也是非裔美國人。「霍華德就像是他的兄弟。」瓦卡羅解釋道：「他以前也曾是籃球選手。霍華德是個好人。在南征北討的旅途上可以陪伴喬丹。」

自此跟在喬丹身邊的人愈來愈多。瓦卡羅解釋道：「就是在這個時候麥可召回北卡大的那群人。羅德・

希金斯繼續待在他身旁。麥可開始建構自己的團隊。一切就從這時候開始。」那是一個循環輪轉的群體，大家都了解任務就是要在客場的征途中陪伴麥可，因為他的旅館房間愈來愈像個牢房。需要負責的工作包含打牌、打高爾夫、打撞球以及調飲料等等可以幫他放鬆心情的事。這個群體包括老朋友身兼老戰友的阿道夫・席佛，另外還有「三個佛瑞德」：佛瑞德・懷特菲爾，他很快就開始跟 Nike 以及大衛・佛克共事；佛瑞德・葛洛佛（Fred Glover），這位保險估價人以前在布伊斯溪的籃球學院認識了喬丹與懷特菲爾；佛瑞德・奇恩斯（Fred Kearns），這位夏洛特的殯葬業者常跟喬丹一起打高爾夫球。

菜鳥球季，這一行人陪著喬丹南征北討，積欠了一筆不小的帳，收到帳單的詹姆士・喬丹原本有點憂心。「起初我覺得這樣很浪費錢，後來我又認真想了一想。」當時這位父親說：「然後我想通了，陪伴麥可的人是親近的好友而不是陌生人，這對他而言是最有利的。這些人對麥可有幫助。」

早期的固定成員還包括巴斯・彼德森、葛斯・雷特（Gus Lett）和喬治・寇勒。寇勒的角色是喬丹的個人司機與隨侍管家。雷特以前是芝加哥體育館的保全，現在也會幫喬丹打理一些事情。但多年來的經驗證實，寇勒才是最穩定而可靠的人選。喬・歐尼爾解釋道：「對麥可而言，喬治是完美的緩衝器。像麥可這樣的人，總是需要有一個人隨侍在側。需要有個人稍微出手干涉一些事情。需要有一雙眼睛幫你環顧四周。喬治是一個很棒的人，一個土生土長的芝加哥人。他跟麥可的關係非常非常特別。跟在麥可身邊的人沒有很大群。跟他親近的朋友多半是普通人。羅德・希金斯、阿道夫還有那幾個佛瑞德。他們每個人都對我很客氣，畢竟我手握門票嘛。」

這群人很快開始稱呼麥可為「黑貓」，因為社交場合上的他跟比賽場上的他一樣，隨時可以快速向人發動攻擊。喬丹似乎堅持要用盡各種小方法挑戰身邊的人。他在言語攻防上投注的心力不亞於球場上的任何事。「跟親近的朋友相處時，喬丹抓住某個點就會開始嘲弄你。」羅德・希金斯解釋道：「……對付這種人，你必須要馬上反唇相譏，不然漫漫長夜可就難熬了。」

這種你來我往的戲謔對喬丹來說，猶如一場勢均力敵的一對一，而他也用同樣的心態來處理與享受。提姆・哈倫解釋道：「他這個人是這樣的，如果他衝著你來，你一定要有能力頂回去……你要有辦法承受他的攻擊以及帶刺的話語，然後即刻反擊。否則，你就沒戲唱了。最棒的情況就是，你回嘴攻擊他，講完他身邊的人都笑了。這樣一來他就會稍微收斂一點。因為你讓他知道：『我也不是省油的燈，好嗎？』」

如同哈倫解釋的，喬丹相信他的球隊應該要每一季都打出八十二勝零敗的戰績。對於社交生活，他也懷抱著同等的期待，所以待在他身邊並不是一件簡單的事。巴斯・彼德森指出：「如果你犯了什麼錯，他一定會讓你知道。」

哈倫補充道：「彷彿你在任何事情上一定要跟他一樣好勝，不然只有兩種結果：一，你會被拋棄。二，跟你競爭沒什麼好玩的。」

有時候他的同伴們必須確保自己回嘴沒回得太猛。「他痛恨在大家面前丟臉。」懷特菲爾有一次笑著解釋道：「他無法接受這種事，但他自己隨時都可以滔滔不絕地攻擊別人。」

「如果他逗你……你要懂得逗回去。」哈倫說：「他喜歡唇槍舌戰。但是你必須用正確的方式回嘴。你不能瞎扯一通，而且你的回應要夠好笑。我們會對彼此怒吼嗎？不會。但是他可能會說：『你知道嗎？我隨時都可以把你開除。』然後我就會回他：『嘿，千萬不要手下留情啊。你以為我很喜歡現在這個狗屁工作嗎？』」

寇勒率先觀察到，喬丹這份針鋒相對的銳利因為一種童稚的天性而有所和緩。有時候，喬丹會展露出與他那猛烈的好鬥個性完全相反的一種脆弱。在芝加哥開啟新生活的初期，他展現了不少性格中錯綜複雜的面向。首先，自己的家庭就讓他糾結於強烈而混亂的情緒當中。

他很珍惜信任感，一旦找到可以信任的人，他展現的忠誠幾乎令人不敢置信。「你一旦跟他成為朋友，他會很努力保持並且呵護這份友情。」羅德・希金斯解釋道：「反過來說，如果這一份信任受到踐踏，或者是你有意冒犯他，他的反應也有著一樣的強度。而且他已經學會引導這份情緒，去餵養自己的好勝心。」

也許這份不尋常的忠誠，對他的朋友們來說就是最重要的東西，也許就是因為這樣，他們才會願意自掏腰包陪著他東奔西跑。喬丹願意跟所有他在乎的人好好溝通。喬丹的老戰友兼老朋友查爾斯・歐克利（Charles Oakley）說：「人們不了解的是，其實他真的是一個好人。」

而且，無庸置疑地，可以從內部窺探麥可喬丹的世界也夠爽的了。他是籃壇的貓王。從這樣的高度看出去的視野讓他身旁的人很感振奮。「他為我們創造了這樣的神話。」瓦卡羅解釋道：「不管是Nike、我個人、跟他在一起的人、他攢在身邊的一小群人、跟他一起走過高峰與低谷的人，這些都是他的朋友。只有在這些人身上，他願意投注八年九年的信任。」

所以，身為朋友的他們希望自己有用，可以為喬丹多做一點事。舉例而言，他最老的朋友阿道夫・席佛扮演的角色就是滿口大話的社交指揮家，聚會的時候還會充當酒保。最重要的是，席佛為這個群體帶來家的感覺，他有著辦趴找樂子的第六感，也有著嘲諷喬丹缺點的幽默感。席佛曾經這樣講喬丹：「他根本不懂怎麼調飲料，他只會把一堆亂七八糟的東西摻在一起。」

前公牛隊心理學家喬治・孟佛說：「事實是，如果沒有創造出這層保護膜，他可能就沒辦法拿下那六座冠軍。」

茱安妮塔

喬丹私生活中最重要的新成員就是茱安妮塔・凡諾伊（Juanita Vanoy），她的重要性遠遠高於其他人。在菜鳥球季的十二月，喬丹與她相遇。一位友人在芝加哥的Bennigan's餐廳介紹兩人認識。幾週之後，這位友人又辦了一個派對，讓兩人有機會再多多相處。凡諾伊是個美女，據說是瑞吉・席爾斯的舊愛。她比喬丹大上四歲，喬丹馬上被這一點吸引。這對他形成一種挑戰，讓他必須提升自我的成熟度。他發現自己跟她聊得來，就像跟母親聊得來一樣。

兩個人能夠聊得來，彼此之間就有一種魔法的連結，於是開始花更多的時間跟對方相處。如同芝加哥太陽報的蕾西・班克斯解釋的，喬丹已經漸漸成為年輕的王子一般的人物，而凡諾伊也曾在芝加哥交往過深受女性歡迎的球員，這點也很有幫助。總而言之，她有格調，有智慧，有耐性。她很有自信，但卻不嬌貴，要跟喬丹談一段感情，這兩點都很要緊。桑尼・瓦卡羅回憶道：「我的妻子潘與我都覺得茱安妮塔是個很可愛的人。」喬丹的高爾夫球友理查・埃斯奎納斯也持一樣的看法。

「我打一開始就認識茱安妮塔。」喬・歐尼爾主動提到：「茱安妮塔是個很棒的人。我跟她一樣在芝加哥的西區長大。不知道為什麼，後來的生活從來沒有讓她沖昏頭。」

根據桑尼・瓦卡羅的說法，儘管大家都對茱安妮塔讚譽有加，喬丹的父母卻不喜歡她，而且還花了一些心力來抵制她對喬丹的影響。這也許能夠稍微解釋喬丹在芝加哥的第一年與茱安妮塔分分合合的關係。

不過老實說，無論任何人，無論任何事，都不太可能讓喬丹分心，他依然專注於餵養體內那頭好勝的野獸。這佔據了他日常大部分的時間。他主要的出口就是籃球與高爾夫球，但是哪個先哪個後不一定。幸運的是，他的娛樂不用太大費周章。早期那些日子裡，當喬丹還不知道要在芝加哥做什麼的時候，他常常會到公牛隊的辦公室去找哈倫跟歐尼爾，他們會自己在裡面弄出小小的高爾夫球道。

「我們會一起打迷你高爾夫。」喬・歐尼爾回憶道：「我們會在辦公室裡弄出迷你的十八洞，然後我們會打賭。我們繞著辦公室走，試著把高爾夫球推進垃圾桶裡。這天殺的傢伙，他玩這種迷你高爾夫的好勝心跟在賽場上是一樣的。他會跟我賭二十塊，然後二十塊就會變得像是四百塊一樣。我還記得在辦公室裡給他二十塊，然後我老婆吼我，叫我不要跟他賭。」

天氣好的時候他們就會把搬師到戶外。歐尼爾回憶道：「我們到公共的高爾夫球場打，我們會去梅迪納鄉村俱樂部（Medinah Country Club）。當年的他大概跟我差不多強。但接下來他一年大約打一百五十輪，然後就成為一個出眾的高球手。但當年我跟哈倫剛開始跟他打高爾夫的時候，麥可就只是參賽者之一而已。他可以把球打得超級遠，但是不知道球會往哪個方向去。」

喬丹常常說他很享受高爾夫球場帶給他的孤獨感，然而，他一旦嗨起來場面就完全不平和。「他就是不肯閉嘴。」歐尼爾笑著回憶道：「你在揮桿時他在旁邊碎碎念，你在推桿時他也在旁邊碎碎念。如果他想要的話，有一天他可以成為很好的電視球評。他可以從心理上把你鬥垮，無論是在辦公室裡打迷你高爾夫，在高爾夫球場打球，或是打一場撞球，他一定會想辦法用言語攻擊你。」那短短的幾個小時裡，他可以是麥可喬丹，一個普普通通的人。「就是因為這樣，對他來說高爾夫變得很重要。」歐尼爾說：「高爾夫給了他獨自遠離人群的機會。他說過，只有兩個地方可以讓他遠離人群：高球場還有電影院……到了這兩個地方，他就可以跟一般人沒兩樣了。」

一九八五年的春天，傑夫．戴維斯製作了一個區域性的高爾夫節目，邀請各方名流來跟棒球播報員肯．「老鷹」哈雷爾森（Ken "the Hawk" Harrelson）打一輪高爾夫球。球季結束之後，戴維斯聯絡喬丹，問他要不要參加這個節目，喬丹馬上抓住這個機會。

戴維斯回憶道：「他來到現場，好像這是全天下最開心的事。」

在高爾夫球場上，喬丹三度要求重打。「他對自己的表現不是很滿意。」戴維斯笑了一聲之後說：「沒有獎金也沒有賭金，全是面子問題。他想要打敗哈雷爾森，但哈雷爾森太會打高爾夫了，喬丹連追近桿數都沒辦法。但他看起來還是滿厲害的，以一個這麼高大的人來說，他的揮桿動作很棒。高爾夫本來就不是給長人打的運動。但喬丹面對高爾夫，就像面對所有其他事物一樣，鐵了心要成功。」

那天他們在芝加哥北部郊區的一個球場拍攝，拍完之後，攝影團隊收拾好坐上休旅車回城。「回到城裡大概要一小時的車程。」戴維斯回憶道：「我們沿著伊登斯高速公路（Edens Expressway）開，忽然間，正在開車的攝影師說：『天啊，我們後面那台 Corvette 也飆太快了吧！』然後這台車出現了，與我們的車子並行。原來是喬丹。他咧嘴笑著，幾根手指頭朝著我們稍微揮了一下，然後咻的一聲揚長而去。」

第18章 腳傷

傑瑞・克勞斯在一九八五年的春訓中接到電話，當時他正在為傑瑞・藍斯朵夫的芝加哥白襪隊擔任球探。藍斯朵夫請他到芝加哥來談談管理公牛隊的事。幾年前克勞斯擔任公牛隊總管時曾遭解雇，然而，此次的談話非常順利。

多年來，克勞斯以球探的身分輾轉於棒壇與籃壇之間，後來才在藍斯朵夫的白襪隊找到穩定的職位。藍斯朵夫從小在布魯克林成長，如他所解釋的，在那裡「支持道奇隊簡直就像是宗教」。跟每個住在佛來布許大道（Flatbush Avenue）的小孩子一樣，他也忠心耿耿地追隨道奇隊。藍斯朵夫也很愛紐約尼克隊，尤其是一九七〇年代早期紅頭霍爾茲曼帶領（Red Holzman）的那個團隊。後來，他讀完法學院，靠著芝加哥的房地產事業致富，一有機會馬上試圖買進球隊，先是白襪隊，再來是公牛隊。

克勞斯也不是笨蛋，知道老闆喜歡尼克隊之後，他馬上開始向藍斯朵夫講古，說起他跟當時仍是球探的霍爾茲曼競爭的的故事。那是一九六〇年代初期，克勞斯為當年的巴爾的摩子彈隊擔任球探的第一年。其他同業已經開始朝笑他，因為矮胖粗短的他看起來根本不像球探或是任何跟運動扯得上邊的人。他又很愛故作神秘，穿著風衣戴著帽子，像是胡塗大偵探克魯索（Inspector Clouseau）一樣。大家喊他「大偵探」，並且在他背後竊笑。

似乎不管去到哪裡，克勞斯都會遇上當時為尼克隊擔任球探的霍爾茲曼。某天一大早，兩人又在機場巧遇，霍爾茲曼問克勞斯去了哪裡。

他回答：「沒去哪裡啊。」

後來發生的事，是克勞斯很喜歡拿出來講的片段。「他看著我然後說：『孩子啊，我想告訴你一些事。我知道你去了哪裡，如果你有一點腦子的話，你也知道我去了哪裡。所以不要在那邊講屁話，我們就好好當朋友吧。』」

縱使兩人還是一邊找尋著大學裡的璞玉球員一邊激烈競爭著，他們還是成了朋友。在一九六七年的選秀會上，克勞斯滿心以為即將從北達科他大學（the University of North Dakota）選到名叫菲爾・傑克森的瘦削前鋒，想不到霍爾茲曼半路殺出，以第十七順位將他選到尼克隊。

在那個特別的選秀日，克勞斯喃喃罵道：「他馬的霍爾茲曼。」為當年的巴爾的摩子彈隊擔任球探的克勞斯搞定一切，順利以第二順位從溫士頓賽勒姆州立大學選中「黑珍珠」厄爾・孟洛（Earl "the Pear" Monroe），而霍爾茲曼則成功地以第五順位從南伊利諾大學（Southern Illinois）選中了沃爾特・弗雷澤（Walter Frazier）。這兩位球員往後都被選入名人堂，傑克森也是，但是是以教練的身分入選。霍爾茲曼後來成為尼克隊的教練，兩度拿下總冠軍。弗雷澤、孟洛與傑克森都居功厥偉，而戴夫・德布斯切爾（Dave DeBusschere）與比爾・布萊德利等人也有貢獻。克勞斯就以球探的身分繼續發展，同時對抗著那些不斷質疑他的訕笑者與否定者。過程中，克勞斯累積了足夠的知識，因此才能贏得藍斯多夫這種角色的賞識。

藍斯朵夫在一九八五年買下公牛隊之後，本來想要讓羅德・索恩繼續負責球隊的營運。但在公牛隊陷入連敗低潮之後，這位新老闆就想看看克勞斯能如何幫忙改善。

克勞斯說，首先要除掉充數的濫竽。「當時我覺得隊上有一堆福特車領著凱迪拉克的錢。」克勞斯回憶道：「這是很自私的。每個人都只為自己打球。」再者，對大學籃壇熟門熟路的他將透過選秀為公牛隊打造未來。他們不會再繼續簽下那些不對的自由球員。

藍斯朵夫喜歡以選秀打造未來的概念，也相信克勞斯是一位優秀的球探。克勞斯說他的首要任務就是要找一個強猛的大前鋒，一個可以保護籃框與隊上那顆閃耀新星的硬漢。之後，他要找一個展臂很長的體能型球員。最後，他要找一些傑出的定點射手，讓包夾喬丹的對手付出代價。

同等重要的是，這些球員必須是「良民」。公牛隊必須洗淨滿隊壞蛋的歷史。談完之後藍斯朵夫就了解了，他必須解雇羅德・索恩，然後讓克勞斯接手。

「在白襪隊的球探之中，克勞斯是最頂尖的，所以我才有機會認識他。」這位老闆後來解釋道：「公牛隊這個組織需要文化上的改變，而克勞斯的信念跟我的不謀而合。」後來，這兩個在公牛隊的喬丹時代掌握大權的人，被芝加哥人稱為「雙傑瑞」。

「我希望球隊能打出紅頭霍爾茲曼的風格。」宣布球隊將做出改變時，藍斯朵夫說：「我想要一支無私的球隊，一支有團隊防守的球隊。我希望大家認清各自的角色，沒有持球的時候也要跑位。克勞斯的工作就是要找到一九八五年的德布斯切爾與一九八五年的布萊德利。」

約莫五年前，克勞斯也曾經得到公牛隊總管一職，可惜幾個月後就搞砸了，因為他主動將帝博大學（Depaul）的雷・梅爾（Ray Meyer）雇用為球隊的總教練。問題在於克勞斯根本沒有這麼大的權限。這件醜事公開之後，公牛隊的董事們馬上將克勞斯解雇，讓他淪為城裡的笑柄。

一九八五年的春天，克勞斯回歸的消息在芝加哥的體育界投下一枚震撼彈。傑瑞・克勞斯將變成麥可喬丹的上司？「傑瑞的名聲是這樣的：他出場的時候，領帶上常常沾著肉汁。」長年在芝加哥擔任體育寫手的比爾・格里森（Bill Gleason）曾解釋道：「我個人是沒看過他領帶上沾著肉汁啦，但有人說他們真的看過。當然，他是很肥沒錯。傑瑞一直都有暴飲暴食的問題。」

他的身高不到五呎六吋，體重卻高達兩百六十磅。

「傑瑞在這裡打滾很久了。」一位長年受雇於公牛隊的員工在一九八八年說：「他認識聯盟裡所有的教練、助理教練以及球探。以前的公牛隊管理階層瞧不起他。他們老愛說那些關於他的故事與傳聞，總之把他講得很難聽。結果你看，他現在又回到這裡當總管了。」

能重返公牛隊，克勞斯欣喜若狂。他解釋道：「我如喪家之犬一般離去，現在我卻重奪顛峰之職。」

他新官上任的第一刀就砍在總教練凱文・朗格利身上。接著將退休的大學教練，也是他的老朋友泰斯・

溫特（Tex Winter）引進教練團。接替朗格利的人選之中，他相中浪人教練史丹・阿爾貝克（Stan Albeck），他最近的一份工作是擔任紐澤西籃網隊（New Jersey Nets）的教練。克勞斯後來坦言：「一做完這個決定之後我就知道錯了。」

接著，他把注意力轉移到球員陣容上。「萬事起頭難啊。」克勞斯回憶道：「有九個球員是我不想要的，三個球員是我想要的。我想要達夫・科爾辛（Dave Corzine），我想要羅德・希金斯，我想要麥可。剩下的我連理都懶得理。他們確實是有天分的，每一個都很有天分，但眼前的重點不是天分。」

克勞斯還記得跟喬丹坐下來談論球隊的未來。「我告訴他：『我相信你有機會成為一名偉大的球員。我會試著以你為核心打造出一支球隊，我會找到可以跟你合作的球員。』他說：『不要找可以跟我合作的球員。找可以幫助球隊贏球的球員。』」

球隊管理部門經歷了二十年的風風雨雨，如今克勞斯看似非正統的做法更引來球迷們的公開質疑。但是克勞斯知道自己要的是什麼，也著手讓他的想法成真。一直以來他告訴自己，如果還有機會在ＮＢＡ的球隊裡擔任總管，他一定會實現自己心中的遠景。從泰斯・溫特的系統籃球開始，實踐他的三角進攻。接著，將菲爾・傑克森培養成總教練人選。自從當年試圖透過選秀取得傑克森開始，兩個人就認識了。父母親都是五旬節傳教士的傑克森在蒙大拿與北達科他長大。高中快要畢業的時候，他想要逃離嚴謹的家教，北達科他大學提供的體育獎學金正好給了他機會。他的大學教練是年輕而有魅力的比爾・費奇（Bill Fitch）。六呎八吋的傑克森兩度被選為第二級的全明星球員，也理所當然有資格進軍職業。唯一願意跋涉到北達科他看他的球探，大概就是克勞斯與霍爾茲曼了。

身為尼克隊球迷的藍斯朵夫喜歡克勞斯要把傑克森培養成ＮＢＡ教練的看法。紐約與紐澤西十三年的職業球員生涯結束之後，傑克森先在籃網隊擔任助理教練與球評，接下來五年在美國大陸籃球協會（Continental Basketball Association）的奧爾巴尼地主隊（Albany Patroons）擔任總教練。一九八四年，傑克森帶領地主隊拿下ＣＢＡ的總冠軍，隔年他被選為ＣＢＡ的年度最佳教練。當克勞斯聯絡他，希望他到公牛隊擔任助理教練時，他正在波多黎各執教。

「菲爾當球員的時候我一直跟他保持連絡。」克勞斯回憶道：「我們兩個常聊，我也有關注他在CBA的執教生涯。一九八五年在芝加哥得到工作之後，我又跟他聯絡。我告訴他我需要CBA的球探報告。不到一個禮拜，我收到一份打字機打出來的報告，範圍涵蓋整個聯盟，詳細描述了每一個球員。」

「我在CBA取得一些成就。」傑克森回憶道：「但還是沒有人來找我……NBA的世界裡唯一還跟我有連絡的大概就是傑瑞・克勞斯了。而且他才剛重返高位。他是我的人脈。傑瑞從大學時就開始看我打球了，我們認識二十年了。傑瑞是一個很厲害的人。在體育世界裡他是一個謎樣人物。大家絕對不會認為他是一個運動員。就算在三十年前的球探圈裡，他也不像是我們平常會在籃壇看到的典型球探。」

在尼克隊打球的時候，大家就知道傑克森是一個不願墨守成規的人。在一九七五年花花公子出版社（Playboy Press）請查理・羅森（Charlie Rosen）跟他一起撰寫的自傳《Maverick》之中，傑克森透露他曾探索六〇年代的反文化。他在書中坦言自己曾經吸食迷幻藥與其他毒品，這大概讓所有NBA球隊都確定不會把他當成總教練的料。

「我從沒讀過那本書。」克勞斯曾解釋道：「我不用讀，我很清楚菲爾是什麼樣的人。」

季前組織團隊的過程中，克勞斯為傑克森安排了助理教練的面試，面試官是總教練史丹・阿爾貝克。「我直接從聖胡安（San Juan）飛過去。」傑克森在一九九五年回憶道：「行程很倉促，我必須要開車到聖胡安趕一大早的飛機。當你住在亞熱帶的時候，會養成某一種生活方式。大部分的時間我都穿夾腳拖。因為那裡的社會氛圍，我穿著寬鬆棉褲與polo衫。我戴著一頂厄瓜多式的草帽……壓不壞的那種。我在餐廳拔了一根鸚鵡羽毛當作裝飾。在餐廳跟一隻金剛鸚鵡玩了一會之後，我從牠的尾巴上拔了一根羽毛，插在帽子上。我投射出某種形象。我留鬍子，已經留好幾年了。那時的我是一個我行我素的人，其實現在也是。特定的舉止態度讓我顯得與眾不同。反正我就是來參加面試，我不知道自己的樣貌對史丹・阿爾貝克有什麼影響。史丹是個好教練，他打滾多年，也有了一些成就。那場面試非常短。他不是針對我，但是我馬上察覺到他根本不想雇用我。雖然說傑瑞・克勞斯把我們兩人鎖在一個房間裡面，說：『我希望你們坐下來聊一聊戰術。』史丹還是找了別的話題來聊。」

阿爾貝克後來告訴克勞斯：「任何情況下我都不想要用那個人。」

事實上，阿爾貝克對泰斯・溫特的系統也沒有太大的興趣。第一次擔任公牛隊總管的期間，克勞斯就是因為教練的問題惹禍上身，這一次克勞斯不想要再搞砸，所以他選擇先行退讓，告訴傑克森說他下次再跟他聯絡。

同時，克勞斯也在最後一刻大施拳腳，設法在一九八五年的選秀會上選中了維吉尼亞聯合大學（Virginia Union）的查爾斯・歐克利。他是一個體型很大，但名氣很小的前鋒。跟克勞斯所有的決策一樣，這個選擇在芝加哥也沒有太受支持。

「查爾斯是一個堅強的孩子，他不會想從任何人身上撈好處。」前公牛隊助理教練強尼・巴赫回憶道：「看得出來他是一個意志堅強的人，而且很渴望上場表現。……來自小學校的他想要向人們證明，在選秀會上選擇他是值得的，所以他下定決心要全力奮戰。」

歐克利很快成長為公牛隊需要的那種大前鋒，可以保護喬丹，讓他免受比爾・蘭比爾那種人的攻擊。克勞斯繼續找尋其他拼圖碎片，也就是他口中所謂「我們需要的人」。

「傑瑞為這支球隊汰除了許多不需要的人事物。」後來談到克勞斯早年的決策時，菲爾・傑克森說：「組織裡不需要某些種類的人。對於想要什麼樣的人，他有著很明確的想法。他為球隊帶來了品格，至少是他認為是品格的東西。那些善良穩定的人。那些想要認真工作的人。」

刺

帶著他的想法與野心，重返芝加哥的第一年克勞斯就鑄成大錯，明明沒有必要，但他卻選擇孤立喬丹。自此而後的十五年，兩人的關係沒有好過。克勞斯初期的手段之一，就是把喬丹在隊上最好的朋友給交易出去。「我們把羅德・希金斯賣了。」克勞斯後來坦承：「這件事讓麥可很不爽。」

後來，克勞斯重新買進希金斯，卻又再次把他賣出。這樣的行為讓旁觀者不得不認為克勞斯以挑戰喬丹為榮，甚至以挑戰喬丹為樂。在擔任球探的那幾年之中，克勞斯曾投注許多時間在傳統上以黑人為主的大學中挖寶，也認真研究過幾個籃球史上最偉大的球員。他對自己的背景十分自豪，常常憑藉著球探經驗，向喬丹詳述那些偉大球員的種種。

「我以前很喜歡故意激他。」克勞斯回想起早年跟喬丹之間的衝突：「我以前常說：『有一天你可能會變得跟厄爾・孟洛一樣偉大。你讓我想起厄爾以及埃爾金。你是厄爾・孟洛與埃爾金・貝勒的綜合體，有一天你可能會如他們兩人一般偉大。厄爾稱霸地面，而你掌握制空權。埃爾金是第一個展現空中美技的人。看到你我總會想到他。』每一次我講完這些，他一定會說：『他馬的孟洛。』又接著說：『你想說什麼，孟洛嗎？選秀會第二順位那個嗎？啊不就好棒棒？』我覺得跟麥可之間的衝突都是從厄爾・孟洛的話題開始的。」

目睹兩人交鋒的公牛隊員工，看到克勞斯持續激怒喬丹，都會不自覺地縮一下。「如果你要對麥可撂狠話，那些話最好能成真。」公牛隊長年的新聞發佈官提姆・哈倫解釋道：「因為他永遠不會忘記，也不可能善罷甘休。」

最後的結果就是，這位總管那麼喜歡「激他」，也等於自毀了與隊上球星發展良好關係的任何機會。但是克勞斯似乎從喬丹對他的回應之中感受到不敬，所以才會持續這樣做。

同時，喬丹努力爭取他真正信任的人。他希望球隊簽下巴斯・彼德森以及華特・戴維斯，而且似乎對於任何與北卡大有關的人事物都很有好感，這讓克勞斯大翻白眼。過一陣子之後，喬丹決定不惜一切代價避免與這位新總管接觸，這是喬丹職業生涯之中旁生的枝節。兩個被天意綑綁在一起的男人，其中一個亟需情感，另一個說什麼都不肯付出情感。這對冤家最妙的一點就是，克勞斯在自己的人生中不斷累積不安全感，而喬丹連不安全感是什麼都不知道。儘管如此，克勞斯仍是與喬丹作對的人之中性格最硬的一個。

在喬丹的第二個球季中，兩人之間的尖酸刻薄更形銳利。許多籃壇的老前輩都覺得克勞斯的做法根本是自找麻煩。「麥可即將成為NBA的頂級球星。」凱文・朗格利回憶道：「你可以以這個人為中心打造一支球隊。透過補強，你知道這支球隊將會一年比一年更好。在NBA裡頭，沒有球星就成不了強隊。現在你有了這個球星，也有了補強的機會。而且喬丹不只是一個球星，他可以做很多事。他可以勝任三個位置，控球後衛、得分後衛與小前鋒。我相信如果你把他擺在低位也不會有什麼問題。他可以抓籃板，他會傳球。他不像大部分的球星只有一個面向，他是一個無所不能的球星。有了他，建構一支強隊變得容易多了。」

克勞斯為公牛隊的訓練營帶來幾個新面孔，擔任馬刺隊先發多年的「冰人」喬治・葛文就是其中之一。這位老將也參與了明星賽的冷凍喬丹計畫，可以想見那年秋天訓練營的氣氛很有意思。這位年輕新星並沒有特別對葛文表示歡迎，而葛文也明白，在當時的情況下他必須做出一些退讓。

「他是一個正要往上爬的年輕人。」葛文回憶起二十二歲的喬丹：「當時的他還沒證明自己的偉大。他展現了偉大的潛力。但是他跟其他所有初入聯盟的年輕人一樣，才剛剛試圖要闖出一番名號。」

積習難改的喬丹很快就找葛文單挑。「我們確實有打。」葛文承認，語氣中暗示自己無法抗衡喬丹無盡的體力。「我們一起投了幾球。我已經是半退休的老將了，所以他的對手是老年的冰人，而不是當年的冰人。懂我的意思嗎？我知道我在那支球隊的任務只是貢獻一己之長。我有過輝煌時期，我知道現在輪到他了。我只是到那裡渡過NBA生涯的最後一年。麥可有他自己的風格，他是個很棒的運動員。他在生涯後段才發展出那招跳投。我是打從一開始就靠跳投得分的。所以我們的打法不一樣。他常常跳躍，我常常滑翔。我像是佛雷德・亞斯坦（Fred Astaire）一般舞動，他則像是在做開合跳。」

說起來，那場一對一單挑也為兩人破了冰，但喬丹還是不願意讓葛文進入他的小圈子。葛文解釋道：「我跟他其實沒有那麼多話可講。」他也懷疑明星賽事件在喬丹心頭留下芥蒂。「那個時候我對他只有尊敬，因為我看見他所擁有的驅力。不是在場上，而是在他的內心。我說的是想要獲勝的驅力。從練球等等的事情就看得出來。他不會罷手。他體內的驅力太過強大，老兄啊，他非成功不可，他非贏不可。」

這個老後衛馬上看出喬丹的小圈子和其他隊友之間有著一條鮮明的界線。「他跟幾個人特別好，像查爾斯・歐克利和羅德・希金斯。我跟他其實沒那麼好。」葛文回憶道：「但事情就是這樣。你知道嗎，人生是很好玩的。球賽是大事，但是真正重要的是人與人之間的關係。我認為籃球生涯給我最大的禮物就是我跟一些隊友之間的關係。我很珍惜他們，他們也知道我不是只在乎自己。」

第二年球季初期，與公牛隊成員相處的狀況揭露了喬丹終將面對的挑戰。不管在任何球隊陣容之中，他的御選小圈子跟其他人之間的界線都太過嚴明。你要嘛在圈內，要嘛在圈外。他與隊上大部分的人都保持著距離，這情況在生涯初期尤其明顯。外人也許會說，他需要這層保護膜方能生存，但同時他也必須了解，沒有人是一座孤島。葛文評論道：「你要努力不待在那座孤島上。老兄啊，你真的必須為此努力。」

一九八五年秋末，公牛隊打出開季的三連勝，但在第三場對戰金州時，麥可左腳的足舟骨骨折了。這種傷曾經大大改變甚至徹底終結了不少球員的NBA生涯。自認可以很快回到球場的他在下一場比賽坐在板凳上，並對媒體宣稱只是「腳踝受傷」。這是他整個籃球生涯的第一次缺賽，包含高中三年，北卡大二年級那年開季前四週弄斷手腕他也照樣上場。

「我覺得自己像個球迷。」受傷隔天對戰金州時，他對記者們說：「我什麼都不能做。只能坐著看球，幫他們加油。」

然後，診斷報告出來了。傑瑞・藍斯朵夫回憶道：「從此之後，那一年成了一場災難。」喬丹將在接下來的六十四場比賽中缺陣。聯盟中的老鳥球員都給彼此一個心領神會的眼神。喬丹那種百折不撓霍盡全力的打法終於讓他自食其果。「他總是在場上為所欲為。」葛文一邊回憶一邊總結老鳥們的智慧：「他可能就是因為這樣受傷的，每一場比賽他都打得太認真。」

對剛剛在喬丹身上投資數百萬美元的 Nike 來說，腳傷的消息形同雪崩。「我的意思是，我們可能玩完了。」瓦卡羅回憶道：「我們了解到，一切可能都結束了。」

他們的恐懼，喬丹也感同身受。「我也有點害怕。」他後來解釋道：「那時我不想被任何人打擾。我不想聽到電話鈴響。我不想看電視。我不想聽音樂。我只想要待在全面的黑暗裡，因為那就是我要面對的情形，那令我痛苦。那是我第一次必須考慮做一些籃球以外的事情，一切變得非常不一樣。」

接受了受傷的事實之後，他的第一個念頭是回到家鄉，這個想法馬上受到反對。「麥可想要回北卡羅萊納復建。」當時擔任公牛隊的訓練員的馬克菲回憶道：「我們設法讓傑瑞・藍斯朵夫與傑瑞・克勞斯接受這件事，然後在北卡為麥可安排了復建行程。他一邊復健一邊攻讀學位，也得到了心靈的平靜。也許就是因為這樣，後來重回球場的喬丹才能如猛虎出閘。」一些旁觀者與幾個隊友都對喬丹發出批評，認為他不該在負傷之時離開球隊。雖然只打了三場比賽，喬丹在東區明星隊的球迷票選上還是獨占鰲頭。

「我非常頹喪，一開始根本不知道怎麼處理這個狀況。」喬丹回憶道：「所以我選擇遠離，回到北卡大繼續攻讀學位，在電視上觀看球隊比賽。對於當時的我來說，那是最好的處理方式。」

待在教堂山復健的他，每當北卡大球隊有比賽時就坐在板凳上，這是他第一次有機會坐著好好觀察那個曾經塑造他的系統。當他的腳開始感覺好轉，他背著藍斯朵夫與克勞斯冒險踏入禁地，開始報隊鬥牛。「我很久之後才聽到這件事。他復健兩週就回到球場打球。」克勞斯回憶道：「我不知道這消息是不是真的，但我確實有聽說。他從來沒有承認自己偷打球。三個禮拜後我們在電話上會談。『感覺還好嗎？』『現在好多了。』『醫生還是建議你繼續休養。接下來兩週找個時間回來隊上，我們需要再對你的腳做檢查。』這樣的對話持續了差不多兩個月。」

「我知道他在北卡大偷打球，因為他親口告訴我。」桑尼・瓦卡羅回憶道：「我沒有一字一句記得很清楚，不過他大概就是說：『我要看看這隻天殺的腳，這隻他馬的腳到底能不能用。我要看看我可不可以打。我需要遠離人群，我也知道我會受到保護。』」知道這個消息之後，已經在他的生涯上投注重本的 Nike 彷佛稍稍心安，卻又更加心驚。

沒有喬丹在陣，史丹・阿爾貝克必須把進攻的重心轉到葛文身上。阿爾貝克曾在聖安東尼奧當過葛文的教練，所以公牛隊轉而使用幾套冰人專屬的戰術。「在那種情況下，史丹已經盡了人事。」芝加哥的廣播電台記者雀兒・芮斯陶德（Cheryl Raye-Stout）回憶道：「少了麥可，隊上有一大堆心不在焉的球員。暫停的時候，西德尼・格林（Sidney Green）這種人甚至根本不跟隊友圍成一圈。」

「當時的情況對史丹來說非常艱難。」西德尼・格林在一九九五年回憶道：「不幸的是，他對球隊與麥可有著很高的期待。麥可倒下之後，史丹的全盤計畫都需要更改。於是他試著圍繞喬治・葛文打造一支球隊，可惜喬治已經日薄西山。好在他的挑籃還是寶刀未老。除了喬治之外，每個人都很年輕……不要忘記那也是昆汀・戴利惹上麻煩的一年。」戴利開始連續無故缺賽或晚到。二月的一場比賽缺席之後，克勞斯決定將他禁賽。八週之內，戴利兩度進入毒癮勒戒所。

「某次投籃練習，昆汀又晚到了，我也知道那時候的他有在吸食古柯鹼。」克勞斯說：「比賽前，我們都還在等他現身。然後史丹說：『如果他來了我還是會讓他上場……。』我跟他說：『那傢伙不會再穿上公牛隊的球衣了。』我當場做了這個決定，而且開始尋找新教練。」

喬丹缺席之後，整支球隊群龍無首，從這裡也可以看出喬丹揹負著多重的責任。到了三月，公牛隊的戰績是二十二勝四十三敗，就在這個時候，喬丹跟管理階層說他的腳傷已經恢復得差不多，他想要重返賽場。「我不願意看著自己的球隊跌入深淵。」他後來解釋道：「我覺得腳傷的痊癒程度已經足以讓我上場貢獻。」

他的決定出乎藍斯朵夫的意料，也讓他跟克勞斯之間爆發了另一場激烈的衝突。提早重回賽場的風險讓老闆和總管都發出強烈質疑。

克勞斯回憶道：「我跟麥可之所以談不攏是因為他以為我的意思是：『你是我們的資產，所以我們叫你做什麼你就做什麼。』我根本不記得自己曾經那樣講，是他誤解了。我試著禁止他打球是因為他的腳還沒完全好，而且醫生也說：『不行。不行。不行。不行。』同時藍斯朵夫也跟他解釋了風險問題。而他只是一個想要上場打球的孩子，所以我不怪他。但是一切的紛爭就這麼開始了，因為我們告訴他：『我們不會讓你上場。』我們全部都坐在那個房間裡，然後史丹他馬的什麼忙都不幫。史丹明明可以幫我們向麥可解釋，但是他太自私了。醫生都說麥可不能上場了，史丹應該站在我們跟醫生這一邊才對。」

克勞斯還記得：「喬丹坐在那裡，氣到七竅生煙。他說：『所以你們現在是要跟我說我沒辦法打球？』」談得愈多，喬丹的怒意愈盛。「他們的對象也是一個賺好幾百萬的大老闆耶，但是我那好幾百萬對他們來說就像是零錢一樣。」他後來回憶道：「我唯一想要的，就是上場打我已經打了一輩子的籃球。但是他們看事情的方法跟我不一樣。看起來他們只是想要保障自己的投資，確保他們可以繼續幾百萬幾百萬地賺。那時我真的覺得自己被利用了。只有那一次，我覺得作為職業球員的自己被利用了。我感覺自己只是球隊資產的一部分。」

「我嚇得半死。」克勞斯如此描述當時的場景：「我不想要因為太早讓麥可喬丹重回球場而成為歷史罪人。」

喬丹察覺到管理階層打的算盤，他們想要繼續輸球，以便在選秀會上得到更好的順位。「刻意輸球反映了你是一個怎麼樣的人。」他這麼告訴論壇報，然而這個評語卻在他往後成為NBA球隊老闆時仍餘音繞梁。「誰都不該為了得到好東西而輸。你應該要善用現有的資源做到最好。如果他們真心想要打進季後賽，任何有機會贏球的時候我都會二話不說上場。」

「那簡直像是一場肥皂劇。」藍斯朵夫在一九九五年回憶道：「我們對麥可太坦白了。我們向三個醫生徵詢重回賽場的合適時間，也讓他聽了那三個醫生的報告。三個醫生一致認為他的腳傷還沒完全好。他們說，如果他堅持要打，會有百分之十到十五的機率結束生涯。麥可的競爭心太旺了，他只想要上場。我覺得他有權力聽聽醫生怎麼講，但我沒有料到他竟然會願意賭上自己的籃球生涯。我覺得完全沒有道理，但是麥可認為，只有百分之十到十五的風險，代表有百分之八十五到九十的機會他會安然無恙。對我來說，這樣的報酬風險比爛透了。在此，所謂的報酬是重返球場為一支那年已經打爛的球隊打球。為什麼要為了這種報酬去面對可能結束生涯的風險呢？麥可堅持說他比我更了解自己的身體。所以我們彼此各退一步。麥可將以循序漸進的方式重返球場，一開始上下半場都只能打七分鐘。」

喬丹洩憤的方式，就是幾乎隻手遮天地將公牛隊的厄運翻轉。

「這就是麥可的作風。」前公牛隊助理教練馬克菲解釋道：「只要不認為某件事會傷到他，他就會把這件事拋諸腦後，專注打球。遇上扭傷、鼠蹊拉傷、肌肉痙攣、感冒等等，麥可的第一個問題總是：『如果繼續打球會傷到我嗎？』如果我說不會，那這些問題就不再是問題了。他會專注於球場，忘記這些事情。」

「他們限制喬丹上場的分鐘數。」芝加哥的廣播電台記者雀兒・芮斯陶德還記得：「他們真的拿一個計時器在那邊測。史丹必須坐在場邊計算麥可上場的時間。麥可傷癒復出的那段期間，史丹一直受到這樣的束縛。有些人懷疑，之所以限制麥可上場的時間，主要的目的還是為了下一季的選秀權。至於這樣的懷疑是否為真，我們永遠不會知道答案。」

在一場比賽中，喬丹上場超時。藍斯朵夫回憶道：「我叫克勞斯去跟史丹說，以後不准再這樣了。史丹說他想過了。下一場比賽對上印地安那，剩下二十五秒還是三十秒的時候，公牛隊只落後一分。剛好在這個時候麥可上場的時間到達七分鐘了，結果史丹還真的照規定把他換下場。他之所以這麼做，是要讓我們明白七分鐘的限制有多麼荒唐，多麼專制。」

公牛隊最後還是靠著約翰・帕克森的跳投贏下那場比賽，但是藍斯朵夫暴跳如雷。阿爾貝克讓他看起來很蠢。

「有一件事情我一直搞不懂。」馬克菲說：「既然麥可可以練兩個小時的球，為何只能打十四分鐘的比賽呢？」

「當我們顯然有機會打進季後賽時，麥可上場的時間漸漸增加。」藍斯朵夫說：「終於，季末某一場比賽的中場休息時，克勞斯請一位訓練員向史丹轉達，說他想讓麥可上場多久就上場多久吧。其實那一整年我都不應該讓麥可上場的。是我錯了。」

上帝化身

掙脫上場時間限制的喬丹幫助公牛隊在最後的十三場比賽中贏了六場，最後的戰績是三十勝五十二敗，季末擊敗華盛頓之後剛好可以擠進季後賽。

第八種子公牛將在季後賽首輪對上第一種子波士頓塞爾提克。在球隊總裁紅衣主教奧爾巴赫與總教練K. C.瓊斯（K.C. Jones）的帶領之下，那一年波士頓的主場戰績是五十勝一敗。大鳥柏德正要連續三年拿下聯盟MVP，而波士頓也正要連續四度打進總冠軍賽，並在過程中拿下兩座冠軍。那是一支非常非常偉大的籃球隊，前場球員包括柏德、前鋒凱文·麥克海爾（Kevin McHale）、中鋒羅伯特·巴里許（Robert Parish）與比爾·華頓。他們帶著鋼鐵般的意志，決心拿下隊史第十六冠。

比爾·華頓回憶道：「那支球隊可以贏下任何比賽，我們擁有完整的陣容、出色的教練、管理階層的紅衣主教卓越不凡的領導、棒透了的球迷、完美無瑕的主場優勢。而且，我們還擁有大鳥柏德。曾跟我並肩作戰的球員裡，他是最偉大的一個。在我看過的球員裡，大鳥柏德是有辦法點燃主場觀眾情緒的。作為一個球員的大鳥柏德已經如此偉大，但是作為一個人，他甚至更好，作為一個領導者，他更是好到無以復加。作為球員的大鳥柏德這麼棒，而我們的遠景與回憶也一樣棒，然而大鳥柏德本身卻比這些都棒。他超越這些，因為球賽、規則、計時器、裁判等等——這些東西都對他加諸了太多的限制，因為他是一個極具創造力的藝術家。他是米開朗基羅，他是巴布·狄倫（Bob Dylan）。他看見一些沒有人看見的畫面，並且有能力把那些夢幻花火化為現實。大鳥柏德是獨一無二的。」

波士頓的教頭K. C.瓊斯可能是籃球史上最能對球壓迫的後衛，他曾跟比爾·羅素一起贏下一座又一座的總冠軍。那一年的四月，瓊斯跟手下的球員一樣信心高漲。他認為對付落水狗般的芝加哥公牛隊，球隊不需費吹灰之力，而面對那位剛從傷兵名單回來的新星，球隊也不必多費什麼勁。

「我們真的沒有設定任何包夾他的戰術。」凱文·麥克海爾回憶道：「我們啥都沒做。我們只說，就讓他得分吧。然後你也記得，第一場比賽他就爆走了。」

沒有包夾負累的喬丹在第一場比賽的四十三分鐘之內拿下49分，但波士頓還是以123比104擊垮了芝加哥。

那場比賽中場休息時，球評湯米・海因索恩（Tommy Heinsohn）說：「塞爾提克的一對一防守顯然對喬丹沒用。」

丹尼斯・強森（Dennis Johnson）與丹尼・安吉（Danny Ainge）一起防守喬丹，兩人的防守功力都是一流，替補的里克・卡萊爾和傑瑞・希克丁（Jerry Sichting）也共同分擔這項任務。

「第一場比賽過後，我們覺得應該要包夾他，或至少想點別的辦法。」麥克海爾回憶道：「然而K.C.瓊斯說：『再看看吧。』確實啦，他們是三十勝的球隊，我們是六十七勝的球隊。他們打敗我們的機會是零。」

三天後的第二戰將在波士頓花園舉行，喬丹心頭似乎藏著事。「賽前的休息室裡一片鴉雀無聲。」西德尼・格林還記得：「麥可專注到了一個極點，而我們都知道他決心要幹一番大事。」比賽進入二度延長。在五十三分鐘的上場時間裡，喬丹出手四十一次命中二十二球。塞爾提克拚命對他犯規，他罰二十一中十九。數據上還有6助攻5籃板3抄截4失誤。喬丹的63分成了NBA史上季後賽單場最高得分紀錄。

柏德賽後說：「今晚的麥可喬丹是上帝扮的。」在往後喬丹的精彩鏡頭集錦之中，這句評語將被永遠被反覆播送。那一刻，他把籃壇最佳球隊的傲氣全都驅散了。

「第一場比賽他拿下49分，我們還是以二十分之差大勝。」華頓回憶道：「所以我們說：『放心，他不會再有這種表現的啦。』結果下一場比賽他狂砍63分，幾乎讓我們整支球隊犯滿畢業。要不是大鳥柏德發威，我們就不會以135比131在二度延長賽中打敗他們。」

那一場比賽，大鳥柏德上場五十三分鐘繳出36分的成績，波士頓要靠全隊的得分才能與喬丹的表現抗衡。麥克海爾拿下27分，安吉拿下24分，強森拿下15分，巴里許拿下13分，華頓拿下10分。

「說老實話，我們是真的沒有為了他擬定戰術。」麥克海爾還記得：「我們就是上場，然後說：『嘿，好吧，總之我們會照平常防守。就算你在我們的防守下得分，那又怎樣？』誰知道他會砍六十幾分啊。」

華頓回憶道：「第二戰打完，在休息室裡我們說：『這傢伙真的滿厲害的。不然我們就包夾他，看看達夫・科爾辛和公牛隊的其他人還能有什麼搞頭。』」

第三戰，面對包夾以及塞爾提克隊的身材優勢，喬丹在芝加哥體育館只出手十八球，命中八球。最後拿下19分12籃板9助攻，他的球隊以122比104落敗，在首輪被橫掃出局。

「我們包夾他，而且不讓他拿到球。」麥克海爾說：「我們認真為他擬定了戰術。人們都忘了我們在那一輪的橫掃表現。三比零，晉級的是我們。」

還真的沒有什麼人在意那一輪系列賽的結果。整個NBA與所有的球迷都被喬丹的表現所撼動。四年前，他靠著拿下全國冠軍的一記戲劇性跳投得到了舉國注目。如今，面對柏德與塞爾提克的表現將喬丹傳奇帶到了更高的境界。他對籃壇最強球隊做出來的事，讓全NBA的教練們跟球迷一樣，都被嚇得目瞪口呆。

「那實在是精采絕倫。」西德尼・格林說：「我了解麥可。像他這樣的人，喜歡大家認為他做不到。這可以幫他火上添油，他要證明給自己看，也要證明給所有人看，他可以帶傷上陣，他也已經做好萬全準備。」

最重要的是，這場比賽給了芝加哥公牛隊的管理高層一份訊息。多年後，藍斯朵夫承認：「那場比賽讓我們明白了麥可究竟有多麼偉大。」

對喬丹個人而言，那場比賽亦標示了重大的里程碑。「在那場比賽之前，許多媒體仍說，他很強，但是還沒有強到足以與魔術強森或大鳥柏德相提並論。」多年後回首前塵，喬丹說：「我贏得了大鳥柏德的尊敬——這讓我知道自己走在正確的道路上。重點不是我得了多少分，因為我們畢竟輸了那場比賽。看那些精采鏡頭很過癮，但是還不夠爽，因為我輸了。在那個時候，柏德的那句話是我得到過最大的讚美。」

柯林斯登場

球季結束後幾週，克勞斯請史丹・阿爾貝克捲鋪蓋走人，這個決策再度激怒了公牛隊日益增多的球迷們。藍斯朵夫認為，當他們試圖阻止喬丹帶著腳傷重回球場時，史丹不但沒有幫忙，還很礙事。而且，阿爾貝克拒絕「泰斯・溫特的進攻建議。」

接任教練的人選有二：球評道格・柯林斯以及，沒錯，就是菲爾・傑克森。克勞斯苦心斟酌了一陣，還是選了柯林斯。作為ＣＢＳ球評的他對聯盟有著入裡的觀察，但是卻沒有任何執教經驗。當克勞斯報告這個想法時，據說藍斯朵夫是這樣回答的：「一個電視人？真的還假的？」但柯林斯是伊利諾州立大學（Illinois State）的球星，也是一九七三年的選秀狀元，而且在一九七二年命運多舛的美國奧運代表隊裡扮演中樞角色。被七六人隊選中的柯林斯幫助球隊從一九七三年的低谷中走出，到了一九七七年終於有了爭冠的機會。三度入選全明星隊的柯林斯最終也成了傷痛的受害者，於是提早結束球員的生涯。

「情況還滿尷尬的。柯林斯是球評，所以還沒被雇用時也常常隨隊旅行。」芝加哥的廣播電台記者雀兒・芮斯陶德回憶道：「史丹・阿爾貝克轉頭的時候，就會看到柯林斯坐在那裡。他先擔任了一陣子球隊顧問，那時就有傳聞說柯林斯將取代史丹的位置。」

「雇用道格的時候，所有人都在笑我。」克勞斯說：「好多人都說：『你他媽幹嘛雇用一個電視人啊？』」

「那時候我才三十五歲。」柯林斯後來回憶道：「而芝加哥已經在十年內換了九個教練。我只能捲起衣袖想辦法幹些活。」

起初，喬丹對此也沒什麼信心。事實上，他誤認為柯林斯只是克勞斯的另一步棋。「第一次見到道格的時候，我覺得他根本不知道自己在講什麼。」喬丹回憶道：「他剛得到這個職位時，我很納悶。我的意思是說，他太年輕了。但開始認識他之後，我愈來愈喜歡他。他有腦子，能夠控制局勢。最重要的是，他的想法很正面。」

除了自身的力量之外，他還引進了助理教練強尼・巴赫與金・里德斯（Gene Littles）。其中，巴赫更將成為球隊裡不可或缺的角色。「我曾在一九七二年的奧運會中擔任他的教練，我們是很好的朋友，也很尊敬彼此。」巴赫回憶道：「道格打電話給我，跟我說：『我希望你可以來這裡加入我的團隊。』跟著道格・柯林斯是一件令人愉快的事。他能感染情緒，能振奮人心，而且充滿了活力。他真的讓公牛隊重新開始贏球。」

教練人選底定之後，克勞斯又把腦筋動到球員陣容上。他送走了奧蘭多・沃爾里奇、賈萬・歐德漢姆（Jawann Oldham）以及西德尼・格林，並且開始累積現金與選秀權。在一九八七年的選秀會上，他手握一大把首輪選秀權。但在開季之前，陣中只剩一個球員的平均得分到達兩位數，而且那個球員才剛經歷重大腳傷。當時，大眾還不知道克勞斯一連串的作為讓麥可喬丹多麼憤怒，又給了他多強大的動機。克勞斯從波特蘭交易來一位三年級的後衛史帝夫・柯爾特（Steve Colter），而喬丹在訓練營裡卻對他百般刁難，彷彿他就是克勞斯本人一樣。從練球跟比賽中就可以明顯看出來，生性敏感的柯爾特不可能有辦法跟喬丹並肩作戰。跟許多控球後衛一樣，沒有持球的時候，柯爾特沒辦法展現效能。但在兩位教練的縱容之下，喬丹已經養成一個習慣，每次發界外球的時候，他都會把本來要接球的控衛趕走，自己拿了球啟動進攻。隨著時間過去，大家慢慢發現，像約翰・帕克森這種不需要持球也能展現威力的球員，比較適合跟喬丹一起作戰。球季進行不到一半，克勞斯就把柯爾特賣掉，後來又一連串引進了六名控球後衛，可惜沒有一個可以在喬丹的巨大陰影下施展拳腳。

那一年，克勞斯把吉姆・史塔克（Jim Stack）雇來擔任自己的左右手。史塔克曾在西北大學（Northwestern）打球，後來轉戰歐洲的職業聯盟。他有著以圖表分析戰術的本領，對球員也獨具慧眼。所以除了當克勞斯的助手之外，史塔克也為球隊擔任高階球探。當時，公牛隊的管理部門與球員已經被分割成兩個世界，而史塔克的職位讓他可以橫跨兩界。史塔克坦言，調解內部糾紛不是一件容易的事。沒有上路尋找球員的時候，史塔克就跟著球員一起練球，或者在球隊會議上發表報告。為克勞斯工作之餘，史塔克也跟教練們打好關係。他跟喬丹的關係也不錯。因為這份良好的關係，在長達十年的紛擾與不睦之中，史塔克成了讓組織免於分崩離析的黏著劑。

史塔克在世界籃壇中見多識廣，但是，他就在公牛隊的練球看見了最攝人心魂的演出。「麥可簡直是破壞神。」他在二〇一二年回憶道：「當時隊上有不少才華洋溢的球員，但是他們就是承受不住麥可在場上的生猛力量。可憐的史帝夫・柯爾特，剛到球隊時，我覺得他在後衛群裡算是不錯的。但最後傑瑞不得不把他交易出去，因為光是在練球時對付喬丹，就足以讓他整個人萎頓了。」

第19章 攻擊！

道格・柯林斯在第一個球季開始之前承受頗大的公眾壓力。大家認為公牛隊應該引進一些得分好手來補強陣容，像是沙加緬度的艾迪・強森（Eddie Johnson）或是金州的長人喬・貝瑞・卡羅（Joe Barry Carroll）。然而克勞斯選擇以靜待變，這讓球迷們害怕這支球隊已經沒有足夠的人才了。一些賽前預測甚至表示，要像上一季一樣拿下三十勝，對現在的公牛隊來說已是遙不可及的任務。

一些觀察家認為公牛隊的得分能力不足以克敵致勝，但這些質疑在尼克隊主場麥迪遜廣場花園的開幕戰中被全面粉碎。紐約尼克擁有派崔克・尤恩與比爾・卡特賴特（Bill Cartwright）這對雙塔，兩人讓尼克隊在第四節中段仍保持五分領先。暫停時，喬丹看著柯林斯說：「教練，我不會讓你輸掉你的第一場比賽。」

他獨得了球隊的最後十八分，逼出一場108比103的勝利。喬丹全場轟下50分，是客隊球員在麥迪遜廣場花園的單場得分之最，粉碎了由里克・貝瑞（Rock Barry）與前公牛球員昆汀・戴利所共同保持的44分紀錄。

柯林斯擁抱過每一個球員之後說：「我沒看過麥可喬丹這種球員。不曾有過，從來沒有。」

賽後，當記者們還在側耳傾聽的時候，喬丹跟他的父親說，是尼克隊的球迷驅使他爆量得分。

他的父親開玩笑問他：「所以你是在群眾間打球，不是在球場上？」

他回答：「我一直都是在群眾間打球。」

「開幕戰的勝利為球團注了一記強心針，那成了一個轉捩點。」回頭看的時候，藍斯朵夫評論道：「很多事情就在這一年慢慢建構起來，而麥可真的是太神奇了。」說的精確一點，就在這一年，喬丹接掌了美國籃壇。他帶來的革命有大有小。他在「小熱褲」年代踏入職籃，每個人的球褲都又緊又短。很快地，他創造出比較符合自己品味的風格，訂作寬鬆的球褲，讓褲管向下延伸兩吋半。用不了多久，聯盟裡每個球員都穿著發展成熟後褲管及膝的球褲。這是喬丹影響最為深遠的時尚宣言。

他的打法也帶來球風的革命，現在搖籃式灌籃已是家常便飯。新任助理教練強尼・巴赫把一切看在眼裡。跟泰斯・溫特一樣，巴赫也六十幾歲了。軍人退役的他已經是教練界的老鳥，前一份工作是擔任金州勇士隊（Golden State Warriors）的總教練。巴赫亟欲為柯林斯與喬丹提供協助。也跟溫特一樣，他起初先以謹慎寡言的態度接近喬丹。

「助理教練們，尤其是有經驗的那些，往往要知所進退。有時候你要插手干預，有時候你要放手遠離。」巴赫在二〇一二年回憶道：「在那些日子裡，我從遠處觀察他。他球打得太好了，你根本不敢相信他能做到什麼事。我一直覺得最好的做法就是在一旁看著他，幫得上忙的時候就幫。」

在柯林斯手下工作，巴赫的首要任務就是為球隊擔任高階球探，並且在球隊會議中分析對手，而他跟喬丹的關係就從這裡開始。講解比賽的巴赫有一種「措辭到位」的本領，如他所言：「因為我在戰時效力於海軍，所以我習慣借用很多軍事術語。」喬丹馬上被巴赫的用字遣詞以及二次世界大戰的故事所吸引。巴赫的雙胞胎兄弟是戰鬥機的飛行員，而巴赫在二戰中失去了他。巴赫回憶道：「這些事情似乎引起了他的注意。」除了用字遣詞之外，巴赫的眼裡閃爍著光芒，而且穿著一絲不苟，這些事情也贏得了喬丹的好感。

這位年長的助理教練常常講起南太平洋海戰的總指揮官海軍上將「公牛」豪爾錫（Bull Halsey）。「我把豪爾錫的帶兵方式告訴他。」巴赫帶著微笑回憶道：「每天晚上他都會傳訊給手下的每一艘戰艦，那個訊息是：『太平洋艦隊總指揮官下令：殺光日本鬼子。殺光日本鬼子。』」

面對易受影響的喬丹，這位助理教練也開始在比賽中傳達類似的訊息。「暫停結束前我會走到麥可身邊，跟他說：『拜託一下好不好，麥可，攻擊，攻擊，攻擊。豪爾錫是這樣講的，我也要跟你這樣講。』」巴赫回憶道：「如果我覺得他沒有積極攻擊籃框的話，我就會這麼做。我不常這麼做。但是他會記在心裡。一切大概就是從這裡開始的。作為助理教練的我沒辦法對一個球員下達戰術，所以我會跟他說：『我沒在場上看見你做那些你可以做到的事。』看了看情況，我就覺得，何不講一些話激勵他呢？所以我說：『嘿，麥可，攻擊，攻擊，攻擊。』那是我為他做的小事，而我們的關係就是那麼好。」喬丹開始把巴赫稱作他的私人教練。在那年的球季裡，巴赫的那些話語成了場上某種咒語。這樣一點鼓勵，就足以讓這位年輕的球星打出截然不同的比賽。

那個球季裡，喬丹在二十八場比賽中得分破四十，其中有六場更突破五十大關。在十一月底到十二月初之間，他連續九場比賽得分破四十，而且其中六場還出現在作客西區的時候。之後，他堅稱這些表現乃出於必要。「剛來這裡的時候，我必須擔任點火器，讓火燒起來。」他回憶道：「所以我的許多個人技巧都必須傾巢而出。」

跳

NBA圈子裡的大家很快就開始談論，這個版本的喬丹可謂前所未見。鳳凰城的華特・戴維斯也有所提防，他的隊友艾德・平克尼是這樣記得的。「就我所知，麥可有點把華特當偶像看。」平克尼回憶道：「華特是他最欣賞的球員之一。當時的華特也是球隊的看板球星。」隨著跟公牛隊首度交手的日子愈來愈近，平克尼發現戴維斯異常振奮，比平常更加用心備戰。「那對我來說有點奇怪，因為當年的華特在他的位置上所向披靡。」平克尼回憶道：「他從來不會因為任何對手而焦躁。當時我還不知道，原來許多北卡大的球員都會在暑假回到母校打球。」

在NBA球季之中，華特・戴維斯似乎並不想要給喬丹任何可以在教堂山的暑期裡講垃圾話的題材。「我有點知道接下來要發生什麼事。」平克尼說：「但戴維斯是真的知道接下來要發生什麼事。麥可唱了一場大戲。他的表現真的非常精彩。這兩個人針鋒相對。但重點其實不是麥可拿下多少分，而是他以什麼方式接管了比賽。某些時候你知道他又要發威了，可能連得十分，或連得十二分。而他拿下那些分數的方法，就是對籃框做出瘋狂的攻擊。他從一邊跳到另一邊反手上籃，用各種狂野的手段攻擊籃框。」

最讓平克尼驚訝的是喬丹對戴維斯的影響之大。「他真的是個很棒的球員。」平克尼說：「但喬丹卻讓他徹底改變自己的打法。」

儘管喬丹砍下43分，公牛隊仍以兩分之差敗北。賽後，隊醫將喬丹腫脹的腳趾戳破。傑瑞・克勞斯回憶道：「膿一直湧出來。很噁心。看到的話你會吐。」

隊醫命令腳趾受傷的喬丹回芝加哥休養十天。克勞斯在二〇一二年回憶道：「現在喬丹知道要去煩道格・柯林斯了。我才離開十五分鐘，道格從走廊跑來，跟我說：『我們需要談談。』然後他告訴我，麥可說他想打隔天在聖安東尼奧的比賽，他不會傷到自己，如果狀況不好他不會勉強打。總之就是那個人會講的那些話。好啦，可能當時的我態度也不夠強硬，所以我們讓他一起去聖安東尼奧。如果你有看那場比賽的話，我記得他那天晚上拿下52分。」

事實上，那場比賽喬丹拿下43分。那是連續九場得分破四十的比賽之一，喬丹是帶著腳趾的傷勢打球的。九場比賽之中，公牛隊輸了六場。比較情有可原的是，九場比賽中有八場是在客場作戰。連續得分破四十的尾聲，喬丹在亞特蘭大拿下41分，但是老鷹隊的多明尼克・威金斯砍了57分。

喬丹讓聯盟裡最強的球員們拿出最強的表現對付他。塞爾提克隊從上一季的季後賽中學到，喬丹已經變成一個守不住的進攻者，至少單一防守者守不住。菜鳥球季那年，湖人隊派出拜倫・史考特（Byron Scott）和麥可・庫伯（Michael Cooper）去伺候喬丹，他們不讓喬丹拿到球，用這個方式守住了他。但那樣的日子已經過去了。庫伯跟一位記者說：「當人們說我守喬丹守得很好，或是說某某人守喬丹守得很好，那都是錯的。最好是我擋得住他啦，我需要全隊的幫忙。他一拿到球，你的每根神經都繃緊了。你內心的警鈴大作，因為你不知道他接下來要做什麼。他可能從你的右邊過你，從你的左邊，從你的下面，繞過你，飛過你。他扭腰，他旋轉，而你心知肚明，無論如何他終究會把球投進。你只是不知道什麼時候，什麼方式而已。這是最能摧殘一個防守者心志的事情。」

巴赫激勵他做出來的攻擊實在太有創造力了，體育寫手里克・泰蘭德決定要探究一下他的跳躍力。「我沒有測量過自己的垂直起跳高度。」喬丹回答：「但有時我也會想知道自己到底跳得多高……在高空的時候我總會把雙腳岔開，例如說搖籃式扣籃的時候，然後我就好像打開一具降落傘，我好像會慢慢降落地面。開幕戰對上紐約尼克時，我真的打嗨了。比賽中最後一個灌籃，我覺得自己的眼睛跟籃框等高。有時候是手腕撞到籃框，但那一球灌籃時我的整個手肘都碰到籃框了。我差點因為跳太高而沒把球灌進。」

對於自己的滯空時間，他本人跟任何球迷一樣熱中。「要是可以給你看我在密爾瓦基的那一個灌籃就好了。」喬丹告訴泰蘭德：「那就像慢動作一樣，看起來我好像真的起飛了，好像有人在我身上裝了翅膀。看到那球，連我自己都起雞皮疙瘩。我在想，曾幾何時『跳躍』成了『飛行』。目前我還沒有答案。」

要秀出這些技巧，明星週的灌籃大賽當然是最好的舞台。球迷以破紀錄的一百四十一萬票把這位現在被稱為「飛人大帝」的球員送進全明星賽。「球迷那麼欣賞我的風格真是太好了。」他回應道：「我不會讓他們失望的。」

當年的灌籃大賽對於籃壇的頂尖球員們仍有著特別的吸引力，尤其當在腳傷痊癒不滿一年的喬丹加入賽事之後。靠著一系列從招牌的飛行能力中提煉出來的灌籃，喬丹在西雅圖的國王巨蛋（Kingdome）裡拿下灌籃大賽的冠軍（亞特蘭大老鷹隊的多明尼克・威金斯因傷沒能參賽）。在明星週的主要賽事中，沒有人還敢有冷凍喬丹的念頭。喬丹的影子現在籠罩整個聯盟。「就算在全明星賽中，你的眼睛還是離不開他。」紐約每日新聞（New York Daily News）的資深籃球寫手米奇・勞倫斯（Mitch Lawrence）評論道：「不要搞錯我的意思，你當然還是可以看魔術與大鳥。但是麥可喬丹還是不一樣。當你去看他打球，就算是例行賽，你真的會一直看著他。場上可能還有另外一兩個超級巨星，但是沒差。基本上百分之九十五的時間你的目光都在麥可喬丹的身上。如果他下場休息，你可能會稍微看一下其他的球員，但大部分的時間你都目不轉睛地盯著他。你會這樣對多少人？」

明星週之後，喬丹恢復步調。二月後期對上籃網隊，他拿下58分，打破了切特・沃克（Chet Walker）例行賽單場57分的隊史紀錄。幾天之後，儘管左腳的雞眼疼痛難當，儘管龐帝克銀色巨蛋（Pontiac Silverdome）裡三萬零兩百八十一個球迷喊聲震天，他還是轟炸了61分，帶領球隊在延長賽擊敗活塞隊。從頭到尾，喬丹與活塞隊的以賽亞・湯瑪斯和阿德里安・丹特利（Adrian Dantley）瘋狂地交互進球。

「當時以賽亞的表現激發我進入另一個檔次。」喬丹後來坦言：「他投進高難度的球，然後換我投進高難度的球。那是一場很棒的球賽，也讓球迷大飽眼福。」那年球季眾多得分爆量的比賽中，對活塞隊的勝利無疑是他的最愛。「因為我們贏了。」他解釋道：「也因為我在比賽最後的幾分鐘被派去防守阿德里安・丹特利，抄了他三個球，還讓他一球未進。那是防守帶來的勝利。」被喬丹砲火轟傻的活塞隊開始努力設想戰術，決心未來不再蒙此羞辱。

喬丹的巔峰表現似乎接踵而至。「我不知道他是怎麼做到的。」隊友約翰・帕克森說：「每個晚上總有某個人擋在他前面，但他一步也不曾退。」

WIN 裡的 I

然而，猛虎出閘般的餓獸喬丹對於NBA裡許多人來說都有如芒刺在背，然而敢公開說出來的人並不多，而其中一個就是大鳥柏德。他告訴一位記者：「我不喜歡看到每個球都給同一個人投。籃球不是這樣打的。」

那一個球季的喬丹擁有無限開火權，出手數幾乎佔了全隊的三分之一。有九個球季，喬丹的出手數在全聯盟排名第一，這就是第一季。聚焦在一個球員上而捨棄團隊的概念，這與公牛隊助理教練泰斯・溫特的籃球信念徹底衝突。儘管溫特憂心忡忡，道格・柯林斯似乎完全支持喬丹的爆量得分，如果能夠幫助球隊多贏幾場，他甚至還希望喬丹得更多分。原本面對喬丹戰戰兢兢的溫特開始規勸這位三年級的球星回歸籃球的基本面。喬丹馬上反彈了。

「你知道他跟我說什麼嗎？」喬丹老實告訴柯里・科克派崔克（Curry Kirkpatrick）這位寫手：「當他跟我說那些話的時候，我知道我們兩人之間一定有一個人太超過了。他跟我說：『切入時命中率最高的出手方式就是上籃。』他問我：『你為什麼要做那些無法無天的跳躍動作和扣籃呢？』我不敢相信自己的耳朵。我只能瞪著他說：『嘿，那不是計畫好的。我只是自然而然這麼做。』」

年紀已經六十好幾的溫特擁有超過四十年的頂級執教經驗。溫特曾經在五所大學擔任總教練，也曾在聖地牙哥與休士頓執掌火箭隊的兵符。他的專長是三角進攻戰術，而這在當年被視為過時。雖然籃球界的其他人都嘲笑溫特是個怪咖，但與他相識多年的克勞斯卻真心欣賞他這個人與他的進攻戰術，幾乎到了崇拜的程度。所以當史丹・阿爾貝克與柯林斯都拒絕聽取溫特的進攻建議時，克勞斯相當惱火。

如同他自己很愛強調的，溫特的進攻戰術並非只是跑位，而是一套系統，或者是一種籃球哲學，配上一整組相關的基本概念。這位年長的助理教練對細節的堅持，超乎任何職業教練的想像。舉例而言，一件讓他不爽至極的事情，就是喬丹沒辦法好好丟一顆讓他看得順眼的胸口傳球。阿爾貝克與柯林斯之所以抗拒溫特的建議，主要是因為一旦採用了他的戰術，這兩位總教練就必須完全委身於整個系統之下，因為這個系統已經將球賽裡的所有細節都鋪排好了。這個系統之下的進攻能在場上提供完美無瑕的空間感，還能循序漸進地瓦解對方的防守。這個系統之下，球員能知道自己將會在哪個地方得到出手機會。更重要的是，為了場上的平衡，前場需要擺放兩名控球後衛。溫特的概念是，一定要有一位球員可以快速退防，不給對方輕鬆快攻的機會。

「泰斯本身也是一個頑固而具侵略性的男人。」強尼・巴赫回憶道：「他對三角戰術的信仰比對福音書的信仰還虔誠。三角戰術就是他的福音書。他想要把這套戰術安裝在球員的腦子裡。我不知道克勞斯是不是有告訴他：『好，你可以引進你的東西。』他不只要說服道格，還必須讓麥可相信這套戰術對球隊是好的，而且麥可也適合融入其中。」

讓大家接受這個戰術並不容易，讓一切更不容易的是，麥可認為溫特是克勞斯的爪牙，所以在他心中已經黑掉的溫特也成了被他戲弄的對象。

「泰斯對所有人來說就像是阿公一樣。」訓練員馬克菲回憶道：「但球員們會嘲笑他。麥可更是常常對他惡搞。最誇張的一次發生在練球的時候，麥可偷偷溜到他身後，把他的短褲扯到膝蓋的地方，泰斯的光屁股就這樣出來見人了。」

溫特沒有向克勞斯報告這些事情，但是他跟柯林斯漸行漸遠了。本來他應該要當這位總教練的良師益友才對。溫特相信自己的工作是教導，所以一有機會，他就教。但他的話語直截而不經修飾，讓球員們覺得自己好像被訓斥的中學生一樣。

「一旦站上球場開始練球，我就會對在場的所有人執教。」溫特曾如此描述自己的執教風格：「而我會用我自己的方式教導他們，不管是麥可喬丹……或是任何人。對我來說都一樣。他們也心知肚明。如果我看到麥可犯錯，我會像看到任何人犯錯一樣立刻糾正他。但從另一方面看，他是一位太過傑出的運動員，所以對待他的方式還是要跟對待別人稍有不同。我不認為你可以給他一記當頭棒喝之類的，但是對於其他年輕球員或是其他球員來說，有時候罵得兇反而可以激勵他們。」

巴赫鼓勵喬丹攻擊，而溫特總是從團隊打法談起。而且他的意志堅強，比起喬丹也不遑多讓。衝突在芝加哥的教練團中持續悶燒，柯林斯打定主意要我行我素，也讓形勢更加惡化。「他的一身熱情超乎尋常。」巴赫如此描述第一季的柯林斯：「他渾身是勁，尤其是在比賽的時候。有些教練在賽場上看到的不多。他們對自己教導的東西很專精，但也僅止於此。道格．柯林斯一直是在場上看到太多的那種教練。」柯林斯似乎是好還要更好的那種人，總是不斷為球隊添加新的戰術。

父母之間有衝突，教練之間也有衝突，難怪喬丹似乎對身邊的威權角色失去信任。然而，他們的批評仍可以吸引喬丹的注意。大鳥與溫特的評語顯然出乎喬丹意料，也讓他從此有了戒心。「我會把這些責難看作挑戰，然後讓自己變好，也讓球隊變得更好。」他在一次的訪談中說：「但我的隊友也不是一群聯盟頂尖球星……會這麼想的人就是個蠢貨。」

事實上，喬丹在得分方面日益自私這件事已經開始在隊友之中激起怨懟。數年後，喬丹本人將對此和盤托出，坦承自己只專注在自身而非團隊。當年，他在自身的球技與能力上的專注似乎牢不可破。他聽取巴赫的建言，堅持攻擊不懈。

三月，他又連續五場得分破四十。四月，他有機會繼一九六二到一九六三年球季的威爾特・張伯倫之後，成為史上另一位單季得分破三千的球員（張伯倫曾有兩季得分破三千）。對上印第安那，喬丹豪取53分。四月十三日，對上密爾瓦基，喬丹又得了50分。賽後，公鹿隊的教練唐・尼爾森（Don Nelson）扯下領帶，在上面寫下「偉大的一季，偉大的一人」，然後把那條領帶送給喬丹。尼爾森也是那種「放殺手出去砍分」的老派教練之一，往後，他將隔空與溫特和傑克森放話，以話中帶刺的言論羞辱彼此。如同巴赫的耳語，那條寫了字的領帶是他給喬丹的一種激勵。

籃球場上的進攻猛獸用這一季的第二次61分的表現回饋球迷，這一回是在芝加哥體育館對上亞特蘭大。他以三千零四十一分的總得分完成這一季，平均每場37.1分也是聯盟之冠。

在亞特蘭大的屠殺之中，喬丹連續攻進23分，破了NBA的紀錄。比賽終了前，喬丹從中線附近出手，差一點點就進了，這種動作雖然讓全聯盟的球迷歡喜呼喊，卻讓溫特這種純粹主義者搖頭歎息。喬丹走下場的時候，溫特跟他說：「Team 這個字裡面沒有I。」

喬丹在二〇〇八年名人堂入選儀式的演說上特別提起那一刻，他回顧自己當時看著溫特，然後回答：「是啊，但是 Win 這個字裡面有。」

那一刻彰顯了籃球場上的大辯論，事實上是美國文化本身的大辯論，關乎個人與團隊之間的取捨。只有在回首前塵之時，溫特與喬丹才會看清楚，當年這份思想衝突對兩人都造成深遠影響，造就了往後兩人的成功，也改變了兩人看待比賽的方式。

同一時間，喬丹整季瘋狂的火力展現之後，得到的「報償」就是沒有入選ＮＢＡ的防守第一隊與第二隊。這讓喬丹火冒三丈。那一季他明明是ＮＢＡ史上第一位單季累積超過兩百次抄截與一百次阻攻的球員。他有兩百三十六次抄截與一百二十五次阻攻。

在聯盟的歷史上，只有傑瑞・韋斯特曾以得分王之姿入選防守第一隊。喬丹決心要讓自己的「全能身手」受到認可。他在六個不同的項目中打破了公牛隊史的最佳紀錄，足以讓道格・柯林斯帶領的第一支球隊打出四十勝四十二敗的戰績，再度於季後賽首輪碰上塞爾提克隊。然而柏德與波士頓還是只打三場（同時喬丹平均每場35.7分）就將公牛隊橫掃出局，更凸顯了柏德與溫特的訊息：團隊戰力可以輕易壓倒個人秀。前三季，麥可喬丹的芝加哥公牛隊在季後賽輸了九場，只贏過一場。

「你會很想看這傢伙的精彩鏡頭集錦。」波士頓的後衛丹尼・安吉這樣形容喬丹：「但我不知道你會不會想在他身邊打球。」

儘管如此，一整季搶眼的個人表現也讓他最堅決的批評者不得不跳出來講話。「人們總說我跟大鳥柏德在鬥。」那一季帶領湖人隊從塞爾提克隊手上搶下冠軍的後衛魔術強森告訴記者們：「實際上是麥可跟其他人在鬥。」喬丹和強森都認定彼此是籃球場上的頂尖選手。曾經是他高中時期偶像的強森，現在成了令他討厭的對手，而一切不只跟輸贏有關。從自己球隊中的論戰，到與其他隊伍的球星們之間的關係，喬丹飽受批評。

「這在聯盟裡已經不是什麼秘密了。就算手握四枚冠軍戒指，強森的心中還是包藏著對喬丹的妒意，而且這份妒意不只是在籃球方面。」柯里・科克派崔克在《運動畫刊》中寫到：「至少，那份妒意有其商業成份。七年前，魔術先是帶領密西根州大拿下一九七九年的ＮＣＡＡ冠軍，緊接著又展現一身絕技，帶領湖人隊以六戰打敗費城七六人隊，拿下一九八〇年的ＮＢＡ總冠軍。早在那個時候，魔術大可以享受現在麥可在經濟上的待遇。」

喬丹的Nike合約以及Nike在宣傳上付出的努力，讓喬丹的地位超越了聯盟裡最有成就的球星們。這顯然讓強森與眾家老將寢食難安。同時間，喬丹也毫不諱言地指出，強森在湖人隊的老闆傑瑞・巴斯背後鼓吹詹姆士・沃錫的交易。「我對他沒有什麼不滿。」喬丹告訴柯里・科克派崔克：「我只是覺得他對來自北卡大的球員有意見。」

更讓麥可不爽的是，強森跟以賽亞・湯瑪斯不吝展現兩人當年那種高端球星之間的私交。大家對強森的暑期慈善比賽一向趨之若鶩，但是當強森對喬丹寄發邀請時，喬丹言簡意賅地拒絕了。顯然，兩年前明星賽場上的怠慢，仍讓喬丹怒火中燒。

然而實情是，他在季外要做的事情多到誇張。當佛克第一次跟他提到飛人喬丹這個品牌時，喬丹一笑置之。但在不到三年之內，他成了史無前例的行銷利器，光是Nike的球鞋與商品的銷售額就估計高達一億六千五百萬美元。「我那時以為只是一陣風潮而已。」回顧當初對自己球鞋品牌的回應，喬丹說：「但現在整個品牌比當時大得多了。那些銷售數字簡直過分。」

奇怪的是，菲爾・耐特卻開始對喬丹與公司的合作關係懷有二心，這讓隔年飛人喬丹新合約的協商過程出現不少波瀾。桑尼・瓦卡羅解釋說，可能是喬丹在太短的時間中獲取了太大的力量，所以耐特有點嚇到了。這麼高的銷售量難以維持，而稍微一點下滑就足以讓Nike的董事長卻步。「菲爾打算甩掉麥可。」瓦卡羅還記得：「他打算簽下所有的大學球隊，不要再管麥可了。我跟他說：『萬萬不可。』」

首先，羅勃・史崔塞已經離開公司，現在擔任喬丹的顧問，協助他推動個人的商品線。耐特拒絕了這個想法，並且持續質疑公司與喬丹繼續合作的價值，直到瓦卡羅秀出了一些數據，讓他明白大學籃球市場能為Nike帶來的收益將遠遠不及飛人喬丹。

耐特現在有兩個選擇，可以跟喬丹切割，也可以搭上這波高漲而有時候有點可怕的巨浪。耐特終究選擇與喬丹並肩而行。最後，喬丹將跟Nike簽下一紙新的肥約，這項協議將在幾年後促成喬丹牌（Jordan Brand）的誕生，也將創造出任何運動員都無法想像的財富。

「他得到更高的簽約金，還得到了喬丹牌。」瓦卡羅如此評論喬丹與球鞋廠商的續約：「不用說，他當然接受了。我的意思是，這是一份很大的約。麥可投身其中。這在合約的歷史上算是很有發展性的一份合約。這是無庸置疑的。然後喬丹和 Nike 聯手創建了一個王國。」

「他爬得好快，那些產品也好讚。」強尼・巴赫還記得：「他試穿了他們推出的每一雙新鞋。他對那些產品很自豪。他想要確定自己喜歡眼前看到的東西。」

喬丹擁抱大噪的盛名，有時也有點畏縮，總之他的形象與 Nike 漸漸融為一體。好像 Nike 的電視廣告時間還不夠多似的，黛安・索耶（Diane Sawyer）在 CBS 的「六十分鐘」（60 Minutes）節目中播出了十分鐘的人物專訪，呈現了一個愛開玩笑的，幾乎可人的喬丹，這樣的形象塑造是花錢也買不到的。大衛・佛克看了之後欣喜若狂。在經紀人口中的六十分鐘「廣告」之後，喬丹首度進軍動畫界，他在知名的四格漫畫 Shoe 中尬上一角。漫畫作者傑夫・麥克尼利（Jeff MacNelly）是普利茲獎（Pulitzer Prize）的得主，也剛好是北卡大的校友。似乎跟任何領域搭配，喬丹都能如魚得水。以他的肖像做成的玩具預計要在當年的聖誕上市。他也同時簽下一紙四十萬美元的合約，要在丹尼・葛洛佛（Danny Glover）主演的劇情長片 Heaven Is A Playground 中出現。

曾在 Ebony 雜誌專文寫過穆罕默德・阿里的萊西・班克斯（Lacy Banks）以體育記者的身分在一九八七年回到芝加哥太陽報來報導公牛隊，也因此結識了喬丹。他對這位球星的第一印象是，喬丹現在高高坐在王位上，而且還滿享受的。多年後班克斯笑著回憶道：「當時的麥可正要擁有整個世界。」

「他好像被塗上聖油一樣。」桑尼・瓦卡羅還記得：「我是認真的，我的意思是，不管他做任何事，就算跟原本應該做的事情相反，結果也會是好的。」

經過這一季的表現與媒體的關注之後，球迷與對手都開始理解了，喬丹爬升的弧線比他們想的還要寬廣，更比任何人想的還要高得太多太多了。

大衛・佛克在一九八七年的夏天評論道：「在電視轉播體育賽事的年代，如果你要創造一個九〇年代的運動型媒體寵兒——才能絕佳，身材中等，口齒伶俐，樣貌迷人，觸手可及，身強體健，舉止自然，有著老派的價值觀，不會自命不凡，骨子裡還要有一點壞——綜合這些，你就創造了麥可喬丹。他是當代團隊運動中的一個跨界人士。我們認為他超越了種族，也超越了籃球。」

「時代在變，而喬丹身處其中。」桑尼．瓦卡羅解釋道：「懂嗎，他為所有的人拍廣告，然後就成了這樣的一種存在。」

麥當勞、可口可樂、雪佛蘭、威爾森運動用品還有其他六間公司都靠他來推銷商品。這些公司付給他的錢，讓公牛隊那紙五年四百萬的合約相形見絀。這也代表他暑假的行程滿檔，要主持電視節目，還要上大聯盟投球。

「需要花點時間才能適應，但是現在我很享受這些場外的活動。」喬丹在匹茲堡的一次短短的宣傳行程中說：「這就好像重新回到學校一樣。我整天都在學習新事物。大學時期的我根本不知道職業運動員會有那麼多機會。我有機會可以認識各式各樣的人，到各式各樣的地方旅遊，同時增加自己的經濟能力。我有了想法，學到關於人生的事情，在籃球場外建構了另一個世界。」

籃球場外的那個世界，有愈來愈大的部分被茱安妮塔．凡諾伊給佔據。他在跨年夜求婚，當兩人一起展望一九八七年，想著這一年又準備好給他們什麼樣的禮讚。他已經在芝加哥的北邊買了一棟有五間臥室，占地五千平方英尺的房子。當她幫忙他裝飾這個家的時候，兩個人開始討論將要一起度過的人生。訂婚的消息讓他的父母親坐立難安，他們兩老仍在爭著影響兒子的生活。

會讓詹姆士．喬丹微笑的事物，對於麥可的母親與未婚妻來說往往是噩夢。「我們活在一個充滿誘惑的世界裡。」桑尼．瓦卡羅解釋道：「身處於那個層級，麥可的層級，那更是不可思議。他樣貌出眾，又是一個站在世界之巔的年輕人。過來人的例子大家都有聽說，但這些東西跟名利本來就是同根生的。當一個偶像很難啊。」

和喬丹長期一起共事旅行的瓦卡羅，有夠多機會見識到喬丹的慎思明辨，並為此讚嘆。雖然年紀尚輕，喬丹顯然有足夠的智慧，讓朋友與合夥人免於陷入難堪的處境。

對瓦卡羅而言，這只是更加證實了喬丹的才能與稟賦超凡脫俗。「講起麥可喬丹，他顯然擁有那個東西……那種跨領域的吸引力，或者說，不管你怎麼稱呼那個東西都好啦。」這位長者說：「我把它稱為個人魅力，但其實沒有人有辦法為那個東西下定義。所有我們正在談論的，關於他人生的事，包含他個人家庭生活的掙扎，他全都克服了。這確實是相當稀罕的。能夠做到這樣的人類並不多，無論身處任何階層都一樣。」

第20章　這就叫娛樂

他的姐姐早在他還小的時候就看出來了。他的父親，甚至是紅衣主教奧爾巴赫也在他生涯起步的時候看出來了。喬丹很愛娛樂大眾。他跟觀眾之間的關係一直在成長，以一種身邊的人百思不得其解的方式，連那些開始把他當成流行文化代表來研究的大學學者們都摸不著頭緒。

然而，縱使他把自身交付給公眾領域，喬丹還是有很多隱而不宣的部分。他刻意如此，因為他自我保留的本能愈來愈強，也因為他堅持自己某部分的人生不干他人的事。強尼・巴赫帶著讚嘆之心目睹了這一些。致力研究籃球與人性的巴赫是一位誠懇而有魅力的大哲學家。要不是巴赫與喬丹進行了那麼多次的深談，誰知道麥可喬丹的故事以及整個NBA會是什麼樣子呢？

談起他跟史上最偉大的球員之間的關係，巴赫說：「當他的眼神流露光芒，側耳傾聽，我會因為他願意聽我說話而感到幸運。」

喬丹努力讓自我的任性不為人所知，同時也隱藏了他在場外自願承受的重擔。「我想生涯初期他做的事情非常多，超乎想像的多。」巴赫回憶道：「他總是會去拜訪那些已經來日無多的人或是孩子。他從沒拒絕過這些請求。每天晚上他都要面對這些，我不知道他怎麼能有那麼強的心志去承受。那些孩子有的燒傷了，有的受到殘忍對待，有的因為疾病等等的原因而行將就木。我還記得，有人把一個小孩帶進球場來給麥可看。那個小孩的爸爸幾乎把他整張臉燒掉了。他們把他帶進來，賽前，麥可在當年芝加哥體育館的老更衣室裡頭跟那個小孩講話。他就是一直陪他聊。你無法想像，那個孩子的燒燙傷令人怵目驚心。但是麥可就是陪著他講話。他把那個孩子放在板凳席上，比賽中他會靠過來問那個孩子：『剛剛那個跳投怎麼樣？』其中一名裁判過來跟他說：『麥可，你不能讓那個小孩坐在板凳上。這不符合聯盟的規矩。』麥可看著他回答：『他現在就是坐在板凳上。』暫停的時候，他會離開隊友們，去跟那個小孩說話。看著這個情景，我記得我跟約翰・帕克森都熱淚盈眶了。那個孩子的燒燙傷真的令人不忍卒睹，但麥可就是一直陪著他講話。因為他內心存在著這樣一份偉大，才會有這樣的場景。類似的事情屢見不鮮，他真的是一個了不起的人物。」

喬丹似乎擁有一個情緒庫，餵養著他的好勝心，同時也支撐著他的善行。巴赫回憶道：「我甚至覺得大家濫用麥可的善心。太多的人要求他做太多的事情，他一定會被那些要求給搞垮。但是他似乎總能通融那些最需要他的人。他的境界一直在提升，不僅僅作為一個球員，也作為一個可以承受那樣的景象而且讓那樣的孩子開心的人。我可以跟你明講，換作是我絕對做不到。我試過了，差點崩潰。他承受壓力的能力超越凡人，不管是來自媒體的要求、來自球團的要求或者是來自籃球本身的要求，兵來將擋，水來土掩。他上了場比任何人都更常拿出好表現。他也有過幾個表現欠佳的夜晚。但如果把他的欠佳表現放在其他人身上，那將會是全明星等級的演出。我對他的欣賞從沒間斷。我永遠不會搞懂他到底是怎麼應付那麼多的人，永遠不會。」

傑瑞・克勞斯也很欣賞喬丹面對不幸者時與生俱來的慈悲。這位總管還記得，唯一一次喬丹對這樣的任務動氣，是因為有人把這種事搞成一場公關活動。喬丹明令，他做的這些事情必須百分之百在幕後進行，任何人都不得張揚。「他整天都在做這些事。」提姆・哈倫還記得：「只有一個原則。他做這些事不是為了曝光。他堅持不對外公開。絕對不能有任何媒體在場。」

當然，喬丹最不需要的就是公關方面的努力，他在場上的表現確保了這一點。而且他私下也抱怨，他的完美形象已經帶來夠多麻煩了。觀眾們一直以來都對體育明星特別心軟，也很樂意相信他們最好的一面，被稱為「體育世紀」的那個年代已經將許多運動界的人物提升至神話境界。一九八七年球季尾聲，世界對喬丹的種種奉承才正要開始呢。

與飆升的球鞋銷量呼應的是球隊本身暴漲的賺頭。喬丹加入之後的三季內，球隊的淨價增加了不只三倍，而且隨著每一季的開打而持續成長。這樣的發展讓傑瑞・藍斯朵夫龍心大悅，決定要延長道格・柯林斯的一年合約，也計畫要跟喬丹簽一紙新的長約。

芝加哥的主場觀眾數量從最初的二十萬人增加到六十五萬零七百一十八人。跟喬丹缺席三十四場主場比賽的前一季比起來，大概成長了三分之一。客場作戰時，公牛隊也提升全聯盟的觀眾數，多吸引了二十七萬六千九百九十六人，等於額外產出三百七十一萬美元的收益。其他球隊的老闆當然也明白新的搖錢樹並非藍斯朵夫自己。成長的人氣與金流也提升了整支球隊的信心。「我們得到了這個城市的敬重。」柯林斯告訴記者們：「我們不再是從前那支只會帶來壞消息的公牛隊了。」

霸凌

球隊都還沒聘請菲爾・傑克森，也尚未選進史考帝・皮朋（Scottie Pippen），就已經得到那麼多利益了。在一九八七年的春天，喬丹跟這兩個人還是素昧平生——然而他們將跟喬丹創造他職業生涯中最重要的兩段關係。皮朋會在一九八七年的選秀會之後加盟，而傑克森將在那一年的季後以助理教練的身分被公牛隊雇用，擔任高階球探，同時也做一些比較低階的工作。其實克勞斯之所以把傑克森擺在那裡，主要是希望他能在泰斯・溫特的門下學習。

傑克森依然是籃壇的「怪咖」，一位帽子上插著羽毛的知識份子型教練，也因為自傳爆料的關係，大家都知道他有在吸食迷幻藥。傑克森加入球隊的時候，喬丹沒聽過他的名號，也帶著懷疑的眼光看他，認為他又是另一個克勞斯的爪牙，好在一開始留下的印象夠強烈，彼此之間才沒有震盪。那個時候，大家都已經知道喬丹私下把克勞斯這位副總裁戲稱為「麵包屑」，因為他吃的所有食物——而且他吃的食物很多——跟他看起來都很搭。

不知道用什麼方法，總之克勞斯說服柯林斯雇用傑克森。在克勞斯的指示下，這位籃球界的嬉皮這次特地刮了鬍子打了領帶。傑克森是不是待在一旁等著取代柯林斯的位置，這件事大家雖然沒有明說，但在NBA的圈子裡卻是心照不宣的事實，而這種事通常會帶來明爭暗鬥的人事傾軋。直到六〇年代末七〇年代初NBA才開始使用助理教練，因為以前大部分的球隊不是付不起他們的薪水，就是不願意付。而且柯林斯為什麼要信任克勞斯呢？這傢伙上任兩年就請兩位總教練走路了。儘管如此，這樣的安排在芝加哥運行得還算順暢，因為傑克森雖然也心高氣傲，但基本上是個低調而內斂的人。

公牛隊有著一群個性很鮮明的角色，像是喬丹、傑克森、柯林斯、巴赫和溫特，而這些人都被克勞斯這個奇怪的矮小傢伙湊在一起，也都因為喬丹日益增加的不滿與日益尖酸的譏諷而保持警戒。對於克勞斯解決球隊問題的能力，喬丹沒有太大的信心。而對於這位總管阻止他重返球場的拙劣手法，他的氣也還沒消。但是喬丹的教養讓他懂得尊敬，這點他的父母親與狄恩・史密斯都有功勞。他了解組織的行政管理體系。他有時候會在媒體訪談中幽默地酸一下球隊，但是當記者們直接問起他對於球隊人事的意見時，喬丹往往選擇迴避，說處理人事問題不是他的工作。

但是在鏡頭背後，喬丹心裡充滿了質疑，而一九八七年的選秀讓這些質疑浮上檯面。克勞斯努力得到兩個首輪順位的選秀。公牛隊裡激烈論戰的焦點並不在皮朋身上。西雅圖超音速隊（Seattle Supersonics）以第五順位選中皮朋，克勞斯再透過交易把他弄進隊裡。

第十順位的選秀權才是問題所在。狄恩・史密斯與喬丹同時對克勞斯施壓，要他選擇北卡大的喬・沃夫或是肯尼・史密。然而這位總管對北卡大出身的球員愈來愈懷疑，因為史密斯的系統讓人難以評估球員的真正實力。而且，這位教練太會說服人，又總是希望自己的球員能以最高的順位被選上。如果被史密斯牽著鼻子走的話，作為NBA總管的人就麻煩大了。

為了第十順位的選擇，克勞斯在選秀會那晚如坐針氈。藍斯朵夫叫他「順從自己的直覺」，所以克勞斯捨棄了喬・沃夫，而選擇了克萊門森大學的霍雷斯・葛蘭特（Horace Grant），也激怒了狄恩・史密斯。

ＮＢＡ的總管捨棄北卡大而選擇克萊門森大學讓這位教頭非常難堪，因為在招攬高中球員時，這樣的事情將對他造成不利。

「狄恩．史密斯打電話給我。」克勞斯回憶道：「然後鞭爛了我的屁股，我是說真的。『你怎麼可以這麼做，你是智障嗎？』他真的這樣對我說。然後麥可說：『搞屁啊？你選了那個傻瓜⁉』接下來幾年他就這樣叫霍雷斯：傻瓜。在他面前也這麼叫。就直接當面叫他傻瓜。」

關於選秀，克勞斯並沒有徵詢喬丹的意見，然而他當然知道選誰會讓喬丹開心。克勞斯回憶道：「我有跟球員們談，但是我沒有找麥可談，因為當時的他年紀還不夠大，還不懂事。」不尋常的是，克勞斯徵詢人事意見的球員們，竟然都是別隊的。他常常跟塞爾提克的羅伯特．巴里許以及達拉斯小牛隊（Dallas Mavericks）的布萊德．戴維斯（Brad Davis）談。「我們之間的關係是多年累積而來的。」克勞斯後來坦承：「而我也願意聽他們的，因為他們遭遇過各式各樣的對手。」

「我跟麥可看事情的方式不一樣。」克勞斯在一九九五年解釋道：「剛進球隊的幾年麥可一直要我選他的大學室友巴斯．彼德森。以前我們常拿這件事情來開玩笑。華特．戴維斯是另一個例子。他求我把華特．戴維斯買來。我就是不要。」

這個情況激化了兩人之間的敵意。一年之後，克勞斯又不選擇喬丹在杜克大學的好友強尼．道金斯（Johnny Dawkins），而選進了布萊德．賽勒斯（Brad Sellers）。反正他之前都已經捨棄過一個來自北卡大的好球員了。幾年後，克勞斯主動說，喬．沃夫如果被選進公牛隊可能會有不錯的前景，這位北卡大的前鋒之所以沒有好發展，是因為進到了後段班的快艇隊。在當時，喬丹的經驗是：世上最了解球員的人就是狄恩．史密斯；對球員來說世上最有力的認證就是柏油腳跟隊的隊徽。就是因為這樣，每個晚上上場打球時，他都在公牛隊的球褲底下再穿一件北卡大的練習褲，連每天上街穿著便服時也一樣。他深深地相信著所有跟北卡大有關的人事物。北卡大讓他拿過冠軍，反觀當時的公牛隊只是一個打腫臉充胖子的組織，由一個混亂而沒有安全感的，在三季之內換了三個總教練的克勞斯來管理。

就算不考慮這些，喬丹也單純地痛恨應付克勞斯。太陽報的萊西・班克斯回憶道：「明明沒有必要，克勞斯卻硬要把情況搞得很麻煩，麥可就是因為這樣恨他。」

那年球季結束後，他告訴《運動畫刊》：「我跟麵包屑保持距離。」

隨著時間過去，喬丹愈來愈不隱瞞他對那位一本正經的總管的蔑視。接下來的球季裡，每當克勞斯進到休息室，喬丹就會帶領隊友用牛叫聲哼出喜劇「綠色田野」（Green Acres）的主題曲，克勞斯要不是懶得理他們，就是根本沒搞懂這個玩笑。

那年秋季的訓練營開始之後，喬丹重操舊業——用盡全部的競爭心來對付克勞斯引進的菜鳥以及其他球員，試探他們的競爭心理是否夠強。對喬丹而言，這樣的測驗愈來愈像是一個儀式。他必須要親眼看見，親自確認這位總管做的工作。喬丹在人事議題上的堅持與惱怒，在多年後他自己擔任球隊的主管時，成了揮之不去的主題。

事實是，許多NBA球員們根本還沒準備好要在喬丹身邊打球，不管他們來自什麼學校，也不管他們是被誰選進來的。進到陣中的球員都清楚察覺到喬丹讓每個隊友在心理上受的氣，他似乎明顯表現出自己根本不信任那些在他身邊打球的人。「一開始麥可覺得自己可以接管比賽，然後完全靠自己贏球。」公牛隊球探吉姆・史塔克評論道：「而很顯然的，他也確實在許多關鍵時刻中做到了。在他真心擁抱隊友，接受自己的任務是幫助球隊贏球之前，我想我們被卡在困局裡好一陣子。」

前一季，主要提供他協助的人是歐克利，平均每場有14.5分以及13.7籃板，另外一個助手是帕克森，他以百分之四十九的高命中率每場貢獻11.3分。「想要與麥可喬丹相處，你必須以球員的身分得到他的信任。」帕克森解釋道：「你必須要做出一些事，讓他願意去相信身為球員的你。在要求隊友全力奮戰，要求隊友執行任務這些方面，他是不留情面的。所以你一定要在某些時間點上，在場上做出某些事，才能贏得他的信任。對於新成員來說這是最困難的部分，而有些人就是沒辦法應付。有些人的表現不夠穩定，有些人的表現不夠優秀，有些人不願意在場上做那些苦工或是小事。麥可喜歡查爾斯・歐克利的原因之一就是，查爾斯上了場就是拚命，他願意在場上做那些麥可很欣賞的小事情。可惜很多人就是沒有搞懂這一點。」

皮朋

與皮朋初次見面時，喬丹看著他說：「好極了，又來一個鄉巴佬。」這句話顯然是針對彼得・梅耶斯（Pete Meyers），也是克勞斯在一九八六年在第六輪從阿肯色大學小岩城分校（the University of Arkansas/Little Rock）選來的球員。皮朋剛好畢業於鄰近的阿肯色中央大學（Central Arkansas）。

「我從沒聽說過這號人物。」喬丹這樣講皮朋：「他來自全國大學體育學會裡（NAIA）的學校。」

皮朋來自阿肯色的漢堡（Hamburg），那座只有三千人口的小城鎮以前是以鐵路起家，也是《真實勇氣》（True Grit）的作者查爾斯・波提斯（Charles Portis）的故鄉。皮朋是普雷斯頓（Preston）與艾索（Ethel）・皮朋所生的十二個孩子裡的老么。普雷斯頓・皮朋在一間紡織廠上班，但在史考帝高中的時候，他的健康出了狀況，這可能也限制了他這位么子未來的機會。就讀漢堡高中時，到了高三他還坐在板凳上，四年級的時候才先發上場，以六呎一吋，一百五十磅的身材打控球後衛。他那未必有前景的籃球旅程的第二章，始於高中教練安排他以球隊經理的身分進入阿肯色中央大學。其實皮朋在高中也擔任過球隊經理。「我要負責照料器材與球衣等等的東西。」他曾回憶道：「我還滿享受做那些事的，就當一個普普通通的經理。」

唐・戴爾（Don Dyer）教練很快就看出他未經雕琢的天分。「當時沒有任何人招攬他。」戴爾曾解釋道：「他是個龍套角色，一個六呎一吋半，一百五十磅的龍套角色。他的高中教練唐諾・韋恩（Donald Wayne）大學的時候曾為我打球，我是為了給他面子才讓皮朋進到隊裡。我準備好要幫助他讀完大學。我準備要讓他擔任球隊經理，這可以幫他負擔讀大學的經濟所需。當史考帝出現在我們大學的時候，他已經長到六呎三吋，而我們隊上剛好有幾個人畢業了。我可以察覺到一些潛力。他看起來就像一匹年輕的雄馬。」

皮朋從來沒有想過要打ＮＢＡ，連夢都不敢夢。大一尾聲，他已經長到六呎五吋，也證明了他是隊上最強的球員之一。「他擁有控球後衛的思維。」向芝加哥論壇報解釋皮朋的進化時，戴爾回憶道：「面對全場壓迫時，我們會叫他把球帶到前場。我也讓他打前鋒與中鋒，什麼位置他都能勝任。」

史考帝・皮朋開始了解到，在籃球場上「我想要多好就可以多好。我在能力中找到了自信。」他成長為兩度的 NAIA 全明星球員。他大四那年的表現吸引到ＮＢＡ球探長馬提・布雷克（Marty Blake）的注意。那一年皮朋場均有 23.6 分，10 籃板以及 4.3 次助攻，出手命中率高達百分之五十九，三分線命中率是百分之五十八。布雷克將關於皮朋的資訊交給了公牛隊與其他球隊。於是皮朋受邀參加樸資茅斯邀請賽（Portsmouth Invitational），也是ＮＢＡ在維吉尼亞州的徵選營之一。親眼看了皮朋的表現之後，套句球探的行話，克勞斯就「墜入愛河」了。首先，六呎七吋的皮朋有著超乎常人的臂展，這正好是克勞斯評估球員價值的關鍵。

「我們在那裡看他打球。」克勞斯後來回憶道：「然後我整個嗨起來。我被狠狠撼動了。」

接著，皮朋前往下一個ＮＢＡ徵選營，在夏威夷。克勞斯通知柯林斯，說找到了一個不可多得的新秀。「一開始跟柯林斯講起史考帝，他還將信將疑。」克勞斯說：「所以我整理了一捲錄影帶給教練團，裡面有夏威夷錦標賽的所有球員。我給了他們球員的名字和球隊陣容，但是沒給他們球員的詳細資料。我讓他們自己看錄影帶判斷。看完錄影帶後，我問他們有沒有什麼問題想問，他們異口同聲，開口就問：『史考帝・皮朋究竟是何方神聖？』」

之後，克勞斯跟西雅圖談定了一份頗為複雜的協議。超音速隊在一九八七年選秀會上以第五順位選中了皮朋，然後公牛隊把來自維吉尼亞大學的中鋒歐登・普利萊斯送到西雅圖，把皮朋交易過來。一個來自小城鎮的小學校的球員突然被扔進聚光燈下，可想而知，當時的皮朋是六神無主的。

「他擁有不世出的才能，但仍是一塊生澀的璞玉。」吉姆・史塔克回憶道：「而且，當我們剛剛選進史考帝時，他有背傷的問題，所以在訓練營裡有許多時間他都坐在場下。」

背傷問題在皮朋的生涯發展中扮演了重要角色，也影響了他跟管理部門之間的關係。但他很快就跟公牛隊另一位首輪選秀霍雷斯·葛蘭特成為好朋友，他們的友誼也幫助皮朋適應菜鳥年的NBA生活。

「那兩個人在選秀會的隔天抵達芝加哥，隔天就一起去看白襪隊的比賽。」廣播記者雀兒·芮斯陶德回憶道：「他們戴著公牛隊的帽子一起坐在休息區看球。兩人馬上建立起友情。」……而這份友情也轉化成球場上的默契，因為他們跟彼此相處得很自在。兩個人都還有很多成熟的空間。情況對來自NAIA學校的史考帝來說尤其艱難，從來不習慣接觸媒體的他現在有點嚇到了。

這兩個菜鳥之間的感情似乎好過頭了。葛蘭特解釋道：「史考帝就好像我的雙胞胎兄弟一樣。」其實他本來就有一個雙胞胎兄弟哈維（Harvey），他也是一位NBA球員。皮朋成為他雙胞胎兄弟的代理人。他們兩人一起逛街購物，一起帶各自的女朋友出去約會，開同一款車，在北布魯克（Northbrook）的郊區住在附近。他們兩人甚至相隔一個禮拜結婚，而且互相擔任彼此的伴郎。如此親密的關係讓公牛隊裡本來就尷尬的化學效應更加詭異。「有一天，史考帝打電話過來，說他那天無法參加練球，因為他養的貓死了。」前公牛隊訓練員馬克菲回憶道：「大約十五分鐘過後霍雷斯也打來，說他要陪著皮朋一起哀悼。我們的助理教練強尼·巴赫聽了之後整個抓狂。他對著電話那頭的霍雷斯說：「你給我過來。你給我把那隻貓扔進垃圾桶。球隊集合完畢之後，霍雷斯希望大家可以一起為史考帝的貓默哀。」

這種狗屁倒灶的事情讓喬丹很不爽。克勞斯還記得，芝加哥的練球很快就變得比比賽更有娛樂性。喬丹會蹲在那裡，對著皮朋吼說：「我一定要電爆你。」

起初，練球中的激烈衝突是為了砥礪皮朋。強尼·巴赫記得這位年輕的前鋒很快從經驗中學習，但是他跟喬丹當時仍未建構出往後知名的溫暖關係。

「史考帝與霍雷斯進入球隊之後，喬丹感覺到有扭轉大局的可能。」馬克菲回憶道：「然而讓喬丹感到挫折的是，這兩個人的態度跟他不一樣。他們還太年輕，還可能會說：『管他的，反正贏輸我們拿的錢都一樣多。』對他們來說，兩個人保持親近就夠了。」

喬丹只想找到可以幫助他取勝的夥伴，而柯林斯也踩住了類似的底線。巴赫解釋道：「道格・柯林斯對年輕球員的要求很高，有時甚至會誤解他們。除了要求很高之外，他也投入很多情緒。道格把他們帶到一個每晚都拼盡全力的層次。他驅策那些球員。他投入了自身的情緒，讓他們了解到每一次練球跟每一場比賽有多麼重要，然後他驅策他們。有些教練會引導年輕的球員，但道格選擇驅策他們。」

在他的菜鳥球季，皮朋持續因背傷所苦，這讓團隊裡一些人懷疑他是在裝病，直到診斷報告終於出爐。而他也在一九八八年的休季期間接受了椎間盤的手術。

「我承認前一、兩年自己滿混的。」皮朋曾透露：「我跑趴，我享受自己的財富，我應該要很看重籃球才對，但我沒有。我相信很多菜鳥都跟我一樣。畢竟我們還不習慣有那麼多鎂光燈，也不習慣有那麼多錢。」

儘管如此，他的才能還是讓球隊充滿希望，縱使他在菜鳥球季時體重只有兩百零五磅。「雖然說他的身體還沒練好，但已經可以看出端倪。」喬丹回憶道：「作為一個全場開放式球員，他跟J博士非常相似。快攻中持球，他會邁開他那非常大的步伐，然後一眨眼就到籃框旁了。我想大家都沒有想到，他進步會如此神速，身體會如此適應那種風格的打法。」

爭執

為了增添前場的身材優勢與老將的領導經驗，公牛隊找回三十八歲的阿爾提斯・吉爾莫爾（Artis Gilmore）來幫忙達夫・科爾辛分擔中鋒的責任。作為大前鋒的歐克利已經打出身手，也希望有更多持球進攻的機會。對此，柯林斯並不反對，但是「球給喬丹」的選項還是令人難以抗拒。

「我們必須要努力達到一個水平，讓麥可不再是隊上唯一的能量來源。」柯林斯告訴記者們：「麥可和公牛隊的其他人都明白，我們加諸在他身上的重擔並非人類所能承擔。當然，有時候我也不確定他算不算一般人類。」

理想的計畫是，皮朋與葛蘭特能贏得上場時間，而喬丹所向披靡的威力也能與隊友們日益成熟的實力結合。「我們目前還沒證明任何事。」柯林斯告訴記者們：「去年我們靠著激情打球，才能開低走高。歐克利的籃板球、喬丹的得分能力、帕克森的穩定性、科爾辛的強韌──這些東西通通加起來，也只讓我們成為一支戰績平平的球隊。」

球季還沒開打，就有麻煩爆發。十月底，喬丹控訴說柯林斯在練習賽中作弊更改比數，他直接中斷練球離開。頭條報導讓整個城市都知道這兩個人在冷戰。喬丹被罰款，而柯林斯也在壓力之下思索下一步。

「早期的麥可有野心，也很固執。」巴赫回憶道：「道格．柯林斯也有自己的引爆點。帶著那樣的暴躁性格與衝勁，我可以料到他有時候會不小心激怒球員，尤其是像麥可喬丹那樣的球員。」

「他有他的自尊，我有我的。」喬丹告訴記者們：「我們兩個都是成年人。等時候到了，我們自然會把話說開。欲速則不達。」

「道格知道他必須要先放軟姿態去跟喬丹和好，而他也確實這樣做了。」約翰．帕克森回憶道：「他必須要安撫隊上的超級巨星。這對他來說是個小試煉。如果換作別的球員這麼做，你真的不知道事情要怎麼收拾，因為球員基本上不可能在練球中直接閃人，不可能就這樣一走了之。」

雖然兩個人在大家面前和好如初了，但事實是喬丹不怎麼敬重這位教練。隨著一年一年過去，柯林斯將會慢慢證明自己的能耐。「但在那個時候，他還沒成熟。」桑尼．瓦卡羅解釋道：「有眼睛的人都看得出來，他還沒準備好。」

喬丹有時候會向瓦卡羅訴苦，說這個教練多難搞。喬丹告訴其他人，說第一次看到柯林斯把一位女性友人帶上球隊巴士時，他真的嚇到了。不少人都覺得這是很不得體的舉動。還有其他情況讓克勞斯不得不警告柯林斯要注意自己的行為。謠傳這位主管在監控著這位總教練種種輕率失當的言行。那年的春天以及休季期間，這兩個人因為球員交易的問題針鋒相對。喬丹在練球時揚長而去，這件事只是讓柯林斯已經很強烈的不安全感更加強烈。

這位教練非常難為。他相信喬丹的持球時間過長，在這樣的狀況下球隊不可能奪冠。喬丹依然故我，每次發界外球時都會把控球後衛趕走，自己接球掌控攻勢。這代表教練沒辦法為公牛隊設計任何跑位。這樣的狀況也讓克勞斯知道，這位教練沒有辦法向喬丹說不。

「對一個總教練來說，要跟麥可發展出一種關係，然後試圖跟其他球員也發展出相同類型的關係，是很困難的事。」約莫十年之後，約翰・帕克森評論道：「你一定要給麥可發揮的餘裕。在場上你不可能像指點挑剔其他球員那樣去指點挑剔他，因為他想做的事情，也因為他能做到的事情。」

衝動又情緒化的柯林斯，有輸了球就怪球員的傾向，有時候用詞尖酸刻薄，結果只是讓球員們離他愈來愈遠。隊友們開始鼓勵喬丹為大夥兒發聲，但是他拒絕了。他說他不想像魔術強森一樣，在一九八二年槓上湖人隊總教練保羅・魏斯海（Paul Westhead）之後惹出一場眾所皆知的騷動。

「對一個總教練來說，跟喬丹相處就像走一條細細的鋼索。」帕克森一邊回顧一邊說：「當然喬丹不會做那樣的事啦，但是我們都知道魔術強森與保羅・魏斯海在湖人隊的狀況。跟魔術意見不和之後，魏斯海就被炒魷魚了。如果想要的話，麥可也可以行使這樣的權力。所以當時的道格就是走在鋼索上。在生涯初期，道格用當時自己認為最好的方式處理了。」

結果就是喬丹與柯林斯之間的裂痕，而喬丹努力掩蓋這一點。有些人覺得他們將帥之間仍保持適度的親近，然而事實並非如此。瓦卡羅說：「他們倆就像油跟水。這點我很清楚。」柯林斯在比賽中誇張的動作也讓喬丹看不順眼，那跟狄恩・史密斯截然不同，而喬丹欣賞的是史密斯在場上那種莊嚴的冷靜自持。球團裡許多人都從柯林斯浮誇的能量中得到滿足，喬丹卻覺得那幾乎令人生厭。但是他沒有公開表達，因為許多球迷覺得柯林斯的風格是這支年輕球隊令人興奮的一個重要因素。

「道格是一個非常激情的人。」長年在公牛隊擔任器材長的約翰・里格曼諾斯基（John Ligmanoski）回憶道：「感覺起來他好像想要自己上場打。比賽結束後，他會滿身是汗的走下樓，渾身都被汗水浸濕了。很有趣，因為那時的我們真的開始要變強了。這支球隊復甦了。」

也許還有許多年少輕狂的缺陷，但柯林斯的能量足以驅策球隊通過下一個成長階段。「道格是個很棒的人。」訓練員馬克菲解釋道：「他對任何跟身邊的人有關的事情都很有興趣。他關心他們。」

廣播記者雀兒・芮斯陶德還記得媒體同仁，尤其是電視台記者們，都很愛柯林斯：「他跟他們之間沒有距離。道格尖叫、吶喊、暴跳甚至丟東西……他確實在動作中流露情感。而球隊裡幾個關鍵人物都還非常年輕。霍雷斯和史考帝，他們很討厭道格。道格跟他們一起成長。他在這個領域還是個新人。他是一個來自轉播台的人。他本身也在過程中學習。」

如果說在十月與柯林斯的爭執之中喬丹有感到任何愧疚的話，那是因為他開始——有時甚至比他的母親還要更善於——從自身形象的角度來看待事情。這個形象已經成為他的收入基礎。幾個禮拜之後，他也對底特律的記者強納特・霍華德（Johnette Howard）坦承了。「我覺得自己當時的處理方式不好。」談起在練球時甩頭走人，他說：「但好在人們了解這件事情的真正原因，我的好勝心就是那麼強。」

每當有了一些似乎不太得體的言行，這幾乎成了他屢試不爽的藉口：因為他的好勝心就是那麼強。把一切怪罪在他那超乎常人的好勝心上頭是滿方便的，更重要的是，大眾似乎也很樂於接受這樣的解釋。儘管如此，對於自己的形象，他還是有很多要煩惱的地方。他告訴強納特・霍華德：「我很難在隊上當一個直言不諱的領導者，因為每個人似乎都把芝加哥公牛隊看成『喬丹的球隊』或者是『喬丹那夥人』。我的名字永遠被放在聚光燈之下，所以自然會受到某些人的妒嫉。」

他擔心自己在練球時對待隊友的方式會讓人覺得太嚴苛，所以他試圖平衡一下。他解釋道：「如果你也能展現一些溫柔與關懷，人們會更加珍視你。」他養成一個習慣，在媒體訪問時試圖讚美自己的隊友。

柯林斯在芝加哥很受愛戴，練球的紛爭之後，喬丹也忍痛向他表達適當的敬意。這位教練已經得到延長合約的獎賞，但一些旁觀者認為壓力已經開始對他造成傷害。他體重下滑，食不下嚥，很多時候看起來頗為憔悴。

喬丹也有壓力，而他在經濟方面的成功反而讓情況更糟。他的財富與地位繼續讓聯盟裡的其他球員不爽。他們已經聽說喬丹的合約升級，也看見他那些昂貴的西裝和純金的項鍊。當年，聯盟裡大概只有二十四個球員的年薪超過一百萬，而喬丹鎖定的合約在一九八七到一九八八之間就要付給他八十三萬美元。桑尼・瓦卡羅還記得，魔術強森無法理解為什麼喬丹的球鞋合約的價碼可以超出聯盟其他球星那麼多。瓦卡羅整天都從球員那裡聽到類似的抱怨。現在大家都知道他是從 Nike 來的財神爺，而他的工作就是要去傾聽球員的想法，並且跟他們談。

萊西・班克斯也聽聞這些風聲。一九八七年秋，太陽報指派班克斯去報導公牛隊。班克斯的另一個身分是浸信會的牧師，所以同事有時候會叫他「教士」。對於喬丹與財富之間不尋常的關係，他也深感訝異。「剛開始採訪麥可的時候，他還在進化。」班克斯還記得：「他還沒簽下一張大約。他是一個有原則的人，跟藍斯朵夫簽了約，他就覺得自己有了義務。如果藍斯朵夫想要毀約，然後多給他一點錢，他也不會拒絕。但他不覺得自己應該主動說：『我覺得我現在身價不只這樣了。你必須要多付我錢。』」

喬丹在場外賺太多錢了，所以球隊薪水高低對他而言只是面子問題。他不想讓大家覺得他吵著要更多。場外的收入讓他有資格說自己不是為錢打球。多年來也有其他球員這麼說過，但喬丹是第一個真正不需要把重點放在 NBA 薪資上的職業球員。

班克斯曾透過採訪認識了穆罕默德・阿里，他常常在想這位拳擊手受到多少誤解。早在大家還沒開始反對越戰時，阿里率先公開發聲，展現了極大的勇氣。他也因為反戰的立場付過不小的代價。班克斯現在負責採訪的籃球王子並沒有對社會公義的議題展現類似的關注。然而，就像大部分採訪喬丹的記者們一樣，班克斯發現自己很欣賞這位公牛隊的球星，也花時間去思考，喬丹是不是也跟阿里一樣受到誤解。而且誤解他最多的不是大眾，而是他在球場上的同儕。

「當人們嫉妒他的成就時，他們並不真的了解。」班克斯在二〇一一年回憶道：「人們認為穿著光鮮亮麗的他是狂妄自大的。比起場上的才能，人們更忌妒他在行銷方面的成功。跟 Nike 簽下好幾百萬的合約，這種事情前所未聞。我們每個人都看見的是，這個男人是一塊行銷磁鐵，任何跟他扯上一點邊的人都可以大撈一筆。公牛隊的比賽場場爆滿，入場觀眾數居全聯盟之冠。麥可成了球場上的王者。」

然而，公牛隊球團裡的某些人卻眼帶不屑地看著這場黃袍加身的儀式。

第21章 守住喬丹

一九八七年十月球季開始時，公牛隊的先發陣容是這樣的：一九八六年的首輪選秀布萊德・賽勒斯打小前鋒，吉爾莫爾打中鋒，歐克利打大前鋒，喬丹與帕克森扮演後衛的角色。柯林斯和管理階層都同意減少喬丹的上場時間，讓隊友幫他分擔責任，但結果卻正好相反。柯林斯發現喬丹還是不讓跑位戰術發生，所以他一次又一次幫喬丹設計單打戰術，也持續讓對手不知所措。

對於喬丹而言，一九八八年是調整打法的一季。他殺往籃框的速度太快了，敵隊必須要迫使他跳投，或是逼他把球傳出去。在那個年代，聯盟尚未禁止手部接觸防守等等的粗暴打法，所以各隊教練開始尋找那些可以用肌肉擊倒喬丹的壯漢。為了不讓自身的缺點為對手所利用，喬丹苦練外圍投射。雖然他是個很棒的射手，但是人們似乎並不這麼認為。

沒有一支球隊像底特律一樣執著於防守喬丹。多年來活塞隊一直試圖在季後賽裡把柏德的塞爾提克隊拉下王位，對於他們來說，一九八七年的季後賽是個分水嶺。在一九八七年的東區冠軍賽，於波士頓花園舉行的第五戰裡，他們似乎看到了一絲曙光。比賽時間沒剩幾秒，還保有一分領先的活塞隊準備從自己的籃下發界外球。裁判傑斯・克希（Jess Kersey）拿著球，以賽亞・湯瑪斯過去跟他拿球。傑斯問他：「要喊暫停嗎？」

在滿場噪音之中，湯瑪斯向他喊道：「馬的把球給我就對了！」

於是裁判把球給了湯瑪斯，他傳球進場，柏德把球抄走，丟給偷跑的隊友丹尼斯・強森，快攻上籃取分。就這樣，終場前一秒，波士頓反而取得一分領先。

克希轉頭看著崩潰的湯瑪斯。

這位裁判又問：「現在想喊暫停了嗎？」

賽後，湯瑪斯與隊友們的絕望深度是無以估量的。另外一件讓他們洩氣的事，就是喬丹在龐帝克銀色巨蛋豪取61分把他們擊敗。底特律的教練團知道，在一九八八年，他們一定要想出一個特別的方法來阻擋喬丹。活塞隊是一支決心突破的隊伍。公牛隊與喬丹已經成為他們在中央組裡愈來愈大的威脅。底特律的總教頭查克・戴利（Chuck Daly）和手下的助理教練們開始找尋反制喬丹的法門，而他們計畫的中心人物就是後衛喬・杜馬斯（Joe Dumars）。

杜馬斯自己也很熱中於這項挑戰。「我比任何人都更加期待這場對決。」談起與公牛隊的交鋒，他說：「我期待跟芝加哥打，因為喬丹太厲害了，所以那天晚上我勢必要傾盡自己的十八般武藝。」

從很多角度來看，喬丹跟杜馬斯如同鏡像。「南方小孩。懂得尊重。」杜馬斯在二〇一二年的訪談中說：「這些人們，我們兩個的家庭，大家教導小孩的東西都是一樣的。尊重他人，而自己要保有一些尊嚴、一些格調與一些個性。這些就是你的基石，讓你不會搖擺不定。」

就像喬丹把祖父道森當作偶像一樣，杜馬斯也崇拜自己的父親老喬（Big Joe）。二次大戰時，老喬曾服役於喬治・巴頓（George Patton）將軍的麾下。跟喬丹一樣，杜馬斯從小在父親打造的籃球場上打球，就在路易斯安那州的納契托什（Natchitoches）最大的酒類販賣店對街。那個商店有一門巨大的探照燈，對著杜馬斯家的後院，照亮了他的目標。喬常常自己在那裡投籃直到深夜，直到開卡車的父親結束漫長的工作返家。

杜馬斯一開始也被球探忽視。他後來去讀麥克尼斯州立大學（McNeese State），那是路易斯安那州查爾斯湖（Lake Charles）的一間小小的文科學校，就在嘉郡（Cajun Country）裡面。杜馬斯也是在大一那年就成為球隊先發，一九八三到八四球季，也就是他大三那一年，他平均每場攻下26.4分，足以讓他在NCAA第一級的得分榜上名列第六。跟喬丹一樣，杜馬斯弄斷了他腳上的蹠骨。也跟喬丹一樣，他自己掌控了復健行程，也不顧醫生的反對，提早重回球場。跟喬丹同歲的杜馬斯在大學多待一年，但是他仔細觀察著喬丹的生涯，從北卡大到公牛隊。

喬丹的腳傷讓他在杜馬斯的菜鳥球季中缺席了大半時間，所以在一九八六年的春天，這兩個人只有短暫的交手機會。「當時我真的很想見識一下這傢伙到底有多強。」杜馬斯回憶道：「我想他好像拿了33分，而我也記得他的爆發力與運動能力，我只能說：『哇。』」

當兩人在一九八七年的秋天正面對決時，他們的相似度已經不那麼明顯了。畢竟，喬丹已搖身一變成為家喻戶曉的人物，而杜馬斯在NBA裡仍是被隱藏起來的珍珠。在活塞隊的後場，他在以賽亞・湯瑪斯的陰影之下打球，大家只知道他的防守功力出類拔萃。他能提供球隊所需的得分，也很會處理球。最重要的是，他默默做好份內的工作。這是很值得一提的，因為當年的活塞隊是所謂的「壞孩子」：一群粗野下流的人，以非常暴力的球風向前路挺進。

杜馬斯還記得，湯瑪斯對芝加哥的關注更加強他的情緒強度。湯瑪斯是風城的孩子，在環境惡劣的西區長大。「回到家鄉芝加哥對他來說永遠是大事。」講起湯瑪斯每次對上公牛隊賽前的心態，杜馬斯說：「他的想法是：『這是我的家鄉。我才不想回到芝加哥輸球。』外加他們還有像麥可這樣的超級巨星，於是以賽亞對芝加哥更是執著了。」

在長久的生涯當中，中鋒詹姆士・愛德華茲（James Edwards）與喬丹和湯瑪斯都當過隊友。他說，儘管兩人有這麼多的不同，其實在本質上卻有相似之處：「他們兩個都全力追求最佳表現。以賽亞在任何賽場都能爆衝，想當然爾，回到家鄉時尤其如此。要激他並不難，他內心總有團熊熊火焰，無論在哪裡打球都一樣。」

一九八五年明星賽冷凍事件的忿恨已經烙印在喬丹的記憶裡，公牛隊與活塞隊的衝突隨時可能一觸即發。「那些比賽非常激烈，而且充滿情緒。」杜馬斯說：「可能才一月中旬，但是兩軍打起來就像是季後賽。激烈的程度讓人難以置信。那些比賽裡每個人都情緒高漲。沒有人想要輸。每次敗北之後，我們會坐在那裡，眼裡帶著淚水。我很幸運，有機會在這樣的氛圍之下打球。」

劇情的另一條支線是，喬丹在五星籃球訓練營的教練布蘭登・馬龍加入了活塞隊。場外，馬龍會花時間在Nike安排的休閒處與喬丹和他的父母小聚。到底特律活塞隊效力的時候，馬龍已經在聯盟裡花了兩三年的時間仔細做喬丹的球探報告。「我會到老芝加哥體育館看比賽。」他說：「所以我知道比賽的最後八分鐘是屬於喬丹的時間。第三節打完，如果他拿下三十分，我知道他最後會拿五十分。如果三節打完他拿下二十分，最後他就會得四十分。他會接掌比賽的最後八分鐘。看了那麼多場比賽，我發現喬丹最厲害的地方在於，他從來不放棄任何一場比賽，他從來沒有放棄過任何一波進攻，他總是霍盡全力。」

尤其是對上活塞隊的時候。兩隊都心知肚明，他們將在一九八八年一決雌雄。芝加哥開季拉出十勝三敗的戰績，讓柯林斯當選十一月份的當月最佳教練，也讓喬丹的精神大振。這樣的心情感染了全隊，後來所謂的喬丹手采就是從這裡開始萌芽的。

乒乓

早先，喬丹對萊西・班克斯施展這份「手采」。喬丹總會特別去認識負責採訪他的記者。班克斯在這一行裡算是非裔美國人的先驅，所以他跟喬丹很快就建立起關係，而兩人的好勝性格也很快讓這份關係荊棘叢生。

他們選擇的對戰項目是乒乓球。剛進芝加哥時，因為一時興起要跟羅德・希金斯較量，喬丹才會開始接觸這項室內運動，結果很快就成為隊上最強的人。班克斯比較老，體態臃腫，打球的時候滿頭大汗。但他卻能在球桌上痛宰喬丹，這也讓他們愈賭愈大。班克斯贏了一些無傷大雅的數目，卻發現喬丹願賭不服輸，堅持說要記帳然後繼續打。而他們也就依喬丹的意了。

現在的公牛隊在Deerfield Multiplex這個場館練球，而他們倆也在那兒各式各樣的觀眾面前打了好多場乒乓。有了球桌上的勝利壯膽，當球隊踏上客場征途時，班克斯也跟喬丹在撲克牌桌上賭博。某一次，他們倆在飛機上打牌，一次二十塊，這位記者輸了一百塊給這位年輕的富豪球星。回到芝加哥的機場之後，班克斯需要從喬丹那裡把輸的錢借回來，才有足夠的錢把車子從停車場裡開出來。

班克斯打的如意算盤是，等公牛隊練完球，他要在乒乓球桌上把輸掉的錢討回來。這位記者連贏了前面六場，形勢一片大好，然而，如同球探報告所記載的一樣，當旁觀的群眾開始集結，喬丹想要繼續打下去。班克斯同意了，喬丹很快贏了兩場，嘴巴又開始不規矩了。「不要以為你壓得倒我。」他說：「千萬不要！萊西啊，我已經把你摸透了。」

他贏的場次愈多，垃圾話也隨之傾巢而出。「去追那顆球啊，萊西。跑快點，跑快點……接球啊，萊西！我搞定你了。」

「麥可喬丹與教士是一對很莫名其妙的對戰組合。兩個人在老Multiplex球場打乒乓球，有時候也打牌，常常起爭執。」論壇報的籃球記者山姆・史密斯（Sam Smith）評論道：「喬丹名滿天下，是個享樂主義者，而且富可敵國。班克斯信仰虔誠，出身中產階級，生性謙遜。到頭來，教士還是會在記者會上丟出一些讓喬丹侷促不安的問題。」

「他真的很懂生活。」班克斯在二〇一一年如此評論年輕的喬丹：「他的性格裡包含強大的能量與強大的幽默，他有著競爭的能量與打賭的能量。他跟我所遇過的任何人都不一樣。當我在採訪阿里時——採訪阿里是採訪喬丹之前的事——我發現阿里是個奇葩，一個天生的怪胎。像他那樣的大塊頭，竟然可以像芭蕾舞者般跳動，像鐵匠般出擊。縱使採訪過阿里這種角色，我也從沒看過任何人擁有麥可那一種非人類的能量。」

要帶著公牛隊力挽狂瀾，必須將這份能量榨到一滴不剩。十二月末的五連敗讓他們的勝率落回五成，而他們對吉爾莫爾的信心也雲散煙消。聖誕節之前球隊就把他釋出了。一月，公牛隊與活塞隊在芝加哥體育館大幹了一場，而公牛隊也在這個對戰組合中拿下罕見的勝利。雙方的扭打是在第三節爆發的。喬丹搶下一顆進攻籃板，把球補進前用假動作騙起了里克・馬洪（Rick Mahorn）與阿德里安・丹特利。「馬洪用手勾住喬丹的脖子，直接把他摺倒在地。」美聯社報導：「之後，喬丹與隊友查爾斯・歐克利馬上去找馬洪討公道，雙方板凳席上的人也都衝進場內。」

當馬洪的兩記右拳招呼在歐克利的臉上，柯林斯試圖介入阻止。於是馬洪轉而攻擊柯林斯。公牛隊訓練員馬克菲回憶道：「他們在我們的板凳席前互毆，然後道格・柯林斯試圖抓住馬洪。哇靠，里克把柯林斯摔在地上兩次。直接把他仍到地上。道格跳起來，然後里克又把他丟到記分台上。這樣的事情總在我們的心裡烙印得特別清楚。活塞隊持續做著這類的事情。他們就是每次都會把你海扁一頓。」

「我的心中沒有一絲懷疑，馬洪和丹特利就是故意要傷害我，他們才不只是要阻止我得分而已，而這就是我發怒的原因。」賽後喬丹告訴記者們：「但是底特律覺得這樣做可以嚇倒我們。雖然馬洪和丹特利有權力不讓我輕鬆拿下兩分，但這不代表他們有權力刻意把我弄傷，讓我離開這場比賽。」

歐克利跟馬洪被驅逐出場，然而芝加哥挺住了活塞隊的威嚇。「除了喬丹之外，公牛隊似乎總是有點害怕活塞隊。」馬克菲說：「而他總是設法讓隊友們明白：一定要跨越這一支球隊，我們才能踏入下一個境界。為了讓隊友們了解這點，有時他不得不怒吼。但我覺得，對上活塞隊時，是麥可第一次以領導者的身分挺身而出。然而在內心深處，我們的球員總是認為，跟活塞隊交手一定會有難看的事情發生。每次踏入你的場館，底特律那群壞孩子一定會對你做出威嚇。」

從這場比賽之後，公牛隊勢如破竹，總戰績以五十勝三十二敗作收，十三年來首次達到五十勝。喬丹龍心大悅，也比較有心情跟年輕的隊友們培養感情。在他的高期待下，這件事並不容易，尤其是在他愈來愈投入的練球之中。他必須要鞭策他的隊友，同時找到一些協助他們的小方法。然而，一天過後，他還是那個飛人喬丹。

「我不是要說他冷淡或是什麼。」吉姆・史塔克回憶道：「打從第一天，他在這個城市裡就有了自己的那一群人。那群人就像是隨扈一樣跟著他。他有點因為這樣孤立自己了。他在場下的處世態度很有趣。跟隊友們相處，他還是很合群。他只是有一些個人的朋友，而麥可又是一個極端忠誠的人。他無時無刻跟這群人在一起。」

儘管如此，他還是願意為自己的隊友們撥出時間。「那次是在鳳凰城，他的旅館房間裡。」萊西・班克斯回憶起某一個情景：「在場的有麥克・布朗、史考帝・皮朋、查爾斯・歐克利和霍雷斯・葛蘭特。麥可住在一間大套房裡，而這些人在那裡像孩子一樣玩摔角，把彼此往沙發上丟。當時我心想：『這是會員專屬的。』這是麥可私人的小圈子，而很少球員有幸可以踏入這個小圈子，可以踏上麥可的聖堂。他們說著那些小孩子才會說的話，像是『你是打不贏我的』那樣俗氣的話。他們擺出摔角手的姿勢，然後像相撲選手般攻擊對方。那是一場力量的比拚，是一種過路的儀式。」

但是，過路去哪裡？喬丹似乎仍然專注於靠一己之力贏得比賽。他們朝著哪個目標前進，又要如何抵達那個目標，這一切都還很模糊。芝加哥將在二月主辦全明星賽，這又是另一個里程碑了。一直以來都是聯盟球星的一場大秀，這次的明星賽聚焦在喬丹身上的程度更是史無前例。在灌籃大賽中，喬丹的最後一灌拿下五十分的滿分，讓他得以用極小的分差擊敗亞特蘭大的多明尼克・威金斯，奪下生涯第二座灌籃大賽冠軍。有些旁觀者，像是紐約每日新聞的籃球記者米奇・勞倫斯，聞到了一點芝加哥偏袒自己人的味道。「我還記得當時我坐在那裡，對自己說：『多明尼克・威金斯怎麼樣都不可能贏下這場比賽。我們身在庫克郡（Cook County）耶，他們連選舉都可以作弊了。』」勞倫斯一邊回憶一邊笑了一聲：「但我的意思是，喬丹的表現顯然值得拿冠軍，連多明尼克都承認這點，儘管他那天的表現也是超棒。我還是認為多明尼克的表現已經無可挑剔了。問題在於比賽是在芝加哥舉行，而且是明星週的週六。我想說的是，那時喬丹的地位已經不可同日而語。」

《運動畫刊》的攝影師瓦特・伊烏斯（Walter Iooss）拍攝過一九八七年的灌籃大賽，但對於拍到的相片不甚滿意。他了解到，要好好捕捉參賽者的臉孔，他需要不同的燈光與角度。開賽前三小時，在芝加哥體育館的他主動去找喬丹講話，問喬丹每次灌籃前可否讓他知道自己要從哪一邊攻擊籃框。喬丹回答：「當然啊，我可以告訴你我要從哪邊灌。」

喬丹想出一個辦法，在每次灌籃之前用手指指自己某一邊的膝蓋，代表自己會從哪一邊灌籃。伊烏斯不太相信喬丹真的會記得對他打暗號，但結果喬丹真的如他承諾地配合了。從他的第一灌到最後一灌，伊烏斯讀取喬丹的暗號之後立刻在籃架下方找好位置。多年後這位攝影師回顧說，他拍照的位置太好了，喬丹簡直像是「飛進他的懷裡」。

喬丹的最後一灌之前，伊烏斯再次站在籃框下方。要從球場的遠端起跑時，喬丹看著伊烏斯，用手指指示他往右邊稍微移一點。然後喬丹起跑了，跑過整個球場，在罰球線起跳，完成完美的灌籃。同時伊烏斯也拍下永垂不朽的照片，喬丹飛在半空，手中的球正準備攻擊籃框，重力擠壓他的臉龐，壓出了一種堅毅的神情。在喬丹的肩膀後方，是芝加哥體育館的計分板，閃爍著開特力（Gatorade）、可口可樂與雲斯頓香菸（Winston cigarette）的廣告。時機真的無懈可擊。

隔天晚上，喬丹拿下破紀錄的40分，也贏得全明星賽最有價值球員的殊榮。媒體注意到以賽亞•湯瑪斯刻意多傳球給「飛人大帝」。喬丹的最後兩分，就是接獲湯瑪斯妙傳之後第一時間灌籃。灌完之後，兩人停下來用手指著對方致意，後來證明，這個動作就像是鈴響後重量級拳擊手互碰手套一樣。

靜默的戰爭

沒有什麼東西比以賽亞•湯瑪斯走進球場的身影更能讓喬丹殺紅眼。一九八八年四月，他在全國轉播之下再一次用個人表現強調了這件事。他狂砍59分，帶領公牛隊以112比110拿下勝利。活塞隊是一支以防守強度自豪的球隊，然而喬丹那一季對上底特律的得分卻像是嘲笑聲般迴盪不已——49分、47分、61分和49分。「就在那個時候，就在那個地方，我們下定決心不要再讓喬丹靠一己之力就打敗我們。」查克•戴利說：「要達成這個任務，必須要整個團隊全力以赴。」

活塞隊的教練團鐵了心要找到一個方法，在屬於喬丹的第四節困住這位公牛球星。底特律的戰略總是不脫肢體碰撞。「以賽亞跟蘭比爾，他們兩個都要我放他切入。」喬・杜馬斯回憶道：「他們說：『你就讓他切啊。』你們也知道，當年比賽的肢體碰撞比現在強多了，所以他們想要靠碰撞靠推擠靠骯髒的小動作。他們就是想要用這種方法來阻擋麥可。」

「有以賽亞、里克・馬洪與蘭比爾在陣，當時我們是一支非常兇悍的隊伍。」布蘭登・馬龍也同意：「當麥可想要上籃得分，他一定會被放倒。他們會讓他躺在地上。」

「不管被打得多慘，他寸步不讓。」前活塞隊成員詹姆士・愛德華茲在二〇一二年回憶道：「有蘭比爾跟馬洪在，我們以前常常賞他暗拐。我們以前常常懲罰他。他一寸都不曾退縮。他繼續往籃框殺。他不肯停。不論你對他做什麼，他都不會畏懼。」

壞孩子們是出了名的喜歡在犯規邊緣遊走，這讓喬丹的怒火更熾。很短的時間之內，他就對活塞隊以及他們的球風恨之入骨。然而，奇怪的是，在與杜馬斯的競爭之中，他採取不一樣的態度。「當他走進場內，我們兩個會握手。」杜馬斯回憶道：「我會說：『嘿，麥克，最近怎樣？』在我十四年的生涯之中，他一次都沒有跟我講過垃圾話。這很妙，因為我在電視上看到他跟其他球員打球，他的垃圾話可是滿天飛。我總會想：『跟我打球的那個人明明不是這樣的啊。』他從來沒有跟我講過垃圾話，或是任何貶損我的話。從來沒有過。一次都沒有。我知道對上其他球隊的選手，他的嘴巴可能會變得很壞。我也因此而尊敬他。他明白跟我打的是一場靜默的戰爭。」

喬丹總是會試探那些防守他的人，然而杜馬斯總是面無表情。

對上杜馬斯的時候，喬丹也必須擬定自己的計畫。他知道如果讓這個底特律的後衛投進前幾球的話，他可能會有一個進攻火力爆發的夜晚。雖然喬丹習慣在比賽前段輕鬆打，尤其是在大比賽中，但對上杜馬斯他會採取不同的作法，一開賽就全力搶攻，讓杜馬斯在防守端疲於奔命，沒餘裕去找自己的進攻手感。

喬丹讓大家知道，全聯盟最會防守他的人就是杜馬斯，而兩人之間的互敬也將慢慢演化為友情。「他是一個腳踏實地的男人，沒有那種壞孩子的形象。」喬丹曾經解釋道：「他喜歡競爭。但是他在幕後默默做事，不會大聲張揚。他上場不是為了找尋明星地位或是名氣。是明星地位與名氣找到了他。」

然而，底特律的教練團對友情沒有什麼興趣。他們想要找到一個更加強而有力的防守方針。為了確保喬丹不會繼續在他們眼前暴走，查克・戴利和他的助理教練朗・羅斯坦（Ron Rothstein）設計出一套防守戰術，也就是後來眾所皆知的「喬丹法則（The Jordan Rules）」。

「查克和朗，他們太尊敬喬丹以及喬丹的偉大。我想對於任何教練來說這都是一個終極的挑戰，去設計一個可以抑制這個球員得分的比賽計畫。」杜馬斯解釋道：「某次，我們正準備要對戰公牛。投籃練習的時候，我們的助理教練，也是我們一直以來最愛的教練朗・羅斯坦要教我怎麼防守。他說：『如果麥可這樣做，那麥可接下來就會這樣做。』他正在示範給我看，然後查克打斷我們，說：『等一下，你守過麥可喬丹嗎？他做得不錯耶。讓他告訴我們他是怎麼防守喬丹的，他是怎麼擋住喬丹的。然後我們再照著他的意見調整。』」

就這樣，底特律的教練團決定以杜馬斯的想法為基準來建構戰術。就是因為這種傾聽的能力，戴利才能成為名人堂的教練。「他們知道我投入一切，而且充滿熱情。」杜馬斯說：「我的打法並不花俏。我不會做一大堆混淆視聽的動作。他們知道我站上場就會認真拼搏。我從第一天就試著樹立這樣的典範。」

活塞隊同時也派出丹尼斯・羅德曼（Dennis Rodman）與以賽亞・湯瑪斯去防守喬丹。布蘭登・馬龍解釋道：「但杜馬斯才是主要的防守者。他的腳步很快，而且非常投入防守。」

教練團跟杜馬斯一致決定，無論如何都不會在比賽前段包夾喬丹，就算他第一節就拿下二十分也一樣。

「我不想讓他太早看見包夾陣勢，然後想辦法破解。」杜馬斯解釋道：「所以我只要在第四節包夾他。」

教練團與杜馬斯也一致認為，他們不想要太早逼喬丹傳球，否則他的隊友們會在不斷的接球與出手之間漸漸找到手感。

「我們說：『大家聽好了，就前三節被他打開了也沒關係，我們咬緊比數就好。』」杜馬斯回憶道：「到第四節的時候，球如果突然開始流動，他的隊友們就必須開始出手。所以我們在第四節之前都不要對他包夾。」

喬丹法則的另一個重要元素是，喬丹持球時，杜馬斯必須運用自身的力量把他逼往左邊，讓他往場中央去。杜馬斯解釋道：「每一次我都要想辦法逼他往左邊走。」

「這就是執行喬丹法則的點。」馬龍回憶道：「我們奪走他所有的伎倆。藉由把他逼到罰球線兩端，我們讓他無法切入。藉由把他逼往左邊，我們讓他無法從底線過人。如果他在禁區旁的低位持球，弧頂的人就會趕來幫忙包夾。這就是所謂的喬丹法則。我們不讓他靠近底線。如果他在側翼持球，我們就逼他往罰球線兩端去。他在哪一邊的側翼，我們就把他往罰球線那一端逼。然後我們會盡量讓他往左切。」

只要沒有貫徹喬丹法則，結局就是吞敗。詹姆士・愛德華茲評論道：「我的意思是，如果沒有針對他擬定戰術，他隨時都可以在你面前砍個五十分。你必須要盡自己的全力拖住他。至少要用包夾去逼使他傳球。你必須盡可能為他製造困境。你必須要派兩個人盯他。你不可能一對一守他。他的球技太好，速度也太快。」

被問到何謂喬丹法則，底特律的約翰・薩利（John Salley）打趣地說：「其實主要有兩招。第一招：當喬丹拿到球，我們跪下來禱告。第二招：比賽開始之前，我們就先去上教堂或是猶太教教堂。」

用喬丹法則來對付道格・柯林斯手下的公牛隊太成功了，遂成為針對運動能力出眾的球星的防守範本。在那兩季之中，常規賽加上季後賽公牛隊總共跟活塞隊交手十七場，這十七場中喬丹的平均得分是28.3分，下滑了將近八分。更重要的是，活塞隊贏了十四場。這個防守策略讓活塞隊在東區出頭，順勢贏下兩座NBA總冠軍，然而，長遠看來，這也給了公牛隊助益。在二〇〇四年回首前塵，泰斯・溫特說：「我想，在麥可喬丹的塑造上，『喬丹法則』扮演的角色不遜於任何事物。」這些敗仗迫使喬丹與公牛隊在底特律的肌肉叢林中找尋出路。

每一年公牛隊都變得更強。杜馬斯說：「很像開車的時候看著後照鏡。我們說：『天啊，他們快追上我們了。他們來了。』你看得見他們在靠近。沒過多久，這台法拉利就飆過去了。咻。」

最有價值的

一九八八年，喬丹再度成為聯盟的得分王，這一次的平均得分是35.0，而他也首度拿下聯盟的MVP獎項。他說：「這很令人興奮。」去年他在票選上敗給了正要帶領球隊達成二連霸的魔術強森。而一九八八年的第二名是大鳥柏德，他拿到十六張第一名的票，喬丹則拿下四十七張。喬丹也以每場3.2次的抄截數成為聯盟的抄截王。他被選為年度最佳防守球員，也入選防守第一隊，成就了他生涯的另一個目標。

同時，克勞斯被選為年度最佳總管，而歐克利單季1,066顆籃板也傲視全聯盟。然而，最棒的獎，是公牛隊自一九八一年之後第一次在季後賽的首輪勝出。他們以三比二淘汰了克里夫蘭騎士隊（Cleveland Cavaliers）。在這個系列賽的首兩戰，喬丹分別攻下50與55分。在NBA的歷史上沒有任何人連續兩場季後賽攻破五十分大關，連威爾特・張伯倫都沒有過。在決定性的第五戰，柯林斯首次決定讓皮朋取代效率低下的布萊德・賽勒斯，拿下24分。賽後，克勞斯喜不自勝。他告訴記者們：「他只是一個來自阿肯色康韋縣（Conway）的孩子，而我們在他身上加諸了龐大的壓力。」

「去年夏天，當我跟史考帝對陣時，我就看出他身懷絕技。」喬丹說：「唯一的問題就是，他要怎麼在球季中把這些東西施展出來。他花了八十二場比賽才找到辦法，但是現在他做到了。而我想這對他往後的生涯都會有所裨益。」

作為慶祝，公牛隊穿上特製的T恤，上面寫著：「現在你覺得我們怎樣啊？」

勝利過後，喬丹宣布：「我們準備好進軍下一輪了。」一開始看起來似乎真的是這樣。第二輪對上活塞隊，他們在龐帝克銀色巨蛋攻克第二戰。突然之間，公牛隊有了主場優勢。但是從那一場之後，活塞隊在比賽後段集中火力防守喬丹，逼使他把球傳出去。同時，他們也祭出壞孩子風格的老招。第三戰，活塞隊在芝加哥體育館以101比79血洗了公牛隊，賽中喬丹與底特律的中鋒比爾・蘭比爾發生扭打。「我只是幫隊友擋人。」蘭比爾說：「我猜他大概沒長眼睛吧。」

就是在這個系列賽中，洛杉磯快艇隊（Los Angeles Clippers）的老闆唐諾・史特林（Donald Sterling）打電話給傑瑞・藍斯朵夫，探問交易喬丹的可能性。史特林亟需喬丹這樣的球員，才能跟湖人隊與魔術強森抗衡，爭取洛杉磯城的注目。他可以給芝加哥一大堆選秀權，包括兩支輪前六順位的選秀籤。這筆交易其實並不如表面上看來那樣有如天方夜譚。一向把選秀權當珍寶收藏的克勞斯已經開始察覺到，無論他怎麼樣打造球隊，只要贏球，所有功勞還是都記在喬丹的賬上。藍斯朵夫也了解外界的批評，知道喬丹主導全部的進攻之下，公牛隊沒辦法贏得冠軍。這個提議讓芝加哥的管理部門開始設想沒有喬丹的另一種未來。克勞斯的推斷是，這步棋若能下對的話，結果將非常吸引人。然而，表達要將白襪隊遷往佛羅里達的意願之後，藍斯朵夫已經觸怒了芝加哥的球迷們。如果真的把喬丹交易出去，他勢必成為滿城怒火的標靶。這位老闆知道他不能這麼做，於是公牛隊回絕了。

底特律拿下第四戰，第五戰也大局在握，此時，喬丹一肘打在以賽亞・湯瑪斯的臉上，把他送進了休息室。這一擊讓湯瑪斯失去意識，然而休息室的門偏偏鎖上了。於是他只好回到場邊，後來還再度上場確保活塞隊以四比一晉級下一輪。

「在季後賽裡，其他球隊會更認真阻擋我。」喬丹後來回顧時說：「當他們這麼做，我們隊上的一些缺點就暴露出來了。」

然而他還沒看見解決的辦法。

就在一九八八年的選秀會開始之前，公牛隊把喬丹的好友歐克利交易到紐約，換來中鋒比爾・卡特賴特。這對球迷們與球員們來說都是突如其來的一著。歐克利是隊上最主要的肌肉棒子，也是喬丹的打手與最親近的友人。七呎一吋的卡特賴特是可以低位單打的中鋒，但是長年受腳傷所苦，感覺起來也已經走到生涯的尾端。交易的消息本身已經夠糟了，但讓球員知道的方式更爛。歐克利剛好跟喬丹出去，去看麥克・泰森（Mike Tyson）跟麥可・史賓克斯（Michael Spinks）的拳賽。

「歐克利跟喬丹去亞特蘭大城看拳賽，我找不到他，沒辦法告訴他交易的事。」克勞斯回憶道：「他得知這件事是因為有人跑進拳賽會場去跟歐克利說。歐克利告訴麥可，然後麥可就抓狂了。『媽的克勞斯怎麼可以這樣？他會把整支球隊搞砸。』麥可氣瘋了。」

喬丹的不滿也感染了媒體和球迷，他們一向很欣賞這位前鋒，因為他是喬丹的保護者。曾因為在選秀會上選中歐克利而自豪的克勞斯，其實內心也在拉扯。

「查爾斯強壯、堅韌而且勇猛。」強尼・巴赫回憶道：「他的交易案對我們來說是最為難的，因為克勞斯不僅欣賞作為球員的他，我想他個人也對他很有感情。為了得到卡特賴特而捨棄他，對於克勞斯來說幾乎是違心之舉。然而教練團真心認為沒有卡特賴特就贏不了球，所以我們就做了這個交易。」

「我一直被蒙在鼓裡，直到歐克利在麥克・泰森跟麥可・史賓克斯的拳賽上告訴我。」喬丹還記得：「我們在亞特蘭大城看拳賽。我對於這個交易很不爽，對於得知消息的方式也很不爽。」

「那對球員的心情很傷。」巴赫說：「但我想那讓我們更上一層樓。現在有一個真正的專業人士來當我們防守的軸心。比爾在休息室裡很棒，他在練球時也很棒。他贏得了隊友們的尊敬，因為他有辦法一對一槓上派崔克・尤恩。我們不用去包夾派崔克・尤恩，這給了我們很大的信心。這個交易最麻煩的地方就是，麥可把歐克利視為自己在場上的保護者。查爾斯隨時準備飛身跳入任何一場混戰。你敢攻擊麥可，你就必須面對查爾斯。但是比爾用自己的一套讓我們隊上的大個子都強悍起來。而且，也以自己靜默的方式成為一個終結者，在籃框前擋下所有的攻擊。」

「這對球隊來講是一個很大的賭注，這是一場豪賭。」泰斯・溫特後來評論道：「我們用一個年輕人去換一個老將，因為我們覺得先發陣容中必須要有一個好的低位中鋒，尤其是一個可以作為防守軸心的人。」

這個決定也讓進步神速的霍雷斯・葛蘭特有了更多的上場時間。「我們需要一個中堅份子，少了這樣的人我們沒辦法贏球。」傑瑞・藍斯朵夫說：「我也知道霍雷斯・葛蘭特正要破繭而出，想說反正他會成為比歐克利更好的球員。」

葛蘭特高人一等的速度改變了防守的節奏。他跟皮朋為公牛隊提供了兩支閃電般的箭頭。葛蘭特在場上的時候，公牛隊可以在防守上施加很多壓力。這成了球隊的註冊商標。巴赫把皮朋和葛蘭特兩人稱為「獵犬們」，在公牛隊的壓迫與陷阱防守中，他們是負責攻擊的球員。但當時，失去歐克利讓喬丹心情不佳，同一個時間點上，場外生活的壓力也在增加。

Flight 23 商店

由春轉夏之際，茱安妮塔・凡諾伊跟喬丹說她懷孕了。這讓喬丹的父母更加惱火，他們表示茱安妮塔是故意讓這件事發生，好套牢喬丹。桑尼・瓦卡羅還記得，那並不是一段快樂的日子。

同時，作為 Nike 合夥人的喬丹開了一家小型的連鎖零售店，其部分股權由喬丹的家人持有。這個連鎖店的名稱是 Flight 23 by Jordan，它們將由詹姆士・喬丹來營運。瓦卡羅解釋道：「他們給了他一些東西，讓他覺得自己除了從兒子身上拿錢之外，也能自己賺一點。一開始的時候大致上就是這樣。他們說：『好吧，讓詹姆士開一家公司。我們將在夏洛特開店，然後我們會在這個地方還有那個地方開店。』」

喬丹的兄弟姊妹也是這個企業的擁有者。在喬丹快速而壓倒性的財富與名氣之下，他們很快被困住了，沒辦法過正常的日子，做正常的工作。羅尼已經建立了自己的家庭，軍旅生涯也讓他的人生與職業有了完整的規劃與進程。但是其他人卻每一步都碰上麻煩。「你們也清楚這有多難，當你是麥可喬丹的兄弟或姊妹。」瓦卡羅評論道：「而你的老爸老媽還要維持一個假象，裝做麥可沒有幫家裡所有人付錢。當然基本上所有的錢都是他在付的。」

悲傷的是，零售店的營運只讓家庭的紛爭火上加油，尤其是詹姆士與荻洛莉絲・喬丹之間的紛爭。在喬丹年輕的人生裡，每一步都是忙碌的，從籃球場巨大的挑戰，到他那許多商業行為，到他與茱安妮塔正在進展的關係。現在他的父母比以往更加水火不容，他又必須在兩人之間調停。

Flight 23 商店在夏洛特開幕時，現場湧進大批媒體與群眾。他的父母親卻在零售店後面的房間裡，上演一場醜惡的，拳腳相向的爭執。他的大姐回憶道：「雖然我們每個人多少都被牽扯進父母的糾紛，但麥可陷得最深，也受到最多影響。他必須忍受那些私下的鬥爭，然後踏上世界的舞台，向世人微笑，就連心碎的時候也不例外。他曾經告訴過我，他覺得自己的成就之中最壞的部分，就是那些成就對父母親造成的影響。」

雖然說大眾都認為詹姆士・喬丹是個性情溫和、勤奮工作的人，Nike 很快就發現讓他經營小連鎖店是個噩夢。眾所皆知的，他會喝點酒，而且處理危機的方法就是置之不理。他也不理會欠給供應商的款項。瓦卡羅回憶道：「他不付錢給T恤廠等等的。」除了這些之外，愈來愈多證據顯示他在外與女性調情，這也讓他跟荻洛莉絲之間的衝突愈演愈烈。「詹姆士是個無賴，他製造了很多問題。」桑尼・瓦卡羅說：「太可怕了。他的兒子賺的錢要以天文數字計算，但他卻欠帳不還。」

作為 Nike 的代表，瓦卡羅發現他身陷衝突之中。他說：「這太不可思議了。」他也解釋，說他先是見了詹姆士・喬丹，後來又見了他的妻子，希望可以解決這些問題。營運出問題的消息很快傳到菲爾・耐特的耳裡，身為 Nike 董事長的他希望快點搞定一切。

喬丹夫婦來到比佛利山莊（Beverly Hills）的飯店與瓦卡羅協商。他解釋道：「因為詹姆士的問題，我跟他們談。我分別接見兩人。我代表 Nike，因為菲爾根本不想靠近這些人。我必須出面為詹姆士的所做所為協商，然後我再去跟荻洛莉絲談。」

喬丹深愛著他的父母，而且對兩人都很忠誠，所以他們之間的衝突對他而言幾乎難以承受。瓦卡羅回憶道：「但是扯上 Nike 的時候，喬丹不會站在他父親那一邊。」菲爾・耐特希望盡快收購喬丹家人的股權，而喬丹也同意。不這麼處理的話，喬丹一家將因為詹姆士的經營不善而需要面對公關噩夢。這個狀況歹戲拖棚拖了三年，正好是喬丹與活塞隊殺得如火如荼的期間。

一開始，詹姆士・喬丹不願意放棄自己的股權。瓦卡羅回憶道：「他想要跟 Nike 分開經營，但是我們不可能有不同的 Flight 23 商店，或是他想要把那家店改名叫什麼也都一樣。」

終於，Nike 表明說要把商店收回來，於是詹姆士決定拿走部分收益，另外跟兒子賴瑞開一間衣服店。不令人意外的是，這個投資也很快陷入麻煩。這在他與荻洛莉絲之間製造更多糾紛，也為他們那知名的兒子製造更多頭疼。

「大眾從來看不見那些一直存在的苦痛與問題。」桑尼・瓦卡羅說：「我身處於其中，當他們跟 Nike 分道揚鑣，然後詹姆士忙著購買自己要賣的T恤。我就是身處在那團混亂當中。」

談起那次的經驗，喬丹的大姐說：「Flight 23 by Jordan 的災難過後，他發誓永遠不再跟我們有生意上的合作。」

瓦卡羅也同意：「那比你或是其他人所想的更糟。」

他們將來回首前塵時才看清更糟的事情：那次的衝突代表著，喬丹的家庭不再是他的避風港，當他需要從名聲、財富與競爭的壓力中逃離，他無法再回到那裡了。於是他愈來愈依賴高爾夫球這個逃遁的方式。

喬丹另一個關於他人生的主要發現就是，就算當他逃離隱遁，他的好勝心以及好勝心所帶來的腎上腺素還是纏著他不放。

喬丹真正賭上的是自己的好名聲，那是他在生活的其他面向中盡全力維護的東西。他繼續保持自我的公眾形象，不讓外人知道賭博的秘密，唯一的紀錄是高爾夫記分卡上歪七扭八的文字。他把這些事情隱藏得太好了，連他自己的高爾夫球友都不知道喬丹投注的賭金層級有多高。喬丹很快就會發現，他的賭博議題中真正要緊的，不是這件事情本身如何，而是社會大眾視之如何。

第22章 孤獨高飛

一九八八年休季期間，喬丹回到藍尼高中參加另外一場「感恩」活動。休息時，他溜到會場外頭透透氣。他以前在貝比・魯斯聯盟的棒球教練狄克・尼爾偷偷從他身後靠近，抓住他內褲的鬆緊帶，然後超級用力地往上拉，做出一個只有前海軍陸戰隊成員才有辦法想像的強力內褲惡作劇。這大概是Hanes內褲讓喬丹最痛苦的一次。又驚又怒的喬丹轉過頭，看見是誰搞的鬼之後，跟他說：「狄克・尼爾，你依然是我遇過最瘋狂的白人。」要得到這句評語不容易，畢竟喬丹也認識克勞斯這個白人。

一九八八年休季期間，克勞斯派泰斯・溫特與菲爾・傑克森去執掌夏季聯盟（Summer League）的兵符，並且讓球隊執行溫特的三角戰術。在道格・柯林斯的領軍之下，球隊一軍從來沒有採用過三角戰術，但是這位總管希望溫特能把這套戰術傳授給傑克森。那支夏季聯盟的球隊裡沒有幾個公牛隊合約下的球員，主要陣容是那些想要進入公牛隊的自由球員與菜鳥。

本就害怕自己飯碗不保的柯林斯知道那支夏季聯盟球隊用的是溫特的戰術，也知道傑克森是裡面的一份子。柯林斯不知道的是，克勞斯願意支持任何肯聽從溫特建議的教練。「道格剛愎自用而且充滿自信，這是可以預料的。」吉姆・史塔克解釋道：「他曾是選秀狀元，也有過出眾的NBA生涯。道格真的想要我行我素地行事。年輕如他，對很多想法都嗤之以鼻。」

而且，大家都看得出來公牛隊在進步，造就愈來愈多令人振奮的轉變。舉例而言，在一九八八年的秋天，公牛隊的季票全數售罄。想要搭上喬丹特快車，你必須要排隊等候。短短四年之前，公牛隊看似窮途末路，如今球隊的金庫裡卻塞滿鈔票。那年九月，傑瑞・藍斯朵夫以延長合約來犒賞他的球星，據報導是一紙八年兩千五百萬的合約。然而這樣的合約也將在破紀錄的短時間內過時。

他們全都在現金的風暴裡打轉。那一季，公牛隊授權商品的銷量居全聯盟之冠，在可見的未來情況也是一樣。在公牛隊擔任副總多年的史帝夫・蕭沃德回憶道：「正確說來，NBA賣出的授權商品中大概有百分之四十跟公牛隊有關。」

可惜的是，這麼多錢也沒辦法為克勞斯買到一點愛，或至少稍解喬丹對他的不爽。

衝突

喬丹的第四個NBA球季開始了，球隊陣容如下：卡特賴特打中鋒，布萊德・賽勒斯和葛蘭特打前鋒，後場有喬丹以及從西雅圖轉隊到芝加哥的山姆・文森（Sam Vincent）。開幕戰裡，活塞隊來到芝加哥欺負他們。然而接下來，喬丹再度用自己的方式破繭而出，在得分這個項目上領先全聯盟，在蠻橫無理這個項目上也是。十一月一場比賽中，他抄球之後在後衛巴比・漢森（Bobby Hansen）頭上灌籃，這讓坐在場邊的爵士隊老闆賴瑞・米勒（Larry Miller）忍不住對喬丹開譙，叫喬丹不要只會欺負小隻的。幾分鐘之後，喬丹切入禁區，在七呎四吋的中鋒馬克・伊頓（Mark Eaton）頭上把球灌進。回防的時候，他刻意跑過米勒身邊，問這位老闆：「他夠大隻了嗎？」

批評家們把喬丹跟大鳥柏德與魔術強森拿來比較，說那兩個球員都讓隊友打得更好，而喬丹似乎只為自己打球。助理教練菲爾・傑克森某一天也明白表達了相似的看法，覺得喬丹有必要讓隊友打得更好。傑克森說，當年尼克隊的總教練紅頭霍爾茲曼也曾向他強調過同樣的事情。

柯林斯覺得傑克森說得有理，於是命令這位助理教練馬上去跟喬丹講這件事。傑克森接下了這個有勇無謀的任務，也預料到那位球星不悅的反應。想不到，喬丹竟然以耐心聽完，而且似乎對傑克森的直言不諱心存感激，儘管外界對此事的公然討論已經讓他十分惱火。喬丹猶記得傑克森走的時候他翻了翻白眼。

事實上，喬丹才正要成長為球隊的領袖，雖然說他的領導方式不是毛絨絨暖洋洋的。大部分還是向隊友施加壓力：不打好，就打包。然而如今，即將開啟新一季的他，擔心克勞斯做了一個非常糟的交易，一個會讓他的球隊變弱，會讓他的工作變難的交易。

「那一年剛開始的時候，一切很令人沮喪而且難以接受。」喬丹回憶道：「事情的發展並不順遂，而那也影響到我了。跟大家一樣，我有著很高的期許，但是我們必須先經歷一段過渡期。」

然而，傑克森卻看見了卡特賴特的價值，不僅僅做為一個球員，也作為一個領導者的價值。他開始把卡特賴特戲稱為「老師」，然後大家也跟著叫順口了。在場上，隊友們以及聯盟裡的對手都知道卡特賴特的手肘很厲害。他在禁區卡位爭搶籃板時總會把手肘架得老高。

「麥可並不真的認識比爾・卡特賴特這個人。」克勞斯回憶道：「麥可要比爾證明自己。麥可對每個人都是這樣。這就是麥可的作風。我知道比爾是個怎麼樣的人。麥可對比爾來說不是問題。我告訴比爾：『要來了喔，他會來弄你喔。麥可會把你搞瘋。』比爾說：『他才不會對我怎樣。』」

結果情況還滿複雜的。前隊友約翰・帕克森回憶道：「認真打球是麥可最基本的要求。如果你在空檔之下失手，他也不想看到這種事。如果麥可擋拆幾次之後，快速把球傳給比爾・卡特賴特，結果他放槍，麥可就不會再傳給他了。一開始大概就是這樣。如果你做了一個動作，結果你的隊友反應不過來，那下次做這個動作之前你就會三思。這是很自然的。你總是可以感覺到，麥可在尋求自身的完美。但有一部分的他，也希望身邊的人可以完美。」

不管用什麼方式，如果麥可能夠提升隊友的水平，那他孤身讓球隊保持競爭性的壓力就不會那麼大了。只要哪個晚上喬丹沒有拿出超凡表現的話，公牛隊就很難贏球。「我感覺到自己在仔細觀察比賽。」喬丹如此描述自己的做法：「如果球隊打得順，我就不用得太多分。我可以隱沒在背景裡，讓所有隊友都參與球賽。」

隊友也必須要做好自己份內的事。帕克森解釋道：「麥可會挑戰別人，而某些人的表現沒能回應麥可的期待，布萊德・賽勒斯就是一例。對他而言，麥可的期待是難以應付的。麥可習慣看著一個人，然後對他說：『你明明可以做到，為什麼不？我了解你身體的能力，你為什麼做不到？』」

喬丹與帕克森這個隊友連得上線，縱使說這位來自聖母大學的後衛體能條件比較普通。喬丹往往把心理素質擺在身體素質之上。他說過，他希望隊友有著能夠在關鍵時刻挺身而出的心。同等重要的是，帕克森不需要持球，這就屏除了一個可能的衝突。「我記得他好幾次看著我說：『你在場上是做不成這件事的。』」帕克森解釋道：「但是要跟麥可在場上建立關係，我擁有一個優勢。大學的時候，我跟他曾經為了打國際賽一起在國外待了幾個月。對上南斯拉夫的比賽中，我投進了致勝一擊。而我相信，在麥可的內心深處，他記得作為球員的我曾經完成那樣的事。所以他可以信任我。同時，我不記得早期的時候麥可曾經對史考帝・皮朋或是霍雷斯施加任何壓力。他了解很多人需要在聯盟裡慢慢成長。麥可對我一向不薄。他對我的態度總是很正面，也從來沒有在報紙上對我發出過任何負面的評語。這對我而言意義重大。如果自己隊上的偉大球星批評了你的人格，你可能會深受打擊。他沒有這麼做。我想剛開始的時候，他有時候對球員們還是比較收斂。我想他應該覺得自己在走鋼索。『我應該要批評他們嗎？還是我應該退一步看著他們自己成長？』我覺得，作為領袖的他愈敢發聲，球隊就變得愈好。當他真的開始挑戰我們時，我們就變得更強。我們必須要學習如何跟麥可一起打球，而麥可也需要學習如何跟我們一起打球。」

控球後衛

公牛隊在一月份掙扎地維持五成以上的勝率，而球隊內部又迎來更多衝突。直言不諱的泰斯・溫特試著要在球隊議題上給予柯林斯建議。然而，教練團之間的衝突逐漸升溫，直到這位總教練直接禁止溫特參加球隊練球。菲爾・傑克森回憶道：「當時的泰斯基本上已經被歸類為閒雜人等了。」

「我很不爽，因為柯林斯根本對泰斯充耳不聞。」克勞斯解釋道：「而且他也不聽菲爾・傑克森說的話。這兩三年來，道格為我們做了很多。從公關的角度看，他幫我擋了不少子彈。道格很善於面對媒體。然而道格在奔忙之中學習執教，他應該多聽助理教練的話，但他卻偏偏不要。道格對菲爾也有意見。隨著時間過去，他在這方面愈來愈像史丹・阿爾貝克，他偏離了我們想要的方向。」

開季三週，茱安妮塔・凡諾伊生下了一個男嬰，傑佛瑞・喬丹（Jeffrey Jordan），但是喬丹的父母還是反對他把孩子的媽娶回家。整季過去，喬丹生兒子的事情還是沒被張揚。有些記者知情，但是沒有把這件事報導出來。凡諾伊大約思考了六個月，想要打一場父權關係的官司，但最後還是決定不要。喬丹的私生活與休息室裡的氣氛一樣凝重。

在一月尾聲，球隊終於止跌回升，主要是因為喬丹開始對皮朋跟葛蘭特施加壓力，兩人也隨之進步了。

「我想麥可看出了史考帝跟霍雷斯可以成為什麼樣的球員。」當時在球隊打替補中鋒的菜鳥威爾・普度（Will Perdue）回憶道：「而當時的他對那兩個人非常嚴厲。他的態度是正面的，但他也不斷挑戰他們，試探他們能否回應他的挑戰。」

吉姆・史塔克還記得，讓球隊的化學效應更複雜的是，喬丹持續對卡特賴特心存憤怒，而卡特賴特也是隊上少數幾個敢挺身面對威嚇與霸凌的人。根據有些人後來所說，這位中鋒當時非常厭惡喬丹的作風，幾乎已經到了怨恨的程度。「比爾覺得喬丹有時候會對他做一些沒必要的責罵。」史塔克在二〇一二年的訪談中說：「比爾一身傲骨，他已經在聯盟裡贏得尊重。」威爾・普度很清楚兩個人之間的情緒衝突。他說喬丹「憎恨」卡特賴特，普度滿確定喬丹也恨他。普度畢業於范德堡大學（Vanderbilt），所以喬丹都叫他威爾・范德堡，因為喬丹覺得他沒資格用「普度」這個十大校聯盟的校名當名字。

而卡特賴特從容應對朝他投射而來的敵意。史塔克指出，他在紐約時每場比賽平均可以拿下二十分十籃板，喬丹顯然沒有意識到，願意在芝加哥退居綠葉球員的卡特賴特做了多少犧牲。

「比爾非常欣賞麥可的才能。」史塔克回憶道：「但同時，比爾不打算對麥可那種態度忍氣吞聲。麥可會試探所有的人。練球時，如果喬丹往籃框切，比爾會站在那裡阻擋他。在比爾．卡特賴特之前，有太多球員只敢悶不吭聲地服從麥可。但是比爾不是被欺負大的。麥可的能力太過強大，所以幾乎所有人都可以任他踐踏。但是比爾踩住了自己的底線。他說：『這裡是屬於我的領域，你給我乖乖待在外面。』而這對球隊來講有著電流一般的刺激效果。因為敢以各種方式挺身面對麥可，比爾在休息室裡贏得大家的敬重，每個人都對他的行為心存感激。」

三月，柯林斯對於控球後衛山姆．文森的表現日漸不滿，最後決定把他冰在板凳上。這位教練把喬丹調去打控衛，讓喬丹原本就夠長的持球時間變得更長。曾在加州大學長灘分校為溫特打球的克雷格．霍奇斯（Craig Hodges）頂上先發得分後衛的位置。柯林斯說：「滿有趣的，我們來看看麥可適應得如何。」喬丹以連續七場大三元的表現回應（他在一月到四月間總共拿下十四次大三元），而公牛隊也贏了其中六場。柯林斯把他擺在這個位置，似乎是要讓他扮演當年奧斯卡．羅伯森的角色。喬丹開始喜歡在比賽中向官方紀錄台詢問自己的數據，以便知道自己還需要做些什麼來達成大三元。聯盟很快就發現他在搞什麼鬼，於是禁止記錄台在比賽中向球員提供數據。

後來，霍奇斯因為踝傷錯過那一季接下來的所有比賽，公牛隊馬上吞下六連敗。克勞斯懷疑柯林斯是不是讓隊上的超級巨星扛太多責任，把他給操壞了。做為助理教練的菲爾．傑克森很快觀察到，喬丹在場上要做的事情太多了，所以有時候在比賽後段顯得十分疲憊。喬丹不想要像一般控球後衛一樣分球，主要是因為他不太相信隊友的得分能力。

儘管如此，你還是很難不去讚賞喬丹作為一個「雙能衛」所展現的實力。他的運球讓他總是可以溜到對手似乎永遠來不及跟上的地方。他會急停，然後加速，停頓，然後再衝。他的每一次持球進攻，都是防守者腳踝的噩夢。他很快就學會如何利用隊友的掩護出手。喬丹的動向太過難以捉摸，想要幫忙防守的球員也不知道要去哪裡包夾他。他吸引了太多防守端的注意力，霍奇斯、皮朋與帕克森往往發現自己在三分線外有大空檔。喬丹自己也有外圍投射的能力，而那年春天他的跳投通常都會破網，逼得對手不得不貼進一步防守，結果又更容易被他過。

那一季公牛隊的戰績是四十七勝三十五敗，在東區位居第五。季後賽首輪將對上整季在主場只輸過四場球的第四種子克里夫蘭騎士隊。那年春天，喬丹愛上了安妮塔・貝克（Anita Baker）這位女歌手的歌，上場前總會聽她那首〈Give It Your Best〉來激勵自己。季賽六度交手，公牛隊六次都輸給騎士隊，儘管如此，萊西・班克斯還是大膽預測公牛隊將在這個五戰三勝的系列賽中勝出。當芝加哥的其他記者質疑公牛隊能否晉級，喬丹生氣地回嗆他們，並且預言公牛隊將在四場比賽之內出線。就算不是專家也看得出來，克里夫蘭在禁區與外圍都有身高優勢，他們可以用朗・哈潑（Ron Harper）與克雷格・埃盧（Craig Ehlo）牽制喬丹。

騎士隊擁有主場優勢，然而公牛隊出乎意料地取得二比一的領先，看來可望在於第四戰在芝加哥體育館結束系列賽。第四戰，喬丹轟下50分，但卻在賽末錯失關鍵罰球，於是克里夫蘭在延長賽中偷得一勝，扳平了勝場。事情的急轉直下讓喬丹痛苦莫名，但他很快就把這些負面情緒拋諸腦後。菲爾・傑克森還記得，隔天搭球隊專機前往克里夫蘭時，喬丹在走道上幾乎是蹦蹦跳跳移動，告訴他的隊友們什麼都不用怕，一定會贏。

這股熱情延燒到隔日的第五戰。喬丹一上場就得分助攻樣樣來，騎士隊進一球，他就回敬一球。霍奇斯與帕克森也在三分線外頻頻開砲。第四節雙方更是你來我往，最後三分鐘內六度互換領先。比賽終了前六秒，喬丹從罰球圈右邊用力切入。克里夫蘭的克雷格・埃盧伸手阻擋，結果是臉上挨了重重的一記，同時喬丹還是把球投進，讓芝加哥以99比98取得領先。埃盧重振精神，發完邊線球，又把球拿回來，切入上籃球進，在比賽終了前最後三秒讓克里夫蘭以100比99反超前。

暫停的時候，柯林斯很快就畫出了一個戰術，要讓中鋒達夫・科爾辛執行最後一擊。柯林斯的邏輯是，對方不會料到這招。喬丹憤怒地把戰術板打到地上，跟他的教練說：「媽的把球給我！」於是柯林斯很快重畫了一個戰術，讓布萊德・賽勒斯從界外發球。走進球場的時候，喬丹輕聲告訴隊友克雷格・霍奇斯，說他一定會投進這一球。

克里夫蘭的教練蘭尼・威肯斯（Lenny Wilkens）決定要利用身材高大的賴瑞・南斯（Larry Nance）去阻止喬丹接球，但是喬丹甩開糾纏，接到傳球，把球帶往罰球圈準備跳投。埃盧很快對上他，並且亦步亦趨地執行最標準的防守——直到喬丹過了他然後起跳。埃盧從右邊飛來，盡力伸長左臂想要影響喬丹的出手。但是喬丹的跳躍力與滯空時間保住了這個瞬間。埃盧的手一度擋在這顆球前面，然而重力讓他往左邊落下，而那個紅色的身影卻繼續上升，達到至高點，投進了致勝一擊，於是公牛隊以101比100獲勝，而喬丹那個知名的揮拳慶祝動作將在往後被反覆播放億萬次。

這個絕殺很快就得到 the Shot 的美稱。站在看台上的克勞斯，看完這球之後第一個想法卻是：要不是布萊德・賽勒斯從界外發出了完美的一球，這個絕殺不會成真。「那是我在籃壇看過最棒的一個傳球。」他在二〇一一年說：「他從三個防守者之間把球傳到喬丹手上，名符其實的穿針引線。我馬上跑到場上擁抱布萊德・賽勒斯。」

這一刻的背後有很多意涵，克勞斯想要去擁抱布萊德・賽勒斯，因為當年選他的時候受到圍剿。一九八六年，喬丹希望說服球隊選擇杜克大學的強尼・道金斯，但是克勞斯硬是選擇了賽勒斯。而賽勒斯後來遲遲無法融入球隊，所以喬丹跟克勞斯就更有得吵了。賽勒斯那一球當然傳得很好，但往後的麻煩也概括在這一幕了。兩個男人從相反的視角看待同一個狂喜的瞬間。這兩個任性專橫的角色，雙方的成就愈大，彼此之間的隔閡也愈深。至於賽勒斯，他在這個球季之後就會被公牛隊釋出。曾經是先發球員的他，在季後賽平均的上場時間只有十三分鐘，平均的得分只有四分。

同時，那場比賽的另一段影片也將引人撻伐。在喬丹的四十四分幫助球隊拿下勝利的那一刻，鏡頭也對著公牛隊的板凳區，捕捉到了坐在附近的體育線記者，包括論壇報的山姆・史密斯跟柏尼・林西康（Bernie Lincicome）以及太陽報的萊西・班克斯。

「影片中，你看到道格・柯林斯在慶祝，然後萊西整個人跳起來，在頭上揮舞著拳頭。」曾跟班克斯在太陽報共事，如今在ＥＳＰＮ工作的J. A. 亞丹德（J.A. Adande）解釋道：「你知道的，萊西的心裡住著一個公牛迷，從那一刻就可以明顯看出來。但是，這從沒擾亂他作為記者的職責。」

那個總是挑戰喬丹的記者班克斯，以一種突然而且滑稽的方式，顯露了個人客觀性的瑕疵。當然，他有賭上一些東西，因為他曾在賽前預測公牛隊會晉級。然而，這一刻也道出了媒體產業的自相矛盾：一方面要保持客觀，一方面又要奉承飛人喬丹。在那個年代，體育線的媒體愈來愈難以自制，當場面——以及媒體的收益——都不可同日而語的時候。

同時，這場落敗讓克里夫蘭一蹶不振。騎士隊的中鋒布萊德・多赫蒂是喬丹大學的隊友，他以前早就見識過了。多赫蒂說：「我看見他起跳，然後我一邊在禁區卡位，一邊轉頭看球的動向。結果我沒看到球，因為麥可在空中把球舉高，又把球收低，然後再把球舉高，出手破網。我現在還想不通他怎麼在三秒之內做出那麼多動作。」

興高采烈的喬丹賽後說：「我們要去紐約了，寶貝。」

公牛隊把勝利的氣勢帶進第二輪，他們要對上由里克・皮提諾（Rick Pitino）教練領軍，派崔克・尤恩、查爾斯・歐克力與馬克・傑克森坐鎮的尼克隊。雖然鼠蹊部的傷勢加重，喬丹還是平均每場攻下35分，讓公牛隊以三比二領先，跌破眾人眼鏡，而第六戰將在芝加哥體育館舉行。打到一半，皮朋和紐約的肯尼・沃克（Kenny Walker）互毆了幾拳，結果兩人都被驅逐出場。當喬丹正努力繳出單場四十分十助攻的表現時，這對芝加哥無疑是不小的打擊。終場前六秒，公牛隊以111比107領先，似乎大局在握。結果尼克隊的特倫特・塔克（Trent Tucker）飆進一顆三分，犯規進算，加罰也進得到四分，直接追平比數，讓站在邊線的柯林斯氣喘吁吁，似乎得不到足夠的氧氣。喬丹發現自己想要再度創造奇蹟，演出克里夫蘭絕殺的續集。這一次，帕克森負責發邊線球，喬丹接球之後往禁區切入，結果……他被犯規了，其實是整個人被打下來。距離比賽終了只剩兩秒。喬丹兩罰俱中，尼克隊在計時器響起前有不錯的出手機會，可惜沒能投進。柯林斯回過氣來，又可以到場中央揮拳慶祝，拍拍球員們的背。

壞孩子

自從一九七五年運氣不佳敗北之後，公牛隊首度闖進東區冠軍賽。再一次，他們與活塞隊狹路相逢。再一次，兩隊不只有舊恨，還有新仇。在四月的一場比賽裡，以賽亞・湯瑪斯重拳招呼比爾・卡特賴特，結果被禁賽兩場。為了拿下首座NBA冠軍，湯瑪斯努力驅策著球隊。他比較想要對上紐約尼克隊，雖然公牛隊整季都沒有擊敗過活塞隊，而尼克隊對上活塞倒是勢如破竹。但湯瑪斯私下表示他還是比較想跟尼克隊打，對上公牛隊他很難放心，因為以絕佳表現擊退克里夫蘭與紐約的喬丹，個人狀態已經到了超自然的境界了。

東區冠軍賽第一戰，柯林斯派喬丹去防守湯瑪斯。喬丹已經對控球後衛這個位置頗為習慣了，但長時間把湯瑪斯當作自己的防守任務，這還是頭一次。喬丹的高度與跳躍力在外圍不斷干擾著湯瑪斯，湯瑪斯投出去的球屢屢碰框而出，這讓喬丹可以退一步放他投。假若湯瑪斯找到準心，喬丹就會被迫趨前防守，如此一來，湯瑪斯就可以帶球過他，或者可以輕鬆地把球送給底特律的前鋒馬克・阿吉雷。然而，湯瑪斯在外圍頻頻失手，活塞隊於是陷入困境。

那個下午，湯瑪斯投十八中三。

「他每次想切入都被我料到。」賽後喬丹說：「我想要逼他在外圍出手，而他那天失準。這並不代表我防守得很好。」

超級替補維尼・強森（Vinnie Johnson）是底特律另外一位傑出射手，但是那一天他的手感也冷冰冰。活塞隊在第二節一度落後多達24分，但他們硬著頭皮狂追猛趕，在第四節中段要回領先。然而，他們終究頂不住芝加哥的防守，最後比數94比88，公牛隊在系列賽取得一比零的領先。這場敗仗終止了活塞隊的主場二十五連勝以及季後賽的九連勝。近期與公牛隊的九度交手之中，這也是活塞隊第一次吞敗。活塞隊努力一整年才得到的主場優勢，一個下午就拱手讓人。

「要像今天這樣抓住他們的弱點是很不容易的。」喬丹告訴記者們：「但我們現在有很好的機會可以拿下系列賽的勝利。」

在底特律的休息室裡，記者們擠到摩肩接踵，而湯瑪斯在淋浴間裡待得比平常都久。他待得愈久，準備要訪問他的記者們就聚集得愈多。他終於現身，穿過人群，背靠著牆壁坐下，面對著一圈攝影機、燈光與麥克風。

當問題如連珠炮發射，他的隊友馬克・阿吉雷撥開人群，蹲下來從機器裡擠一些乳液出來用，順便笑著問湯瑪斯：「晚上要吃點玉米粥嗎？」他的好友顯然憂鬱，阿吉雷試圖搏君一粲。

湯瑪斯給了他一個苦笑，又轉頭面對麥克風。一個接著一個，他以冷靜自持的語調回覆了所有的問題。提問整整持續了四十五分鐘，直到休息室裡幾乎空無一人。然而《紐約郵報》（New York Post）的記者彼得・維克西（Peter Vecsey）仍在此逗留，想要挖出一些內幕。他問，到底發生了什麼事？

湯瑪斯打好領帶，長嘆一聲。神情頹喪的他說：「籃球有時候是一個很奇怪的運動。」

他抓起自己的球袋往門口走，到了走廊，他看到洛杉磯的好朋友麥克・歐文斯坦（Mike Ornstein）走過來，接過了他的球袋。歐文斯坦拍了拍湯瑪斯的背，跟他說：「讓我幫你拿吧。」歐文斯坦後來回憶，他們倆就這樣漫無目的地開了好幾個小時的車，其間湯瑪斯一句話都沒有說。

在記者室裡，《底特律新聞》（Detroit News）的專欄作家薛爾比・史托瑟（Shelby Strother）為整個情況下了一個結語。談起湯瑪斯，他說：「他差點壽終正寢。」

然而，他不需要任何訃聞。兩天過後的晚上，湯瑪斯拿下33分，杜馬斯拿下22分，帶領活塞隊以100比91取勝，把系列賽逼成一比一平手。第三戰的舞台是古老的芝加哥體育館，阿吉雷的進攻火力讓活塞隊勢如破竹，他們讓全場的觀眾噤聲。比賽終了前七分鐘，活塞隊還有著14分的領先。然而，當活塞隊似乎又要掌控第四節，喬丹跳出來帶領公牛隊反撲，把比數逼到97比97平手。比賽終了前二十八秒，活塞隊擁有球權，湯瑪斯在外圍盤球。比賽終了前十秒，蘭比爾為了掩護湯瑪斯，伸出膝蓋去阻擋喬丹，被裁判吹了非法掩護

（illegal screen），於是球權回到芝加哥手上。喬丹在進攻端掌控局勢，投進致勝兩分，讓公牛隊以99比97贏球，在系列賽取得二比一的領先。

喬丹轟下46分，在這個系列賽中第一次展演火力。知道不能再讓這種事情發生，活塞隊決定要讓打控球後衛的喬丹打得像真正的控球後衛。他們對喬丹進行包夾，逼使他傳球。

「當他專心要得分的時候，你就沒辦法擋住他了。」湯瑪斯如此描述喬丹：「這是一切的關鍵，所以我們希望可以讓他分神。」

一如往常，防守喬丹的重責大任落在杜馬斯肩上，但是維尼•強森與湯瑪斯也輪流幫忙，羅德曼也參一腳。第四戰中，喬丹出手十五次只命中五球，公牛隊整體的命中率只有百分之三十九。活塞隊更低，只有百分之三十六，但是無妨。湯瑪斯攻得27分，底特律也靠著防守以86比80拿下勝利，把系列賽扳成二比二平手。

賽後，柯林斯讓喬丹知道，他出手太多而命中太少。喬丹回應的方式十分幼稚，同樣的做法在另一個年代將讓勒布朗•詹姆士（LeBron James）被媒體剝一層皮。第五戰在奧本山宮殿球場（Palace of Auburn Hills）舉行，賭氣之下，喬丹全場只出手八次，命中四球，得到18分，確保了活塞隊的勝利，比數94比85。就是這種行徑，讓柯林斯私下告訴藍斯朵夫，說有喬丹在的一天，球隊沒有辦法奪冠。然而，批評這位教練的人表示，正是因為他自己每次都縱容喬丹的脾氣，才會養出這樣一頭怪獸。

大部分的球迷並沒有意識到他們的教練與球星之間的小摩擦，所以在第六戰裡，芝加哥體育館還是喊聲震天。第一節，皮朋衝搶進攻籃板，吃了蘭比爾一記拐子，此時館內的喧嘩更是沸騰。腦震盪的皮朋離開比賽，雖然沒有永久性的傷害，但是必須住院一天接受觀察。那一球，裁判並沒有吹犯規。接下來的比賽中，只要這位活塞隊的中鋒站上罰球線，全場球迷就會用震耳欲聾的音量喊著：「蘭比爾吃屎！蘭比爾吃屎！」

湯瑪斯獨得33分，儘管喬丹也拿下32分，公牛隊還是敗下陣來。活塞隊以103比94結束了系列賽，再度技壓公牛。最後幾秒鐘，當喬丹走回板凳區之前，他停下來跟杜馬斯講幾句話。這位活塞隊的後衛後來說：「他走過來，握了我的手，然後說：『把冠軍帶回東區。』我說：『我不會想念你的，麥可。明年見吧。』面對他，心中總有一份恐懼，害怕自己的全力施為與最佳表現還是不足以擊敗他。」

喬丹憤怒而沮喪，但是他不打算顯露輸球帶給自己的苦痛。萊西・班克斯回憶道：「他會說：『不要讓他們知道你受傷了。不要讓其他人看穿你的心。你要盡可能知道他們的一切，但是讓他們多得到你的資訊，就是給他們優勢。』他藏起他的沮喪，他藏起他的悲傷、他的失望、他的苦痛。」

在芝加哥的休息室裡，柯林斯抨擊蘭比爾，說他打球的方式太髒。記者們馬上向蘭比爾轉述柯林斯的犀利言詞。蘭比爾回答說他當時根本不知道皮朋受傷了，跑到球場的另一端，回頭才看到訓練員們圍繞著皮朋。

等媒體人員逐漸散去，導演史派克・李（Spike Lee）才到休息室去晃晃。他最近在幫 Nike 執導，正要把自己扮演的 Mars Blackmon 這個角色融入喬丹鞋的廣告中。他停在以賽亞・湯瑪斯的更衣櫃前拍了幾張照片。

「史派克！」湯瑪斯說：「最近混得怎樣？我今天早上才在電視上看到你耶。」

史派克・李給了他某種苦笑，並用最無力的方式跟他握了手。也許 Nike 的代言給了喬丹經濟上的優勢，但湯瑪斯跟他的活塞隊還是壓著公牛隊打。他們將在下一輪橫掃湖人隊，奪下隊史第一座 NBA 冠軍。而公牛隊則必須面臨另一回合的相互指責、動盪與變遷。

連續兩年吃了活塞隊的大虧之後，公牛隊的球員們也慢慢了解了一件事。「你不能帶著情緒跟活塞隊作戰。」在一九九五年回顧當年，約翰・帕克森說：「你不能這樣，因為這正是他們想要的。他們想要讓你失去自己打球的風格。我們沒有擅長肢體碰撞的大隻佬可以奉陪，而當我們被激怒，就更合他們的意了。不幸的是，道格的情緒偏偏被他們牽動。」

「而我們全隊也被他們牽著鼻子走。」帕克森補充道：「而這從來不會對我們有利。我們對活塞隊的敵意太深了，要控制情緒實在很難。當我們學會如何擊敗他們時，他們成了很棒的對手。但有好一陣子，看起來我們似乎永遠超越不了這重障礙。」

一九八九年七月六日，傑瑞・藍斯朵夫與傑瑞・克勞斯突然開除了道格・柯林斯，宣稱管理階層與這位教練之間有著「理念上的不合」。這是一個令人詫異的舉動，當這位人氣很高的年輕教練在睽違十四年後把球隊帶進東區總冠軍賽之後，他被開除了。這個突如其來的消息引起一連串的謠言。流傳的耳語說柯林斯跟球隊某個董事的親戚扯上關係。克勞斯承認，柯林斯的社交生活確實很活躍——活躍到克勞斯曾經三番兩次提醒他要低調一點——但克勞斯說那些謠言顯然是假的。

克勞斯說，柯林斯之所以會被解雇，只有兩個原因：第一，他的情緒強度已經太過火，讓他自己和球隊都受害。第二，柯林斯缺乏一套進攻的哲學。

為了公牛隊應該簽下哪個球員，克勞斯跟柯林斯經常起衝突。聽說有一次，柯林斯背著總管去找藍斯朵夫，希望他能開除克勞斯。但問題是，據聞藍斯朵夫根本不太鳥柯林斯，他之所以雇用這位教練，完全是因為克勞斯的推薦。事實證明柯林斯的奪權伎倆是不智的。

訓練員馬克菲解釋道：「道格跟傑瑞．克勞斯處不好，一天一天這樣下去，也開始對我大夥兒產生負面影響。」

「大部分的當地媒體對於道格被開除的消息都不太感到意外。」雀兒．芮斯陶德回憶道：「球迷非常憤怒，他們不了解內情。公牛隊在克里夫蘭拿下系列賽，每個人都心想：『天啊，我還以為克里夫蘭會贏耶。』所以球迷對於道格被炒掉的反應是負面的。但其實球隊裡的關係都太緊繃了。球員之間的關係緊繃，道格與管理階層之間的關係緊繃。看起來繼續下去絕非長久之計。」

「道格在媒體之間極端受歡迎。」好幾年後克勞斯回憶道：「除了我之外，每個人都很愛他。當我們跟底特律在打東區冠軍賽時，我去跟傑瑞說：『我想要請道格走人。』大部分的老闆會說：『等一下，是你把他找進來的，雇用他是你的想法。而且他才剛讓球隊拿下五十勝，還把球隊帶進東區冠軍賽耶。』傑瑞沒有說這些，他只問：『為什麼？』我跟他說，我不認為球隊能用這種方式贏得世界冠軍，而我相信這是一支可以拿下世界冠軍的球隊。這就是我們讓道格．柯林斯走人的唯一原因……。」

「不管掌握多少權力，任何一個總管都不可能未經老闆同意就開除總教練。」克勞斯補充道：「第一次跟傑瑞說時，他回答：『那你想找誰來擔任總教練？』我說：『在決定解雇道格之前，我不想要做這個決策。

我們先來論斷道格的功過吧。』於是我們決定開除道格。然後我才說：『我想要雇用菲爾‧傑克森。』兩年前我已經安排菲爾進來當助理教練。傑瑞說：『好吧。』」

「道格是一個充滿情緒的人。」傑克森後來說：「他把整顆心都投入其中，從這個觀點看他對球隊的助益是很大的。他引導球員，讓他們學會帶著情緒強度打球。但接下來他們到了另一個層級，在這個層級中他們必須學會的是沉著與冷靜。」而這就是傑克森的功課了。

在柯林斯的帶領之下，球隊逐年變強。儘管衝突層出不窮，他還是沒能預見管理階層的這一招。「我們請道格來辦公室。」克勞斯說：「我想他應該覺得我們要談延長合約。他帶著經紀人一起來。我說：『道格，我們必須要請你走人。』他的表情很嚇人。我們跟他講完該講的話，然後我打電話給菲爾，當時他正在蒙大拿（Montana）釣魚。我告訴他：『我們剛剛開除道格了。』他說：『什麼!?!?』然後我說：『道格已經走了，我想要你來當總教練。今天就搭上飛機馬上滾回這裡。愈快愈好。我需要跟你談談。』」

透過一紙擬好的聲明，柯林斯對於自己被解雇之事做出回應：「三年前，當我被雇用時，我欣然接受挑戰，準備將這支球隊帶成配得上這座城市的一支勁旅。我很驕傲，因為每一年這支球隊都離ＮＢＡ總冠軍更近一步，而且總是帶著強烈的驕傲與決心打球。沒辦法繼續當芝加哥體育館以及這支球隊的一份子，我心中的空虛是言語無法形容的。」

對於總教練被解雇一事，喬丹並沒有什麼怨言。桑尼‧瓦卡羅回憶道：「我沒有接到任何一通電話，也沒有在任何對話之中聽到麥可說：『唉，道格被搞了。』對他而言，這就是公事公辦，一如既往。」

「每個人都很喜歡道格。」約翰‧帕克森回憶道：「情況是這樣的，他才剛帶領我們打進東區冠軍賽，而且把活塞隊逼到第六戰。我們的前途一片大好。結果三年以來幫助我們達到這些成就的教練就這樣炒掉了。在這個點上你不得不佩服傑瑞‧藍斯朵夫與傑瑞‧克勞斯。他們真心相信，道格在某個階段對球隊有益，但是要把球隊帶往下一個層級，我們需要一位不同類型的教練。」

「我想他從那段經驗中學到教訓。」二〇一二年時回首前塵，強尼‧巴赫對柯林斯如此評論：「道格把這件事處理得很好。如果你回頭細看麥可在聯盟的第三年，看那位火爆的年輕教頭，那個眼界遼闊又富有激情的教頭，你可以看見他對麥可帶來的影響。他總是纏著裁判不放，而且口才很給力，所以可以把看見的東西清楚表達出來。但是這個場景最好對你有利。在籃球的世界裡，作為教練必須要討好很多人，同時還要贏球。我想在麥可的成長之中，道格居功厥偉。他們是兩個冒著火的男人。麥可用的是自身的球技與強猛，道格用的是自身的激情與言詞。他可以用狂熱的方式表達事物。」

雖然從來沒有公開做出指控，但柯林斯後來曾向友人透露，他覺得傑克森暗中搞鬼害他。

「道格有很多戰術。」傑克森在一九九四年的訪談中回憶道：「當時我們大概會跑四十到五十種戰術。我們有很多種戰術的選擇。我們有五、六種進攻的模式。你在很多球隊都會看到這種情況。但是作為籃球教練的我不搞這套，泰斯的哲學也非如此。我們相信的是泰斯有組織的系統籃球。」克勞斯後來解釋說，他不知道新雇用的總教練會不會採用泰斯‧溫特的三角戰術。他有注意到，在公牛隊的夏季聯盟並肩執教之後，溫特與傑克森愈來愈親近了。而這正是克勞斯所樂見。

「我把菲爾找來，跟他談論球隊的哲學。」克勞斯說：「他一開口就說：『因為我是紅頭霍爾茲曼帶出來的，所以我一直是個防守取向的球員，也是一個防守取向的教練。你想要這樣嗎？』我說：『對啊。』他說：『那我就把進攻的部分交給泰斯，讓球隊打三角戰術。』」

第23章　免下車婚禮

一九八八年到一九八九年ＮＢＡ球季的大部分時間裡，喬丹都可以讓媒體不要去報導他的新生兒，直到《運動畫刊》的傑克・馬可倫（Jack MaCallum）應邀參加喬丹芝加哥郊區宅邸的聚會，他在那裡看見茱安妮塔・凡諾伊抱著一個胖嘟嘟的健康男嬰到處走。那天晚上，公牛隊在主場打比賽。馬可倫還記得球隊的新聞官提姆・哈倫特別交代他，說喬丹不希望有人在報導中提到這個孩子。這個要求讓馬可倫進退維谷。他有幸打入喬丹的小圈子，但是他是個記者。雖然這是一條大新聞，但是馬可倫不想要大張旗鼓爆料，所以他選擇在自己當週所寫的某篇報導的結尾稍微提及此事。

他還記得，許多讀者注意到了，喬丹也是，而且他很火。顯然，這則爆料對喬丹完美無瑕的形象來說並不理想。然而這也證明了，籃壇的超級新星也是人，不讓群眾知道這樣的事實已經愈來愈難了。

當一九八九年季後賽的煙硝味散去，喬丹一邊試圖搞定生命中的幾個大問題，一邊繼續靠高爾夫球與受質疑的生活方式渡過夏季。八月底，他在聖地牙哥體育館（San Diego Arena）的一場募款晚會上結識了理查・艾斯奎那斯（Richard Esquinas），他是那個體育館的共同擁有人、總裁兼總管。他們倆將展開高賭金的高爾夫球競技，養大了喬丹對高爾夫球以及賭博的胃口，也釀成了後來的醜聞。然而，在當時，這只是喬丹的人生中另外一個悶燒的油鍋而已。

在聖地牙哥現身之後，喬丹跟身邊一小群人溜到拉斯維加斯，在那裡，桑尼・瓦卡羅介紹賭場與度假勝地大亨史帝夫・韋恩（Steve Wynn）給他認識。瓦卡羅的兄弟在韋恩的手下工作，而韋恩也盛情款待喬丹與茱安妮塔。在賭城盤桓期間，這對情侶驅車前往以免下車結婚隧道與名流快速婚禮聞名的小白婚禮教堂

（Little White Wedding Chapel）。

自從喬丹在一九八六年的跨年夜在Nick's Fish Market跟女方求婚之後，兩人的訂婚期間充滿了情緒與分分合合。「他只想要趕快搞定這檔事。」桑尼・瓦卡羅還記得：「結婚當下根本沒有其他人在場。」

嗯，其實瓦卡羅跟他的妻子潘在場，還有佛瑞德・懷特菲爾。但真的沒有太多人。

「時機正好，是該定下來結婚了。」喬丹後來說：「那就像是踏入一個未知的領域。但是我已經準備好要了解婚姻了。你們每天都會學到一些東西。跟另一個人共度餘生，那是需要努力經營的事情。你們會有美好的日子，也會有糟糕的日子。作為夫妻，作為一個共同體，你們必須一起努力渡過。」

花了不少時間，他才終於拋下父母的反對意見。他還是很仰賴他們的支持與建議。他不想要讓他們不高興，但是他的第一個兒子已經快要一歲了，情況逼得他不得不奉子成婚。他的這個決定依舊在家裡掀起波瀾。瓦卡羅說：「首先，他的父母親根本不想讓他結婚。他結婚時家裡還有其他懸而未決的問題。他的父母親打從一開始就不喜歡他的老婆。但好在茱安妮塔是個很棒的女人。她陪著他度過這個難關。我想，要是喬丹遇到的人不像茱安妮塔那麼好，要是他的妻子沒有那麼穩重，沒有受過那麼好的教育，那喬丹大概早就結三次婚了吧。喬丹一向有女人方面的問題，後來也還是繼續有。陪著肩扛諸多要求的喬丹，茱安妮塔仍然儘可能地讓他的生活保持穩定，她應該因此得到許多褒獎。」

根據瓦卡羅的評論，凡諾伊就是一個「很高貴的淑女」，她不是「凡事都要以自我為中心」的那種女人。她樂於付出，而且很有耐心。瓦卡羅補充說，他們夫妻的溝通成為關鍵，讓喬丹可以更加了解自己，也更加了解發生在自己身上的事情。瓦卡羅也指出，像喬丹這樣的名流難得可以遇到像凡諾伊這樣腳踏實地的女人。在喬丹人生的諸多幸運的際遇之中，他的婚姻也可以排在前幾名了。父母親的關係在他眼前瓦解，然而他現在有了另外一個穩定的依靠。茱安妮塔以家庭的溫暖與情感，為喬丹提供了一個新的避風港。

隱私在喬丹的生活之中一直是最珍貴的東西。萊西・班克斯如此回憶當年的日子：「他跟茱安妮塔一起住在庫克路（Cook Road）的海蘭德公園（Highland Park），那是一棟大房子，但不是什麼豪宅。他們後來才蓋出那佔地兩萬五千平方英尺的豪宅。然而喬丹不是會舉辦社交晚會之類活動的那種人。如果他需要辦一場大型聚會，他會叫別人處理，可能找一個高爾夫球場或是派對廳等等的。但總之喬丹不是定期辦趴的那種人。」

就算沒有其他益處，馬可倫事件至少讓喬丹想起了初衷。萬聖節對喬丹來說是一年的高潮，他們夫妻倆會推掉任何社交生活上的邀約，去款待社區裡的一大群小孩。喬丹不讓孩子們的父母親參與這項活動，如此一來，他才可以親自把糖果餅乾送給孩子們，而不用擔心大人們的眼睛會在旁試圖攫取有關他個人生活的資訊。這項活動始於喬丹初入聯盟的前幾年，當他在芝加哥北郊的豪宅完工之後，這項活動的規模就變得更大了。

「當他感受到自身的偉大，當他的偉大程度再提升進化，喬丹了解到自己必須做哪些事情來維持這份偉大。」萊西・班克斯解釋道：「而他也了解到，自己有能力掌控生命裡往來的人。如果他不想要你存在他的生活中——而每個人都想要變得像麥可一樣，每個人都想要貼近他——他的生活中就不會有你的存在。喬丹是一個相當善於隱藏自己的人，像是一個賭桌上的高手。而我可以理解，他不可能對每個人都敞開自己。」

九月底，喬丹約艾斯奎那斯到他在希爾頓黑德島的度假行館（喬丹的眾多房產之一）去度週末，一起打高爾夫、賭博、打牌。當漫長的ＮＢＡ球季快要開始，他總會在訓練營前預留一個像這樣的週末，好好玩一下充充電。「只要還有日光，我們就會打高爾夫。」艾斯奎那斯回憶道：「天黑了以後，我們就打牌。」

他們玩的是Tonk，根據艾斯奎那斯的說法，進行遊戲的場地「看起來像是某種大農莊。」三個佛瑞德都在，還有阿道夫・席佛。其中一個佛瑞德跟席佛槓上了，喬丹本人還需要出手把兩人拉開。那對於喬丹身邊的朋友來說不是一個太好看的局面。

在最後一天的最後一洞，艾斯奎那斯推了四桿才進，賭輸喬丹。他馬上簽了一張六千五百美金的支票還債。

喬丹跟他說：「兄弟，我不喜歡這種贏法。」但他還是把支票收下了。於是兩個人的激烈小賭局從此躍升到另一個檔次。

權力遊戲

據說青少年時期的菲爾・傑克森常常跟母親貝蒂（Betty）玩各式各樣的桌遊（Board Games）。大家都形容他的母親是一個生氣勃勃的女子。她本人也有打籃球，但是這並不重要。重要的是，這位母親在北達科他州的威力斯頓那間沒有電視也沒有太多現代設施的家中，持續地跟兒子鬥智。

年少的菲爾顯然喜歡心智活動，他閱讀、玩遊戲，疑惑地觀察這個世界，往後的職業生涯中要使用那麼多的智謀，看起來也是再自然不過的發展。扛下公牛隊總教練一職之後，他眼前要克服的挑戰顯然夠多了，其中最重要的，就是隊上那兩個霸凌者：傑瑞・克勞斯與麥可喬丹。傑克森本人也被同事們形容為一個霸凌者。這三個男人都有各自的手段。在爭馳競逐的世界裡，這樣的人物是常見的，然而，三個人狹路相逢，就上演了充滿衝突與詭計，最後卻讓公牛隊成功的一場權力遊戲。

讓他們之間的權力遊戲有趣的是，三個人擁有著不同型態的力量。克勞斯的力量來自於他的頭腦、他的拼勁，而他擔任過球探的經驗與同時培養出來的遠見也讓他贏得了傑瑞・藍斯朵夫的信任。套一句克勞斯自己的話，他的背後有「球團的力量」。

喬丹當然也有他自己的力量，這本書裡已經紀錄得很詳細了：他的頭腦、他那無與倫比的運動能力、他的衝勁和好勝心、他的工作態度、他的領袖魅力以及他在籃壇無可動搖的地位。這些種種加在一起，讓喬丹得以為他自己、傑瑞・藍斯朵夫與他的夥伴們，甚至是整個NBA賺進大筆鈔票。

往後，傑克森也將發展出強大的力量，但在他剛剛走馬上任的幾個月，他擁有的是自己執教的經驗、能為球員設身處地的能力、與眾不同的觀點、智慧、好勝心、足智多謀以及敏銳的觀察力。傑克森的一切都是他的伯樂克勞斯給的，這可不是一件小事。本來沒有任何一支球隊對傑克森有任何一絲興趣，除了紐約尼克之外，他們注意到傑克森在公牛隊擔任助理教練的表現。

山姆・史密斯曾經打趣說，克勞斯首先會讓人注意到的特色之一，就是他會喋喋不休地誇耀著自己的成就。這位總管覺得自己很會挖掘人才，而他確實有這種能力。他也樂於當一個伯樂，樂於尋覓才華洋溢的年輕人，然後幫助他們成長。舉例來說，克勞斯很常提到年輕而聰穎的助理教練凱倫・史塔克（Karen Stack）以及他的兄弟吉姆。他也雇用了吉姆・史塔克，並且讓他升職。他喜歡找到隱沒的人才，並且看到他們展現能力。然而，伯樂這樣的身分也給了他一種優越感，讓他覺得可以用魯莽而討厭的態度對待自己發掘的人才。「傑瑞有很粗魯無禮的一面。」吉姆・史塔克坦承：「傑瑞是一個頑固的人，也是一個傲慢的人。」

作為助理教練的時候，傑克森看見克勞斯以專橫的方式對待道格・柯林斯，所以決定避免一切不必要的招惹。一九七〇年代，年輕的克勞斯擔任過公牛隊的球探以及總管，當時的他受到總教練迪克・莫塔（Dick Mota）無禮的對待，也經常被他嘲笑。在大學甚至高中都沒有打過籃球的莫塔是另一個奇葩。前公牛隊總管派特・威廉斯（Pat Williams）還記得，莫塔懂得怎麼透過羞辱球員來激勵他們，但是他似乎是真的對克勞斯懷有某種輕蔑。

「克勞斯跟莫塔都是很執著的人，但是他們執著的方式完全不同。」在一九七〇年代幫論壇報採訪公牛隊的鮑伯・羅根（Bob Logan）曾經評論道：「他們受不了彼此，所以看著他們針鋒相對是滿有趣的。」

莫塔開始在芝加哥帶著球隊贏球，也很快受到別支球隊挖角。克勞斯極度想要公牛隊放莫塔走，然而這位人氣很高的教練留下來了，繼續折磨克勞斯，直到把這個胖嘟嘟的球探從球隊逼走為止。這也許可以解釋克勞斯為何要在道格・柯林斯把球隊帶進一九八九年的東區冠軍賽之後急著將他解雇。要把跟自己處不好的總教練弄走，那就是克勞斯最後的機會了。等到隔年，倘若柯林斯真的讓球隊打進總冠軍賽，克勞斯就不可能除掉他了。好不容易重新掌權，這位總管不會讓某個自負的年輕教練搞砸。傑克森看穿了這點，所以不去招惹克勞斯，好讓他高興。

從克勞斯的角度看，他創造出一個年輕的王者，他讓傑克森成為一個積極而且心甘情願的門徒。讓克勞斯出此決策的，顯然不只是對柯林斯的厭惡與對自己的保護。這位總管對於泰斯・溫特以及他的進攻系統有著發自內心的尊敬，而傑克森一直以來也讓他驚豔。他可以預見，這兩個人的合作將激盪出特別的火花。

初任總教練之時，傑克森最主要的力量是安靜的自信。每個在他身邊的人都感受到了，尤其是喬丹。「如果要執教一個像麥可喬丹這樣的球員，你最好有點料。」提姆・哈倫曾經評論道：「而菲爾是個有料的人。」「菲爾・傑克森的做法讓他跟麥可成為最合拍的將帥。」強尼・巴赫解釋道：「他們兩個都已經到達人生中某個階段，都成熟到足以了解自己與對方是什麼樣的人。」

柯林斯也有很多強項，但是他的不安全感令人不敢恭維。在某種程度上，他想要受到球員愛戴，尤其是喬丹，但那就是不可能。反觀傑克森，他對這種事情完全沒有興趣。「最重要的是，他從來沒有尋求過球員們的敬愛。」回顧當年，巴赫如此評論傑克森：「很多教練都想要受到敬愛，他們非得到敬愛不可，結果卻引火自焚。職業球員是不會這樣的。你愈是尋求他們的敬愛，他們愈不可能給你。」

傑克森以一種柔和而歡悅的眼光看待球賽。他喜歡坐在那裡，看球員們在逆境中掙扎。作為助理教練時，他就已經算是一號神秘人物了。變成總教練之後，那份神秘更是深不可測。他之所以可以緊緊抓住這支球隊，這份神秘感是重要因素。公牛團隊裡最常跟他相處的人是泰斯・溫特。最初讓這位老教頭驚豔的，是傑克森製作的球探報告中所展現的細膩度與洞察力。後來，當他們一起執掌夏季聯盟球隊的兵符，讓溫特驚訝的則是，傑克森似乎能記住比賽中所有的大小事，不只是他們當下正在執教的比賽，連很久以前的比賽都一樣。溫特發現，傑克森有著完美的記憶力。

身為總教練，傑克森的首要任務之一就是決定球員名單。他訂定了一個階級制度。巴赫回憶道：「菲爾向他的隊員們解釋階級。有幾個教練能做這種事？他把他那隻長長的手臂放在空中，然後跟他們說：『這就是階級。』菲爾一邊把他的手舉得很高一邊說：『麥可就是在這裡，上面這裡，最上面這個地方。』然後他把手慢慢往下擺，然後指著隊上某個人說：『而你在這裡，梯子的最底端。』」

聽起來，要做這樣的事似乎並不難。每個人都知道喬丹是最頂層的支配者，然而，多數的教練仍然試圖假裝一切都是平等的，事實上當然不是。傑克森一開始就擺明了不搞這套，結果所有的人都很欣賞他的誠實與直率，尤其是最重要的那個人。

「麥可很喜歡菲爾的執教風格，他真的很喜歡。」巴赫回憶道：「而那是一種很不一樣的執教方式。」

好幾年之後，大眾才會知道他的風格到底有多不一樣。傑克森的古怪，讓他的球員們有點不安。他特異獨行的執教風格源自一種參透球賽的心理學。他的父母親都是基本教義派的傳道者，而他從小就住在印第安保護區附近。從很小的時候開始，他就愛上了北美原住民的一切，甚至把當地圖書館裡與印地安文化相關的書都借光了。上了大學，他著迷於威廉・詹姆士（William James）的《宗教經驗之種種》（The Variety of Religious Experience）。效力於紐約尼克隊時，他已經成了一個騎著單車抽著大麻的嬉皮。除了北美原住民哲學以及他對禪宗的興趣之外，傑克森很快展現了一個法門：坐著靜靜觀察自己與球隊。他想要教導球員去塑造自己的觀點。透過這些特色，他散發的氣息，讓大家覺得他明白自己在做什麼。當然，他在籃壇的資歷也不可小覷：在尼克隊拿下冠軍的經驗以及帶領CBA球隊拿下冠軍的經驗。

「大家忘了他待過CBA，而帶過CBA球隊可以換算成三十年的執教經歷。」巴赫解釋道：「因為你要負責開車，你要負責擔任訓練員，你要負責擔任心理學家。因為你的隊上滿是輸家與瘋子，他們進不了NBA，因為他們不尊重比賽，不尊重教練，不尊重球隊。所以你手上有的是一堆歪瓜劣棗，而他把這群烏合之眾整合起來，贏得了冠軍。」

巴赫補充道：「你可以看出菲爾有一種旁觀球隊的本領，不是說他沒有激情，只是不讓你知道他的情緒到了哪裡。他看見很多問題，但並不急著討答案，而是帶著一種從容的自信面對一切。他曾幫比爾・費奇和紅頭霍爾茲曼這兩位出色的教練打過球。」

費奇在北達科他大學指導過傑克森，而霍爾茲曼是他在紐約尼克隊的教練。「這兩個人是截然不同的。」巴赫說：「費奇是情緒化、難纏而且直言不諱的。反觀霍爾茲曼，他總是安安靜靜的，但是對於這個行業瞭若指掌。我當球員的時候曾在場上跟他交手。他是一個狡詐靈巧的後場球員，在納特・霍爾曼（Nat Holman）教練手下執行快速傳導的進攻。紅頭霍爾茲曼是納特・霍爾曼最愛的球員之一。我想，有著特殊背景的菲爾從他們兩位身上吸收了許多。他來自北達科他。他的父母親都是帳棚佈道的牧師。他還待過大學儲備軍官訓練團（ROTC）。」

一開始，傑克森軟性推銷自己的古怪作風。要讓球員接受他那些靜坐冥想與正念紓壓之類的獨特練習，需要一點時間。隨著時間過去，喬丹將從傑克森的禪風與球隊的正念紓壓課程中獲益良多，儘管這些訓練看起來很不尋常。然而，最初幾年，喬丹總是帶著嬉鬧的態度與這些東西保持距離。

「每當傑克森嘗試那些東西時，麥可總會短短丟下幾句不敬的言論。」巴赫回憶道：「不是真的大不敬那種啦。菲爾很善於處理這種事情。我其實還滿喜歡聽麥可講那些嘲弄的話。那沒有傷害性，也沒有惡意。麥可的幽默在教練與球員的關係中添加了一點火花。很好玩，我們會齊聲問：『剛剛麥可說啥？』」

某些古怪行徑在他將來執教於洛杉磯湖人隊時才會被揭露。其中很重要的一個部分就是鼓聲。傑克森會在比賽日敲打印地安手鼓（tom-tom），這不管在任何層級的籃球界都是首見。他解釋說這個儀式在北美原住民的生活中有著日常性的功用，他希望球員們也能習慣。他用鼓聲將大家召集在一起，讓他們的心為了比賽而跳動。

「我猜想在印地安人的習俗裡，鼓聲基本上是用來召集眾人的。」後來在洛杉磯為傑克森打球的德瑞克・費雪（Derek Fisher）解釋道：「他們會敲鼓讓大家聚集過來，不管是要吃飯還是要見面之類的。比賽當天，當我們需要進房間研究錄影帶時，他就會敲鼓。這是很不一樣的，但這是他個性的一部分，也是他生活經驗的一部分。他選擇跟自己的隊員們分享。」

他會招喚北美原住民信奉的白色水牛的神靈，也喜歡在芝加哥體育館的休息室裡燃燒鼠尾草。「那樣做是為了驅逐邪惡的靈魂。」講到鼠尾草，費雪說：「我想大家都知道他喜歡做一些很不一樣的事情。當他第一次跟我們談話時，他有稍微提及那些事。」

當他第一次敲打著印地安手鼓一邊吟誦時，許多球員都要克制自己的竊笑。他們在其他教練身上從來沒有見過這種事。也許，比起任何事，這更說明了他的自信與說服力，他竟然能讓自己的球隊接受這種怪事。巴赫說的沒錯，他不求隊員們的敬愛，他只求隊員們把他帶領球隊的特殊方法當作一種詭異的教派來接納。

在芝加哥新官上任的時候，傑克森不像後來在洛杉磯那麼執著於打鼓，次數也沒有那麼頻繁。儘管如此，他想要跟球員們分享自己對於比賽的直覺性觀感，而他的作風也鞏固了這份想望。透過分享這份直覺，傑克森對芝加哥這支球隊生出了歷久不衰的深刻情感。有些公牛隊的員工並不喜歡他，但他們後來也承認傑克森對公牛隊的愛是顯而易見的，而他們也因為這份愛而欣賞他。

隊上那位球星的存在有著百萬瓦特的電力，可能會有毀滅性的力量，而傑克森首先就是要保護球隊免受其害。一九八九年，年方二十六的喬丹已經飽受名利洪流的刷洗。隨著美國流行文化的快速成長，喬丹旋即成了眾人膜拜的偶像。這個情況可能會將整支球隊吞沒。

首先，喬丹愈來愈自私，這是他後來自己也承認的事。「我當時的第一考量是自己，其次才是球隊。」他後來坦言：「我一直都希望球隊變強，但我希望自己是球隊變強的主因。」

「接手公牛隊時我很緊張。」傑克森還記得：「但不是晚上會失眠的那種緊張。我想要把這份工作做好。我亟欲跟麥可建立良好的關係。我亟欲讓他接受我想走的方向。」

喬丹也早就發現，在職業籃球的世界裡，一支球隊的教練與明星球員的關係是很重要的。如果一位教練無法贏得那個明星球員的敬重，或者失去了那份敬重，那他可能會失去整支球隊。一切的關鍵都在於將帥關係。

「你知道作為球員的喬丹每天晚上會給你什麼東西。」傑克森說：「他會得到該得的三十分，他會給你贏球的機會。問題在於，你要如何讓其他球員也覺得自己是球隊的一份子，讓他們覺得有屬於自己的角色，覺得自己是不可或缺的。因為這就是他的球隊，一切都照他的方法來。」

下一個議題是喬丹的地位。如同萊西・班克斯說的，他是個充滿魅力的籃球王子。傑克森解釋道：「他被全美的籃球迷當作英雄膜拜，跟他一起生活是不可能的任務。」

從開始擔任助理教練的頭幾天起，傑克森就一直在研究喬丹，而且不只是針對籃球場上的表現。事實上，這位教練常常思索禪宗的一個假想場景：遇到年輕的佛陀會怎樣？現在他知道了。「我跟他在旅館裡常常住在同一層樓。」傑克森在一九九五年回憶道：「麥可總是住套房，因為他的身分特殊。而教練們也都住套房，因為我們需要開球隊會議與職員會議的空間。基本上，麥可一定要有人跟他一起待在房間。我總會聽到走廊傳來竊竊私語的聲音，然後看見六到八個旅館員工，清潔婦與雜役，手裡拿著花站在走廊上，等著跟麥可要簽名。很不可思議，他永遠都不得安寧。」為了把喬丹從這樣的處境中拯救出來，也為了建立更好的球隊認同感，傑克森決定要拆解建構於這位球星周圍的世界。這位教練也明白，若要達成這個任務，非要觸碰到家人與朋友的敏感議題不可。

吉姆・史塔克與喬丹小圈子裡的主要角色都相熟，從他的父親到阿道夫・席佛到喬治・寇勒到那些佛瑞德們。「他們就是很愛麥可。」史塔克說：「而麥可也很照顧他們。阿道夫總是陪在麥可身邊。阿道夫是個很友善的人，一點都不霸道，走到哪裡都可以看得到他。他很享受麥可提供給他的生活方式。在社交以及場外的生活裡，他是麥可真正的心腹知己。我不知道他們之間主雇關係的詳細情形，但看來麥可這麼多年來似乎一直照顧著他。麥可就是喜歡一直看得到他的那種穩定感，我想這讓麥可在從事場外活動時比較安心。」

席佛開始找到自己賺錢的門路，每年的全明星賽時，他幫NBA球員們舉辦派對，也因為他是喬丹的熟人，這個生意愈做愈大。後來連佛瑞德・懷特菲爾也跟霍華德・懷特和桑尼・瓦卡羅一樣受雇於Nike。寇勒與葛斯・雷特等等一票人則在保全與服務部門裡貢獻一己之長。

「在各個機場之間穿梭，他確實需要有一群人陪著。」傑克森坦言：「他帶著一群人跟他一起踏上客場的征途。他的父親會來，他的朋友們也會來。他的生活方式有時候會把他跟隊友們區隔開來。他已經沒有基本的隱私權了，要讓他重新成為球隊的一份子，而且同時不要讓他失去特殊的身分，這是一項挑戰。」

儘管如此，傑克森決定他要設下一些限制。他回憶道：「所以我了解，我們必須要在既有的基本原則上創造例外，我說：『好吧，你的父親跟兄弟們不能搭乘我們的球隊巴士。我們讓那裡成為球隊的空間。沒錯，他們可以在出征客場時跟你碰面，但是他們不能搭乘球隊專機。必須要有一些東西是專屬於我們的，要有專屬於這支籃球隊的神聖領域。』」

這是另一個訂定事項，後來也讓球隊的公關助理們大翻白眼。不愧為牧師之子，傑克森超愛用「神聖」這個字。跟約翰．伍登那樣的偉大教頭一樣，傑克森有一種道貌岸然的氣息。所以對於其他教練來說，輸給他們是難以忍受的事。

爭相採訪

喬丹的小圈子成員愈來愈複雜，現在開始有一些媒體人進駐，包括播報員奎因．巴克納（Quin Buckner）與阿瑪德．拉夏德（Ahmad Rashad）。拉夏德以前是NFL的接球員，現在為NBC體育台擔任場邊記者，同時也在NBA的娛樂部門工作，主持「Inside the NBA」這個節目。對拉夏德來說，他與喬丹的關係像是綿延的金線。對喬丹來說也是一樣，因為他一直在媒體人中尋找值得信任的人，可以幫忙轉達或詮釋他的話語。「這對阿瑪德很有幫助，因為他本來是美式足球界的人。」後來在NBC跟拉夏德共事的馬特．古奧卡斯解釋道：「他本來只是個球迷，現在卻突然被丟到籃球圈裡工作。比起美式足球，他對籃球的了解僅是皮毛。然後他又被要求去當場邊記者，要跟球員混熟，還要帶給觀眾一些小內幕等等的。這並不是一件簡單的事，好在阿瑪德從以前開始就很有人緣。他跟每個人都處得來。他跟麥可成了朋友，這次同樣是透過Nike牽線。我還在當教練的時候，常常參與Nike的行程，而阿瑪德總是在現場，有時還會負責某項工作，可能是麥可約他的或是怎樣。每次麥可到紐約的時候，他們都會相約一起出去。每次我們到芝加哥的時候，阿瑪德也會跟麥可出去，或是去他家之類的。他們兩個是很親近的朋友。而阿瑪德也從未濫用這份關係，從沒破壞這份信任。」

後來大家都知道喬丹有這方面的人脈。初入聯盟的前幾季，喬丹結識了馬克．范希爾（Mark Vancil）。這位太陽報的記者後來轉行當自由寫手，並且跟喬丹聯手出版了幾本文筆美妙而資訊豐富的圖文書。喬丹跟麥可・威爾本（Michael Wilbon）也熟，這位土生土長的芝加哥人為華盛頓郵報撰寫體育文章。當時也正好有一波新一代的記者進入聯盟採訪，而這些媒體圈的新成員不全是白人。拉夏德本人就象徵了媒體的轉變。他的衣著有型而得體，帶有一種魅力，這畫面跟當年粗陋的景象不太一樣，不再是穿著單調無趣，看來傻裡傻氣的人，拿著筆記本和麥克風在場邊訪問。媒體正在改變，同時喬丹與聯盟也正在改變。

公牛隊的新聞官提姆・哈倫在這個圈子裡待得夠久，目睹了大部分的變革，而他也注意到，某些不合時宜的事情依然被保留著。每天晚上都有一群媒體人緊緊包圍著喬丹，哈倫喜歡把這個景象戲稱為「蠢豬群交（pig fuck）」。每場比賽打完，大概有二十幾個體育記者與攝影師會湧到這位球星身邊，搶著提出他們的問題，想辦法擠得更近，好聽清楚喬丹說的每一個字。哈倫了解喬丹喜歡聚光燈的心情，但是永遠都搞不懂，為何每場賽後喬丹都堅持要讓「蠢豬群交」的場面在熱氣蒸騰的休息室裡上演。喬丹很快擁有一個私人的空間，讓他可以在裡面淋浴，然後換上那些似乎永無止境的，一絲不苟的，剪裁完美的高檔西裝。回到休息室的時候，他活脫脫像是從GQ雜誌裡走出來的人。然後他會把自己擺在記者中間，所有人會努力朝他的方向擠過去。鎂光燈打在他那瑪瑙般的頭殼上，反射出炫目的白光，只有細微的幾絲汗痕，證明了他剛剛打完一場球賽。

隨著每一季過去，媒體的陣仗愈來愈大，哈倫覺得最好可以在採訪室裡舉行正式的賽後記者會，讓這位球星可以站在講台上回答問題。然而，喬丹想要在那間熱氣蒸騰，原始到令人納悶的休息室裡接見記者群。哈倫搞不懂他為什麼會想穿著那身高級服飾擠在人群裡。然而，親密度就是「蠢豬群交」的本質。喬丹明白，一場若即若離的刻板記者會絕對無法提供同樣的東西。如同這群記者想要擠在他身邊一樣，他也想要待在他們中間。同時，每天晚上他的隊友們就被冷落在一旁，帶著讚嘆與輕蔑的眼光看著那一群人。

有時候，他的隊友們也會得到一些關注，然而喬丹才是媒體混戰的中心。這群記者們寫出來的報導與故事充滿著親密的感覺。媒體直接稱他為麥可，好像筆者跟他很熟，而他所說的話也是專門說給筆者聽的一樣。結果就是，全球數百萬粉絲都跟他熟到可以用名字相稱，都可以叫他麥可。

球迷們愈來愈珍視這樣的關係，彷彿他們也有特別的管道可以接觸喬丹，對於喬丹的所思所感也有特別的了解。沒錯，貝比・魯斯等人也稱霸了他們的年代，但是很少有一個運動員可以如此完整地將自己的經驗傳達給球迷們。喬丹的報導所傳達的，已經超越了親密，徹底成了私交。他的才華與成就——他那無可撼動的優越——也同時屬於球迷。他們認識他。他們能夠預測他的成功，之後還能因為他的成功而洋洋得意。他比他們生命中的任何其他人都還要可靠。更重要的是，他超越了種族。要是道森・喬丹可以親眼見證這些就好了。

「他已經不只是一個籃球員了。」資深NBA轉播員大衛・阿爾德里奇（David Aldridge）評論道：「從來沒有任何一個黑人運動員曾讓這一切發生。從來沒有任何人曾讓這一切發生。偉大如阿里，而阿里在大家眼中顯然也不只是一個拳擊手，他還是有點反商業的。關於喬丹的所有事情，對於黑人運動員來說都是頭一遭，我的意思是，他不只跨界，也成為一個流行文化的偶像。」

就算是早年被奉為偶像的白人運動員，像是洋基隊（Yankees）的米奇・曼托（Mickey Mantle）那種商業化的角色，也沒有機會達到喬丹等級的文化地位。阿爾德里奇尋思道：「這是前無古人的。從這個角度看，我覺得他的重要性甚至還被輕描淡寫了。你也知道，這並不是一件小事，當一個保守的白人中年男子，看到自己十多歲的白人兒子或是白人女兒在房間牆壁貼喬丹的海報，他覺得沒有關係。不能說這沒什麼耶。這可是一件大事啊。」

阿爾德里奇後來會轉戰ESPN以及透納廣播公司（Turner Broacasting），但在一九八九到九〇球季，他還是一個跟隨著華盛頓子彈隊的郵報記者。當記者還能夠隨意在公牛隊的休息室裡採訪到喬丹的最後幾個月，阿爾德里奇也才剛剛開始習慣跟這位球星講話。那年秋天，他遇見的喬丹是健談可親的，而且急於吸引媒體。到後來喬丹內心的計謀才變得明顯——他想要透過記者去採集聯盟裡對手們的資訊。「在老芝加哥體育館的休息室裡，喬丹的更衣櫃是第一個，就在一進門的右手邊，而他就坐在那裡，你知道的，想要與你交談。」阿爾德里奇還記得：「當時的他跟現在是不一樣的人。他真的會為了擷取你報導的球隊的資訊，把你的腦袋榨乾。這個人或是那個人怎麼了？或是他們為什麼會做某件事呢？對於聯盟裡各個不同球隊，他似乎是真心感興趣。當時的他很喜歡傾聽，也樂於和記者們對話。他似乎很享受那樣的意見交流。我還記得自己當時心想：『天啊，像他這種受到全世界注目的人物，竟然比我們所想像的都更接近正常人。』」

「你可以跟他講話。」阿爾德里奇解釋道：「你也可以跟他身邊的親信講話。那個時候，他跟佛瑞德與阿道夫以及那些人很熟。我不會把他們想成，嗯，那種依附他人的寄生者。霍華德・懷特在Nike裡已經闖出名堂，而我也知道佛瑞德・懷特菲爾在財務方面很有一套。我從來不把這些人看成喬丹的食客。懂嗎，我總是想：『這個人為他做了這個，而那個人為他做了那個。』而一切就是這樣運作的。」

在傑克森試圖做出的改變之中，限制媒體對球隊的接觸大概是最簡單的一項。聯盟新增了五支擴編球隊（expansion teams）的情況下，傑克森希望與為數愈來愈多的球迷與記者保持一定的距離。他們侵犯了這位教練眼中專屬於球隊的空間。回頭看就會發現，當時喬丹的名氣將要再創高峰，因為他提升了整個聯盟的形象，而傑克森正好在這個時間點介入，為喬丹提供了保護。

「我用簾幕將練球的場地圍住，好讓練球成為我們共處的時間。」這位教練解釋道：「所謂的我們就是十二名球員與教練團，不包括記者與電視攝影師。這不再是一場對外公開的表演。這只關乎作為一支團隊的我們，作為一群人的我們……麥可必須要拆解掉周身部分的外殼。你也知道，當你的知名度如此之高，你不得不培養出一層外殼，然後躲藏在後面。從這個角度看，麥可不得不成為這種人。現在他必須要讓他的隊友們參與其中，而他也有能力這麼做。他也有辦法敞開心胸而且不拘小節。在打職籃的日子裡，麥可學會標記出自己的領地。在每一座場館中，他都有自己專屬的隔間，能讓他得到隱私，或者有時候他也會在訓練員室裡找到空間。在老芝加哥體育館裡，他擁有兩個隔間。那是專屬於他的空間，因為每個晚上都有二十五個記者圍著他。我們繼續執行既有的原則，但也設法在球隊裡為他創造空間。如果我們沒這麼做，或是用錯了方法，球隊之外的世界就會整個把我們輾過。所以我們說：『咱們別因為他的名聲而受苦。咱們創造出自己的空間，把那些群眾隔離在外吧。』我想我創造出了一個安全區域，我為麥可創造了一個安全的空間。而那正是我試圖做到的。」

傑克森最精妙的一步棋，是將一小群球員與教練們定義為「球隊」，也就是跟組織的其他部門做出切割，尤其是所謂的「管理部門」。如此一來，這位教練畫出了界線，圍出了一個小圈圈，將傑瑞・克勞斯阻絕於球隊之外。雖然傑克森沒有大動作地強制執行這條界線，這條界線仍然被他建立起來。首先，將喬丹與克勞斯兩個人隔開是很合理的，因為這個總管似乎總是能在三言兩語之內讓這個球星發火。此外，傑克森也看出喬丹天生就喜歡小圈子。如此機靈的舉動有了長遠的效果，讓他一邊與手下的球星相處，一邊建立了一個舒適圈。在初期的那幾年，這位教練努力容忍頂頭上司的霸道與侵略性，同時盡可能保護喬丹免受其害。不是因為喬丹需要保護，而是因為球隊不需要擾攘。

「菲爾他真的把球員跟管理階層分隔開來。」吉姆・史塔克回憶道：「他把球員放在圈內，把管理階層的人隔在圈外。隨著時間過去，有一些事情其實傑瑞本來可以處理得更好。也許傑瑞他自己會告訴你。」史塔克在圈內與圈外兩個世界工作，因為他與克勞斯共事，同時也幫教練團擔任球探。他還記得，中間的屏障變得愈來愈難跨越。這層屏障變得愈來愈明顯，而當克勞斯試圖挑戰那條界線，雙方的衝突也同時升溫。然而，在初任教練的那幾年，傑克森只想找出一個平衡點，讓雙方可以好好相處，然後一起進步。

傑克森的幫手是溫特與巴赫，還有一位新的助理教練吉姆・克萊蒙斯（Jim Cleamons），這很可能是籃壇最佳的教練組合。儘管這些教練都見多識廣，傑克森在第一個球季做成的事仍讓他們嘖嘖稱奇，他掌控了整支球隊，而且跟球員們建立了堅韌而開放的關係，尤其是跟喬丹。和溫特這位前輩一樣，作為助理教練的傑克森一直以來都對喬丹有點忌憚。然而很快地，這兩個人在一次又一次的會面當中發現，他們享受跟彼此交流的感覺。傑克森更確定自己原本所相信的：喬丹極端聰明。他可以跟傑克森探討事情，也能在對話與辯論之中挑戰傑克森。傑克森亟欲讓球員們投入，最重要的是，他亟欲將他們擺在能夠贏球的位置。

「我想菲爾有一套非常健全的哲學作為基底。」幾年後回首前塵，泰斯・溫特回憶道：「我說的是生命的哲學。在他的認知裡，比籃球重要的事情太多了。他不會太過認真地看待自己。我們有時候都把籃球看得太重了。就連在那種時候，他都是一個很懂得放鬆的人。看到他在場邊坐著放任事情發展，我大感驚奇。他希望球員們有自己解決問題的能力，所以他把控制的韁繩還給他們。但是，當他看見球員們開始失控，他會稍微拉一拉韁繩。他的動機、他處理球員的方式、他與球員的私交，我想這些就是他的力量。前提是球員們接受他的執教，他們也接受他的批評，雖然有時候他會對某些球員說出比較苛刻的話語。他們仍會接受，因為他就是這樣的人，因為他是菲爾。」

短短幾個月後，教練團之中的氣氛好轉。許多挑戰猶待克服，然而大家的思維已然轉變。「當球隊需要教練團，而教練團也需要球隊，這是一個充滿魔力的組合。」二〇一二年，已經八十八歲的巴赫依然精神矍鑠，他如此評論與傑克森共事的時光：「而且沒有人在那裡礙手礙腳。沒有自傲，沒有人需要比其他人更有名氣。那是一種理想的情境。回頭看，我發現那是我生命裡最美好的一段歲月。」

第24章 過渡

傑克森新任公牛隊總教練的第一個訓練營中，重點都是防守。在尼克隊打球的時候，他就是那種來回奔跑於兩邊底線的球員，他希望公牛隊也有這種精神。講到壓迫性防守，紅頭霍爾茲曼常常告誡尼克隊的球員要「看見球的走向。」傑克森當然希望球員有這樣的視野，但是最重要的第一優先還是訓練。要在傑克森的手下執行防守，你必須切換到高檔，並且保持那樣。

「菲爾帶領的第一個訓練營，是我參加過最艱苦的訓練營。」帕克森回憶道：「那是防守取向的。所有的練習項目都是從防守端做起，再轉移到進攻端。基本上，傑克森將我們打造成一支壓迫型的球隊。他知道我們可以靠這樣的防守取勝。」

「我們要打全場壓迫防守。」傑克森說：「我們要全心投入其中。」

要這麼做，必須先激起球員的競爭心理。傑克森想到的方法，是讓喬丹跟皮朋放對廝殺。在皮朋的菜鳥年，他就曾在練習賽中跟喬丹分在敵隊，但現在傑克森把這件事變成一種習慣，也變成第一優先。

「菲爾接管了一切。」強尼・巴赫回憶道：「而我想他為麥可、史考帝以及其他年輕球員找到了良方，那就是激烈的競爭。所以，每天擋在麥可前面的就是史考帝・皮朋。很多時候，菲爾會把史考帝放在最強的那一隊，然後讓麥可跟一群蝦兵蟹將在一隊。如此一來，競爭就變得非常激烈。菲爾默默造就這樣的局面，他的手段並不明顯。先進十球的隊伍獲勝，輸的要做一些蠢事，像是罰跑衝刺等等的。如果只打一場，而麥可那一隊輸球的話，他可能會說：『嘿，菲爾，我們再打十球。』這可能正是菲爾想要的，但他總會故意說：『嗯，我看看……我不確定我們還可以……好吧，如果你想要操到吐的話，我們就再打一場吧。』」

「這樣的競爭是好的。」巴赫在二〇〇四年的另一個訪談中這麼說，他的眼睛因為這份回憶而閃爍光芒。「史考帝在王者的手下學習。我總說史考帝是『王位的覬覦者』，說麥可是『坐在上面的王。』我想史考帝就是該用這種方法學習。每天都來，每天都認真打球。然後找到屬於自己的球風，可以掌控全場，可以持球進攻，可以運用那雙長臂成為防守端的凌虐者。他跟麥可一樣，會在場上露出一抹開心的微笑。他正在享受著。」

努力馬上有了回報。巴赫回憶道：「皮朋變強了。因為他現在每天都要跟麥可交手。這可是很令人頭痛的事。那個年代練球的強度是非常猛的。」

傑克森不只把這一套用在隊上兩大球星身上。來自愛荷華州的菜鳥後衛B. J. 阿姆斯壯（B. J. Armstrong）也在練習時跟老鳥約翰・帕克森放對。這樣的競爭激起了他們對彼此的厭惡，也增高了練習的強度。

「那是菲爾的格言之一。」巴赫解釋道：「他希望球員之間有競爭。」

無論公牛隊在傑克森的帶領下有何長進，效果端看皮朋與葛蘭特的成熟度，因為他們兩人有潛力成為防守上的利牙。隨著球季即將展開，大家能夠察覺到這兩個人的成長。「他正站在偉大的門檻上。」那年秋天，巴赫如此評論皮朋：「他開始做那些只有麥可才做得到的事情。」

「其實重點就是要努力。」皮朋說：「我努力練習，想要加強我的防守技巧，以及運球之後的跳投。我知道自己定點投射的時候比較準，但是當切不進去禁區時，我想要擁有運球間拔起來出手的能力。」

除了B. J. 阿姆斯壯之外，克勞斯還引進了另外兩名菜鳥：中前鋒史塔西・金（Stacey King）與前鋒傑夫・桑德斯（Jeff Sanders）。這三位新人都是首輪選秀。那年八月，克勞斯也從自由球員市場重新簽回後衛克雷格・霍奇斯，並且透過交易從鳳凰城找來可靠的老前鋒艾德・尼力（Ed Nealy）。有著穩重如山的肌肉以及拼球的意願，尼力很快就成為傑克森與喬丹的最愛。

季前熱身賽的八場球之中，公牛隊未嘗一敗，這讓他們培養出一些信心。然而大家心知肚明，公牛隊還需要在溫特那套奇怪的新進攻之下適應。而卡特賴特也是個問題，他在隊裡似乎是個獨行俠。喬丹仍然公然地嫌惡這個中鋒，因為他在混亂之中似乎總是接不住球。但三角戰術卻代表著，卡特賴特持球的機會將比以往都多。

閱讀時間

開幕夜，克里夫蘭的朗・哈潑獨得36分，作為回應，喬丹轟下54分，帶領球隊在延長賽中贏球。可惜公牛隊隔晚就輸給波士頓。三天後的晚上，喬丹攻下40分，公牛隊也在芝加哥體育館以三分之差擊退來犯的活塞隊。公牛隊的進攻方式顯然有所改變，然而初期的打法仍看不出是三角戰術。

西岸的客場之旅過後，公牛隊在十一月份的戰績是八勝六敗。採用溫特的得意系統這項決定，對傑克森來說很明顯是個大賭注。溫特花了好多年才發展出這套被稱作三角進攻的戰術。這是一個大學球隊使用的老系統，要求場上五個人都要分享球以及跑動。溫特在執教的每一所大學內，都成功執行了這套系統，主要是因為有足夠的練習時間供他指導球員。但是當他進入NBA執教休士頓火箭隊時，隊上的球星艾爾文・海耶斯（Elvin Hayes）卻拒絕學習這套系統，結果讓溫特丟了飯碗。到了一九九〇年代，三角戰術對於大部分的職業選手來說仍然很陌生。行程滿檔的職業球隊就是沒有足夠的練習時間來學會這套戰術。但傑克森執意要採行以球的流動為主的進攻戰術，而在這件事上，他顯然擁有管理階層的支持。然而，溫特比任何人都清楚，這個轉換帶來的衝擊將不下於一場革命。

多年來，職業球隊專攻單打以及一對一的固定戰術，而三角進攻很少牽扯到固定戰術。反之，球員要學會如何回應場上情勢，並且透過球的流動製造出防守端的弱點。這也代表著，球員必須重新學習球賽，從溫特對基本概念的怪異詮釋到球員本身打球的方式。球員不再是死背戰術之後上場去照著跑位。現在他們必須學會停下來，解讀防守，並且做出回應。彷彿每一個球員都是四分衛，尤其是後衛與邊翼球員。

這套進攻著重於低位，兩邊都要有邊翼球員，站在罰球線延伸出去的兩端，好創造出空間。更重要的是，這是一套雙衛戰術，也就是說兩個後衛分別站在三分線外圍，連成一條線。其中一個後衛先傳出第一球，然後馬上去「填補角落」，也就是跑到半場的兩個底角站好，如此一來，一個防守者就必須跟著他到那裡。這馬上就創造出防守的強弱邊，也給了剩餘的四個球員持球進攻的空間，尤其是喬丹。可想而知的是，填補底角的球員必須是可靠的三分射手，所以帕克森與霍奇斯就成了理想的人選。

這套進攻並不需要一個善於切入的傳統型得分後衛。溫特希望大部分靠傳球來突破防守。不變的定律是，任何一支球隊要自在執行溫特的系統，都需要兩年以上的時間。

因此，在第一季，教練團協議暫時將三角進攻修改為單控球後衛的形式。他們要讓球隊慢慢融入這個系統。儘管如此，唯一透徹了解這套戰術的人還是溫特，這也代表傑克森必須把大量的練習時間交到他手上。很快地，整個練球行程都由溫特來策畫與帶領。這算是讓渡很多權力給一個助理教練了。突然間，溫特從一個大家愛理不理的老顧問，搖身一變成為掌管大局的人。

「這套進攻戰術之中，有許多好勝心很強的球員可供溫特使用。」巴赫回憶道：「而菲爾也是一個理想的總教練，他願意站到一旁，然後說：『球員必須要找到自己的節奏。球員必須要進步。他們要學會處理很多狀況。並不是每件事都要交由我來決定。』菲爾能夠這樣做。他真的很棒。」

最關鍵的考驗是喬丹這一關，他本來就已經是解讀比賽的大師。三角戰術要求技巧較優的球員，也就是後衛，把球分享給技巧相對差的球員，也就是低位球員。喬丹馬上就發現，這樣會造成一些失誤。

他對這套戰術不以為然，並且把它稱作「人人平等的進攻法」。

「那花了一點時間。」帕克森回憶道：「麥可在場上跟這些人並肩作戰，除非他能夠給予做為球員的他們大量的尊重，不然他是不會接受這套戰術的。我猜他的想法是：『我自己就可以得分，我自己就可以把事情搞定，那為什麼我要傳球？我寧願成敗一肩扛，也不要交到那些人手上。』」

「他愈了解這套戰術，就愈明白泰斯對這套戰術的信仰有多堅定。」談起喬丹時，巴赫說：「而菲爾是總教練，所以他說的話決定了球隊未來的走向。那套戰術就像是金礦。你讓球員融入這套系統，了解了它的好處，並且隨之成長。」

但在此之前，傑克森需要費不少唇舌，溫特也需要給球隊好幾個月的指導。一開始，用以說服球員的主要論點是，三角戰術可以帶來場上的平衡，也可以給喬丹運作的空間。這兩者都是顯而易見的。光是場上平衡這點就馬上提升了公牛隊的防守檔次，因為在這套進攻之下，永遠都會有一個球員留在罰球圈的上端，隨時可以回防。教練團知道，光靠這種攻守轉換之間的防守能力，就可以幫他們贏下一些比賽了。

「無論你要教導球隊執行什麼進攻戰術，一定都要有辦法在出手之後回防。」巴赫表示：「你在場上的職責，就是要知道自己該往哪裡移動。泰斯的進攻給了你場上的平衡以及這樣的能力。」

過渡期並不好過。某些旁觀者，像是芝加哥論壇報的記者山姆・史密斯就發現，在傑克森執教的前兩個球季，當喬丹的沮喪感持續累積，球隊的氛圍已經到了要叛變的邊緣。傑克森的解決辦法是，在泰斯・溫特扮黑臉的時候，他負責扮白臉。

「麥可的表現一向讓我驚嘆，然而其他人的表現也是。」回望當年，泰斯・溫特說：「我從來不是一個英雄的崇拜者。我看見他的強項，但我也在他身上看見某些弱點。我想，作為教練團的我們可以做很多事，設法讓麥可更加融入球隊。我知道他是一個偉大的球員，但是我不覺得我們應該單單靠他一人。我們想要試著讓他跟隊友們一起打球。要不是他被說服了，真心覺得這也是他自己想做的，我們沒有機會不折不扣地擁有後來那支偉大的球隊。」

不同類型的球員對於這套進攻有不同的反應。對於後衛與邊翼球員來說，他們要學的東西很多。低位球員面臨的挑戰就小多了。然而，三角戰術仍需要大部分的職業球員們去改變自己根深蒂固的本能。

「對我個人來說，這套戰術棒透了。」約翰・帕克森回憶道：「有些人不像聯盟裡的許多球員一樣擁有優越的體能條件，而系統型的進攻就是為這些人而設的。這凸顯了我的優勢，但卻壓抑了麥可或是史考帝這種人，因為我們不再讓他們從兩側單打。這裡面有許多細膩之處，也需要團隊合作。而菲爾的工作就是要說服我們，讓我們相信這種打法可以通往勝利。」

溫特一邊回想一邊解釋說，喬丹曾在北卡大的系統之下打球，這帶來巨大的幫助，但可能也同時增加了喬丹的疑慮。

「所有的攻勢都集中在中間，在低位球員身上。」喬丹回憶道：「我們整個打法都改變了……而在某種程度上，我持反對意見。我覺得這給禁區裡的球員太多壓力了。」

傑克森把喬丹請到辦公室，告訴他：「籃球就像是聚光燈。當你拿著球的時候，聚光燈就照在你身上。而你必須跟隊友們分享聚光燈，讓他們也拿著籃球做一些事。」

「我懂啊。」喬丹回答：「問題是，每當要把球投進的時候，他們往往不想主動。有時候還是必須交由我來出手，有時候很難從中找到平衡點。」

要做出這些改變，耐性是不可少的。而關鍵句變成「喬丹必須學會信任隊友。」

「有些時候麥可知道自己可以拿下四十分。」傑克森說：「有些晚上他就是手感火燙。然後他會獨挑大梁，會直接接管球賽。我們必須了解，這就是他的強大，就是有一些事情，籃壇裡除了他之外沒有任何人可以做得到。而這樣是沒有關係的。雖然在那些晚上，得到團隊的勝利不見得容易。但是對於作為一個得分手以及表演者的他來說，卻是令人嘆為觀止的夜晚。」

這個過程為傑克森與喬丹的新關係帶來試煉，卻也給了兩人深化這段關係的機會。喬丹正在學習信任的不只是他的隊友們，也包含他的教練們。

傑克森解釋道：「很多時候，能讓麥可信服的說法是：『我們還是要你得到你那三十幾分，我們也要你去做那些不得不做的事。如果你能在上半場拿下十二或是十四分，然後在第三節打完時得到十八分，那對我們來說就太棒了。然後你在第四節再添十四分或十八分。這樣就太好了。如果這樣行得通，那我們就這樣打。』誰能夠反駁呢？我們會告訴他：『好好運用你手上的牌。讓每個人在比賽中都參與，最後再幫我們搞定比賽。』」

後來，當溫特回首前塵，他驚嘆於傑克森對於三角進攻的執著與說服喬丹的能力。當時的他們還不知道，但是喬丹與隊友們在這第一年所受的偉大訓練，正要讓他們開啟職業籃球史上最輝煌的年代，

「菲爾顯然已經認定我們要做的事，而他毫不動搖。」溫特回憶道：「雖然三角戰術是從我個人好多好多年的執教生涯中發展出來的，但是有些時候，菲爾甚至比我還相信這套戰術。有過幾次，我會說：『我們不要再搞這套了，讓麥可有多一點單打的機會吧。』而菲爾堅持不要這麼做。就是因為他，我們才能貫徹基本的籃球哲學。」

他們的哲學，他們的系統，讓公牛隊不同於ＮＢＡ裡任何一支球隊。

在擔任總教練的第一年，傑克森開始了一個慣例，那就是把書本當作聖誕禮物發送給球員們。他給了喬丹一本童妮・摩里森（Toni Morrison）的《索羅門之歌》（Song of Solomon），那是一個寓言故事，關於一個尋覓金子的男人。十二月，球隊的轉變一陣陣顯露。傑克森的公牛隊找到了爆發的動力，展開了連勝之旅。首先是聖誕節前夕的五連勝，緊接著是新年前夕的五連勝。他們的進攻仍在掙扎，但是防守找到了生命力。聯盟其他球隊的教練們都開始談論公牛隊的防守——也開始害怕了。

到了一月，活塞隊以十分之差在底特律打敗公牛隊，但卻不得不注意到他們漸趨完熟的進攻。雖然活塞隊贏了，但喬・杜馬斯還記得他當時馬上察覺到新的挑戰。「賽後我去找以賽亞，跟他說：『我們有麻煩了。』他說：『啥？你在講什麼？』我說：『這一定會造成一些麻煩。他在場上待的位置以及角度等等，那對我構成很大的麻煩。』以前，他就是在前場持球準備一對一單打，他一打全部，我知道他會在哪個位置，也知道我們補防的隊友在哪裡。如今，他在三角戰術的低位拿到球，其他人開始空切，我根本不知道補防球員要從哪裡過來。所以，打從他們開始採用三角戰術的第一場比賽，我就知道我們麻煩大了。我們贏了那場球，但是他從弱邊溜出來，他站到低位，他跑到我們以前從來沒有包夾過他的新位置。當我們真的包夾到他的時候，他只要把球傳出去，稍等一下，然後所有球員就又開始空切。在三角戰術之下，你可以把球傳進去，

隊友會從底線空切。我知道這將是個麻煩。」

布蘭登・馬龍回憶道：「我們馬上發現，一旦公牛隊使用三角戰術，要包夾喬丹就變得更難。」

在NBA打滾四個球季之後，杜馬斯記得那是他第一次注意到公牛隊板凳席上那位老紳士到底是何方神聖。他就是泰斯・溫特，那個搞三角戰術的傢伙。整個聯盟的對手們也都跟杜馬斯一樣發現他了。

「泰斯的進攻仿傚我當年在紐約打的進攻。」傑克森解釋道：「球常常傳到低位。你要空切。你要在沒有持球的狀況下做事。大家在切傳之間讓球流動。麥可常常持球，也是一個偉大的得分好手，而這套戰術可以轉移放在他身上的注意力。這套戰術會讓防守者全部轉過來面對著他，然後他可以突然溜到防守者的後方。而麥可也看出了這種進攻的價值。他在北卡大時曾經在類似的進攻系統下打球。這不是一夕之間的轉變，隨著觀念的建立，一段時間過後他慢慢了解了。」

這套戰術的前景是可期的，但喬丹還是不認為這支球隊可以拿下冠軍。在一九九〇年二月的交易截止日之前，喬丹開始對陣容的改變做出呼籲。球迷們也有相同的抱怨，他們也認為公牛隊的管理階層必須立即採取行動。

又一次，喬丹希望球隊簽下華特・戴維斯。「當麥可叫我們主動出擊，去把華特・戴維斯交易過來時，形勢改變了。」吉姆・史塔克還記得：「在八八到八九年那個球季，好像非這麼做不可。麥可斷言，以球隊現在的組成方式，是不可能拿冠軍的。」

克勞斯把史塔克送上路，讓他大概花了十天好好偵察戴維斯，看看他是否真的可以幫助公牛隊。「我覺得，華特・戴維斯在防守端基本上已經玩完了。」史塔克回憶道：「在菲爾的執教之下，戴維斯沒辦法守住像是馬克・阿吉雷、澤維爾・麥克丹尼爾（Xavier McDaniel）或是賴瑞・南斯等等的球員。印地安那有查克・波森。東區有許多才華洋溢體能勁爆的小前鋒。他在身體條件上無法守住我們需要守住的那些人。所以，我們在交易截止日之前沒有做出任何動作。」

冷靜

二月，牛群的步履又蹣跚起來，在西岸的客場之旅跌到低點，公牛隊吞下四連敗。更糟的是，卡特賴特因為膝蓋痠痛而缺席了好幾場比賽。在邁阿密舉行的全明星假期稍微緩解了這些波瀾。皮朋第一次跟喬丹一同入選東區明星隊。霍奇斯也在三分球大賽中連中十九球，拿下賽事的冠軍。

趁著全明星賽的節慶活動，喬丹主動聯繫杜馬斯。從前兩人並沒有私交，但此時喬丹打電話給杜馬斯，邀請他跟他的妻子黛比（Debbie）到他的房間裡一起用晚餐，話家常。那天晚上，兩對夫婦一拍即合，兩個男人也加強了他們的友誼。「我們兩人的老婆聊個沒完。」後來，談起當時萌芽的友情，喬丹說：「我有機會在全明星賽裡跟他同隊打球，並且跟他在社交場合碰面。我一直很欣賞他的運動能力與籃球才華，一段很棒的友誼就這樣建立起來了。我們對彼此的尊敬，奠基於我們面對彼此時所展現的實力……然而我們現在還不能太親近，因為我們還要跟對方競爭。跟一個好朋友競爭並不容易。跟一個好朋友競爭的時候，你可能會有點太過放鬆，在應該要嚴肅的時候嘻嘻哈哈。但這種事不會發生在我倆身上，因為我們都專注於自己要為各自球隊所做的事情上。」

明星賽後，公牛隊繼續追求他們的化學效應，同時尋找進攻的感覺。三月底，喬丹生涯中最傑出的進攻表現帶領球隊展開九連勝。與克里夫蘭打到延長的比賽中，喬丹狂取69分，同時抓下生涯最高的18顆籃板。他全場投三十七中二十三，罰二十三次中二十一。他也傳出六次助攻，貢獻四次抄截，而且在五十分鐘的上場時間裡只有兩次失誤。儘管非常了不起，喬丹的爆發並不符合溫特以分球為主臬的進攻模式。

如同其他事情一樣，傑克森把它拿來當作施教的機會。強尼・巴赫回憶道：「麥可有了一個得分爆發的夜晚。我知道菲爾善用了那個機會。菲爾用自己的方式來表達。他讓麥可了解到：『你就是那麼強，但是你要想辦法讓其他兩三個隊友跟著變強。』」

同樣的訊息倘若出自別的教練之口，喬丹也許會充耳不聞，但是傑克森的做法有其獨到之處，讓喬丹願意接收。首先，他擁有值得稱道的耐性與顯而易見的沉著，證據就是他能夠在場上冷靜地坐著，觀看事態的發展。柯林斯與傑克森的南轅北轍令巴赫驚嘆不已。「這傢伙一定會筋疲力竭。他的汗水傾盆，他的青筋暴露。」他如此評論柯林斯：「道格貢獻了他每一盎斯的能量。反觀，菲爾有一種能力，他可以整晚都靜靜坐著。他能在賽後緩緩走離球場，跟大家點頭致意。比賽的過程中，他的激動程度也許不下於道格。但菲爾把他的激動情緒藏在心裡，從不形於色。」

比賽白熱化的關頭，巴赫尤其欣賞傑克森。「菲爾在熱鍋上的表現是最棒的。」他說：「不愧其心理學家的本質，他總是會找到非常不一樣的方法來解決問題。他不會衝著你說：『給我把這件事情搞定。』」

當球隊顯然陷入困境的時候，巴赫跟溫特都發現自己急著要傑克森喊暫停。巴赫還記得：「菲爾只會靜靜看著我。」巴赫跟溫特決定，他們只會要求兩次，如果傑克森還是不回應，那他們就閉嘴。巴赫說：「無論後果如何，他都有承擔的力量與決心。」

喬丹很快就對傑克森的冷靜產生認同感，那讓他想起狄恩・史密斯。同樣曾效力於北卡大，後來又為傑克森打過球的里克・福克森（Rick Fox）也同意，這兩位教練在場上的作風十分雷同，除了傑克森的言語中會點綴一些髒話之外。

賽後跟球員談話時，傑克森鮮少提高音量。輸球之後，他往往語帶撫慰，把重點放在大家的努力上。然後他會跟溫特坐在一起看每一場比賽的錄影帶，研究好幾個小時，規畫練習的菜單與應做的調整。

「他是一個事必躬親的管理者，但凡事都有不同做法。」巴赫解釋道：「那來自很深的心理層面，那是發自內心的，不同的是他有辦法不讓自己的情緒混雜其中。他在球員眼中是個神秘人物，因為他是無法預測的。他從不過度反應，有時候他根本不做任何反應。但他卻又穩穩掌握一切。菲爾的偉大之處就在於他總是知道發生了什麼事。他能夠從板凳上看出端倪，他能在休息室裡看出端倪，但是他從來不會太急於處理。他一定會慎思之後才會行事。然後，他就會以恰到好處的方式來平息狀況與問題。」

三角戰術讓傑克森更顯沉著，因為他不用時常喊戰術。「你會看到很多教練在邊線跑來跑去，不斷喊戰術，對我來說，尤其是在季後賽的時候，那成了一個占便宜的好機會。」帕克森評論道：「如果你的球探報告做得夠好的話，你就會知道如何應付那些固定的戰術。菲爾說服了我們，他讓我們相信，在進攻上愈不大張旗鼓，就愈有成功的機會。如果你能解讀對方的防守，然後作出正確的回應，而不是滿心顧慮著教練在場邊喊的某個戰術，你就能有一定的殺傷力。」

又是底特律

一段段的連勝把公牛隊的戰績推進到五十五勝二十七敗，在中央組排名第二，僅次於六十勝的衛冕冠軍活塞隊。幾乎每個晚上，喬丹都是全隊得分最高的人，但是皮朋也漸漸成了具有威脅性的防守者，而且有能力像控球後衛一樣組織進攻。沒幾支球隊能夠應付皮朋，尤其當它們還要一邊擔心喬丹的時候。再一次，喬丹獨攬了一大批獎項：入選NBA第一隊，入選防守第一隊，連續第四年拿下得分王，同時也成為聯盟的抄截王。

例行賽的最後一戰，公牛隊再次輸給了活塞隊，也是面對活塞隊的三連敗。這讓傑克森的球隊帶著一點負面的氛圍進入季後賽，因為喬丹不滿意隊友們總是沒有能力挺身而出。皮朋的表現亮眼，而芝加哥在首輪以三比一淘汰密爾瓦基之後，喬丹的情緒稍有緩解。第二輪對上費城與查爾斯・巴克利，喬丹的表現完全是壓倒性的。他在這一輪平均每場可以繳出43分、7.4次助攻與6.6顆籃板。雖然皮朋七十歲的老父於其間過世，讓他必須告假一場回阿肯色奔喪，公牛隊仍然只花五場就解決費城。

喬丹後來說：「我從來沒有連續四場球打得像對上費城這樣。」

連續第三年，公牛隊的球季將決定於與活塞隊的惡鬥，舞台又是東區冠軍賽。本質上，這是傑克森的新球風的大考驗。去年的季後賽，比爾．蘭比爾在第六戰以一記爆頭的拐子把皮朋送出球場。

皮朋回憶道：「在惡意犯規（flagrant foul）的規則訂立的前幾年，對方球員快攻時，活塞隊的人會從下面把你的腿砍掉。他們為了贏球可以不擇手段。籃球不應該是這樣打的。我還記得有一次麥可快攻，蘭比爾把他打倒。如果不這樣做的話他根本擋不住那一球。所以每當你對上他們，總會有一種芒刺在背的感覺，好像要隨時注意自己。」

如同喬丹所預料，他與杜馬斯的友誼發展並沒有讓兩隊的爭鬥和緩。活塞隊繼續對自豪的「喬丹法則」大吹大擂，雖然那其實不過是簡單的常識：逼迫喬丹傳球。盡可能對他夾擊。把他打趴在地上。把比賽弄得很難看。這個對戰組合似乎總是能引起公牛隊球員與教練團的被害妄想。而當底特律教練團寄送錄影帶給聯盟當局，控訴喬丹得到太多犯規吹判的禮遇時，公牛隊的教練團更是群情激憤。剛開始打季後賽的時候，底特律的約翰．薩利向記者們指出，活塞隊是一支團隊，而公牛隊是一支一人球隊。「我們隊裡沒有為球賽定調的人。」薩利帶著微笑評論道：「這就是為什麼我們能成為一支球隊。如果我們隊裡有一個人負責做全部的事情，那我們就不會是一支球隊了。我們就會變成芝加哥公牛。」

的確，喬丹的隊友們也察覺到，跟他們的領袖並肩作戰是一件難事。如同前隊友達夫．科爾辛曾經點明的，如果球隊出了什麼問題，錯永遠不在喬丹身上，一定會有某個人出來承擔罪責。儘管教練們盡全力灌輸以分球為圭臬的三角戰術，喬丹仍然支配著球隊。克雷格．霍奇斯等等的人索性直接喊他作「將軍」。

不出所料，在一九九〇年東區冠軍賽的第一戰，活塞隊把喬丹摔來撞去。活塞隊全體投七十八中三十三，命中率低得可憐，而且其中還有一球是以賽亞．湯瑪斯要把球拋給約翰．薩利，結果不小心拋進籃框的。一如往常，活塞隊拚命三郎式的防守拯救了他們。菲爾．傑克森悶悶不樂地說：「我看這比較像是英式橄欖球賽。」

杜馬斯的防守與27分為底特律帶來重大貢獻。他把喬丹的得分壓制到34分。喬丹以外的芝加哥先發球員合得31分。這個情況符合壞孩子的勝利藍圖，也符合薩利的尖酸挖苦。比數八十六比七十七，活塞隊贏球。

第一節的時候，喬丹切入禁區高高飛起，結果被重重擊落。由丹尼斯・羅德曼帶頭的一夥活塞隊員把喬丹放倒在地，弄傷了他的臀部。「我想他們故意從下面讓我『坐飛機』。」他後來說：「如果真的是這樣的話，我不知道罪魁禍首是誰。但我想這樣的傷勢會對往後造成影響。」

確實如此，至少影響了下一場比賽。第二戰，喬丹帶著生硬的動作開局，而活塞隊趁機在第二節中段以43比26取得領先。中場休息時，芝加哥仍以53比38落後。喬丹走進休息室，踹飛了一張椅子，痛譙隊友：「我們打得像是一群娘炮。」

喬丹的身體終於熱開來，帶動一波反撲，在第三節剩下八分二十四秒時，公牛隊反以67比66超前。可惜只是曇花一現。杜馬斯全場投十九中十二拿下31分，帶領活塞隊以102比93贏球，在系列賽取得二比零的絕對優勢。反觀，喬丹全場出手十六次只命中五球，拿下20分。比賽一打完，他馬上抨擊公牛隊渙散的表現，然後完全沒跟記者說話就離開休息室。他後來表示，那段批評不只是針對隊友們，也是針對他自己。

在底特律的休息室裡，記者們圍繞在杜馬斯身邊，問他怎麼擋住喬丹的。這位底特律的後衛停頓片刻，呆望著天花板，彷彿希望有人來幫幫他。他解釋說，你不可能擋住喬丹。答案其實顯而易見，頭兩戰之中，杜馬斯在喬丹的防守之下展現進攻火力，也同時讓喬丹打出火氣。至少喬丹那些不爽的隊友們私下是這麼說的。輸了兩場之後，喬丹在練球時又暴怒了，因為他覺得皮朋跟葛蘭特在那邊嬉鬧，沒有認真看待當前的處境。

任職於芝加哥的大部分時間裡，強尼・巴赫總要費心地剪輯製作對手的球探報告影片，在每場季後賽之前播放給球員看，作為準備的一環。這位助理教練常常把戰爭電影的片段剪接進去，藉以說明一些籃球場上的道理。然而，擔任總教練的第一個球季，傑克森接手了巴赫的工作。與活塞隊對決的系列賽中，他以綠野仙蹤的電影片段來傳達想法。他播放杜馬斯切入突破喬丹的防守的畫面，隨後剪接了綠野仙蹤裡那個稻草人的鏡頭。另一個失誤的片段後面，傑克森放了軟弱的獅子的鏡頭。另一個失誤的片段後面，則是機器人的鏡頭。球員們看了只覺得好玩，直到帕克森指出，教練其實是要暗示說球員們沒心、沒膽，而且沒腦。

好在，當第三戰在芝加哥體育館開打，這波負面的走勢開始止跌回升。喬丹的防守變好了，同時攻下47分，隊友提供的援助也夠多，最終公牛隊以107比102奪回一勝。第四戰，以賽亞・湯瑪斯從前一役投二十一中五的低潮中恢復，獨得36分，可惜公牛隊在籃板球的爭搶上表現優異，第二波攻擊也讓他們取得優勢，比數108比101，公牛隊再添一勝。

帶著踝傷上陣的丹尼斯・羅德曼在第四戰攻下20分，同時抓下20顆籃板。但喬丹的42分難以抵消，而且公牛隊的其餘四名先發球員也都得分上雙，助公牛隊保住勝局。

公牛隊一度取得十九分的大幅領先，但是杜馬斯獨得24分，帶領活塞隊反撲，兩度將分差追到只剩三分。然而公牛隊全體在罰球線上投二十二中十八，維持領先優勢。雖然活塞隊的總籃板球數以52比37超越公牛，但他們就是沒辦法把球放進籃框，全場投七十八僅中二十九。

一夕之間，一向喜歡給對手壓力的壞孩子們在主場面臨輸不得的背水一戰。

第五戰，愛德華茲與蘭比爾都甩脫低潮，杜馬斯更將喬丹的得分壓制到22分，於是活塞隊以97比83贏球，在系列賽取得三比二的聽牌優勢。杜馬斯雖然感冒發燒，仍堅持上場拼鬥三十八分鐘。戴利說：「面對喬丹，你能做的就是打拼、希望與祈禱，這三項喬都做滿了。」往後，喬丹將因為帶病上陣而被大家捧得老高，然而杜馬斯同等的鋼鐵意志在體育歷史上卻幾乎被遺忘。

然而，喬丹的隊友們似乎漸漸了解他的訊息。第六戰，活塞隊回到芝加哥作客，把喬丹的得分壓制到29分，結果卻還是被公牛隊痛宰。在第三節之中，公牛隊讓活塞隊的投籃命中率下滑到百分之二十五，原本只有三分領先的公牛隊，進入第四節時，已經以80比63領先。最終比數109比91，活塞隊落敗。就這樣，公牛隊把系列賽逼進第七戰。

喬丹評道：「我們比以往任何時候都更想要拿下這個系列賽。」

然而，第七戰很快成了芝加哥的災難。帕克森的腳踝嚴重扭傷，而就在開賽前皮朋開始偏頭痛。「史考帝本來就有偏頭痛的問題。」訓練員馬克菲解釋道：「其實他賽前有來找我，跟我說他看不見。我問他：『你還能打嗎？』他正要說不的時候，麥可跳進來說：『廢話，他當然可以打。讓他先發。看不見也要打。』」

「霍雷斯・葛蘭特在這種劍拔弩張的比賽中似乎也有點退縮。」馬克菲補充道：「這不是軟弱，只是還沒成熟。需要再花一點時間，他們才能挺身說：『馬的，我被你們欺侮夠久了。』史考帝帶著頭痛上場，隨著比賽進行，症狀有漸漸好轉。」

然而，公牛沒有好轉。第二節尤其慘不忍睹，此後芝加哥無能反撲。活塞隊以93比74屠殺公牛，晉級總冠軍賽。

「我在公牛隊最糟糕的經驗，就是在奧本山宮殿球場的第七戰輸給活塞隊。」傑克森回憶道：「史考帝・皮朋因為偏頭痛坐在板凳上，約翰・帕克森在前一場比賽中扭傷了腳踝。整個半場，我們掙扎著不讓比數被拉得太開，我只坐在那裡咬牙切齒。我們剛剛經歷的那個第二節，對整個球團來說是個羞辱。那是我執教生涯中最難堪的時刻。」

喬丹很氣他的隊友，他在中場休息的時候咒罵他們，賽後又窩在巴士的後方啜泣。「我邊哭邊發脾氣，我說：『嘿，我在場上拼死拼活，卻沒有一個人跟我一樣拼。這些傢伙痛電我們，奪走我們的意志，奪走我們的尊嚴。』就在那個時候，我發誓絕不讓這種事再發生一次。那年夏天，我開始重訓。如果我非要承受那些肢體衝撞，那我要開始頂回去。我受夠了放任他們靠身體壓過我。」

芝加哥在季後賽裡每輸一場，評論者們就更肯定作為一人球隊的公牛隊是殘缺的。記者大衛・阿爾德里奇回憶道：「他們一直碰上底特律，但是看起來他們似乎不知道怎麼打敗底特律。」有些觀察者指出，威爾特・張伯倫、傑瑞・韋斯特以及奧斯卡・羅伯森也是花了好幾年才帶領球隊拿下NBA總冠軍。某些球評認為喬丹屬於這類人。其他人則懷疑，喬丹會否嚐到埃爾金・貝勒、內特・瑟蒙德（Nate Thurmond）、彼特・馬拉維奇（Pete Maravich）以及戴夫・賓（Dave Bing）的痛苦，成為終生與總冠軍無緣的偉大球員。

這樣的臆測與批評觸怒了喬丹。連年敗給底特律，讓他真的有反胃的感覺。

成為以賽亞・湯瑪斯的手下敗將是很難熬的。然而，敗戰的罪責落在皮朋身上。從隊友到媒體，每個人都把他的的頭痛解釋為怯懦的表徵。大家忘記的是，這位三年級的前鋒才剛剛埋葬了自己的父親。

「皮朋偏頭痛的那場比賽過後，我坐在回程的飛機上。」芝加哥的廣播記者雀兒・芮斯陶德回憶道：「坐在我對面的剛好是茱安妮塔・喬丹。她問說：『史考帝怎麼了？』我說：『他頭痛。』她的反應是：『他頭痛！?!?』然後她搖搖頭。」

大賽過後，喬丹習慣把球鞋保存起來，留給後代。但是那場第七戰的落敗之後，他不想要任何紀念品。萊西・班克斯常常拿走喬丹比賽穿的球鞋，把它們捐給當地的心臟協會，作為拍賣募資之用。班克斯回憶道：「他們最後一次敗給活塞隊那次，我們正要從旅館房間離開，史考帝跟他一起待在房裡。他跟我說：『我不想要這個臭東西。拿去，萊西，把這雙臭鞋拿走。我不想再看到它們。』」

喬・杜馬斯清楚記得喬丹的面容。在第七戰的尾聲，他的臉上滿是悲痛。「我從他的眼裡看見痛楚。」杜馬斯說：「他來跟我握手，輕聲說：『恭喜了，祝你好運。』我記得在他的臉上看見了傷痛與失落。我看得出他傷得很深。」

對菲爾・傑克森來說，要淨化喬丹以及他的公牛隊，光是燒鼠尾草是沒用的。喬丹不太確定他們需要的是什麼，但是他知道自己必須跳出來掌舵。

「在菲爾的主事之下，我們又敗了一回。」馬克菲回憶道：「之後，麥可說：『聽好，現在我們必須要登上頂峰，而我會負責把大家帶到那裡。如果你不想登上這艘船，就給我滾。』」

第25章 籃球之神

不知道為什麼，多年後那股尿騷味還在桑尼・瓦卡羅的腦中揮散不去。

一九九〇年的八月底，他們待在德國美軍基地的一個破敗廁所裡，兩千名軍人擠進狹小的體育館，而麥可喬丹正要在他們面前擔任自己的對手。他並不想千里迢迢跑到那裡去，犧牲打高爾夫球以及陪伴茱安妮塔的時間，尤其現在她又有了五個月的身孕（兒子馬可士將在一九九〇年的聖誕夜出生）。但是他們現在人就是在歐洲，多虧了桑尼・瓦卡羅的膽識與多謀，Nike 總裁菲爾・耐特已經快要忍受不住他這兩項特質。

因為波斯灣戰爭（the Gulf War）正在進行，整個世界騷動不安，然而不想在那一年夏天造訪歐洲十天，喬丹有他自己的理由。五月份在第七戰敗給活塞隊之後，整個公牛隊的球員有了新的心態，對於休季期間的訓練異常專注。怒火在喬丹的隊友們心中催生出一種建設性的樂觀態度，所以他想要打鐵趁熱。

瓦卡羅所提出的這趟 Nike 之旅就在訓練營開始之前。他要先到歐洲，然後再趕回芝加哥。喬丹最不想要的，就是用一些公開的蠢活動來把行程塞滿。為美軍打表演賽是有一定的吸引力，雖然他比較喜歡低調進行這種事。最重要的是，他想著可以順便見大哥羅尼一面，這樣整個旅程就值得了。

行程中最詭異的是，喬丹預計要在西班牙聯盟開季的一場明星賽中，上下半場分別為交手的兩隊出戰。硬是把喬丹放進西班牙聯盟的重大賽事中完全沒有道理，但這卻可以讓講西班牙語的世界目睹美國最耀眼的明星打球。

「那是一趟公關之旅。」瓦卡羅解釋道：「那是 Nike 第一次舉辦那樣的活動。陣仗很大。麥可為我們所有的活動首開先例，而我就跟著他。」

往後二十年，每當這一個世代的美國職業籃球員要宣傳球鞋時，他們會循著喬丹這一趟差旅模式。然而在當時，喬丹之所以要倉促逃離美國本土，還有另外一個比較晦暗的因素。那年夏天，Nike 被扯進一個醜惡的公關紛爭，對手是傑斯・傑克森（Jesse Jackson）的機構 PUSH。PUSH 的常務理事泰隆・克萊德（Tyrone Crider）是傑克森的年輕助理官員之一，他瞄準球鞋產業，抨擊參與的黑人數量太少。克萊德對 Nike 的不滿是：奧瑞岡總公司沒有任何黑人董事，沒有任何黑人副總裁，擔任部門主管的黑人也少之又少。除了喬丹之外，Nike 也有請其他的黑人運動員代言，而克萊德對此也有所認可。但是 PUSH 還是把矛頭指向 Nike，因為在短短幾年之內，他們已經成為球鞋產業的龍頭老大。

那年夏天，Nike 公司與 PUSH 開始進行協商，但在八月初，當 PUSH 要求審查 Nike 的帳冊，而 Nike 也反擊說要窺探 PUSH 的財務之後，所有協商便嘎然而止。八月十二日，克萊德呼籲非裔美國人對 Nike 發動杯葛。他在宣告這項活動時大聲疾呼：「拒買 Nike。拒穿 Nike。」一些旁觀者認為克萊德槓上 Nike 是不智之舉，PUSH 最後一定會輸。儘管如此，Nike 公司並不打算跟 PUSH 正面交鋒，反而修正了權力體系中黑人過少的狀況。這些努力終將提升喬丹在公司裡的地位，也催生了喬丹牌。但在過渡期間，這位球星可能會被捲入一場難堪的糾紛之中，伴隨著全國各大報的頭版頭條。Nike 最不樂見的，就是飛人喬丹出現在電視上，被關於這場紛爭的種種問題轟炸。

八月十五日，喬丹發表了一則聲明，說全美國的企業都需要多開放機會給黑人，但是 PUSH 瞄準 Nike 攻擊卻太過分。他在聲明中提到：「僅因為 Nike 是業界龍頭就單獨把它挑出來抨擊，這樣有失公允。」

發表完評論過後，喬丹火速前往歐洲。當年桑尼・瓦卡羅有辦法把喬丹擺在聚光燈之下，現在他就有辦法把喬丹帶到聚光燈之外。Nike 將做出改變，而當杯葛活動在一九九一年初虎頭蛇尾地結束之後，克萊德也將離開 PUSH。很顯然，非裔美籍的顧客並不打算停止買鞋，以免危害他們跟喬丹之間的連結。

儘管如此，這個事件讓喬丹注意到，此類高爭議性的議題可能會、而且也將會對他的商業利益帶來傷害。一九九〇年代，人權團體指控 Nike 在世界各地透過數百家血汗工廠製作產品。也因為自己的角色在 Nike 公司裡愈來愈吃重，喬丹很快被牽扯進這個議題之中。

一九九〇年的那個夏天，喬丹發現自己受另一個重大議題所困。他被要求幫哈維・甘特（Harvey Gantt）站台。這位非裔美籍的民主黨員試圖取代強硬而保守的傑斯・赫爾姆斯（Jesse Helms），取得美國參議院中代表北卡羅萊納州的席位。這場選戰非常激烈，而且充滿了種族情結，最有名的就是赫爾姆斯的「雙手（Hands）」競選廣告。廣告中，一個白人男子因為不公平的種族配額制度，而被少數族群搶走了飯碗。由共和黨的幕僚艾力克斯・卡斯德勒隆（Alex Catellanos）所構思的這則廣告，主要目的是要激發白種人的恨意。當甘特的人馬透過喬丹的母親要求他投入選戰時，喬丹拒絕甘特的那句話成為名言：「共和黨的人也會買鞋。」

政治並非他的外祖父愛德華・匹伯斯的致富之路，世世代代的北卡羅萊納黑人也不藉此繁盛，而對於荻洛莉絲・喬丹或她的兒子來說，政治也不會是第一優先的考量。喬丹的回應犯了眾怒，卻也取悅了另外一大群人。萊西・班克斯以及芝加哥的其他人搖搖頭。多年後，班克斯指出，穆罕默德・阿里絕對不會選擇這樣回答。甘特後來輸掉選戰，而喬丹的拒絕激怒了社會運動者（同時也是前NFL球星）吉姆・布朗（Jim Brown），他抨擊喬丹：「他只在乎能夠幫自己賣鞋的形象，不願意幫助自己的族人。」

光譜的另一端是肯尼・加蒂松這種人，他打從高中時期就開始跟喬丹在場上比拼。他認為喬丹之所以能夠以產品代言人的身分完全跨越種族，就是因為他遠離政治的爭議。「正因如此，他才能成為一個偶像。」加蒂松表示：「因為他從來不說出讓人可以對他猛烈抨擊的話語。」

在二〇〇八年回首前塵，麥可・威爾本在他華盛頓郵報的專欄中評論道：「那似乎正式揭開了一個新時代，運動選手們有意識地把商業考量置於政治考量之上。中立的角度觸怒最少的人。在喬丹的引領之下，非裔美籍的運動員首度成為商業上的主流。」（喬丹後來將在甘特的第二次競選上做出貢獻，可惜甘特仍舊沒能取代赫爾姆斯。接下來，喬丹也獻金給民主黨的總統候選人比爾・布萊德利。在二〇一二年的選戰期間，喬丹甚至為巴拉克・歐巴馬〔Barack Obama〕舉行了非常公開的募款活動。）

無論如何，一九九〇年的選舉仍成為喬丹在公共形象上的分水嶺。ESPN的J.A.亞丹德還記得，喬丹的那番評語讓他的許多朋友從此不再崇拜飛人大帝。「有些朋友因此不想再跟麥可喬丹有任何瓜葛。」亞丹德說：「因為他們覺得他怠忽了自己的社會義務。他們沒辦法接受這件事。他們沒辦法繼續欣賞做為一個球員的喬丹，因為他們不再尊敬作為一個人的喬丹。」亞丹德自己也想不通為何喬丹不願意幫忙對抗一個眾所皆知的種族主義者。多年後，在GQ雜誌的追問之下，喬丹解釋說，二十七歲的他專注於建立籃球生涯，而不是政治生涯。

「後來我慢慢理解了，但在年輕的時候，我跟吉姆・布朗的想法一樣。」資深NBA記者大衛・阿爾德里奇回憶道：「我當時的想法是：『拜託一下，麥可！你可以表明你的立場。你是麥可喬丹耶！他們能對你怎樣？』……我當時嚇到了。真的，我的反應是：『別鬧了，麥可！你沒那麼容易被收買吧！你也沒那麼冷酷無情吧！不能只在乎你自己啊！你必須要在乎一些比自身更遠大的事啊！因為作為黑人的我們，終其一生都要為比我們自身遠大的事奮鬥。就是因為有前人為你鋪路，你才有可能做到你現在所做的那些事。』我心想：『麥可喬丹怎麼能在這件事情上不表明立場？他怎麼可以不支持哈維・甘特？』有許多人希望喬丹攬下這個任務，當時我同意他們的想法。」這位資深的NBA記者說那是一個關鍵時刻，如果喬丹真的為哈維・甘特站台，他可能會走上另外的道路，也會因為願意犧牲自身利益為社會正義挺身而出而得到讚賞。

「我記得他曾經這麼說：『我不是一個政治人物。』」萊西・班克斯在二〇一一年回憶道：「這是麥可的弱點。他從來不太過積極地認同主流的理念。」

在這樣的政治衝突之下感到不自在，那年八月當氛圍升溫，喬丹決定跟桑尼・瓦卡羅一起遁往歐洲也是合理的。

「跟麥可相處，信任永遠是最大的問題。」瓦卡羅解釋道：「他願意聽。而我就是那個說話他會聽的人。當時他並不想去歐洲。波斯灣戰爭才剛開始。那是一個危險的時刻。我還是要求他去。我要Nike提供一架私人飛機。為了安全，我們搭乘私人飛機。我們降落在私人的飛機場，我們請了保全人員。大家都荷槍實彈。

那趟旅途真不得了。我們去了巴黎。我們去了德國。我們去了西班牙。」

這就是為什麼他們會淪落在德國美軍基地的那個惡臭的破舊廁所。先別管行銷了，德國是這趟旅途中最充滿情緒的一站，那麼多的軍人集結，那麼多關於衝突的懸念未決。而且，喬丹的大哥羅尼也會在場。

「麥可擔任灌籃大賽的評審，並且在以軍人為主的球隊中出賽。」瓦卡羅回憶道：「那都是 Nike 相關的贊助商們的主意。喬丹要為了駐紮於德國的軍人們，在球場上自己對抗自己。他在一間小小的體育館裡出賽，全場大概有兩千名軍人。計畫是這樣的，他要先為A隊打五到十分鐘，然後為B隊打五到十分鐘。然後，我們要從後門偷偷溜回禮車上，因為現場擠滿了群眾與媒體，要從那個小體育館脫身並不容易。」

賽前，喬丹與瓦卡羅在那間古老的廁所裡休息。裡面有一張板凳，還有一條開放型的舊式小便池，一條惡臭的長條金屬溝。當初瓦卡羅要說服喬丹踏上偉大的歐洲行銷之旅時，應該不會提到這種鳥地方。然而喬丹對此沒有任何怨言。

「就在比賽開打之前，我把廁所的門關上。」瓦卡羅回憶道：「就只有我們兩個人在裡面。我走進廁所，看到他在那裡拍著球。我已經把門關上了，但有人闖進來通知說比賽要開始了。我說：『走吧，麥可。』他說：『先不要，讓我再獨處一下。』」瓦卡羅仔細觀察了喬丹一會，然後才了解發生什麼事了。

「那傢伙真的準備要認真打這場球。我怎麼會這樣講呢？因為他在那裡運球熱身，準備要打這場比賽。他就是這樣的人。不管他馬的什麼氣氛，不管他馬的什麼環境，他就是要拿出最好的表現。他在該死的德國境內，一個充滿尿味的老舊小便池前面，但他熱身的態度就像北卡大跟喬治城大學在超級巨蛋對決之前一樣。從這裡你就可以看出他終生貫徹的心態。」

喬丹上半場就爆發，帶領球隊取得領先。在這場比賽裡，他的對手都是美國人，所以比較容易解讀他們在場上的動作。一如往常，他在一開賽時估量一下自己的對手，然後就以招牌的喬丹風格展開猛烈的攻擊。他的抄截令人眼花撩亂，他往籃框犀利切入，偶爾投幾顆三分球，節奏慢下來的時候，他就用低位單打來測試身邊的防守者。

桑尼・瓦卡羅記得自己當時心想：「場上的他還真是個天殺的壞蛋。」

面對政治上的抗爭，喬丹也許不清楚怎麼做，但是說到競爭，他絕不含糊。當下那個情況就是「熱愛競賽條款」的具體呈現。不照計畫上下半場只出賽幾分鐘，喬丹打滿全場。「他上半場為A隊打滿二十分鐘。」瓦卡羅回憶道：「中場過後，他換穿球衣為B隊打球。」

如果瓦卡羅沒有記錯的話，中場的比數是：「40比25，麥可那一隊領先，但他現在換上球衣，要加入落後的那一隊。」

剛剛才被他壓著打的那些球員現在成了他的隊友，就像當年道格・柯林斯在公牛隊的練習賽中決定突然讓他換隊一樣。於是喬丹開始試探這個新陣容，試圖了解誰能挺身而出，而誰不能。

「你大概能猜到故事的發展。」瓦卡羅說：「終場的比數好像是82比80。喬丹擊敗了自己。他陪著那群軍人打了整整四十分鐘的比賽。」

旅途中真正的行銷重點在巴塞隆納（Barcelona），那裡已經在籌備一九九二年的奧運會。喬丹走了幾個被大肆報導的行程，像是拜訪Nike的辦公室，拜訪奧運會的工作人員，甚至拜訪西班牙籃球聯賽（Associated Club Basketball）的工作部門。「他們要為一九九二年的奧運會興建一座新的體育館，而他們想要請麥可到巴塞隆納參與動土儀式，真的把鏟子插進土裡。」瓦卡羅解釋道：「他在馬德里開了一場記者會，又在巴塞隆納開了一場。Nike辦了一場年輕人的西班牙全明星賽，麥可在裡面擔任灌籃大賽的評審。」

再一次，喬丹又必須擔任自己的對手，這一次是跟西班牙的職業球員們一起。喬丹花了比較長的時間來解讀歐洲的對手，試圖了解他們不同的打法。此時一九八四年的奧運經驗對他的幫助不小。他試了幾次跳投，找到自己的節奏，然後開始大展神威，讓巴塞隆納體育館裡滿場的觀眾樂不可支。

喬丹的每一個動作都讓西班牙的群眾歡呼，球迷與媒體宣稱「籃球之神」降臨在他們的眼前。此次喬丹受到熱烈歡迎，而兩年後再訪巴塞隆納，場面更是形同加冕儀式。

「這大大宣傳了Nike這個品牌。」瓦卡羅如此描述自己想出來的計畫：「現在麥可是一個偶像了。」

瓦卡羅解釋說，這趟旅程對喬丹本人而言，也標示了一種更細微，但也許更重大的轉變。首先，他願意傾聽了。以往，這大部分是在荻洛莉絲‧喬丹的指導之下做的。但瓦卡羅第一手見證了喬丹轉變成商業與行銷巨人的剎那。他拋下了那個任性妄為的王子心態，一手掌握了整個品牌，並為其成長做出必要之事。他把他的工作態度、好勝心與成熟度運用在籃球之外的地方。並不是說喬丹以前從來不理會自己的義務，而是當年那個發誓不要有任何工作的青少年，現在似乎終於找到一份工作了。

灌籃大賽

巴黎的一段小插曲可能捕捉到了這份轉變。旋風式造訪這座城市之後，喬丹把塞納河、香榭麗舍大道與凱旋門的美景盡收眼底。他覺得這裡太好玩了，甚至跟一位朋友說，他考慮找人合夥買下一支歐洲球隊，從NBA退休之後還可以在那支球隊裡打球。

「我們到巴黎，認識了一些新面孔，還有來自各界的人。」瓦卡羅現在聽起來就像是當年那個來自匹茲堡的傢伙，他回憶道：「只有菁英分子才會去巴黎，而我們就是菁英份子。」

喬丹在城市裡某個高檔的飯館開記者會。

瓦卡羅回憶道：「我們在那間餐廳裡，麥可被記者與攝影機圍繞。一位衣裝十分講究的女士突然走到鏡頭裡面。她顯然是某個社交名媛。」對這些媒體的騷動感到好奇，這位高雅的女士直接闖進人群中，在喬丹講話的時候拍他的肩膀。瓦卡羅就坐在附近，他馬上從椅子上起身準備排解這個突發狀況。那個女人的態度透露著一種高人一等的優越感。瓦卡羅還記得：「她似乎在暗示，這麼多人跟著這個黑人在這裡搞什麼？我是這樣解讀的。」

「我不會忘記那個畫面。麥可轉過來跟我說：『桑尼，不要緊，我來處理就好。』那位女士用一口破英文跟他說話，內容大概是：『你一定是什麼大人物。』」對瓦卡羅來說，重要的是喬丹不想要像以前一樣被「處理」。彷彿他已經準備好要挺身而出，幹必要的活，負必要的責。

「回答那個女人的問題是正確的。」瓦卡羅說：「看他把她處理得服服貼貼的我就知道了。那是我第一次在一個截然不同的環境裡，看他以一種成熟多了的態度行事。在那趟旅途之中，在歐洲的九天裡，你可以看得出來他幾乎成了另一個人。這是我沒有料到的。」

「在我認識他的大部分時間裡，在他進入ＮＢＡ的最初幾年，在他跟茱安妮塔結婚之前，他還是那個興高采烈的孩子，整天跑趴，交女朋友等等。我全程參與了那些事情。我看得出來。他現在成熟了。他現在明白自己擁有什麼。他攬起了責任，要好好經營場下的 Nike 帝國。他現在成了這個品牌的共同擁有者。」

他的下一紙合約將會確立一件菲爾・耐特雖不情願卻也心知肚明的事：麥可喬丹將進化為 Nike 的股權合夥人。而 PUSH 則在一旁引領整個過程。瓦卡羅說：「他的下一紙合約就是喬丹牌。」

迪・布朗（Dee Brown）是波士頓塞爾提克隊的菜鳥後衛，當他在一九九一年夏洛特的全明星週裡拿到灌籃大賽的冠軍時，他也稍稍見識到這個新版本的喬丹。ＮＢＡ試圖說服喬丹在卡羅萊納州的家鄉再次參加灌籃大賽，但是他拒絕了，因為贏了也沒什麼，但是輸了卻很丟臉。

然而，當喬丹抵達夏洛特，看見布朗用那招蒙眼高飛的灌籃拿下賽事冠軍時，他的好勝之血又開始流動了。最重要的是布朗腳上穿的鞋，那是當時正潮的 Reebok Pump 系列。那個週五，灌籃大賽結束後不久，布朗在一個廊道裡等著另一個活動開始。突然間，喬丹出現在他眼前。

「超怪的。」布朗回憶道：「我只是一個在兩個小時前剛贏下灌籃大賽的菜鳥。當時只有我跟麥可跟保全人員在場。我坐在那裡，他走過來跟我說：『幹得好，小夥子。你真的幹得很好。』他接著說：『你知道嗎，我現在必須更認真電你。』」布朗被這句話震懾了，不只是稍微嚇到而已。「我問：『為什麼？』」布朗說：「麥可回答：『你知道嗎，你剛剛開啟了一場球鞋大戰。』我說：『什麼意思？』我丈二金剛摸不著頭腦。他是麥可喬丹耶。我只是一個剛剛贏得灌籃大賽冠軍的二十一歲菜鳥。我不了解他所說的話。就算當時他跟我說我的臉掉到地上了，我大概也只敢回答：『謝謝。』」

後來，布朗開始想，當時喬丹怎麼會知道他人在哪裡？難道這個巨星特別把他找出來，只為了跟他嗆聲嗎？他愈是思考，就愈確定喬丹確實有這麼做。

「我開始了解了。」布朗說：「你聽到那麼多麥可的故事，知道他到底有多好勝。他心裡面早就知道，我穿著那雙可以充氣的 Pump 鞋做的事會有什麼影響。他的喬丹鞋跟那個系列的鞋將會有競爭。不要管籃球了，他的想法是：『現在我必須要在其他地方痛電你一頓。我知道你守不住我。我是這世上最強的籃球員。但就是因為你搞了那個 Reebok 的小伎倆，我現在要為了球鞋生意更認真跟你打。』」

短短幾個月內，喬丹攬上了一個當時大家都不太了解的新身分：他是身兼球員的球鞋公司主管。如同瓦卡羅所指出的，喬丹在這個商業角色上的成就，遠超出大眾的認知與理解。

布朗在二〇一二年的訪談中笑著說：「Reebok 的 Pump 鞋款當時火了一陣。」他又補充說，然而，這個狀況很快就被搞定了。「麥可顯然提升了球鞋之戰的層級。這也說明了後來兩大品牌的競爭多激烈。但是現在大家都穿喬丹鞋啦！」

改變的代價

在一九九〇年的十月初，當季前訓練營正要展開，那個擁有無窮胃口與無盡精力的二十七歲男子終於回覆菲爾・傑克森的電話了。整個休季期間，這位總教練不斷地打給喬丹，但他似乎總是不在，什麼事情都要參一腳。那年暑期之中，他找到時間在費城參加一場慈善高爾夫球賽，負責擔任桿弟的是查爾斯・巴克利。兩個人一見如故。巴克利是個很有才能的運動員，而他的幽默感也讓他們更容易面對身邊愈來愈多狗屁倒灶的事情。不知道為什麼，巴克利總是能讓喬丹發笑。很快的，喬丹就養成習慣，常常抽空跟查爾斯爵士用手機暢談。喬丹一直覺得自己的嘴巴已經夠厲害了，但是巴克利呢？當這位阿拉巴馬的胖男孩說下一季會把得分王的寶座搶走，喬丹不得不笑出來。

當喬丹回到芝加哥與公牛隊陣中，他的耳朵上多了一顆鑽石耳環，配上那顆光頭。對於一個重視形象勝於一切的人來說，這是一個鋌而走險的舉動。然而很快的，世界各地的男人們都開始仿效這種雄性領袖式的「喬丹風」，無論種族，無論膚色。

喬丹與他的經紀人大衛・佛克也積極而認真地討論著籃球場外的行動。佛克後來解釋說，他們開始「把籃球場的四個邊看成一種限制的框框，而不是表現的平台」。就在那一季，喬丹的某些商業夥伴決定要推出一系列男性的晚會正裝，正式服裝品牌 After Six 將與喬丹合作創立 23 Nights for Michael Jordan。「我們從來沒有那麼興奮過。」After Six 的行銷副總瑪莉蓮・史匹格（Marilyn Spiegel）這樣告訴 People 雜誌：「麥可是代表九〇年代的男子。」

喬丹身高六呎六吋，體重一百九十五磅，擁有四十五吋胸圍與三十三吋腰圍，活脫脫是個衣架子型的男模。往後十年，男性的晚會正裝系列——服飾、香水、配件、內衣褲等等——將會成為定義「都會美型男」的重要商品。

「我從小就注意時尚。」喬丹如此告訴 People 雜誌，回憶起他在蘭尼高中上家政課的時候，在課堂上他「迷上了不同的穿衣風格，但當時的我買不起那些衣服。」現在他當然什麼衣服都買得起，但卻到了生涯中的一個階段，無法繼續在讓他買得起一切的運動上得到很多快樂。閒暇時他幾乎懶得收看任何 NBA 的比賽。芝加哥論壇報的體育記者山姆・史密斯正在幕後撰寫一本書，預計於一九九一年的秋季出版，而這就是其中一個主題。提供資訊給史密斯的是公牛隊裡隊外的一些匿名人士。這本書將描繪出一個極其自私的喬丹，一個在六個 NBA 球季中漸漸變得憤世嫉俗、充滿怒氣、尖酸刻薄而且不肯輕信的喬丹。

當菲爾・傑克森第一次跟喬丹坐下來開季前會議時，要面對的就是這樣的狀況。在擔任總教練的第二個球季，傑克森察覺到他已經來到了一個分叉路口。他想要討論的是，大家口中的「麥可與他的喬丹人隊

（Jordanaires）」將如何面對接下來的賽程。

喬丹希望總教練是要告訴他，他們要放棄三角戰術了，然而並非如此。這位總教練不僅想要讓球隊更加貫徹這套系統，同時也告訴喬丹，如果他不要那麼執著於贏取下一座得分王，會對球隊比較好。也許查爾斯・巴克利早就看透傑克森的心思。

那次會議並沒有一個愉快的結尾，而那年球季也沒有一個愉快的開頭。早在一九八九年，當公牛隊決定將皮朋的臉部照片印在球隊的賽程表上時，喬丹就漸漸相信球團正在進行一個「去喬丹化」的過程，決心要走出他的影子。他也耳聞一些內部消息，知道克勞斯曾評論說，如果當年公牛隊選到的是哈金・歐拉朱萬而不是他，現在早就拿下兩座總冠軍了。他察覺到，球團的決策部門愈來愈相信他不是一個可以支撐冠軍隊的球員。回頭看會發現，他覺得自己受到的宣傳不夠，簡直荒唐。職業籃壇裡根本到處都看得到他的臉。然而，身邊的人早就了解的一個事實是，喬丹的好勝心往往棲居於平行宇宙。比以往更常見的是，當他需要為自己的怒火添柴，他就會在心中編造出一些情節來提供熱力。身邊的人往往很難區分他的想像與現實。

而活塞隊暴力防守的功效絕對是現實。喬丹知道其他球隊的教練很快就會採取類似的戰略，而他決心要證明他們是錯的。他語帶嘲諷地說：「每個人都會逼我在外圍跳投。」

另外一個日益明顯的轉變是聯盟與電視之間愈來愈緊密的關係。NBC的出價高於CBS，搶下NBA的轉播權，也將數百萬美金的熱錢注入球員的口袋。喬丹兩年前才剛剛更新的合約如今已經過時，因為那讓他在聯盟球員的薪資排行榜上僅排名第七。皮朋的情況更慘，更新後的合約讓他每年大約只賺進七十六萬美元，而他那些比較弱的隊友卻大多年收超過百萬。作為抗議，皮朋決定躲在曼菲斯的一間旅館房間裡，拒絕前往季前訓練營報到，直到他的經紀人讓他了解，這樣的選擇只是自取滅亡。

往後十年，財務問題將在芝加哥球團裡造成巨大的不睦，因為球員們跟他們的經紀人們漸漸明白藍斯朵夫是一個多難應付的角色。這位老闆重視協商的藝術勝於一切，而且很早之前就下定決心，要全力避免那些癱瘓許多球隊的爛球員合約。他的基本政策就是，無論如何都不要跟球員重談合約。雖然說他願意把喬丹當成例外，但他也知道這位球星不可能主動開口要求加薪，所以他可以好整以暇地見機行事。

這位球隊老闆「談贏合約」的策略裡包含一個向球員與經紀人虛報低價的老招。克勞斯的工作就是喊出一個會激怒球員與經紀人的極低價碼，之後藍斯朵夫再出面提供一個比較好一點的價碼。二手車商懂的事，這位老闆也懂：如果能以一個低價開頭，最終往往能逼使對方放棄大量利益。這個奧步雖然見效，但也代表著球隊裡瞧不起克勞斯的不只是喬丹一人。公牛隊裡一堆球員與他們的經紀人都十分鄙視這位總管。

在一九九〇年的暑期，克勞斯看上了一個名叫東尼・庫克奇（Toni Kukoc）的克羅埃西亞超級新秀，但某種程度上還是必須說服他來為公牛隊打球。當時，歐洲球員在肢體碰撞激烈ＮＢＡ賽場上通常打不出什麼效率。克勞斯為了庫克奇大驚小怪，讓喬丹更加堅信「去喬丹化」的策略，而公牛隊已經開始端出一些代言以及場外合約來吸引仍隸屬於歐洲球隊的庫克奇。

為了支付把庫克奇帶到美國的開銷，克勞斯努力清出兩百萬美元的薪資空間。喬丹和皮朋知道這件事之後，只是感覺更加惱火。

這似乎不是一個理想的時機，但傑克森還是透露，球隊將沿用「人人平等的進攻法」，而且為了球隊好，喬丹的得分與上場時間都必須下降。就這樣，骰子被擲出去了：接下來就是傑克森的智慧對上喬丹的意志。當然，雙方都願意為彼此著想。喬丹真的很欣賞傑克森，也樂意配合，但是他有他的底線。

在聯盟打滾六年，遇上各式各樣的教練與隊友之後，喬丹基本上還是相信自己。對於自己，他有絕對的信心，除此之外，其餘的人事物都有質疑的空間。在一九九〇年的秋天，公牛隊全體就要在這樣的情況之下前進。

第26章 三角

待在芝加哥的時候，可以讓喬丹偶爾放鬆幾天的地方就是他的岳母在南區的房子，在那裡，他可以盯著電視發呆，享用桃樂絲・凡諾伊（Dorothy Vanoy）的古早味起司通心粉。茱安妮塔肚裡有個六個月大的胎兒，腳邊還有個兩歲大的小孩，而她也一樣在自己母親的家中得到庇護。對於喬丹來說，那是一個理想的地點，讓他可以好好追蹤克勞斯的季外補強計畫。

那個休季期間，公牛隊有足夠的資金去解決陣容裡幾個嚴重缺陷。為了執行壓迫防守，傑克森喜歡高大的後衛，高大的外圍防守者。而且，巴赫也點出，他們需要一個堅韌的老鳥後衛，一個敢挺身面對喬丹的人，一個敢在喬丹硬是要主導進攻時叫他滾一邊去的人。丹尼・安吉符合這個條件，沙加緬度也已經是自由球員，然而掌控國王隊的是公牛隊的前教頭迪克・莫塔，他絕不會做出任何對以前的宿敵傑瑞・克勞斯有益的交易。

又一次，焦點轉回華特・戴維斯身上，他現在是丹佛的自由球員。喬丹願意重談部分合約來幫助公牛隊清出薪資空間，但條件是這些錢只能用來簽下戴維斯。這個交易看來大有可為，結果戴維斯的老婆卻說她想要待在丹佛。這讓喬丹十分訝異。

於是，為了增加後衛群的深度，克勞斯找來紐澤西的丹尼斯・霍普森（Dennis Hopson），他以前是十大聯盟的年度最佳球員，選秀的順位也很前面。為了增添小前鋒的防守力量，他們補進亞特蘭大的自由球員克里夫・李文斯頓（Cliff Levingston）。克勞斯也簽下選秀落選的自由球員史考特・威廉斯（Scott Williams）。他畢業於北卡大，大學時一直有肩傷問題，而且父母親的謀殺自殺案也讓他大受震動。喬丹很高興隊上終於來了一個柏油腳跟隊的學弟，也對威廉斯多加關照。隊上兩位一九八九年首輪選秀B. J. 阿姆斯壯跟史塔西・金也成熟了一點，可以為球隊提供更多幫助。

更重要的是，皮朋又成長了。他漸漸從一個邊翼球員轉換成控球後衛的角色。傑克森說：「現在他持球的時間跟麥可一樣多。他成了一股支配性的力量。」

皮朋帶著在練習賽與麥可捉對廝殺三年的經驗到季前訓練營報到。從得分的慾望，可以看出他競爭心態的轉變。他也想跟麥可一樣，說白一點，他想要從球隊裡賺多一點錢。為了在這個數據取向的環境達到這個目的，他必須要多得一點分數。唯一的問題就是，皮朋的新渴求又將與傑克森專注於三角戰術的計畫有所扞格。

開幕賽馬上遇到亂流，公牛隊輸給費城七六人隊，而且查爾斯爵士的得分還高過飛人大帝，37對34。兩人之間的唇槍舌戰與冗長的手機對談仍在持續著。接下來。公牛隊竟然開季三連敗，在前三個禮拜掙扎地打出五勝六敗的戰績，這顯然跟他們的期待有所出入。在西雅圖開打的第九戰，還沒開打喬丹就跟滿嘴大話的菜鳥蓋瑞・培頓（Gary Payton）交換垃圾話。喬丹拿下33分，公牛隊也輕鬆取勝，但是他卻只上場二十七分鐘。這讓他更加焦慮，擔心傑克森真的要努力避免他重登得分王寶座。

釋放

不甚理想的開頭讓藍斯朵夫至少打了一通電話給傑克森，召他進辦公室，然而只有最近側的觀察者才看得出這位教練表現出任何有壓力的樣子。真正讓傑克森困擾的不是老闆的電話，而是喬丹和皮朋常常枉顧溫特的進攻系統而選擇一對一突破防守。這些脫軌之中，喬丹的共謀者與教唆者就是強尼・巴赫，他總是用耳語說出自己的想法。喬丹回憶道：「強尼會說：『去他的三角戰術。拿球得分了啦。叫大家都閃開。』」

至今傑克森都還能容忍巴赫的不順從，但這會對球隊打法的進化造成重大的影響。

巴赫在二〇一二年的訪談中解釋道：「他偶爾需要在進攻端釋放一下。」他也補充說，他認為自己的介入是必須的。巴赫信賴溫特的進攻系統，但他也看出球隊的巨星需要用自己的方法去適應。喬丹是解讀防守的大師，而熟習三角戰術對他來說也有一定的吸引力。縱使不是一帆風順，但某些轉變正在發生。曾經心甘情願委身於狄恩・史密斯的進攻之下的喬丹，現在開始探索將三角戰術納為己用的方法。巴赫還記得，看著喬丹用智慧化解那些情境是引人入勝的，宛如看著一個才華橫溢的演員，以高超的技藝詮釋一部偉大的劇本，同時改寫全部的場景與對白。「球員要意識到自己怎麼融入戰術。」巴赫一邊回憶一邊解釋道：「喬丹徹底摸熟了三角戰術。他可以在這套戰術底下打任何位置。」

大致上，三角戰術提供了一個模式，讓喬丹可以跟那些比較沒有才能的隊友們連結。三角戰術的架構要求持球者把球傳到有空檔的人手上。當喬丹開始遵循這個模式，當他夠信任隊友，緊繃的關係就開始緩解。結果很快演化出一個新系統：喬丹會在前三節執行三角戰術，然後——如果球賽的步調與節奏允許的話——在第四節爆發狂猛的得分秀。那些第四節也製造出另外的緊繃情勢，因為泰斯・溫特憂心喬丹試著一個人做太多事情。有些晚上，當喬丹在第四節獨攬大局，球隊會跌跌撞撞。但大部分的時候，結果耀眼輝煌。

那個球季裡，他在場外的生活落入一個固定的模式。不是窩在旅館房間裡跟小圈子的人進行馬拉松式的牌局，就是溜到附近的高爾夫球場去快速打個幾輪。他通常在練完球之後的下午找時間做這些事，當他的隊友都在午睡的時候。

隨著球季進行，他們找到了足夠的平衡，讓霍雷斯・葛蘭特（平均12.8分，8.4籃板）與帕克森（平均8.7分，命中率五成四八）可以融入球隊。比較關鍵的問題是替補球員沒辦法保住領先。阿姆斯壯、霍奇斯、普度、金、李文斯頓、威廉斯與霍普斯都很努力執行進攻，但終究要仰賴喬丹的得分來讓球隊運轉。他對板凳球員的無能感到不滿，但這也代表他能有更多的上場時間與更多的得分機會。

進攻的議題之外，讓球隊從顛簸的開季中復甦的，是他們的防守。巴赫的存在為此注入了活力，但他表示自己的貢獻比起傑克森根本不足掛齒。傑克森的投入與努力，讓防守成為這支球隊的一大特色。「我在防守方面稍有幫助。」他解釋道：「但只有菲爾能夠向球隊表明，讓球員們了解防守的陣式。」

大家腦袋清楚的結果就是，開始看得出來他們可能成為一支非常棒的球隊。十二月，在芝加哥體育館，公牛隊的防守讓克里夫蘭騎士隊在第一節僅得五分。現場球迷呈現的氣氛跟公牛隊的防守一樣可怕。開季的第三戰，公牛隊在芝加哥輸給波士頓。從此之後，直到三月二十五日才又在主場輸給休士頓，完成驚人的主場三十連勝。

防守為進攻爭取了時間，讓球員可以找到節奏。一旦打出節奏，像帕克森之類的角色球員就會有好表現。「約翰・帕克森是讓一切大有不同的人之一，因為他的態度。」教練在一九九五年回憶道：「他能全場壓迫，也能擔任這套進攻體系的組織者。」

一些關鍵人物突然開始領悟三角戰術了。傑克森回憶道：「霍雷斯・葛蘭特習得了一套對他來說並不自然的戰術，而且從中成熟了。至於皮朋，他終究從一個邊翼球員轉換成控球後衛的角色。現在他持球的時間跟麥可一樣多。他成了一股支配性的力量。」

公牛隊二月份的戰績是十一勝一敗，而且在明星週之前在奧本山宮殿踢館成功。以賽亞・湯瑪斯因傷坐在場邊，但這場勝利讓公牛隊開始相信自己。「光是在他們的主場擊敗他們就足以給我們信心，因為擊敗他們實在是太難了。」帕克森回憶道：「菲爾說服了我們，要我們用自己的風格打球，不要一遇上活塞隊就存著報仇之心。這確實帶來不少幫助。」

這個結果讓喬丹更加樂觀，也更有自信，如果他真的還能更有自信的話。「當我們走進他們的地盤，在明星賽假期之前擊敗他們的時候，我就知道我們能在季後賽打倒他們了。」他回憶道：「我們在外征戰了約莫兩個禮拜，然後大家好像突然開竅了。我可以感覺得出來。」

公牛隊以全新的成熟心態來面對暴力的活塞隊，七呎一吋的卡特賴特在中間扮演重要的角色。卡特賴特能跟喬丹一樣頑固，這也幫助球隊學習如何面對底特律。傑克森解釋道：「讓我們吃虧的一件事就是，底特律總是有辦法提高比賽中的敵意。如果想要跟他們拼鬥的話，在某種程度上必須要能在身體上跟他們硬碰硬。如果不想要跟他們拼鬥，那很好，他們就直接把你幹掉。但如果你想要競爭，你就必須做出一些事，讓他們知道你在肢體方面也不會遜色。比爾總能挺身對抗他們。比爾表現出來的態度是：『我們並不想要這樣打球。我個人也不想要這樣打球。但如果非要這樣打才能解決這些傢伙，那我也沒在怕。我要讓這些底特律的傢伙知道有些事情是不可接受的。我們不會接受你們對我們這麼做。』你無法想像他這種態度能幫史考帝・皮朋與霍雷斯・葛蘭特紓解多少壓力，他們兩個人經常被像是丹尼斯・羅德曼或是里克・馬洪那種比較暴力的球員圍攻與挑戰。」

三月份的九連勝讓公牛隊贏得重要的季後賽主場優勢，最後以四連勝結束球季，其中包含另一場對戰活塞隊的勝利，把芝加哥的戰績帶到六十一勝二十一敗。

決心要同時證明自己的想法並且滿足傑克森的願望，喬丹以平均 31.5 分再度拿下聯盟的得分王（外帶每場6籃板與5助攻）。皮朋的球技水平也提升了一個檔次。他整季上場三千零一十四分鐘，平均得分接近18分，外帶7籃板與6助攻。

在季後賽期間，喬丹第二度獲選為聯盟的最有價值球員。

季後賽首輪對上紐約尼克隊，首戰公牛隊以破紀錄的41分差距大敗對手，接下來輕鬆以三比零將尼克隊橫掃出局。接下來倒下的，是查爾斯・巴克利與他的費城七六人隊，四比一，公牛隊晉級。跟費城對戰的系列賽期間有兩天的休兵日，喬丹與作家馬克・范希爾驅車前往大西洋城的一間賭場。他們拖到凌晨六點半才回到旅館房間，而喬丹還是準時出席早上十點的練球，對於認識他的人們來說這一點都不奇怪。媒體注意到這件事，之後，當喬丹的麻煩接踵而至，他們將把此事視為初兆。

籃球將他帶回了現實。他們除掉了尼克隊與七六人隊，確立了喬丹唯一想要的戰局：在東區冠軍賽與壞孩子們再戰一回。在一九九一年的五月，底特律是一支負傷而殘破的隊伍。查克・戴利已經被選為一九九二年美國奧運代表隊的總教練，而在四月傷癒歸隊的以賽亞・湯瑪斯似乎察覺到自己可能不在戴利的代表隊名單之列。他開始公開批評自己的教練，暗示說奧運總教練的職務讓他怠忽了活塞隊的工作。戴利試圖安撫他的球星，但湯瑪斯持續對外發表尖銳的言論。私底下，據說戴利對於被指控怠忽職守非常惱火。他告訴記者們：「我為奧運所做的只是開了一場會，還有看了幾捲錄影帶而已。」

喬丹和他的隊友們顯然見獵心喜。但活塞隊卻設法在第一戰的一開始就打出氣勢。「我們本來在第一戰痛擊他們。」布蘭登・馬龍回憶道：「那是我第一次看到芝加哥體育館如此鴉雀無聲。然後克里夫・佛格森（Cliif Ferguson）、威爾・普度和克雷格・霍奇斯從板凳殺出來。佛格森和普度不斷投進擦板球，而霍奇斯整個系列賽都手感火燙。」

趁著這個火花，公牛隊大搖大擺地攻克前三戰。他們現在比較擅長執行三角戰術，也因此得到優勢。馬龍回憶道：「隨著時間過去，他們現在的進攻變強了。要是包夾麥可，其他人就會有大空檔，對我們來說情況變得很棘手。」終究，溫特的進攻戰術為喬丹製造了運作的空間，也在他周圍布置了無人防守的射手群。這個系列賽之後，活塞隊將面對的批評是，他們把注意力都放在喬丹身上，結果讓他的隊友們都能在大空檔下從容出手。

「你不得不把大部分的焦點都放在他身上。」回顧那個球季時，杜馬斯說：「你不可能上了場卻不注意那傢伙，因為他對比賽的支配力太強了。你不可能踏上球場，卻不滿腦子想著他要做什麼。」

第四戰將在底特律開打，但賽前的氣氛卻變得劍拔弩張，因為喬丹在一場記者會上宣洩自己長久以來積壓的憤怒。「我認識的人會很高興他們不再衛冕冠軍。」他如此評論活塞隊：「我們將重新回到乾淨的球賽。人們想要將他們那種風格的籃球驅逐出境。當波士頓坐在冠軍寶座上時，他們打的是真正的籃球。後來活塞隊贏了，我們不能否認這一點。但那不是乾淨的籃球。那不會是我們想要認同的籃球。我們不會將低自己的格調，淪落到用那種方法打球。我也許會講幾句垃圾話，但是我們是用認真而乾淨的方法打球。他們試圖激怒我們，但我們保持沉著。」

然後喬丹做出大膽的結論：「我想我們會把他們橫掃出局。」

喬丹的語調和言論觸怒了活塞隊，尤其是湯瑪斯，他誓言：「不，我們絕對不會被橫掃。」杜馬斯沒有做出這樣的宣言，但喬丹對活塞隊的反感確實令他詫異。「我很驚訝。」這位底特律的後衛後來坦言：「我也很失望，因為他竟然開始污衊冠軍對我們的意義。」

然而，布蘭登・馬龍早在季後賽一開始就看見底特律暴力球風的末路了，因為ＮＢＡ的總裁大衛・史騰（David Stern）看見他眼中的粗暴犯規與「行兇動作」開始被其他球隊採用之後深深感到訝異。「那種風格的籃球已經結束了。」馬龍說：「我想，當大衛・史騰去觀賞那一年的季後賽，卻看到球員們在他眼前打起來，那時候一切就結束了。他決定要在ＮＢＡ裡取締那種粗暴的打法。」

跟公牛隊的系列賽一開始，裁判就用一連串的惡意犯規吹判懲罰活塞隊。馬龍說：「其中一次吹在喬・杜馬斯身上。他的打法是粗暴沒錯，但是大家並不認為他太超過。那時候我就知道，聯盟已經決定不再讓球員那樣打球了。」

如同他所預言的，喬丹在隔天貫徹了自己的意志，芝加哥將底特律橫掃出局。比賽尾聲，湯瑪斯和活塞隊的球員們沒有跟公牛隊握手，也沒有恭喜致意，直接溜出球場。戴利要求他們不要這麼做。如此無禮的行徑觸怒了電視觀眾與公牛隊的球迷，可能也因此讓以賽亞・湯瑪斯失去被選進奧運隊的機會。

「實在是太令人滿足了，他們離開球場前還必須走過我們的板凳區。」約翰・帕克森在這場勝利的二十周年慶上回憶道：「你可以看見以賽亞肩膀下垂，低頭躲避，不想被看見……但這在某種程度上證實了我們所相信的——我們的打法是正確的。他們是一支很強的球隊。但他們的時代過去了，現在論到我們了。」

杜馬斯並沒有加入湯瑪斯的抗議行動，他停下來恭喜他的對手。他也對喬丹的評語感到不滿，他會這麼做，是因為他還記得前兩年季後賽結束時喬丹臉上的傷痛。「我之所以在他們淘汰我們時停下來跟他握手，就是因為他當年的那個神情。」杜馬斯在二〇一二年回憶道：「我不會沒有握手就從那個人眼前走過。我跟菲爾、麥可還有一些其他人握手致意。我心想，如果這個人當年可以帶著神情裡所透露的那種傷痛與失望來跟我握手，我不可能沒跟他握手就走下球場。」

馬龍還記得，湯瑪斯與活塞隊其他的成員看見了喬丹的不敬，也因此憤怒。「菲爾・傑克森與泰斯・溫特也一樣。」這位底特律的助理教練說：「那種態度就好像他們的打法是唯一的籃球正宗。我覺得那很污辱人。本來就有很多種打籃球的方法。他們卻擺出那種態度。其實只是他們的時代到了。史考帝・皮朋和霍雷斯・葛蘭特都成熟而且準備好了。皮朋真的在歷練下成長了，霍雷斯・葛蘭特也是，所以終於有人可以幫助麥可拿下總冠軍了。」

杜馬斯把這件事的部分因素歸在湯瑪斯身上，說他基本上是個輸不起的人。四年前輸給塞爾提克隊的時候，這位底特律球星的回應方式也一樣不好。

「以賽亞從來沒跟我說過：『我恨麥可喬丹。』」杜馬斯在二〇一二年解釋道：「但他跟我說過：『我恨輸球。』無論對手是誰，以賽亞都會痛恨輸掉那個系列賽。對於那個情況，我是這樣解讀的。」

那個無禮的表現像是一個巴掌，一個對公牛隊最後的羞辱，而他們對底特律的不爽也將因此繼續存在。「講到活塞隊球團，我只有輕蔑與噁心。」四年後回頭看，傑瑞・藍斯朵夫說：「大衛・史騰終究感受到壓力，做了一些規則上的改變來禁止那種打法。那不叫打籃球。那是行兇，那是作惡……那也是我們如此受歡迎的原因。我們是正義之師，我們是好人。我們四比零把壞孩子打敗，然後他們用那種方式悻悻然地走出球場。我記得當時我說，這場勝利代表了正義必勝。大家痛恨他們，因為他們用那種打法先後征服了塞爾提克隊與湖人隊，這兩隊可是多年來ＮＢＡ裡人氣最高的隊伍。」

對於喬丹與其他公牛隊員來說，擊退壞孩子大軍是一個太大的里程碑，所以儘管眼前還有聯盟的總冠軍系列賽，他們不得不停下腳步好好慶祝一番。傑瑞・克勞斯以令人難忘的方式開啟了歡慶活動。「他走進機艙前面，在那裡慶祝。」傑克森回憶道：「他在跳舞，所有人喊著：『跳吧，傑瑞！跳吧，傑瑞！』」大家暫時不用牛叫聲嘲弄他，但面對如此反常的總管，還是有點不知道如何反應。傑克森笑著回憶道：「他在跳舞，如果那算是舞蹈的話。等他跳完，所有人都樂得東倒西歪。大家狂笑，你搞不清楚大家到底是跟他一起笑，還是在嘲笑他。那是那種朦朧的瞬間。真的很瘋狂。」

魔術時間

近幾年來，公牛隊想過要簽下丹尼・安吉與巴克・威廉斯（Buck Williams），但這兩個人後來都跑到波特蘭與克萊德・崔斯勒並肩作戰。在一九九一年，拓荒者隊以六十三勝十九敗登上西區龍頭寶座。然而，長久以來主宰西區的湖人隊還是在魔術強森的帶領下在西區冠軍賽以四比二將波特蘭淘汰出局。

突然間，籃球迷心中最夢幻的總冠軍賽的第一戰將在芝加哥舉行，麥可對決魔術，公牛對決湖人，而票務經理喬・歐尼爾發現自己身處噩夢之中。要為喬丹找到足夠的主場門票，同時避免觸怒其他隊友，一直以來都不是一件容易的事。隨著公牛隊在季後賽一路挺進，比賽愈來愈重大，票務的挑戰也在增加，尤其當喬丹獅子大開口的時候。

「我大概知道他心裡想的數字。」歐尼爾回憶道：「我每次都告訴他：『不要讓我措手不及。不要在最後一刻才跟我說你需要二十張票。』結果他還是每次都這麼做。」

最麻煩的就是要滿足喬丹的要求，同時讓皮朋與葛蘭特開心。歐尼爾解釋道：「我還記得我會走進休息室，跟史考帝與葛蘭特還有其他人說：『你們每個人可以多拿四張票。別跟我多要。已經沒有多餘的票了。就這樣。每個人四張。』然後我會遞一大疊門票給麥可，裡面差不多有四十張。」

這個問題愈滾愈大，後來歐尼爾叫喬丹把票藏好，不要給隊友看見。搞到最後，這個票務經理開始暗中密會喬丹，跟他約在芝加哥體育館的冰上曲棍球休息室拿票。

當大家知道公牛隊將在第一戰於主場迎戰湖人隊時，對門票的索求就失控了。「距離冠軍賽開打還有四天，而我已經受不了了。」歐尼爾如此描述第一年的光景：「我手頭沒有足夠的票。麥可需要這麼多，其他人又需要那麼多。我還記得一天我下班回家，大概晚上七點到家，我走向我的老婆，跟他說：『蘇珊，我覺得我做不下去了。我受不了了。整個世界都在追殺我。這是麥可與魔術的對決。我就是沒有足夠的票。我真的覺得我做不下去了。』我的老婆跟我說：『我有個好主意，你何不出去倒垃圾順便散散心呢？』於是我提著垃圾走出去。當我正要把垃圾拉到街邊時，一台車從對街開過來，一個人跑了出來，拿了一張信用卡給我，跟我說：『喬，我也不想這樣對你，但請你給我兩張票好嗎？』我走進屋裡跟我老婆說：『光是出去倒個垃圾就又有人跟我訂了兩張票。』」

其實這場冠軍賽已經不是第一次了，以前麥可跟魔術的對決早就曾經製造出立即而且具爭議性的需求。在一九九〇年，宣傳者們認為讓付費電視頻道轉播強森跟喬丹的一對一單挑應該會很棒。一輩子都在找人單挑的喬丹馬上被這個想法吸引。但是NBA否決了這個活動——也讓參與者少賺了很多錢——因為當時身為球員協會理事長的以賽亞・湯瑪斯反對。對於湯瑪斯的干涉，喬丹大肆痛批，說這個底特律的後衛只是在嫉妒，因為沒有人會願意付錢看他打。

強森說他樂於打這場單挑，但不願捲進兩人的爭端。他說：「那是他們兩個人的事。」

然而，強森確實從揣想那場單挑的勝負之中得到了一點樂趣。湖人隊的超級粉絲演員傑克・尼克遜（Jack Nicholson）說，如果他是一個賭徒，他會把錢押在喬丹身上。因為喬丹是籃球場上最頂級的單打球員，而強森則被公認為職業籃壇最成熟的團隊球員。

然而，強森在單挑結果的推測上毫不讓步。「我一輩子都在打一對一。」他說：「我以前就是靠這個賺午餐錢的。」當人們問起他單挑時的絕招，強森回答：「我沒有什麼絕招。我的絕招就是贏，就這樣。贏球需要什麼，我就做什麼。」

那場一對一終究沒有辦成，這讓籃球迷們很失望。「很多人想要看那場對決。」當時強森說：「麥可真的很失望。他的人馬也很失望。我們都很失望。那是我們都很期待的事情。」

一九九〇年的夏天，喬丹同意在魔術的慈善明星賽中出賽。但在比賽當天他不小心打了太多洞高爾夫，結果遲到了。強森並沒有在這位聯盟的巨星到場之前就開賽，反而等到他來才開始打。據說這件事讓以賽亞・湯瑪斯非常惱火。能夠造成死對頭的不便，喬丹顯然滿爽的。

在總冠軍賽中，蘭尼高中的魔術麥可終於要與自己的英雄正面交鋒。帶領湖人隊拿下五座冠軍金盃的魔術強森被認為是團隊打法的終極展演者，而一夫當關的喬丹似乎老改不了把隊友們稱為「配角」的習慣，不管大家提醒他多少次不要這樣講。如果這樣還不足以激起回憶的話，喬丹還要面對兩個大學時期的隊友：詹姆士．沃錫與山姆．柏金斯。沃錫的腳踝嚴重扭傷，這大幅降低了他的移動力。一些圈內人認為沃錫的傷勢將讓湖人隊賠上系列賽。然而，正要幫NBC播報這個系列賽的湖人前總教練派特．萊里則認為湖人隊將能靠經驗取勝。

第一戰一開賽，喬丹與隊友們有些緊張，但在中場前仍保有兩分領先。然而，下半場變成湖人隊柏金斯、沃錫與費拉德．狄瓦茨（Vlade Divac）的低位單打對上公牛隊的跳投。最終靠幾球跳投來決定勝負。柏金斯投進了一球不可思議的三分，而喬丹的十八呎跳投失手。於是湖人隊以93比91攻克第一戰。

喬丹全場投二十四中十四，拿下36分，外帶12助攻8籃板3抄截。縱使表現如此精彩，他的隊友們私下仍對他的投籃選擇與一對一單打有所不滿。雖然他的球隊剛剛輸掉了主場優勢，賽後傑克森似乎卻反而鬆了一口氣。他看出強森不在場上時，洛杉磯就會陷入困境。傑克森猜想，這對於一個進入生涯尾端的球員來說是太大的負擔。他猜得沒錯。

另外一個發展則在傑克森的預料之外。剛開始打這個系列賽時，他派六呎六吋的喬丹去防守六呎九吋的強森。在第二戰中，這讓喬丹很早就吞下兩犯。好在他的隊友們已經打出節奏，尤其是葛蘭特跟卡特賴特。於是喬丹坐板凳的時間起了兩個作用：給了他的隊友更多得分機會，也讓比較高大的皮朋去防守六呎九吋的強森。

強森是那個年代的控球大師，也是籃壇最詭計多端的老鳥，當時大家普遍認為二十五歲的皮朋沒有辦法應付他。結果卻剛好相反。雙臂特長的皮朋馬上像九頭蛇一樣纏住了強森，形勢突然逆轉了。喬丹和皮朋輪番上陣，在他們兩人的干擾之下，魔術全場投十三只中四。而皮朋自己卻得了20分，還有10助攻與5籃板。公牛隊以懸殊的比數拿下第二戰。

「看得出來我們從心理的層面上讓他疲乏。」皮朋愉快地回憶道：「尤其當我挺身而出去干擾他，抽掉他的進攻火力。他不像以前面對其他球隊時那樣有效率，可以見機行事執行低位單打等等。我可以感覺到他的無奈。」

「本來只是想要讓麥可休息。」強尼・巴赫回憶道：「我們不想讓他整場防守魔術。史考帝接手，然後我們突然發現他手好長，身材又好高大，讓魔術無法繼續傳他的過頂傳球。我們把那種球稱為頭頂光環傳球，因為那會直接越過你的頭頂。面對矮小的人，他會直接從防守者頭上傳過去。但現在站在他眼前的是史考帝。雖然他說自己的身高是六呎七吋，但實際上應該比這個數字高一點。史考帝有一雙長臂和一對巨掌。然後魔術就開始凋零了。他老了。年輕人是不會等老人的。」

公牛隊全場命中率高達百分之七十三，造就了這場大屠殺，最終比數107比86。喬丹投十八中十五，拿下33分，外帶13助攻7籃板2抄截1阻攻。但比這些數據更令人難以忘懷的是他在比賽終了前八分鐘時表演的絕妙動作。他在罰球線頂端接到球，穿過防守人群攻擊籃框。他用右手把球舉得很高，準備灌籃，在空中遇到一個防守者，於是在最後一刻把球交到左手，落地之前從左邊勾射打板球進，讓整座建築物為之震動，讓菲爾・傑克森微笑搖頭，讓播報員馬夫・亞伯特（Marv Albert）語無倫次。為了跟一九八九年絕殺克里夫蘭的The Shot對應，這一球得到了The Move的美稱。

縱使對上湖人隊表現如此華麗，喬丹的投籃命中率還是輸給隊上一個人，那個人就是全場投八中八的帕克森。柏金斯賽後問：「帕克森有失手過嗎？」

比賽中最引起爭議的部分大概就是當比數愈形懸殊，喬丹卻還在每次得分之後嘲弄湖人隊的板凳，每次球進之後都對著他們揮舞雙拳，或是做出搖骰子的動作。The Move尤其羞辱人。洛杉磯後來會為此向聯盟高層發出抗議，甚至連喬丹的隊友都試圖要他收斂一點。

雖然輸了球，湖人隊其實沒有太多不愉快的理由。他們在芝加哥體育館一勝一敗打平，接下來的三場比賽都將在他們的主場大西部論壇體育館舉行。他們在經驗上明顯勝過公牛隊，而幾乎所有專家都認為這將是決定性的因素。

第三戰之前，公牛隊的第一份功課就是觀看傑克森準備的錄影帶，影片中顯示強森刻意放掉帕克森，改採區域防守，讓公牛隊的進攻陣腳大亂。這位總教練強調，喬丹必須意識到這一點，然後把球分給有空檔的射手。在接下來的兩場比賽裡，傑克森將反覆向喬丹傳達這個訊息。縱使在一九九一年的冠軍賽中，喬丹每場可以傳出超過十一次助攻，這樣的問題仍然纏著他不放。

用皮朋防守強森的這個策略讓公牛隊在第三戰的第二節自食惡果。湖人隊取得十三分的領先，因為中鋒費拉德·狄瓦茨開始在比較矮小的喬丹身上取分。第三節結束時，公牛隊將得分差追近至六分，湖人從此陷入麻煩。強森因為上場時間過長露出了疲態，而湖人隊教練團一直擔心的沃錫踝傷問題也終於浮出檯面。比賽終了前三點四秒，喬丹跳投得手，將第三戰逼入延長加時。延長賽一開始公牛隊就連得八分，最終以104比96收下勝利，在系列賽取得二比一的領先。

第四戰，在牛群的侵擾之下，湖人隊的命中率只有百分之三十七。他們在第二節跟第三節總共只得了三十分。柏金斯尤其掙扎，他發現在低位很難施展拳腳，全場投十五只中一。在卡特賴特領導的內線防守之下，公牛隊以97比82再添一勝。喬丹也在他的第一個總冠軍系列賽中再添一個燦爛的夜晚，繳出28分13助攻5籃板2阻攻的成績。

魔術強森跟記者們說：「我不敢相信這是真的。」

「從他們防守的方式來看，這樣的結果是很正常的。」湖人隊的總教練麥克·鄧利維如此描述公牛隊：「他們的體能很好，頭腦也很好。」

突然間，公牛隊幾乎要達成不可能的任務，但他們要有耐性。「三比一領先之後，我們等了好久才打第五戰，從禮拜天等到禮拜三。」公牛隊的設備經理約翰·里格曼諾斯基回憶道：「那三天好像永遠不會結束一樣。在我們還沒贏之前，麥可走上巴士跟大家說：『嘿，世界冠軍們，感覺怎麼樣啊？』他已經知道了。那種感覺滿不賴的。我們只是迫不及待要把這件事搞定。」

第五戰前夕，喬丹大方承認錯誤。他公開坦言卡特賴特為球隊貢獻甚多。「他讓我們在內線擁有優勢。」

他說：「他是球隊的中流砥柱……這個人搖身一變，成為球團中最重要的一份子。他讓旁觀的人驚喜，也讓跟他並肩作戰的人驚喜。」

後來聽到喬丹的評語，卡特賴特一笑置之。「這些事情對我來說真的不重要。」他說：「我只知道，種什麼因，得什麼果。現在對我而言真正要緊的，是贏下總冠軍。」

第四戰裡，每個先發球員都至少出手十次，這證明了喬丹對隊友們的信任，也證明了傑克森貫徹自我意志的能力。在執教這支球隊的過程裡，他鮮少跟喬丹正面衝突。當他想要叫喬丹做某件事情時，他會告訴全隊：該是做這件事情的時候了。當他對喬丹有所批評，他會把這份批評指向全隊。在往後相處的年歲裡，這位總教練與這位球星都將安於這樣的溝通模式。他們對於實情顯然都心知肚明，卻也都接受這樣的做法。隊上的其他球員有時候會悄聲抱怨，但形勢使然之下也不得不接受了。

當第五戰漸漸走向終局，喬丹與傑克森擦出了火花，也創造了喬丹當時的隊友們與未來的隊友們熱愛頌揚的傳奇。當總冠軍鹿死誰手仍懸而未決之時，帕克森不斷跑出空檔，喬丹卻不斷視若無睹，堅持以一對一的方式攻擊籃框。傑克森在比賽尾聲喊出暫停，不耐煩地問喬丹：「麥可，誰有空檔？」

也許是被傑克森突如其來的直接給嚇到了，喬丹一言不發。

於是傑克森再問一次：「誰有空檔？」

那些長年忍受喬丹的要求與冷漠的隊友們把這個故事代代相傳下去。

「那是我最愛的故事之一。」在後來的公牛隊填補帕克森位置的史蒂夫・柯爾（Steve Kerr）在二〇一二年如此描述那個場景：「麥可在下半場打得並不順，對方包夾他，於是他勉強出手了幾球。然後在比賽沒剩幾分鐘時，菲爾請求暫停。他盯著麥可，問說：『麥可，誰有空檔？』麥可沒有抬頭看他。他又問：『麥可，誰有空檔？』終於，麥可抬起頭回答：『帕克森！』然後菲爾跟他說：『很好，那請你他馬的把球傳給他！』」

於是，麥可不斷地切入，吸引防守者，然後把球往外傳，帕克森也在最後幾分鐘之內投進了五個遠距離的球。帕克森全場攻下20分，皮朋攻下32分，而公牛隊就以108比101拿下第五戰，也結束了總冠軍系列賽。那一刻，湖人主場的群眾們鴉雀無聲。公牛隊的轉播員吉姆・德罕（Jim Durham）在二〇一一年回憶道：「我記得公牛隊的球員們在球場上跳舞慶祝，全場球迷就坐在那裡靜靜看著。」

在賽後安靜的場上，湖人隊的超級球迷傑克・尼克遜擁抱了傑克森，魔術強森也找到了喬丹，向他恭喜致意。這兩個人在總冠軍賽期間變得親近，因為強森主動去找喬丹，跟他說兩人必須拋下那些愚蠢的不和與成見。強森後來說，兩人的友誼就從那一刻開始。「我看到他的眼眶泛淚。」強森如此描述終場鳴笛聲響的瞬間：「我告訴他：『你證明了大家都是錯的。你既是一個偉大的單打球員，也是一個贏家。』」

當喬丹穿過喧鬧，回到休息室，品味這個他苦苦追尋七年的瞬間，眼淚就潰堤了。妻子茱安妮塔與詹姆士・喬丹就坐在旁邊，他說：「我從來不曾放棄希望。我為我的家人、這支球隊以及整個球團感到高興。這是我奮鬥了七年的目標。感謝上帝讓我擁有這樣的才能與機會。」

「喬丹在哭，他父親的手臂環繞著他。」吉姆・德罕回憶道：「他終於贏了，而且是用自己的方法贏。」

喬丹的眼淚一流，似乎就止不住了。「我從來沒有在公開場合展露那麼多情緒。」他說：「當我剛來這裡的時候，一切從零開始。我發誓我們每年都要打進季後賽，而我們也每年都更接近目標一點。我一直相信自己有一天能套上冠軍戒指。」

能贏下最後一場比賽，要歸功於帕克森的空檔投籃。談起傑克森對他施壓的那一刻，喬丹說：「就是因為這樣我才想要他在我的隊上，而且我要他一直留在我的隊上。」

「搞定了，結束了。很戲劇化，宛如閃電戰。」傑克森回憶道：「賽後充斥著歡樂。麥可抱著獎盃哭泣。對我來說，這一切別具意義，因為差不多二十年前，一九七三年，我以球員的身分奪冠，也是在論壇球場。當年尼克隊同樣也是在這個休息室裡慶祝。跟公牛隊一起奪冠更是特別，因為我們的贏法很妙，先是在主場一勝一敗打平，然後在客場三連勝橫掃對手。真的很特別。」

接著，公牛隊回到瑪麗安德雷・麗斯卡爾頓酒店（the Ritz Carlton in Marina del Rey）開慶功趴。設備總管約翰・里格曼諾斯基說：「我記得我走進麥可的房間，他叫我點大概十二瓶香檳王（Dom Perignon）外加四十人份的開胃菜。我們當時在麗斯卡爾頓，我打電話給櫃檯，跟他們說：『對，請將十二瓶香檳王還有四十人份的開胃菜送上來。』他們的反應是：『請等一下。』他們不想送上來，因為他們知道講電話的不是麥可本人。所以我把電話交給麥可，他拿起話筒說：『把東西送上來！』」

公牛隊回到芝加哥，在格蘭特公園（Grant Park）舉行慶祝活動，到場的群眾估計有一百五十萬人。喬丹對著面帶笑容的一片人海說：「萬丈高樓平地起，登頂的過程很艱辛，但是我們做到了。」

幕後，大獲全勝似乎緩解了喬丹與克勞斯的不和。「我們終於拿下第一座總冠軍。」吉姆・史塔克還記得：「然後麥可從此沒有再公開說我們必須要下什麼決策，或是做什麼交易等等。雖然心不甘情不願，但麥可終於給了傑瑞一點尊重。但傑瑞確實用盡全力才贏得這份尊重。一開始那幾年，喬丹真的毫不留情地質疑傑瑞在籃球方面的智慧。」

冠軍金盃到手之後，喬丹暫時不把克勞斯視為眼中釘。史塔克回憶道：「彼此之間的恨意消退了一陣子。」

第27章 賭博

把他的隊伍帶到應許之地之後，喬丹自己卻突然轉往荒野前進。時間將會證明，如果說他在場上的成就有所限制，那些限制都是他自己施加給自己的。正當他拿下第一座職業冠軍，反駁了那些質疑他無法領導團隊的批評，喬丹的場外生活卻也同時走上可能毀壞他努力建立的好名聲的方向。

那年夏天，喬丹與聖地牙哥體育館的共同擁有者理查・艾斯奎那斯開啟了一連串高賭金的高爾夫競賽，並持續記錄著他們的輸贏。艾斯奎那斯後來回憶道：「我們在付款方面一直都非常有彈性。」九月份，在北卡羅萊納的派恩赫斯特（Pinehurst），兩人的賭局到了一個新境界，因為艾斯奎那斯在一天之內就輸了九萬八千美元給喬丹。他想要上訴，跟喬丹繼續賭，要不加倍賠錢，要不一筆勾銷。為了強調他的決心，艾斯奎那斯事先簽好兩張九萬八千元的支票。他沒有告訴喬丹的是，他不確定自己的存款夠不夠讓這兩張支票兌現。事實證明，他不需要多講。喬丹接受了他的上訴。於是兩個人在那個月接下來的十天之中，就在聖地牙哥郡的阿維亞拉高爾夫球場進行狂歡式的對戰。喬丹不只把原本贏到的九萬八千美金輸掉，最後欠了六十二萬六千美元的賭債。喬丹也想要上訴，加倍賠錢，或是一筆勾銷。手感正熱的艾斯奎那斯懇求喬丹不要再上訴了，但最後還是答應。「他再度對自己的財產大吹大擂。」艾斯奎那斯後來回憶道：「他說，要是他真的輸的話，一百二十萬美金對他來說並不成問題。他說：『就來打嘛，老兄，我不敢相信你不讓我繼續賭。』我試著讓他了解輸那麼多錢的嚴重性，想要讓他不再堅持繼續賭下去。但他不只是想要，他幾乎是要求要。我說：『我不想繼續跟你賭，但我要先講清楚，如果繼續賭了，輸了你就要付錢。答應我這個條件我才要繼續打。如果我打贏你，那就到此為止，不能再要求上訴了……』」

很快地，喬丹又輸了，根據艾斯奎那斯的說法，喬丹欠他一百二十五萬兩千美金。輸掉那麼一大筆錢，他似乎有點心煩，但還是回到故鄉威爾明頓去接受一項殊榮。在他童年所住的高登路附近，一段四十號州際公路將以他命名。狄恩・史密斯也到場，他穿著一件簡單的格紋運動外套。反觀喬丹的打扮就講究多了，剪裁時髦的棕色西裝，胸前的口袋幹練地插著絲質手巾。他們在秋老虎的天氣中進行剪綵儀式，眼淚從喬丹的臉龐滑下。當喬丹回到座位，茱安妮塔溫柔地為他拭淚。然而最動人的一瞬發生在儀式之前，詹姆士・喬丹身著幹練的淺藍色西裝，在外衣左領上別著「宛若麥可（Be Like Mike）」的鈕扣，走上台去跟他的兒子握手。坐在椅子上的喬丹抬頭望著父親，臉上掛著爽朗而幸福的笑容，拍了拍父親的肩膀。

同一個禮拜，喬丹入選一九九二年的美國奧運代表隊。在這個消息宣布之前，其實還有一個小插曲，那就是喬丹堅持，如果陣中有以賽亞・湯瑪斯，他就不加入。一九八四年奧運代表隊那段難忘而有點不愉快的經驗過後，喬丹其實不是很情願被扯進這支所謂的夢幻隊（the Dream Team）裡。根據《運動畫刊》的傑克・馬可倫報導，遴選委員決定不要邀請湯瑪斯入隊，因為怕他會影響球隊的化學效應。也就是說，身為遴選委員的查克・戴利與底特律的總管傑克・麥克羅斯基（Jack McCloskey）都沒有極力爭取讓湯瑪斯入隊。這件事背後最大的意涵就是，活塞隊將無法從去年季後賽對上芝加哥的災難性落敗之中東山再起。他們的化學效應受到很大的打擊。

同時，艾斯奎那斯開始打電話給喬丹，要求他欠債還錢。三年後艾斯奎那斯透露，當時喬丹笑著回答：「理查，要我給你一張一百二十萬美金的支票，那我乾脆開槍斃了你。」

這樣的說法讓艾斯奎那斯心生畏懼，也讓他開始思索喬丹這個人代表著多少團體的多大利益。「我怕我會被視為一個對喬丹的威脅。那樣的恐懼讓我壓力好大。」他說：「而我也只能裝沒事。」艾斯奎那斯後來透露：「但他也擺明了，反正他就是不會付全額。他要表達的就是：『我不可能把全部的錢還你。』當下我就知道，我將很難跟他要到錢。」

爆料之書

雖然社會大眾還不知道這一筆高爾夫球的爛帳，那年秋天，山姆・史密斯所撰寫的《喬丹法則》（The Jordan Rules）將在他的生命中投下另一顆震撼彈，也讓整個球團坐立難安。這本書從極端負面的角度描寫喬丹，也詳述了克勞斯的單調乏味與目中無人。菲爾・傑克森後來指出，《喬丹法則》確實達成了一件很稀罕的成就——它竟然讓喬丹與克勞斯沆瀣一氣。

「山姆・史密斯靠那本書賺了一筆。」多年後這位主管說：「我希望他被那些錢噎死。」

然而，那本書確實透露了喬丹的好勝性格之中令人不敢恭維的一面。總是異常敏感的喬丹，被書裡的描寫所激怒，也深感受傷。但是社會大眾卻樂在其中，看著書裡描述擁有鑽石般堅硬意志的喬丹讓身邊的人捲入悲慘與偉大的詭異混合之中，他們喜歡這樣的角色。非但沒有損害喬丹的形象，這本書反而激發了更多的崇拜。《喬丹法則》讓喬丹更加覺得自己四面楚歌，也影響了傑克森口中「狼群」（the Pack）的結構。

這位教練回憶道：「《喬丹法則》真的讓球隊分裂了。」

霍雷斯・葛蘭特是這本書的消息來源之一，這當然讓喬丹很不爽。「我知道自己會開始成為眾矢之的。」喬丹跟馬克・范希爾說：「到達某個階段之後，人們會看膩你一塵不染，光滑無瑕地站在高台上。他們會說，我們來看看這個人有沒有什麼骯髒事吧。但我沒有料到會是球隊裡的人爆料。山姆寫得好像他這八個月來都是球隊這一家人的朋友，然後這些人敘述著他們有多麼憎恨我。我想問的是，如果他們真的那麼恨我，怎麼有辦法跟我並肩作戰？……倘若彼此之間真的有那麼多怨恨，我不知道我們是怎麼贏下總冠軍的。感覺起來大家明明都相處得很好啊。」

幾週之後，當喬丹決定不去白宮會見喬治・布希（George Bush）總統並參加傳統的玫瑰園儀式時，這份恨意又浮上檯面。他選擇跟一群友人踏上高爾夫球之旅，其中還包含孩提時的好友大衛・畢爵斯。這場白宮的紛亂讓喬丹與葛蘭特更加不睦。

「我想那個情況讓霍雷斯覺得自己被貶低了，被小瞧了，而他想要當一個有份量的人。」菲爾・傑克森評論道：「霍雷斯的某些作風讓麥可不舒服。在媒體面前，霍雷斯基本上是想到什麼就說什麼。其中讓麥可發怒的一次出現在我們拿下第一座總冠軍之後。霍雷斯伉儷與麥可伉儷一起前往紐約。他們共進了晚餐並且一起看了一場戲劇。當他們走出來的時候，麥可跟霍雷斯說他沒有要去會見布希總統。他說：『那不是強制性的。那是我自己的時間，而我有其他的計畫。』當下霍雷斯並沒有任何意見。他私下知道了，也什麼都沒說。然而，當這件事公諸於世，而媒體跑來問霍雷斯的感覺時，他的反應卻很大。基本上，媒體刻意誘導霍雷斯順著他們的想法回話，而當時他也覺得發表那樣的評論是恰當的。」

「我絕對不會出席。」當被問起那場傳統儀式時，喬丹告訴記者們：「沒有人問過我那個日期對我來說方不方便。其他人要去我沒意見，但對我來說白宮跟別的建築物沒有兩樣，只是比較乾淨而已。」

就在缺席白宮儀式的前幾天，喬丹跟傑斯・傑克森以及饒舌團體「全民公敵」（Public Enemy）一起上了「週六夜現場」（Saturday Night Live）這個節目，場面有點尷尬。喬丹不想要去，但是桑尼・瓦卡羅說服他去，然後前往紐約去陪喬丹一起待在NBC的演員休息室裡。Nike的菲爾・耐特剛剛將瓦卡羅解雇，後來瓦卡羅到了其他的球鞋公司，一樣很有成就。

「當菲爾叫我走人，麥可馬上打給我。他是前幾個打給我的人之一。」瓦卡羅回憶道：「他說：『我可以幫什麼忙嗎？要我幫你打給菲爾嗎？』我說：『不用，已經結束了。』」

像羅勃・史崔塞和其他離開Nike另謀高就的人一樣，瓦卡羅勸說喬丹，要趁著喬丹鞋的成功熱銷，向Nike要求自創品牌。「我很努力勸喬丹做出這個要求。」瓦卡羅說：「我的意思是，那是我最後的願望，也是我最後留給喬丹的話。我告訴他：『你一定要拿到一部分的公司。』我想說的是，情況就真的是這樣。」瓦卡羅最後為Nike與喬丹所做的工作之一，就是收拾Flight 23與詹姆士・喬丹的爛攤子。「不能直接把那家店關起來，讓麥可很無奈。」瓦卡羅回憶道：「情況已經糟到一個程度，麥可直接站起來跟詹姆士說，非要關店不可。如果用錢可以解決，那就把這件事搞定。」

就在多事的那個月，ＮＢＣ播出了「以喜劇向喬丹致敬」（A Comedy Salute to Michael Jordan）。這個喜劇是一個為無家可歸的兒童募款的黃金時段特別節目，於七月在芝加哥劇院錄製而成。門票的價格被哄抬到四百元美金。而且為了一睹喬丹本人，數千人聚集在劇院外頭的街道上。他和茱安妮塔坐在觀眾席一個包廂裡，當台上一堆明星不斷把喬丹的事情拿來當笑點時，夫妻倆顯然有些尷尬。

主持人比利・克里斯托（Billy Crystal）開場的方式，是揶揄喬丹代言的大量商品。「我有麥可喬丹代言的所有東西。」他說：「我甚至有喬丹代言的隱形眼鏡。戴上它們之後，所有人在我眼中都變得又矮又慢。」

瓦卡羅終於說服喬丹去上「週六夜現場」，以報答ＮＢＣ努力製作的募款特別節目。「當時，上那個節目是世上最盛大的事情。」瓦卡羅說：「麥可對此有點緊張。他差點就不去上了。」

《運動畫刊》的傑克・馬可倫也在演員休息室裡，他看見「週六夜現場」的出場者們一邊逗樂著喬丹一邊跟他要簽名。製作人想要鋪一個梗，內容關於喬丹把以賽亞・湯瑪斯逼出奧運代表隊外，但是喬丹拒絕了。他在「週六夜現場」的初登場乏味而且不好笑，事後他也很後悔上節目。

這些事情之後，喬丹真正的麻煩才要到來。十二月，警方逮捕一名夏洛特男子，從這個名叫「瘦子」詹姆士・鮑勒（James "Slim" Bouler）的古柯鹼毒販身上搜出一張喬丹所簽的五萬七千美元的支票。鮑勒後來被控以洗錢與逃稅等罪。鮑勒與喬丹都向當局表示那筆錢是借款，但喬丹很快被牽扯進鮑勒的案件之中，後來還收到傳票，必須出庭作證。

接著，在一九九二年的二月，一位名叫艾迪・道爾（Eddie Dow）的保釋保證人在自家遭搶被殺。竊賊從他的住宅取走兩萬美元現金，但留下了三張總值十萬零八千美元的支票，皆是出自喬丹之手。處理道爾財產的律師證實，這些支票是還賭債所用，因為喬丹欠賭債給一位名叫迪恩・查普曼（Dean Chapman）的北卡羅萊納承包商以及另外兩個人。媒體報導透露，喬丹常常在南卡羅萊納希爾頓黑德島（Hilton Head）上的行館舉辦高爾夫及賭博的聚會，而他就是在那裡輸掉這些錢。根據道爾的律師的說法，道爾曾三度到喬丹在希爾頓黑德島上的行館裡參加聚會。眾所皆知，每一季的訓練營之前，喬丹會在希爾頓黑德島上舉行所謂的「麥可時間」，讓與會者聚在一起打高爾夫球，並且進行高賭金的賭局。

這些報導讓ＮＢＡ總裁大衛・史騰不得不對喬丹發出譴責。聯盟很快對喬丹的場外活動進行了第一次的「調查」，共有兩次，但是規模都不大。傑瑞・克勞斯與桑尼・瓦卡羅都沒有被傳喚去訊問。克勞斯在二〇一二年說，當喬丹的場外問題浮上檯面，公牛隊跟社會大眾一樣驚訝，但是他們並沒有試圖去對喬丹的場外活動多做了解。這是很令人訝異的，因為在一九七〇年代後期，克勞斯曾在湖人隊的管理階層工作。而根據前任總管彼特・紐維爾的說法，當時的湖人隊會雇用洛杉磯警局裡維持風化的警官，要他們在下了班之後去追蹤球員們的場下行為。後來，菲爾・傑克森也將控訴「大偵探」克勞斯監控公牛隊球員的場外活動，但是克勞斯否認了。

克勞斯對於喬丹的評論是：「我對他這個人有完全的信心。」Nike也採用類似的說詞。被記者詢問到相關問題時，Nike的發言人達斯提・奇德（Dusty Kidd）回答：「在私生活之中，他有權利去做其他人都能做的事情。他不是總統，也不是教宗。」

桑尼・瓦卡羅在二〇一二年回憶道：「他有他的問題，但他是唯一一個可以從這場賭博風暴之中全身而退的人。你也心知肚明，不是嗎？」

二十年後，克勞斯也提出自己對這個事件的看法。「我不知道有所謂的賭博問題。」他說：「我知道他會在飛機上打牌。你會聽到他們互相叫囂。當時我不知道賭金有多高。後來我才發現賭金非常高。但是ＮＢＡ老一輩的偉大球員們都會賭博。我已經見怪不怪了。看到球員們打牌，我習以為常。ＮＢＡ就是這樣啊。至於麥可，他的生活方式如此，又怎樣？他有的是錢。他從來沒有因此影響到他的專業。那個天殺的傢伙每個晚上都出現，而且準備好上場拼鬥。我看過他做了太多的義舉，太多的善事。然而我也看過他做了太多蠢事。總之，他就是他。」

統治

那些曾在他面前佇立多年的偶像一個接著一個倒在路旁了。以賽亞・湯瑪斯和他的活塞隊崩毀了，然後像西方壞女巫一樣消弭於無形。而大鳥柏德要承受的，是歲月的無情、背傷的折騰、打到前框的投籃以及季後賽早早的出局。但是最大的一尊偶像在一九九一年的十一月七日倒下，當喬丹正在練球的時候。那天早上，魔術強森的經紀人朗・羅森（Lon Rosen）打電話給公牛隊的公關提姆・哈倫。

羅森把那個在ＮＢＡ的菁英圈裡流通的壞消息告訴了喬丹。魔術強森下午將在洛杉磯立即宣布退休，因為他被檢測出愛滋病ＨＩＶ病毒陽性。

驚呆的喬丹收拾一下心情，為他的童年英雄問了一個問題：「他會死嗎？」

當那個詭異玄妙的ＮＢＡ球季開打時，同樣的問題也在數百萬人的腦海裡盤旋。許多大牌球員私下偷偷去做檢測，因為他們也曾在強森找樂子的洛杉磯歡場開趴作樂。

籃球場上，公牛隊以一勝二負開季，看來似乎又要走入另一段過渡期，迎接更多的內部糾紛與無奈。自從波士頓的比爾・羅素王朝之後，沒有一支球隊達成總冠軍的二連霸，直到派特・萊里驅策湖人隊在一九八八年衛冕。然而衛冕的壓力也毀掉了他與球員們的關係。魔術強森被過度操使，而萊里也很快捲舖蓋走人。傑克森了解驅策球隊連霸的風險。場邊的一些問題更讓他想要向球員們介紹冥想與禪宗思想。不知為何，他們展現了非凡的專注力。

傑克森在回想時說：「這群人最棒的一個特質就是，他們從沒有讓外部的事情影響到場上的表現。」

克勞斯透過十一月的交易對陣容做出調整。他把心懷不滿的丹尼斯・霍普森送到沙加緬度，換來替補後衛巴比・漢森。開季輸掉兩場之後，他們很快就看清楚一股新興的強猛力量，也乘著它振翅高飛。這股力量的名字叫作史考帝・皮朋。在一九九二年，喬丹無庸置疑是全聯盟最強的球員。吉姆・史塔克評論道：「然而史考帝也成長到一個境界，讓這兩個人的組合是極強加上絕強。」

四年後回頭看當時的發展，泰斯・溫特指出，皮朋成長為一種像魔術強森一般特殊的球員：「他讓隊友們表現得更好……我想他在這方面的表現勝於麥可。就我個人的看法，有時候——當然不是每次啦——麥可會減損隊友的表現。你不會在皮朋身上看到這種事。他是全然無私的。麥可本就應該自私，因為他的得分能力太強大。麥可是不受拘束的，大部分的時候，當他覺得自己可以取分，他就會恣意而行。然而，很多情況下史考帝會把這樣的機會分配出去，好讓隊友們更能參與其中。」

在籃球場上，喬丹顯然是一股絕強的力量，然而皮朋卻學會引導這樣的力量，能做到這樣的球員少之又少。

如同他在總冠軍系列賽中所展現的，皮朋已經成為一位防守悍將，也進而幫助公牛隊成為一支防守強隊。那年球季的重點是三角戰術，而公牛隊也愈來愈擅長執行這套進攻。然而讓對手望之卻步的，是他們的防守。

「他們的防守本來就已經超級棒了。」研究過公牛隊之後，猶他的教練傑瑞・史隆直言：「當他們決定要再加強防守，他們就可以讓你灰飛煙滅。在那個狀況下，如果你驚慌失措，麻煩就大了。而大部分的球隊都會驚慌失措。」

當他們決定將防守強度再升一級，傑克森本人把這個瞬間稱為「打破箱子」。讓對手聞風喪膽的公牛隊飆出三十七勝五敗的戰績，包含十一月與十二月的十四連勝，那也是隊史最長的連勝紀錄。一月份他們又祭出十三連勝，然後在一月底與二月稍微懈怠，僅繳出十一勝八敗的成績。

「我們在那一季有著輝煌的開局。」剛剛被公牛隊雇用為訓練員的奇普・謝佛爾（Chip Schaefer）回憶道：「我們打出三十七勝五敗的成績。但在明星賽假期之前，我們踏上西區的客場之旅，在六場比賽中輸了四場。麥可在猶他被驅逐出場，因為他用頭撞了裁判湯米・伍德（Tommie Wood）。我們跟他們戰到第三度延長，伍德在第三度延長中吹了喬丹一個犯規。他們的頭是不小心撞到的。喬丹爭辯得太激烈，他的頭撞到裁判的頭。伍德就把他驅逐出場了，結果我們就因為傑夫・馬龍（Jeff Malone）的罰球而輸掉比賽。」

那一季，喬丹也曾在一場比賽中犯滿離場。此後在公牛隊的歲月中，他將不再犯滿離場任何一次，就算在傑克森的壓迫戰術下進行侵略性的防守也一樣。效力於芝加哥的九百三十場季賽中，他僅僅犯滿離場十次。身穿公牛隊球衣的一百七十九場季後賽中，他也僅僅犯滿離場三次。自從威爾特・張伯倫的年代開始，NBA這個聯盟就不太喜歡讓球星因為失格而離開球場。

「那是一場令人難堪的敗仗。」憶起喬丹被驅逐出場的事件，公牛隊的副總裁史蒂夫・蕭沃德說：「在那個吹判之前，那原本是史上最棒的比賽之一。要不是因為那個吹判，那可能會是NBA史上第一場四度延長的比賽。」

「然後喬丹必須在下一場比賽作壁上觀，那是在鳳凰城的比賽。」奇普・謝佛爾回憶道：「所以他乾脆直接飛往奧蘭多參加全明星賽。」

三天後，皮朋與傑克森加入喬丹的行列。縱使在十一月已經宣布退休，魔術強森還是被允許參加明星賽，他稱霸了那個週末，也拿下最有價值球員。

那年春天，當他的高爾夫與賭博狂歡公諸於世之後，喬丹在論壇報記者梅莉莎・艾薩克森的訪問中，談論他人生的奇妙進程。「這樣的事情就是發生了。」談起自己暴得大名，他說：「每個人都嚇到了。那是一個很沉重的包袱，而我也是胡里胡塗就踏入這樣的處境。然後你發現許多人如此仰賴你，所以你不得不時時維持形象。就是在這個時候，壓力開始累積。突然間，不管做什麼事，你都必須停下來想一想：『大家會怎麼看待這件事呢？』」

他起初是心懷悔悟的。社會大眾還不知道理查・艾斯奎那斯的事。但在警方的報告與聽證會的文字紀錄之中，喬丹與那些難登大雅之堂的人物們牽扯在一塊已經夠糟了。「在人生中的某個階段，我可能必須要去面對這些事。」他跟艾薩克森說：「很少人可以終其一生不留傷疤。我過了六、七年沒有傷疤的日子。現在我有了幾條傷疤，我必須將它們修補好，然後繼續向前。那些傷疤不會消失，但你知道你會因為它們成為一個更好的人。」

如果他有找到其他的宣洩管道，那這一席話可能說得沒錯。然而他習慣循環從事高強度的競爭活動，一下是高爾夫球賽，一下是馬拉松式的牌局，一下又要和他的跟班們混在一起。同時，他也要撥出時間與家人相處。

「我跟我的老婆說我有雙重人格。」他說：「我活著兩種不同的人生。因為在某些層面上，我投射出來的形象是一個三十八、九歲的成熟男子，已經徹底體驗過人生，差不多準備要安定下來，專注在一些非常保守的事物上。然而另一個面向的我是一個二十九歲的男人，還沒有機會跟朋友們一起享受自己的成功，或是做一些二十七、二十八、二十九歲的人會做的瘋狂事。有時候我會有衝動要做那些事情，但我只能私底下在非常小的一群人面前做，因為只有他們認識那個二十九歲的我。」

艾薩克森問喬丹能否只用他的第二人格生活。如果他真的這麼做的話，那大概會是一段很短的人生，而喬丹自己也承認這一點，如同他也承認自己在籃球以外的生活中往往感到侷促不安，例如說當他試圖為政壇的候選人站台，或是擔當一個表率時。喬丹主動說自己還沒有足夠的經驗去把這些事情做好。

「所有的好事都像雪球一樣愈滾愈大。」他如此描述場外的財富與成就：「從經濟的角度來看，這是值得的。但除此之外，這在某種程度上也是一個重擔。這帶來額外的壓力，但也同時贏取了許多人的尊敬與欣賞。每個人都想要被尊敬，被欣賞。」

三月，理查・艾斯奎那斯進城來看公牛隊的比賽。那天晚上，喬丹攻下44分，帶領球隊在芝加哥體育館擊退來犯的騎士隊。隔天晚上，艾斯奎那斯到喬丹家裡作客，與喬丹和茱安妮塔以及里查・丹特（Richard Dent）伉儷共進晚餐。兩個男人好幾個月來都在為高爾夫的賭債討價還價。他們在球季之中還有抽空打過幾場，而現在喬丹欠的錢不到一百萬美金。終於，這個話題在那一天晚上被提起。他跟喬丹躲到廚房裡，兩人的爭吵愈演愈烈。喬丹要求他讓步，因為其他高爾夫賭局被發現的事已經給他很多壓力了。

艾斯奎那斯記得喬丹跟他這麼說：「你必須給我一點空間。你必須給我一點時間。我還有其他的事情要處理。」

那年春天，公牛隊強拉尾盤，以十九勝二敗的表現結束球季，總戰績是破隊史紀錄的六十七勝十五敗。「我們就在一段又一段的連勝之中度過剩餘的球季。」公牛隊的訓練員奇普・謝佛爾回憶道：「球隊幾乎已經贏到膩了，要輸要贏完全隨他們高興。」

三角戰術的架構減少喬丹的持球時間，讓他的場均得分降至30.1分，但也足夠讓他連續六年拿下得分王，同時贏得第三座聯盟最有價值球員的獎座。他和皮朋一起入選年度防守第一隊，皮朋也成為年度第二隊的成員。

「我們那一年的表現確實誇張。」傑克森說：「我們贏了六十七場比賽，而基本上我覺得我應該拉一拉韁繩，不然他們可能會試圖拿下七十勝或是七十五勝。」

然而，季後賽確帶來截然不同的氣氛，其中包含跟派特・萊里的紐約尼克隊一決雌雄的戲碼。尼克隊重現了底特律的壞孩子球風。「我們有傷兵問題，還必須面對紐約。」傑克森回憶道：「他們來勢洶洶。我們在拿下冠軍之前輸了七場季後賽。衛冕之路並不平坦，挑戰了我們作為一支團隊的骨氣。」

季後賽第一輪，公牛隊的對手是邁阿密熱火隊（Miami Heat），這支一九八九年的擴編球隊第一次打進季後賽。在五戰三勝的賽制中，公牛隊很快攻克前兩戰，然後前往邁阿密打第三戰。「邁阿密史上第一次在主場打季後賽，那是屬於喧鬧者的一個夜晚。」公牛隊的播報員湯姆・多爾（Tom Dore）回憶道：「狀況就是，每次麥可拿到球，或是站上罰球線，那些喧鬧者整個瘋掉，製造出各式各樣的噪音。嗯，這招在第一節還滿管用的。熱火隊取得大幅領先。事實上，我們也在懷疑：『公牛隊有辦法從這樣的得分差中逆轉嗎？』然後，麥可經過轉播台，停下來看著我跟強尼・柯爾（Johnny Kerr），跟我們說：『我們要反攻囉。』他就是這樣講，天啊，太令人難以置信了。接下來他整個暴走，狂轟了56分，帶領公牛隊贏球，將對手橫掃出局。」

浴火鳳凰的考驗今年來得比較早，就在東區季後賽的第二輪。尼克隊靠著肌肉殺出一條血路，在芝加哥體育館拿下第一戰。B. J. 阿姆斯壯在第二戰的第四節投進關鍵一擊，幫助公牛隊以一比一在系列賽追平。在紐約的第三戰中，喬丹終於甩脫煩膩的防守，演出這個系列賽裡頭幾個扣籃。在澤維爾・麥克丹尼爾的鼎力相助之下，紐約尼克隊逆轉贏得第四戰，再度將系列賽逼成平手。在決定性的第五戰中，喬丹靠著切入掌控大局。尼克隊持續對他犯規，喬丹持續罰球得手，罰十五中十五，全場拿下37分，帶領公牛隊以96比88贏球。

「麥可就是麥可。」萊里賽後說：「他的打法就是把球帶往籃框，去挑戰防守。當你跟像他這樣的人對戰時，他會用殺往籃框的態勢讓你知道他有多想贏。」

尼克隊在紐約贏下第六戰，再次將系列賽打平。但是公牛隊已經裝滿火藥，在芝加哥體育館的第七戰中輕取尼克，比數110比81。

他們在東區冠軍賽再度陷入掙扎，騎士隊設法將系列賽扳成二比二平手，好在公牛隊仍有足夠實力擺脫糾纏，終能以四比二晉級。「在休息室裡，約翰・帕克森對著我說：『這真是一趟又長又妙的旅程啊。』」傑克森告訴記者們：「而他不只是套用死之華合唱團（the Grateful Dead）的歌曲。這確實是一趟又長又妙的旅程。去年是一段蜜月，今年是一場長征。」

喬丹帶領球隊連續兩年闖進總冠軍賽，這一回的對手是波特蘭拓荒者隊，也是在一九八四年的選秀會上捨棄他而選擇肯塔基長人山姆・鮑威的那支球隊。這幾年來，每當喬丹以大比分屠殺這支Nike的家鄉球隊時，奧瑞岡的人們總會討論，當年選秀的決定算不算是運動史上最愚蠢的錯誤。因為難以復原的腿傷而在肯塔基錯過兩年大學籃球生涯的鮑威將在二〇一二年坦承，一九八四年檢測他的腿時，他欺騙了波特蘭的隊醫們。他跟他們說他的腿已經不痛了，其實還在痛。諷刺的是，在NBA裡先因為重傷缺賽的人是喬丹，而不是鮑威，雖然說鮑威從來沒有展現潛能。另一個諷刺的事情是，拓荒者隊比喬丹率領的球隊早一年打進總冠軍賽。波特蘭在一九九〇年的總冠軍賽中輸給了底特律。

一九九二年拓荒者隊的陣容包括克萊德・崔斯勒、丹尼・安吉、克里夫・羅賓森（Cliff Robinson）、泰瑞・波特（Terry Porter）以及巴克・威廉斯。球迷們很開心有機會看到喬丹與崔斯勒的對決，因為他的體能條件不在喬丹之下。資深觀察者們都有預感，不忘舊恨的喬丹在系列賽的開頭就會給對手下馬威，但是沒有人料想到他在芝加哥體育館第一戰的大爆發。他光是在上半場就拿下破ＮＢＡ總冠軍賽紀錄的35分，包含破紀錄的六顆三分球，足以帶領球隊以122比89埋葬拓荒者。喬丹全場投二十七中十六，拿下39分，那六記三分彈更讓他經典的聳肩動作名垂青史。

波特蘭的克里夫・羅賓森說：「阻擋麥可的唯一方法，就是把他換下場。

「我進入一種忘我的境界了。」在第一戰之前特別多花時間練習遠距離投射的喬丹說：「三分球就像是罰球一樣。我也不知道自己在做什麼，總之怎麼投怎麼進。」

第二戰，崔斯勒在比賽終了前四分鐘左右犯滿離場。但拓荒者隊打出一波15比5的反撲攻勢，將比賽逼入延長，然後靠著丹尼・安吉在延長賽中的九分贏球，比數115比104。拓荒者在客場取得一勝一敗，將回到波特蘭連戰三場。然而這一次公牛隊的防守與穩固的團隊戰力——喬丹的26分之外，皮朋與葛蘭特也各拿下18分——讓對手逆轉的希望破滅。這一場喬丹四次在三分線外出手都落空。

第四戰大部分的時間裡，拓荒者隊都奮力咬緊比分，然後在比賽剩下三分多鐘時突然發威，超前比數，最後就以93比88贏得比賽，將系列賽扳成二比二平手。喬丹在第四戰中出手二十六次僅命中十一球。第五戰顯然將是耐力的試煉，因為兩隊在這一季都已經打了超過一百場比賽了。喬丹一開賽就如猛虎出閘，反覆攻擊籃框，製造犯規，讓公牛隊早早獲得領先。芝加哥的教練團出乎波特蘭意料地在進攻端讓球員們散開，這讓喬丹有空間出手，也造就許多開後門空切的機會。他在罰球線上投十九中十六，全場豪取46分，足以幫助公牛隊以119比106取得至關重要的一勝，在系列賽以三比二領先。拓荒者曾一度追近，但在最後幾分鐘，喬丹的得分讓他們功虧一簣。賽後，他高舉緊握的拳頭，臉上掛著桀傲不遜的笑容，提醒著波特蘭，他們在一九八四年的選秀會上到底錯過了什麼。

公牛隊在芝加哥舉行的第六戰中墜入深淵，到第三節後段還落後十七分。此時，傑克森把他常用的陣容換下場，讓皮朋帶著巴比・漢森、B. J. 阿姆斯壯、史塔西・金與史考特・威廉斯上場打球。漢森抄截之後投籃得手，當喬丹在板凳席充當啦啦隊長時，公牛隊吹起反攻號角。

比賽約莫剩下八分鐘時，傑克森把喬丹送回場上，公牛隊傾力奮戰，以97比93贏球，奪下第二座總冠軍金盃，而讓芝加哥體育館爆發史無前例的狂喜。自從一九六一年芝加哥熊隊在軍人運動場拿下NFL冠軍之後，這是芝加哥的球隊第一次在芝加哥贏得職業賽的總冠軍。

「跟波特蘭打的這場冠軍戰，對我們跟芝加哥的球迷來說都是一個戲劇性的夜晚。」傑克森回憶道：「我們在第三節的尾聲還落後十七分，最後逆轉拿下冠軍。隨之而來的是不可思議的慶祝活動。」公牛隊退回休息室去進行必經的儀式，噴灑香檳，把剛出爐的冠軍紀念帽反戴等等……同時，球迷們待在樓上的體育館裡，歡慶的聲音震耳欲聾。「球員們回到更衣室，準備從大衛・史騰與鮑勃・科斯達斯（Bob Costas）手上領取歐布萊恩金盃（Larry O'Brien Trophy）。」公牛隊副總裁史蒂夫・蕭沃德還記得：「傑瑞・藍斯朵夫、傑瑞・克勞斯、菲爾・傑克森和麥可以及史考帝站在一個臨時的舞台上領獎。但是當時我們沒有即時轉播的能力，所以球迷們沒辦法共享那個榮耀一刻。在樓上的體育館內，我們透過音響播送蓋瑞・葛里特（Gary Glitter）的歌曲，群眾們就在奪冠的氛圍中狂歡……我走下樓，問傑瑞・藍斯朵夫說是否可以把球隊帶回體育館內。他說：『我是沒意見啦，但你要問一下菲爾。』我說：『菲爾，球迷們都還在樓上。他們沒有要離開的意思，他們在跳舞。我們一定要帶隊上去，讓他們享受球迷的歡呼。』菲爾想了一下，巴比・漢森就站在旁邊。菲爾問了巴比的看法，巴比說：『走啊！』」

傑克森把兩根指頭放進嘴裡，用力吹了口哨。全場都安靜下來。他說：「把獎杯拿好，我們要回去跟球迷們一起慶祝。」

喬丹抓起了獎杯，全隊就跟著他一起上樓。當他們從隧道裡走出來，音控團隊大聲播放亞倫派森實驗樂團（the Alan Parsons Project）的〈Eye in The Sky〉，那是公牛隊的進場音樂。

「那一瞬間，群眾們整個爆發了。」蕭沃德回憶道：「那是會讓你起一萬個雞皮疙瘩的經驗。突然間，一些球員，像是史考帝、霍雷斯與漢森，他們跳上了桌子，好讓群眾裡的人都能看見他們。然後麥可也拿著獎盃一起跳了上去。他們開始在那裡跳起舞來。」

喬丹先舉起兩根手指，然後秀出第三根手指，群眾的呼喊震耳欲聾。傑克森花了一點時間感受這個畫面，然後走回樓下去靜靜地獨自思索。他後來說：「一路上有高低起伏，但我們擁有共同的目標。撇開差異與歧見，我們專注於這個同樣的目標上。我跟大夥兒說：『三連霸是偉大球隊的標誌。我們越過了分界點。贏得第三座總冠軍讓我們不同於其他球隊。』」

幾天後，在格蘭特公園，皮朋再次跟幾十萬名群眾說芝加哥要力拚三連霸，群眾們以歡呼聲作為回應。但在喬丹思及下一趟奪冠旅程之前，他必須先到巴塞隆納處理一樁小事。

第28章 金玉其外

一九九二年的夏天，傑瑞・克勞斯希望皮朋與喬丹可以拒絕代表美國隊出征巴塞隆納的奧運會。他想要這兩位公牛隊的超級球星好好休息。然而，他們兩個都響應了國家的徵召，而喬丹很快就發現自己深陷於夢幻隊之中。那是第一支以最強的職籃球員組成的美國奧運代表隊。身著紅藍白相間球衣的這群人，在世界各地都被當作神話裡的超級英雄來款待。也許這對籃球本身而言是件好事，但在籃球場上，顯然最激烈的比賽，是自己隊裡的分組練習賽。他們讓其他國家隊的人都成為木頭人，在比賽的過程中頻頻賣弄，讓理應神聖的奧運賽事變成強弱懸殊而沒有意義的活動。對於這些，喬丹心知肚明，也毫不諱言。

「仔細看看我們隊上的成員，然後看看我們的對手，就會知道這是一場屠殺。」喬丹在奧運會前幾個月說：「比分應該不可能接近。我們教他們怎麼打籃球。我們的成員有球技又有高度。我們現在講的是籃球史上最強的一群人，也是籃球史上最強的一支球隊。誰會幹掉我們？日本隊？中國隊？他們跟不上我們隊上所擁有的運動能力，更不用說我們的心理優勢，不管是魔術或是誰打控球後衛都一樣。我們有史塔克頓、巴克利、我、羅賓森、大鳥……拜託一下好不好。這些人就是歐洲人的偶像，所以他們有可能擊敗我們嗎？如果比數真的接近的話，那歐洲隊可以說是雖敗猶榮了。」

在以前的奧運賽場上，當美國代表隊裡全都是業餘球員時，就已經常常以大比分血洗對手了。如今，美國的職業選手一字排開，每一次聲勢浩大的出賽都賺進六十萬到八十萬美金。想當然爾，就算不要說這群踏進賽場的「奧運選手」都是自戀狂，他們的自尊也將大於許多他們即將面對的國家。美國的奧委會默默私下接觸球員，勸他們將薪水捐回賽事之中。喬丹二話不說就答應了。其他球員不像喬丹從 Nike 賺那麼多錢，先是猶豫一陣，後來也都捐出全數薪水，或至少捐出部分。奧運會前為美國隊舉辦宣傳活動的那些摩納哥賭場必然也有分到一些油水。

夢幻隊的訓練營在加州的拉荷雅（La Jolla）舉辦，喬丹藉機繼續跟理查・艾斯奎那斯對賭高爾夫球，結果他打得還不錯。趁著練球空檔打高爾夫，喬丹把賭債降至九十萬零兩千美金。艾斯奎那斯後來告訴洛杉磯時報（Los Angeles Times），喬丹的奧運隊友們都知道他在賭錢。艾斯奎那斯說：「但是大家也都知道不要過問他到底賭多大。」

六月二十五日，他們倆最後一天一起打高爾夫球時，喬丹在拉荷雅鄉村俱樂部抵消了最多賭債。

一天晚上，艾斯奎那斯跟喬丹一起到魔術強森在托瑞松（Torrey Pine）酒店的套房打牌，底注一百美金，底注上限高達四千美金。克萊德・崔斯勒和皮朋也是座上賓，在場的還有作為練習賽靶子隊的大學球員，包括巴比・赫利（Bobby Hurley）、克里斯・韋伯（Chris Webber）以及艾瑞克・蒙特羅斯（Eric Montross）。沒有一個大學生擁有足夠的錢參與賭局，只好乖乖成為喬丹與強森嘲笑的箭靶。艾斯奎那斯還記得，每當喬丹丟錢下注，強森就會諷刺說那是「賣鞋的錢」。就算兩人已經成為朋友，強森似乎還是對喬丹的 Nike 合約耿耿於懷，畢竟那是一個持續擴張的禮物。

很快地有一些女孩現身，牌局也就不了了之，結果那一晚成了夢幻隊員眾多狂歡夜之一。然而，艾斯奎那斯跟喬丹來往的日子卻必須劃下句點。他們將繼續為高爾夫球的欠債爭吵，多方估計指出，喬丹最後付出的數目大概在二十萬到三十萬美金之間，包含一系列出自茱安妮塔・喬丹之手的五萬美元支票。艾斯奎那斯等待著適當的時機，準備最後一次對喬丹做出提醒。

從拉荷雅的夜晚就可以看出來，奧運會提供這些ＮＢＡ頂尖球星們一個相處的機會，讓他們真正去認識彼此。這群人很快就發現喬丹幾乎是不用休息的。在征戰的過程中，他會熬夜到很晚，抽雪茄，打牌，跟朋友胡混，總之就是不去休息，這讓查爾斯・巴克利等人只能不敢置信地搖搖頭。

這支球隊的總教練查克・戴利說：「這就像是把貓王跟披頭四放在一起。跟夢幻隊一起踏上旅途，就像是跟十二名搖滾巨星一起踏上旅途。這是我唯一想得到的比喻。」

美國隊經過十四場比賽奪金，最小的勝分差是三十二分。背後的故事是麥可與魔術持續的競爭。儘管被檢測出HIV陽性，強森還是被選入陣中，在他那不斷延長的生涯終點之中，這又是另一波高潮。儘管湖人隊在一九九一年已經順理成章地落敗，他似乎還想要證明自己仍是比賽的主宰。他與喬丹交換著帶刺的話語，爭論著誰才是最強的。球隊前往巴塞隆納之前，在摩洛哥停留進行練習賽，這個爭論剛好可以藉此塵埃落定。那是一場謝絕媒體的閉門比賽，但在二十年後出版，由傑克・馬可倫所撰寫的《夢幻隊》（Drem Team）一書中有詳細的記載。一隊由強森領軍，另一隊有喬丹坐鎮。強森的「藍隊」有巴克利、穆林、羅賓森與雷特納，在喬丹與強森喋喋不休的垃圾話中，他們很快取得大幅領先。喬丹的隊上有皮朋、馬龍、尤恩與大鳥，他們打出一波大逆轉，在憤怒的強森手下取得最後的勝利。賽後，強森更是怒不可抑，因為喬丹對著他哼唱自己新的廣告歌曲。

「有時候我夢想著……我想變成麥可。」

喬丹後來說：「那是我在籃球場上感覺最爽的一次。」

這是最後一次了，魔術麥可再度征服了他青少年時期的偶像。情況愈演愈烈，但到頭來，就連這群巨星中的天生領袖強森都不得不承認，自己的時代已經過去了。而喬丹也再一次讓所有人知道，自己就是NBA這座山丘頂端的王者。

一九九二年八月八日，美國隊以117比85擊敗克羅埃西亞，拿下奧運金牌。「他們知道自己的對手是全世界最頂尖的球員。」戴利在賽後這麼說，一部分也為如此懸殊的比賽想一個好聽的說辭：「他們回到家鄉之後，終其一生都可以孩子們說：『我曾經跟麥可喬丹、魔術強森與大鳥柏德對戰。』而且，愈常跟我們這群頂尖球員打球，他們以後就會愈有信心。」

唯一讓喬丹覺得芒刺在背的一件事，就是贊助夢幻隊的廠商是Reebok，這逼得他不得不穿上自己生意對手的商標。為了解決這個問題，他在頒獎典禮上將美國國旗披掛在身上，藉此遮蓋住Reebok的標誌。桑尼・瓦卡羅說，這不是Nike要求或是策劃的，但喬丹想出的解決方法讓公司高層很滿意，也再一次展現了他為人稱道的忠誠。

季前訓練營開始之前，喬丹與皮朋並沒有太多的休息時間，尤其喬丹的高爾夫行程又那麼滿。不久之後的某一天，喬丹與皮朋坐在公牛隊的巴士上，聊著奧運的隊友以及賽事。其中一個高潮是，他們兩人決心要徹底封鎖克羅埃西亞的球星東尼・庫克奇，他是被克勞斯「相中」的球員，預計將在一九九三到九四年球季加盟公牛隊。在賽場上，庫克奇被他們兩個人的防守方式搞得不知所措，而且十分難堪。其實對於每一個克勞斯引進的球員或是菜鳥，喬丹一向都是這樣對待的，但是當這一套被放到奧運的賽場上時，顯得有點不明究理。

然後，皮朋跟喬丹說：「想像一下，如果克萊德・崔斯勒在泰斯・溫特的基本概念之下練球的話，他會變得多強。」

跟許多NBA的球員一樣，崔斯勒基本上靠著與生俱來的天賦打球，從未注意到籃球比賽中一些重要的細節。奧運隊裡的許多隊友讓喬丹感到訝異，他們對於練球的態度懶散，騙自己說籃球比賽不需要那些東西。

在家裡等著喬丹的是一張傳票，要他到北卡羅萊納去為「瘦子」鮑勒的犯罪審判作證。他必須解釋為什麼鮑勒這個被定罪的古柯鹼毒犯會持有飛人大帝的五萬七千美元支票。喬丹原本跟有關當局說那是生意上的借款，但在證人席上宣誓之後，他承認那是某個週末他在希爾頓黑德島上的家裡輸掉的賭債。他沒被問起在艾迪・道爾的公事包中找到的那三張支票，這位保釋保證人在搶案中被謀殺了。

開庭前幾天，喬丹在一份芝加哥報紙所做的訪談中公開承認自己說謊，他說自己「一開始覺得太丟臉所以不敢說，但是終究必須吐實。」

在證人席上，他解釋自己之所以輸掉那些錢，是因為在希爾頓黑德島上跟鮑勒以及其他人以一千美元為上限玩 Nassau 這個高爾夫賭博遊戲，而喬丹也否認自己被騙錢。他說：「只是連續三天沒把高爾夫打好而已。」大衛・史騰把喬丹叫到紐約，去討論他的場外活動以及跟他來往的人。之後，在一場記者會上，喬丹表示那些透過支票跟他扯上關係的人其實不算是他的朋友，只不過是認識的人，但他們卻到處炫耀自己與喬丹一起從事的活動。然而，案件紀錄卻是千真萬確的，而且還在增長之中。

在球季開始的前夕，NBA 對喬丹發出了譴責，因為他以高爾夫球賭博，而且與名聲不好的人往來。這讓喬丹在訓練營期間有點心懷悔悟。他告訴記者們，他不會戒賭，但會把賭金降低。「賭贏是很好，但是當你輸掉那麼一大筆錢，還要承受我所受的這些責難，一切就不再值得了。」他說：「我想人們可以接受我賭輸四十或五十美元。那樣比較容易讓人覺得情有可原。我應該堅持以二十美元為上限玩 Nassau 才對。」

如果以二十美元為上限玩 Nassau 的話，前九洞最高可以賭二十美元，後九洞最高可以賭二十美元，最後再以二十美元為上限賭十八洞的總成績，也就是說總共的賭金不會超過六十美元。

喬丹很高興眼前的球季可以幫他轉移證人席的注意力。他跟公牛隊將試圖達成三連霸，已經幾乎三十年沒有出現這種壯舉了。上一次是比爾・羅素帶領塞爾提克隊完成八連霸，但在那段期間 NBA 只有十到十二支球隊。

《喬丹法則》讓大家知道喬丹正在思索即將到來的退休，也讓球迷稍微了解，喬丹如何談論說他將在五年內離開這個充滿壓力的處境。他看不清前路，而且還有一座總冠軍要征服。但在當下，沒有人知道這一年將有多麼艱困。

鳳凰城

菲爾・傑克森的心裡似乎以照片的方式來儲存記憶。其中一張照片就是在一九九二年的季後賽首輪，喬丹在邁阿密的羅尼・賽克利（Rony Seikaly）頭上灌籃，那讓大家回憶起早期喬丹那種高飛到要撞到屋頂的動作。在一九九二到九三球季正要開始之前，傑克森回憶道：「在賽克利面前那一灌，真的是一記很讚的灌籃。當年喬丹總會飛越每個人，從上往下俯瞰籃框。」

那讓傑克森回憶起喬丹還沒統治世界時的歲月。在短短的十二個月之內，對他們而言，事情變了很多。他們從無法奪冠的人搖身一變成為主宰者。「以前他這麼做，有時候是為了拍出好照片。」這位總教練談起喬丹的灌籃，好像在講某種截然不同的生物：「以前他是為了娛樂的效果而灌籃，為了讓對手難看而灌籃。現在對他來說，灌籃只是一種高命中率的出手方式。已經有太多他的海報到處飄揚了。」

經歷了波濤般的轉變之後，對上邁阿密的那個灌籃似乎是他最無拘無束的時刻之一了。不僅是因為傑克森改變了他的打法以及對籃球的想法，場外的活動、喬丹加諸在自己身上的壓力以及所有人堆積在他肩頭的事情都對他造成了影響。仍在試著釐清球隊如何達至二連霸的傑克森評論道：「去年的季末以及季後賽的時候，讓我擔心的是，我看得出來他已經氣力放盡了。他似乎有點膩了，而他通常不會對籃球感到膩，不管在球季裡打了多少比賽。但當時感覺起來似乎真是如此，尤其當場外出了那麼多事的時候。每當人們評論運動員時，每當事情出問題時，他都是所有人的焦點。白宮事件還有《喬丹法則》等等，這一大堆場外的事情都對他造成了影響。」

跟這位球星談話時，教練觸碰了這些議題。他告訴喬丹，如果公牛隊要在三連霸的路程中挺過種種磨難，他對籃球的熱情，以及在場上找尋趣味與新鮮感的能力必須要復活。眼前的道路上有一大堆里程碑要經過，其中一個就是幾週之後喬丹的三十歲生日。傑克森說，他必須要找到重回球場的快樂。

在球季即將開始之時，《論壇報》的梅莉莎・艾薩克森探討了這個問題。「一定要好玩才行。」他說：「我非要享受不可。」

最近他的第三個孩子茉莉（Jasmine）出生之後，一切就變得容易多了。她是一個眼睛閃爍著光芒的小女孩。他的兒子們則像是一對眉開眼笑的熊寶寶，對所有事情都充滿興趣，也讓他回想起跟賴瑞相處的美好舊日。

他最大的希望就是，場外的這些頭痛事都已經過去，在這一季裡他只需要顧慮家庭與球賽就好。事實證明這是妄想。山姆・史密斯那本大爆料的書為他設定好退休的行程，而這項行程也將因為場外的那些事件而加速。

傑克森將這一切都看在眼裡，但也因為喬丹還有三年的合約而稍感放心，這可以讓他先不看當下的麻煩，著眼於未來。

被艾薩克森問到何時會離開球場，喬丹回答說，時候到了他自然會知道。「當本來被我超越的人們開始超越我的時候……我想要一直在競爭中領先，想要一直佔上風。」

他的打法將持續演進，但有一件事情維持不變。他不想聽到有人要他減少上場時間。他體內那位娛樂者仍然活力充沛。「我還是有著創造的慾望。」他在那年十一月說：「那是我的一部分，而且永遠都會是。」

然而他也心知肚明，其他球隊防守他的方式將會讓他難以演出前幾季那些特技動作。自從公牛隊改打三角戰術之後，他花了大量的時間鍛鍊低位單打的技巧，因為這套進攻往往能夠以一些有趣的方式讓他在籃框附近拿到球，而且讓他處於防守的陣式後方，對手難以進行包夾的位置。看著他適應這套進攻戰術，並發展出相對應的打法，連泰斯・溫特都著迷了。喬丹顯然徹底參透了三角戰術如何重新配置球場，他能夠瞬間解讀機會將出現在何處，這是從來沒有人做到過的。光是這件事情本身就可以讓溫特以截然不同的新眼光來審視自己鍾愛的三角戰術。

喬丹也出於本能地了解到，改變打法的同時，還需要重新教育球迷與觀看籃球的大眾。他看見球迷們如何誤解朱利爾斯・厄文的生涯終點，於是決心不要重蹈覆轍。「當J博士退休的時候，每個人都說：『沒錯，他的確該離開球場，他已經老了。』」喬丹解釋道：「但其實J博士當時仍然是一個很好的球員。只是大家跟他對戰多年，了解了他的習性，把他逼到一些無法發揮創意的處境而已。他對防守逆來順受。」

在教練的鼓勵之下，喬丹準備做出類似的調整，還有三角戰術作他的後盾。這套進攻體系將會把防守方端出來的新策略轉變為贈禮。傑克森相信，重點將不再是喬丹跳得多高。對手在防守上的新策略其實對喬丹有利，因為那反而逼他發展出一套更能長遠維持的打法。

「我的打法比較沒有那麼誇張炫目了，因為我現在比較常投外線。」他承認：「以前大家比較容易看見我的……創意，因為當時我比較常切入，比較常創造出一些動作，也比較常在別人頭上灌籃。現在比較難切入了，因為大家都擠在禁區。我現在在禁區的打法大部分都是低位背框單打。當我在外圍拿到球，他們要不是開始進行包夾，就是退一步放我投外線。」

跳投一直都有提振信心的作用，不只是對喬丹，對所有打籃球的人來說都一樣。當喬丹被逼到角落，三角戰術提供他一個很重要的選擇。除了拔起來跳投或是突破防守切入之外，他現在可以溜到低位，心裡知道在這套進攻之下，隊友一定可以在最恰當的時機把球交到他手上。

「這只是針對別人防守我的方法而作出調整。」他解釋道：「並不真的是因為我的身體條件下滑或是有所不足。主要是因為球隊需要我這麼打。」

看到喬丹在前幾年的季後賽中找到低位的出手機會，讓傑克森相信這位球星將會持續調整自己的打法，維持自己的成功。喬丹也警告說他不會接受太顛覆的實驗，只會做出細膩的調整。而他也向球迷們承諾：他仍會在比賽中灌籃。「我的打法就是這樣，創意永遠都會是其中一部分。」他跟艾薩克森說：「但那是自然而然發生的，不是我預先計畫好的。早在生涯初期我就被教導要這麼做。上了場就要取悅觀眾，你從沒辦法真的去打自己想打的球。」

無論如何，一九九二到九三年球季還是開始了，而且隊裡馬上發生一場意料之外的紛爭。在季前訓練營裡的某些時段，傑克森允許喬丹和皮朋坐在場邊休息，霍雷斯．葛蘭特因此大發雷霆。這位總教練其實是擔心兩位球星的暑期太忙，給他們多點時間修復身體。葛蘭特卻對記者抱怨說那是「雙重標準」與「差別待遇」。球季進行到後來，他也將控訴皮朋過於驕傲自大。最後，這記冷箭只是讓兩個朋友之間出現一點小裂痕，但兩人也都承認說彼此不像當初那麼親近了。那是傑克森最深痛惡絕的分裂。屋漏偏逢連夜雨，公牛隊還遇上一連串傷兵問題。三十五歲的卡特賴特與三十二歲的帕克森都在休季期間對老舊的膝蓋進行了手術，皮朋則幾乎一整年都為踝傷所困。至於喬丹，先是足弓疼痛，後來手腕也出問題。

一直在公牛隊的三角戰術之下掙扎著的B. J.阿姆斯壯終於融入體系，足以取代帕克森的先發位置。教練團覺得二十一歲的阿姆斯壯比較能夠執行公牛隊的壓迫防守，而這將在季後賽造成差別。而且，他的三分球命中率也居聯盟之冠，超過百分之四十五。

然而，在季賽之中，傑克森為了維護球員的體能與健康，決定不繼續採取壓迫防守。此舉讓喬丹不爽，他覺得少了他們的招牌防守，要贏得比賽變得更難了。這項改變也透露了老鳥球員的另一個罩門：無聊。慢節奏的比賽讓他們更感無趣，直到某次喬丹受不了了，直接在場上叫球員們集合，要求他們恢復壓迫防守。之後，喬丹跟記者們討論傑克森的策略。他說：「我們可以賭一把，也許我們會跑到腳沒力，但我不認為現在應該趨於保守。當我們把節奏放慢，一切就變得太刻意了。」

如果說這個事件透露了什麼，那大概就是這位教練與明星球員之間的心理互動吧。有時候兩個人像是在進行一場你來我往的桌遊，而喬丹在其間遊刃有餘。

到頭來，這些事情只是增添了娛樂的價值。他們真正的對手其實是喬丹所謂的「單調」，也是傑克森從一開季就憂心的，樂趣的流失。這位總教練在十二月達到第兩百勝，也成為聯盟史上最快達成這項紀錄的教練。傑克森並沒有從這個里程碑中獲取太多的成就感，因為手下這支失常的球隊讓他憂心忡忡。

「大家都有傷在身。」傑克森解釋道：「皮朋是腳踝受傷，喬丹是足底筋膜有問題。這些事情都讓我們沒辦法找到節奏。我們的狀況並非絕佳。所以如果練球練得太勤太猛，比賽時反而會欲振乏力。」

喬丹沒有缺賽，但卻必須錯過他最喜歡的時間。「我一向很喜歡練球。」他說：「我痛恨錯過練球。這就像是上數學課。當你缺席一天，你會覺得自己錯過好多。然後你要額外多花心力去彌補那一天。我一直是個注重練習的球員。我相信練習的價值。」

他後來表示，沒有辦法在練球時享受快樂，是第一個主要徵兆。他在籃球場上的最佳表現，往往出現在練球的時候。他在練球時所做的事，是賽場上表現的前奏。他總是帶著極大的期盼與熱誠面對練球。對他來說，那從來不是一件可以草草帶過的活動，更別說作壁上觀了。

後來回頭看，他說：「我知道該是離開的時候了。」

「他們累了。」公牛隊的訓練員奇普・謝佛爾回憶道：「那是無庸置疑的。麥可和史考帝在九二年的秋天都累了。那是漫長而艱難的一年，對於麥可來說尤其如此。似乎一波未平一波又起。媒體衝著他來，而那又是一個多事之秋。一件事情好不容易平息，另一件事情又接踵而至。誰又出了某本書，誰又爆了某個料。都跟籃球無關，而是那些原本不應該影響到他的私事。你可以看得出來這些事對他來說是種折騰。在一些私下的場合裡，他也這麼說過。他的疲態是顯而易見的，這整個處境令他身心俱疲。」

這樣的情況讓傑克森不得不挖出一些錦囊妙計，好讓新鮮感持續，也讓球隊受激勵。「菲爾玩很多心理遊戲。」喬丹回憶道：「他跟你展開心理的對戰，讓你明白身為一個贏家需要做些什麼。」

沿途的一些豐功偉業有所助益。一月八日，喬丹得到生涯的第兩萬分，他用了六百二十場比賽達到這個數字。唯一比他快的人是張伯倫，他只用了四百九十九場。「看來我又再一次輸給威爾特了，不過那其實是一種殊榮。」喬丹說：「離開球場之後，我才會好好評斷這些功業。我很開心，但眼前的球季還有漫漫長路。我確定隨著年紀增長，我會愈來愈珍惜這些東西。」

無論傑克森如何努力，球隊似乎總會鬼打牆般遇到原來的那些問題。在那個月對上奧蘭多魔術隊（Orlando Magic）的兩場比賽裡就可以看得出來。魔術隊的總教練馬特・古奧卡斯叮嚀手下的球員們，包括新秀中鋒俠客歐尼爾（Shaquille O'Neal），上場之後一定要把注意力放在喬丹身上。「他每次在罰球線延伸處，或是更接近禁區的地方拿到球，我們就會讓最接近他的人去進行包夾。」古奧卡斯回憶道：「然後馬上輪轉去防守約翰・帕克森，因為我們忌憚他的外線火力。結果我們讓很多人跑出空檔，而麥可也把我們切得遍體麟傷。」

他找到有空檔的隊友，而每個人都沉醉在勝利之中。長時間沒人防守的皮朋與葛蘭特那一晚表現精采，而公牛隊也輕易取勝。兩場比賽過後，兩軍再度在芝加哥體育館碰頭。這一次，古奧卡斯選擇放任喬丹馳騁，但是死守他的隊友。那天晚上，奧蘭多的先發球員尼克・安德森（Nick Anderson）與丹尼斯・史考特（Dennis Scott）都缺陣。

古奧卡斯派遣綠葉球員安東尼・鮑伊去防守喬丹，他回憶道：「我說：『我們絕對不要包夾他。我不管他得多少分，但是不要讓他灌籃，不要讓他上籃。一定要記得回防。隨他愛怎麼跳投都沒關係。』這是在他生涯初期大家防守麥可的方法。於是我們上了場，放棄對他貼身防守，大概離他八到十呎遠，讓他不能切入。但那天晚上他的外線屢投屢中。」

喬丹一次又一次地在空檔之下投籃，造成生涯最高的單場四十九次出手，比起他隊友的總和還高出七次。而當魔術隊仍緊咬比分不放，他們的臉上開始出現嫌惡之情。「我們的球員心還在場上。」古奧卡斯回憶道：「但他們的球員沒有。」

比賽進入延長，喬丹轟下64分，也是生涯次高的得分。然而，最後拿走勝利的是魔術隊，證明了古奧卡斯的策略奏效。對付喬丹的最好方式，仍是讓他成為一人球隊。

三月，在芝加哥，華盛頓子彈隊的菜鳥拉布萊福德・史密斯（LaBradford Smith）面對喬丹拿下37分。喬丹宣稱，史密斯賽後跟他說：「打得不錯啊，麥可。」據聞，這句話讓喬丹暴怒。賽後記者會上，他說自己感到難堪，並且不會允許隔晚再發生這種事。兩軍將於隔晚在華盛頓再度碰頭。他說他會在上半場就把那37分討回來，接著又花了很多時間描述自己的心理準備以及即將到來的復仇。通常，他不會太早參加賽前的投籃練習，但是那一晚他很快就出來練投，試圖找到節奏。結果，喬丹一開賽就投八中八，上半場就拿下36分，全場攻下47分。然而，多年後他才承認，這整件事都是他捏造的。史密斯根本啥都沒跟他說。他為了激勵自己打出更高水準的籃球，偽造了這一整件事。問題是，他還能這樣跟自己玩心理遊戲多久？

連續四季以來，公牛隊都打超過一百場比賽，而這些比賽也開始在喬丹的膝蓋上留下痕跡。一週後，在休士頓的比賽之前，喬丹疲憊地坐在休息室，發現自己已經失去那傳奇性的專注力。他的隊友們各有各的煩惱，狀態也跟他相去不遠。喬丹此時了解到，這正是眾多球隊難以完成連霸的原因。

早在球季之初傑克森就察覺到，這支球隊正要進入一個階段，人人都關心自己的未來勝過眼前的比賽。「成功讓我學到最大的一課就是，你不能改變。」喬丹後來解釋道：「你身旁的人們一直在改變。當我們成為一個成功的組織，組織周邊的許多人就開始改變了。很多人不知道如何處理成功這件事。」

首先，他說他們變得比較在意自身的利益，在意自己所沒有的東西。他補充道：「這樣的心態可一點都不有趣。」

然後，他開始跟隊友們說他玩完了。賽後，幾杯黃湯下肚，他就會講這件事。沒有人相信他。但他也開始跟其他的人講，像是他的父親、小圈子裡的人、狄恩•史密斯以及別的心腹知己。隊友們都認為他只是在發牢騷。喬丹決定，既然生涯之末已經不遠，那他要以正確的方式劃下句點。

他與隊友們能夠持續甩脫這些壞念頭的糾纏，再添一座總冠軍嗎？

狄恩•史密斯一直想到芝加哥看喬丹打球，他終於在那年春天的最後幾場例行賽中現身。他賽前先跟喬丹碰面，喬丹跟他昔日的恩師說自己正在考慮離開球場，繼續前進。那天晚上，喬丹打得彆手彆腳，因為他知道史密斯會以最嚴厲的眼光審視他的防守。在北卡大練球的時候，這位教練是以防守算分，不是進攻。每當知道史密斯有透過電視轉播看他比賽時，喬丹總會試著把重點放在防守上。想到已經離開學校十年，卻還如此受到史密斯的影響，他自己都笑了。在季末的那個晚上，他在進攻端的表現乏善可陳，卻在防守端傾盡全力。

最後接連敗給夏洛特與紐約之後，公牛隊以五十七勝的戰績作收，連續第四年拿下五十勝以上，也順利登上分區龍頭的寶座，但在季後賽遇上尼克隊，將沒有主場優勢。個人成績方面，喬丹連續第七度摘下得分王的頭銜（場均30.3分），追平了威爾特•張伯倫的紀錄。他也再度入選年度第一隊，而他與皮朋共同入選年度防守第一隊。

「觀察ＮＢＡ的歷史與球隊的興衰是很有趣的。」訓練員奇普•謝佛爾指出：「從任何角度來看，那年似乎是屬於紐約的。他們盡了人事。那年十一月底，尼克隊徹底把我們摧毀，贏了整整三十七分。他們把那場球當成季後賽的第七戰在打。我們則是上了場還在打呵欠。沒什麼大不了的。麥可在那場比賽中早早就扭傷了腳踝，然後他們趁機把我們擊潰。那一季我們還是拿了五十七勝，但好像有點垮掉了。」

連續兩年，尼克隊眼睜睜看著公牛隊在季後賽的第七戰中讓他們冠軍夢碎。於是他們推想，若要逃出喬丹的陰影，勢必奪得主場優勢。紐約的總教練派特‧萊里整季鞭策著球隊，讓他們拿下六十勝，也取得夢寐以求的主場優勢。同一時間，踏入季後賽的公牛隊看起來幾乎軍容渙散。然而，他們馬上加快了腳步，在第一輪連下三城，將亞特蘭大横掃出局，第二輪也連勝四場，再度摧毀克里夫蘭騎士隊。系列賽的最後一場，喬丹又在克里夫蘭演出絕殺，用這畫龍點睛的一筆寫完他支配騎士隊的章節。

謝佛爾回憶道：「季後賽一開打，喬丹設法重燃火焰。但我們要再度遭逢紐約尼克隊。這次我們沒有主場優勢，所以其實也沒有什麼樂觀的理由。」

喬丹痛恨尼克隊。他帶著火氣說：「他們打球的方法就跟活塞隊一樣。」尼克隊的不滿也許讓情況更糟。而且，傑克森與萊里打從球員時期就看彼此不順眼了。第一戰，在麥迪遜廣場花園，喬丹在尼克隊的推擠碰撞之下投二十七中十，尼克隊以98比90拿下勝利。喬丹說：「我告訴隊友們，我讓他們失望了。」但同樣的事情在第二戰又發生了。喬丹出手三十二次，失手二十次。尼克隊以96比91贏球，在系列賽取得二比零的領先。賽後，整座城市的洋洋得意幾乎要化為具體——而且有充分的理由。紐約每日新聞的專欄作家麥克‧路皮卡（Mike Lupica）寫道：「現在公牛隊落後兩場，如果還想要完成三連霸的話，必須要在接下來的五場球之中贏得四場。」

賽後，這樣的結果更被大家拿來細細檢討，因為根據紐約時報的報導，喬丹在第二戰之前的清晨出沒於大西洋城（Atlantic City）賭場，代表他可能沒有為了比賽適度休息。傑克森與克勞斯馬上站出來替他平反。「麥可喬丹沒有任何問題。」克勞斯告訴記者們：「他一心想贏，而且他也是史上最偉大的贏家之一。」

「我們不需要宵禁。」傑克森補充道：「他們都是大人了……你在生命中必須有別的嗜好，不然壓力會變得太大。」

喬丹自己並無悔過之心，但他的父親將站出來向記者們提出解釋，說是他鼓勵兒子前往大西洋城的。然而，私底下，隊上許多人都對他父親的錯誤判斷大感訝異。因為「瘦子」鮑勒的案件，喬丹已經受到嚴格檢視與NBA的調查了，詹姆士・喬丹竟然覺得在系列賽期間叫兒子去大西洋城賭博是個好主意？

這個議題籠罩著全隊，而系列賽要移往芝加哥舉行。「公牛隊回到伯托中心練球。」資深的芝加哥廣播記者雀兒・芮斯陶德回憶道：「我從沒看過那麼多媒體為了一件事情而齊聚一堂。麥可步出訓練室，我說：『麥可，可以跟我們解釋一下來龍去脈嗎？可以跟我們說一下發生了什麼事，事情又是怎麼被爆出來的嗎？』他照著做了，但是芝加哥一個當地電視台的記者開始拷問他，好像他是某個被定了罪的市議員一樣。第七頻道的查克・高帝（Chuck Gowdy）問的問題大概是這樣：『你每場比賽前都會去賭博嗎？你有賭癮嗎？』他連珠炮般發問，得理不饒人。最後，麥可閉上嘴巴，掉頭就走。」

喬丹拒絕跟媒體說話，他的隊友們也跟進，這將讓他們因為違反媒體政策而被NBA罰款。

多年來，詹姆士・喬丹總是在附近盤桓，笑口常開，跟隊裡隊外的人們談笑風生，持續鼓勵著「麥可」。如今，氣氛緊繃，他的兒子又處於盛怒，於是「老爸」挑了一個下著雨的週日，在球隊的練球場地外頭跟媒體談話。「我不介意為麥可發聲。」他說：「他是我的孩子。你會為自己的孩子做任何事。」

他曾私下跟麥可說，他在場上已經沒有挑戰了，將他的心思帶離籃球的是這些場外事件。詹姆士一開始跟媒體講話時幾乎是語帶懇求的，但接下來他的語調漸趨強硬。這位父親說：「他知道自己活在顯微鏡下的玻璃魚缸裡。」然後他又補充說，喬丹的人生裡應該要有一些喘息的時間。「你必須要說：『嘿，這傢伙也是人。』我的意思是，到底怎樣才夠？這是現在最重要的問題：到底怎樣才夠？當你不斷往桶子裡加水，很快地，桶子裡會連一滴水都不剩，因為最後會全部打翻倒出來。而這是作為球迷的我們應該開始理解的事情。」

試著提出自己對兒子的見解，詹姆士・喬丹跟記者們說：「我的兒子不是賭博上癮，他是競爭上癮。」

眼前的競爭是尼克隊的挑戰。喬丹肯定公牛隊會贏。這個低谷很深，但他們已經碰到谷底，準備反彈了。在皮朋領導的攻勢之下，公牛隊於芝加哥體育館拿下關鍵的第三戰，比數103比83。

「第三戰之後我就知道我們會晉級了。」奇普・謝佛爾回憶道：「我們痛宰他們，把系列賽追成二比一之後，派崔克・尤恩發表了這樣的評論：『我們沒必要在芝加哥這裡贏球。』一聽到他這樣講，我就知道我們會拿下這個系列賽。如果你抱持這樣的態度，就會輸掉一場比賽，然後輸掉一切優勢。他會這樣講，就代表他想靠著贏下所有主場比賽來晉級，而那是不可能發生的事。讓我們攻克那個系列賽的人是史考帝。當喬丹施展不開的時候，他似乎總有本事可以挺身而出，完成該完成的事。」

喬丹也盡了他的責任，把怒火化作燒灼的專注。先是狂轟54分，帶領芝加哥以105比95拿下第四戰。接著，喬丹又用大三元的表現（29分10籃板14助攻）稱霸了第五戰的數據表，讓芝加哥在系列賽反以三比二領先。在第五戰的尾聲，紐約的查爾斯・史密斯（Charles Smith）不斷搶到進攻籃板並且試圖補進，皮朋連續賞了他幾個火鍋，才捻熄了尼克隊反撲的餘燼。接下來的第六戰，當公牛隊在芝加哥完成逆轉，又是皮朋發出最後的重擊，一記底角跳投外加一記三分彈，讓公牛隊以96比88拿下最後勝利。

這一路並不平坦，但公牛隊總算連續三年闖進NBA總冠軍賽。喬丹將要面對他昔日的桿弟查爾斯・巴克利，兩人都正處於生涯高峰。在費城度過不得志的幾年之後，巴克利在一九九二到九三年球季之前被交易到太陽隊，然後，他就這樣重生了，贏得了聯盟最有價值球員的殊榮，並帶領太陽隊打出六十二勝的戰績。在季後賽與休士頓火箭隊浴血激戰之後，太陽隊也踏入總冠軍系列賽。

「無論從娛樂性或是競爭性的角度來看，當你回想，那真是很棒的總冠軍對決。」曾經在費城執教巴克利的馬特・古奧卡斯回憶道：「我想，查爾斯的心中一定認為，跟麥可喬丹處於同一個水平就代表受到肯定。」

在總冠軍戰的背景之下，觀看雙雄對決的人數激增。「有時候跟公牛隊比數接近，而比賽進入最後兩、三分鐘時，查爾斯會自願去防守麥可。」古奧卡斯回憶道：「他有那個膽識，也有那個條件。而且查爾斯並不害怕失敗。他知道麥可有可能讓他難堪，但是他的運動能力與麥可幾乎是旗鼓相當的。」

每次入住某地的旅館，喬丹就幾乎在自己的房間裡定居下來，查爾斯對此很不以為然。「查爾斯爵士」喜歡外出雲遊暢飲，跟大眾互動。這也是他在費城時常常惹上麻煩的原因。但是在鳳凰城，太陽谷（Valley of the Sun）地區有一大堆高爾夫球場，所以要吸引喬丹出來玩就容易多了。

兩人之間的總冠軍之戰絕對是一場龍爭虎鬥，但結果卻留下了一點芥蒂，因為公牛隊陣營的人暗示說多年來喬丹刻意「戲耍」巴克利，用珠寶等等禮物去軟化他的戰意，以便在場上支配他。儘管與喬丹有著三年的友誼，巴克利後來也有點納悶，不知道這種說法是否為真。在巴塞隆納的夢幻隊裡，喬丹很不喜歡巴克利的練球習慣，後來他也承認自己從中找到了競爭上的優勢。同時，皮朋對查爾斯爵士可沒什麼好感，他後來公開斥責說巴克利「只會奉承喬丹」，這樣的指控也讓巴克利怒不可抑。然而這一切終究成為未解之謎。當巴利克接近生涯最大成就時，究竟喬丹有沒有刻意哄騙他呢？後來，喬丹指出，他們兩人最大的差距在於經驗。他可以預期這樣的系列賽即將帶來的壓力，但是巴克利卻無法。喬丹說，你必須要準備好面對那樣的重擔。

對於電視觀眾而言，巴克利與喬丹的對決是一場流行文化的大戰。單打對上單打。光頭對上光頭。Nike廣告對上Nike廣告。在廣告裡，喬丹尋思道：「如果我只是一個單純的籃球員會怎樣？」同時巴克利以自身的爭議性形象為主打，宣稱：「我不是一個典範。」有些批評者認為巴克利又是另一個拿大錢卻不盡責的公眾人物。其他人了解巴克利的宣言，知道他是要提醒大家：職業運動員的形象都是媒體塑造的，而灌輸年輕人價值觀的責任還是落在家庭裡。巴克利自己也這麼解釋，但這卻阻擋不了他的批評者。他們只在乎小報上關於查爾斯的八卦，其中最大的一條就是被目擊到跟瑪丹娜（Madonna）一起現身在鳳凰城的餐廳。喬丹的賭博風波未消，而查爾斯爵士永遠都是查爾斯爵士。一九九三年的對比是，在初入NBA的前幾季，巴克利毫不多想，也毫不遲疑地搗毀了自己的公眾形象。反觀深思熟慮的喬丹總是謹言慎行，做最正確的事，說最正確的話，同時很有毅力地將公牛隊打造成一支常勝軍。有時候，當巴克利的酒吧鬧事或被誤解的言論登上頭條，喬丹會公開為他平反，主要的論調是，巴克利也許常常說話不經大腦，但他是一個誠實而不矯揉造作的人，也是一個難纏的競爭者。然而，如今抵達鳳凰城的喬丹，自己身邊就跟著一票嗅著醜聞蹤跡的小報狗仔。

幸運的是，球場上的比拼好看到足以令旁生的枝節黯然失色。當系列賽在嶄新的美西球場（America West Arena）開打，公牛隊的信心滿滿。他們以前對上巴克利的費城七六人隊總是表現不俗。皮朋與葛蘭特的防守再度束縛了這位魁梧的前鋒，而B. J. 阿姆斯壯的速度也完全跟得上鳳凰城的後衛凱文・強森（Kevin Johnson）。

在媒體策略者刻意算準時間之下，喬丹的私生活陰暗面在總冠軍賽前夕再度浮出檯面。大西洋城的賭場之旅才剛剛從報紙版面淡出，理查・艾斯奎那斯就帶著他自費出版的新書出現。那本書叫作《麥可與我：我們的賭癮……我的呼救！》（Michael & Me: Our Gambling Addiction…My Cry For Help!），裡面詳述了他跟喬丹的高賭金高爾夫球賽。

在第一戰的中場休息時間，NBC播出了一段預錄的訪談，喬丹在裡面做出了回應。他承認自己輸了為數可觀的一筆錢給艾斯奎那斯，但遠遠不到對方所宣稱的數目。同一時間，艾斯奎那斯提供了納稅申報單以及被喬丹取消掉的支票影本。再請一位芝加哥的律師把艾斯奎那斯拒於門外之前，喬丹顯然已經付了將近三十萬美元的賭債。

「賭徒不屬於運動圈。」《運動新聞》的專欄作家戴夫・肯卓德（Dave Kindred）寫道：「他們可能會受到勒索。他們可能會受到誘惑而在自己最了解的東西上頭下注，也就是他們的比賽。這些可能性損害了公眾的信心，讓人們不再相信比賽是誠實的。但喬丹似乎不以為意，彷彿虔誠奉行著自己球鞋廠商的標語：Just do it。」

他的辯護者指出，從來不曾聽說喬丹在任何一場NBA比賽上下注。倘若真是如此，那這就是喬丹唯一沒有下過注的東西。新聞週刊（Newsweek）表示：「練球時他會跟人對賭花式投籃比賽。在芝加哥公牛隊的專機上，他會玩二十一點或是一種叫作tonk的拉米紙牌遊戲。進行客場之旅時，他會在自己的旅館房間裡舉辦牌局，通宵達旦。三年前，公牛隊開始使用包機，目的是要保護球員的隱私——但現在看來，似乎也為了隱藏難堪的畫面：機場休息室桌上撒滿好幾百元鈔票，全都是喬丹牌局上的賭金。」

這些令人分心的事物會否阻礙公牛隊？在公牛隊以100比92拿下第一戰之後，這樣的質疑很快煙消雲散。喬丹拿下31分，皮朋拿下27分，而在公牛隊的防守干擾之下，巴克利投二十五僅中九。

也許是第一次見識到總冠軍賽的聚光燈，太陽隊不小心眨了眼，但他們在第二戰又陷入更大的麻煩。巴克利跟喬丹同樣都攻下42分，但喬丹在四十分鐘的上場時間裡還抓下12顆籃板並且傳出9次助攻，幾乎繳出大三元的表現。他全場投三十六中十八，三分線外兩次出手都命中。

公牛隊的防守也壓制住凱文・強森與側翼球員丹・馬利（Dan Majerle），最終便以111比108勝出，在系列賽取得二比零的領先。他們一部分的好運來自於強尼・巴赫所擬定的防守策略，他派遣阿姆斯壯去纏住凱文・強森，讓他打得綁手綁腳，在第四節大部分的時間裡都坐在場邊。現在，太陽隊要到芝加哥連打三場比賽，可能遭遇被橫掃的命運。第三戰竟然打到第三度延長，而太陽隊有幸以129比121偷得了一勝。傑克森在賽後說：「我還以為這場比賽永遠打不完呢。」

喬丹的回應方式，是在第四戰狂轟55分，帶領公牛隊以108比98贏球，在系列賽取得三比一的領先。鳳凰城一再讓他往禁區滑翔，演出瀟灑的扣籃與打板。在四十六分鐘的上場時間裡，他投三十七中二十一，外加罰進十三顆球，附帶8籃板4助攻。鳳凰城在最後關頭曾追到只剩兩分差，但阿姆斯壯的壓迫防守與比賽終了前的關鍵抄截幫忙底定了勝局。喬丹這場在這場比賽的得分追平了金州的里克・貝瑞（Rick Barry）的記錄，成為NBA史上總冠軍賽單場得分第二高的球員。榜上的第一名是埃爾金・貝勒，他在一九六二年面對波士頓的比賽中轟下61分。

取得三比一的絕對領先，第五戰又是在自家主場進行，公牛隊已經站在三連霸的邊緣了。然而，奇怪的是，此時牛群們又步履蹣跚了起來。喬丹向隊友們發誓，倘若沒辦法在芝加哥體育館拿下總冠軍，他將拒絕陪他們前往鳳凰城。他也用場上的表現撐起自己的誓言，在四十四分鐘的上場時間裡投二十九中十六，拿下41分，還外帶7籃板7助攻2阻攻。儘管如此，公牛隊還是跌跌撞撞，同時太陽隊忙著加強防守。鳳凰城的球員們都擠在禁區，於是喬丹不再有輕鬆上籃的機會。而且太陽隊的菜鳥理查・杜馬斯（Richard Dumas）還攻下25分。「我只是溜到有空檔的地方而已。」他解釋道：「到處都是空檔。」強森拿下25分，巴克利攻得24分，為太陽隊拿下他們所需的一勝，把系列賽又帶回亞利桑納州。賽後，一向莽撞的巴克利對著訕笑的媒體預測說太陽隊將會奪冠。他說：「我只是相信命運而已。」前兩次公牛隊奪冠的時候，喧鬧瘋狂的慶祝讓整座城市不得安寧，所以在第五戰之前，許多商家已經提前用木板把門窗堵住。「我們是在幫這座城市的忙。」巴克利在離開芝加哥之前說：「你們現在可以把那些木板拆下來了。我們要回鳳凰城了。」

輸球之後喬丹暴怒，很氣隊友，但他們也正努力對付自己的失落情緒。

幕後，他的老婆與大姐求他安排飛機，把家人帶去鳳凰城觀看第六戰。他終於妥協了，可能認為這一筆額外的旅費能幫助他更專注於眼前的任務。

喬丹一家還是充滿分歧，詹姆士與荻洛莉絲・喬丹還在為Fight 23連鎖店銷售的收益與權利金爭執。根據女兒「姐姐」的描述，情況很慘，父母親試圖將孩子們扯入自己的紛爭當中，尤其是麥可。「姐姐」坐在遠方看著自己的弟弟「一天沒有那麼多個小時，身上也沒有那麼多隻手，可以去處理擺在眼前的諸多問題。我從遠方看著麥可分身乏術地應付著場上與場下的生活……乘著巨大成功的浪潮，同時把他的隊友以及家人們一起拉到浪頭上。」

「麥可似乎察覺到球隊需要的是什麼。」公牛隊的播報員湯姆・多爾回憶道：「他們才剛剛輸球。但麥可踏上前往鳳凰城的飛機，跟大家說：『你們好啊，世界冠軍們。』他叼著一根一呎長的雪茄，他已經在慶祝了，因為他知道這個系列賽已經結束了。他就是知道他們這趟去鳳凰城一定會凱旋而歸。這對他來說根本不是個問題，而我想這就是這支球隊的特質。他們擁有這一份自傲。並不是說他們很跩。他們只是知道自己一定會贏。」

芝加哥帶著這份精力闖過第六戰的前三節。後衛群輪番開火，喬丹、阿姆斯壯、帕克森以及很少上場的替補球員特倫特・塔克在前三節一起飆進九記三分彈，讓公牛隊以87比79取得領先。

此時，公牛隊又到了奪冠的邊緣，而他們的手感也再度冷卻了。在第四節的前十一波進攻中，他們失手九次，另外兩次以失誤收場。太陽隊追到只差一分，然後又展開一波反撲，在比賽剩下九十秒的時候，反以98比94超前。太陽隊終於失手沒進，喬丹搶下防守籃板，一條龍穿越人群，前場上籃打板得分。距離比賽終了三十八秒，比數98比96，太陽隊領先。邊翼球員丹・馬利的投籃是太陽隊可以在系列賽終保持競爭力的關鍵，但在倒數第二波進攻中，他投了一顆籃外空心（air ball），也在比賽剩下十四點一秒的時候，給了公牛隊一個起死回生的機會。暫停過後，喬丹從場外把球發給阿姆斯壯，再把球拿回來，往前傳給皮朋。按照戰術設計，此時這顆球當然要傳回芝加哥最保險的人手上。然而，皮朋發現喬丹被盯住了，於是他毅然決然切往禁區，遇上太陽隊的中鋒馬克・衛斯特（Mark West）。獨自待在底線附近的是葛蘭特，他在這場比賽中只拿下一分，就在剛剛，他有一個籃下補進的機會，卻差點把球扔到籃板後方。皮朋把球甩給葛蘭特。在這危及存亡之際，葛蘭特選擇把球往外傳給獨自站在罰球圈左邊的三分線外的帕克森。

喬丹說：「帕克森一出手，我就知道那顆球會進了。」

這記三分彈與葛蘭特最後賞給凱文・強森的火鍋終結了一切懸念，也帶給公牛隊第三座總冠軍。

在總冠軍系列賽中，喬丹的場均得分是41分，打破了里克・貝瑞在一九六七年創下的總冠軍賽場均40.8分的記錄。

賽後，大夥兒回到喬丹的套房才開慶功趴，也沒有太大張旗鼓。喬丹沒穿上衣，只套著一件運動短褲。喬治・寇勒在那裡幫忙打開一瓶又一瓶昂貴的香檳，奎因・巴克納也是。這場相對安靜的慶功主要是為家人們而辦。「姐姐」和母親陪著麥可坐在一張沙發上，詹姆士跟蘿絲坐在對面的沙發。他們都很放鬆，臉上都掛著笑容，麥可甚至撲到妹妹身上跟她來場摔角。這是他們最後一次一家團圓。

隨著私人的麻煩持續累積，跟喬丹比較親近的人們都心知肚明，對於乏味的苦差事與隱私的缺乏，他早已感到厭煩。在公開的評論中，他也拐彎抹角地談到了退休。作家山姆・史密斯也在《喬丹法則》一書中點出，要不是害怕失去產品的代言費以及 Nike 球鞋的銷售量，喬丹搞不好早就選擇退休了。場外的風風雨雨只讓大眾更加認為他可能會在三連霸之後高掛球鞋。

後來，在媒體時間裡，記者們聚集在喬丹身邊，問他是否真的有退休的打算。「沒有。」他向他們保證：「我對籃球的愛還很強。」

第29章 那台淩志

菲爾・傑克森與他的助理教練們後來了解，連續三座總冠軍已經是喬丹所能應付的最大一波成就了，為了把自己與隊友帶領到這層境界，他承受著極大的壓力。他們一直在懷疑著，喬丹到底會不會、或者何時會達到極限。其實，長久以來傑克森與助理們真正懷疑的是，喬丹到底有沒有所謂的極限。

對於一般球迷來說，他的主宰成了一件理所當然的事，於是他的勝利就幾乎顯得輕而易舉。然而，他身邊的人了解這些成就所代表的折騰。喬丹之所以成功，是因為有大量的意志力、心理素質，甚至還有恐懼。

一九九三年的夏天，這份緊繃的使命感在煉獄浮沉，而喬丹被捲進麻煩與苦痛的漩渦之中。把他帶到那步田地的，是個人生活也正在瓦解的詹姆士・喬丹。一位芝加哥的女性對他提出了生父確認的訴訟。在Flight 23的鬧劇之後，他跟賴瑞一起建立的事業如今也岌岌可危。有關當局介入調查逃漏稅，供應商也因為沒有收到款項而把商品下架。他跟荻洛莉絲吵得不可開交，因為荻洛莉絲在沒有通知他的情況下關閉了一或多個兩人的共同帳戶，讓他在生意上僅存的一點信用也蕩然無存。員工的薪水發不出來，而秘書打來的每一通電話似乎都代表著更多的麻煩。根據「姐姐」的說法，父親疲憊地向孩子們訴苦，說他的妻子故意要在孩子面前把他給毀了。

一九九三年七月二十二日，詹姆士與荻洛莉絲・喬丹同時離開位於夏洛特郊區的家，各自往不同方向出發。喬丹女士搭上飛機，要前往芝加哥去探視兒子。喬丹先生坐上他那台蔓越莓色的淩志，跨州到彭德郡去參加一位老朋友的葬禮。按照行程，他隔天要飛往芝加哥去參加一場兒子主辦的慈善棒球賽。接下來他的妻子與兒子將前往加州去度長假。這台淩志是兒子送的禮物，也是讓他很自豪的東西。車牌上刻著

UNC0023。

當他的大女兒在八月二日接到秘書的電話時，喬丹先生的五十七歲生日已經過了。秘書跟「姐姐」說她有點擔心。通常詹姆士・喬丹每天都會進公司，但秘書已經將近兩個禮拜沒有他的消息了。此時這個女兒才得知父親在生意上的窘境。薪水支票跳票，員工鳥獸散。

多年來，為了跟上兒子的忙碌行程，喬丹先生往往一出遠門就是好幾天。「他常常自己出遠門。」喬丹後來解釋道：「有時候是跟我媽媽意見不合，有時候只是純粹想一個人。他很喜歡自己的退休生活，隨時隨地都隨心所欲。所以這並不奇怪。」

秘書也跟這位大女兒說，喬丹先生並沒有搭上七月二十三號飛往芝加哥的班機。

然後，「姐姐」打給母親，轉達了秘書的擔憂，她的母親也剛結束將近兩週的旅途。荻洛莉絲・喬丹注意到家裡的樣子跟她離開前一模一樣，似乎也沒有人睡過床。但她還是試著平息女兒的擔憂，說不管詹姆士・喬丹現在身在何處，她確定那一定是他自己想去的地方。

憂心忡忡

八月四日，「姐姐」再度打電話到父親的公司，發現他還是沒有進公司。兩天後，她又打了一次，得知賴瑞與母親一起到過公司，荻洛莉絲・喬丹還幫忙繳清了未結的款項。對這位女兒來說，付款的動作可能代表父母親將慢慢放下彼此之間的糾紛與歧見。那個週末，「姐姐」打給母親，母親說她懷疑喬丹先生可能去了希爾頓黑德島，因為他曾想過要搬到那裡去。幾天過後，八月十日，母親還是覺得他一定就在那裡。

兩天後，一位鄰居來電，要「姐姐」打開電視。警方發現詹姆士・喬丹的凌志被拆解與塗鴉。聽到這個消息，麥可馬上知道事情大條了。

喬丹後來說：「他很珍惜那台車。」

警方在八月五日於北卡羅萊納州的費耶特維爾（Fayetteville）的樹叢區發現那台凌志。後車窗被打碎，音響喇叭、輪胎跟車牌都被拆走。有關當局透過一個凌志車商追蹤到車主，然後聯絡喬丹的家人。警方搜索了車子附近的區域，但是沒有發現任何異狀。他們很快斷定，喬丹先生在七月二十二號參加完葬禮，上路前先去拜訪了一位女性友人，然後才準備開三個半小時的路回到夏洛特。

坎伯蘭縣（Cumberland County）警局的隊長亞特·賓德（Art Binder）跟記者們說：「對於喬丹先生來說，連續幾天不讓別人知道他的行蹤是很正常的，但絕不會是連續二十幾天。」

收到這個消息之後，喬丹馬上前往北卡羅萊納。有關單位在八月三日於南卡羅萊納的麥科爾（McColl）附近一條沼澤溪流找到一具嚴重腐壞的屍體，馬上與這台車做出了連結。當地醫檢師後來坦承，他把遺體放在屍袋裡，在自己的小貨車上放了幾乎一整天。南卡羅萊納的有關當局後來進行了驗屍，拍了照片，斷定被害人的死因是胸前點三八口徑的槍傷。在八月七日，一位兼職的驗屍官從這具身分不明的遺體上採集了顎骨與手骨之後，就下令將其火化。

「是我做的決定。當時我不得不這麼做。」被害人被確認是麥可喬丹的父親之後，那位名叫提姆·布朗（Tim Brown）的驗屍官跟記者們說：「我手頭的遺體一直在腐爛，而當下又沒有冷凍的設備。」

喬丹一家收到通知後驚愕莫名，卻也必須匆匆開始準備周末的葬禮，地點在老家蒂奇的Rockfish AME教堂。同時，警方追蹤從那台凌志上面的手機打出去的電話，很快循線找到兩個來自北卡羅萊納的蘭伯頓（Lumberton）的青少年。在喬丹一家於蒂奇舉辦儀式的同一天，警方逮捕了現年十八歲，住在北卡羅萊納的羅蘭（Rowland）的賴瑞·馬汀·德馬瑞（Larry Martin Demery），以及現年十八歲，住在蘭伯頓的丹尼爾·安卓·葛林（Daniel Andre Green），並且控訴他們第一級謀殺、共謀持械搶劫以及持械搶劫。根據羅伯遜郡（Robeson County）警長賀伯·史東（Hubert Stone）的說法，葛林曾在羅伯遜郡被定罪，因為企圖以致命性武器殺人以及持械搶劫，服了不到兩年的刑之後，他在兩個月前才剛剛假釋出獄。

據調查員所說，詹姆士・喬丹是陰錯陽差成為歹徒下手的對象。在七月二十三日的一大清早，他把車子停在蘭伯頓附近的九十五號州際公路旁一個明亮之處。坎伯蘭縣警局的隊長亞特・賓德說，那兩位青少年前一晚正在討論要搶劫，所以在附近的出口處守株待兔，喬丹先生顯然想要休息一下，剛好把車停在那裡。

兩名歹徒開槍射殺了喬丹先生，看了他的皮夾之後才知道他的身分。賓德說：「知道他是麥可喬丹的父親之後，他們決定要盡全力毀屍滅跡。他們考慮了一段時間，才決定要棄屍於南卡羅萊納。」

他們開了三十英里的的車，正好跨越南卡羅萊納州界，來到了一個偏遠之地，然後把詹姆士・喬丹丟進一條沼澤溪流裡。他們把那台凌志留在身邊三天，拍了一些影片炫耀自己的所作所為，然後把車丟在費耶特維爾郊區的一條泥土路上，距離棄屍之處有六十英里遠。

北卡羅萊納調查局局長吉姆・柯曼（Jim Coman）說：「隨著事情水落石出，你會發現，發生在喬丹先生身上的慘劇，是所有人都憂心並且害怕的隨機暴力事件。」

「任何人都可能成為受害者。」

揣測

這個狀況馬上引起了一大堆陰謀論。為什麼要急著火化呢？為什麼沒有人向警方報案說詹姆士・喬丹失蹤了呢？他消失了好幾週，家人怎麼可能毫不起疑呢？這跟麥可的賭博問題有沒有關聯呢？他在失蹤期間過五十七歲生日，家人怎麼會沒發現他不見呢？荻洛莉絲・喬丹跟警方說她丈夫最後一次跟她說話是在七月二十六日。當地一位超商員工說她曾在店裡看到疑似詹姆士・喬丹的人，跟那兩位青少年在一起，但已經是在警方認定的遇害日期之後了。荻洛莉絲・喬丹與那位超商店員這麼說之後，案情又更添神祕了。不過調查員後來斷定說這兩人的說詞都有誤。

同一時間，在八月十五號週日，這一家人必須面對的是充滿情緒的葬禮。教堂裡擠滿了人，教堂外的人也不少，喬丹緩緩走上講壇，準備跟兩百名哀悼者致詞，其中包括他的隊友B. J. 阿姆斯壯、體育播報員阿瑪德・拉夏德以及大衛・佛克。他帶著淺淺的微笑說：「我常常在想站在這種東西後面講話會是什麼感覺。」

喬丹的聲調輕柔，也因情緒而語帶哽咽，他談起父親的特質，述說父母親如何努力去鼓勵孩子們要有生活的目標。他對父母親都很感謝，因為他們都努力提供孩子們良好的教養與教育。

喬丹為父親說了這麼一句：「不要掛念他的死亡，而要緬懷他的人生。」

然後，他緊緊擁抱住母親，微笑著在她的耳邊低語，攙扶著她從教堂走向墓園。社區裡的許多人將永遠記得詹姆士・喬丹，記得那個急著要讓大家知道他有能力把事情搞定的年輕人。

「他總是能一直逗你笑。」詹姆士・喬丹七十一歲的堂哥安卓・卡爾（Andre Carr）博士，也是附近洛基角的牧師，這樣告訴論壇報：「他似乎總是有好笑的事情可以說。在他的精神與幽默感之中有某種特質，讓他可以成為所有人的好朋友。你可能跟他才剛見面，就覺得好像已經認識他一輩子了。他是那種希望所有事情都能振奮人心的父親。他是一個非常快樂的人。」

那個週四，喬丹透過大衛・佛克發表了一份聲明。「許多仁慈的言語和貼心的祈禱，在這段艱難的日子中提振了我們的精神。」他說：「我也必須向地方的、州政府的，以及聯邦的執法單位致謝，感激他們為此付出的努力。我試著以能夠讓父親感到驕傲的方式，來處理難以承受的失落感以及哀傷。我就是無法理解，怎麼會有人公然在我的傷口上撒鹽，含沙射影地把我在人生中犯的過錯與我父親的辭世做連結。」他強調說那些「無憑無據的報導」尤其讓他的家人難受。

那個週五，按照行程喬丹要去參加羅斯・艾爾德高爾夫邀請賽，地點在維吉尼亞州的蘭斯登度假飯店（Lansdowne Resort）。下個週二，他也必須選擇要不要去參加他自己為小孩子們主辦的麥可喬丹與羅蘭・麥當勞慈善名人高爾夫經典賽，地點在維吉尼亞州伍德里奇（Woodridge）的七橋高爾夫俱樂部。他最後決定低調出席這兩個活動，儘管空氣中仍瀰漫著對他父親之死的種種揣測。

「這就是諾姆・范里爾（Norm Van Lier）在芝加哥這裡讓我們最頭痛的地方。」菲爾・傑克森回憶起那個轉任播報員的前公牛隊後衛：「他宣揚著關於麥可父親之死與他的賭博問題與整個ＮＢＡ等等論點。麥可必須親自去找范里爾，跟他說：『諾姆，不要再扯我的賭博或是ＮＢＡ或是背後的大計畫等等那些跟我父親之死毫無關係的事情了。這裡面沒有任何的陰謀。』會讓你發瘋的就是人們心中這種偏執的妄想。」

從最初相處的日子開始，傑克森直覺上總是知道要如何去支持與支撐喬丹。這位教練成了喬丹的夥伴與導師。而喬丹也對傑克森產生同樣的影響，彼此不同的想法與眼界不斷地刺激著對方。然而，在喬丹掙扎於父親之死的接下來這幾週裡，他沒有餘力去想到籃球。

那年秋天，當季前訓練營即將展開，大衛・佛克通知傑瑞・藍斯朵夫說喬丹準備要退休了。原因裡雖沒論及詹姆士・喬丹之死，但這位老闆知道喪父之痛勢必促使喬丹做出這樣的決定。

他問：「那你想做什麼？」

喬丹回答：「我想打棒球。」

這位老闆還記得，他問喬丹是否跟傑克森談過，喬丹回答說他很猶豫要不要去跟他談。喬丹回憶道：「我知道主修心理學的菲爾，一定會試圖鑽到我的腦袋裡去窺探我的想法。」

然而，喬丹深明自己想要的是什麼。傑克森當然知道怎樣會惹火喬丹，所以兩人見面時，這位教練的態度如履薄冰。他指出，喬丹擁有上帝給予的恩賜，一旦離開籃球場，數百萬的球迷將無法再享受這份恩賜。傑克森要喬丹三思而行。但喬丹心意已決。他說：「不用了，一切已成定局。」

喬丹自己也有問題想問傑克森。他想知道這位教練要如何讓他再打八十二場季賽，因為他已經沒有一絲動力，也看不見任何挑戰。傑克森並沒有好的答案。喬丹不想要在日薄西山時結束生涯，像朱利爾斯・厄文退休時一樣，帶著退化的球技面對批評的聲浪。

於是傑克森改變策略，做出最後一搏，他問喬丹想不想要放個長假。但這招一樣沒用。喬丹不想再逗留，他不要藕斷絲連。這時傑克森就懂了，他跟喬丹說他跟他站在同一陣線。然後，這位教練告訴喬丹說他愛他，並且開始啜泣。雖然喬丹早就知道離別並不容易，但這些情感還是出乎他的意料之外，尤其當他通知隊友與教練群的時候。才剛剛來到美國加盟公牛隊的東尼・庫克奇也很感傷，這也讓喬丹詫異。他的其他隊友似乎也展現相同的情緒。這讓喬丹了解到，縱使共事多年，大家卻可能仍不知道彼此的情感深度。

強尼・巴赫回憶起喬丹通知教練團的情景：「他說：『夥伴們，我要退休了。』我不敢相信。我們祝他好運。那是讓人心碎的一天。」

一九九三年十月六日，喬丹宣布從公牛隊退休。他在記者會中說：「就算我父親還在，我也會做出相同的決定。」

他說：「五年之後，如果熱情回來了，如果公牛隊還要我，如果大衛・史騰願意讓我回到聯盟裡，我可能會重返球場。」這樣一段話又將掀起更多的好奇與臆測：當喬丹跟大衛・史騰討論時，史騰是否叫他退休？或甚至把他逼走？

《運動新聞》的戴夫・肯卓德又跳出來說話了：「這是不是一場交易呢？嘿，MJ，你『退休』我們就停止『調查』。NBA的總裁大衛・史騰是不是有建議或甚至命令喬丹去避避風頭──去打個棒球或是什麼的──好讓賭博的風波平息呢？」

《運動畫刊》點出，喬丹在退休的記者會上並沒有說明賭博相關問題，也質疑喬丹之所以離開球場，可能是為了躲避NBA當局最近對他的調查。

佛克與史騰都強調說喬丹的賭博與退休毫無關聯，史騰還說，任何暗示這兩者之間相關的人都是「齷齪下流而且令人作噁的。」

史騰告訴記者們，聯盟對喬丹的最新調查已經結案，他也說他確定喬丹沒有對任何NBA比賽下注，而且也沒有賭癮問題。

很久以後，二〇〇五年，當CBS的艾德・布萊德利（Ed Bradley）在「六十分鐘」上訪問喬丹，他似乎終於承認了這個問題。「沒錯，我讓自己陷入無法脫身的處境，而我也挑戰了極限。」喬丹告訴布萊德利：「非這麼做不可嗎？沒錯，端看你怎麼看這件事。如果你願意讓自己的生計與家庭陷入危機，那沒錯。」

如同桑尼・瓦卡羅所觀察到的，對於ＮＢＡ來說，喬丹太過巨大，太過重要，所以他是唯一一個可以從這攤賭博渾水之中全身而退的人。一個比較差的球員可能早就被禁賽了。瓦卡羅也補充說，ＮＢＡ選擇的處理方式，就是停止對喬丹的調查。

但ＮＢＡ總裁大衛・史騰似乎不太可能逼喬丹離開聯盟。然而，喬丹後來將對史騰表示憤怒，因為他沒有採取措施去取締那些陰謀論者。他們將詹姆士・喬丹之死與他兒子的賭債做連結，儘管沒有任何調查結果顯示出這方面的可能。

退休的決定做得匆促，麥可還沒有時間通知人在非洲的母親。「我跟麥可的母親在肯亞陪著一群學童。」公牛隊的副總裁史蒂夫・蕭沃德回憶道：「那裡好平靜。我們在肯亞的一個偏遠之處進行觀獸之旅，就住在帳篷裡面。沒有報紙，沒有廣播，沒有電視，什麼都沒有。我跟那裡的人說就算世界末日來了，我們也不會知道。兩天後我們飛回奈洛比（Nairobi），大概已經十天沒有接觸到文明了。下了飛機之後，我坐上一台巴士，那台巴士要載我們去吃午餐。巴士司機在讀一份叫做《Daily Nation》的小報，那是肯亞的國家報紙。報紙的背面有一張麥可的照片，標題寫著：麥可喬丹退休了。我本來以為那是某個無聊的笑話。但麥可確實是在兩天之前宣布退休了。顯然，麥可的媽媽並不知道這件事。我跑去感謝她把麥可借給我們，讓我們擁有這麼棒的九年。她說：『你在講啥啊？』我說：『喬丹女士，妳兒子在兩天前退休了。』她說：『他退了！我不相信！』於是我把報紙拿來給她看。我們就是這樣得知麥可退休的。」

「那天晚餐時間，我為每個人買了香檳，大家一起敬麥可傑出的生涯。但等我回到芝加哥，歡慶的氣氛早已煙消雲散。大家的心情顯然都很低落。這是如此突如其來，如此出乎意料，似乎讓所有人都感到洩氣。」

也許最感覺空虛的，是領導ＮＢＡ的那群球星，他們現在必須要取代籃球史上最吸引人的球員。諷刺的是，也有報導指出，史騰曾挽留喬丹，但兩人卻都沒有再進一步討論細節。於是這件事就懸在那裡，成為喬丹的憤恨之海中另一個解不開的結。

第30章 棒球夢

在一九九三年的訓練營開始前不久，史蒂夫・柯爾加入了公牛隊。這位留著一頭金髮的自由球員，沒有很快的速度，但有百步穿楊的神射。面對進入新球隊這個任務，他既興奮也擔憂。他早就聽過在ＮＢＡ裡流傳的那些故事，也知道喬丹的隊友多不好當。但是簽約不到一週，柯爾發現跟喬丹有關的憂慮就這麼神奇地消失了。

結果，接下來幾週他跟喬丹的關聯僅僅是驚鴻一瞥，因為喬丹溜回來看他剛剛拋下的球隊練球。喬丹留下的空虛是深不見底的。他早已暗示過要離開球場，宣布退休後不久，他又在練球時跑回來，彷彿是要確認一下沒有他的球隊到底看起來怎樣，也希望離開球場的確定感可以幫助他找到未來的方向。如他自己承認的，雖然他現在可以盡情享受以往沒有的家庭時間，這卻無法安定他的心神。他仍為喪父之痛所困——這是大眾與媒體都沒有發現的事——而他也試著為自己的新生活擬定方向。

「他每隔一陣子就會回來。」柯爾還記得：「他會進來看我們練球。我猜他只是想要探望一下大家之類的。所以我們跟他有過幾面之緣。那一年他也來看過幾場比賽，穿著西裝坐在聯合中心球場（the United Center）裡面。」就算他只是靜靜坐在場邊觀看練球，那股氣勢也夠嚇人的了，彷彿提醒著球隊將往哪個方向演化。

「我想公牛隊當時有點成了菲爾的球隊。」柯爾評論道：「雖然我以前不在球隊裡，我確定以前的菲爾一定也很具主宰力，而且他的存在也是舉足輕重的，但麥可退休之後，球隊真的由菲爾一手掌握，因為那是不得不然的結果。隊上球員的性格與自尊似乎都不足以……我們是有一些很棒的球員沒錯啦。但你也知道，從領導者的角度看，史考帝從來不是那種會掌控全隊的人。他是每個人最喜歡的隊友，但其中一個原因正是因為他是有弱點的。而菲爾是沒有弱點的。」

一些觀察者們低估了傑克森，認為他的成就都是喬丹的功勞，但他們不了解的是，傑克森所展現的人格多麼具有支配力。這在當下的公牛隊是不可或缺的，因為隊上最優秀的球員受不安全感所困，而且正為了薪水與管理階層互鬥。幾年以前，皮朋堅持要簽一紙長約。然而隨著聯盟球員薪資的增長，這份合約很快就過時了。雖然說球隊答應要把虧欠他的錢還給他，藍斯朵夫卻沒有要跟他重談合約的打算。

「我認為史考帝有弱點的原因在於他是一個人類。」柯爾解釋道：「這也是每個人都很愛他的原因。你知道的，他簽了那紙長約。他拿的薪水顯然配不上他。要接受那樣的事情是很難的。他覺得自己沒有受到應有的賞識。史考帝展露了幾乎每一個人類都會展露的情感，而那正是我們全都非常賞識他的原因。因為我們覺得自己跟他比較像，當然體能條件上差很多啦，但在情緒面上，我們跟他比較接近，但跟麥可就有天淵之別。麥可根本不像是人類，他太有自信，也太過強大。」

然而，喬丹也很快就變得沒有那麼超人類了。如他後來所承認的，父親在八月被謀殺之後他就陷入迷惘。而每次又有新的案件細節被報出來，他的哀傷也一起被挖出來。而他也很關心事情的發展，所以每當跟他父親相關的事情或是逮捕犯人的後續報導出現在電視上時，他總會不自覺地停下手邊的事。

喬丹鮮少對外展露脆弱，但現在他私下在找尋紓解之道。那年秋天開始有謠言指出，在藍斯朵夫的恩准之下，喬丹現身於芝加哥白襪隊主場科米斯基體育場（Comiskey Park）的訓練室裡，秘密進行著打擊練習。不脫典型的喬丹風格，他一週到球場報到五天，試著重拾超過十年沒有接觸的運動。協助他的人是白襪隊的球員法蘭克・湯瑪斯（Frank Thomas）、麥克・賀夫（Mike Huff）、丹・巴斯卡（Dan Pasqua）以及朱力歐・法蘭科（Julio Franco）。他的父親深愛棒球，甚至當喬丹統治籃球世界時，他都仍對棒球念念不忘。現在，喬丹的目標就是重新回到他父親如此深愛的運動。

「他父親的夢想真的是要他去打棒球。」菲爾・傑克森在幾個月後評論道：「他的父親曾經想要打職棒，後來確實也有打半職業棒球。他的父親過世之後，我想麥可有點想要替父親實現夢想。聽到這件事，我的第一個想法是：『天啊，這傢伙想要去大聯盟打棒球？』但後來我才知道，原來很多籃球員都幻想著自己如果跑去打棒球會是何種情景。」

白襪隊

喬丹向芝加哥論壇報的專欄作家鮑伯・格林（Bob Greene）透露他的計畫，當時兩人正在合寫《麥可喬丹：我的天下》（Hang Time）這本書。有一天他們驅車經過科米斯基體育場，喬丹指出這裡可能很快成為他新的工作地點。對於這位專欄作家而言，跟喬丹同坐一輛車已經讓他了解很多事了，因為他們在這座城市裡遇到的人們往往有驚人之舉——大人們在車陣中把車停下然後跳出來，敲打著喬丹的 Corvette 車窗要求他在一張紙上簽名。讓格林吃驚的是，面對此種本來應該令人有所警覺的入侵行為，喬丹竟然已經有點把它們當作日常生活的一部分。這位專欄作家心想，難怪他大部分的時間都窩在旅館房間裡，而且把房門上兩道鎖。

如今，這位球星已經習慣把自己最後一絲的隱私都交付給飢渴貪婪的大眾了。他去了加州一趟，在那裡，他跟一位朋友一起沿著海邊騎腳踏車，然後在公園裡遇到一群人在鬥牛。喬丹想要參一腳，於是他的朋友過去跟那些球員說。他們起先以為他是在開玩笑，直到他們看到飛人大帝本人就站在不遠之處。他馬上跳進來，重拾了一點以往打籃球的快樂。但在極短的時間之內，一大群人開始在球場集結，而他必須在情況失控之前走人。喬丹跟格林說，想把那一幕放在新的電視廣告裡，而這位專欄作家不知道他是不是在開玩笑。

格林沒對外洩漏喬丹要打棒球的消息，但喬丹自己小圈子裡的人開始在思索這個問題。現在為 Nike 的競爭對手之一工作的瓦卡羅，還記得喬丹打電話告知他那個決定的情形：「他說那就是他想要做的事情，而他也說服了我。他跟我說他將會這麼做。我從沒聽說誰建議他這麼做。他說：『我要去打棒球試試看。』他一向認為自己是個棒球選手。他說那是他處理當前處境的方式……而對他來說那並不難，因為他本來就熱愛挑戰。」

瓦卡羅了解到，當喬丹決定要棄籃從棒，NBA也將不再追究他的賭博問題。大衛・佛克後來說：「這一切對麥可而言並不容易，他知道自己做了一些錯誤的選擇，也向受影響的人們道歉。如今他要往前走。」這段話又給了那些陰謀論者另一個新的揣想目標。佛克又說：「在這個時候退休需要很大的膽識。跑去打棒球也需要很大的膽識。因為他在一個領域享有如此巨大的成功之後，要冒著在另外一個領域失敗的風險。但麥可就是無所畏懼。」

一月份，喬丹打電話給格林，正式宣告這個消息。他在科米斯基體育場的練習場地裡持續訓練了好幾週，計畫要前往佛羅里達的薩拉索塔（Sarasota）參加白襪隊的春訓。喬丹跟格林說，這不是「夢幻棒球」的遊戲場景，這是千真萬確的事情。質疑的聲浪是不會少的，但喬丹一直都能被那些看衰他的人們所激勵。對很多人來說，最重要的問題是：這是贖罪，還是朝聖？或者兩者皆是？

就在三十一歲生日前幾天，喬丹抵達薩拉索塔，格林與他同行，因為他正在撰寫另外一本書。第一天就包藏著萬語千言。白襪隊的成員們穿著T恤與短褲，準備要做健身操。喬丹站在自己的更衣櫃前面，全身穿好比賽的球衣，背號45號，像是當年那個等著少棒聯盟開打的小夥子。

先前談起期待的心情，喬丹如此描述：「突然之間，我感覺自己像個孩子。」唯一不同的是他那傳奇性的練球態度。白襪隊的打擊教練瓦特・辛尼亞克（Walt Hriniak）不得不描述他是個「天殺的拚命三郎」。另外讓辛尼亞克驚嘆的是，當你教他的時候，他能夠專心傾聽。

並不是說這些東西能夠幫他練好打擊，或是讓他成為大聯盟等級的球員。自從一九八一年三月離開蘭尼高中的棒球隊之後，他就沒有再打過棒球了。但他決心要打到大聯盟投手投的球，所以春訓的每一天他都早到晚走。儘管如此，徒勞兩個字幾乎打從一開始就很明顯。

這一切與他個人傳奇的規模之大脫不了關係。為了爭睹喬丹的重大時刻，數千名球迷蒞臨薩拉索塔。為了阻絕群眾，球隊人員需要在艾德・史密斯體育館四周架設護欄。春訓原本應該是一件乏人問津的事情，但現在到處都是加派的保全人員與公關人士，隨扈在球隊巴士與球場之間往返。媒體更是全員出動。

群眾在鐵鍊圍成的柵欄之外推擠，每個人都想要拿到簽名，而喬丹也義不容辭地盡量幫他們簽了，這又是另外一件跟他的隊友們作風相違背的事情。多年來，棒球員們援引球員工會的條款，一直都拒絕幫球迷簽名，這也讓藍斯朵夫搖頭作噁。然而，現在喬丹應了那些簽名獵人的要求，還持續開記者會，結果可能加大他與新隊友們之間的鴻溝，其中也不乏冷漠對待他的人。

喬丹在附近一個門禁森嚴的社區裡租了一幢房子，那裡成了他的逃離之所。在那裡，他能在夜裡坐在後陽台，看著滿天繁星，也許就像是一個世紀之前的道森・喬丹那樣，帶著敬畏與驚嘆仰望蒼穹。不管他去到哪裡，都能感覺到父親與他同在，尤其當比賽裡的某些細節，讓他回想起跟詹姆士・喬丹一起在後院玩傳接球的時候。

喬丹會告訴自己：「我們一起做這件事，老爸，就我跟你。」

他渴求著詹姆士在他籃球生涯的每一天裡帶給他的溫暖鼓勵。這些挑戰很快地——雖然他沒有顯露，也沒有從眼前的任務退縮——開始讓他感覺疲憊。那數千名球迷的感覺也差不多，他們千里迢迢來到佛羅里達探看那個在籃球場上帶給他們驚呼的偉大運動員，結果卻看到一個顯然格格不入的、手腳笨拙的、猶豫不決的角色。

菲爾・傑克森喜歡把喬丹稱為雄性領袖，而在籃球場上扮演雄性領袖多年的喬丹，到了這裡只期待可以上場。他發現自己每天都會去看球隊總教練張貼的球員名單，自從在蘭尼高中決定他命運的那一天之後，他就沒有再做過這種事情了。他的新隊友們至少必須承認一件事：這傢伙不怕出洋相。他上了場就拼盡全力，連滾帶爬也要上一壘，想辦法把他打出去的微弱滾地球變成安打。很多次都差一點就成功了，但他前十次打擊還是沒有任何安打。有些人認為他太高了，創造出太大的好球帶。連他自己也同意。他一邊比較著自己與其他隊友的四肢一邊說：「看看我這兩隻長臂。」

《運動畫刊》的史蒂夫・沃夫（Steve Wulf）也是到場觀看的媒體人之一，看完之後，他交出了一篇嘲笑意味濃厚的文章，結果他的編輯們把這篇文章變成封面故事，在當期的封面上寫著：「打包回家吧，麥可！喬丹與白襪隊是棒球之恥。」西雅圖水手隊（Seattle Mariners）的火球男藍迪・強森（Randy Johnson）跟沃夫說：「我投球的時候他最好把他的喬丹鞋綁緊一點。我倒想看看他遇到我的內角球，還能有多少滯空時間。」並不是所有在這篇文章裡做出評論的人都像強森這樣厚顏，有些人選擇匿名發言。現在在堪薩斯市皇家隊（Kansas City Royals）擔任管理職的前偉大球星喬治・布列特（George Brett）說了句公道話：「我知道有許多球員不想看到他成功，因為那會讓他們覺得自己被賞了巴掌。」

鮑伯・格林後來也指出，這本雜誌以往最喜歡為了增加銷量，而把喬丹放在封面，也常常在電視廣告裡跟讀者們說，只要訂閱雜誌就贈送喬丹相關的產品。深深感到受傷的喬丹，發誓往後將不再跟代表這本雜誌的任何人講話。而他也說到做到，儘管後來他又在體壇掀起那麼多旋風。

一如往昔，這些羞辱只會讓他更有衝勁。他跟身邊的人說：「我很認真嘗試要學會這項運動。」

六場比賽過後，喬丹終於攻上一壘，但那是因為對方的野手決定不傳一壘。他自己擔任野手的表現也比較沒有那麼波折。第一次打夜間比賽，對手是雙城隊（Twins）。第六局，他在右外野演出守備美技，接下來站上打擊區，把球沿著三壘邊線打出去，形成一支一壘安打。他後面那一棒的丹恩・霍維特（Dann Howitt）轟出一發全壘打，就這樣，麥可喬丹第一次在棒球場上跑回本壘得分。賽後在更衣室裡，大家把他團團圍住慶祝。

但他仍不可能擠進當季登上大聯盟的二十五人名單。就在春訓結束前一週，他被下放至阿拉巴馬的伯明罕男爵隊（Birmingham Barons），隸屬於２Ａ南方聯盟，也是專門給年輕球員一展身手的「潛力股聯盟」。在佛羅里達的最後一週，他就跟這群小聯盟球員一起訓練：一個滿懷希望的三十一歲男子，混在一群還長著青春痘的青少年之中。

芝加哥：甜蜜的家

四月七日，他重返芝加哥參加風城經典賽（Wind City Classic），那是一場大聯盟的表演賽，由芝加哥白襪隊對上小熊隊（Cubs），地點在瑞格利球場（Wrigley）。白襪隊的教練金・勒蒙特（Gene Lamont）原本不打算排他先發，但有三萬五千名球迷進場要看他打球。在他們震耳欲聾的歡呼聲中，喬丹在第一局就踏進球場，他的墨鏡瀟灑地卡在棒球帽上。這場比賽打到第十局，以四比四平手作收，喬丹五次打擊中擊出兩支安打，帶有兩分打點。他在右外野以及打擊區的傑出表現讓滿場雀躍的觀眾起立鼓掌，這在棒球場上是很少見的。小熊隊的播報員哈利・凱瑞（Harry Caray）宣告：「對麥可喬丹來說，這真是不得了的一天。」喬丹在賽前接受凱瑞的訪問，他毫不掩飾自己臉上那開懷的，如同小男孩一般的微笑。凱瑞說，喬丹現在做的事，是每個小男孩的夢想。這位播報員問喬丹，如果付出那麼多努力之後，仍然發現自己打不到大聯盟等級的球，他會不會很不爽。

喬丹回說不會，那只是「代表棒球這項運動確實不是那麼簡單。」他解釋說，自己只是想看看自己能否做到，並且在嘗試的過程中得到快樂而已。

他的夥伴們後來表示，不管那是不是喬丹人生中最快樂的一天，那絕對是喬丹棒球生涯中最快樂的一天。透過超級電視台WGN的轉播，那場比賽被送到全過觀眾的眼前，也提醒所有人：也許喬丹打棒球這件事並沒有那麼荒唐。

他在隔天抵達伯明罕，發現當地擠滿了數千名球迷，他們來自全國各地。這波巨大的喬丹浪潮在未來幾週將繼續襲捲小聯盟棒壇：進場觀眾人數的紀錄被打破了，紀念品店的所有商品也被搜刮一空。許多人似乎被難以抵擋的好奇心驅使而來。

為了幫華盛頓郵報撰寫關於這個現象的文章，J. A. 亞丹德來到了伯明罕。「我記得自己走進球場，坐在那裡看著外野的他，那個景象是如此的不真實。」他回憶道：「這個人可是麥可喬丹耶，他竟然坐在這個球場，這個小聯盟的球場，這個阿拉巴馬伯明罕的球場。這怎麼可能？」

鮑伯・格林也受一個景象所震懾：在一場因雨延賽的日子裡，數千名球迷坐在傾盆大雨之中，只希望能看到喬丹打球。春訓期間，球迷自發性地呼喊著：「我想跟麥可一樣。」這也讓喬丹尷尬莫名，因為這樣的狂熱在小聯盟的春訓是史無前例的。小聯盟是棒壇的荒僻邊陲，但球迷們還是進場，目不轉睛，歡呼喝采。

那個週末，在伯明罕的開幕戰中，他回報這些球迷的方式，是九次上場打擊中被三振七次。他打到球兩次，一次是內野高飛球被接殺出局，一次是滾地球被刺殺出局。

在場的媒體不乏當年在籃球場上採訪他的熟面孔，讓他們驚訝的是，喬丹的眼裡已經失去往日那種優越的自信光芒。

「這很令人難堪，也很令人沮喪——這會讓你很憤怒。」他跟紐約時報的資深籃球寫手艾拉・伯高（Ira Berkow）這麼說：「我不記得上次同時擁有這些情緒是什麼時候。我在這方面已經付出太多，所以不能讓自己看起來像個蠢蛋。過去九年，整個世界都在我的腳下。現在我只是個小聯盟球員，坐在更衣室裡盼望能登上大聯盟。」

他解釋說，棄籃從棒的種子早在一九九〇年就種下，當時他甚至還沒捧過冠軍金盃。「一開始是我父親的主意。」他說：「我們看到博・傑克森（Bo Jackson）與戴恩・桑德斯（Deion Sanders）雙棲於兩種運動，然後父親說他覺得我也能在棒球場上成功。他說：『你擁有所需的球技。』他覺得我已經在籃球場上證明了一切，應該打棒球試試看。我告訴他：『不，我還沒證明一切。我還沒有拿到總冠軍。』然後我拿到第一座總冠軍，我們有時候會聊起棒球，接著我又拿了兩座金盃。然後他就遇害了。」

喬丹也直言，當他忙著實現棒球夢，父親一直與他同在。進入男爵隊的第一週，坐在寬敞的更衣室裡他的置物櫃前面，他說：「我不是用真實的言語跟他對話，而是透過潛意識跟他對話。他會告訴我：『繼續做你正在做的事。繼續試著讓夢想成真。不要害怕失敗。不要管媒體說什麼。』然後他會講一些好笑的事情——或是回憶起我兒時跟他一起在後院玩傳接球的點點滴滴。」

巴士

很快就有謠言指出，為了跟他的年輕新隊友們一起舒服地往來於南方的道路上，喬丹為球隊添購了一輛昂貴的巴士。這是空穴來風。根據喬丹的說法，他甚至沒有幫球隊租那台巴士。男爵隊原本的巴士供應商只是突然決定要給他們一台特別高檔的新巴士，裡面的座位都是躺椅，後面還有一個沙發區，讓他們在納許維爾（Nashville）、羅里、格林維爾（Greenville）與奧蘭多的冗長旅途間可以排遣煩悶。

喬丹解釋說這台高級巴士給了他伸展手腳的空間，也承認他喜歡這台新巴士還有另一個原因。「我不想要看到半夜一點巴士在南方的道路上拋錨。」他說：「你不知道後面可能有什麼人跟著你。想到發生在我父親身上的事，我不想要被困在那種處境。」

同樣的想法促使他買了兩把槍，他把它們放在芝加哥郊區的家裡。本來就很注意四周動靜的喬丹，在父親遇害之後更是提高警覺。

據說他會跟身邊的小聯盟球員培養感情，也確實曾在更衣室裡跟他們玩骰子遊戲賭點小錢，讓他們有機會一窺他那塞滿鈔票的皮夾。但大部分的時候他還是孤身一人，在長途的巴士旅行裡獨自坐著。

這層情緒屏障打從他六歲的時候開始，就出現在他投身的每一支球隊。之前在芝加哥，他曾向強尼・巴赫吐露說他自小打棒球多年，總是感覺被孤立，因為他是白人球隊裡唯一一個黑人。這些早年在棒球隊的經驗也形塑了後來的他。菲爾・傑克森作為總教練很大一部分的任務，是要瓦解喬丹與球隊其他人之間的這層情緒屏障。

到小聯盟走這一遭，讓他重溫昔日與老爸相處的時光，卻也帶回昔日的孤立感。所以，喬丹會跟他的小聯盟隊友們保持距離，並不令人訝異。他不無禮，不討厭，也不傲慢，棒球場上的他不是這樣的。但他確實比較喜歡獨處，或是只跟身邊的人相處，而身邊的人現在大概也只剩喬治・寇勒了。有些週末，茱安妮塔會帶著孩子們來探班。但大部分的時候，只有寇勒、喬丹，以及喬丹的喪父之痛。在二〇一一年的時候，傑克・馬可倫曾逼著喬丹描述這段經驗，結果得到了有點火氣的回答。「總之就是棒球嘛。」他說：「在男爵隊的時候，有很多孤單的夜晚，只有我跟喬治在路上交談著。然後我會想起我的父親，他是那樣喜歡棒球，我們以前總是聊著棒球。而我知道他正在天上看著我。這讓我感到快樂，也讓他感到快樂。」

阿拉巴馬並沒有帶給喬丹太大的文化衝擊，因為他從小在北卡羅萊納州長大。他在伯明罕一幢租來的房子裡定居，院子裡有一個籃框，可以吸引附近的小孩子來玩。他找到了當地最棒的高爾夫球場、肋排以及撞球俱樂部。很快地，放鬆心情的喬丹連續十二場打出安打，把他的打擊率提高至三成。要是他可以保持那樣的水平就好了。當球季進入夏季的大熱天，他又陷入長長的低潮期。

「他試圖跟那些球員競爭，但他們在棒球生涯中遇過三十五萬顆速球與二十萬零四千顆變化球。」遊騎兵隊（Rangers）的投手教練湯姆・豪斯（Tom House）如此評論那一季的喬丹：「棒球是一種滴水穿石的運動。如果喬丹從高中開始專心打棒球，我敢肯定他在棒球場上賺到的錢將不輸他在籃球場上賺的錢。但他現在待在2A也沒有太搶眼的表現，那代表著跟大聯盟有著好幾光年的距離。」

當喬丹在前一年十月宣布退休，隔天萊西・班克斯馬上發表了一篇專欄，預測喬丹終將重返籃球場。看到他的打擊率下滑，班克斯到伯明罕待了三天，催促喬丹回鍋。

「我還是不相信他會真的棄籃從棒。」班克斯在太陽報上寫道：「而他最近的打擊低潮對我們有利。」

當班克斯提起「榮歸」NBA時，坐在更衣櫃前面的喬丹笑了。

喬丹嘲笑他說：「你把這搞得好像什麼宗教活動之類的。」

「喬丹堅決認為他的籃球生涯已成往事。」曾在太陽報跟班克斯共事的J. A. 亞丹德回憶道：「然後萊西回過頭去問他：『真的沒有那麼一點點微小渺茫的可能性嗎？』而喬丹的意思差不多是，凡事都有可能，但目前的可能性確實是很微小也很渺茫。」

就算喬丹陷入令人沮喪的低潮，男爵隊的總教練泰瑞・法蘭科納（Terry Francona）還是看得出他進步的幅度驚人。落入最低點的時候，他在一場比賽過後的晚上留下來，詢問這位總教練對於自己棒球前景的看法。

喬丹後來承認，去找總教練談話的時候，也是他思考著是否要放棄的時候。他不想要一路被當成笑話，或者更糟的是，擠掉了某個更有機會的潛力新秀的位置。然而，法蘭科納指出，在棒球場上，進步通常都是很緩慢的，而他已經看出喬丹有長足的進境。對於棒球的內行人來說，他的努力是非凡而難以理解的。

在那一季的最後一個月，他的打擊率提升到二成六，也只讓他的平均打擊率到達區區的二成零二。在四百三十六個打數裡，他敲出八十八支安打，其中包含十七支二壘安打與一支三壘安打。他成功盜壘三十次，四十六度跑過本壘得分。如此穩定的進步讓他升級了：他被亞利桑那秋季聯盟的斯克達爾蠍子隊（Scottsdale Scorpions）簽下。這似乎代表了某種勝利，可惜除了泰瑞・法蘭科納與一些白襪隊的主管之外，沒有人是這樣看的。

對於喬丹本人來說，這為他的未來開了一扇朦朧的窗。他那曾經超凡的自信如今寸寸瓦解，但他還是兢兢業業地保持穩定。很少人能了解驅動著他的那份情緒，甚至根本沒有人可以了解。走到這一步，一份連他自己都沒能辨認出來的憤怒包圍著他。這份刺眼炫目卻又未被言明的憤怒將在未來的年歲裡，以一種矛盾的方式影響著他，直到他人生的核心問題變成：他終能擺脫這份憤怒嗎？

第31章 王者再臨

當手長腳長的喬丹忙著讓自己揮棒的節奏跟上投手的節奏時，他也持續關注自己拋下的那個世界。他追蹤著公牛隊的歷險，發現一件有趣的事：NBA並沒有太認真找人來取代他這個行銷引擎的角色。最讓他感興趣的是，皮朋在一九九四年的春天打出了身價。脫離喬丹的陰影之後，這位當年的副將成了主將，展現了令人驚異的成長。他在二月份當選全明星賽的最有價值球員，那一季平均每場能攻下22分，抓下8.7顆籃板，送出5.6次助攻，還附帶2.9次抄截，帶領公牛隊拿下五十五勝，只比前一季喬丹在陣的時候少了兩勝。

乍看之下，這支球隊似乎混得不錯，但背後，皮朋的怒火持續悶燒。公牛隊一路挺進東區冠軍賽，要跟尼克隊一決雌雄。芝加哥在系列賽以二比一落後，於是第三戰突然變得至關重要。公牛隊再度打得馬馬虎虎，到第四節才急起直追。比賽終了前一點八秒，紐約的派崔克・尤恩在禁區得分，兩隊形成102比102平手。暫停時，傑克森在板凳區畫了一個戰術，要皮朋發界外球，給東尼・庫克奇執行最後一擊。皮朋咒罵了教練，然後坐在板凳上，賭氣不上場比賽。ESPN的記者安德莉亞・克雷瑪（Andrea Kremer）與一組攝影人馬就待在咫尺之外，他們目睹了這一幕，包含皮朋的憤怒與隊友的驚愕。既驚且怒的卡特賴特情緒尤其激動。

「那是一件毀滅性的事情。」史蒂夫・柯爾當時說：「史考帝那時不會知道自己的行為將帶來多麼嚴重的後果。我為他感到難過。」這個事件讓克勞斯火冒三丈，皮朋已經為了合約，一整季都在跟這位總管進行公開的惡鬥。「我覺得你們不能說我半途而廢。」皮朋如此為自己辯駁：「我想，你們可以看著這件事，然後說我犯了一個愚蠢的錯誤。基本上就是這樣。我不是一個半途而廢的人。我想我在場上拼鬥的態度並不輸任何人。我用聰明的方式打球，我用積極的態度打球，而且我是一個團隊型的球員。」

縱使皮朋被視為聯盟裡最頂尖的球員之一，克勞斯仍開始努力想把他交易出去，只是暫且還無法換來同等價值的球員。後來他終於跟西雅圖達成一項協議，將以皮朋換來強力前鋒蕭恩・坎普（Shawn Kemp）以及隔年的選秀權，如此一來，克勞斯將可以選進天普大學的閃亮新秀艾迪・瓊斯（Eddie Jones）。但西雅圖的老闆卻在最後一刻反悔，一連串的新聞報導隨之而來，克勞斯的計畫也公諸於世。原本就已經對自己的合約很不爽的皮朋，得知球隊竟然打算交易他之後，更是怒不可抑。

揮之不去的怨懟為那一年騷動不安的休季期定了調。成為自由球員的霍雷斯・葛蘭特也跟傑瑞・藍斯朵夫開啟了一場類似的惡鬥，然後很快就離開球隊去跟奧蘭多魔術隊簽約了。在尖酸的氣氛之下，卡特賴特宣告退休，後來卻又在西雅圖重披戰袍。約翰・帕克森也決定要退休了。

傑克森一邊看著這支勁旅瓦解，一邊惱火地跟克勞斯討論自己的新合約。早在季後賽剛結束沒幾天，這位總教練就執行了最引人疑竇的一項決策：他把強尼・巴赫給解雇了。就在他七十歲大壽的前幾天，也是在他人生中很糟的時機裡，這位年長的助理教練收到了這個消息。巴赫還記得，最諷刺的是，一九九四年球季，明明是教練團合作最良好的一季。「那年球季結束的時候，我合情合理地認為我的合約會被延長。」巴赫回憶道：「第一個來通知我這個消息的人是菲爾。他說：『我們沒有要跟你延長合約。』我聽了嚇一跳，還來不及說什麼來辯駁之前，他又說：『對你而言最好的選擇就是離開。球團已經下定決心了。』我當下感到很失望，其實應該說是驚愕。我沒有爭辯。我只是不敢相信。我去找克勞斯，他的說法也是一樣。所以我就起身走人了。當時我正經歷人生中的許多災禍。我正在打離婚官司，要結束一段很多年的婚姻。我必須搬家。我想，在那個夏天，生命中所有的事情都崩毀了。後來我心臟病發。一切都是那麼令人措手不及。我花了好長一段時間才能夠再次去相信人。」

這莫名其妙的解雇，有一種報復的味道。巴赫顯然早就成了傑克森的眼中釘，因為他有時候會鼓勵喬丹忽視三角戰術，順從自己的直覺。球團裡的一些人覺得，巴赫與喬丹之間的好關係威脅到傑克森對球隊的掌控，雖然說巴赫也一直都很挺傑克森。巴赫顯然有著某種讓傑克森討厭的特質。巴赫也承認：「我們兩個是很不一樣的人。」

好幾個月之後，傑克森解釋說，巴赫之所以被解雇，是因為克勞斯對《喬丹法則》不爽。「讓情況變得如此令人難受的，是傑瑞・克勞斯與強尼・巴赫之間的關係。」傑克森在幾個月之後談起解雇一事：「他們之間的關係讓這樣的事情不得不發生。一切都亂了套。這樣的關係對工作人員來說是很不好的，因為大家必須一起做事。基本上，傑瑞因為《喬丹法則》裡面的很多東西而怪罪強尼・巴赫。無庸置疑地，強尼確實也提供了那些內部資訊。傑瑞覺得強尼的嘴巴太大。而強尼回頭看的時候，也察覺到傑瑞對他的敵意以及不敬。所以，強尼也不因為傑瑞是他的頂頭上司，就給予他忠貞。」

「這樣的狀況已經持續好一陣子了。」傑克森說：「我是可以把他們兩個分開，讓他們跟彼此保持距離，我猜想這樣可能還能再撐一段時間。但是我不喜歡這樣不良的團隊合作。這是我的團隊，也是我的領域。我答應要這麼做。而且我覺得那是一個好時機，因為強尼當時有機會很快在聯盟裡找到另一份工作。整件事其實沒有給強尼帶來太多麻煩。只是我不得不讓他失望，不然我就得自己承受失望了。」

多年之後才有一些事件讓真相大白，原來當時傑克森是要掩蓋自己在《喬丹法則》一書中扮演的角色。山姆・史密斯終究向藍斯朵夫透露，為他的書提供內部資訊的人其實不是巴赫，而是傑克森。儘管史密斯叫他不要說出去，藍斯朵夫還是向克勞斯透露了這件事。這位總管得知真相之後火冒三丈，控訴傑克森欺騙他，害他以為巴赫就是那位在書裡提供大量內部資訊的匿名人士。史密斯本身後來也證實了這些事情以及傑克森在書中的角色，他說：「比起強尼・巴赫，菲爾和一些球員們佔的部分大多了。」

「菲爾欺騙了我。」被問起這件事情時，克勞斯說：「實際上是菲爾害強尼被解雇的。」

「解雇巴赫是菲爾的主意。」傑瑞・藍斯朵夫也如此斷言：「菲爾告訴我，克勞斯與巴赫之間的爛關係讓一切變得棘手。那全都是菲爾的主意。沒有人叫他那麼做。」

傑克森先前曾主張說整件事沒有給巴赫帶來太多麻煩，實情卻恰恰相反：這位前任的助理教練因為被解雇而傷心欲絕。心臟病痊癒之後，巴赫終於被夏洛特黃蜂隊雇用（Charlotte Hornets）。多年後他才知道自己當時之所以被解雇，原來是因為被控提供內部資訊給史密斯。巴赫說他馬上回去把那本書反覆讀了三、四遍，找尋可能出自他口的傷害性言論。然而，他所說的話都不是被匿名引用，而且也沒有誹謗中傷之嫌。

「我沒有在那本書裡講過任何一句脫序的話。」他說：「山姆顯然是一位非常擅於調查的記者。不管根據誰提供的資訊，裡面有一些麥可不喜歡的描寫。但是那本書的描述都還滿真切的。我不認為史密斯假造了任何人的形象。」

克勞斯說，自己竟然受欺騙而解雇了無辜的巴赫，這件事讓他心煩意亂。當真相在多年後水落石出，巴赫正在底特律擔任助理教練。一天晚上，活塞隊到芝加哥迎戰公牛隊，活塞隊的主管里克・桑德跟巴赫說克勞斯想找他聊幾句。巴赫的心情五味雜陳，但還是同意見面，結果卻讓他驚訝不已。「傑瑞跟我講話時情緒很激動，我也一樣。我一直認為做決定的是球團，不是菲爾。我想，傑瑞願意主動找我講話，對他來說是很大的讓步。我認為他是真心的。」談起克勞斯的道歉，巴赫說：「我接受。」

巴赫後來也會跟傑克森討論這個問題，但兩人之間的對話不為外人所悉。巴赫說：「我寧願讓事情過去。他顯然知道我的感覺。我一向認為我們兩人之間的關係夠堅實。我們一起坐在板凳區整整五年。作為一個助理教練，你不會知道所有幕後正在發生的事。那是很愚蠢的，也是一個我無從辯駁的控訴。就算這件事以前曾經很要緊，現在也都不重要了。」

然而，這件事揭露了傑克森面對喬丹的策略裡頭一個很妙的元素。向一個記者提供對喬丹與上司不利的資訊，傑克森可能會失去這份夢寐以求的工作，也可能危害他與籃壇最閃耀的巨星之間的關係，那他為什麼還選擇這麼做呢？一位和傑克森每天共事的公牛隊員工認為，這位總教練是想要提升自己對球隊的控制。那位球隊員工表示，畢竟，那本書讓克勞斯與球員們更加疏離，進而穩固了傑克森身為「狼群之首」的地位。「感覺就像是：『我們現在來處理麥可吧。我們來鞭打他，好讓他為了我乖乖待在自己的位置上。』他跟麥可站在同一陣線的方式，就是讓麥可與媒體疏離。」這位公牛隊的員工說：「這就是為什麼他的態度總是『我們一起對抗媒體』或是『我們一起對抗球團』，因為只要灌輸球員們這種思想，他就可以一直擔任團隊的領袖。」

對於克勞斯與藍斯朵夫的指控，這位總教練多年來都未做回應。然而，他確實曾在二〇一二年指出，《喬丹法則》一書對球隊的演化至關重要，因為它把喬丹拉到一個跟隊友們比較接近的層級。當然，試圖在球員面前講話有份量，這在教練的權力範疇之內，但傑克森為了取得掌控權，確實採用了一個比較極端的詭計。喬丹曾在許多場合如此描述這位教練：「菲爾是心理遊戲的大師。」

雖然不清楚到底發生了什麼事，知道自己最喜歡的教練被解雇，喬丹感到很沮喪。在往後多個場合裡，他都表示要讓巴赫再次進入他的生命。然而，喬丹也思索著他與傑克森之間特殊的關係。他們的長談、辯論與言語交鋒觸及的往往不僅止於籃球，而是整體的人生。傑克森是一位非凡的教練，他用人生的課題來讓喬丹了解他的觀點。

「我們總是天南地北什麼都聊。」喬丹如此描述兩人的對談：「比起其他東西，我們以前最常討論的就是哲學。」

他跟傑克森顯然都十分享受跟彼此對話。「我們會挑戰對方。」喬丹說：「我想我從他身上學習，而他當時也從球員的視角學到了一點東西。多年前他自己也是球員，但我提供他的是新時代的思考模式。我們彼此之間有很多交流。我大部分都是傾聽的那個人。我們沒有意見不合，只是會多少交換一些概念，他會說：『想一想這個，想一想那個。』」

諷刺的是，對話間長久以來隱含的主題，是更全然的信任。喬丹還記得他對傑克森的信任隨著時間而增長。當他贏得喬丹的信任，而球隊贏得一座座冠軍，這位教練找到了新的方法，可以去激勵這位超級巨星，又可以讓他在隊友之間取得進攻的平衡。從這一點出發，傑克森透過各種方式去型塑喬丹的心理素質，讓他學會如何面對巨大的壓力。顯然，這些課程不僅幫助了籃球場上的喬丹，對於他的棒球生涯也有所助益。

再訪芝加哥體育館

那年九月，喬丹回到芝加哥參加史考帝・皮朋全明星經典賽，那是為傑斯・傑克森的機構 PUSH 所辦的公益比賽。一開始，他猶豫著是否要接受邀請，可能是因為四年前的杯葛事件還留著芥蒂。然而，這項活動給了他最後一次在芝加哥體育館打球的機會。就在麥迪遜河的對岸，總價一億五千萬美金的聯合中心球場即將被啟用，為了騰出空間，芝加哥體育館預計在幾個月後要被拆除。事實證明，老體育館的吸引力太強了，喬丹現身比賽會場，遇上滿場等著重新擁抱他的觀眾。他的球隊身穿白衣，對手是由皮朋領軍的紅隊，兩位老隊友出乎意料地認真對決。喬丹不希望被人說他「少了這個或是缺了那個」。他找回往日的火焰，單場出手四十六次，命中二十四球，轟下五十二分，帶領他的球隊以187比150獲勝，而當晚球迷起立鼓掌的時間可能破了世界紀錄。賽後，他在計分台附近擁抱了皮朋，跟觀眾揮手致意，然後走到場中央，拉起褲管，跪下來親吻了球場的地板，用這充滿情感的最後一吻，告別了這個讓他擠身偉大之列的舞台。

「我跟體育館吻別，也跟我在那裡打球的歲月吻別。」他後來這樣告訴記者：「但我不是跟籃球吻別。我永遠都會愛著這項運動，也會一直打下去，只是不會在聯盟組織底下打而已。」

在寒冷的斯克達爾打亞歷桑那秋季聯盟時，他確實打了不少鬥牛賽。泰瑞・法蘭科納注意到，在伯明罕的最後一個月，喬丹揮棒的力道愈來愈大。他的出棒速度變快了，細長的下半身也開始有了比較穩固的重心。的確，他在斯克達爾的打擊率是可敬的二成五五，而且那個聯盟裡的對手都是頂尖的年輕新秀。八月，大聯盟的棒壇因為大罷工而癱瘓，但小聯盟的球員沒有受到影響。鮑伯・格林到亞歷桑那去陪伴喬丹，然後發現那裡的經驗確實是孤獨而寒傖的。那年秋天稍晚，荻洛莉絲・喬丹打電話給兒子，兒子聲音中的某些東西讓她覺得自己需要前去探望。幾天之後，喬治・寇勒從機場把她接到球場去看喬丹晚上的比賽。比起伯明罕的瘋狂盛況，亞利桑那的人群顯然小多了。格林看到喬丹走出休息區，站在那裡，眼光在觀眾群裡搜索，直到看見母親。然後他的眼睛亮了起來，臉上綻放出大大的微笑，這在他經歷父喪的那幾個月是很罕見的。

那年秋天稍晚，他回到芝加哥去參加一場典禮，官方的名稱是「向喬丹致敬」，內容是要在公牛隊全新的場館聯合中心球場裡，將喬丹的球衣退休。同一時間，球隊也計畫要在那座建築物外面落成飛人大帝的銅像。這座名為 The Spirit 的銅像，展現了喬丹持球飛行的英姿。

他的理智叫他不要去參加那個典禮，結果還真的比他想像得更糟。那座銅像本身也很令他煩躁。他之前看過模型，也不知道為什麼就答應了，但後來有表明他的不自在。他那被拱得太高的公眾形象已經讓他的生活形同惡夢。他老實跟格林說，他是個真人，不是座銅像，而聯合中心球場外面那座銅像只會更在他周圍築起令人孤立的高牆而已。然而，那座銅像立刻爆紅，從全國各地，甚至是世界各地吸引無數的觀光客前來朝聖。

那個致敬之夜則是一件蠢事，被包裝成特納電視網（TNT）的全國特別節目。按照原本的設想，這個「球衣退休儀式」應該是喬丹、教練、隊友與球迷所共度的一個親密而溫馨的夜晚。結果，NBA的娛樂部門把它搞成一場走味的電視人脈秀，每一句台詞都是事先擬好的，由一些好萊塢名流所組成的「卡司」來呈現。

一連串設計好的舞台橋段以及令人尷尬的笑點之後，藍斯朵夫與克勞斯被介紹上台，仍因球隊夏季的紛擾而憤怒的兩萬一千名球迷毫不留情地發出噓聲。

「不要這樣嘛。」喬丹責備球迷：「兩個傑瑞都是好人啊。」

並不是說風城居民口中的「兩個傑瑞」沒聽過噓聲。事實上，在一九九一到一九九三年公牛隊的三連霸期間，幾乎每一次聚會或是慶功，克勞斯都是無情噓聲的標靶。然而，事實證明，那個晚上已經超出克勞斯多年的髮妻薩爾瑪（Thelma）所能承受的範圍。長久以來，這位總管早已習慣面對球迷的憤怒，但看到狄恩．史密斯安撫著自己淚流滿面的妻子，他也怒火中燒了。

「狄恩後來跑去找她，跟她說麥可願意提到我的名字已經很好了。」克勞斯回憶道：「薩爾瑪看著他說：『太遲了！都是狗屁，他馬的太遲了！從很久以前，他就大可以多做一些。』狄恩聽了滿不爽的……我很為我的妻子感到驕傲。那天晚上，她對幾個人說了這些話。她訓斥了狄恩‧史密斯。她那天晚上訓斥了不少人。她發火了。事情發生之後，她含淚坐在那裡。」

跟他的妻子一樣，克勞斯也痛恨喬丹從來沒公開幫他說過話。克勞斯後來說：「這些年來，麥可大可以為我做很多事，但他從來沒有。」

「傑瑞從來就沒辦法投射出一個好的個人形象。」傑克森在當時評論道：「對於芝加哥的觀眾來說，他的公眾形象已經毀了。他們把他看作像是市長那樣的人。市長在公眾場合一定會被噓。傑瑞就是代表那一類的人。他必須要做一些不討好的事情。而球迷們記得那些不討好的事情，也記得他所做過的評論。其實傑瑞真正做錯的地方，在於他跟很多體育寫手疏遠了。而塑造公眾意見的正是體育寫手們……到頭來，他已經把自己變成一個無法被喜愛的角色。」

儘管如此，克勞斯還是守住了自己的職位。「所有的總管都會犯錯。」藍斯朵夫說：「傑瑞是極其忠誠的，最重要的是，他總能得到自己想要的成果。他能得到成果，因為他非常認真工作，而且他很有識才之明。」

「可憐的傑瑞遇到每個人都碰壁，包括我。」芝加哥的資深體育寫手鮑伯‧羅根當時說：「但他在人生中得到想要的東西。他掌管整個球團。他手上有三枚冠軍戒指。然而，我覺得沒有任何一天是讓他感到全然滿足的。總會有他還想得到的東西，或是他還沒搞定的事情。」

致敬之夜過後不久，克勞斯就坦承，他期望球隊在喬丹缺陣的狀況之下奪冠。「傑瑞跟我談過這件事。」克勞斯直言不諱：「馬的當然，我們想要在麥可退休之後奪冠，因為這有辯護的效果，裡頭也有我個人的動機。沒錯，我也是有自尊的。我不覺得我的自尊很大，但是也不小。而我覺得自己工作做得不錯，至少這一次，我要全世界說我贏了，而且不是靠麥可贏的。」

如果他真的想要不靠麥可贏，那一九九四年季後賽失利讓他失去了機會。就算在球衣退休儀式的那個晚上，菲爾‧傑克森都能感受到重返球場的慾望在喬丹體內翻騰。某些ＮＢＡ球隊老闆甚至私下跟藍斯朵夫說，聯盟當局為了引誘喬丹回來打球，提供了很豐厚的補償配套。在那一晚的電視腳本裡，也有一則關於喬丹重返球場的笑話。典禮結束後，喬丹站在體育館地板上回答記者們的提問，一位記者問他，一紙一億美金的合約能否吸引他回來打籃球。他不耐煩地回答：「如果我是為了錢打球，那可能要三億美金才夠。」

如果他真的要為錢打球，那他絕對不該去打棒球。他在棒球場上的薪水微薄，不過他在那一年光是靠代言就約莫賺進三千萬美金。大聯盟的罷工拖過聖誕假期，到二月還沒結束。喬丹提早一個禮拜到春訓報到，卻發現老闆與球員之間為錢反目的戲碼短期之內不會結束。接著，他又因為更衣室與停車位的配置與白襪隊的管理階層有了誤會。然而，真正驅使他離開的原因，是他愈來愈發現，球隊只是要利用他來吸引觀眾進場看春訓。他完全不想當一個替補球員，或者更糟的是，一個賴著不走的球員。終於，他將父親的夢想永久打包，起身回家。他在一通電話中告知藍斯朵夫。

藍斯朵夫說：「我覺得你因為錯誤的原因放棄棒球。」

「不。」喬丹說：「我已經下定決心了。」

「你接下來想要做什麼？」這位老闆問。

「我不知道。」喬丹回答。

「他在亞利桑那秋季聯盟的打擊率是二成六。」藍斯朵夫後來坦承：「我想他真的在進步。但是罷工讓他無論怎樣都不可能在九五年為白襪隊打球。」

在三月十日，他宣布從棒球場上退休，說小聯盟的經驗讓他重新發現當初讓他成為偉大籃球員的工作態度。「我遇到數千名新的球迷。」他說：「而我也了解到，小聯盟的球員是棒壇的基石。他們往往在不引人注目的狀況下打球，也沒有得到太多肯定，但他們值得擁有所有球迷以及棒壇相關人士的尊敬。」

喬丹並沒有辜負棒球，菲爾・傑克森點出：「是棒球辜負了他。」

伯托中心的日子

原本喬丹試圖以不張揚的方式加入公牛隊的練球，但看來似乎不太可能，尤其當球隊正沉重地渡過荒涼時期。一開始的徵兆幾乎是難以察覺的。也許給某個老朋友來一通電話，或是在傑克森的辦公室外抽一根雪茄。不管是什麼，總之在那年三月，這些信號是讓所有該知道的人都知道了。麥可喬丹正在考慮重返球場？他要換上裝備來練球看看情況如何？

整個世界為芝加哥籃壇瘋狂的一年於焉展開。

「關於他回鍋的謠言已經流傳好幾週了。」公牛隊當時的訓練員奇普・謝佛爾回憶道：「我跟賴瑞・克理斯科維亞克（Larry Krystowiak）、路克・朗利（Luc Longley）與史蒂夫・柯爾一起吃晚餐，他們以前都沒跟麥可打過球。這些人想到未來有可能跟他並肩作戰，都表現得超級興奮，幾乎像是小孩子一樣。我記得我坐在那裡聽他們說話，心想：『天啊，你們不知道跟他一起打球是一件多麼困難的事！』」

史蒂夫・柯爾還記得，早在喬丹大駕光臨之前，那就已經是很詭異的一年了。前一季雖然沒有喬丹在陣，公牛隊仍是一支勁旅，但九五年的陣容就薄弱多了。那些分歧與爭議終於傷到他們了。「我的感覺是，第一年麥可才剛走，大家還能感覺到他的存在，所以我們的威勢還在。」柯爾解釋道：「隊上有卡特賴特、帕克森與霍雷斯・葛蘭特，這些人顯然都還是冠軍，也仍感覺自己是冠軍，所以就算麥可不在，冠軍隊的氣勢還是延續下去。然而，隔年那種感覺就漸漸消退了。我們失去了卡特賴特、帕克森與葛蘭特，也少了他們的領導。所以，突然之間，隊上的體能條件與領導能力都被掏空了。然後我們開始認清現實。我們失去了優勢與能量，有點垮掉了。我們陷入掙扎。」

那年季初，喬丹有時來參與練球，有時不來，但是並沒有跟球隊其他人多做聯繫。柯爾說：「有時候他會來稍微練一下球。但因為他的身分與氣勢，對於那些以前沒跟他打過球的人來說，他真的是難以接近。你們也知道，他是那種會令人畏懼的人，尤其在你不認識他的狀況下。你不可能隨性走到麥可喬丹身邊跟他說：『嘿，最近怎樣？』他有點像是那種隱沒在背景裡的存在。我們沒有人跟他很熟的。」

幾天過後，他就穿好球衣，戴好裝備，帶著足以掀起風暴的能量正式參加練球。但他是否決定要重返球場，仍是未知數。最早洩漏消息的是當地一個體育電台，然後瘋狂的盛況就被點燃了。接下來的十天，是運動史上最扣人心弦的十天。麥可喬丹到底有沒有要回來打籃球呢？大批的衛星轉播車以及來自全國各大電視台與出版社的媒體代表都聚集到伯托中心，期待會有某項宣布。然而，大片的屏幕擋住了練球場地的窗戶，媒體人員只能聽見裡面的呼喊以及球鞋磨擦地板的聲音。就他們所知，喬丹與球隊一起練球，但是還沒下定決心，一切細節仍在討論中。同一時間，在練球過程裡，喬丹穿上黃色背心，以控球後衛的身分帶領二軍對上一軍。

喬丹對皮朋。一如往昔。

「能夠跟他一起打球就很好玩了。」跟喬丹一起完成三連霸的中鋒威爾・普度說：「光是能看他打球就夠了。」

事實上，要不是吊大家胃口吊了整整十天，情況也不會被炒作到那麼瘋狂。但藍斯朵夫要喬丹等等。而喬丹自己在那一個禮拜裡也舉棋不定，停頓下來，試圖理清他是因為對棒球的罷工失望而回來，還是因為他仍愛著籃球而回來。在他等待的這段時間裡，球迷像是被一塊巨大的磁鐵吸引一般，成群結隊地來到伯托中心，人群都滿溢到隔壁旅館的停車場裡了。他們迫切地想要在他每天離開練球場地時，看一眼飛人大帝。然而，他繼續保持緘默，吊足了所有人的胃口，讓整個美洲大陸的有線電視新聞台二十四小時都有東西可報，體育電台脫口秀的電話也成天響個不停。

大約一週之後，群體的不耐煩開始發酵。開始有一些人打電話進去體育電台的脫口秀，宣稱喬丹根本是在玩弄大眾，這也確實有其可能性。注意到一切事情發展的大衛・佛克很享受整個狀況。他的顧客正在創造用錢都買不到的報導篇幅。根據今日美國的報導，最近這幾天，雇用喬丹當發言人的那些公司在各大證交所的股價上看二十億美元，讓人更加質疑喬丹是否在進行某種金融面的操作。

到了三月十六日星期四，傑克森向喬丹表示一切太過頭了。他請喬丹那一天不要參加練球，因為伯托中心外面的人實在太多了。當天下午，這位教練向聚集在外的媒體們表示，喬丹與藍斯朵夫正在進行討論，大概三到四天之後會有結果。雖然喬丹是如此令人分心的存在，但他也證明了，光靠一點點練球時間，他就足以推動球隊。那個週五晚上，公牛隊拿下三連勝，在聯合中心擊敗密爾瓦基公鹿隊之後，更讓勝率達到五成。賽前有人揣測，喬丹會突然換上球衣出現在那場比賽之中，但只有他的保全顧問們到場勘察體育館而已。

然後，就在隔天，芝加哥的廣播電台突然報導協議拍板定案，喬丹將在當日作出宣布，而他會在週日對上印地安那的比賽之中，在全國電視轉播之下出賽。在拉塞爾街（LaSalle Street）上，麥可喬丹餐廳（Michael Jordan's Restaurant）的經理聽到新聞之後，決定讓禮品部再一次進行補貨。這間餐廳在二月的生意並不好，但因為喬丹暗示可能復出，三月份幾乎每晚都人滿為患，生意興隆。球迷在聯合中心球場外的喬丹銅像之下守夜，那裡很快成了某種聖殿。在伯托中心外面，一群群球迷與記者們流連不去，有些球迷甚至進住隔壁的Residence Inn，站在陽台上看，或是探頭過牆看，等待著正式的宣布。

突然間，練球結束了，喬丹的Corvette就這樣出現在路上，當他催動引擎飛馳而去，球迷們的尖叫歡呼幾近瘋狂。接著，皮朋開著他的Range Rover出現，停得夠久，讓大家可以透過陰暗的車窗看見他露齒微笑。不久之後，NBC的彼得‧維克西在球迷們的歡呼聲之中做了現場報導。他告訴觀眾，喬丹要復出了，他將在週日出戰印地安那，可能會穿上在十一月被退休的二十三號球衣。興奮之情貫穿整座城市。一位體育廣播員打趣說到，芝加哥已經陷入「喬丹高潮」（Jorgasm）。

巨星中的巨星終於打破沉默，透過佛克發了新聞稿，只有短短四個字：「我回來了。」

那個週日，喬丹違反了NBA的規定，搭乘私人飛機抵達印第安納波里斯。飛機降落之後，停在跑道上，喬丹在裡面獨坐良久。這是他在父親過世之後的第一場NBA比賽，他想要好好回顧一些非常私人的記憶。然後，禮車隊將他載往市中心，裡面還坐著他的二十名保全。喬丹需要靠他們才能穿過聚集在市集廣場體育館（Market Square Arena）周圍的群眾，那裡的保全人員也已經多設了許多柵欄。

等著比賽開始的時候，溜馬隊的教練賴瑞・布朗感受當場的氣氛，打趣說這一切就像是「貓王跟披頭四回來了。」

終於，中午過後不久，天選之子與隊友們一起出現在客隊的休息室，站在那些聚集在廊道的人群前面。他嚼著口香糖，皺著眉頭嚴肅地環顧四周，準備好要重啟被十八個月的「退休」所打斷的籃球生涯。

遵循賽前的儀式，喬丹與隊友們簇擁在一起，最後大家把手搭在一塊。前鋒科里・布朗特（Corie Blount）大喊：「現在是什麼時間？」

全隊一起回答：「比賽時間！」

終於，這段令人抓狂的挑逗要告一段落了，熱愛籃球的大眾可以歡慶他們的法老再臨。所有籃壇的大祭司都到場了。「NBC為了這場比賽傾巢而出。」已經升格成為現場解說員的馬特・古奧卡斯回憶道：「他們甚至要鮑勃・科斯達斯飛來主持賽前節目。」

就算喬丹決定要舉辦自己的超級盃，場面大概也不會比這個浩大。在攝影機的包圍之下，公牛隊員們從簇擁中解開，走進體育館，開啟飛人喬丹史詩的另一段驚奇篇章。但畫面似乎哪裡怪怪的：喬丹穿著他小聯盟以及高中時期的背號四十五號，而不是讓他名滿天下的，大家熟悉的二十三號。喬丹後來解釋說，他想要讓二十三號保持退休，因為那是他父親最後看到他穿的背號。與NBA簽約的球衣廠商Champion馬上加緊趕工，製造超過二十萬件四十五號球衣，準備將它們販售至全球。

在那個下午，面對印地安那的喬丹動作有點僵硬生疏，但球迷們似乎毫不在意。他投二十八只中七，但是他的防守強度幫助公牛隊在落敗之前，將分區龍頭溜馬隊逼近延長賽。賽後，他打破沉默，談論這十天來的喧鬧。

「我也是人。」他說：「我也沒料到這樣。我覺得有點尷尬。」

他延後復出，因為他想要確保皮朋與阿姆斯壯會留在公牛隊，但藍斯朵夫不願意作出承諾。喬丹說他也花了一點時間檢視自己的動機，確認他對籃球的愛是千真萬確的。他說，那才是他重返球場的原因，絕對跟經濟考量無關。他也點出，跟NBA的球員工會達成新的勞資協議之後，聯盟在重新談判合約的時候擁有延期付款權，所以他必須以一九九三年離開時的三百九十萬美元年薪打球。（雖然不用這麼做，但公牛隊自願把一九九三到九四年的薪水全額付給他，而雖然他在一九九四到九五年球季只打了一部分，公牛隊還是付他整季的薪資。）他說，他的復出單純建立在對籃球的愛好上。

「我想要重新為這項運動灌輸一些正面力量。」他如此談論自己的復出，也暗示自己對於NBA裡那些坐領高薪的年輕球員有所不滿：「最近有很多負面力量。就對於這項運動的愛好而言，那些年輕人沒有盡到自己的責任。我想，你應該要熱愛這項運動，而不是利用這項運動……要當一個正面的人，要表現得像一個紳士，像一個專業人士。」

三個晚上過後，喬丹的回歸劇場移師波士頓花園，他投十七中九，拿下27分。這一次公牛隊贏了。接下來，他在最後一秒絕殺了亞特蘭大，不僅犒賞了他的追隨者，也為麥迪遜廣場花園的大戲架設好舞台。

尼克隊的總教練派特・萊里有所警覺，因為他看見喬丹在對上老鷹隊的時候已經漸漸找回節奏。身為職業籃壇裡無可救藥的籃球上癮者之一，萊里能察覺到即將襲來的風暴。喬丹和佛克也感覺到了。在對上萊里手下難纏的軍團之前，喬丹需要三場比賽熱身。當時的尼克隊擁有六呎五吋的約翰・史塔克斯（John Starks），他從以前就很會防守喬丹。天選之子重返高譚市的戲碼造就了有線電視台TNT轉播史上最多人收看的一場例行賽，而整座城市也因為興奮之情而沸騰。麥迪遜廣場花園附近，一面巨大的高空螢幕上閃現著「百老匯的公牛隊」（Bulls Over Broadway）的字樣。每個人都在談論著「歷史」。打從菜鳥球季開始，最能點燃喬丹戰意的，就是紐約的華麗舞台。喬丹的宣言之戰一次又一次在麥迪遜廣場花園上演，其中最銷魂的一役，莫過於一九八六年他傷癒復出的那一場，他狂砍50分，為這座場館創下客隊球員最高的得分紀錄。

類似的時刻似乎又將到來，一切變得如幻似夢，喬丹的氣勢為全城的氣氛罩上了一層厚紗。

彷彿有必要解釋一下，他在賽後說：「我來這裡就是要得分。」

每個人都看過他在紐約前幾分鐘的表現。第一節，他的跳投就一顆接著一顆破網，因為史塔克斯選擇退一步防他切入。他讓喬丹找到了所謂的節奏。喬丹做任何事總想要找到這個節奏，不論是揮棒、打高爾夫、打籃球或是跟萊西・班克斯打乒乓。找到節奏之後，他就掐住了尼克隊的喉嚨，而就連史派克・李以及場邊的主場球迷們都暗自竊喜著。第三節結束時，他的得分已經來到49分，他又接著打破了自己在麥迪遜廣場花園的紀錄。最後，他轟下55分，在他眾多傳奇性的戰役之中，這場比賽被稱為「兩個五分錢之戰」（double nickel game）。

然而，讓全曼哈頓永生難忘的是這場戰役的結束方式。距離終場沒剩幾秒，萊里的球員們緊逼，喬丹掌握著球，也掌握著比賽的勝負，他縱觀全場，幾乎吸引了所有的防守者之後，把球傳給獨自站在籃下的新隊友比爾・溫寧頓，讓他灌進致勝的一球。

賽後，萊里的表情彷彿他整整四十八分鐘都在啃咬著計分台的桌腳。他不得不承認：「擁有如斯影響力的，籃球史上僅他一人。」

在採訪室裡，喬丹送了最後一句垃圾話給史塔克斯。忍不住要在口頭上再添一分，他說：「我想他忘了怎麼守我。」

比起任何其他的事物，這場比賽的表現最能創造出這樣的印象：不知怎麼地，宛如魔法一般，他要趕回當年的未完成的進度，踩著華爾滋舞步，直指第四座總冠軍。感受最深的，莫過於喬丹本人，以及他的教練和隊友們。最近的戰績也撐起了他們的信念。有喬丹坐鎮，公牛隊稱霸了春季的最後幾週，打出十三勝四敗的戰績，其中包含兩次的六連勝，讓聯合中心球場的氣氛嗨到最高點。這座開季時還嶄新的球場，如今在風城人的口中被簡稱為UC，對於喬丹來說是陌生而令他尷尬的，因為他曾經發誓不會在這裡打球。當然，他後來妥協了，但他還是不喜歡這座球場，還開玩笑說想「把它給炸了」。那年春天，就座落在對街的芝加哥體育館，因為正在進行的拆除工程而破了一個大洞。比賽的晚上，光線從這座老舊的砂岩石棺內部透出來，彷彿昔日戰役的魂靈跟芝加哥一起在等待著麥可和他的戰友們。然而，因為幕後不為人知的壓力，連平凡無奇的球賽，都讓喬丹陷入掙扎。

在二〇一二年回首前塵，史蒂夫・柯爾說：「這是一件很奇怪的事，打了整整六十五場比賽都沒有某個人，然後這個人，而且還剛好是這項運動裡面最有宰制力的角色，突然出現了，然後你知道的，就跟這樣開始打球。那絕對是一段需要調整的時期。而我們每個人都頭昏眼花。我們都很興奮，因為我們知道自己有機會再贏下一座總冠軍。」

私底下跟喬丹相處的時候，這支球隊也在適應一股以前沒遇過的，輕蔑的暗流。無論是好是壞，讓柯爾訝異的是，喬丹竟然就這樣掌控了全隊的心理狀態。柯爾說：「我們以前並不知道，他真的好難搞，而且在很多地方都高人一等。沒有一個人感到自在。他每天都會主宰練球，不是在體能上，而是以一種嚇人的方式在精神上主宰。你知道的，不管我們想不想，他都會逼我們競爭。有些時候是這樣的，你是一名ＮＢＡ球員，所以會筋疲力竭。每支球隊都會經歷這樣的狀況。有些日子裡，你不得不想辦法打起精神，但你需要休息。然而喬丹不需要休息……他是不睡覺的，到現在還是這樣，他完全不需要休息。但是其他人需要啊，而在我們疲憊的那些日子裡，他就會取笑我們，或是哄騙我們，或者是……你知道的，他會直接吼我們。真的很棘手。真的很難應付。」

對於看籃球的大眾來說，這一切有一種故事結尾的吸引力。公牛隊以東區第五種子的身分進入季後賽，不擁有任何主場優勢。儘管如此，他們還是只用了六場球就淘汰夏洛特黃蜂隊。受雇於黃蜂隊的強尼・巴赫坐在他們的板凳區，惆悵地看著比賽。

「我很想在隊上……」多年之後，巴赫在回首時說：「可惜天不從人願。」

喬丹輕易聽信了傑克森的說辭，認為迫使巴赫離職的人是克勞斯。就算三座總冠軍曾讓喬丹與這位總管的關係破冰，這件事加上克勞斯與皮朋的衝突也將一切抵銷了。

芝加哥下一輪的對手是魔術隊。霍雷斯・葛蘭特已經加盟魔術，與俠客歐尼爾組成前場，配上安芬尼・哈德威（Anfernee Hardaway）、丹尼斯・史考特與尼克・安德森，讓奧蘭多擁有運動能力與投射能力，在低位的威力也很驚人。就在喬丹退休後不久，他們曾在聯合中心球場痛鞭了公牛隊一頓。對於葛蘭特來說，這個系列賽充滿個人情緒。在他的心中，藍斯朵夫、克勞斯、傑克森與喬丹一直瞧他不起，而他現在迫不及待要給他們一點顏色瞧瞧。

第一戰，公牛隊在奧蘭多以91比90取得領先，但因為喬丹在比賽終了前的兩個失誤而落敗。其中一個的狀況是，喬丹只需要運球把比賽時間拖完，結果卻讓安德森把球抄走。安德森賽後說：「四十五號不是二十三號。」後來他又補充說，喬丹不如當年離開球場時那樣具有爆發力。

「當他經歷今年在季後賽的風雨，我們有點為他感到難過。」傑克森後來說：「但我很了解麥可，所以在奧蘭多的第一戰他被抄球之後，我搭著他的肩膀說：『因為我們靠你贏過太多次，我從沒料想到會發生這種事。我們將這件事納為己用。我們透過這件事來建立正面的力量。永遠不要忘記你是我們的主將。』你從沒想過有一天會需要去跟麥可講類似的話。」

賽後，喬丹拒絕跟媒體談話。下一場比賽，他穿回二十三號上場，因為沒有事先宣布球衣號碼的變更，公牛隊被聯盟罰了兩萬五千美元。NBA也強制執行了政策，要求喬丹恢復跟媒體的對話。

「我並不覺得被冒犯。」幾天後當他終於被迫開口，喬丹如此回應安德森的評論：「我在兩年前設了那麼高的標準，在這二十場比賽裡我沒能達到那個標準。而人們將透過那樣的標準來評斷我現在的表現。我必須要達到自己對自己的期待。」

公牛隊攻克第二戰，搶到主場優勢。他們完全期待要在聯合中心球場的第三戰裡掌控大局。喬丹砍下40分，但是出手了三十一次，有時候也似乎忘了公牛隊有團隊的進攻。奧蘭多拿下關鍵的第三戰，但是在第四戰裡喬丹修正了出手選擇，讓公牛隊扳平系列賽。賽後，記者與攝影團隊將喬丹團團圍住，他們問起他的未來，他回答：「除了麥可喬丹本人之外，每個人對麥可喬丹都有自己的看法。我重返籃球場，為的是打這一季與下一季，之後，我們必須再做評估。」

此後，他的出手開始不進，判斷開始出錯，只能眼睜睜看著葛蘭特的演出扭轉了系列賽的局勢。為了防守歐尼爾，傑克森決定要對低位進行包夾，放空檔給葛蘭特。奧蘭多其他的先發球員都是致命的三分線射手。傑克森的想法是，就算葛蘭特得分，也只是兩分。聽起來很有邏輯，卻讓公牛隊自食惡果。葛蘭特發威了，他回應了傑克森的策略，在比賽前段就大量取分，而他的表現也再次凸顯了芝加哥在大前鋒這個位置的弱點。最後的羞辱是，魔術隊以四比二在公牛隊的主場結束系列賽，然後年輕的奧蘭多球員們把葛蘭特扛在肩上，一邊慶祝一邊離場。

在外面的廊道上，公牛隊的教練團似乎因為不敢置信而呆滯了。泰斯・溫特坦白承認安德森是對的，他說：「麥可已經不是同一個球員了。」

「麥可已經不是同一個球員了。」傑克森後來也同意道：「他跟每個人一樣都會老化。但他仍然是麥可喬丹。」

傑克森預測喬丹會重拾手感，而且下一季的命中率會超過五成。「我敢打包票。」這位教練說：「他能否突破人們施加在他身上的一切防守，包夾或是三夾？不能。但是他可能會開始知道往哪裡傳球比較好。很多時候，麥可忘記了什麼時候該把球傳出去。」

沒有透過八十二場比賽的球季來融入團隊，這點傷害了喬丹。幾個禮拜之後，傑克森一邊回顧一邊說：「對於那些在季後賽滿天飛的批評，他聽見了也了解了。在芝加哥，人們開始瘋狂指責，很多人抱怨著，很多人咬牙切齒。麥可一定會將這些化作力量。」

原因已經夠明顯了，這對喬丹來說是極度令人謙卑的時刻。史蒂夫・柯爾在二〇一二年回憶道：「一過中線，他的球就被尼克・安德森抄走。那場比賽我們本來勝券在握，結果最後卻輸掉整個系列賽。有些比賽他的表現神勇，有些比賽他的表現平庸，所以我一直認為驅策他的是季後賽的失利。然而，我想棒球也佔了一定的比率。他上一次奪冠是九三年的事，所以他已經兩年沒有嚐到站在世界頂端的滋味了。」

因為辜負球隊，他那巨大的自尊受傷了。多年來，他總是把公牛隊的命運攬在肩頭，在數百萬人崇拜的目光之下，用一次又一次華麗炫目的表現撐起整支球隊。如今，攤在大家眼前的，卻是他的墜落。

第32章 訓練營

一九九五年的夏季，教練團研究錄影帶之後做出的結論是，公牛隊大可以、也應該要贏得系列賽，甚至可能將對方橫掃出局。助理教練吉姆・克萊蒙斯說：「我們都是在最後關頭才輸球，因為比賽終了前的投射或是失誤。那是執行力的問題。一支好的球隊知道怎麼關門，怎麼把事情搞定。如果要說的話，一支試著要變好的球隊才會有那些散漫落漆的表現，那些不知所謂的人。」

在他的籃球生涯裡，許多詞彙曾被套用在他身上，但「不知所謂」絕非其中之一。他會把這件事情轉化為自己的動力，這應該不讓人訝異。「透過去年那令人失望的系列賽，籃球教了我一課。」喬丹在那年秋天坦言：「那逼著我回到體育館去重新學習怎麼打籃球。」

他在球迷心中的地位太高了，所以大家自然而然會責怪別的東西，像是公牛隊的進攻戰術。在落敗之後的那幾天，體育廣播裡充斥著各種評論，質疑三角戰術是否已經過了有效期限。連溫特本人都動搖了。喬丹從來沒有告訴溫特他對三角戰術的真實看法。然而，現在這位年長的助理教練懇求傑克森，要他透過一年一度的季前球員面談去找出真相。

傑克森回憶道：「溫特帶著衝動說：『菲爾，我想要你去問他，覺不覺得我們要改變進攻戰術？我們可以繼續打三角戰術嗎？我們需不需要規劃一些明年可以用的新戰術？我要你去幫我問這些問題。』所以我就去問了，麥可說：『三角戰術是這支球隊的支柱。這是我們的系統，是每個人都可以仰賴的東西。有了它，他們才知道要往哪裡跑，要如何運作。』」

「那個時候，麥可已經靠三角戰術拿下三座總冠軍了，所以他對這套進攻以及菲爾都有絕對的信心。」柯爾解釋道：「你知道的，菲爾會在練球時反覆跟我們說：『我不是為了麥可或史考帝執行三角戰術。不管我們打什麼戰術，他們都能得分。我是為了你們其他人執行三角戰術。』他會在麥可面前說這些話，我想那是聰明的，因為每個人都心知肚明，三角戰術在某些層面上其實限制了麥可的能力。如果我們的目標是要讓他每場得40分，那我們可以幫他設計單打戰術，然後清開空間來讓他打，他會每場都拿40分。但我們沒辦法靠這招贏球，麥可本人也明白。」

比起進攻戰術，球隊的未來更取決於一個跟喬丹個人有關的惱人問題上：他如果又一走了之怎麼辦？對於一些觀察者來說，他作為籃壇霸主的時代顯然已經過去了。某些公牛隊的工作人員甚至揣測，他寧願直接退休也不要去應付NBA生活的煩擾。這份揣測在夏季更站得住腳了，因為喬丹被捲入NBA與球員之間討價還價的論戰。以前他對於聯盟的勞資問題從來不感興趣，也下定決心不主動跟公牛隊重談合約。然而，在大衛・佛克的勸說之下，他這次扮演起領導者的角色，密謀要解散球員工會，打算逼聯盟給球員們更好的協議以及更多談判的空間。這個問題終將被解決，但卻已經讓大家看見一個新版本的喬丹：一個在場外議題上更具侵略性的喬丹。

儘管大眾對於喬丹以及球隊的未來憂心忡忡，公牛隊的教練團對未來卻默默保持樂觀。他們看出奧蘭多這支才華洋溢的年輕球隊將會是未來東區主要的競爭對手，所以如果公牛隊還想再拿一座總冠軍，他們必須提升自己跟魔術隊比拼的籌碼。精確一點來說，公牛隊必須要找到一名大前鋒，加強他們的低位，並且找到身材高大的後衛來防守奧蘭多的三人組：安芬尼・哈德威、尼克・安德森以及布萊恩・蕭（Brian Shaw）。

克勞斯的第一個動作是讓球迷最愛的B. J. 阿姆斯壯在即將到來的擴張選秀（expansion draft）之中不受保護。陣中其實已經有可以取代阿姆斯壯的高大後衛——前全明星球員朗・哈潑。為了填補喬丹退休的空缺，克勞斯在一九九四年將他簽下。哈潑年輕的時候是克里夫蘭騎士隊的超級巨星，但他的運動能力隨著一連串的膝傷而退化。三角戰術讓他摸不著頭緒，然而傑克森向他保證，如果他能夠改善自己的體能狀態，下一季他會成為隊裡重要的一份子。

喬丹也必須面對同樣的課題，他要重建自己的體能與心態，甩掉藍斯朵夫口中的棒球體態，重拾比較精瘦的籃球體態。喬丹預計要在好萊塢度過夏天的幾個月，為華納娛樂公司（Warner Brothers）拍一部邦尼兔（Bugs Bunny）電影：《怪物奇兵》（Space Jam）。換作其他球隊，換作其他球員，教練團可能會擔心暑期的行程衝突會去影響到這位球星休季期間的訓練。

「我們不擔心麥可。」溫特說：「我們知道麥可會料理好自己。」

大體而言，所謂的「體育館」就是拍片期間他在好萊塢片廠佔據的一層樓。在那裡，喬丹可以鍛鍊自己的球技，需要拍攝某一幕時，片組的人又可以馬上找到他。多年來，克勞斯一直鼓勵喬丹要多花點心力重訓，但剛好狄恩・史密斯不喜歡自己的球員練得太壯，這樣的影響於是一直殘留在喬丹身上。

克勞斯愈是跟他談論重訓，喬丹就愈是認真找尋高爾夫球場打球。但奧蘭多讓喬丹有了警覺。長久以來，克勞斯一直希望喬丹能配合隊上的重訓教練艾爾・維梅爾（Al Vermiel），他也是費城老鷹隊（Philadelphia Eagles）總教練迪克・維梅爾（Dick Vermiel）的親兄弟。然而不管這位總管推薦什麼，喬丹總是以質疑的眼光看待。茱安妮塔・喬丹當時跟著一位叫作提姆・葛洛佛（Tim Grover）的訓練師一起健身，喬丹便向他尋求協助。喬丹、皮朋與哈潑會在晨間與葛洛佛一起健身，他們把這個組合稱為「早餐俱樂部」。最後，公牛隊將會被視為籃球史上體態最完美的球隊。作為引導喬丹重建身體的大師，葛洛佛也將成為炙手可熱的頂級健身教練。

「我沒有見過比麥可喬丹更努力的人。」葛洛佛在那年夏天說：「他完成了行程上的夏季任務——拍一些廣告，出席一些活動——甚至還拍了一部電影。但健身計畫一直是他最主要的考量。」

對於喬丹而言，他即將花一整年的心力重奪NBA的霸權，休季期間折磨人的健身訓練只是個開始。已經快要過三十三歲生日了的他不只要準備好面對籃球場上的年輕強者，也要面對自己年輕時的幽靈。作為一個年老的復出球員，不管他成就了什麼，都將很難達到他當年設下的標準。為了在這場勝負之中凱旋，他認為自己在下一季必須每一分鐘都打，讓每一分鐘都有意義。

「我是那種遇到挑戰反而會更強的人。」喬丹在當時解釋道：「當人們說我是籃壇最傑出的球員時，我感到榮耀。但在我離開球場之後，我從排行榜上掉下來了。掉下來，我覺得現在的自己不及俠客歐尼爾、哈金・歐拉朱萬、史考帝・皮朋以及查爾斯・巴克利等人。正是因為如此，我才要努力度過訓練營，每一場表演賽都要打，每一場例行賽都要打。到了這個年紀，我必須要更拼。我沒有權利再偷吃步了。所以，這一次，我打算挾著一整季的鍛鍊進入季後賽。」

就算他耗費很多時間在片場，他還是必須在那個夏天持續打球。喬丹安排了一個球場，邀請了一群NBA球員在拍片空檔時跟他隨機分隊打比賽。等電影殺青，喬丹打包回到芝加哥參加訓練營時，他的專注力銳利如劍，收在莫名怒火打造的劍鞘裡。所有阻擋他的人，都將大難臨頭。

憤怒

吉姆・史塔克第一次提出這個想法時，傑瑞・克勞斯根本不想鳥他。只要讓丹尼斯・羅德曼靠近公牛隊，喬丹跟皮朋一定會發飆。而傑瑞・藍斯朵夫呢？他們都痛恨活塞隊，痛恨那群耍流氓的壞孩子。

然而，史塔克很確定這個想法行得通。

「吉姆・史塔克在那年夏天很早就來找我，要我調查一下羅德曼。」克勞斯說：「被我拒絕之後，他苦苦哀求。他說服我去調查那些我們耳聞的壞事究竟是否屬實。要不是吉姆那麼堅持，我們不會去探究那些謠言，也不會發現真相。」

打電話給愈多人之後，克勞斯也愈有興趣。為了調查羅德曼，公牛隊連繫了一大堆人：朋友們、對手們、以前的教練們和隊友們。查克・戴利說羅德曼會去打，而且會打得很拼。儘管如此，克勞斯還是必須要再想想。

曾在活塞隊擔任助理教練的布蘭登・馬龍說：「聯盟裡每個人都怕羅德曼怕得要死。」

藍斯朵夫允許克勞斯去跟羅德曼對話，但有條件限制。一定要慢慢來。這樣的人可以在幾天之內毀掉一切。

神奇的是，在那一年的休季期間，所有的反對理由都像骨牌一樣一個個倒下。羅德曼一開始不敢相信。但克勞斯請他到家裡作客，談不到一半，他就發現他喜歡這個人。不想跟他混在一起，但是喜歡這個人。

心滿意足的克勞斯請羅德曼去跟傑克森談。傑克森花了好幾個小時跟這位前鋒談話，試圖理清他對於球隊系統的態度。羅德曼顯然想要到風城跟喬丹並肩作戰。他甚至允許公牛隊跟他的心理諮詢師講話。比較難說服的是皮朋與喬丹，但這兩個人也願意考慮。「如果他準備好了，也有意願打球，那會對球隊大有幫助。」皮朋說：「但要是他會對我們產生負面影響。那我不認為我們需要找他來。我們可能因此往後大退一步。」

喬丹與皮朋叫克勞斯去完成這項交易，於是就在十月初，訓練營開始前幾天，公牛隊把長年擔任替補的中鋒威爾・普度送到了聖安東尼奧，換來羅德曼。

就這樣，三十四歲的青少年丹尼斯・羅德曼成為芝加哥公牛隊的一員。他想要的大概是二或三年一千五百萬的合約。他告訴記者們：「我會把五百萬存進銀行，靠利息過活，然後跑趴跑到爽。」而時間會證明，他確實說到做到。

卡特賴特退休之後，公牛隊依賴的中鋒人選有三：威爾・普度、路克・朗利以及比爾・溫寧頓。普度有阻攻的能力，溫寧頓進攻的手感輕巧，而朗利的身型高大，可以對抗俠客之類的巨漢。這三位公牛的中鋒都不能獨當一面，但是加起來卻足以成為媒體口中的「三頭怪獸」，也是教練團的拼裝解決法。普度被交易之後，擔任大前鋒的羅德曼必須要幫助剩下的兩名中鋒，也就是存活下來的雙頭怪獸。

為了在一九九五到一九九六年球季與奧蘭多抗衡，公牛隊也想找到一個純中鋒。唯一的問題是，真的沒有人選。所以朗利成了解答，主要是因為他還年輕（才二十六歲），而且身高七呎二吋，體重兩百九十磅，擁有符合條件的巨大身體。

為了協助應付羅德曼，公牛隊把他的跑趴夥伴傑克・哈利（Jack Haley）從聖安東尼奧簽過來，接著又找了另一個當年的壞孩子詹姆士・愛德華茲來分擔中鋒之責。後來，他們又簽了當年的活塞隊長人約翰・薩利。這一切都是羅德曼計畫的一部分。公牛隊的教練團認為，現在喬丹全面回歸，而且決心要再奪一冠，皮朋、朗利與庫克奇日漸成熟，哈潑重新磨亮自己的球技，又有羅德曼助陣，他們可說是萬事具備了。公牛隊一直以來都很痛恨壞孩子們，但如今他們準備要在場上佈署不少當年的壞孩子。

這可能是籃球史上最強的一支球隊，而這些人就是核心角色。唯一的問題是要讓一切運作順暢。在宣布這項協議的記者會上，羅德曼頂著一頭象徵公牛隊的紅髮現身，頭頂上有黑色的公牛隊徽，指甲還俏皮地塗上公牛隊的圖案。「我明白要讓一個像我這樣的人入隊，他們有一點疑慮與擔心。」他說：「他們不知道我會如何回應球隊。我想他們會透過訓練營與季前熱身賽找到答案。我想麥可知道他可以相信我會做好份內的工作。我希望史考帝也有一樣的感覺。」

才剛剛經歷過喬丹復出的大戲，芝加哥城發現自己又被捲入另一個媒體的震盪：小蟲（the Worm）的加盟。簡而言之，這座城市立刻愛上這個幾乎每晚都出現在當地頻道的刺青男。羅德曼來這裡的時候正處於破產邊緣，但現在馬上接到一大堆代言，賺進很多可以讓他揮霍的錢。在風城的歷史上，幫派份子、不正派的政客、充滿傳奇的女子以及體面的訟棍一個接著一個出現，然而羅德曼顯然是羅許街（Rush Street）所見過最多彩的客人之一。傑克森很快就會發現，他的新前鋒是一個最頂級的小丑。畢竟，誰能不去注意一個穿著新娘婚紗現身記者會的男人呢？

要不是因為羅德曼的隆重登場，球迷們可能會察覺，一個詭異而形同煉獄的訓練營正要在那年秋天展開。多年之後，真相才會被透露，大家才會知道在伯托中心那些漫長而晦暗的日子裡究竟發生了什麼樣的事。訓練營結束後，從車站裡走出來的公牛隊，像是一車剛被假釋的囚犯，既害怕，又令人害怕。

「我馬上就看出端倪。」史蒂夫・柯爾在二〇一二年回憶道：「訓練營太瘋狂了，競爭太激烈了。麥可剛經歷復出的那一季，他在季後賽打得並不理想，至少以他的標準看來是這樣。他現在要證明自己的實力，還要重拾自己的球技。所以每一回練球都像是戰爭。」

就算丹尼斯・羅德曼曾想過要調皮搗蛋，他也馬上拋棄了那樣的想法。喬丹就是那麼嚇人。事實上，羅德曼根本不跟他的新隊友說話，比較喜歡自己安靜地訓練。隨著一天一天過去，這樣的狀況顯得有些奇怪。「那是一個很難熬的訓練營，因為每個人都很有戒心。」羅德曼的好兄弟傑克・哈利在那年球季稍晚解釋道：「可想而知，你是麥可喬丹。你是史考帝・皮朋。你幹嘛要主動去找丹尼斯攀談啊？麥可喬丹去年賺了五千萬美金耶。他幹嘛要跑過來跟某個人示好，只是為了讓他講話？他們是有來跟他握手，歡迎他加入球隊，但也就僅止於此。除此之外，剩下的大家就慢慢來了。」

「我想每個人對於有可能發生的事都略帶懷疑。」已經受雇為助理教練的約翰・帕克森回憶道：「但我們對前景也保持樂觀。這份樂觀源自於菲爾的性格。我們覺得，如果說聯盟裡有誰可以跟丹尼斯相處，而且可以成為被丹尼斯尊敬的教練的話，那個人非菲爾莫屬。」

讓人對球隊的化學效應最感不安的部分是羅德曼與皮朋的關係。「不，我沒跟丹尼斯講過話。」皮朋在那年球季早早坦言：「我這一輩子都沒跟丹尼斯說過話，所以我不覺得這有什新奇的。」

回頭看會發現羅德曼帶來的餘興節目是個恩賜，因為那遮掩了訓練營裡真正發生的事情。喬丹比起前一年的春天更難應付。從退休狀態付出之後，他與隊友相處時態度更加強硬。畢竟，這支球隊是在喬丹離開時重建的，他發現自己顯然是在跟一群不懂得怎麼奪冠的人打球。

「很多人都來自於從來沒有冠軍經驗的球隊。」喬丹一邊承認自己對新隊友的嚴苛態度一邊解釋道：「我只是在加速那個過程。」

那年夏天的封館（lockout）也是一個因素。在佛克的獻策之下，喬丹領軍試圖解散工會，結果失敗了，在這項議題上，史蒂夫・柯爾站在另一個陣營。「封館的事讓我倆之間有著潛在的衝突。」柯爾回憶道：「我是公牛隊的球員代表，喬丹是佛克陣營的人，而他們很討厭球員工會的領導人物，所以這件事帶來某種暗潮。每一次練球的每一個項目都非常棘手。」

柯爾從喬丹身上感受到額外的不滿，甚至是惡意。那似乎不是出於種族。他笑著回憶道：「他從來不會在任何評語中提到種族。他沒那麼低級。他不會特別去歧視誰，因為基本上每個人都被他摧毀了。然而，我覺得那是精心算計過的，一定是。他刻意去測試每一個人。你當時可能並不知道，但是他是在測試你，而你必須要挺身反抗。」

訓練營的第三天突然成了柯爾挺身反抗的時間。他在二〇一二年回憶道：「我記得是這樣的，我們在打一場練習賽，而先發球員那一隊痛宰我們。我們是紅隊，他們犯規都沒被吹。麥可的打法粗暴到不可思議。然後菲爾必須要上樓去辦公室一趟。他要接一通電話之類的。菲爾離去之後情況就有點失控了。麥可滿嘴垃圾話。我現在想不起來他當時到底說了什麼，但是我真的受夠了。你知道的，因為我覺得他們每一球都犯規，麥可也是。擔任裁判的是助理教練們，而他們不想吹麥可犯規。他繼續講垃圾話，然後我開始回嘴。」

他笑著說：「我不確定有沒有人對他做過這種事。」

柯爾拿到球，喬丹再一次犯他規。「他在防守我，我記得我用沒有持球的那隻手架了一記拐子，好讓他遠離我，他繼續講垃圾話，我也吠回去。下一球，我跑過禁區，他在禁區中央給了我一個前臂衝撞，我也馬上還手。然後他基本上開始追殺我。如同雅德・布奇勒（Judd Buechler）說的：『他就像一頭迅猛龍。』而我就像《侏儸紀公園》裡被迅猛龍攻擊的那個小男孩。我完全沒有反擊的機會。現場一片混亂。我們對著彼此嘶吼。感謝老天，好在隊友們即時衝進來把我們分開。但是我眼睛還是瘀青了。顯然，我被揍了一拳。但是我根本不記得自己有被打。」

那是柯爾這一生第一次，也是唯一一次的互毆。「我們對著彼此狂吼，然後情況就失控了。」身為職業外交官之子的柯爾回憶道：「他只是要讓我們知道他們如何痛電我們。我當然知道他們正在痛電我們。他沒有必要告訴我。這怎麼不會讓我生氣呢？會不爽是很自然的。我們隊上每個人都很氣。只是他那時候剛好守到我而已。」

傑克森認為這個事件會嚴重而且立即地威脅到球隊的化學效應。「麥可氣沖沖地離開練球。」柯爾說：「然後菲爾下樓來找我講話。他說：『你跟麥可必須要把關係修補好。你必須去跟他談，然後你們兩個要重修舊好。』我回到家，發現電話裡有一則語音訊息。麥可在我的答錄機裡留話，他道歉了。很奇怪，從那天開始，我們兩個的關係變得超級好。你知道的，之後幾天，可能還因為這件事而有點疙瘩，但從此之後他顯然接納我了。」

透過那個事件，喬丹徹底控制了全隊。以前他利用憤怒與心理恫嚇來鞭策球隊，現在還隱含著暴力的威脅。在他創造的這個氛圍之下，未來三個球季，他都能讓球隊乖乖照著他的步調走。在這方面的努力上他並不孤單。傑克森也是隊上另一個具有主宰力的角色，喬丹與他合作打造了一支訓練精良的團隊。

這就是傑克森把喬丹稱為雄性領袖的原因。傑克森試圖透過禪宗的教誨、正念、冥想以及其他的訓練來引導並緩和喬丹的狂猛。「他在個人層面上並沒有明講太多。」柯爾如此描述喬丹的作風：「在籃球的層面上他明講很多。我的意思是，他有自己的看法。研究錄影帶的時候，他總是會發言，而菲爾有時也會央求他發言。他就是這樣對我們施加他的影響力，不是透過個人的層面，而是透過籃球這項運動的層面。」

柯爾表示，這種前所未見的做法在喬丹復出之後的第一個訓練營達到高峰，但其動力將在未來三個非常成功而動盪的球季之中延續。

「他明白自己是令人畏懼的。」傑克森在那年秋天說：「去年他剛復出的時候，我必須要把他拉過來講話。他已經很習慣跟威爾・普度打球……他對朗利非常嚴苛。有時候他會傳出那種我覺得根本沒有任何人可以接到的球，然後他會目光炯炯地瞪著朗利，給他那種表情。而我要讓他知道路克不是威爾・普度。如果他要測試路克，看看他的秉性如何，那沒有問題。但是我要麥可好好跟他並肩作戰，因為他擁有一副很高大的身軀，他不畏懼，他能在場上拼鬥，而我們如果要擊退奧蘭多，我們需要有一個可以挺身對抗俠客歐尼爾的人。」

傑克森一直努力讓隊上的階級制度保持嚴明，現在喬丹就是他的執法者。祖父級的泰斯・溫特也能幫忙，球員懈怠的時候，他也是毫不留情的。

禪

傑克森把喬治．孟佛介紹進球隊。他是一位運動心理學家，也是正念冥想的專家，他會教導球員們冥想，還會帶他們作團結訓練。孟佛也會跟球員進行一對一的諮詢，幫助他們抓住球隊的動力。基本上，喬丹會霸凌他們，而傑克森會運用自己的影響力讓每個人留在同一艘船上。值得注意的是，喬丹漸漸接受了傑克森柔和的帶隊方式。柯爾指出：「那是一切的關鍵。倘若喬丹不信任菲爾，對我們任何人來說，那些方法都不會行得通。但喬丹對菲爾的敬重足以讓他擁抱那些方法。」

傑克森會耗費寶貴的練球時間，讓大家坐在地板上冥想，矛盾的地方在於，一旦開始練球，大家又要面對喬丹的怒火。這透露了一些事情。如同柯爾所說，傑克森說他不是為了喬丹而執行三角戰術，是為了隊上的其他人。冥想訓練的道理也類似，只是方向剛好相反：這位教練不是為了隊上的其他人而引進冥想練習，他是希望可以避免喬丹將一個又一個有前途的隊友生吞活剝。

喬丹也對孟佛產生了一定程度的信任，甚至跟這位心理學家說，要是他們兩個早一點認識，他可能就不會一輩子把自己囚禁在旅館房間裡了。

皮朋也讓階級制度更加嚴明。他能展現怒火，但他是一位體貼而仁慈的領袖。他已經從喬丹的折磨學院畢業了，到了一九九五年的秋季，皮朋與喬丹已經成為球隊的核心搭檔。柯爾評論道：「我進入球隊的時候，他們兩個的關係已經很棒了。你也知道，他們有所謂的早餐俱樂部。哈潑與皮朋會在早晨去喬丹家裡重訓，重訓結束再一起過來練球。他們三個人的關係很緊密。而我們都知道，這種角色是最適合史考帝的：不需要當球隊的一哥，但是能以自己的方式主宰。」

喬丹依舊是雄性領袖，但是他跟皮朋的組合創造出一加一遠大於二的效果。「他們在攻守兩端都是完美的組合。」柯爾解釋道：「他們兩人在防守端都很全能，一換防就能為對手帶來浩劫。而在進攻端，史考帝真的比較喜歡傳球，而喬丹比較喜歡得分。到了最後，當我們拿下最後一個冠軍時，我想喬丹基本上把史考帝勾在他的臂膀下，向群眾宣布說，要是沒有史考帝的話這一切不會成真。所以，到了最後，那真的是一段不可思議的關係。」

就是在這樣的氣氛之下，丹尼斯・羅德曼被注入這不尋常的球隊化學效應之中。每個內部的人都急著想看他如何在這新的階級制度之下找到自己身分認同。「他們兩個幾乎沒有說過話。」柯爾如此談起羅德曼與喬丹：「但彼此之間就是有一種敬意，你可以感覺到有一種潛藏的敬意。很容易就可以察覺到，因為喬丹從來沒有找過丹尼斯的碴。而雖然沒有具體表現出來，但丹尼斯在情感上似乎願意屈居於喬丹之下。他從來沒有為喬丹做過什麼沒對我們其他人做的事，但他就是理解：麥可是『最偉大的』，而我在他之下，所以我們井水不犯河水。真的很有趣。」

喬丹怒火的主要目標仍是隊上兩名非國產球星：來自澳洲的朗利與來自克羅埃西亞的庫克奇。根據所有人的說法，包括喬丹自己的，他對他們兩個十分苛刻，而且他在芝加哥的最後三個球季都是如此。「那兩個人都很有天賦，尤其是東尼，他的天賦簡直不可思議。」柯爾說：「而路克是塊大木頭，字面上或比喻上來說都是。我的意思是，我們需要他固守禁區，做我們防守的軸心，還要搶籃板。但是你必須要在他底下點火他才會拿出全力。所以，我想麥可、菲爾、泰斯跟史考帝都緊盯著他們是有原因的。因為這正是他們所需的。他們需要被人踹醒。我想東尼真的是非常放鬆。我表面上也是個很放鬆的人，但是你可以激怒我。我也有不能被踩的地雷，尤其當我在打球的時候……我可能會很生氣，就像那一天一樣，我可能會發飆。然而，我從來沒看過東尼發飆。我也沒看過路克發飆。也難怪他們會是麥可下手的好獵物。」

泰斯・溫特見識過各種球隊的動能，但喬丹復出之後的進化卻讓他大感不解。「那是他另外一種挑戰自我的方式。」這位年長的教練提出這樣的理論，指出喬丹對自己的隊友如此嚴苛，也因此讓自己沒有懈怠的空間。

柯爾也同意道：「如果你審視他的過往，會發現很多時候，他會為了提升自己的檔次而自創挑戰。讓我驚奇的是，他以往所設下的標準實在高得令人不敢置信，要他達到那些標準幾乎是不公平的。很不可思議。一整季下來，不管他踏入哪一個場館，大家都期待他攻下四十分。他很愛這樣的狀況。這是他最令人驚奇的地方。他身上綜合了不可思議的天賦、工作態度、籃球技巧以及好勝性格。這是令人無法相信的組合。」

兩年後回首時，喬丹承認說他待人太嚴，有時候會把人趕跑。「如果你跟我有一樣的動機，跟我一樣了解我們要達成的事情，還有達成那些事情要付出哪些努力，那你就能比較了解作為一個領導者的我。」他解釋道：「然而，如果你跟我處不來，那你顯然不了解勝利需要多少心力。所以，如果我把他們趕跑，我不是帶著把他們趕跑的意圖去把他們趕跑。我會把他們趕跑，是因為我試圖讓他們了解奪冠的代價以及贏球所需的奉獻。我不是每一天都那麼嚴苛。我的意思是，有時候你必須要放鬆，舒緩一下緊繃的狀態。但大部分的時候，當你需要專注，你就是要專注。作為一個領導者，那是我必須要做的事。」

「而我也不是孤獨的。」他強調，也回應了柯爾的說法：「皮朋也會這麼做，菲爾也會這麼做。只是我比較堅持，我想大概是因為我在這支球隊待得最久吧。我覺得自己有義務確保我們維持同樣的期待，達到同樣的水平。」

承受過活塞隊的打擊之後，喬丹對恫嚇有很深的了解。而他必須要把這件事傳授給其他人。一九九〇年，當他全心全意付出，卻發現他的隊友們沒有這樣做的時候，他就做了這個決定。他決定自己永遠都不要在一群沒有鬥志的人之中作戰。回首前塵，他瞇起雙眼，眉頭深鎖地說：「從一支屢戰屢敗的球隊到一支冠軍隊就是要他馬的經歷這些階段。」為了提升球隊的情緒水平，喬丹掐住了球隊的喉嚨。光是了解這個事實就讓史蒂夫·柯爾震懾。他對自己說，所以，原來一切源自於此。

喬丹欣然承認自己在職業籃壇的地位讓他可以做出一些其他球員——甚至連教練——都不被允許做的事。「你要找到正確的方法做這些事，不要讓他們誤會彼此之間的關係。」他說：「這是對事不對人。我愛我全部的隊友。我願意做任何事。我願意付出自我來確保他們都能成功。但他們也要跟我一樣。他們必須更加了解自己需要付出的代價。」

喬丹把一些可能成為隊友的人趕跑，這件事「可能是一件好事」。柯爾說：「你必須要剷除那些沒辦法真正貢獻幫助的人。而麥可總是能找出那些人，找出弱點……。」

「顯然我們每個人都有弱點，除了麥可之外。」柯爾笑著補充道：「而他所做的，就是要我們保持好勝心，要我們拼鬥。面對弱點，他要我們戰勝它們，而不是接受它們。他要我們在弱處下苦功，讓自己進步。」但也不要搞錯了，喬丹的所作所為全然是挑戰。柯爾說：「可沒有太多的鼓勵啊。」

「我懷疑大鳥柏德也是這樣。」訓練員奇普・謝佛爾說：「待在羅耀拉瑪麗蒙特大學（Loyola Marymount）的時候，我看過無數次湖人隊的練球，所以我知道魔術強森在練球時也是個大壞蛋。要是你沒接到他的傳球，你上籃放槍，或是你在防守上漏人，老兄啊，如果眼神能夠殺人的話，那就是他那種眼神了。」

大眾要花一點時間，才能看清楚這個嚴苛版本的喬丹。芝加哥體育電台的記者布魯斯・理凡已經認識喬丹好多年了，他看出詹姆士・喬丹之死對這位球星的意義。「在那件事情之前，他是最不裝腔作勢的超級巨星，因為他不讓任何事情改變他。」理凡當時解釋道：「他會坐在休息室裡，一邊拉筋暖身，一邊跟我們聊三、四十分鐘與籃球無關的事情。他在地板上拉筋，我們陪他坐在那裡四十五分鐘，天南地北的聊。我們都覺得很好玩。他會問問題。他很好奇，他是一個想要學習新事物的人。他還在學習人生，還在教育自己。然而接下來，他的父親遇害，媒體又用那種方式報導葬禮，從此之後他對媒體的感覺就不一樣了。他不信任大部分的媒體，甚至包含我這種算得上是他的朋友的人。一切就這樣變了。某種程度上，他因為那件事情而變得堅硬。他跟媒體相處時還是很親切，但對他跟我們來說，好玩的部分似乎就不見了。」

喬丹的嚴酷之所以難以滲透，是因為那總是包裹在他興高采烈的垃圾話底下。「麥可已經下定決定要享受打籃球的時間。」泰斯・溫特評論道：「我想他很久以前就下了這個決心。他喜歡打球，他希望比賽是好玩而輕鬆的。而他也試圖製造這樣的氣氛。就我看來，他的做法有時候是有問題的。但如果他非要這樣才能享受比賽，才能挑戰自己的話，那就隨他吧。」

傑克森的工作就是要讓這個新版本的，加倍嚴苛的喬丹融入陣中。自從喬丹復出之後，這位教練就不斷提醒他：球隊裡最弱的人有多強，這支球隊就有多強。所以後來的訓練營才會有如烈焰。這位教練的錦囊妙計包含心理遊戲、欺瞞、誘導性的捉迷藏，如果必要的話，還有坦白的評價，甚至是衝突。球隊成員共處的時間愈久，傑克森的行為的本質愈來愈具有政治性，愈來愈撫慰而且體諒人心。然而，他對喬丹的敬意卻呈現了明顯的雙重標準。

「只要提到跟喬丹有關的事，菲爾就會說：『我們需要這麼做。』」替補中鋒比爾・溫寧頓在一場賽後評論道：「在會議裡，只要麥可有問題，菲爾就會說：『我們需要這麼做。』如果是我，他就會說：『比爾，你要出去卡位。』只要是喬丹的事，就會變成『我們』的事。如果是其他人，菲爾就會說：『史蒂夫，你應該要投那一球。』如果是麥可沒有卡位，他就會說：『嗯，我們需要卡位。』就是有像這樣的小事啦。但如果你知道這一切背後的原因，就會知道這都是讓球隊變好的一部分。」

長久以來，喬丹總控訴說傑克森愛玩心理遊戲，然而他自己也會玩，只是方法更嚴苛。「就是這樣，從心理著手。」喬丹說：「你必須要逼他們思考。這支球隊不是一支體能型的隊伍。我們擁有的不是體能上的優勢，而是心理上的優勢。」

「它們是窮兇惡極的。」柯爾如此描述喬丹風格的心理遊戲：「好處是，我們只要在練球時應付它們。但我們知道對手每一場比賽都要應付它們。」

一般大眾所景仰的喬丹與練球時那個醜惡跋扈的角色之間有一條鴻溝，吉姆・史塔克發現自己每每對此驚嘆不已。「Nike 幫他塑造了那樣的形象。」史塔克如此評論，但同時補充大眾的認知也很貼近現實：「麥可很有教養。詹姆士與荻洛莉絲做得超棒。但是當他處於競爭模式，他可以打開一個開關，然後保持那個狀態。在場下，他是史上最迷人而有魅力的人物。在這樣的類型裡，我覺得他能與穆罕默德・阿里平起平坐。他迷人可親，充滿敬意，而且知道該說什麼話。然而，一旦你打開他競爭模式的開關，他會把你的心臟給挖出來。」

第33章 嘉年華

受到適當的責罵、攻擊與驚嚇之後，從訓練營破繭而出的公牛隊彷彿被裝上一具渦輪增壓引擎，而帶著五顏六色的頭髮跳上跳下的丹尼斯・羅德曼可不是只有頂上造型有得瞧。他的能量與熱誠讓球隊瞬間變強。他大肆搜括進攻籃板的方式幾乎讓投籃命中率失去意義。他的隊友似乎很確定，如果不小心投籃失手，這條瘋狂的，揮舞著拳頭的小蟲一定會把球搶到，給他們另一個出手機會。在第一場季前熱身賽裡，他就用十顆籃板球讓大家看清了這一切。

喬丹小心翼翼地預測道：「在場上跟大家混熟了之後，就會比較有連貫性，他也將綻放光芒。」傑克森的看法也是一樣。

「那一年的第一場季前熱身賽，丹尼斯有上場。」傑克・哈利解釋道：「丹尼斯把球丟到觀眾席，被吹判延誤比賽（delay-of-game），然後他對裁判大吼，又吞下一個技術犯規（technical foul）。我第一個動作就是回頭看看板凳上的傑克森有何反應。傑克森笑了笑，靠過去跟我們的助理教練吉姆・克萊蒙斯說：『天啊，他讓我想起以前的我。』」

聯合中心球場的觀眾立刻愛上他那彈簧般的打法，而羅德曼獎賞他們的方式，就是在每場比賽結束後，脫下身上濕透的球衣，丟給球迷，然後光著上身大搖大擺地走進休息室。女性球迷也以同樣的方式回應他。每當他踏進城裡的酒吧，女人們似乎一定要扯開上衣給他欣賞一下胸部。這個球季看來一定會把芝加哥帶進一個不一樣的全新領域。

NBA生涯中曾有一段期間，羅德曼的行事作風彷彿沒有任何限制，然而喬丹的存在馬上提供了限制。

媒體在菲爾・傑克森處理羅德曼的方式上大做文章，但傑克森其實滿輕鬆的，因為喬丹的存在已經提供了任何教練所需的一切。

萊西・班克斯喜歡預測，多年來許多預測讓他不得不低聲下氣認錯。在那一年秋天的季前熱身賽，他預測公牛隊將會拿下七十勝，而這一次他的概念馬上變得清楚易懂。開幕戰，公牛隊在聯合中心球場對上夏洛特黃蜂隊，喬丹轟下42分，開啟了一股史詩級的氣勢。

不幸的是，開幕戰還有另一段插曲：茱安妮塔・喬丹與婆家的人們共用一個高空包廂看球，結果卻發生醜惡的爭執。茱安妮塔在包廂的一個區塊招待自己的親朋好友，喬丹一家也聚在一起，卻顯然哪裡惹到了茱安妮塔。「姐姐」回憶說當時他們都很驚訝，因為那天晚上的尾聲，他弟弟的老婆竟然氣沖沖地痛罵他們。荻洛莉絲・喬丹和她的孩子們認為這當中一定有什麼誤會。但是隔天一早，喬丹打給他的母親，語氣非常憤怒，甚至還咒罵了她。他表達了恨意，說家人侵擾了他內心的平靜。

雖然說這場紛爭的來由並不清楚——似乎跟很多事情一樣，都是源於日積月累的衝突——這個事件將讓喬丹開啟一段與母親和手足疏遠的歲月。為了不讓母親進入，他一度更換詹姆士・喬丹基金會的門鎖。當賴瑞・喬丹計畫要推出一款喬丹古龍水，幕後的局勢更形緊繃。知道他哥哥的計畫之後，喬丹馬上透過經紀人們聯繫知名香水廠牌的仲介，打算推出自己的產品。喬丹最後會讓哥哥知道自己的計畫，但當時賴瑞已經為自己的想法投入大量的時間與金錢了。賴瑞因為這件事大受打擊，而荻洛莉絲・喬丹也因此對那知名的兒子非常憤怒。喬丹主動要讓他的哥哥幫忙生產自己的古龍水，但此舉也未能減輕詹姆士・喬丹死後家裡持續累積的不和睦氛圍。然而，喬丹顯然從 Flight 23 的鬧劇中學到教訓。他不願再跟家人一起做生意。

像這樣的私生活風波與那兩名被控殺害詹姆士・喬丹的男人的審判構成了一九九五到九六年那個魔法球季的大半背景。審判、上訴與審議持續了好幾個月，到了三月，兩名殺人犯終於被定罪並判處無期徒刑。大部分的時候，體育媒體尊重喬丹不想談論此訴訟的意願，所以這個案件的殘酷描述這幾個月來就待在報紙上別的版面，體育版上則是公牛隊超凡球季的持續歡慶。

透過對母親發表攻擊性的長篇大論，喬丹一吐幾個月來的怒火與苦水。從很小開始，喬丹一直很愛他的家人。然而愈來愈明顯的是，那兩個謀殺他父親的年輕人也從喬丹身上偷走了某些珍貴的東西。謀殺案受害者的家庭往往被這個經驗深刻徹底地改變，甚至連對自己的家庭成員，都會覺得難以產生認同感。他的父親已經走了兩年，這在哀悼期裡是個重要的階段，但家裡的許多衝突仍然存在。

史蒂夫・柯爾的父親是黎巴嫩貝魯特（Beirut）的美國大學裡的一位教育者。在柯爾十八歲的時候，當他還是亞歷桑納大學（the University of Arizona）的新鮮人，他的父親遭恐怖份子暗殺。喬丹知道隊上其他人都沒有面對過他們兩人面對的事情，然而在共事的那些年裡，他們卻連一次也沒有討論過這件事。喬丹過著最公眾的生活，同一時間，私生活道路之艱難卻是任何人都難以招架。

「就算面對自己的隊友，他還是守口如瓶。」柯爾說：「我敢說，跟麥可一起打球的五年中，我跟他一起吃飯的機會，用手指頭都數得出來。我指的不是球隊聚餐，或是飛機上的用餐。我說的那種吃飯是晚上跟隊友出去，然後一起吃個晚飯。麥可每天晚上都待在自己的飯店套房裡，他被自己的生活囚禁了。一年之中大概會有一、兩次，我們會去同一間餐廳吃飯，同桌的還有另外五、六名隊友。但我們從來沒有一起吃早餐，就我們兩個人，或是兩個人一起吃午餐，從來沒有。就是從來沒發生過，因為他活在那樣的世界裡。我跟其他所有隊友都有過靜靜相處的時刻，在期間我們可以討論一些事情……一些比較私人的事情。但是面對麥可，我連提起類似話題的機會都不曾有過。因為，縱使他是這支球隊的領袖，縱使他是這支球隊的主宰，他總是跟我們所有人都保持著一段距離。」

他們沒什麼時間去對這樣的情況多做設想，因為最非比尋常的一個球季就在當下。在傑克森與喬丹領導的球隊之中，往往能令人寬心的是，階級制度裡的每個人都很快各安其位。拿中鋒來說，朗利迫不及待要面對擔任先發球員的挑戰，溫寧頓安於替補的角色，而來自活塞隊，三十九歲的詹姆士・愛德華茲則為低位增添了深度。

「跟那些人經歷那麼多場戰役之後再加入他們是有點奇怪。」愛德華茲如此回憶，而他也很好奇喬丹會如何對待羅德曼：「但麥可似乎對丹尼斯頗為敬重。只要他能在場上做好份內的工作就好，那是麥可唯一在乎的事。」

克勞斯也找來蘭迪・布朗（Randy Brown）與柯爾一起擔任後場替補。板凳球員還包括雅德・布奇勒、迪奇・辛普金斯（Dickey Simpkins）以及第一輪從阿拉巴馬大學（the University of Alabama）選進來的傑森・卡菲（Jason Caffey）。替補陣容裡另一個需要考量的點是，東尼・庫克奇不願意擔任第六人，或是第三號前鋒。他想要先發上場，但是他的位置已經被羅德曼佔去。傑克森為了規勸庫克奇，舉了成功的第六人們，像是塞爾提克的偉大球員凱文・麥克海爾與約翰・哈維切克（John Havlicek）為例，但是庫克奇並沒有馬上接受這樣的概念。

結果，羅德曼才剛剛融入公牛隊，小腿肌拉傷就讓他缺賽一個月。儘管如此，公牛隊還是打出五連勝，也是隊史最佳的開季成績。如果說季初的成功讓公牛隊自滿，奧蘭多魔術隊在第六場馬上將他們打醒。當公牛隊套上全新的黑底紅紋客場球衣，奧蘭多的後衛「一分錢」哈德威技壓喬丹，為魔術隊帶來關鍵的主場勝利。公牛隊很快在主場討回兩勝作為回應，接著又挾著熊熊烈火踏上西區征途，七場裡面贏了六場。這段西區征戰從達拉斯開始，芝加哥跟對手戰到延長，靠著喬丹的36分（包含公牛隊最後14分裡頭的6分）才以108比102取勝。

「這是一支很有侵略性與信心的球隊。」傑克森賽後說：「我想大家被我們的身分嚇到了，或是被我們的打法嚇到了，或是沒辦法適應我們高大後衛群的輪番上陣。總之那讓我們有了一些簡單的進攻機會，所以我們很輕易就打順了。」

十二月初，喬丹攻下37分，率隊擊敗洛杉磯快艇隊，公牛隊也順暢地結束西區征途。「我覺得我現在大概重拾作為一個籃球員的功力了。」回顧球季的第一個月，喬丹說：「我的技巧到位了，自信也是。現在唯一需要做的，就是每天晚上上場打出自己能夠有的表現。」

在他棄籃從棒之前的歲月裡，喬丹的命中率是耀眼的百分之五十一點六，但是在一九九五年春天復出的那十七場球裡下滑到百分之四十四點一。現在，他的命中率又躍升至百分之四十九點三。一九九五年，他的平均得分是26.9分，是九年來最低，如今，他的平均得分也重返30分大關。萊西・班克斯提出一組數據，顯示說如果喬丹打完一九九八年的球技，他將會以約莫兩萬九千分的總得分，名列總得分排行榜的史上第三，僅次於張伯倫，以及以三萬八千三百九十七分的總得分位居第一名的卡里姆・阿布都・賈霸。

班克斯問他是否要追求總得分的歷史排名。

「不要管賈霸了。」喬丹回答：「我可沒打算打將近二十年。」

「我知道他現在處在什麼位置。」朗・哈潑告訴記者們：「那就是得分領先全聯盟，拉開他跟所有人的距離。他正在摒除所有懷疑他是史上最偉大球員的聲音。」

「從年紀來看，我想我老了。」談起這項議題時，喬丹說：「但從技巧來看，我想我還能打出自己想打的那種籃球……到頭來人們最常問我的問題是，我如何比較打棒球之前和打棒球之後的那兩位選手。我很老實地說，我覺得他們兩個是一樣的。現在我只需要用數據來證明他們兩個是一樣的。而我希望在今年結束的時候，你們會看得出來，這兩個選手確實是一樣的，只是中間隔了兩年。現在，我還是被拿來跟麥可喬丹做比較，而根據一些人的看法，我甚至比不上麥可喬丹。但是我是最有機會成為他的人，因為我就是他。同時，我也在改善並且進化著。」

新世代

一群才華洋溢的年輕新秀也在這個球季進入聯盟，其中包含格蘭特・希爾（Grant Hill）。布倫特・貝瑞（Brent Barry）回憶說，沒有任何一位新秀認為自己有必要看錄影帶研究喬丹，因為他們這一輩子都在電視上看喬丹打球。但是親自面對到他又是截然不同的體驗。

那年秋天，來自天普大學的艾迪．瓊斯加盟湖人隊。「親眼看到麥可踏上球場讓我好興奮。」他回憶道：「我知道他會對我發動攻擊。我知道不管面對什麼對手，他都一定會攻擊……當麥可遇上以防守功力聞名的球員時，他的鬥志就會被點燃。他會想要上場，第一節就把你了結。他的好勝心如此。他是為此而活的。他想要告訴你：『嘿，所有的人都說你很會防守。我想要讓你知道自己有多會防守。』」

來自北卡大的菜鳥傑瑞．史塔克豪斯（Jerry Stackhouse）也學到相同的一課。根據暑假在教堂山對戰的經驗，他誇下海口說，就算對上喬丹自己也不會遜色。他跟費城早報的記者說：「聯盟裡沒有人可以擋得住我，就連麥可喬丹也一樣。」當晚，喬丹談笑間豪取48分，同時只讓史塔克豪斯拿下區區9分。

在觀眾席看球的朱利爾斯．厄文說：「這是非常臨床醫學式的經驗。」

那年球季稍晚，對上聯盟最火紅的年輕球星格蘭特．希爾，喬丹狂轟了53分。當時希爾的教練剛好是道格．柯林斯，他馬上了解到這兩名球員的差異。「格蘭特比較傾向於讓大家喜歡他，讓每個人快樂。」喬丹的前任教練評論道：「而麥可會直接砍斷你的喉嚨。」

芝加哥在十一月份的戰績是十二勝二敗，十二月份的戰績則是十三勝一敗，挾著驚人的二十五勝三敗的威勢進入新年，正處於十八連勝的他們之前才剛打出十二連勝。每添一勝，關於他們能否奪下七十勝的臆測就更甚囂塵上，大家都在揣想他們是否能夠打破由一九七二年的湖人隊所創下的六十九勝十三敗的史上單季最多勝紀錄。湖人隊籃球營運副總裁傑瑞．韋斯特正好是七二年那支洛杉磯球隊的明星後衛，他說只有傷兵問題能阻止公牛隊拿下七十勝。

「我回頭看八二年的塞爾提克隊，他們的板凳上有比爾．華頓與凱文．麥克海爾。」試圖把自己的球隊與所知的其他球隊比較，喬丹說：「那些人很難對付。他們一起打球很久了。我們才剛開始學習怎麼一起打球，但那些人已經在一起一段時間了。他們熟悉彼此的手臂、腿、手指以及所有的事情。我們才剛要了解手指而已。」

有人向喬丹點出，NBA大部分的偉大球隊都擁有一個具備宰制力的低位防守者，一個可以在禁區阻擋對手的人。「我們沒有那種動物。」他承認：「但我想皮朋的存在彌補了這一點。也許除了八六年的波士頓賽爾提克之外，我不認為有任何一支球隊擁有像史考帝・皮朋這種在攻防兩端如此全面的小前鋒。」

同時，泰斯・溫特開始擔憂羅德曼對於另一座籃板王獎盃的執著將會傷害球隊的結構。除此之外，溫特也懷疑羅德曼是否能控制自己的情緒。然而，隨著每一場比賽，隨著每一趟客場之旅，這位前任活塞隊員似乎愈來愈能找到跟新隊友們融洽相處的方法。「丹尼斯是不一樣的。」柯爾笑著回想：「丹尼斯想要跟我們親近，他只是不知道怎麼做。他好害羞。後來情況變成……結果是白人們跟他比較契合，因為丹尼斯喜歡珍珠果醬樂團（Pearl Jam）和碎南瓜樂隊（Smashing Pumpkins）。我們會跟他一起去聽演唱會……最後，比起跟黑人隊友們相處，丹尼斯反而待在白人隊友們身邊比較自在。我們跟他在一起也絕對是自在的，每隔一段時間，我們就會跟他一起出去玩，好好瘋一晚，得到超多樂趣。這就是我們跟他相處的方式。」

他跟喬丹與皮朋在場上相處融洽，而公牛隊也進化成一支防守強隊。羅德曼用力量彌補身高上的不足。要用肌肉把他從低位頂出去，對對手來說是很難的。這也幫忙鞏固了公牛隊的禁區，如果對手有辦法到得了禁區的話。當敵隊的後衛把球帶過半場，第一個印入眼簾的景象就是在防守範圍頂端的麥可喬丹，重心壓低，目光如炬，跟他們說：「來啊，我給你投。快投啊！喔，你不想投嗎？」隨著球季進行而愈形明顯的是，許多球隊完全不想跟公牛隊有任何瓜葛。

在他們強猛的開季表現之中，公牛隊會在前兩節甚至是第三節戲耍隊手，最後才釋放威力，強拉尾盤。當他們挾著十四勝零敗的戰績馳騁過一月時，傑克森公開表示他想讓一些球員休息，輸掉幾場比賽，讓節奏慢下來。他似乎擔心球隊會太沉醉於例行賽的勝利，結果到了季後賽反而氣力用盡。「透過讓一些球員休息，從板凳組成不同陣容上場，你可以打亂他們的節奏。」他解釋道：「我有考慮這麼做。」

喬丹才不想來這套。他的專注力是牢不可破的。迷上看他打球的朱利爾斯・厄文跟他一起坐下進行電視訪問，問起隨著年齡增長而改變的打法。「心理上，我的籃球知識更豐富了。」喬丹回答：「生理上，我可能不再擁有從前的速度與敏捷度。但是心理可以凌駕於生理之上。我不能像從前一樣從罰球線起跳。」

「你似乎在一個只有你能夠觸及的領域裡打球。」厄文跟他說：「麥克，進入那個領域的感覺如何？」

喬丹回答：「感覺就像你的每一個動作、每一步、每一個決定，全部都是正確的。」

如同喬治・孟佛所描述的，喬丹「已臻化境」。每個球員有時候都會進入那種領域，但喬丹似乎棲居在裡面。他改變自己的打法，祭出讓敵隊防守者頭痛不已的各種低位單打動作與中距離跳投。他化身成一具低位的武器，像是可以在那裡持續進攻的偉大中鋒。儘管他膝蓋的肌腱炎讓他在每場比賽前都要冰敷，有時還被迫要在練球時坐在場邊休息，他仍然拿出這樣的表現。

二月中，對上溜馬隊時，他拿下44分，皮朋拿下40分。在那場比賽負責現場解說的馬特・古奧卡斯指出，籃壇最偉大的得分手埃爾金・貝勒與傑瑞・韋斯特也曾攜手做出一兩次這樣的演出。皮朋與喬丹成為愈來愈完美的雙人組。當喬丹在那一季反覆地在底線發動攻勢，古奧卡斯指出：「這是『喬丹法則』之一，不要讓喬丹到底線。」

公牛隊挾著毀天滅地的力量在二月打出十一勝三敗的戰績。他們在三月份遇上一段小插曲：羅德曼用頭撞擊裁判，被禁賽了六場。儘管如此，公牛隊在當月的戰績仍以十二勝二敗作收。萊西・班克斯所預測的七十勝賽季似乎開始有譜了。

傑克・哈利說：「這支球隊最讓我驚奇的地方在於，因為有喬丹，我們可能擁有全聯盟最強的球員；因為有羅德曼，我們擁有全聯盟最會搶籃板的人；因為有皮朋，我們可能擁有那一年的最有價值球員，但最讓我驚奇的，是他們三個人每個晚上帶上球場的工作態度與領導氣質。已經有了那麼多的盛讚、那麼多的金錢、那麼多的總冠軍，該有的都有了，除了再贏下一座總冠軍，還有什麼事情可以激勵他們？而距離冠軍賽還有幾個月？這些傢伙現在就已經很專注了。」

為了表現他對這項大事的期盼，羅德曼頂著一頭金髮現身，上面還挑染了紅色的螺旋紋。然後，進入球隊歷史性的一週，他選擇染上佛朗明哥粉紅。四月十六日星期二，他們在密爾瓦基拿下第七十勝，最後在華盛頓的客場踢館成功，以七十二勝十敗的總戰績結束例行賽。

邁阿密熱火隊很快連敗三場。阿朗索・莫寧（Alonzo Mourning）在賽季中曾說：「面對這樣一支球隊，你不能犯錯。」

接下來是與尼克隊單調乏味的再戰。他們在主場的延長賽中偷得一勝，喬丹對此毫不在乎。在芝加哥的第五戰，他拿下35分，以四比一將尼克隊淘汰。在比賽尾聲投進了某一球之後，他一邊退防，一邊向肩膀圍著毛巾坐在場邊的尼克球迷史派克・李揮手道別。

為了幫助球隊備戰奧蘭多，傑克森在魔術隊的球探錄影帶裡剪接了《黑色追緝令》（Pulp Fiction）的片段，這部電影講述的是兩個職業殺手的故事。他的球員們得到清楚的訊息。第一戰，羅德曼讓霍雷斯・葛蘭特整整二十八分鐘一分未得，直到第三節，這位奧蘭多的前鋒弄傷肩膀，這一年就都沒有再出賽了。結果，聯盟裡最強的兩隊交鋒，竟然以121比83結束，整整三十八分的羞辱。

總裁大衛・史騰在賽前頒發聯盟最有價值球員的獎座給喬丹，告訴他：「你仍然是偉大、決心與領導能力的標竿。」

第二戰，公牛隊落後十八分，傑克森在中場時走進休息室，跟他的隊員說他們就是想要魔術隊像現在這樣。的確，公牛隊一整季都在戲耍對手。最後，他們帶著勝利離開，而曾經強大的魔術隊走向崩毀。「像麥可和史考帝這種人，只要水裡有血味，他們一定聞得到。」柯爾在賽後告訴記者們：「他們準備好要大開殺戒了。」

東區冠軍賽裡最奇怪的畫面，就是羅德曼一對一防守巨大的俠客歐尼爾，幾乎把自己全身的重量都壓在這位巨形中鋒的大腿上，把他推擠出禁區之外。坐在場邊擔任球探的布蘭登・馬龍驚嘆於羅德曼為公牛隊帶來的貢獻以及喬丹在打法上做出的調整。

奧蘭多連敗四場出局，喬丹對前一年的失敗所做的回應上也因此添了一個驚嘆號。喬丹在第四戰攻下45分，完成橫掃，賽後奧蘭多的尼克・安德森說：「曾經穿過球鞋的人裡面，就屬他最兇惡。」轉任解說員的前教練傑克・瑞姆席（Jack Ramsay）博士指出，這位公牛隊的球星之所以能有如斯表現，是因為全然沉浸於球隊之中。

西雅圖

公牛隊不耐煩地等了整整九天，西雅圖才從西區出線。一九九六年的NBA總冠軍賽將在六月五日星期三開打。大家看好季後賽十勝一敗的公牛隊能擊敗超音速隊，但超音速隊在例行賽也拿下傲人的六十四勝。唯一讓喬丹感到焦慮的，是即將到來的父親節。他還記得三年前，上一次打總冠軍系列賽時，全家人──每個人都放鬆微笑著──在他鳳凰城的旅館房間裡一起慶功。隨著下一座里程碑的接近，他的家庭現在卻顯露著分崩離析的徵兆，儘管他的母親仍努力著要支持他。就在冠軍賽前夕，英國的黛妃蒞臨芝加哥，到菲爾德自然史博物館（Field Museum of Natural History）參加一場醫學的募款晚會。身為黛安娜頭號粉絲的荻洛莉絲・喬丹被衝突性的兩件事搞得暈頭轉向。他想要參加燭光晚宴及舞會，於是套上晚禮服與黛妃共進晚餐，然後又換衣服越過市中心去看他兒子比賽。她解釋道：「我知道麥可會期待我出現。」

NBA授權給來自全球約莫一千六百位記者來報導當晚的盛事。一如喬丹以往的演出，整個世界都在觀看，尤其現在他的新副手羅德曼又頂著新髮型出現：各式各樣的紅色、綠色與藍色的象形文字與圖案雜亂地散布在他的頭顱。記者們詢問喬丹，現在他的打法多半是低位動作與跳投，那他是否還能演出曾讓他名滿天下的那些灌籃。「我還能不能起飛？我不知道。」他說：「我好久沒嘗試了，因為現在防守方不再一對一防守我了。但老實講，我大概沒辦法做到了……我比較喜歡不知道自己能不能做到，因為這樣一來，我還是會覺得自己可以。只要我還相信自己可以做到某件事就好，那才是重要的。」

西雅圖的總教練喬治・卡爾（George Karl）雇用布蘭登・馬龍在季後賽偵查公牛隊，希望他能幫助球隊在冠軍戰施展惡名昭彰的「喬丹法則」。在總冠軍賽即將展開之時，馬龍與查克・戴利在體育館的一條走廊遇到喬丹。「麥可走過我身邊。」馬龍在二〇一一年的訪談中回憶道：「他很不爽，因為我帶著如何防守他的知識而來。」

他厲聲跟馬龍說：「你沒辦法擊敗我。」

「他被觸怒了。」馬龍回憶道：「查克看著我說：『你惹他不爽了。』」

「你必須要試著抵抗他們的狂猛。」馬龍當時告訴記者們：「忘掉戰術跑位吧。他們會立刻試圖把你的心臟挖出來，從第一節開始就會。」

他講對了，但也講錯了。喬丹絕對會攻擊，但結果跟對位也很有關係。系列賽一開始，西雅圖的總教練喬治・卡爾指派六呎十吋的德特利夫・施倫夫（Detlef Schrempf）去防守喬丹。他的想法是，當喬丹落到低位，後衛荷西・霍金斯（Hersey Hawkins）可以馬上進行包夾。他錯得離譜。喬丹攻下28分，而且球隊的進攻也很均衡：皮朋拿下21分，庫克奇拿下18分，哈潑拿下15分，朗利拿下14分。卡爾後來改派NBA年度最佳防守球員蓋瑞・培頓去防守喬丹，但為時已晚。第四節，公牛隊的防守逼出七次失誤，而庫克奇也發威，連得十分，造就了典型的公牛隊尾盤。他們取得了優勢，以107比90獲勝。

公牛隊在第二戰的命中率只有百分之三十九，但這只代表羅德曼有更多籃板可以搶。他全場抓下20顆籃板，包括平紀錄的11顆進攻籃板。喬丹打得掙扎，但還是設法拼出29分。而團隊防守再次逼使超音速隊發生二十次失誤，包含第三節三分鐘之內的一連串失誤，讓公牛隊把原本66比64的領先推展至76比65的領先。

喬丹因為庫克奇放棄投籃機會而火冒三丈。「你怕了嗎？」他問庫克奇：「如果你怕的話，那就到場下坐著。如果你要上場投籃，那就投。」

庫克奇兩記三分彈破網，一會之後，喬丹以妙傳助攻作為獎賞，庫克奇接球後把球灌進，公牛隊也以92比88取得第二勝。在哈潑膝蓋疼痛的狀態下，傑克森與溫特認為接下來將要在西雅圖的鑰匙球場（Key Arena）面臨三場硬仗。結果超音速在第三戰卻弱得出奇。庫克奇取代哈潑先發，所以公牛隊在防守端將會讓對手有機可趁，但他們從一開賽就全力處理防守課題。在喬丹單節12分的帶領之下，公牛隊在第一節結束時一舉取得34比12的領先。到了中場，公牛隊以62比38繼續擴大領先優勢。喬丹全場拿下36分，但令人驚訝的是，於第二戰掙扎的朗利此役攻得19分。被問到說是什麼東西讓這位大中鋒破繭而出，傑克森回答：「球團裡所有人的言語攻擊。我想沒有人跟週五賽後的朗利一樣被那麼多人攻擊過。泰斯把他辱罵一番，喬丹也是。我在最後這幾天試圖讓他重建信心。」

芝加哥泰然自若地坐待橫掃，那將成就十五勝一負的季後賽戰績，也是NBA史上最出色的季後賽紀錄。第四戰將於週三舉行，接下來兩天的練球已經有加冕儀式的味道了。媒體們忙著把公牛隊拿來跟史上其他偉大球隊做比較。ESPN的解說員傑克・瑞姆席表示，公牛隊可能是史上防守能力最強的一支球隊。「籃壇最強的防守者就是皮朋與喬丹。」他說：「他們真的太難纏了。在每一場季後的系列賽中，他們都會從對手身上奪取一件東西，最後你就赤身裸體地被留在那裡，一絲不掛。這是很丟臉的。」

驅策公牛隊的關鍵人物就是喬丹。瑞姆席補充說：「他是一個非常強猛的競爭者，他帶領每個人超越自身的水平。我看著史蒂夫・柯爾，他以前的名聲是一個不防守的傑出定點射手。現在你看他，他在場上拚命防守，挑戰每個跟他對到位的人，他直接站在對手面前。他可能會被打倒，但是他不會從任務上退縮。現在他會運球創造自己的投籃機會。這是他以前從未做過的事。麥可對於這些選手的影響是很巨大的。」

也在北卡大為狄恩・史密斯打過球的喬治・卡爾到第四戰之前才發現自己沒有做足工作來擾亂喬丹的心神。因此，他安排曾為柏油腳跟籃球隊隊員烹飪三十年的泰希・丹普希（Tassie Dempsey）飛到西雅圖來為超音速隊加油。在週四的賽前喬丹遇到她，大吃一驚，問道：「D媽，妳在這裡幹嘛？」

她回答：「我來幫喬治加油啊。」

卡爾的老婆凱西跟不敢置信的喬丹說：「麥可，D媽是我們的幸運物。」

一向迷信的喬丹跟她說：「那妳必須要回家，D媽。如果妳正為他們帶來好運，那妳必須回家。」

事實證明，比起D媽，蓋瑞・培頓為喬丹帶來更大的麻煩。在系列賽大部分的時間裡，培頓負責防守皮朋，但是卡爾發現，在第三戰的部分時間裡他對喬丹的防守頗有效率，於是在第四戰他讓培頓花多一點時間防守喬丹。朗・哈潑因為嚴重的肌腱炎而掙扎，這也代表喬丹必須花更多時間防守培頓。芝加哥突然失去對球的壓迫，而那正是他們團隊防守的關鍵。沒有哈潑在場，喬丹與皮朋就不能任意遊走，讓對手陣腳大亂。超音速在第二節發動一波閃電突襲，公牛隊沒能反撲，勝負就此底定。被培頓的防守搞得心浮氣躁的喬丹怒斥隊友及裁判。第四節中段，喬丹被吹判兩次運球（double dribble）。他再一次發怒，用力跺腳，心神顯然受到侵擾。幾分鐘之後，他被換下場，全場投十九僅中六。終場前最後幾分鐘，他坐在板凳上憤怒的咆哮，皮朋在一旁笑著幫他按摩肩膀。培頓完成任務，而西雅圖的球迷們不得不揣想：要是在系列賽早一點讓培頓多花時間防守喬丹會怎樣？

第五戰，哈潑還是坐在場邊。得到第二個終結系列賽機會的公牛隊打得掙扎，落後，追上比分，接著又落後，最終就以89比78敗下陣來。很神奇地，這個系列賽將再次回到芝加哥。西雅圖報紙隔天的頭條大大寫著：「六戰之喜」。

喬丹對於未能終結系列賽感到震怒。在季後賽期間，替補中鋒詹姆士・愛德華茲喜歡到喬丹的房間，去跟阿瑪德・拉夏德與喬丹一起抽根賽後雪茄。喬丹的公事包裡總是放滿最頂級的雪茄。愛德華茲回憶說，一起抽雪茄的時候總有好玩的事情發生。但在第五戰之後，當他抵達喬丹房間，他被喬丹的怒火嚇壞了。「我以前從來沒看過他那麼不爽。他一直說：『我們今天應該要贏的。應該早就已經結束了。』我跟他說回家之後我們就會奪冠。他完全不想聽這些。他只是一直說應該早就已經結束。」

他結束這一年球季的方式跟開啟的方式一樣：讓嚴酷的情緒表露無遺。他想要盡快終結這個系列賽。自從決定復出之後，他把巨大的壓力攬在肩頭，他現在想要盡快卸下這份重擔。他在冠軍賽的表現並非頂尖。他在這個系列賽的命中率是百分之四十一點五，平均得分是27.3分，比他季後賽的場均36分低得多。然而，他的憤怒與失望有另一個來源：他想要在父親節之前結束系列賽。他說：「我父親一直在我心上。」

那個星期六，六月十六日，是第六戰的日子，也是父親節。他感受到一股情緒的激流，但還是決定把這場比賽獻給回憶裡的父親。那天下午，聯合中心球場的群眾一次次發出如雷的呼喊，在球員介紹的時候，鼓掌也比平常要久。當介紹球員的雷・克雷（Ray Clay）念到：「來自北卡羅萊納大學的……」音波似乎在擠壓之後爆炸了。把這一切看在眼裡的超音速隊站在場邊，咬著口香糖，也咬緊牙關。開賽過後一會，觀眾的聲響又爆發了，因為皮朋殺往籃框，以一個低手勾射開啟攻勢。公牛隊的壓迫防守跟哈潑一起回來了，他們讓超音速隊失誤連連。哈潑在那一天出賽三十八分鐘，當他停下來的時候，一位助理訓練員會往他的膝蓋噴灑麻醉劑。受哈潑的出場所激勵，皮朋在第一節就以七分兩抄截帶領公牛隊出閘，率隊以16比12取得領先。為了底定勝局，公牛隊在第三節打出一波19比9的攻勢。這波攻勢的高潮是，皮朋在快攻中傳小球給羅德曼，他用一個小小的反手上籃把球投近，然後高舉雙拳，讓場館再度爆出震耳欲聾的聲響。當他罰進加罰的球，讓球隊以62比47領先時，觀眾的聲音更大了。第三節，傑克森讓喬丹在板凳停留很久，好讓他在第四節有足夠精力大開殺戒。但喬丹要面對情緒的衝擊與對方的包夾，所以庫克奇至少需要提供一點原動力。他在底角飆進一記三分彈，把比數推至70比58。終場前兩分四十四秒，柯爾也跟著投進一顆三分球，整個建築物裡的人們似乎隨著〈Whomp!（There It Is）〉的音樂舞動。比賽結束前五十七秒，喬丹切入，往外傳給皮朋，他投進最後一顆三分球。一會兒之後，在這個歷史性的球季的最後一波進攻之中，喬丹運到半場附近，把球交出去給皮朋，結果極度興奮的他投了一個籃外空心。

喬丹跟傑克森擁抱完之後，就瘋狂地爭奪比賽用球。他跟蘭迪・布朗一起在地上打滾了一陣，然後就落跑了。他把比賽用球抓在腦後，消失在休息室裡。試圖躲避NBC攝影鏡頭的他在訓練員室找到庇護之處，倒在地上喜極而泣，同時也因為父親節回憶的痛苦而哭泣。

「很抱歉我離開了十八個月。」被選為冠軍賽最有價值球員之後，他說：「我高興我回來了，也很高興可以把冠軍帶回芝加哥。」

球員們跳到場邊的媒體桌上演出一段勝利的吉格舞以酬謝球迷，如同一九九二年他們上一次在芝加哥奪冠時所做的那樣。羅德曼也在其中，他的上身已經赤裸。

皮朋滿意地說：「我想我們可以把自己看作史上最偉大的球隊。」

「現在是九〇年代，但他們帶著從早年學到的心態打球。」卡爾說：「這是一個舊時代的組合。我不知道大鳥或是魔術的時代是怎樣。它們是偉大的球隊，但這支球隊擁有同樣的基本心態。我喜歡他們的心志，我也喜歡他們的哲學。」

在奪冠的狂喜之中，運動員與教練們通常不愛說大話。何苦要承諾再奪一冠，把令人衰弱的壓力攬上身呢？何不好好沐浴在成就之中，尤其當你剛實現了史上最偉大的球季呢？但這不是喬丹的作風。

他帶著曾讓桑尼・瓦卡羅卸下心防的微笑說：「下一個數字是五。」

第34章 算帳

一路奮戰重登顛峰的喬丹如今成為自由球員，有機會可以修正他的薪資與聯盟其他頂尖球星們的薪資之間的巨大差距。在公牛隊裡面，合約的談判往往搞得烏煙瘴氣，人們受到冒犯。財富與聲望並不會讓任何人的感情對傷害免疫。事實剛好相反：自尊愈高，受傷愈重。

「麥可這方面的事情就在那個夏天一次爆發了。」史蒂夫・柯爾當時評論道：「我們贏得總冠軍，他踏上講台要求說要再奪一冠。」這激怒了管理階層。柯爾說：「然後整個夏天都鬧得沸沸揚揚。」

傑克森、喬丹與羅德曼的合約都是一年期，這代表一九九六年的夏天將會有一輪索價不斐的協商。傑克森在一九九八年說：「這讓所有事情都變得敏感，最後兩年的年終都是這樣。」

克勞斯也同意：「情況惡化了。」

藍斯朵夫與喬丹的關係看起來一向頗為堅實。當球員們的薪資在一九九〇年代飆升之後，據說喬丹不太愉快，而這也是合情合理的，因為他的合約每年只付他四百萬美元，而聯盟裡有大約十二個或是更多比較弱的球員的年薪是這個數字的兩倍。同時，他的自尊不允許他主動要求重談合約。他的回應是拿出最高水準的表現，以不辜負他的合約。然而，當他在一九九三年驟然退休，不可避免，會有人捕風捉影地說他的合約是原因之一。

公牛隊在喬丹退休期間繼續支付他薪水。根據藍斯朵夫朋友們的說法，那是藍斯朵夫對喬丹表示忠誠的方式。但持懷疑論的旁觀者指出，藉由繼續支付喬丹薪水，公牛隊能在聯盟錯綜複雜的薪資上限規則之中，讓喬丹的舊合約繼續有效。就算沒有別的，這樣的情況也讓大家知道，在商業的衝突之中，要培養私人關係是很困難的。甚至連善意的表示也可能被解讀為計謀。

從某個層面來看，在這個有利可圖的體育娛樂事業之中，藍斯朵夫跟喬丹是合作夥伴。問題是身為球員的喬丹在這段關係裡沒辦法跟自己的老闆平起平坐。結果就是，藍斯朵夫是管理階層，而喬丹只是勞工。勞工的薪資是固定的，但對於擁有股權的人來說，獲利的百分比卻在一直飆高。

當然，喬丹在場下自己賺進的好幾千萬。儘管如此，他那張相對貧乏的合約還是創造出不公平的狀況。當他在一九九五年重回籃球場，他的舊合約仍然有效，這也代表公牛隊需要支付的薪資總額仍然遠低於三千萬美金，然而公牛隊卻同時大把賺進數千萬的利潤。這當然只是錦上添花，更重要的是，喬丹絢麗的球技與連串的總冠軍為他的老闆們大大提升了球隊的淨值。在喬丹的菜鳥球季，藍斯朵夫團隊以約莫一千五百萬買下這支球隊，在接下來的十年裡，他們看著這支球隊的價值增長了三十倍以上。

不只是喬丹與他的代理人們強烈感覺到喬丹「被虧待了」，幾乎只要是跟ＮＢＡ有任何關係的人都有這樣的感覺。在歷史性的一九九五到九六球季，喬丹的表現與領袖風範更加穩固了這樣的想法。在這段征戰結束之後，他的長約終於到期。而真正的麻煩才正要開始。

冠軍慶功之後幾天，這位球星的代理人團隊與藍斯朵夫開始討論他的新合約。喬丹在一九九八年的訪談中回憶自己當時的做法：「我是這樣指示我的代理人的：『不要一進去就抛出一個價碼。我已經跟這支球隊合作很久了。每個人都知道這份市場價值可能是多少，或者說可以是多少。如果他願意信守承諾，而且在這段關係中保持誠實，那就在我們提出看法之前，先聽聽看他怎麼說。』我指示佛克進去聽他說，不要去談判。因為這不應該搞到要談判的地步。我們不認為這是一場談判。我們覺得這是一個機會，公牛隊可以給我一個價錢，來表達出他們認為我對於這個組織的價值為何。」

然而，喬丹也非常清楚藍斯朵夫是不甘願放手給錢的。這位球星相信，一場歹戲拖棚的談判將會貶低他對球隊做出的貢獻。於是，喬丹與他的顧問們思考紐約尼克隊提出的條件。當時喬丹真的有可能離開公牛前往尼克嗎？

他說：「有可能。」

事實上，尼克隊準備了數百萬美元做為喬丹的底薪，與尼克隊有合作關係的幾間公司再另行提供數百萬的個人身分服務合約。知道這項協議之後，據說藍斯朵夫大為光火，他甚至要求聯盟當局調查尼克隊這種規避薪資上限的做法是否符合規定。這位公牛隊的老闆威脅說要以法律途徑阻止尼克隊，但是一位NBA高層人士建議他不要，因為不僅可能徒勞無功，而且控訴自家球星與尼克隊更可能招來群眾的反彈。

喬丹的經紀人大衛‧佛克希望有一紙一年的高價合約，以反映喬丹對於公牛隊與籃球的貢獻。但藍斯朵夫沒有明確的回應，於是喬丹親自參與協商。

「就我所知，在我加入戰局之前他們沒有談起任何數字。」喬丹回憶道：「沒有人想要先把數字攤牌。每個人都在耍花招，看誰要先提出價碼，但是我們不會先提。我們心中有一個數字，但我們真的覺得應該由公牛隊來表明我們的淨值是多少。而且是由衷這麼做，不是受大衛影響，也不是受我影響。就看他們覺得我對於組織的意義有多重大。」

終於，喬丹因為藍斯朵夫遲遲不願表態而震怒了。喬丹被邀進一個他的經紀人與藍斯朵夫的電話會議。當時，他正在打高爾夫球。他告訴藍斯朵夫，如果球隊想要重新簽下他，那必須要是一年超過三千萬美元的合約。而藍斯朵夫有一個小時的時間考慮要不要答應。

「協商的時候，我正在太浩湖（Tahoe）打一場名人高爾夫球賽。」喬丹解釋道：「而我們也跟紐約進行了幾次對談。我們跟藍斯朵夫商討過後就要去跟他們見面，而我想那大概是一個小時之內的事情。大衛希望公牛隊能在我們去跟紐約對話之前先提出一個價碼跟我們討論。但藍斯朵夫知道在我們跟紐約對話之前，他的考慮時間是有期限的。」

後來克勞斯形容喬丹對於協商時限的做法是「冷酷的」。

縱使藍斯朵夫從來不曾公開承認或是討論，但他感覺受傷。他一直以為自己跟喬丹有私人的友好關係。畢竟，難道他沒有提供機會讓喬丹在白襪隊開啟職棒生涯嗎？難道他沒有持續努力向他的球星表示敬意嗎？

藍斯朵夫後來跟一個親信說，他認為喬丹假造了兩人的友誼，目的只是要利用他。受傷之後的情緒是憤怒，然而藍斯朵夫也明白他沒有選擇。他必須接受這個條件。

就連藍斯朵夫也無法對喬丹提出的價碼多做爭辯。事實上，這位球星大可以開出高得多的價碼，輿論仍會支持他。但在答應的同時，藍斯朵夫發表了一句將更加傷害兩人關係的評語。藍斯朵夫說給喬丹三千萬美金，他會終生後悔。

「麥可對傑瑞很不爽。」一位公牛隊的員工解釋道：「因為當傑瑞同意要支付喬丹三千萬時，傑瑞跟喬丹說他會後悔。隔年秋季的某一天，麥可站在訓練室跟所有的隊友說：『你們知道真正讓我不爽的是什麼嗎？傑瑞跟我說：『你知道嗎麥可？我會終生後悔。』」

「麥可說：『他馬的什麼屁話？你大可以說，你值得這個數字。你是史上最偉大的球員，你是芝加哥這座城市與我們球隊組織的資產。我很高興可以付你三千萬。你大可以這樣講。而且，就算你不這麼覺得，而你也真的感到後悔，又何必跟我講呢？』路克站在那裡說：『真假？傑瑞跟你說他會後悔。』麥可說：『他就是這樣跟我說沒錯。我不敢相信我的老闆會這樣跟我講。』」

這位球隊員工說：「那造成了很深的嫌隙。」

藍斯朵夫後來承認：「我說我『可能會』終生後悔。」

喬丹回憶道：「事實上，他說：『未來的某一天，我知道我一定會後悔。』這讓發生的事情失去意義。這把事情的意義給奪走了。因為這句話，感激之情似乎微薄了。我覺得這樣說是不恰當的。」

據說在幾個球季之前，這位球隊董事長也對約翰•帕克森說過類似的話。原本的合約付給帕克森的錢相對地少，奮鬥幾年之後，他終於贏得像樣的加薪。就在簽合約的同時，藍斯朵夫跟勤奮的帕克森說：「我不敢相信自己竟然付給你這麼多錢。」雖然後來成為公牛隊總裁的帕克森從來沒有討論過這句話，球隊裡的知情者證實他當時感到憤怒，也覺得受到羞辱。喬丹與帕克森的談判都透露了管理階層的心態：藍斯朵夫跟每個球員談合約都想要「贏」。一位前球員說，這種態度讓球員們與管理階層之間的好感蕩然無存。這位球員也說，每當克勞斯或藍斯朵夫「輸」了，通常都會有嫌隙產生。

「他是忠誠的，也是誠實的。」菲爾・傑克森如此評論藍斯朵夫：「他是坦率的。他講的話都有意義。但是每一次談判都想要獲取最多利益，就讓人感覺比較差了。他一定要在協議裡獲勝。講到錢，他就非贏得談判不可。」

「據我熟悉的人所說，他真的說過那樣的話。」談起藍斯朵夫的評語，傑克森說：「那些話真的很傷人。因為大部分的時候，每個人都真的很喜歡傑瑞・藍斯朵夫。」

傑克森笑著補充道：「然而，傑瑞就是傑瑞。傑瑞他……他不會揮霍金錢，就算對自己也一樣。他希望錢花得值得。誰不希望呢？過去十年來的薪資確實讓老闆們很難吞忍。大筆大筆的錢。那些金錢的量真的很驚人。」

崇拜

菜鳥雷・艾倫（Ray Allen）緊張地站在聯合中心球場的廊道上，等著看那位天選之子一眼，很像是在橄欖叢裡等著看佛陀一眼的婆羅門。第一輪被密爾瓦基公鹿隊選中的艾倫曾花無數個小時研究喬丹的錄影帶。他透露說自己有一個最喜歡的鏡頭：「他甩脫史塔克斯與歐克利的包夾，從底線切入，最後在尤恩面前扣籃。」被迷住的艾倫一次又一次反覆觀看這個片段。

隨著那一刻的接近，擔憂開始上身。這只是一場季前熱身賽而已。要是喬丹決定不打怎麼辦？然而，突然之間，他現身了，穿著俐落的主場白色球衣，大步走進場館。看到這一幕，艾倫的心臟做了一下輕觸籃板球訓練（tip drill），他的眼睛瞪大了。然而，他趕緊收斂心神去挑戰自己的英雄，記下所有的小細節，這樣他才可以向家鄉的好兄弟們講述。大部分的時間艾倫是緊張的，因為他想要把球打好。

「光是第一次被介紹給他認識，光是在賽前準備時想到那個畫面，然後終於見到他……」艾倫在賽後這麼說，他的聲音若有所思地愈來愈小。

不到兩年前，大二的艾倫在康乃狄克大學（the University of Connecticut）有著傑出的籃球生涯，當時也打算要進軍職業。那個時代的新秀還沒有薪資上限。而籃球產業也開始在大學裡搜尋「下一個麥可喬丹」，這當然是一件注定徒勞的差事，也是一件很昂貴的差事。艾倫自己在康乃狄克的隊友唐耶爾・馬修（Donyell Marshall）就得到四千萬的保障合約而提早離開大學（事實證明那是個大失敗）。艾倫決定在大學續留一年，在挑戰喬丹之前先把自身球技的缺陷都抹除。

經過大三表現不俗的一年之後，艾倫決定採取行動，現在，他發現自己在賽前踏上球場，跟喬丹互碰拳頭時刻意表現出一副不在乎的樣子。他只讓自己偷偷瞄一下殺手的眼神，看那被激起興趣的閃爍、那終極自信的靈光以及那雙眼睛裡的飛人霸氣。

跳球之後，艾倫打出值得紀念的第一節。「跟他打球時我不想太被動。」他在賽後坦承：「我不想讓他覺得我還沒準備好要接受挑戰。」

艾倫知道喬丹會輕鬆應戰，所以需要馬上拿出侵略性來對付他。他表現出自己可以投籃得手，也能用各種方式在喬丹面前取分：一顆三分球、一記旱地拔蔥的跳投（pull-up jumper）外加切入禁區扣籃。他的腦中播送著哈雷路亞的合唱曲，但他肅殺的表情沒有透露蛛絲馬跡。他在第一節就砍下九分，讓防守他的喬丹手忙腳亂，甚至還講了一點垃圾話，試圖干擾他的心神。

比賽結束之後，艾倫坐在公鹿隊的休息室裡，表情有點茫然，一副大夢初醒的模樣。「麥可就是麥可，不可思議。」他如是說，語調已經因剛剛的經驗而轉變，試圖聽起來像是個老鳥球員。

「雷・艾倫會成為一個很好的球員。」喬丹評論道：「我喜歡他一開賽就全力猛攻的態勢。」

喬丹為來者創造了立即致富的環境，受此吸引，一九九六年的選秀又帶來一波潛力新秀。跟艾倫一起進入聯盟的還有洛杉磯的青少年柯比・布萊恩（Kobe Bryant）以及費城的艾倫・艾佛森（Allen Iverson）等等一干眾將。一九九六年的休季期間，老鳥球員們也重新大洗牌。市場上有幾乎兩百位自由球員，各個球隊提供總額超過一百億的簽約金來選取球星，這些錢幾乎都是因為喬丹存在於籃球世界才可能產生。其中最戲劇性的是，俠客歐尼爾拿到一紙一億兩千三百萬的合約，從奧蘭多跳槽到洛杉磯。

那一季，公牛隊在拉斯維加斯的托瑪斯馬克中心打了一場季前熱身賽，考慮到喬丹的前科與羅德曼的窘境（傑克・哈利透露，他光是在近幾個月就十九度造訪賭城的骰桌，並且輸掉成堆的錢），這確實是一個奇怪的選擇。然而，羅德曼的怪胎表演似乎與這趟賭城之旅的怪誕背景完美貼合。在這個塑造名流的文化裡，喬丹的籃板手正是終極的成品。那年夏天，為了宣傳他的新書《盡情使壞》（Bad As I Wanna Be），他在紐約公開與自己成婚。

NBA的季前熱身賽是出了名氣氛冷淡的流動秀，到聯盟策略性選擇的全球各地進行表演賽——墨西哥、倫敦、日本——或是造訪某個球星的家鄉或大學附近的偏遠體育館。過去公牛隊會在教堂山安排比賽。然而，這趟旅程的難忘之處，是讓大家可以看見位處力量顛峰的喬丹，在未來的尖酸刻薄將他拉下，讓他離開賽場之前。他顯然是個無比成功的人。

公牛隊其實前一晚就在阿布奎基（Albuquerque）開始打季前熱身賽，那是與西雅圖的兩戰之中的第一戰，也是去年總冠軍賽組合的重逢。賽後，他們迅速離開阿布奎基，乘著他們的私人——而且設備豪華的——飛機，在午夜過後不久抵達拉斯維加斯。幻象度假集團（Mirage Resorts）的董事長史帝夫・韋恩免費提供喬丹與羅德曼各一幢四千平方英尺的別墅過夜。至於球隊其他球員，則安排他們去住旅館的房間。傑克森取消了晨間的投籃練習，好讓喬丹可以盡情打高爾夫球。

在週六晚上公牛隊與超音速隊的比賽中，喬丹與克雷格・埃盧上演大戰，包含大量的推擠，喬丹甚至對埃盧揮了一肘，然而裁判沒看到，或是刻意忽略了。喬丹賽後對此一笑置之。「我跟埃盧交手太多次了。」他說：「有時候是他犯規沒被吹，有時候是我犯規沒被吹。這就是籃球美妙的地方。我對他十分尊敬，跟他比拼時競爭也很激烈，所以對上他總是很好玩，一開始我們會先看看誰的小動作不會被吹判。就只是這樣而已。」

《怪物奇兵》的首映會也是活動之一，那是喬丹與邦尼兔一起演出的動畫電影。「我想結果應該會不錯。」他說：「但是我對此還滿緊張的。這對我來說是一個全新的領域，而且有很多錢投資在我身上，希望我有做好自己的工作。我盡全力做到最好了，如果結果是好的……那很棒。我可能會再拍一部電影。如果不好，當然我就知道我演藝生涯的位置在哪了。我以後就只拍三十秒的電視廣告就好。」這部電影創下卓越的成就，賺進四億美金。大衛・佛克勸喬丹再拍一部，但過程中一些事情讓他改變主意，於是他拒絕了所有這方面的提案。

那天晚上他要離開休息室時，一個小男孩從陰影中走出來，他手上拿著一顆全新的籃球還有不褪色的黑色簽字筆，因為太害怕而不敢講話。

喬丹皺著眉頭看著這個男孩。「我做這件事有錢拿嗎？」他一邊伸手拿籃球跟簽字筆一邊說：「通常我的價碼是七位數。」

這個男孩鼓起不知哪裡來的勇氣說話。

他懷抱著希望說：「我……我有五塊錢。」

喬丹微笑著，「沒問題。」他如此回答，試著讓男孩了解他只是在開玩笑。

然而，那支簽字筆幾乎沒水了。當喬丹在球面上簽名，幾乎沒有留下痕跡。喬丹皺了皺眉。

他說：「老兄，你怎麼給我這支爛筆。」

恐慌與不敢置信的神情劃過男孩的臉龐。他趕緊把手插進口袋，拿出一排筆，讓喬丹再試試看。

喬丹笑著說：「我還以為你是要拿錢耶。」

他會認為那位小球迷要伸手掏錢也是情有可原的。多年來，他一直是大量財富移轉的接受方。光是在一九九五到一九六年球季，估計他靠著場外的代言就賺進超過四千萬美金。到了一九九六到九七球季，這個數字將再度飆升，因為他推出的古龍水品牌（上市兩個月就賣出一百五十萬瓶）以及他在《怪物奇兵》裡扮演的角色。這部電影在首映當週創下票房紀錄。史派克・李在Nike廣告裡給了他一個當之無愧的綽號：他的確就是Money。現在，全世界的人都付錢來看他，來接近他，來穿他的鞋子，來穿他的球衣，來喝他的開特力，來大啖他的麥當勞薯條，來買他的Hanes內褲，來打高爾夫球，來讀他的書，來珍藏他的球員卡。

喬丹所拿取的，只是他為NBA創造的寶藏裡的一小部分（遑論他為北卡大柏油腳跟品牌所做的貢獻）。一九八四年進入聯盟之後，他的存在讓NBA的年收入暴漲了十倍：當年只有不到一億五千萬美元，到了一九九〇年代中期，每一季都能賺進超過二十億美元。

在拉斯維加斯的孤立性之下，全世界最受歡迎的男人與他的隊友們在幻象度假中心並沒有受到其他賭客的打擾。喬丹和皮朋玩百家樂（baccarat）與21點，羅德曼則逗留在骰桌，他們全都在賭場待到凌晨三、四點，然而隔天還是有辦法趕上八點的飛機返回芝加哥。

菲爾・傑克森會在這一年的季前熱身賽中感到焦慮也是情有可原的。在幕後，球員們與管理階層的衝突以及傑克森本人與管理階層的衝突開始愈演愈烈。「這將會是很不一樣的一年。」這位教練在拉斯維加斯的那個週六晚上說：「我不知道要預期什麼。我試著不去預期。船到橋頭自然直。現在整個處境是，我們為球隊建立了一切，但是我們自己也可以毀掉所有機會。」

繼續前行

喬丹已經習慣傑克森對他恰到好處的安撫，剛好讓一切得以運行。這位教練從來不築堤防護喬丹的烈焰，他只需要調整一下火候，讓球員們能夠在上路前往另一個撒滿繽紛碎紙片的榮耀時刻。喬丹現在了解這一切的實用性，從泰斯・溫特的進攻戰術到喬治・孟佛的冥想與正念訓練。他現在可以在練習時，於一片黑暗之中坐在地板上，跟其他人一樣讓正面的想法從心中浮現。

「他是我們的大師。」當被問起教練的古怪行徑時，喬丹打趣說：「他讓那些陰陽以及那些禪宗的東西都對我們有所幫助。」

詹姆士・愛德華茲饒富興致地看著傑克森與喬丹的互動。這是教練與球員的完美結合。他斷言：「菲爾知道麥克在想什麼，而麥克也知道菲爾在想什麼。他們就是如此親近。」

當傑克森談起與籃球的靈性連結時，他們都聽得懂。喬丹讚揚傑克森的「神聖籃圈」哲學，說那讓他學會如何設身處地為天賦比較低下的隊友們著想。他說：「我想菲爾真的給了我展現耐性的機會，教導我如何了解那些扮演配角的隊友們，並且給他們改善自我的機會。」然而，傑克森永遠無法訓練喬丹不要再把他的隊友們稱作「配角」，這也提醒了大家，公牛隊的組織並非一個完美的世界。不完美的證據就是，在一九九六到九七球季的大半時間，有一股愈來愈強大的驚懼之情籠罩著整個球隊。

賽程的初段充滿著瀟灑的連勝與喬丹數據大豐收的比賽。為了舒緩上一季常常影響他的肌腱炎，他在休季期間減重八磅，從原本的兩百一十七磅減到兩百零九磅。更精壯的喬丹帶領隊友們打出開季十二連勝，高潮是作客邁阿密時，喬丹轟下50分，率隊以106比100獲勝。比賽的大部分時間裡，喬丹還一邊微笑著跟熱火隊的總教練派特・萊里閒聊。公牛隊才剛從溫哥華飛來比賽，卻在當地的報紙上看到，熱火隊說公牛隊在去年季後賽橫掃他們時態度有多麼不敬。

在比賽中，一個華麗的進球之後，萊里開玩笑罵喬丹是個卑鄙小人。「他是一個很好勝的人。」喬丹在賽後微笑著談起萊里：「而我也是。你知道自己已經到了生涯的尾聲。不管那是明星地位還是成功或是什麼，你最好在最後的時刻好好享受一下。比起任何事情，這樣的想法更能激勵我。」

他補充說道：「給我動機的，就是一個完美的結束。」

他慶祝感恩節的方式，是在五場比賽之中攻下195分。十二月份，對上年輕的湖人隊，他拿下30分，皮朋拿下35分，庫克奇拿下31分，證明了他也能把機會分享出去。從那時候開始到二月中，他給了每個老朋友一點顏色瞧瞧：對上騎士隊攻下45分，對上尼克隊攻下51分，對上蓋瑞・培頓與超音速隊攻下45分，對上丹佛攻下47分。

紐約的總教練傑夫・范甘迪（Jeff Van Gundy）手下的子弟兵包括兩個喬丹的好朋友：歐克利以及尤恩。范甘迪稱喬丹為「騙子」，結果激發他在對上尼克時轟得本季最高的51分。「他的招式就是跟他們交朋友，軟化他們，試著讓他們感受到他的關心。」范甘迪曾這麼說：「然後他再上場試著摧毀他們。作為一個球員，首先要了解這件事，不要上鉤。」

喬丹後來說：「為了贏，我準備好做任何事。」那是他在生涯裡第三十六度突破五十分大關。「有時候我的狀態極佳，所有事情好像都以慢動作播放。我不用著急，只要放鬆打就好。」

傑克森說：「透過媒體攻擊麥可，這大概是尼克隊教練在策略上的失誤。我想喬丹上場後帶著復仇之心打球，他要把這筆帳算清。」

喬丹以一個二十呎的後仰跳投結束那一晚的精彩表現，也底定了勝局，然後，他對著范甘迪大吼。「你很會講話嘛。」喬丹說：「我猜我今晚在這裡沒交到任何朋友。」

范甘迪的話講得並不好。他補充道：「我猜他講那些話的目的是要激勵他的球員。但我不認為在場上他們有把我當成朋友。我也不是為了交朋友而上場的。但是當我離開球場的時候，我不會把場上發生的事情一起帶走。我們只是在打一場比賽。在比賽之外我不會覺得彼此之間有一場戰爭。如果他覺得我在利用我的朋友們，那也隨他。」

公牛隊在最後四場例行賽中輸了三場，儘管結尾有點弱，他們還是大口吞吃了賽程，繳出六十九勝十三負的戰績，追平了史上第二佳的紀錄。平均每場攻下29.6分的喬丹再次奪下得分王，也是他個人的第九座。他第十一度入選明星賽，並在克里夫蘭演出明星賽史上第一個大三元。一九九七年的全明星賽正值聯盟的五十周年年慶，他與皮朋都風光入選籃球史上最偉大的五十名球員。

十一月，對上聖安東尼奧時，他攻下生涯第兩萬五千分。他在四月份超越奧斯卡・羅伯森，成為史上總得分排行榜的第九名。

一起

隨著季後賽接近，傑克森再次要求他的隊員們發展出真正的「和睦」。這一次，他把《天生一對寶》（What About Bob）的片段剪接進球探錄影帶裡。在這部電影中，比爾・墨瑞（Bill Murray）扮演一個古怪的精神病患，他試著要跟他那極度自私又不討喜的心理治療師同住。顯然，那位心理治療師就是克勞斯。「每次他要我們看比賽錄影帶時，他就會把電影的片段放進去。」公牛隊中鋒比爾・溫寧頓說：「我們基本上看完了一整部電影。他暗示我們要團結，要一小步一小步前進，然後開始把球打好。最後，如果我們能夠團結在一起，以一個團隊的身分共同努力，我們就不會發瘋。」

傑克森也把老電影《三個臭皮匠》（Three Stooges）的片段剪進去。

「我們在晨間聚在一起的時候，泰斯・溫特喜歡唱一首歌。」比爾・溫寧頓解釋道：「他喜歡唱：『該是我們在一起的時候。在一起，在一起，該是我們在一起的時候。又在一起了。』這首歌在《三個臭皮匠》裡面出現過一次。當裡面的角色莫（Moe）吞下口琴，他們把他當口琴演奏的時候，演奏的就是這首歌。這是訊息的一部分。作為一支團隊，我們必須團結在一起。」

在一起的主題也盤旋在喬丹、傑克森與羅德曼的頭上，因為他們的合約都只有一年。他們還會回來陪公牛隊一起度過下一個球季嗎？各種臆測在芝加哥媒體蔓延，而這種不確定性也拉扯著球隊原本平靜的心靈。

也許最重要的是，這個「和睦」的主題是一個細膩的提醒，要喬丹不要用憤怒與批評碾碎隊友們。喬丹、皮朋與哈潑是球隊堅實的核心。羅德曼，想當然爾，是自成一格的。庫克奇也是，他在這個文化裡有點格格不入。辛普金斯、卡菲與布朗在場外會混在一起，而布奇勒與柯爾是亞利桑那代表團，澳洲人朗利與加拿大人溫寧頓有時候會加入他們。

季後賽第一輪，華盛頓子彈隊輸掉第一場，但在第二場奮力取得領先，而傑克森關於和睦的所有言談都在聯合中心球場的陰霾中煙消雲散了。儘管喬丹在上半場攻下26分，華盛頓在中場仍以65比58取得領先。在休息室裡，喬丹以盛怒的表情面對傑克森與他的隊友們。「中場休息時，麥可很不爽，而傑克森的心情也沒好到哪去。」史蒂夫・柯爾承認：「但是除了態度的調整之外，我們也沒做出什麼其他調整。麥可只有稍微提高音量，說我們要打得更好。」

喬丹和他們的防守陷阱讓公牛隊在第三節推出一波16比2的攻勢，也讓觀眾從沉睡中甦醒。防守是團隊的功勞，但喬丹幾乎一肩扛起進攻，用一個接著一個的跳投猛擊對手。在暫停的時候，他坐著不動，毛巾掛在肩上，低垂著頭，試圖保存體力。比賽終了前五分鐘，他切入得分，讓芝加哥取得三分領先。一會過後，球又到他手上，他殺入禁區，做了一個出手的假動作，把全部的防守者都騙到空中。等他們落回地面，他拔起來跳投得手。下一波進攻中，他在右邊底線，以一個幾乎要跌倒的、不可思議的姿勢把球投進，讓球隊的領先分數達到七分，也讓他的個人得分達到49分。

比賽剩下約莫一分鐘時，子彈隊把比數追至103比100，喬丹以一記跳投與一記擦板球回應，後者出現在比賽剩下三十四秒的時候，也讓比數形成107比102。他接下來罰進兩球，完成55分的夜晚（生涯中第八度在季後賽突破五十分大關），也讓公牛隊以109比104獲勝，在系列賽取得二比零領先。

朗利賽後表示，喬丹已經三十四歲，光是他的體能狀態就令人咋舌，因為那允許他可以在超過四十四分鐘的時間內連連得分同時強勢防守。「他就是靠著些比賽來展現他到底是誰。」這位中鋒補充道：「你絕對會驚嘆於這些表現。而讓我驚嘆的是，你一年之內會看到幾場這樣的比賽。也許他今年只有三到四場得分破五十的比賽，但是幾乎每個晚上他都能得三十幾或四十幾分。在他這樣的年紀，體能狀態能讓他上場做到他每晚做的那些事，這是最讓我驚嘆的。」

下一場勝利之後，華盛頓就出局了，公牛隊把注意力轉移到亞特蘭大老鷹隊身上，並以四比一讓他們俯首稱臣。儘管球隊氣勢如虹，教練團還是擔心喬丹在進攻端打得太勉強，似乎要一個人扛起全部的重擔。「麥可的投籃表現並不好。」溫特透露：「他整個系列賽的投籃都不好。他每場都要出手二十五到二十七次，而出手的命中率又不好，這會是進攻端的負擔。如果他的命中率沒辦法提高的話，他就不應該出手那麼多次。

菲爾叫他不要勉強自己，不要試圖做太多事，要讓球流動。而麥可也明白。麥可是個聰明的球員。但是他太好強了，而且他太有自信，所以很難克制自己。我從來沒有遇過像他這麼無所顧忌的球員。這也是他能夠成為偉大球員的原因之一。他是沒有良心的。」

亞特蘭大在第五戰出局，雖然說比賽才打三分鐘，喬丹就因為在迪肯貝・穆湯波（Dikembe Mutombo）面前灌籃後對他搖手指而吞下技術犯規。穆湯波本人正是以搖手指挑釁聞名的。這場勝利讓公牛隊在近九季中七度打進東區冠軍賽。本來以為他們的對手會是尼克隊，但派特・萊里的熱火隊反而晉級。這對傑克森來說並不是問題，在一九九六年球季尾聲的一場比賽中他們被邁阿密逆轉之後，他就跟球員說過：「別再輸給這傢伙了。」

芝加哥很快就取得三場球的領先，對喬丹來說這似乎是在邁阿密打四十五洞高爾夫球的好時機。公牛隊的攝影師比爾・史密斯（Bill Smith）跟著他到球場去，站出來打算拍攝坐在高爾夫球車裡的他。「別擋路，比爾・史密斯。」喬丹一邊說一邊催油門，讓這位攝影師笑著跳開。

隔天喬丹就為這樣的玩樂付出代價，在第四戰前二十二次出手只命中兩球。當時效力於熱火隊的艾德・平克尼清楚記得那場比賽的結尾。

「那是我打職籃的最後一年，而公牛隊正要把我們淘汰。」平克尼回憶道：「他們已經訂好一間特別的餐廳，打算在比賽後慶祝。派特・萊里德到風聲，跟我們球員說他非常不爽。我們上了場，取得十五或二十分的大幅領先，於是菲爾・傑克森把主力球員都換下場。那場比賽已經差不多要結束了。嗯，沃尚・雷納德（Voshon Lenard）（熱火隊的後衛）決定要開始對麥可喬丹講垃圾話，說我們到了芝加哥會怎樣痛電他們之類的。喬丹重新回到場上，開始不斷得分又得分，而且他放聲大喊：『你們他馬的不會再贏任何一場比賽。』他真的是全力大叫：『你們這群廢渣一場都贏不了。』他很生氣。」

時間所剩無多，發現自己落後二十一分的公牛隊放棄了整季運作順暢的三角戰術，看著喬丹進入他的攻擊模式。他激發芝加哥打出一波22比5的反撲，在第三節結束時把比數追到61比57，只差四分。熱火隊在第四節一開始重整旗鼓，拉開差距，讓比數形成72比60。接下來，喬丹為芝加哥連續拿下18分，在比賽還剩兩分十九秒時，將落後的分差縮小到一分。然而，結尾的時候，熱火隊連續罰進六球，拿下了勝利。

「那是麥可所有的比賽裡面，我最愛的其中一場。」在二〇一二年回首前塵，柯爾說：「因為如果你觀察那場比賽的數據，會發現他在進入第四節之前是投二十二中二，其中還包含幾顆籃外空心。這顯然跟他前一天與阿瑪德・拉夏德一起打那麼多洞高爾夫球有關。但是到了第四節，他整個抓狂了。他對著熱火的板凳席怒吼著，而那是我這一生看過最強的信心展現……沒有之一。我的意思是，當你在季後賽面對一支防守強隊，前三節投二十二中二，屢投不進的狀況下，怎麼還能這樣？他沒有搖頭，他只是繼續做自己的工作，然後感覺終於來了，他就順勢而行。」

目睹這場奇觀的人可能不太會忘記。芝加哥在第四節得了二十三分，其中麥可貢獻了二十分。「當他開始投進球，就會一直進、進、進、進、進。」提姆・哈德威（Tim Hardaway）說：「他是一個得分手。他是最強的。」

當被問起他上半場慘不忍睹的表現，他怒視著回答：「我並不擔心。」

平克尼笑著回憶道：「我們現在回到了芝加哥，幾乎沒辦法把球帶到前場。」

喬丹以第一節的15分開啟第五戰，足以讓公牛隊以33比19取得領先，而比賽的結果也就沒有太多懸念了。

「他們是塞爾提克在十三年內贏得十一座總冠軍（一九五七到六九）之後最偉大的一支球隊。」萊里在賽後跟記者們說：「我不認為在麥可退休之前會有其他球隊可以奪冠。有時候你打造了一支很強的隊伍，但是你永遠不會贏得總冠軍，因為你很不幸地跟喬丹生在同一個時代。」

休士頓與猶他在西區冠軍賽激戰，喬丹承認說他比較想要對上火箭隊。歐拉朱萬在一九八四年的選秀會上排名在他之前，而且曾率隊拿下兩座總冠軍。這杯誘人聖代上的櫻桃就是查爾斯・巴克利，他現在是火箭隊的前鋒。從另一方面看，爵士隊也可以激起他的戰意。爵士隊的前鋒卡爾・馬龍預計將拿下當季的聯盟最有價值球員，縱使說喬丹以29.6分的場均得分拿下生涯第九座得分王，喬丹也入選年度第一隊，更與皮朋一起入選年度防守第一隊。馬龍在得分王的競逐上屈居第二，也第九度入選年度第一隊。他的入選似乎是出於生涯的完整性，有時候在選擇其他最有價值球員時會出現這樣的做法。然而，喬丹的球迷將長久抱怨他又被剝奪了另一座最有價值球員獎。派特・萊里不認為西區哪一隊晉級會有差。他說：「我覺得芝加哥對上任何人都會贏。」

在西區冠軍賽的第六戰，猶他的約翰・史塔克頓在最後一秒絕殺對手，讓爵士隊在三十年的隊史中首度闖進聯盟總冠軍賽。總冠軍賽第一戰，史塔克頓、馬龍與他們的隊友在聯合中心球場使出渾身解數。比賽只剩下一分鐘時，猶他以82比81領先。當喬丹踏上罰球線罰兩球時，他的球迷們大喊「MVP！」他罰進第一球，追平比數，第二球卻失手，讓球迷噤聲。接下來換馬龍罰兩球，皮朋在他的耳邊輕聲說：「郵差禮拜天不送信。」他在噪音之中兩罰皆不進，公牛隊在比賽僅剩七點五秒時掌握籃板球。神奇的是，猶他竟然決定在最後一擊不包夾喬丹。當那一球破網，兩萬一千名球迷瞬間在狂喜中跳起來。喬丹全場投二十七中十三，拿下三十一分。

在喬丹38分、13籃板、9助攻的帶領之下，第二戰是一場一面倒的比賽。如果皮朋沒有在最後上籃放槍，浪費掉喬丹第十次助攻的話，他就可以留下大三元的紀錄。

雖然說皮朋投進七顆三分球，追平NBA總冠軍賽的紀錄，爵士隊還是在鹽湖城（Salt Lake City）拿下第三戰的勝利。球迷與媒體不知道的是，第四戰的勝負竟然決定於公牛隊工作人員的關鍵失誤，而那群工作人員也正好是公牛隊這一季最讓人失望的部分。公牛隊的進攻斷斷續續，但是防守四十五分鐘都很棒。簡而言之，他們的表現足以贏球。比賽剩下兩分三十八秒的時候，他們設法以71比66取得領先，看起來似乎掌控局勢，能夠讓系列賽變成三比一了。但此時約翰・史塔克頓以一系列的好球接管比賽，而公牛隊很不尋常地踉蹌了。後來大家才知道，原來公牛隊的助理不小心把運動飲料開特力換成Gator Lode，那是一種用來補充碳水化合物的含糖飲料。訓練員奇普・謝佛爾解釋道：「那就像是吃下烤馬鈴薯一樣。」到了比賽尾端，芝加哥的球員表示說有胃痙攣的症狀，而喬丹甚至要求要下場休息一下，這是他在關鍵時刻絕對不會做的事。

史塔克頓投進一顆二十五呎的三分球，讓球隊在比賽末段取得領先。儘管腸胃不適，喬丹還是重新上場，馬上也投進三分還以顏色。猶他的傑夫·何納賽克（Jeff Hornacek）騎馬射箭（runner）失手，公牛隊有機會終結比賽。結果，史塔克頓抓準時機，在罰球線頂端把喬丹的球抄走，然後一條龍直奔前場。這個動作讓傑瑞·史隆敬佩不已。喬丹飆回去擋下他的上籃，卻因為身體碰撞而被吹判犯規。

從那一球之後，爵士隊設法以74比73取得領先。比賽還剩七秒的時候，芝加哥對馬龍犯規，創造出跟第一戰一樣的情況。他的第一罰在籃圈上彈了幾下才進，這讓他可以穩定心神罰進第二球，也讓比數形成76比73。沒有暫停可喊的公牛隊只能讓喬丹在三分線外倉促出手，球沒進之後猶他還以一個快攻灌籃作結，最終的比數就是78比73，也是總冠軍賽史上第二低的比分。

流感

喬丹看著自己的投籃命中率從前兩場比賽的百分之五十一降到百分之四十。接下來就是偉大的「流感之戰」（flu game）。這件事過了好幾年之後，仍有流言指出，第五戰前夕在猶他山上的莊園裡，喬丹放縱自己抽雪茄、打牌、喝酒到太晚。隔天的官方說法是他受到了「病毒感染」。

「那場比賽是我負責解說的。」當時與馬夫·亞伯特共事的前NBC現場解說員馬特·古奧卡斯回憶道：「馬夫是一個很善於一球一球解說的人。他很能表現戲劇張力。那一次，我心想：『這有什麼了不起的？麥可每次都打很好啊。』但馬夫看見了那一刻的重要性，也讓球迷見證了一場了不起的比賽。另一件事情是，針對麥可到底哪裡出問題，有一些陰謀論。而我們當時就是相信了官方的陳述，說喬丹得了流感，卻還是抱病上場奮戰。然而根據一些說法與謠言，他一整晚都在羅伯·瑞佛德（Robert Redford）的農舍打牌，而且打得太拼了。」

在二〇一二年一個網路流傳的影片裡，ＥＳＰＮ的傑倫・羅斯（Jalen Rose）也發表了類似的言論。到底那是真正的流感還是所謂的「密爾瓦基流感」都將被深鎖在喬丹的謎團裡。在喬丹的籃球生涯裡，他睡很少覺打很多球的特色顯然眾所皆知。不管喬丹生病的原因為何，他的表現都是貨真價實的。隨著第五戰迫近，盤旋在公牛隊上頭的焦慮之情如同聚集在猶他棉白楊谷上的雷暴雨。他的隊友們首先在晨間的投籃練習感到震驚。他病到無法參加？喬丹缺席重要的練球？這從來沒發生過。

「這有點嚇人。」賽前睜大眼睛坐在休息室裡的公牛隊替補前鋒傑森・卡菲說：「這樣的情況下，你不知道到底出了什麼事。」幾呎之外，在一片黑暗的休息室裡，喬丹躺著不動。然而，長年觀察喬丹的人已經看過這種狀況，遠從他高中時期就看過。

「麥可生病了嗎？」一位記者說：「那他會得四十分。」

儘管喬丹做戲的天分是有名的，這次的表現可不是演出來的。「我跟麥可並肩作戰了好幾個球季，從來沒看他病得那麼重。」皮朋在賽後說：「我甚至不知道他有沒有辦法穿上球衣。他在我的心中是最偉大的，也絕對是最有價值球員。」

在一段時間裡，他似乎是靠著腎上腺素打球。他拿下公牛隊的前四分，然後虛弱的他開始步履蹣跚，猶他趁勢在第二節前段取得十六分的領先，比數34比18。然而，把焦點放在籃框上的喬丹開始把球往裡面帶。他在公牛隊一波19比6的反撲中貢獻六分，將把數追成42比39。

馬龍早早吞下三犯，不得不下場休息，公牛隊於是有了喘息的機會。喬丹在禁區攪和，在第二節得到八次罰球機會，也讓公牛隊以45比44首度超前。隨著比賽節奏放慢，馬龍在第三節陷入更大的犯規麻煩，但在第四節開始時猶他仍設法保有五分領先，並且在第四節的一開始就拉開成八分。

到了那個時候，喬丹已經克服虛弱，找到了自己的節奏。他在比賽末段攻下十五分，在一次又一次的持球進攻中持續給爵士隊帶來壓力。比賽剩下四十六秒，公牛隊落後一分，喬丹站上罰球線執行兩罰。他罰進第一球，第二球雖然失手，但是他自己把球給搶回來。一會兒之後，他接獲皮朋的傳球，飆進一記三分彈，公牛隊就這樣在總冠軍系列賽取得三比二的領先。比賽結束時，喬丹站在猶他的籃下，高舉雙拳慶祝勝利。

菲爾・傑克森說：「講到重大的勝利，我想這是我們在季後賽之中取得過最重大的一勝，尤其是在上半場落後的情況下逆轉戰局。」

「我打到幾乎快昏倒。」喬丹說：「我上場的時候是脫水的，一切都是為了贏一場球。我盡了很大的努力，也很高興我們贏了，因為要是輸的話我們真的會悲痛欲絕。我真的很累，在中場休息時很虛弱。我叫菲爾間歇著用我就好，但是不知道為什麼，我找到了保持堅強的力氣，而且我真的好想贏。」

他全場投二十七中十三，攻下38分，另外還有7籃板、5助攻、3抄截與1阻攻的表現。「他整天都臥病在床，光是站起來就會反胃，而且還有頭暈等等的症狀。」傑克森說：「我們很擔心他的上場時間，但是他說：『就讓我打吧。』結果他打了整整四十四分鐘。這樣的努力本身就已經很驚人了。」

皮朋的防守與傑出的場上表現也是致勝之因。他貢獻了17分、10籃板與5助攻。「麥可很棒，這我們都知道。」當時坐在三角洲中心（Delta Center）場邊的查爾斯・巴克利說：「但我覺得這場比賽的關鍵之一是第二節。猶他有機會拉開跟公牛隊的差距，但他們失敗了。他們失敗的原因之一，就是皮朋在芝加哥的反撲中投進了很多關鍵球。」

系列賽終於回到芝加哥，喬丹也在那裡以好萊塢式的結尾完成了這一季的工作。爵士隊早早取得領先，而且英勇地守住優勢，直到緊要關頭公牛隊才用壓迫防守掌控大局。喬丹貢獻了39分與兩小時的防守，最後給史蒂夫・柯爾一個甜美的小妙傳作為結尾。柯爾在第四戰本有機會靠三分球把比賽帶入延長，但是卻失手了，直到現在仍自責不已。「史蒂夫因為第四戰一直責怪自己。」喬丹後來解釋道：「他把頭埋在枕頭裡好幾個小時，因為他讓球隊失望了，因為大家都知道他可能是籃壇最好的射手，而他原本有機會可以扛起整支球隊。他非常失望。」

「菲爾在最後畫戰術的時候，體育館裡的所有人以及電視機前的所有人都知道球會交到我手上。」喬丹解釋道：「我看著史蒂夫說：『這是你的機會，因為我知道史塔克頓一定會過來幫忙防守。而我會把球傳給你。』然後他回答：『把球給我吧。』」喬丹補充道，約翰・帕克森也會這麼說。柯爾把球投進了，整座建築物爆發出狂喜的聲浪，而公牛隊也拿下第五座冠軍。

「從我的角度看，史蒂夫・柯爾在今晚贏得了他的翅膀。」喬丹說：「因為我對他有信心，所以把球傳給他，而他也把球投進。我很高興他能將功贖罪，因為要是他那一球失手了，我想他可能整個夏天都睡不著覺。我很為史蒂夫・柯爾感到高興。」

「最後，當他把球傳給我，我投進了。」柯爾一邊笑著一邊回憶道：「而我永遠不會忘記，賽後接受訪問時他說：『嗯，史蒂夫・柯爾贏得了他的位置。』我記得我當時心想：『什麼，我還沒贏得我的位置嗎⁉⁉等一下，我們去年也贏了總冠軍。我也投進了幾球。我也為球隊做了些好事。我不了解耶。原來我還沒贏得我的位置嗎？』」

這就是配角的生活。

陣中大部分的人都打得掙扎，但史考帝・皮朋與喬丹配合得天衣無縫。喬丹顯然是最有價值球員，但是皮朋一直在他身邊提供支援。喬丹說他會留著冠軍賽最有價值球員的獎盃，但要把隨獎附贈的車子送給皮朋。

「我會確保他拿到車子。」喬丹說：「因為對我來說，他就像一個弟弟。他歷經了苦痛，每天都跟我一起健身。他之所以加入我，每天跟我一起健身，是為了可以保持健康，可以上場為這個組織與這座城市奮戰。我們保持健康，才能持續當冠軍。」

喬丹愈講愈大膽，後來他要求傑瑞・藍斯朵夫保留球隊的原班人馬，好讓他們下一季有機會衛冕冠軍。對於大眾來說，這種表態再恰當不過了。但對於知情的人來說，這代表著更多的麻煩。

第35章 催動巴士

帶領公牛隊拿下第五座總冠軍的同時，喬丹也種下球隊崩毀的種子，猶他的NBA總冠軍賽之後，他在球隊的巴士上開始用言語欺凌克勞斯。重返籃球場之後，喬丹對這位總管展現了一種新的怒意與侵略性。克勞斯對皮朋那種不正當的對待讓喬丹很不爽，而他也被引導去相信克勞斯力主解雇他最愛的教練強尼・巴赫。雖然說傑克森曾經試著說服克勞斯不要搭乘球隊巴士，也不要太接近球員，這位總管總是會找到一些方法讓自己成為球隊的一份子。然而，他一出現就會成為喬丹玩笑的箭靶，而那些玩笑在總冠軍賽過後變得愈來愈銳利。是因為喬丹的怒氣嗎？還是因為喬丹霸凌的天性失控了？不管答案是什麼，一九九七年球隊巴士上的衝突將會啟動新一波的紛擾。

「事情會這樣發展是很不幸的。」吉姆・史塔克說：「其實沒有必要搞成這樣的。」

跟許多交通工具上的衝突一樣，酒精是其中一項因素。在客場獲勝之後的前半個小時，喬丹與一些隊友會灌下五、六罐啤酒，並且點燃雪茄，這在職籃圈裡沒有什麼不尋常的。開始欺負克勞斯的時候，喬丹顯然不是酩酊大醉的。然而，他的微醺狀態足以讓他釋放邪惡的幽默感。

多年來，喬丹都會在賽後坐在巴士後面，以雷射般的諷刺連珠砲攻擊可見範圍裡的任何人。他有幾個最愛的固定對象。他會拿一九九二年奧運會的表現或是防守技巧來嘲笑庫克奇。設備總管約翰・里格曼諾斯基因為體重而輕易成為標靶。里格曼諾斯基記得他曾經試著反擊喬丹，但是很困難。喬丹也用他的幽默來管理隊陣中的人。里格曼諾斯基說：「如果他覺得某人沒有做好他的工作，或是沒有咬緊牙關打球，就會說一些話。他會用挖苦的方式來讓他們知道他的感覺。」

事情發生幾個月後，被問起當時的情況，喬丹說：「我不會太認真看待事情。我的認真程度剛好而已。在我嘲笑任何人之前，我可以先嘲笑我自己。而這是很重要的。我可以嘲笑我自己。但之後我可能會很殘酷……。」

他在猶他打季後賽時對克勞斯尤其殘酷。至少有一部分的原因是，這些年來，克勞斯也持續刺激喬丹，他誤以為這樣是跟喬丹培養感情的方法。

「傑瑞・克勞斯！傑瑞・克勞斯！」喬丹從巴士後面吼著：「嘿，傑瑞・克勞斯，我們去釣魚吧。帶好你自己的釣竿。不用擔心。如果我們沒釣到魚，你可以自己把釣餌給吃了。」

坐在後面的球員們常常會爆出笑聲，而前座的工作人員會咬緊嘴唇忍笑。克勞斯是球隊的副總裁兼總管，更別提也是他們的頂頭上司。從來不會成為喬丹惡作劇對象的傑克森有時候似乎也被逗樂。

一位公牛隊的工作人員說：「那些人會坐在後面，灌下幾杯啤酒之後就開始找他麻煩。」

「有時候菲爾就坐在那裡什麼都沒說。」另一位公牛隊員工說：「你是菲爾・傑克森，而你的上司正被其中一位球員欺負，至少說些什麼吧。菲爾在那些情形下從來沒幫他出過頭。他們就像是學校裡的小孩一樣，像一群學校裡的小孩集體霸凌某個人。」

「回顧當年，我不知道菲爾可以做什麼。」奇普・謝佛爾說：「他總不可能轉過頭說：『麥可，夠了。』」

當球隊一邊贏球一邊往總冠軍邁進，克勞斯默默承受著這些虐待。有時候，當攻擊的砲火變得過猛，這位總管會對坐在附近的人說：「北卡羅萊納來的那張嘴又開始了。」

「對傑瑞而言，這也許就是他的防衛機制吧。」泰斯・溫特如此評論克勞斯的靜默：「但這似乎也沒有讓他太困擾。我想他臉皮滿厚的。」

喬丹會從後面大喊：「布萊德・賽勒斯，這選秀還選得真好啊。」

其中一次主要的攻擊發生在猶他的總冠軍賽中，當球隊正要驅車回到附近帕克城（Park City）的住處。

「為了到帕克城，我們必須爬過這座大山，所以巴士的速度減低到大約時速二十五英里。」奇普・謝佛爾說：

「這大概就製造出那種沒完沒了的情境。」

「嘿，傑瑞・克勞斯，這台巴士昨天開得比較快，因為你的肥屁股沒坐在上面。」喬丹這樣大喊，隨之而來的是隊員們連串的笑聲。

「克勞斯沒有什麼可以反擊喬丹的話語。他會叫他禿子或是一些像那樣的蠢東西。」一位公牛隊的員工評論道：「當那些人幾杯啤酒下肚，坐在後面抽雪茄，為了某場勝利而醺醺然的時候，如果克勞斯回了什麼話，就只是火上加油而已。他們只會用更過分的話語反擊。他們就是這樣。」

「他們在賽後會喝幾杯啤酒。」謝佛爾說：「我不認為有誰喝得過量。他們喝開特力跟 Gator Lode，他們也喜歡啤酒。捉弄人是一件殘忍的事。當六歲跟十歲跟十五歲的小孩在操場上捉弄人是殘忍的，成年人捉弄人也是殘忍的。我曾不曾聽到某句評語然後發出會心一笑，也許有吧。但我也曾聽到某一句評語之後，在心中暗自希望喬丹閉上嘴不要再煩他了。」

「那總是令人很不舒服。」史蒂夫・柯爾回憶道：「我記得雅德・布奇勒有一次曾說：『你可以想像詹姆士・沃錫這樣對待傑瑞・韋斯特嗎？』」

喬丹喜歡測試隊上每個人是眾所皆知的，所以除了克勞斯之外他也有別的標靶。但球員們互相嗆聲本來就是體育球隊生活的一部分。柯爾回憶道：「我記得有一次，在一個不同的旅途中，麥可開始在後面對著前座的克勞斯吠叫。然後朗・哈潑有點要加入他的意思，結果麥可很快制止了他，他說的大概是：『不行，不行，你不被允許這麼做。被允許這麼做的就只有我而已。』」

柯爾說，很顯然喬丹並不喜歡團隊造反的這個想法。「他只是想要折磨克勞斯而已。他會測試任何人，但那不是測試。那是發自內心的。而我不知道源頭是什麼。那很令人尷尬。我不知道他為什麼非這麼做不可，但他就是這麼做了。」

柯爾還記得，有些時候真的是全然的羞辱。他又補充，他從來沒有看過一個人對另一個人這麼做，尤其當那個人照理說應該是上司的時候。

路克・朗利承認說，雖然喬丹那些帶刺的話語會讓球員們發笑，當下也會令人不自在，尤其當你淪為喬丹玩笑的箭靶時。「有些時候氣氛有點緊繃，但大部分的時候那些玩笑是好玩的。」朗利說：「處在那種地位，他攻擊別人是還滿安全的。但就算別人反擊，他也處理得一樣好。那些玩笑通常都不是出於惡意啦。」

「我想氣氛一直都是緊繃的。」比爾・溫寧頓說：「不管原因為何，麥可總是會找傑瑞的碴。只要傑瑞在，麥可一定會找他麻煩，尤其是在球隊的集會裡，當所有球員都在場的時候。麥可就是會找他麻煩。而巴士是一個密閉空間，所以每個人哪兒都不能去。所以你就只能坐在那裡。」

「他很聰明。」奇普・謝佛爾如此評論喬丹：「你能做的最壞的事就是試圖回嘴。如果你不回嘴的話，事情就會虎頭蛇尾地結束。假如他開始取笑你，不要回頭跟他說：『你在跟誰講話啊，禿子？』如果你這麼做，你就會把衝突提升到他的水平。所以對你來說最好的做法就是一笑置之，然後希望他也許可以找別人開刀。」

「麥可的能力讓他處於這樣一個地位，他覺得自己可以出面做這種事。」溫寧頓說：「以他對球隊的貢獻來看，他是一名偉大的籃球員，也是球隊的領袖。而球隊的領袖可以攻擊任何人。這就是階級，而他現在處於階級的最頂端，所以每個在他底下的人都必須承受。你所能做的——至少我是這樣做——就是受他的罵。倘若我開始回嘴，沒有人會站在我這邊。他們全都會站在他那邊，因為沒有人想要被他攻擊。所以就會變成十二對一的局面。所以你就承受那兩分鐘的砲火吧……。」

「他會騎在任何人頭上。」溫寧頓補充道：「他們心情來了就會找某個人麻煩，就是這樣。但你要小心，因為三不五時，當他攻擊某個人，而你笑得稍微太大聲，他就會轉過頭看著你，意思是：『那我們開始來攻擊你吧。』」

史蒂夫・柯爾說，贏球過後，喬丹的砲火容易承受得多了，但是輸球之後，他也有評語要講。「他無時無刻都在砲轟人。」當時的柯爾說：「那是很好玩的時刻。那是真的會在你記憶裡留存下來的時刻。他說了一些好笑到不可思議的話。我想，這些事情之所以有點特別，是因為巴士上只有我們。無論如何，那是頗為親密的時刻，因為那就發生在一場情緒高漲的比賽過後。那些人在巴士後面鬧了起來，很有娛樂效果。」

「麥可是很好笑的喜劇家。」後衛朗・哈潑說：「他讓每個人都很放鬆。當氣氛緊繃的時候，當有緊張的球賽的時候，他讓你非常放鬆。他有能力說出一些你料想不到的話。從巴士的後面，他在言語上得了很多分數。他常常找傑瑞・克勞斯的麻煩。」

被問起克勞斯是否樂於接受那些取笑，哈潑笑著說：「他沒有選擇，不是嗎？」

「我想傑瑞有能力去認清麥可的本質。」泰斯・溫特說：「他知道麥可的性格就是喜歡挑戰人、輕蔑人以及嚴斥人。我想他就是接受這樣的事實。面對像麥可這樣偉大的籃球員，他真的也沒有太多選擇。而傑瑞會是第一個這樣告訴你的人。每個人都明白麥可對這支球隊而言多有價值。」同時，溫特相信這樣的情況讓克勞斯處理起球隊更是左支右絀。喬丹對待克勞斯的方式是否超出了界線？「我猜也許根本沒有所謂的界線，因為他實在太常超過那條線了。」溫特如是說，又補充說這樣的狀況顯然是「他們的性格與他們的自尊混合之下所產生的副產品。」

另一位對這段關係有深入了解的公牛隊員工說，克勞斯永遠不會相信，但是傑克森其實曾請喬丹放這位總管一馬。根據一位目擊者說，喬丹回答說他知道自己不應該那麼過分，「但有時候我就是忍不住嘛。」

「我想他們有聊過這件事。」溫特同意道：「菲爾勸麥可要接受多一點權威，尤其當這份權威出自傑瑞的時候。我想，菲爾在這方面稍微幫了一點忙。但從另一方面看，老實跟你說，我覺得他大可以幫更多忙。」

溫特說他有告訴傑克森，說他需要做更多事情來舒緩這個局勢。

「他願意吐露的的事情似乎比以前多得多了，麥可當時就是這樣。」傑克森如此評論退休後重返公牛隊的喬丹：「他對自己的感覺比較誠實，也比較直言不諱。他會去講以前不曾講過的事情。但是那個芥蒂永遠都在。傑瑞會跟你說：『我就是那個叫他不能打球的人，而麥可終其一生都會因此與我為敵。』」

在季後賽結束之後被問起這個議題，喬丹說：「比起十年前，我現在比較會用言語表達自己。」

在一九九七年奪冠之後的那段時間，一位球隊員工看見喬丹擁抱克勞斯。「他把他抓過來擁抱。」那位員工說：「他不是因為當下應當這樣做而快速擁抱一下。那是一個真的擁抱，是一個發自內心的擁抱。而麥可也擁抱了克勞斯的妻子薩爾瑪。她只是一直微笑著。他們看起來幾乎像是一家人。」

接下來夏日的衝突與協商裡將不再有發自內心的擁抱。事實上，擁抱很顯然永遠消失了。

最後一次

一如既往，對麥可喬丹而言，只有在籃球場上，所有事情才會變得清澈明晰。所有的邊角線條都乾淨俐落，被包圍在球迷噪音築成的高牆以及他的專注所建構出來的堡壘裡，尤其在那個最後的一季。他做的每一個決定，若不是完美，就是近乎完美。他達到的球技水平讓多年來就近觀察他打球的人們都深受震懾。

以賽亞・湯瑪斯、道格・柯林斯與鮑勃・科斯達斯一起轉播那一季的某場比賽，他們做出一個結論：他們應該停止討論籃球場上的喬丹，因為他做的所有事情都太好、太正確、太精準了，已經沒有什麼好再多談的了。很可能沒有人曾經做過任何比麥可喬丹在生涯尾聲所打的籃球還要棒的事。

他的球隊使用泰斯・溫特的三角戰術已經進入第七年了。那為場上帶來秩序，但為這套戰術注入生命火花的是喬丹在進攻端的角色。他踩一步就能挪動整個防守。沒有人比他更了解溫特的進攻戰術，可能還包括溫特本人。喬丹總是擁有一種特別的運動感知能力，讓他能夠解讀整個球場。透過為場上帶來秩序，這套戰術讓喬丹的感知更形敏銳。喬丹了解它的限制，也知道如何在這些限制之中打球，直到他找到更好的選擇。

喬丹不需要這套戰術，往往會選擇自己飆分，但他也在上千次持球進攻之中將這套戰術運用得淋漓盡致。他持續在低位拿球，而三角戰術讓其他球隊很難對他進行包夾。有太多次，他只需要轉向底線就能甩脫包夾，找到出手空檔。只要把球運到似乎沒人能去得了的地方，或是沒人能想到要去的地方，他隨時都能找到出手機會。然而當他運用三角進攻時，也能為自己創造出成堆的投籃空擋。而三十五歲的他，把球投進的能力實在是太優越了。

道格・柯林斯說：「我當過他三年教練，現在看著他這樣打球，真是太不可思議了。」

連他的對手似乎都急著想看他下一步要做什麼。三十五歲的他體能狀態完美，在那一季裡的某些時刻，人們開始在想，不知道在什麼原因，他是否有可能其實正在變得更年輕。他減去的那九磅顯然讓他看起來更年輕了。大部分的其他球員都打不贏少壯，但他卻找到了一個水平，在那裡年齡的差距似乎沒有意義。

以賽亞・湯瑪斯驚嘆道：「這傢伙擁有一具永不休止、永不熄火的引擎。」

跟喬丹場上的美好表現形成強烈對比的，是與那位總管的醜惡衝突。喬丹在猶他的巴士上欺侮他之後，這衝突似乎讓克勞斯耿耿於懷。他會澄清說這完全沒造成他的困擾，然而他所做作為證明了他的口是心非。許多的言語交換敗壞了公牛隊的球員們、教練團與管理階層之間的關係，對克勞斯的欺凌只是其中之一。後來他們贏了總冠軍，喬丹在慶功的時候踏上講台，要求藍斯朵夫把傑克森與球員們留下來再拼一冠。這件事情冒犯了藍斯朵夫，因為喬丹不讓這球隊董事長有機會優雅地主動提議，卻選擇利用那個場合趕鴨子上架。

然而，喬丹知道他掌控了那一刻的情緒，那是他出手的最好時機。他不要坐待這個議題在公牛隊的董事會裡被決定。但是，他公開要求藍斯朵夫將原班人馬再保留一年，也為動盪的一九九七到九八球季設定了模式：喬丹與傑克森會公然談論他們這一邊的意見，而藍斯朵夫只能私底下火冒三丈。

至於喬丹的新合約，協商的過程相對不複雜。他將再簽下一紙一年超過三千萬美元的合約。另一方面，傑克森跟克勞斯一直在爭論著教練的價值。克勞斯不願意承認教練的價碼有所改變。到了一九九七年的夏天，這兩個男人找到煩擾並羞辱彼此的新方法，高潮是克勞斯在七月宣布傑克森將簽下一紙一年六百萬的合約。這位球隊的副總裁強調說這絕對是傑克森待在隊上的最後一季，無論如何，就算公牛隊打出「八十二勝零負」的戰績也一樣。

傑克森後來說：「很明顯地，傑瑞沒有處理好新聞稿，有點洩漏了自己的情緒。」

「無疑地，我並不打算欣然地說那些話。」克勞斯承認：「我有時候表達的方法不對。」

在宣布他的決定時，這位總管沒有明確說出讓傑克森預計要離隊的原因究竟為何，但這位教練與這位總管之間的關係顯然已經崩毀了。克勞斯讓自己與極受歡迎的傑克森公然作對。後來情況變得更糟了，因為克勞斯的聲明激使喬丹宣告，若在訓練營開始之前傑克森沒有被球隊留下來，他將直接退休。

突然間，傑瑞・克勞斯槓上這個星球最受歡迎的兩個人。「這就是最後了。」克勞斯曾言：「菲爾跟我知道。我們全部的人都知道。」

這份無理的宣言在整季都餘音繞樑，大眾每一天都愈來愈害怕而且心煩，為藍斯朵夫帶來極大的壓力。媒體與球迷又開始把他們稱為「兩個傑瑞」：試圖拆散公牛隊的大惡棍。克勞斯好像生下來就適合扮演這樣的角色。

燎原的星星之火來自媒體日，球員與教練通常會在那一天回答記者們關於下一季的提問。克勞斯有時候也會去接觸媒體，在回應一個問題時，他說贏得總冠軍的不是球員，而是球團。他後來會抱怨，他明明是說贏得總冠軍的「不單單是球員」。

他說的也許是真的。然而，當敵意變成混戰時，一些小細節往往會被忽略。跟喬丹共事超過一年的這位總管早該明白，一些看似無害的小事情都可能讓他發火。一言以蔽之，克勞斯成了一九九八年的拉布萊福德・史密斯。

記者們將克勞斯的話轉述給傑克森聽。這位教練惱火地說：「他竟然這樣說。」

克勞斯攪亂了一池春水，但真正的問題是皮朋，以及傑瑞・藍斯朵夫堅持不付錢給他的決心。這一直是球隊糾結的衝突中一個不可解的面向。「那是很不幸的。」在二〇一二年回首前塵時，吉姆・史塔克說：「我想史考帝的合約是最大的問題，我們不願意支付他值得賺到的價碼。我們當時處於一個很棘手的狀態。史考帝還沒得到超級球星的合約。他的舊合約將在九八年的夏天到期。史考帝顯然想要一紙複數年的合約。而我們不能夠那麼做。」

簡而言之，短期間從公牛隊身上賺取好幾億美元的藍斯朵夫與他的合夥人們，想辦法要避免支付皮朋其他跟他一樣等級的球星定期在賺的錢，也就是一年約莫一千五百萬。他們一年付給他的錢不到三百萬，這是遠遠低於他的身價的。皮朋在喬丹的成就裡扮演關鍵角色，但藍斯朵夫不僅不付錢給他，還想用他來交易更便宜的資產。這可以讓藍斯朵夫在協議中獲勝，但用這樣的方法來對待歷史上最偉大的球隊，卻是糟透了。皮朋的貢獻應該換得的錢估計是在三季四千五百美元左右。已經單季支付喬丹超過三千萬的藍斯朵夫決心不讓球隊的總體薪資失控，當年公牛隊的總體薪資也是全聯盟最高的。克勞斯與藍斯朵夫的對談終究會指向從喬丹的年代轉移出去的辦法。換句話說，他們忙著想要離開。在歷史發生的當下，他們沒能理解自己所擁有的一切。

這對本來就容易心生不悅的皮朋來說再明顯不過了。他有傷在身，原本應該要在一九九七年的球季結束之後立刻接受手術。然而，因為生氣球隊想要拋棄他，他刻意等到夏季尾聲才接受手術，這也代表他在開季之後將缺陣好幾個禮拜。一向對球隊觀察敏銳的山姆・史密斯發現喬丹也因此生皮朋的氣。倘若真是如此，那也被他對克勞斯與藍斯朵夫的憤怒所遮蓋了。

當時，傑克森就知道克勞斯笨拙的行徑將為藍斯朵夫提供完美的掩護。那引導大眾去認為衝突的核心在於喬丹與傑克森對上克勞斯，但其實重點是藍斯朵夫不願意付錢給皮朋。考量到季前的這些紛紛擾擾，這一季征戰的開始似乎再怎麼樣也不會好玩，直到球季展開之後，每個人又想起了喬丹的力量。他在媒體日沒有接受記者們的訪問，但就在隔天球隊進行完第一天的練球之後，他回應了克勞斯開幕日的言論。

「我的說法一直都沒有改變。」喬丹跟記者們說：「我的意思就是這樣。如果菲爾不會在這裡，那我就一定不會在這裡。」

一位記者問說，如果傑克森去到別的球隊，喬丹會跟隨嗎？

「不會。」他說：「絕對不會。我會辭職。我不會說辭職啦，我會退休。」

克勞斯的言論會影響球隊在場上的表現嗎？

「除非傑瑞有上場打球。」喬丹回答：「但他沒有。」

皮朋延遲動手術這件事在喬丹身上施加了巨大的壓力。過去兩年，他用自己打球的方式保全了整支球隊。他相信，只要公牛隊持續贏得總冠軍，藍斯朵夫就不會放任克勞斯去拆散這支球隊。少了皮朋，喬丹現在需要自己扛下這份重擔。從某些角度看，這有點像是他當年在少棒聯盟扛的擔子。他打得好，他的父母親就比較高興。這也許是喬丹生命裡重大主題之一的另一種版本。

純粹之心

公牛隊在中等的戰績中掙扎，十一月份僅繳出六勝五敗的成績。靠著喬丹的49分，他們才能在二度延長賽末擊敗快艇，拿到第七場勝利。雖然是傷兵，皮朋還是隨隊旅行。兩場比賽過後，在西雅圖，當球隊在機場搭上巴士時，他已經酩酊大醉。到了車上，他用言詞攻擊克勞斯。大家馬上就揣測，本來就不喜歡皮朋的克勞斯會把這次的事件當成原因，在二月份的交易截止日之前把皮朋送出去。

傑克森與喬治・孟佛所提供的正念冥想訓練的目的是要教導喬丹活在當下。這樣的衝突讓他在今年球季早早就要用上這個概念。他決定了，如果這次的征戰是他的最後一回，他要保持專注並且樂在其中。到了聖誕節的前一週，他的表現幫助球隊將戰績提升至十四勝九敗。湖人隊在那一週造訪芝加哥，也讓喬丹有機會更清楚地看看柯比・布萊恩這個青少年，他也是扮演「下一個麥可喬丹」的人之一。多年以來，媒體把一連串的年輕球員打造成下一個主宰聯盟的超級球星，直到這樣的角色得到了一個名字：「喬丹接班人」（Heir Jordan）。在一九九〇年代初期，南加大（Southern Cal）的哈羅德・麥納（Harold Miner）很悲慘也很不幸地被標記為「小小喬丹」，而且他還信以為真。朗・哈潑也曾經擔任下一個人選，直到他膝蓋受了重傷。他傷癒復出，但不復當年高飛的身手。一九九四年，底特律活塞隊的新秀格蘭特・希爾也在大肆炒作之下奮鬥著，然而時間將會證明他是比較貼近皮朋那一型的球員。一九九六年，傑瑞・史塔克豪斯跟著希爾一起陷入這個令人難堪的泥淖。到了一九九七年的十二月，輪到了柯比・布萊恩。

值得住意的是，喬丹似乎特別努力要去給予那些王位的覬覦者一些合適的教訓。然而，布萊恩在許多關鍵層面與喬丹十分相似，連喬丹本人都對他留下深刻印象。跟雷・艾倫一樣，布萊恩研究喬丹的錄影帶多年，他與喬丹是如此的相像，以至於作為喬丹接班人的他已經承受了大量的壓力。然而，那晚在芝加哥，他向世人展現了他可以知行合一，尤其是要對喬丹的進攻動作做出像樣模仿的時候。

喬丹自己也承認：「他學會很多招了。」

湖人隊的後衛尼克・范埃克索（Nick Van Exel）喜歡開玩笑說這一切可能要歸功於他在一九九六年秋天借給布萊恩的一捲喬丹精彩鏡頭錄影帶，就在十八歲的布萊恩剛從賓夕維尼亞州的勞爾梅里恩高中（Lower Merion High School）畢業，以菜鳥的身分加入球隊後的幾天。那天晚上，大家都明顯看出布萊恩花了不少時間研究那捲錄影帶，因為他幾乎把喬丹所有的動作都學得有模有樣，甚至包括喬丹在扭動之中把對手騙到發瘋的低位轉身。

布萊恩對上喬丹會如何？至少，這個問題能讓公牛隊暫時從克勞斯、皮朋、喬丹與傑克森的焦慮上分心。那天晚上，飛人大帝第一節就幫助公牛隊拉開差距，有了這一層緩衝，下半場就有足夠的垃圾時間可以觀賞喬丹與布萊恩的一對一對決。

「麥可喜歡這種東西。」朗・哈潑如此評論兩人的交手：「（布萊恩）是一個非常年輕的球員，有一天他可能會得到屬於他的王位，但我不覺得麥可已經打算交出自己的王位了。他出場讓所有人都知道他仍然是飛人喬丹。」

喬丹拿下36分，布萊恩攻得生涯新高的33分。那是一個充滿精彩鏡頭的夜晚：兩個球員在低位舞動，在外圍跳投命中，穿梭到禁區瀟灑扣籃。「我找回年輕時的那種活力。」喬丹在賽後告訴記者們：「可以用智慧去對抗體能技巧是很令人興奮的。如此一來，我就知道自己打球打得夠久，如果要叫我去防守一個像柯比・布萊恩這樣的球員……我還是撐得住。」

儘管很想搞定這場一對一，喬丹確實試圖顯露克制的一面。「因為那些炒作，這成了一個挑戰。」喬丹說：「但是不要被炒作給沖昏頭也是一種挑戰，不要把這場比賽變成我與柯比的單挑。有幾次我的感覺像是這樣，但我必須克制自己，尤其當他在我面前得分的時候。自然而然，我會興起到另一端在他面前把分數要回來的慾望。」

成長於崇拜飛人大帝的世代，布萊恩似乎是最好的模仿者之一，雖然他們兩人的打法還遠非完美的鏡像。「防守上，我必須要習慣面對跟我擁有相似技巧的球員。」喬丹解釋道：「我試著找出弱點，然後利用它。」

當兩人在第四節你來我往時，布萊恩叫住這位芝加哥的球星，問了他一個問題。「他問起我的低位單打動作，他是這樣講的：『你會讓雙腳打開？還是會讓雙腳併攏？』」喬丹說：「這有點嚇人。聽到他這樣問，我覺得自己像個老頭。我告訴他，在進攻端你永遠都要去感覺並且了解防守者的位置。我在低位進行翻身跳投時，我總是會用我的腿去感覺防守者在哪裡，然後才能對防守做出反應。」

喬丹補充說布萊恩最大的挑戰是「駕馭自己所知道的，利用自己所擁有的，並且把它們施展在球場上。那是很難的。那需要經驗。那是大鳥柏德與魔術強森都教過我的事。無庸置疑，他擁有可以接管比賽的球技」。

前NBA球員「軟糖」喬・布萊恩（Joe Bryant）之子柯比・布萊恩急著想要讓人留下印象。「麥可熱愛挑戰。」他說：「他熱愛回應挑戰。但同時，在我長大的過程裡，我父親一直教我面對任何人都不要退縮，無論對方是多偉大的籃球員。如果他火力全開，你也要火力全開。你上了場，用技巧跟他的技巧拼鬥，他給你一擊，你就還他一擊。」

當他看見布萊恩的跳躍力，喬丹承認自己也有一點懾服於他展現出來的天分。「我問史考帝・皮朋：『我們以前也是那樣跳嗎？我不記得了耶。』他說：『我想是的，但是那已經是太久以前，我也不記得了。我感覺我與自己所面對的一些其他選手處於相同的處境。』」喬丹解釋道：「無論何時，只要上了場他就可以是一股力量，他顯然有展現出這樣的跡象。他有很多不同的面貌。做為一個進攻型的球員，你會想要展現許多不同的面貌，這樣防守者就必須一直猜測。」

「他是一位非常聰明的競爭者。」布萊恩如此評論喬丹：「我可以看得出他在思索球賽，不管那是戰術方面的東西或是他在場上運用的一些小策略。我在觀察他並且分析他，這樣我才能在場上做出一樣的事。但在這方面他就是比較厲害，因為他已經這麼做好一陣子了。他非常聰明，非常有技巧。你不會天生就擁有這種能力……」停下來思考片刻之後，布萊恩又說：「當你又擁有搭配這種能力的天賦，那就真的是所謂的萬事具備了。」

儘管球隊的各個議題盤旋不休，喬丹還是繼續在歷史書上攀爬。十二月九日擊敗紐約之後，他超越了摩西・馬龍（Moses Malone）（兩萬七千四百零九分），成為ＮＢＡ歷史總得分排行榜上的第三名，兩個禮拜之前他才剛剛超越了艾爾文・海耶斯（兩萬七千三百一十三分）。他的影響力也展現在其他地方。十二月十五日對上鳳凰城的比賽是公牛隊連續第五百場把票全數賣光，這是聯盟史上最長的紀錄，也是喬丹對球賽價值的最重要展現。

不管去到哪裡，人們總會問他，如果公牛隊沒有找回傑克森，他是否真的會退休。「我現在就是一場一場比賽打。」他再三說：「會發生的事情就是會發生，沒有人能夠預知。」

他在一月二日對上雷・艾倫與密爾瓦基，全場投二十二中十五，轟下44分。一個禮拜之後，他再度以44分痛宰尼克隊，不過反正他總是痛宰尼克隊。他在三週之類繳出六場單場得分四十分以上的比賽，包括對上好兄弟查爾斯・巴克利領軍的休士頓時轟下的45分。「如果他擊敗你，他會讓你知道。」巴克利如此評論喬丹的垃圾話：「如果你倒在地上，他會踐踏你。」

見證喬丹這一面已經有三年的東尼・庫克奇與路克・朗利在春天都被問到，作為在喬丹身邊受罪的人有何難處。他的批評可能會很棘手，朗利承認：「但他確實會停下來。愈認識我他就對我愈好。他了解不同的人可以承受什麼，可以回應什麼。一開始他的砲火比較強。但他後來比較了解我，知道我可以做什麼，不能做什麼。我完全不會對此感到厭煩。這是球隊動力的一部分。」

庫克奇則說，就算喬丹決定要在他嘴裡塞一隻襪子他完全不會介意。「有時候，你可以馬上忍下那些事情。」這位克羅埃西亞的前鋒說：「它們也許不是很討喜或很好聽。」當喬丹變得殘忍，庫克奇說他會等到冷靜下來，再去跟喬丹說剛剛太過火了。而喬丹總是很樂意傾聽。「要跟他談事情或是討論事情完全不會有問題。」庫克奇說：「我不會跟他回嘴。我不是可以變得有點強硬的那種人。我會等個五分鐘或十分鐘，然後試著跟他講道理。」然而，兩名隊友都承認，喬丹展現出一種難以毀壞的，堅定不移的使命感。

他持續找尋找情緒上的計謀來引誘自己得分破四十。隨著年齡增長，似乎年輕球員們比較容易對他產生作用。那年春天，他為西雅圖的蓋瑞・培頓與達拉斯的麥可・芬利（Michael Finley）都保留了40分。在二月過三十五歲的那一週，他在全明星賽再度與布萊恩交手，也再次於決鬥中獲勝。

終於，二月的交易截止日過去了，克勞斯沒有把皮朋交易出去，他也傷癒歸隊，加入公牛隊奪取最後一座獎盃的行列。整個春天，他們都遇上心懷感念與讚賞的群眾。不管他們到哪裡打球，整座建築物一定因為喬丹而閃閃發亮，為了捕捉飛人喬丹打球的最後身影，不計其數的閃光燈閃個不停。好久以前他就學會在罰球時忽略相機的閃光燈，但是現在這些閃光燈裡隱含著一種新的急迫感。在籃球成為娛樂的這個年代裡，他扮演了一個很重要的角色，而數以萬計的球迷每個比賽的夜晚都進場對他致敬。球迷聚集在街道上，有時候幾百人，有時候是幾千人，在球場外面，在他的旅館外面，期待可以在喬丹與他的隊友下巴士時瞄到一眼。還有無數的其他人將敬意寄送過來，用卡片、信件、鮮花與禮品塞滿了一間又一間的儲藏室。在他這個年紀，大部分選手的運動能力都開始出現戲劇性的下滑，喬丹卻還是每場平均攻下28分，依舊是聯盟的得分王。縱使他在最近幾季漸漸依賴他那絕妙的跳投，喬丹還是可以展現跳躍力以及出人意表的身體控制能力，持續讓觀者驚呼，持續讓收視率飆升。喬丹向世人展示，他還是可以接管幾乎所有的比賽，而這樣的能力，是他的那些年輕對手們都望塵莫及的。

「麥可還能打得更好嗎？」長期擔任公牛隊攝影師的比爾・史密斯有一天晚上在賽前這麼問：「現在是

一九八七年嗎？他怎麼可以離開？我很難接受這樣的事情。」

「我們已經經歷這種事一千次了，而沒有人真正搞懂計畫到底是怎樣。」史蒂夫・柯爾這麼說，他也承認管理階層的舉動讓他跟他的隊友們很為難。「在芝加哥，無論去到哪裡，人們一直問我們：『他們怎麼可能考慮讓這支球隊解散？』老實說，我們對此也沒有答案。」

二月，當球隊作客猶他的時候，克勞斯說的話登上了頭條。他告訴芝加哥論壇報的專欄作家佛瑞德・米契爾（Fred Mitchell），這絕對是傑克森留在球隊的最後一季了。他的言論也讓爭議重新浮上檯面。這是一個巨大的錯誤。論壇報的泰瑞・亞莫（Terry Armour）說：「我們在猶他的時候，克勞斯說：『我們想要讓麥可回來，但如果麥可想要菲爾回來的話，門都沒有。』在那趟客場之旅中，在我們停留的每一站，不同城市的人都說：『嘿，麥可，這是你的最後一年嗎？』他會說：『哦，對呀，有可能。如果菲爾不回來，我就不會回來。所以我把這一季當作我的最後一季看待。』我想克勞斯大概是受夠了讀這些報導，所以他說：『好吧，那我要先聲奪人，我要說：你知道我們想要麥可回來，但是他不會在菲爾的執教之下回來。』」

「我想克勞斯只是想要控制權。」皮朋說：「他想要在沒有麥可的狀況下贏得總冠軍。而他也想要在沒有菲爾和我的狀況下贏得總冠軍。只是為了能說自己把工作做得很棒。」

喬丹問：「為什麼你會想要換掉這樣一位教練？他贏了五座總冠軍。他擁有球員們的尊敬。他顯然對球員有一定的理解，讓他們願意每天上場為他奮戰。為什麼？我想那多多少少是性格上的衝突，一定跟這個很有關係。絕對不會是因為（傑克森）的工作表現，或是他為球員所做的事，或是他從球員那裡贏得的尊敬。他作為一個總教練的成就顯然是完美無瑕的。我認為這點是無庸置疑的。我想比起任何原因，這決定顯然是對人不對事。」

二月份在紐約的明星週裡，喬丹在全球媒體聚會上強烈譴責管理階層之後，藍斯朵夫很睿智地要求大家停止公開討論這項議題。這是他當時所能做的最好決策，只遜於試著把這牽絲拌藤的衝突解釋清楚。

「所有關於退休、取代、陣容改變等等的言論都還太早。」這位董事長透過一份球隊釋出的聲明稿說：

「管理階層在這一季把這位教練以及這些球員找回來試圖贏得第六座總冠軍。眼前還有半個球季以及季後賽，這才是每個人應該全心專注的課題。而我也是專注於此，就是這樣。」

這場爭執淪為醜惡而低俗的互相攻擊。傑克森透露，其中一個問題與喬丹的慣例有關。他習慣在開賽之前進浴室，而克勞斯似乎也都偏偏挑那個時間去上廁所，那讓這位球星很生氣，他覺得自己的隱私被侵擾了。後來又有一件事情被洩漏出來：傑克森在那一年做了一件蠢事。他買了內衣送給自己的女友，卻把運送用的標籤上的資訊給寫錯了。於是包裹被退回到他的辦公室，裡面的一位助理認為這禮物應該是要給茱恩・傑克森（June Jackson）的，就直接把包裹轉寄到他們家。接下來的大吵代表傑克森要整季都住在芝加哥的旅館房間。

在這次的危機之中，傑克森的球員們團結在他的身邊，這也讓克勞斯暗示說這位教練反把這個處境納為己用。「菲爾百分之百是那種球員們擁戴的教練。」泰斯・溫特同意道：「非常明顯地，球員們都愛他。可以讓麥可喬丹這種超級巨星如此力挺總教練，甚至表明如果不是菲爾執教他就不打球的程度，這可是非常罕見的。那是一段非常棒的關係。這也讓我們看出菲爾是如何培養出這樣的關係。」

「傑瑞想要成為組織裡最有權力的人，所以他很難讓麥可做自己。」傑克森說：「麥可不想要權力，他只想當球員之一。但他不想要有人可以把他呼來喚去，或是把他推來推去，或是把他擠到牆角去做那些事情。重點就是這樣。」

隨著季後賽接近，傑克森似乎感覺到一絲罪惡感，因為他與克勞斯的衝突將會讓喬丹的生涯提早結束。這位教練表示說：「在我的心中，這整件事情唯一的壞處，就是如果麥可其實還沒準備要退休。我們現在在談論的是我們的社會裡最偉大的球員或是英雄之一，而我們現在卻要限制他所能做的事。我們被剝奪了一項權利，那就是看著一個極度特別的人以自己想要的方式退場，以自己想要的風格退場。我們從來沒有見過像他這樣年紀的人，擁有像他這樣的超級巨星地位。我不知道我們的歷史上還有哪位運動英雄可以在這個年紀以他這樣的水平演出。麥可已經摧毀了我們對於何謂正常的認知，對於他這種年紀的人能做的事情的認知。」

「所以，這是這整件事情唯一的壞處。」傑克森做出結論：「傑瑞・藍斯朵夫與我的關係很好。傑瑞・克勞斯與我了解彼此。我們可能不像從前一樣擁有親近的關係，但是我們了解彼此。我知道他有想要走的方向，他也知道我在行程上有我的規劃。」

在自己生涯的未來疑雲重重之際，喬丹仍能持續施展冠軍級的身手，這讓他的隊友們驚嘆。「麥可是一個很專業的人，球員身分是他的第一要務，他把一切紛擾拋諸於背景之中。」柯爾說：「麥可不會胡混。他會上場拼鬥。」然而，喬丹的公關技巧與他的運動能力不相上下，而他運用這些技巧來阻止克勞斯解雇傑克森。「身上背著那麼多代言的他顯然是一具公關機器。」柯爾如此評論喬丹：「他的形象對他而言顯然十分重要。而我想，從這個角度看，他不想被看作試圖接管整個組織的人……他是很機靈的。」

「在這支球隊裡飛來飛去的牛糞比龍捲風裡的乳牛農場還要多。」路克・朗利說：「總有什麼事情正在發生。丹尼斯在搞自己的事，或是有什麼事正在進行。麥可要退休了，或是傑瑞在興風作浪。過去三年裡，球隊裡的爭議與狀況又更多了，所以我們做了很多練習去把這些事情拋諸腦後。」

三月份，當喬丹要在這一季最後一次踏上麥迪遜廣場花園比賽，他套上了早年的喬丹鞋。儘管那雙鞋的尺寸太小了，還是沒能阻止他在尼克隊手上拿下42分。這一季的最後一天，傑夫・范甘迪的球隊作客芝加哥，喬丹又另外轟下了44分。

「第六」感

到頭來，保全球隊的唯一希望就是再奪一冠。在那個春天看見喬丹一路戰到最後的英姿的人都知道，他很有機會再次逼出這種局面。隨著事態推展，最後又要跟猶他一決雌雄，雖然說現在由大鳥柏德執教，由瑞吉・米勒（Reggie Miller）領軍的印地安納溜馬隊（Indiana Pacers）差點毀了這兩隊的重逢。在西區，猶他爵士隊過關斬將，若是兩隊都殺進總冠軍賽，那麼在主場優勢的爭奪戰之中，本來猶他可是跑在芝加哥前頭。但猶他先踉蹌了，他們在明尼蘇達輸掉關鍵的一役，讓芝加哥取得聯盟最佳的戰績。然而，後來公牛隊也軟掉了。他們在克里夫蘭輸球，然後又擊敗奧蘭多，成為本季聯盟中第一支達到六十勝的隊伍。但接下來溜馬隊到聯合中心球場踢館，他們以強硬的肢體碰撞挑戰公牛隊，最後以114比105輕鬆取勝。後來，公牛隊再吞一敗，這次是在底特律的客場，本季就以六十二勝二十敗的戰績作收。這讓他們與猶他平手，只是猶他在例行賽兩次對上公牛隊都帶走勝利。

在那年春天的東區總冠軍賽，瑞吉・米勒帶領溜馬隊與公牛隊鏖戰七場，芝加哥到最後才靠著主場優勢晉級。公牛隊在五月三十一日星期天淘汰印地安那，星期一在芝加哥練完球就搭機前往猶他，準備與爵士隊再戰一回，爭奪聯盟的總冠軍頭銜。

猶他的總教練傑瑞・史隆繼續以自己的格言帶兵：「如果每天晚上都能上場獻出自己的心，那這就只是一場簡單的比賽。」馬龍與史塔克頓具體表現了這份精神。這個後衛與大前鋒是擋拆戰術（pick and roll）的機器。史塔克頓將會成為聯盟史上完成最多助攻的球員，而馬龍將會成為第三位總得分突破三萬分的球員。爵士隊總是死纏爛打，用各種可能的方式奮戰。很多人指控說史塔克頓打球的方式很髒，但喬丹對他們兩個人都很讚賞。為了證明這一點，他亟欲再次擊敗他們。然而，對上爵士隊，什麼心理伎倆都沒有用。只能把頭盔戴緊，看看誰是最強的。

第一戰，兩隊一路拼到延長賽，在加時的尾聲，史塔克頓在禁區出手得分，讓柯爾成為受害者，也讓爵士隊在系列賽取得一比零的領先。不負他們的招牌，傑克森與他的教練團在第二戰做出調整，包含擴張他們的三角進攻，清出空間讓切入者輕鬆上籃取分。三角戰術從沒像在此役的上半場運作得那麼完美。

「今晚這套戰術真的為我們展現了光芒。」雅德・布奇勒說：「它是設計來讓每個人都碰到球的，讓每個人都能傳球與切入。我們今晚也這麼做了，而不是每一球都給麥可低位單打。每個人從一開始就都參與比賽，這在比賽後段給了我們很大的幫助。」

「上半場打得很漂亮。」溫特也同意：「我們在執行原則方面遠比之前更好。有很多往籃框空切的機會，而麥可也願意分享球，找機會把球餵給空切的人。」但這位老教練也讓他的沮喪感表露無遺。「到了下半場，我們拋棄了這套戰術，讓它夭折了。」他說：「我們試著執行更多的一對一單打。尤其是麥可，他勉強做了很多事情。」這位教練推斷，倘若公牛隊堅持原本的計畫，大有可能贏個十二分。但在對上印地安那的第七戰裡，喬丹靠著殺往籃框製造犯規而得到一場勝利。他試圖在對上猶他的第二戰複製這個做法，然而裁判不給他那些吹判。結果，喬丹往往摔個四腳朝天，而爵士隊一把將球抄起，在攻守轉換間輕鬆得分。突然間，在比賽剩下不到兩分鐘的時候，原本領先七分的公牛隊反而以86比85落後給猶他。

「我不知道到底是怎麼回事。」溫特在賽後搖著頭說：「麥可，他真他馬的好有自信。」

比賽終了前四十七點九秒，喬丹靠著一個上籃幫助公牛隊以88比86要回領先。但幾秒過後，比賽危及存亡之際，比數又變成88比88平手。柯爾在攻守轉換間找到一個三分線外的空檔。「我那球沒投進，但是籃板球直接往我這裡彈過來。」柯爾說：「那球很幸運地彈回我手上。我一接到球就看到麥可站在籃框底下，於是我馬上把球壓進去給他。」

喬丹把球放進，同時賺到犯規加罰，把球罰進之後讓公牛隊以93比88贏球，他們正需要這場勝利來奪回主場優勢。

回到芝加哥，在一次練球之後，溫特承認說他曾經對於球隊能夠保持原樣懷抱著希望，但他現在覺得那是極度不可能的事情。「我想球隊解散不見得是很可惜的事。」他說：「有這樣的後果是情非得已的，但是你必須要做出改變。而這可能剛好是恰當的時機。」聽起來好像連他自己都不相信自己說的話，但這確實是克勞斯的主要論述。溫特認為九七年的公牛隊已經是在掙扎之中奪冠，然而一年之後，他們現在又大有希望再次成為聯盟霸主。這位教練推斷，倘若球隊真帶著原班人馬回歸，他們在一九九九年也已經離巔峰時期太遠，無法再度達成期盼。喬丹能繼續給人驚喜，但羅德曼似乎精疲力竭，舉止也變得更加古怪，而皮朋也有背傷問題，而且有些觀察者認為他已經志不在此。但傑克森一向是一個懂得如何復興球隊的人。溫特說，要讓主要人馬繼續齊聚一堂需要一些療法，但只有藍斯朵夫可以治好傑克森與克勞斯的關係。事實證明，這位球隊董事長確實在事態發展的後段做出嘗試，但到了那個時候已經為時已晚。

傑克森說：「如果我們當時更懂得珍惜，也許我們能更享受。」

在季後賽期間，這位教練透露，不論他與克勞斯之間有多大的芥蒂，他們都將因為彼此在公牛隊的成就而緊緊相連。但傑克森也說他幾乎不可能再回來。他說他在一九九七年就試圖跟藍斯朵夫講清楚：他與克勞斯已經幾乎不可能再繼續共事下去。這也代表這位球隊的董事長必須在教練與總管之間做一個選擇，而他顯然與克勞斯站在同一邊。然而這位教練向來不是一個擅於抉擇的人。

「若要考量麥可繼續打與不繼續打的機率，那我的責任就在於他身上，以及他的生涯的延續之上，而我就必須深思熟慮。」他說：「我必須要對那些對我忠誠的人忠誠。我感受到這份信念。基本上唯一可以將我從這個局面中剃除的就是我個人的健康，在處理這件事情時我個人的身體與情緒上的健康。」

靠著在第三戰技壓猶他的後衛群，皮朋、哈潑與喬丹做出了自己最好的論述，也造就了NBA史上最大的潰敗。他們的表現重申了作為一支團隊的公牛以及作為單一防守者的皮朋有多麼的無堅不摧。芝加哥的板凳球員為比賽收尾，這是一場96比54的勝利。分差實在太大了，一個國際航班要以無線電為機上一名猶他球迷更新賽況，都不得不回撥再確定一次有沒有聽錯比數。猶他的總教練傑瑞‧史隆拿到數據統計表（box score）時候也表達了他的訝異。「比數真的是這樣嗎？」這位猶他的教練說：「我還以為是196分耶，看起來他們真的是得了196分呀。」

靠著這一場比賽，喬丹與公牛球員對克勞斯的重建計畫做出了駁斥：他們還沒有太老，而且皮朋是一位太特別的球員，不可能把他在交易中丟掉。傑克森在討論克勞斯與藍斯朵夫的計畫如何被粉碎而芝加哥的體育迷又將怎麼看待他們時私下說：「我幾乎為他們兩個感到難過。」

決定第四戰勝負的，是通常不太穩定的羅德曼的罰球。他貢獻十四個籃板，而且在終場前幾秒罰進四球，讓芝加哥以86比82取得勝利，也在系列賽取得幾乎不可能被逆轉的三比一領先。

若真如此，當公牛隊沉醉於即將到手的勝利，第五戰又是過早慶祝的局面。公平點說，史塔克頓與馬龍也在這一戰證明了自己的身價。最終結果是83比81，猶他勝。連喬丹也承認他在期待中迷失了。他告訴記者們：「我沒有訂好隔天高爾夫的開球時間，因為我預期自己今晚會喝太多香檳，明天會沒辦法起床。」他全場投二十六中九，而皮朋投十六僅中二。

儘管馬龍攻下39分，讓公牛隊在最後仍有獲勝機會的是庫克奇投十三中十一的30分表現。比賽終了前一點一秒，公牛隊取回球權，在接下來的暫停之中，喬丹坐在板凳上感受這一刻，如同傑克森與喬治・孟佛教他的：「處在當下。」

不一會之後，喬丹身體一邊往界外倒一邊出手，球沒進，但無法阻止他珍惜當下的那一刻。「我滿確定人們都希望我投進那一球，除了來自猶他的人之外。」他說：「在那一點一秒，所有人都屏息以待，那還滿可愛的。沒有人知道那顆球會不會進，我、你，以及所有看比賽的人都不知道。這就是可愛的地方。而我熱愛這些時刻。偉大的球員會在這些時刻成功，某種層面來看，是因為他們有機會可以決定人們的幸福與悲傷。我就是為此而活的。這就是最好玩的地方。」

系列賽回到猶他，爵士隊對於第六戰的計畫跟每一戰都一樣：全心投入，背水一戰。他們早早發動攻勢，很快取得控制。同時，皮朋的背部發生可怕的痙攣而必須回到休息室，在休息室裡，一位按摩治療師真的是猛捶他的背部，試圖解除痙攣。根據一位球隊員工的描述，當時克勞斯在休息室的角落站得遠遠的，幾乎呆若木雞，看著皮朋承受那些敲擊，急著想回到球場上去幫助喬丹。

後來皮朋回重返賽場，而這分決心也讓那位總管驚嘆。

「我只是試著用意志力克服。」皮朋說：「我想我站在場上會比坐在休息室裡有意義。我知道我會在下半場回到球場，但我不知道自己還有能力貢獻多少。」

皮朋找到方法提供喬丹足夠的協助，而喬丹又再度陷入無人可擋的出神狀態。他最終將攻下45分，包括在罰球線圈頂端的最後一記跳投。

他站在那裡，讓所有人都看見，泰然自若，手臂維持出手後的動作，完美無瑕的一幕。

後來，他不願意放棄這一刻。誰能怪他呢？

他的這一球讓芝加哥取得勝利，比數87比86。

「一切都開始移動得非常慢，然後你開始清楚地看見整個球場。」喬丹如此解釋他的最後一擊：「你開始解讀防守方試圖做什麼，而我看見了，我看清了那一刻。」

史塔克頓還有最後一投的機會，但是朗・哈潑衝過去補防讓他失手。

喬丹與他的教練在場上交換了一個長久的，最後的擁抱。他們從此就沒有再如此親近過了。

在回程的飛機上，喬丹睡得深沉而安詳，而每個人都在想著下一步究竟會如何發展。傑克森的答案是拒絕藍斯朵夫的挽留，選擇跨上他的摩托車揚長而去。冠軍賽後的那幾天，公牛隊的球員們與教練團私下共進了一場充滿情緒的晚餐，為這趟旅程畫下了句點。他們都表達了對彼此的愛與關懷，而淚水也隨之而來。

傑克森跟《太陽報》的里克・泰蘭德（Rick Telander）說他原本有可能留下來。「我確實感覺到該是休一段假的時候了。」他說：「若要讓我回心轉意，除非管理階層跟我說：『留到麥可打完，留到麥可退休。』但他們從來沒這麼表示。」

傑克森說，在一九九六年的春天，他與陶德・莫斯柏格（Todd Musberger）曾提議簽一紙五年的教練約，但是藍斯朵夫拒絕了他們。後來，這位教練提議簽一紙一季大約三百萬美元的兩年合約。同樣地，藍斯朵夫又拒絕了。

「我們本來也許可以至少再保持原班人馬一年，再拼一冠。」吉姆・史塔克在二〇一二年說：「但是合約的時機不對，而菲爾讓球隊與管理階層作對的方式又產生了太多受傷的感情。當時，菲爾公開說如果席維斯・史特龍（Sylvester Stallone）可以靠一部電影賺到一千萬美元，他無法想像麥可喬丹打八十二場球值多少錢。他真的說了一些也許不是那麼適合在公開場合說的話。」

「我想傑瑞・藍斯朵夫尤其是受夠了。」史塔克補充道：「我猜傑瑞・藍斯朵夫不是很喜歡他們在財務上支援傑克森的方式。而且這麼多年來傑瑞・克勞斯還要面對被排擠於圈外的感覺。」

藍斯朵夫似乎賭著克勞斯能在球迷的興致消退之前完成球隊的重建。他承認自己差點要在一九九七年交易皮朋，拆散這支球隊。「為了提早開始重建，我們考慮過放棄第六冠的競逐。」藍斯朵夫說：「我們之所以考慮解散這支球隊，是為了要將上一次冠軍到下一次有實力爭冠中間的時間縮到最短。」換句話說，讓喬丹時代到聯合中心球場舞台上的下一齣戲中間的時間縮到最短。

藍斯朵夫後來說：「現在，我們沒什麼東西可以交易，也沒什麼籌碼可以重建了。」他又補充道：「離開之後，麥可根本不在乎（球隊）會發生什麼事。」

「從來沒有所謂的權力鬥爭。」這為球隊的董事長說：「菲爾從來沒有要求我把克勞斯裁掉。從沒發生過這種事。菲爾沒跟我說他認為這個團隊已經分裂了。菲爾從來沒有這麼說過。他說跟克勞斯一起工作是很難的，但不是不可能。他確實有表達氣氛非常緊繃。我問他：『有任何事情改變了嗎？你想要再執教一個球季嗎？』他說：『不。』」

藍斯朵夫說他回到芝加哥又問了一次。「奪冠之後，我們在禮拜三晚上舉辦了辦公室的慶功，我跟菲爾一起坐下，告訴他：『如果你回心轉意的話，我們想要你回來。』」藍斯朵夫說這份提議是無條件的，而且無論喬丹回不回來都成立。「菲爾說：『你很慷慨。』我告訴他：『這跟慷慨無關，這是你自己得來的。』他深呼吸然後告訴我：『不了，我必須退出。』」

藍斯朵夫也說，他向喬丹保證，要是他還想打球，「錢（也就是一年超過三千六百萬美元）已經準備好了。」

雖然說泰斯・溫特長久以來一直擔心喬丹的名聲蓋過了籃球運動本身，這位球星後來也回答了這個問題：「我想籃球運動本身遠大於麥可喬丹。在我前面的人給了我這個機會。舉幾個例子：卡里姆・阿布都・賈霸、J博士、埃爾金・貝勒、傑瑞・韋斯特。這些人早在麥可喬丹出生之前就在打籃球。麥可喬丹緊跟著這些活動出現，同時史騰先生也對聯盟做出巨大貢獻，才給了我打籃球的機會。我盡我的能力把籃球打到最好。我試著去提升籃球運動本身。我盡全力去成為一個最好的籃球員。」

回顧的時候，史蒂夫・柯爾憶起喬丹與最後那支公牛隊帶給他的回憶裡最喜歡的一幕。那跟一九九八年例行賽快要結束時傑克森出給球員們的作業有關。

柯爾解釋道：「菲爾曾擁有過這個偉大的時刻。他在例行賽的最後一天告訴我們：『明天練球的時候，我想要每個人寫幾句話，內容關於屬於你與這支球隊的這段經驗。形式不拘，你可以寫一首詩。你可以寫一封信給你的隊友們。你可以從一首歌裡抄幾句有意義的歌詞。什麼都行。但記得明天要帶一點東西過來。』大概一半的人帶了，大概一半的人忘了。我忘了。但是麥可帶了東西，一首他所寫的關於球隊的詩。」

那是傑克森努力多年之後的終極凱旋。喬丹，那籃壇的憤怒王者，那史上最兇惡的狠角色，竟然寫了一首詩。「那很嚇人。」柯爾回憶道：「後來發生的事情是，每個人都說了一些話，不管是讀自己寫的東西，還是只是說幾句話。後來菲爾在六月告訴我，建議他這麼做的是他的妻子。每個人講完話之後，他要有寫東西的人把自己帶來的紙揉掉，丟進一個咖啡罐裡。那好像是Folger's的咖啡罐。每個人都丟完之後，他點燃一根火柴，放火把咖啡罐裡的東西都燒了。燈都被關起來，所以房間裡只有這個火光。而其中的訊息就是：『你們剛剛所談論的那些回憶，它們都是只屬於我們的，沒有其他人會看到。』他沒有這樣明講，但那是一份隱喻。這是屬於我們的，它們現在不見了，但會永遠活在我們心中，而且沒有其他人會看到。」

菲爾・傑克森把麥可寫的詩給燒了？

「我懂，那東西現在會值好幾百萬，對吧？」柯爾一邊說，一邊因為這段回憶而笑著。「麥可的詩是在講：這一切對你的意義是什麼？這些經驗如何影響你本人、你曾到達的地方以及你將要前往的地方？那真的很酷。你知道的，菲爾留給我們許多很有影響力的回憶，這段絕對是影響力最大的。我永遠都不會忘記。我當時哭了。那時許多人都流下淚來。」

當喬丹的隊友是一段漫長、艱辛卻令人振奮的旅程，至高無上的凱旋時刻之間穿插著每天各式各樣的震驚。

柯爾說：「不僅僅是麥可，也是這一整段經驗。我們都知道我們度過了如此特別的一個年代，我們可以成為其中的一部分，何其有幸。許多球員與運動員與人們拚了命也想成為其中的一部分。我們能夠成為其中的一部分，能夠經歷這段旅程，真的非常幸運，而現在這一切就要結束了。而我們都知道這有多特別。而菲爾的天才就在於他……他就是這樣把我們這支球隊綁在一起。他要我們溝通，他也用許多不同的方式讓我們團結。要是沒有菲爾的話，這一切不會發生，因為麥可自己沒辦法讓這一切發生，因為他是在我們其他人之上的。他優於我們其他人，而且他不是個人類，不像史考帝。史考帝有足夠的人性面，他有讓我們能產生共鳴的情緒與脆弱。所以，麥可沒辦法讓我們產生共鳴，然而菲爾做了各種不同的事，引領我們所有的人團結在一起。」

傑克森給了喬丹圓滿。麥可喬丹曾是那個充滿不安全感的青少年，他曾是少棒聯盟的球星，在下一個球季卻因為對於貝比・魯斯聯盟來說太瘦弱了而上不了場；麥可喬丹曾經坐在板凳上，永遠是白人球隊裡那個孤單的黑人小孩。麥可喬丹的父親曾經給他的印象是，他不喜歡他；麥可喬丹因此被激勵了，所以他要一次又一次又一次又一次地，在每個ＮＢＡ的夜晚，用各種想像得到的方式向他的父親證明自己多麼有價值。

「這就是他是一個狠角色的原因。」柯爾最後笑著說：「他不只是有天分。他了解一切：工作態度、球賽本身、所有相關的策略。他全部都懂。他全部都了解。」

當然，這只是更凸顯了球季結束時的悲傷，儘管他們已經拿下六座冠軍。他所經歷過的一切烏煙瘴氣終於都雲散煙消了：他父親的辭世、棒球的羞辱、審判帶來的憤怒、與母親的疏離、與藍斯朵夫的尖刻談判、與克勞斯的愚蠢鬥爭、皮朋讓他感覺到的沮喪。現在他站在這裡，在完美的籃球生涯裡光彩而奪目，卻也無處可去。

第36章　地獄邊境

在許多人的心中，喬丹的餘生應該停駐在對上猶他的那個最後的完美畫面：挺立在那裡，比賽時間消失殆盡，他的右臂與右腕維持出手後的動作，形同一個問號，籃球正往籃框裡飛去，背景裡一片人海的表情在懸疑中定格。飛人喬丹，自始至終都沒被征服，也沒有屈服。

沒有比這更好的結局了：始於一個舉世聞名的最後一投的生涯，在如夢似幻的二十年之後，又止於另一個顛峰時刻。其他知名的運動員們也因為各自的輝煌時刻而為人所知，但沒有人像他一樣擁有過那麼多輝煌，也沒有人像他一樣讓輝煌看起來像是家常便飯。

而且還能以猶他的華麗終章來結束生涯？

包括傑瑞・藍斯朵夫在內，似乎所有人都傾向於讓這件事保持原狀，見好就收。「不要再做別的事了。」在接下來的幾個月，他們一而再再而三地如此告誡他：「你已經臻至完美。如何從這樣的清況中再改善加強？」

他對這樣的說法嗤之以鼻。如果真的接受大家的意見，他大可以直接變成聯合中心球場外面那座天殺的銅像。他將在三十五歲的少壯之年離開球場，帶著一份巨大的欲求，大到塞不進一個人的人生裡，尤其是簡簡單單的退休人生裡。

被拋棄

喬丹後來會坦承，傑克森決定離開公牛隊，讓他有被拋棄的感覺。信守承諾的喬丹已經發過誓：如果傑克森不他的是教練，他就會退休。傑克森與他之間的裂痕所帶來的衝擊難以估量。兩人的摯友兼心腹解釋道：「當你操弄某個人，你會得到自己想要的。但是當那個人發現自己被你操弄，結果就是疏離。那將會影響兩人的關係，不管那段關係曾經看起來多麼堅實。那就是操弄人的後果。」

拿到最後一座總冠軍的時候，喬丹看清了傑克森的一切，包括強尼・巴赫的解雇與其他事情，但影響他最深的，還是傑克森從他身邊離開的那份感覺。喬丹廢除了克勞斯說傑克森已經玩完的官方命令，然而，這位教練卻讓他們全都站在原地，將他們拋棄。

接下來，克勞斯快速展開行動，把史考帝・皮朋交易到休士頓。雙人組就這樣被拆散了。透過這個交易，皮朋將得到他夢寐以求的財富，但與傑克森之間的裂痕與球隊的瓦解只讓他的疏離感更深。原本就信任很少人的喬丹，現在信任的人更少了。傑克森為球隊所建造的小圈子中一位親密友人在那一年的稍晚遇見了喬丹，他馬上察覺曾經被創造出來的信任感已經消失無蹤。這位友人說：「我們講了話，但那讓一部分的我感覺到他不再相信我了，至少不再用以前的方式相信我。以前我們之間沒有疙瘩，但後來並非如此。」

如果曾經代表公牛隊的那份信任感已經不見，是否代表他們共有的經驗只是一場幻夢？

皮朋被交易，傑克森走人，喬丹的退休變成了可預見的必然結果。然而，這個動作因為ＮＢＡ的老闆們與球員們之間的紛爭而被延遲。對他來說，這是暫時消失不見的好時機。ＮＢＡ的老闆們在一九九八年的休季期間決定封館，因為勞資雙方正為了一份新的勞資協議而爭論，而促成這份爭端的，正是喬丹本人那紙超大的合約。老闆們就是不願在未來陷入一個處境，必須要給那些比較差的球員喬丹等級的合約。這個情況給了他更多胡混的時間，而他顯然也一邊在思索著自己的未來。

在這失落的幾週裡，他在切雪茄時不小心割斷了手掌的一根肌腱，這個需要動手術的傷也讓他的未來更加疑雲重重。

同時，他與母親以及兄弟姊妹的關係也同樣處於各種暫停的階段。「姐姐」荻洛莉絲繼續為了與父親相關的情緒而掙扎著。一九九三年父親過世後不久，她開始寫她的書，卻又在一九九五年放棄了那個計畫。她持續批評著自己那享有財富與盛名的弟弟，主要的抨擊點是，當其他的家庭成員在經濟上掙扎，他卻把為數可觀的錢拿來賭博。其實喬丹也不是沒有援助他們。他為他的叔叔金・喬丹買了一套牽引式掛車裝置（tractor-trailor rig），好讓七十好幾的他還能以菜農的身分工作著。「姐姐」估計這些年來她的弟弟大概給了她十萬美金。她告訴喬丹，她不期待他把撫養她與她的孩子的責任攬在肩上，但是知道喬丹花了那麼多錢賭博，她與其他人都感到不滿。她的批評顯然有價碼可言。她注意到其他家庭成員都從弟弟在北卡羅萊納的日產（Nissan）車商得到一台全新的車子，除了她以外。她只拿到一台二手 Pathfinder 的車鑰匙。她指出，這份輕蔑代表喬丹用自己的財富來控制他們。

到了一九九七年，「姐姐」與麥可已經不跟彼此講話了。為了紀念他的每一座 NBA 總冠軍，喬丹會贈送他的直系親屬們昂貴的珠寶。但是在一九九八年，他沒有送「姐姐」他的冠軍珠寶。一九九九年退休之後，得知「姐姐」又回頭開始在書上寫自己的經驗時，他大發雷霆。她說喬丹表示，她會在那本書裡做出誇大的論述，目的是要從他的名聲中揩油。「姐姐」的回答是，她只不過不是他生命中為數眾多的唯唯諾諾的人，整天只會講他想聽的話，她早在他成名之前就認識他而且愛著他了。不像那些只敢在私下發出同樣批評的親戚，她不怕當面說出來。

那一年稍晚，高爾夫選手培恩・史都華（Payne Steward）在贏得美國公開賽（the U.S. Open）不久之後於空難中喪生，這讓「姐姐」想到她弟弟花了多少時間搭著他的私人噴射機上在世界各地飆來飆去。於是，她撥了電話，留了口信，說她擔心他，想知道他是否過得還好。喬丹透過母親傳話讓「姐姐」知道他過得還好。「姐姐」後來表示，他沒有親自跟她說話，因為「麥可習慣逃離自己不想面對的人事物，而他的財富給了他很多方式這麼做。」

朋友們與熟人們注意到，雖然喬丹與他的母親繼續往來，他們已經遠不如以往親近。在一九九六年的秋天，他們在充滿情感的氣氛之下一起在北卡羅萊納大學現身，宣布要捐贈一百萬美元，為家庭們成立詹姆士・喬丹中心。如果人們納悶喬丹那傳奇性的衝勁與能量來自何處，只需要看看荻洛莉絲・喬丹就可以明白了。她已經七十好幾了，卻仍繼續書寫不輟，而且環遊世界去做家庭議題的演講。喬丹一大部分的個人魅力也是源自母親。吉姆・史塔克評論道：「她是一位令人驚嘆的女士，非常熱忱。喬丹的性格中也擁有這些元素。」北卡大的中心符合她那強大的正面能量與訊息，也許也是她處理當年作為年輕母親的掙扎的方式之一。

後來學校討不太到喬丹的捐款。是因為他那傳奇的吝嗇？還是因為他的母親已經成為他最不留情面的批評者之一，而這是兩人之間鴻溝擴大的徵兆？還是兩者都有？

一九九九年是詹姆士辭世的第六年。在直系家屬之中，他與父親最親近。父親似乎一直是他的良師與益友，也是他最熱切的仰慕者。兒子們口中的「老爸」詹姆士・喬丹一直站在他這邊，讓事情往正面的方向移動。當喬丹的人生愈來愈複雜，面對排山倒海的壓力，「老爸」持續提供鼓勵。

一位友人默默表示，回頭看會發現，他父親的死雖然可怕，卻也是一份恩賜。這位友人說：「你大概就讓事情這樣了，因為他父親過世之後其實他的生活有點變得比較簡單。你不能說出來，但是那其實讓他鬆了一口氣，讓他可以繼續過活。不然的話，我想他個人將會永遠受他老爸的不端行為所束縛。」

其他人則認為剛好相反。詹姆士・喬丹在他那勢不可擋的成功之中扮演重要的角色，而父親的逝世絕對讓他驚懾欲墜。無論哪個論點才是對的——而真相顯然介於兩者之間——似乎很明顯地，喬丹的餘生都將在他天性的兩個天使之間擺盪：他的母親在一隻耳朵旁邊，鼓勵他要在十字架之下過著無私的公眾生活；他的父親在另外一隻耳朵旁邊，叫他一有機會就要尋歡作樂，因為這當然是他應得的。

「姐姐」表示，父親過世之後，母子間繼續冷戰，為了阻止母親進入，喬丹一度把基金會的門鎖給換了。根據大姐的說法，喬丹甚至試圖限制母親在公開活動中使用他的名字。然而，除了其他的財務支助之外，喬丹每個月仍固定支付母親養老金。而雖然兩人之間的衝突將在某種程度上化解，傷害似乎仍殘留在母子關係上。

他的父親已經不在了，但從許多方面看來，老喬丹的影響似乎比在世時還要大。對於一些人來說，最主要的證據就是喬丹在大眾的眼光之外所追求的生活方式。然而，在其他人的眼中，被旅館房間囚禁那麼久之後，這樣的放鬆顯然是喬丹應得的。

無論如何，「姐姐」宣稱說她早就料到這一切。和家裡的其他人一樣，她曾假裝喬丹仍是她以前熟知的那個有愛心的、關懷人的、溫柔的弟弟。「自從那比本人還大的形象誕生之後，他被自己的公眾地位所囚禁，也因成功的壓力而變得冷酷。」她這麼寫道：「最後，『總是在展出中』的壓力以及達到大眾期待的壓力降低了他放鬆的能力，於是他連在家人面前都無法放鬆。」她宣稱，喬丹已經變成一個「會走路講話的大型聯合企業」。

他的辯護者們說，平心而論，這種企業式的存在正是他長期成功的本質。喬丹崛起成為商業角色，讓他不同於那些淪落到要試著從往日榮光裡榨一點錢出來的退休運動員們。

在一九九九年，他面臨建立第二春的挑戰。根據一項研究，高達九成的NBA退休球員在高掛球鞋之後的幾年內就宣告破產。許多人是被經紀人與理財專員剝削一空。其他人是教育體制的受害者，因為這套教育體制幾乎沒教，或是根本沒教他們如何理財。大部分的人則是受「生活」所累：事實證明，高掛球鞋之後他們不可能繼續維持那樣昂貴的生活方式。

對比之下，與Nike的合夥關係以及其他的代言與投資每年繼續為喬丹賺進好幾百萬美金。他的資產通常被估計為超過五億美元，而他也常常被形容為第一位身價破十億的運動員。儘管職籃生活變幻無常，他依然達到了長期的成功。更棒的是，他的豐功偉業在同時代人們的記憶之中依舊鮮明。多年來，訪問者們經常問起喬丹對自己表現的看法，而他的回答一向都是：「我會等到我的旅程結束之後再來評價我的成就。」

這樣的回答是可以理解的，雖然他公開展露的情緒，長久以來都讓大家知道他其實陶醉於那些成就之中。激情是他的註冊商標。他以令人難忘的情緒暴發來慶祝，攫取了全球觀眾的注意。

跟其他人一起幫忙創造出ＭＪ這個文化偶像的桑尼・瓦卡羅常常驚嘆於喬丹在觸及領域與受歡迎程度上的廣度。「在麥可之前，沒有任何人被以我們行銷他的方式來行銷。」瓦卡羅說：「也沒有人為了銷售產品如此強調一個單一運動員。」

到了一九九九年，在把體育英雄神格化的文化之中，喬丹居於頂峰。他已經在全球滲透到多深了？《Financial Review》雜誌在一九九九年的十二月表示震驚，因為他們發現早在一九九二年就有一份調查指出，中國大陸的學童把麥可喬丹列為二十世紀最偉大的兩個人物之一，另一個是周恩來，中國大陸長年的總理。那是在喬丹拍攝《怪物奇兵》的整整五年之前，當時喬丹傳奇還沒得到最強大的動能，他還沒宣布第一次退休，還沒經歷復出時的群眾狂熱，也還沒以故事情節的方式拿下最後三座總冠軍。

「中國的學童們會提起喬丹似乎是一件很古怪的事情。」《Financial Review》雜誌指出：「除非黑人的運動與體育成就已經為二十世紀提供了某些定義性的形象。」

「麥可喬丹究竟有多巨大？」《新聞週刊》雜誌在一九九三年問道：「我們都知道他是數千萬美國孩童心中活生生的神祇，他是歷史上最受媒體寵愛的體育界人士。就像聯準會（Federal Reserve）主席可以靠幾句話就挪動財務市場一樣，他也是可以挪動商品與服務的一人企業。」

一九九五年的復出讓他的聲勢更高了。四年之後，八百名記者聚集在芝加哥的聯合中心球場報導他第二次退休的記者會，完全意識到一個年代要結束了。「麥可顯然是最重要的運動員之一。但除此之外，他甚至是美國歷史上最重要的文化角色之一。」在南加大專攻體育與文化的陶德・波伊德（Todd Boyd）教授當時這麼說：「我不認為這有任何疑問。當你講起這樣一個運動員，他顯然主宰了他的運動，卻也同時以他作為一個品牌的成功以及銷售商品的能力去超越了那項運動。麥可喬丹後來所代表的，也許是任何人能夠從籃球場上跨足美國流行文化更高殿堂的最大轉換了。」

在他最受歡迎的時候，大眾往往因為關於他不端行為的任何暗示而表示驚訝。然而桑尼・瓦卡羅表示，更應該令人驚訝的是，竟然沒有更多的壞事可以讓人暗示。他怎麼可能不墮落？桑尼・瓦卡羅這麼問：

「這在人性上是不可能的。你怎麼可能不？別忘了他在九〇年代早期跟史派克・李合作拍攝了那些『Mars Blackmon』電視廣告，它們極度受歡迎。然後他又接著跟邦尼兔等卡通人物一起拍了電影與廣告。他贏下那些總冠軍，然後成為世界上最偉大的運動員。」

所以說，喬丹大姐的評價是對的，這個深刻的經驗確實改變了他。瓦卡羅補充道：「自從我們創造了那個商業主義之後，他就是另一個麥可了……他變成了另一個麥可。那在他很年輕的時候就有了自己的生命，我不知道你要如何從那裡變回原樣。」

他的仰慕者們如此為他辯駁：考量到像是貓王或麥可・傑克森那些無窮成就的受害者們，喬丹算是很把持得住了。畢竟，作為如此盛名裡迷惘而孤獨的棲居者，有太多毀滅性的選擇唾手可得。這樣的論點將一直是真的，就算喬丹在作為籃球主管與球隊老闆的第二春裡又將面對那麼多風風雨雨。以前，高過本人的場上表現總能幫忙掩蓋自身的不完美，後來，身為主管的生活並沒有提供這樣的掩護。事實上，喬丹很快就會了解到，那反而會將負面的事物暴露並且放大。

藍斯朵夫的忠誠

NBA的封館終於在十二月結束了，目標是要在一九九九年的一月重啟球季，這讓喬丹可以在一月十三日，對著聚集在聯合中心球場那來自世界各地的媒體宣布他的退休。然而，他仍拒絕讓退休的肯定性超過百分之九十九點九九。他說，絕不言絕不，這是很重要的。

「心理上，我筋疲力竭。我感覺不到任何挑戰。生理上，我感覺很棒。」他這麼說，解釋著自己的決定：「這是我從球場上離開的完美時機。」

有些人注意到他的語氣聽起來並沒有太多說服力。「我想這個聯盟會繼續下去，縱使我們在過去六個月遇上一些麻煩。」他這麼說，提到了讓聯盟幾乎錯失半個一九九八到九九球季的新勞資協議談判的掙扎。「我想那讓我們認清了事實。這是一門生意，但這仍然是好玩的。這仍是一項運動。而這項運動將會繼續下去。」

然而是在沒有他的情況之下繼續下去。

他解釋道：「我會享受生活，並且去做那些我以往不曾做過的事。」他說，簡而言之，他會把他新取得的自由貢獻在他的家庭、三個小孩子、對高爾夫球的熱愛以及眾多的商業代言上。

當被問起她如何描繪喬丹的未來時，茱安妮塔告訴整群的記者：「我可以想見麥可會更常跟別人共乘汽車（carpooling）。」

喬丹繼續說：「很不幸地，我的母親、我的家人、我的兄弟以及姊妹今天沒辦法到場。但是你們看見我，就等同看見他們。我的父親、我的母親，當然還有我的兄弟姊妹。他們透過我身處在這裡，而他們也跟我一起向你們致謝，感謝你們在我在這裡的這幾年裡接納我，並且給予我尊敬與感恩。我的餘生將待在芝加哥。我的妻子不會允許我搬到別的地方。我會一直在芝加哥，我也會一直支持芝加哥的球隊。」

一位記者問喬丹會不會考慮用他的眾多才能拯救世界。喬丹自稱他並非救世主。事實上，他連試圖拯救他亟欲保全的冠軍隊都失敗了。然而喬丹在他的退休記者會上並沒有提及那些紛紛擾擾，只有指出公牛隊的管理階層眼前有很多工作等著他們。

他帶著隱約的微笑說：「我們在這裡設下了很高的標準。」

「我想要向在場的兩位男士致謝，史騰先生與藍斯朵夫先生。他們給了我機會，讓我打籃球，顯然也給了我來芝加哥的機會，我才能遇見我美麗的妻子，並且在這裡建立一個家庭。」他說：「我也要向我在北卡羅萊納州的家庭致謝。許多朋友出席來支持這一天，也支持我。他們從我踏上籃球場就開始支持我，甚至連我沒在場上打球時也支持著我。我要感謝那兩位男士，也要感謝全芝加哥的球迷，他們讓我來這裡，而且接納我，把我當做他們自己的……我們有希望被看作一座冠軍之城，而我希望這現象可以持續下去，就算麥可喬丹已經沒有穿著隊服了。我會支持芝加哥公牛隊。」

在退休記者會上，他與茱安妮塔談到他終於可以成為一個普通爸爸，可以輪流開車載小孩們去上學，然後再溜到安靜的地方休息。他真心愛著自己的孩子，從一開始就是，所以這一切似乎可能，直到他真正開始嘗試去做。全世界的高爾夫球場都在等著他，他的 Jump 23 私人噴射機就停在那裡，引誘著他前往任何他想去的地方。他可以在途中通宵打牌，可以抽著雪茄跟三五好友開玩笑。他繼續大口大口地吞噬著高爾球洞，基本上過著高爾夫球與賭局的縱慾生活，只因為他在九〇年代初期惹上的麻煩而稍有節制。他後來將被指控說把好友老虎伍茲（Tiger Woods）拉進這個古怪而排外的軌道上，甚至當伍茲遇到他那非常公開的性上癮議題時，其中一位高爾夫代表將抱怨說，都是因為跟喬丹混在一起，追求那種尋歡作樂的生活方式，伍茲才會落得如此下場。

縱使喬丹已經遠離賽場，他的好勝心持續肆虐，以致於他渴望活動，總是在尋找下一波騷動，玩牌直到黑夜，不管投注多少錢，只要能讓他感覺到那種刺激就好。讓他上癮的是腎上腺素還是逃離的感覺？畢竟以前他拿了那麼多錢，必須在群眾面前扮演一個完美的人，而他現在終於逃離公眾的目光了。大概兩者都是，而且還有很多其他的，包括一點：因為他沒辦法在公眾面前現身，高爾夫行程讓他可以跟朋友們在一起。二十年的籃球生涯過去，他現在只懂得一次又一次地跟身邊的人混在一起，參與足夠的會議來支撐他的商業生活，拍攝電視廣告，在這些事情之中抽空飛返芝加哥，次數剛剛好足以讓他維持家庭生活。

至少他是這麼想的。

不管緣由為何，一九九八年六月在奧斯汀（Austin）的慶祝從幾天變成幾個禮拜，然後變成幾個月，最後變成一種發展成熟的生活方式。如同萊西・班克斯所指出的，喬丹已經沾染了皇室成員的氣息，而這樣的地位是仰慕他的群眾所樂於給予的。他並沒有因為退休就停止好大喜功的堅持。經歷那些高爾夫與不受限制的玩樂之後，他很快決定要在籃球運動裡為自己保留一個位置，實踐他在球員時期清楚設立的價值觀。他向記者們解釋說，他要向下一代教導關於籃球的重要事情。

他的第一個想法是在公牛隊裡找一個重要的職位，擔任球隊的共同擁有人或是在管理階層扮演一角。對於某些人來說，在芝加哥最後幾季的激烈爭端之後，他還抱有這樣的期待似乎荒唐。但光是喬丹的憤怒就足以讓藍斯朵夫這種狠角色臉色發白。然而，他與Nike的經驗提供了一個先例。這些年來，他與菲爾・耐特之間的意見不合可不少，但是他的存在和他與這間球鞋公司的關係為Nike帶來了巨大的成長與財富。因此，他也得到了豐厚的獎賞：史無前例的力量以及對於公司未來方向的影響力。

顯然，他的努力與能量也為公牛隊催出了類似的成長。然而，倘若藍斯朵夫曾考慮給喬丹類似的獎賞的話，也沒有任何紀錄可供證明。讓這位大受歡迎的英雄與球團繼續有瓜葛似乎是符合邏輯的選擇，而這也可能為喬丹鋪好在芝加哥第三度復出的路。

考量到兩人之間的芥蒂，就算克勞斯沒被徹底抹滅，把喬丹帶進管理階層也將會改變或貶低克勞斯的角色。在一九九九年，那些芥蒂仍清楚留在克勞斯與藍斯朵夫的心上。那些狀況讓芝加哥的媒體在一九九七到九八球季一次又一次地削磨他們的臉皮。喬丹永遠是對的，而他們兩人似乎永遠是錯的。

「我們以前曾有一個說法。」克勞斯在二〇一二年回憶道：「我們可以叫州街（State Street）與麥迪遜街的媒體同仁都排成一排，然後麥可可以在他們身上小便，直接尿在他們的臉上，然後他們會說：『哦，這是來自天神的瓊漿玉液……。』他對芝加哥的媒體就是有這樣的影響力。他完全控制了他們。」

雙方的芥蒂代表著，喬丹以少數股權擁有人的身分加入公牛隊這件事，從來就不是一個主要的考慮方案，不管他曾幫股東們賺了多少錢。

「傑瑞從來沒找我談過這件事。」克勞斯在二〇一二年如此評論藍斯朵夫對喬丹的興趣回應：「這件事從來沒被提起過。」克勞斯確實記得某些媒體有提過這件事。「我大概是一笑置之了，因為我了解麥可。」他說：「他已經證明了他擁有什麼樣的管理技巧。」

克勞斯也頗了解藍斯朵夫。「傑瑞是一個非常固執的人。」他如此解釋，又補充說忠誠是藍斯朵夫的性格裡很大一個元素。克勞斯解釋說，這位球隊老闆的忠誠主要是留給公牛隊股東們的。雖然說喬丹的努力讓股東們變得很富裕，他在管理階層的職位將完全是另一回事。克勞斯說：「那可能會成為一個不良的信託責任。我想麥可認為他會得到這個位置。麥可認為他可以得到任何東西。他不知道這份工作到底是怎樣。他完全不懂。」

克勞斯也指出，喬丹最後兩紙合約所造成的不愉快也是一個因素。「我們跟麥可之間有一些不太好玩的合約問題，留下了芥蒂。」克勞斯說藍斯朵夫的某些不愉快來自於談判期間「佛克對待他的方式」。克勞斯又急著補充說他和藍斯朵夫都很尊敬佛克，一部分是因為佛克在談判時非常難纏。然而這份尊敬並沒有辦法軟化他們與喬丹之間的芥蒂。

後來離開公牛隊去明尼蘇達灰狼隊（Minnesota Timberwolves）擔任主管的吉姆・史塔克思索了喬丹留在芝加哥效力的問題，他說情況變得更艱難，因為喬丹多年來不斷逼迫球隊簽下北卡大的球員。「這之中的另一個元素是，傑瑞・藍斯朵夫真的信任而且相信作為管理階層的我們所做的事情。」史塔克如此談起克勞思的球隊經營：「當麥可逼迫我們簽下華特・戴維斯以及達成其他他想做的事情時，傑瑞・藍斯朵夫見識到他的態度了。我想，如果只讓他進入公牛隊擔任一些有名無實的職位，麥可是不會滿足的。他會想要擁有左右球隊決策的權力。這將是很難的。就算傑瑞・藍斯朵夫想要叫麥可回來，我想那也不會是麥可會滿意或是接受的職位。」

曾與喬丹和克勞斯都貼身共事過的史塔克，想到他們兩人一起在同一個管理部門工作就不寒而慄。他說：「這兩個人絕不可能攜手共事。」如果被藍斯朵夫拒絕，喬丹不應該感到訝異。長年報導ＮＢＡ的大衛・阿爾德里奇評論道：「我從不覺得藍斯朵夫有把麥可看成一個主管。我的意思是，當某個人準備要進軍管理部門時，你可以察覺的到。你不用花太多力氣就可以判斷出來。我從來沒有感覺到他們準備要讓麥可扮演那個角色。從來沒有。」

也許我們可以辯駁說，讓麥可繼續與球隊有來往，對股東們來說是最有利的。畢竟，事實證明，他是聯盟裡最能吸引人氣的人，如同傑瑞・韋斯特喜歡說的，他是一張「印鈔的執照」。喬丹的價值不只在於喬丹年代裡球隊收益與市值的增長，也在於芝加哥這座城市本身，尤其彰顯於芝加哥體育館附近，那裡本來是頹喪不振的地區，如今搖身一變，成了生氣勃勃的經濟社區，此外，隨著「喬丹所建造的建築物」聯合中心球場的開幕，酒吧、餐廳以及其他商家也如雨後春筍般出現。

至於在球隊勢不可擋的成功之中，藍斯朵夫是否「虧待」了喬丹，克勞斯的回應是：「我們付了麥可很多錢讓他打球。」喬丹最後兩紙合約每年支付他三千三百萬美金，這似乎肯定了克勞斯的說法。然而，二〇一二年公布的ＮＢＡ球員生涯總收入排行榜卻提供了另外的觀點。在ＮＢＡ球星生涯總收入的清單上，喬丹竟然僅排第八十七名，甚至在大衛・李（David Lee）之後。作為一個ＮＢＡ球員，喬丹的生涯總收入是相對微薄的九千萬美元。這張清單證明了喬丹的成功讓後繼世代的球星們——凱文・賈奈特（Kevin Garnett）、柯比・布萊恩以及俠客歐尼爾——有可能在總收入上接近三億美元大關。喬丹常常指出，他的成就建立在他之前的世代上，而那個世代的球星所賺的錢，相較之下更是少得可憐。他說自己的收入低於後繼者們是很合理的。

然而，喬丹的總收入與同時期球星相比，也是遠遠排在後面。喬丹年代裡總收入最高的是派崔克・尤恩的一億一千九百萬美元。史考帝・皮朋搜刮了一億零九百萬美元，大部分是離開公牛隊之後賺到的。哈金・歐拉朱萬賺進了一億零七百萬美元。蓋瑞・培頓、瑞吉・米勒與卡爾・馬龍的生涯總收入都在一億美元以上。

這份紀錄顯示，為報答喬丹替股東帶來的財富，公牛隊其實沒有展現太大的慷慨。舉例而言，湖人隊的老闆傑瑞・巴斯就在魔術強森退休時贈送一千四百萬美金給他，部分是為了答謝他帶領球隊拿下五座總冠軍並且大大提升了球隊的市值。

然而，根據描述，巴斯與強森之間有點「情同父子」。藍斯朵夫與喬丹的關係曾經堅實，但後來為了皮朋與菲爾・傑克森的未來所衍生的仇恨而大大惡化，乃至於在喬丹從球場上退休之後，藍斯朵夫馬上把他一腳踢開。

喬丹收入的微薄也與他個人的態度有關。他宣稱自己總是為了「對籃球的熱愛」而打。甚至後來再度重返球場時，他也是只領最低薪資。他因為自己在「球場外」賺進大量財富——根據某些統計超過十億美元——而深感驕傲。

藉由拒絕雇用喬丹，傑瑞・藍斯朵夫幾乎是肯定讓他的合夥人們少賺一筆。然而，這位球隊董事長也跟大部分的人一樣，他已經受夠了衝突，於是決定讓喬丹與傑克森朝著日落之處揚長而去。「到最後，麥可覺得自己的油箱裡還有油。」吉姆・史塔克說：「但結局卻是他必須在沒有選擇之下離開，這對他來說是很困難的。」

在他退休記者會的當天，克勞斯確實有要求與喬丹再做最後一次的會面。會面的地點在伯托中心裡克勞斯的辦公室。他回憶道：「我請他進來。」這個場景讓克勞斯想起十四年前，在一九八五年的春天，他第一次見到喬丹的情形。後來就是腳傷事件，從此，兩個男人就看著彼此之間的不合日益擴大。「敵意與所有的事情真的開始造成影響。」桑尼・瓦卡羅回憶道：「然後一直持續下去，到後來不得不真的變成一種難看的局面。」

克勞斯主動提到：「我的工作不是要諂媚奉承麥可。」

喬丹在公牛隊開最後一場記者會的那一天，克勞斯仍然認為他需要某種和解或是結局，也希望兩人的會面也許可以幫忙清除彼此之間的烏煙瘴氣。他一開始就先坦承，那些年他一直攻擊喬丹，說他不如「黑珍珠」厄爾・孟洛，其實都是違心之論。

「你早在生涯初期就比他強了。」克勞斯說：「我只是沒這樣跟你講。」

「我就知道。」喬丹這樣回答，彷彿他在最後得到了一個「終於逮到你了」的瞬間。

「他的反應是：好吧。」克勞斯回憶起兩人的會面：「那是很短的會面。麥可跟我永遠不會一起用餐了。他記得每一個認為他不會成就偉大的人。他記得每一篇關於他的負面報導。」

他絕對會記得傑瑞・克勞斯，縱使在他落腳別處之後。

第37章 巫師

一開始他似乎要以共同擁有人與總管的身分前往密爾瓦基公鹿隊的地盤，但是公鹿隊的老闆賀伯・柯爾（Herb Kohl）在最後一刻反悔了。結果，喬丹的新領地將會是華盛頓，他在那裡與美國在線（the America Online）的巨子泰德・里恩希斯（Ted Leonsis）搭上線。里恩希斯已經成為華盛頓巫師隊（Washington Wizards）的共同擁有人，也就是原本聲名狼藉的華盛頓子彈隊。喬丹也探看過夏洛特黃蜂隊，但是黃蜂隊的老闆喬治・辛恩（George Shinn）正在激怒那些為籃球而狂熱的州民，他大舉拋棄了球團的人，把黃蜂隊打包移往紐奧良，留下一座覺得被NBA經驗徹底背叛的城市。

《芝加哥太陽報》的專欄作家傑・馬里亞堤（Jay Mariotti）堅稱在二〇〇〇年帶領湖人隊拿下總冠軍的菲爾・傑克森希望喬丹加入那支球隊。薪資據說將會非常微薄，但他將有機會成為坐待更多總冠軍的那支湖人隊的一份子。據聞喬丹拒絕了，顯然是因為華盛頓所能提供的多得多，包括一部分的球隊，而且他們也了解喬丹終究會成為球隊的多數股權擁有人。

華盛頓跟洛杉磯正好相反，這座城市需要被提醒一下，才會想起他們也有所謂的NBA經驗。過去二十年，子彈隊與巫師隊在陳腐的平庸戰績中打滾。喬丹會跟艾伯・波林（Abe Pollin）所擁有的這支掙扎中的球隊扯上關係，也讓許多人感到驚訝。幾個月前，在NBA的封館之中，喬丹才剛剛跟這位華盛頓的老闆有過一場尖酸的言詞交鋒，許多球員都目擊了那一幕，其中包含瑞吉・米勒。米勒後來盛讚喬丹，說他幫助球員們在談判中逆轉局勢，從聯盟的老闆們手中拿到更好的協議。

「在九八到九九年之間，我們在紐約有一場會議，所有的球員都應該出席。」瑞吉・米勒回憶道：「那時麥可喬丹大概才剛退休。當我們全部到場之後，麥可喬丹準備跟老闆們和理事長攤牌，然後跟已故的偉大老闆艾伯・波林起了口角，兩人差點互吼起來。麥可喬丹正在抨擊史騰理事長與波林，說如果你繼續寫那些爛支票給那些爛球員，也許你應該放棄球隊的所有權。」

波林抱怨經營一支球隊的難處。

喬丹無禮地告訴波林：「那就把你的球隊賣了啊。」

波林反嗆：「不管是你，麥可，或是任何人都不能告訴我什麼時候應該把我的球隊賣掉。」

這兩個男人似乎不太可能共事。然而，喬丹這個人脈太過珍貴，像華盛頓這樣的球隊沒有辦法拒絕。很容易想像，飛人大帝將為國家首都喚回一點職籃相關的光彩。「那場騷動是很不可思議的。」大衛・阿爾德里奇回憶起喬丹以少數股權擁有人與籃球總管的身分加盟巫師隊時的盛況：「我記得很清楚，一切宛如昨日。頭條在華盛頓郵報的版面上半部。這可是讓里查・尼克森（Richard Nixon）下台的報紙耶。版面上半部的頭條寫著：『喬丹要來華盛頓了。』所以那是一件大事，超大的事。」

到了一九九九年的秋天，當里恩希斯開始行動，要把喬丹拉進巫師隊的擁有與管理階層時，一切芥蒂似乎都消融於無形了。波林在公開的聲明中興高采烈地談論到籃壇最偉大的球員要加入他的球隊。波林與喬丹之間協商出來的合夥關係是舊NBA與新NBA的融合。擁有一間建設公司的波林是在一九六四年，也是他四十出頭的時候買下當年的巴爾的摩子彈隊。波林最早的員工包含一位肥胖的年輕球探，他的名字叫作傑瑞・克勞斯。他們兩人在接下來好幾十年都繼續是好友兼心腹。波林也跟一位當年為NBA工作的年輕律師相熟，他的名字叫作大衛・史騰，他在一九八四年成為聯盟的理事長。

波林大多跟舊時代的NBA人士往來，尤其是底特律活塞隊的老闆比爾・戴維森（Bill Davidson）。阿爾德里奇回憶道：「我想他跟聯盟裡那些比較老的老闆們有很親近的關係，他們也許比較知道有足夠的錢發薪水是一件值得珍惜的事情，因為以前你不確定自己能否做到。而他對史騰來講絕對像是個良師益友。我知道他跟傑瑞・克勞斯有很好的關係，我也知道他們在很多不同的事情上聊很多。」

然而，並不是所有為波林工作的人都跟波林一樣對克勞斯有那麼高的評價。阿爾德里奇在二〇一二年的訪談中笑著回憶道：「子彈隊組織裡有很多人都認為克勞斯在選中厄爾・孟洛這件事情上誇大了自己的功勞，類似這樣。當你在子彈隊組織裡問起克勞斯，會有某些人翻著白眼說：『哦，對啦，就是那個發掘厄爾・孟洛的人啦。』」

波林在聯盟裡有一群「愛聊」的老闆們和總管們，而克勞斯仍在裡面扮演重要角色。大家都知道，波林和克勞斯在討論中會分享對彼此球隊的意見與看法。後來愈來愈明顯的是，原來早在喬丹加盟巫師隊球團之前，這位華盛頓的老闆早就對他有一定的成見了。

對波林跟喬丹來說，似乎有一個好消息，那就是兩人擁有一個類似的特質：他們對老朋友都極度忠誠。在二〇〇〇年，波林擁有這支球隊已經進入第五十年，考量到這點，他的老朋友是很多的，其中有不少都是巫師隊的員工。雖然說他的球隊已經變成聯盟裡最淒慘的組織，球隊在波林在擁有球隊的第一個十年裡達到了高峰，在一九七一年，「黑珍珠」厄爾・孟洛帶領球隊殺進總冠軍系列賽，他們在那裡瞬間被尼克隊橫掃。就算有這樣的成功，巴爾的摩的門票銷量依舊慘澹，這也逼使波林追隨自己原本的計畫，把球隊遷往華盛頓。一九七三年，他在馬里蘭的郊區建造了首都中心（Capital Center）作為兩支球隊的主場，一支是子彈隊，另一支是他所創立的職業冰上曲棍球隊首都隊（Capitals）。

七〇年代標示了子彈隊的高峰。在K. C.瓊斯總教練的領軍之下，他們稱霸了一九七五年的例行賽，結果卻在聯盟總冠軍系列賽中大爆冷門被金州勇士隊橫掃。波林很快找到克勞斯的老宿敵迪克・莫塔擔任總教練，加上年輕中鋒韋斯・昂賽爾德（Wes Unseld）與球星艾爾文・海耶斯的幫助之下，他們在一九七八年重返總冠軍賽。他們花了七場比賽擊退西雅圖超音速隊，贏得了隊史唯一一座總冠軍。到了一九七九年，兩隊再度於總冠軍賽聚首，這一次西雅圖超音速隊抱走冠軍金盃，而子彈隊的光榮歲月也就此打住了。

這位老闆因為心臟病而失去了一個初生的兒子與一位青少年女兒，這也許能解釋他為何與昂賽爾德培養出如此親近的關係，這位來自球隊光榮歲月的中鋒一直待在子彈隊裡，當過教練，也當過總管。波林也與一位商業夥伴兼政治同盟者的女兒蘇珊・歐梅麗（Susan O'Malley）十分親近，他在隊裡長年擔任負責行銷與公關的總管。

阿爾德里奇評論道，在波林的價值觀中，最重要的是一個問句：「你如何對待跟你一起工作的人？」波林對待手下的人極好，雖然說他的忠誠長久以來「反而對組織造成傷害。」阿爾德里奇說：「我在一九八八年開始報導子彈隊，然而到了二〇〇八年，如果你去看比賽，我會說，也許六到七成的老員工都還在。你會把他們留下來絕對不是因為他們的成就，因為子彈隊是一支很爛的球隊。也許快艇隊更糟啦，但是那也不代表什麼。」

換做別的老闆至少會決定要更換領導者們來改變球隊的文化。波林不會這樣。阿爾德里奇說：「你看到這支球隊會問：『你為什麼要留著這些人啊？』艾伯，他是一個忠誠到不可思議的人。他不願意解雇昂賽爾德，縱使如果你有看的話，會發現他的紀錄並不優秀。我的意思是，他可是當了七或八年的教練與總管耶。」

在阿爾德里報導這支球隊的年歲裡，最好的單季戰績是四十勝四十二敗，他笑著回憶道：「那是我報導子彈隊的歲月裡的頂峰了。實在恐怖。長期看來，你再怎麼爛大概也只能跟他們一樣爛了。這一切的背後有沒有很多原因呢？當然。而這些原因裡面有很多都不是任何人的錯，但底線就是底線。NBA是一樁結果取向的生意，沒錯吧？你知道艾伯的忠誠不可思議。長時間以來，他對蘇珊・歐梅麗不可思議地忠誠。長時間以來，他對韋斯不可思議地忠誠。就連公關人員都從來沒有改變，直到他們自行選擇離職。我不記得他曾經解雇過任何人。艾伯是忠誠的。而他也期待別人以忠誠回應他，但我想，比這個更重要的是，他期待別人給他某種程度的尊敬。」

為了贏得華盛頓社區的敬意，波林確實做了很多。他捐出大量金錢來救濟城市裡的貧民。他在一九九七年於華盛頓市中心建造了MCI中心，帶來了振興這個國家首都所亟需的一波金流與革新。然而，作為一支籃球隊的老闆，他和他的隊員們大多是傻子。至少在世紀交接之時NBA裡的大家是這麼看待他們的。這位老闆相信喬丹的加盟將可以改變這種形像。

同時，三十七歲的喬丹在籃壇當然是元老級的人物，但是當他在二〇〇〇年跟巫師隊眉來眼去的時候，他仍缺乏重要的管理經驗。他是一個活力滿檔的籃球選手，他評價一位球員潛能的唯一方式，就是上場跟他正面對決。雖然他在打籃球與領導球隊的經驗上可謂前無古人，他卻從未組織過任何陣容，也沒有擔任過任何層級的教練。

儘管如此，艾伯・波林亟欲讓自己的球隊升級並且創造出一些騷動，這讓喬丹在談判時佔了很有利的位置。波林同意做出一些讓步。然而，在喬丹逼使他讓步的同時，兩人的關係在還沒開始之際，顯然也因此產生了最初的一些嫌隙。首先是時間的問題。喬丹想要參與的時間基本上只能算是兼職，他希望能保有從事其他商業行為的空間，包括拍攝電視廣告等等。他也要在行程上空出時間來打高爾夫球以及進行其他娛樂。契約上，他希望一整季規定出席的球賽場次不要超過六場。他也希望自己不要在巫師隊的行銷以及宣傳層面扮演吃重的角色。事實證明，這樣的要求讓長期受苦的球隊工作人員很難吞忍，尤其考量到喬丹吸引人氣的磁力。

「這是個舉世皆知的故事。」大衛・阿爾德里奇解釋道：「我所說的只是喬丹來到華盛頓的影響，無論是以什麼職位，作為一個總管也好，作為一個球員也好。這是驚天動地的事情。觀眾們會為了他站起來鼓掌，只要他們秀出他坐在球隊老闆包廂裡的畫面，大家就會站起來鼓掌。你只能說：『哇賽！』然而他卻有點縮頭縮尾的，他不想要這麼做，所以他躲在自己的辦公室裡，在大家看不到他的地方。」

這些狀況馬上觸怒了球隊的資深工作人員們，尤其是波林最寵愛的那幾個。喬丹找來他信賴的老朋友羅德・希金斯來協助他的總管工作，希金斯曾在金州有過擔任教練與總管的經驗。喬丹也把佛瑞德・懷特菲爾找來，他曾為Nike與大衛・佛克效力。喬丹也雇用了曾為佛克工作多年的柯提斯・波克（Curtis Polk）。巫師隊充斥著開給一些老化球員的膨脹合約，喬丹的人馬著手幫球隊清掉這些毀滅性的協議。要重建一支球隊，這是最典型的做法，然而隨之而來的尖酸刻薄卻將他們真正的成就掩蓋。

喬丹也找來他的老朋友，現年已經快要八十歲的強尼・巴赫，來協助他所雇用的教練。他試圖把約翰・

帕克森從藍斯朵夫在芝加哥的工作團隊中引誘過來，然而帕克森拒絕了。他也試圖把麥克・賈維斯（Mike Jarvis）雇來擔任總教練。阿爾德里奇解釋道：「賈維斯開的價錢太高了。」終於，李爾納德・漢彌爾頓（Leonard Hamilton）答應要擔任他的總教練，於是骰子就這樣被擲出去了。一開始大家都笑容滿面，但是喬丹與波林顯然都在審視著對方。喬丹的觀察者們想知道他那要求過高的天性與隨之而來的憤怒將會在國家的首都掀起什麼波瀾。結果，果然衝突不斷。

喬丹在菲爾・傑克森的引導下浸淫多年。傑克森有一個本領，那就是在「球隊」與管理階層之間培養「我們對抗他們」的思維，透過這麼做，他能在組織裡創造出緊繃的狀態。傑克森在公牛隊裡將這招運用得淋漓盡致，直到產生毒害，而他也將在那年秋天開始執教的湖人隊裡重施故技。在芝加哥的時候，傑克森與大量球隊工作人員之間都存在著芥蒂。一九九四年在紐約打季後賽的時候，為了讓隊員們放鬆心情，傑克森讓他們翹掉一天的練球，搭上巴士造訪史泰登島渡輪。此舉讓傑克森贏得球員們的稱讚。然而，不為人知的是，就在球隊旅館的一個街區之外，傑克森叫巴士司機停車，命令車上唯一的一位女性，也是一位資深的宣傳助理馬上下車。這個舉動讓這位女士受辱，她也很快離開了球隊員工的行列。許多類似的舉動讓一些員工憎恨傑克森，這只是其中一例。

「菲爾非常精於此道。」克勞斯主動提到：「他不是唯一一位會在球隊與員工之間創造『我們對抗他們』這種氣氛的教練。許多ＮＢＡ教練在某種程度上都會這麼做。但菲爾是箇中高手。」

在華盛頓作為一個籃球事務的管理者，也許喬丹不是蓄意要創造出這樣的氣氛，但那是他在芝加哥所熟知的東西。很快地，波林與他的人馬感到分裂，也受到冒犯。

「他是開支票的那個人耶。」阿爾德里奇評論起這位華盛頓的老闆：「你必須要給他某種程度的尊敬。人們也許會認為他的巔峰時期已經過去，而他連自己在講什麼都搞不清楚等等的，但他仍然擁有這支球隊。我告訴你事情是怎樣，這裡的氣氛又是怎樣：當喬丹進來球隊，他把自己的人馬全都一起帶來——他找來希金斯，他引進佛瑞德與柯提斯・波克以及那一群人——給人的感覺就是：『好了，閃一邊涼快去。真正一呼百應的角色現在要接管這裡。你們就靜靜待在一旁，我們三不五時會丟一根骨頭給你們啃！』」

阿爾德里奇說：「我還記得，沒過多久，你就開始從組織裡的人們口中聽到風聲，你知道的，像是：『嘿，艾伯想找麥可吃午餐。』喬丹已經兩個月或是四個禮拜或是多久沒跟他一起吃過午餐了。於是，你會聽到這些事情，然後你就會想：『哇，這真的是他該注意的地方。』我想麥可的人馬把其他人都推到一旁。」

波林的政治同盟者的女兒蘇珊・歐梅麗來為子彈隊工作，一路往上爬之後，現在是球隊的副總裁。她在行銷子彈隊以及後來的巫師隊方面一向非常積極主動。但是因為球隊並不強，她與工作人員不得不變通一下：不以宣傳巫師隊來銷售門票，而是宣傳來華盛頓作客的球隊以及對方的招牌球星。

「他們就是這麼做的。」談到巫師隊的行銷團隊，阿爾德里奇說：「他們靠另一支球隊來行銷：『進場來看另一支球隊哦，因為我們的隊伍不是很強……。』麥可拒絕這麼做，於是造成了一些不安。」

喬丹採取的是老派的強硬手法，與波士頓塞爾提克隊長年的老闆紅衣主教奧爾巴赫頗為相似，他相信賣票的關鍵，應該是球隊的力量以及球隊打得多好。

「蘇珊想要用麥可不喜歡的方法來利用他。」阿爾德里奇評論道：「他說：『我不想當一個展示用的人。我不想要出場到處跟人握手。』而這就是問題所在。」

在聚光燈之下待了那麼多年，喬丹也設立了更嚴苛的公關規定，那將會限制記者們與他的接觸。因此，這也代表華盛頓的媒體將無法跟當年的芝加哥媒體一樣，與喬丹有那種親密的感覺。

在他的新職位上，他想要做更少、而不是更多的廣告與宣傳工作。歐梅麗要求他付出時間，而喬丹持續拒絕，這也開始侵蝕兩人的關係。我們看到喬丹從停車場離開球隊場館，車上掛著伊利諾州的車牌，光是這樣幾個電視畫面就可以凸顯喬丹做法上戲劇性的轉變。在球員時期以不屈不撓的工作態度聞名的喬丹，如今成了一個常常缺席的角色。

「你知道嗎，東尼・柯恩海瑟（Tony Kornheiser）和麥可・威爾本和我有這樣的辯論，我們整天都在辯。」阿爾德里奇說：「柯恩海瑟說：『他必須要常常露臉。他必須要當一個親民的人，常常跟大家混在一起。』

我比較同意威爾本，他會說：『他們在芝加哥有電視可以看。不管他人在哪裡，只要他有在做自己的工作就好了。』」

在體育界，只有輸才有關係，而李爾納德・漢彌爾頓的球隊不僅輸球，他們淪落到在板凳席直接公然起衝突。漢彌爾頓一次又一次證明了他是絕佳的大學教練，但連強尼・巴赫都沒辦法讓他不要跟職業球員槓上。最誇張的一次就發生在某個晚上的比賽中途，漢彌爾頓請體育館的保全人員來把泰倫・奈斯比（Tyrone Nesby）這位球員從板凳區架走，因為他們吵得不可開交。

「對於如何建構一支球隊，麥可有他自己的看法。」強尼・巴赫回憶道：「他從沒讓球隊真正運轉起來，因為他找了一個從未執教過職業球隊的大學教練。事情運作得並不順利。」

為了設法讓事情往正確的方向移動，喬丹在那年春天參與練球，有一天，他突然想到，幫助組織（在沒有克勞斯的狀況之下，他現在習慣使用這個詞彙）最好的方法就是上場打球，重返球場去教導聯盟裡的年輕球員如何尊重比賽，如何奮力拼搏。他當年就是用這種方法把公牛隊從悲慘的深淵中拉起來的。透過上場打球。沒錯，他當時比較年輕，但他推敲之後，發現現在的自己懂的東西比當年多得多。沒錯，作為總管的他變胖了，而且膝蓋的狀態非常糟糕。但他可以開始跟老朋友提姆・葛洛佛一起訓練，葛洛佛現在在芝加哥擁有一座私人的健身中心，喬丹也是投資者之一。葛洛佛會幫他把身體狀態調整回來。

強尼・巴赫覺得這是一個爛透的主意，也馬上試圖勸他打消這個念頭。「為了球隊好，他試著討好艾伯並且上場打球。」巴赫回憶道：「他知道他不可能像以前一樣在場上輕鬆獲勝。」

這就是讓大衛・阿爾德里奇目瞪口呆的事情。總是在乎贏球的喬丹，現在明明知道球隊不可能贏，不可能以大眾期盼的方式贏，卻還是要賭上自己的名聲。為了扭轉這支球隊，他無論如何都願意這麼做。這就像是棒球的戲碼重新上演：他又要去做一件從一開始就注定會失敗的事情。

「我希望他不要上場打球。」巴赫說：「我告訴他，他在人生中已經沒有任何需要再去證明的事情了。我看見他為此掙扎，試著要打出他一直以來的打法。練球練到一半，疲倦感會來襲。為了讓雙腿回復到他想要的狀態，他必須在旁邊踩腳踏車。他奮力確定自己能夠上場打球。我覺得他攬下了超出自己能力的事情。我看過選手重回球場，我也看過拳擊手重回賽場。我看過喬・狄馬喬（Joe DiMaggio）在中外野掙扎。我看過喬・路易斯（Joe Louis）被打出拳擊場外。很少有人可以像洛基・馬西安諾（Rocky Marciano）。他贏得了所有榮耀，然後翩然退場。你應該要效法他才對。我希望麥可能跟他一樣。他還能再多贏得些什麼呢？我全部的希望就是他能在華盛頓表現得不差。而他也做到了。他平均每場可以攻下22分，而且他讓場館座無虛席。」

得知喬丹正在考慮重返球場，波林非常開心。他將為球隊帶來好幾千萬的營收，更棒的是，喬丹必須簽名放棄他在球隊的少數股份擁有權。NBA的規則不允許球隊的擁有者上場比賽。喬丹沒有請佛克過來談判出一個協議。不能有任何協議，不能有任何保證。他必須要相信艾伯・波林會保留他的股份，等他卸下球員身分時，再將股份歸還給他。在芝加哥的經驗過後不太容易信任人的喬丹，同意要信任艾伯・波林。

喬丹心裡原本的計畫是，等他打完球，他會把少數股權拿回來，然後完成一項協議，買下球隊的多數股權。波林不只是值得信任而已。他待在聯盟的時間可謂天長地久。他從來沒有解雇過任何人，他把所有老朋友都留在身邊。

那一年，巫師隊又完成了另一個悽慘的球季，後來贏得了NBA選秀會的狀元籤。傑瑞・克勞斯記得他從選秀樂透（lottery）飛回家，佛瑞德・懷特菲爾與羅德・希金斯也坐在同一架飛機上，就他身後幾個位子之外。他很確定他們兩人正在背後嘲笑他。克勞斯回憶道：「我記得自己當時心想：『他們一定會搞砸。』」

聯盟當時尚未規定球員必須至少打過一年大學籃球方能參加選秀，而那一年的選秀市場上滿是十幾歲的長人。巫師隊選了來自喬治亞六呎十一吋的高中四年級生夸米・布朗（Kwame Brown），他是麥當勞全明星賽的最有價值球員。公牛隊握有兩個首輪選秀權，克勞斯選了身材魁梧的艾迪・柯瑞（Eddie Curry）與泰森・錢德勒（Tyson Chandler）。傑瑞・韋斯特則為曼菲斯灰熊隊（Memphis Grizzlies）選進了保羅・加索（Pau

Gasol）。

「在投入選秀的高中球員裡面，他絕對是最傑出的，遠遠超過其他人。」前加州大學洛杉磯分校偉大球員與籃球播報員馬奎斯・強森如此評論布朗：「我看了那場比賽。他在那場麥當勞全美明星賽拿下17分，抓下17籃板，擋下對手四或五次的投籃。」

「三個小孩我都認識，包括艾迪・柯瑞與泰森・錢德勒。」花了可觀時間評鑑高中球星的桑尼・瓦卡羅回憶道：「麥可問我這件事，而我想夸米是最棒的。」喬丹的工作人員認為，無論如何，布朗至少能為巫師隊的低位帶來能量、籃板以及運動能力。

喬丹也找來查爾斯・巴克利跟他一起訓練，目標是兩人一起重返球場。巴克利同意了，但回頭看，這對喬丹來說可能是一個徵兆。身為傑出電視球評的巴克利在退休之後變得比喬丹肥超多，他絕不可能把身體狀態調整到足以踏上NBA球場。他們兩個讓人想起米克・傑格（Mick Jagger）與凱斯・李察（Keith Richards）穿著短褲試著東山再起的畫面，兩個人在籃下抽著雪茄開著玩笑。然而，他們不是滾石樂隊（Rolling Stones）。

當他忙著把老團員重組在一起，喬丹想到他應該把名單上另一個黃金老將找回來。

「突然間，道格就這樣出現了。」巴赫說：「我不知道他要來。」

當年被公牛隊炒魷魚之後，柯林斯又走了漫漫長路。在執教活塞隊時，他經歷了有趣但卻不盡如人意的歲月，後來，他重新回到電視圈，重新成為可能是圈內最棒的NBA球賽分析師與現場解說員。如今，就在喬丹正需要有人跟他說不的時候，這位從來沒辦法跟喬丹說不的男人來到了華盛頓。

喬丹拒絕宣布說他準備要復出，雖然說那年夏天他已經全心投入與葛洛佛的訓練任務。連柯林斯都搞不清楚他到底會怎麼做。然而看籃球的大眾認出了這個情形。喬丹再一次搞這種戲劇性的戲碼；關於付出的謠言在流傳著；這座城市亟需慰藉與新的身分；一群老傢伙拿著計算機飛快地算著，如果喬丹真的再一次套上他那價值兩百美金的球鞋的話，他們能夠賺進多少錢。

葛洛佛的訓練中心名叫「Hoops, The Gym」，那年夏天，那裡的氣氛染上一股電流，雖然說大部分是低瓦特的電流，不像是九四或九五年喬丹在棒球與籃球之間轉換的那個時候。這次沒有衛星卡車等在外頭，只有太陽報的專欄作家傑・馬里亞堤在體育館外面進行著單一記者的守候。每天，喬丹帶著疼痛的膝蓋輕手輕腳地從他身邊走過。他們會交換一些接近完笑話的言語，然而馬里亞堤從來沒辦法從喬丹口中套出任何確切的說法。

為了炒熱體育館裡的氣氛，喬丹從他的老錦囊裡拿出戲法，講一大堆的垃圾話，威脅說如果你沒準備好認真打的話要給你難堪。一群NBA球星朋友來這裡參加比賽，表面上是要幫忙，但他們也想藉著喬丹退化的實力來衡量自己的球技。喬丹期盼能確認自己寶刀未老，而他在體育館裡的所見與所感給了他信心。

花了好幾個禮拜調整體態的喬丹有一天出了大事，他撞上朗・亞泰斯特（Ron Artest），結果弄斷了兩根肋骨。這個傷勢將會耗費他寶貴的時間，並且讓他的訓練進度退回到四週以前。換作別人，可能會把這件事看成停止的徵兆。巴克利已經放棄這份幻想了。然而，喬丹預計要在九月宣布復出，只因為震驚全國的九一一恐怖攻擊事件而延遲。喬丹恭敬地等了好幾天，然後宣布要重返球場，並且將整季的一百萬美元薪資都捐給受難者。

「顯然，當我離開球場，我在場上留下了一些東西沒有帶走。」喬丹在宣布復出時告訴記者們：「你們這些人也許沒辦法了解。在我們贏得最後一座冠軍之後，我並沒有坐下來，決定要停止打球。我當時並不想要經歷那一整個重建的過程。如果菲爾留在那裡而且球隊保持原班陣容的話，我到現在還在場上打球。」

「我以球員的身分回到我熱愛的運動。」他透過準備好的新聞稿說：「我對華盛頓巫師隊尤其感到興奮，而我相信我們擁有足夠的基礎，足以建立出一支能夠爭取季後賽席次的球隊。」

十月第一天，他穿著飛人喬丹的黑色連身運動服現身記者會，包括一頂黑色的帽子，前面繡著紅色的JORDAN字樣。同一天，NBA發表了喬丹的巫師隊球衣，售價一百四十美元。

一堆籃球界的人馬上表示懷疑，前喬治城大學教練約翰・湯普森就是其中之一。「我為麥可感到擔心——我很高興，但我會說我絕對不想看到他重返球場。基於他以前設下的標準，我認為大家的期待會變得太過不切實際。」他說：「此外，那些跟罰球線起跳有關的事情都結束了。他的打法會被限制在地板上。我們要開始叫他『地板喬丹』（Floor Jordan）了。」

「如果我跌倒，那就跌倒吧。」喬丹如此告訴記者們，一罐開特力策略性的擺在他身旁讓攝影機拍到。「你爬起來繼續前進。如果我要試著教導我的孩子什麼事，那就是擁有一個願景然後去嘗試……如果我成功了，那很棒。如果我失敗了，我也不愧對自己。」

他承認，在自己年老的歲月裡，有一整個世代的年輕且體能勁暴的球員們正在虎視眈眈。「我的頭顱被放在砧板上。」他說：「那些年輕的猛犬會追著我跑。好啊，我的吠叫也不會離他們太遠。我不會逃避任何人。如果這代表任何事的話，這代表的是一個很棒的挑戰。」他主要是要避免那份後悔的感覺，這個感覺在他於芝加哥被迫放棄他的籃球生涯時就開始侵略著他的生活。「這裡還有需要被搔的癢處。」他說：「而我想確定這不會終其一生都困擾著我。」

他那象徵性的薪資令人詫異，那代表喬丹送了一份三千萬美元的大禮給一支他不再擁有的球隊。恭迎他復出的是更多寫書的作者。其中主要的一位是華盛頓郵報的麥可・里希（Michael Leahy），他也在那份報紙上撰寫喬丹相關的新聞。當鮑伯・格林在撰寫關於喬丹的棒球生涯以及芝加哥的復出的那本《反彈》（Rebound）時，他享有喬丹的友誼以及輕鬆接近他的機會，然而，里希和喬丹很快陷入一場引發爭論的遊戲。

在里希的描寫之下，喬丹的自負與腎上腺素上癮讓他無法好好照顧自己的膝蓋與身體狀態。斷掉的肋骨讓喬丹的訓練往後退了一大步。他把訓練營設在威爾明頓，這對他的老家來說是個很棒的禮物，但是喬丹卻在訓練營裡一跛一跛地移動著。在十月底的表演賽季之中，里希對喬丹復出的報導從不間斷，在一場比賽之前，他在康乃狄克州的金神大賭場（Mogehan Sun Casino）追蹤到喬丹。沒過多久，喬丹發現自己在賭桌上輸了五十萬美金，於是他待到清早，不只把輸掉的錢贏回來，還另外進帳了六十萬美金。同一時間，在喬丹毫不知情的狀況下，里希正為華盛頓特區的讀者們鉅細靡遺地轉述這場賭局。

喬丹大多用浪人球員來填滿巫師隊的陣容。得分後衛理查・漢彌爾頓（Richard Hammilton）是這座幾乎空乏的馬廄裡唯一一位閃亮的年輕新秀。他與喬丹終究會發生衝突，同時柯林斯也在掙扎著，愈來愈覺得自己讓喬丹失望了。

然而，波林的亮麗新建築威訊中心（Verizon Center）裡每晚都擠滿了長久以來忽視巫師隊的華盛頓人。現在他們要進場來看看麥可喬丹如何扭轉球隊的處境。

同時，里希發現球員們處於震驚之中，因為他們終於知道擔任喬丹的隊友是怎麼一回事。起初，大家以為夸米・布朗可能會是一位運動能力超群的年輕前場球員，像是芝加哥時期的霍雷斯・葛蘭特一樣。在表演賽期間，被問到他是否選中了一個像是強尼・巴赫當年在芝加哥所執教的一頭「獵犬」，喬丹皺了皺眉頭。

他對布朗的評論是：「他還有很多要學。」

當他與喬丹一起踏入訓練營時，布朗是一個來自問題家庭，生性輕鬆的小孩。對於一個低位球員來說，他的手掌有點小，而且他完全不知道如何取悅自己的新老闆。多年後回首前塵，布朗還記得他當時是如此的青澀，連基本的籃球術語，例如說擋拆與單擋的意思都搞不懂。喬丹用他一如往常的怒火在旁邊幫忙。有人向里希爆料：喬丹曾對這位新來的孩子大吼，而且在全隊面前叫他「娘炮」。這樣的事情在華盛頓郵報裡並不討喜，在後來里希的那本《When Nothing Else Matters》裡頭也一樣。

同時，克勞斯正在忙著打電話，從巫師隊工作人員裡的線人身上挖掘資訊。「夸米是一個傑出的新秀。」克勞斯回想道：「我聽說麥可把他電得七葷八素，毀掉了那個孩子。他的父親在監牢裡，他的母親正要進入監服刑，他有各式各樣的家庭問題。他不是那種可以給你吼的孩子。據那個球團裡我所認識的人所說，麥可把他給摧毀了。」

說得最好聽，喬丹好強的做法對波林的資深員工來說是刺人耳目的。在電話對談中，他們同情克勞斯，他也不乏自己應付喬丹的種種故事。「整個工作團隊都恨他。」克勞斯回憶道：「我認識很多那裡的工作人員。他們會跟我說：『傑瑞，他是垃圾。』韋斯・昂賽爾德恨他入骨。昂賽爾德是波林的人。」

布朗接下來還會在聯盟打超過十二個年頭，他是個稱職的角色型球員，卻從來不是個球星。「麥可喬丹並沒有像人們所想的做了那些事。」回憶起自己當年騷亂的菜鳥訓練營，布朗在二〇一一年的訪談中說：「其實主要是老鳥球員們與道格的教導。」談起令人失望的菜鳥球季，布朗說：「他們不是真的吼我，只是試圖要指導我。我有很多不知道的事情。我還記得，剛從高中出來，我不懂一些術語。他們試圖要教我一些東西，像是盲擋（blind picks）等等我不明白的東西。如果你從高中挑選一個年輕人，你就必須多花點時間，並且理解他們可能不認識NBA的術語。你需要派一些人去開發這些年輕球員。」

喬丹手下的工作人員從湖人隊的陣容裡，找來成為自由球員的老鳥後衛泰倫・魯（Ty Lue），因為他能在控球後衛的位置上帶給他們速度與敏捷性。魯與喬丹很快發展出和睦的關係，但他們兩人都明白，魯在場上必須要稍微放慢速度來配合膝蓋不好的老球星。

「壓力在他身上，因為他是那麼想贏。」魯回憶道：「他以三十八歲的高齡重返球場，賭上他留給後人的名聲以及一切。我想那是很偉大的。跟麥可喬丹在一起，你所需要做的就是奮力拼搏。如果你認真打球，每天晚上都付出你所擁有的一切，那他就不會找你的麻煩。反之，如果你上了場，態度敷衍，沒有認真打球，如果你這麼做的話每個人都會找你的麻煩。一旦踏上籃球場，你就必須付出你所擁有的一切，他全部的要求就只是這樣。」

喬丹對很多巫師隊付錢請來打球的選手都有意見。魯說：「你知道的，有些人沒有每個晚上都奮力拼鬥。而你也知道，當你的隊上有一個那樣的人，他終其一生都很好勝，他已經三十八歲了還重回球場打球，每天都一大早就來鍛鍊球技，每天都是最晚離開練球場地的人，他帶著膝蓋的疼痛與膝蓋的傷勢打球，如果你沒辦法為這樣的人認真打球，他一定會對你有意見。」

「他拖著他的膝蓋打球。」魯解釋道：「他的膝蓋已經報廢了。他不習慣二連戰，而且離開球場好一陣子了。這一切對他來講一定是很艱難的。然而他從未缺席練球，從未缺席比賽，他帶傷上陣。我想那是傷他最深的：我在這裡付出我所擁有的一切，但有些人卻沒有盡全力打球。」

當時在聖安東尼奧擔任後衛的布倫特・貝瑞長期研究喬丹。他在喬丹生涯的第三個也是最後一個段落所看到的東西讓他很感興趣。冷靜依舊的喬丹把自己變成一個老師。貝瑞回憶道：「他的轉變是打球方式的轉變。他在持球進攻時變得更有耐心，幾乎可以命令對方的防守照他的心意移動，好讓他可以設計出打法。他當時設計的打法已經不是讓自己得分的打法，而是設計給其他人得分的打法。透過那些打法，他可以讓華盛頓的年輕球員們明白：『嘿，當你持球時你可以這麼做，你在某些進攻狀態下可以影響場上的形勢，只要移動球，只要移動你自己。』」

「在他的生涯後期，當他在場上幫助道格與其他年輕球員時，他做了愈來愈多教練的工作。」貝瑞解釋道：「他每天晚上的比賽變得比較像是某種練習，讓那些球員看看，如果你學會從基礎面做事，你可以變得多麼有效率。」

起初慢慢地，後來速度愈來愈快，巫師隊的一切開始戲劇化地好轉。然後，就在新年前夕，喬丹突然展露了初兆。他先在一場敗給印地安納溜馬隊的比賽中碰壁，拿下生涯最低的6分，也終止了個人連續八百六十六場得分破雙位數的紀錄。下一場比賽，夏洛特黃蜂隊到華盛頓踢館，他立刻做出回應。他在第一節就攻得24分，全場轟下51分，就在他三十九歲生日的六個禮拜之前。

夏洛特的前鋒P. J.布朗（P.J. Brown）賽後跟記者們說：「他今晚似乎回到過去了。」

他出賽三十八分鐘，全場投三十八中二十一，罰球十罰中九，另外還抓下7籃板，送出4助攻。他大有可能打破厄爾・孟洛巫師隊隊史紀錄的56分，但那是一場一面倒的比賽，所以柯林斯在最後三分鐘把他換下場。

「你覺得這傢伙的自尊不大嗎？」柯林斯說：「他在印地安那過了一個難堪的夜晚，我想他一定會回來讓大家知道他是何許人也……我看過這個人做了一些令人不敢相信的事情，但在三十八歲的時候有這種表現實在是太不可思議了。」

他一次又一次後仰跳投命中，甚至還秀了一次灌籃。「已經好久沒有聽到有人說我停留在空中了。」喬丹說：「我在上半場的感覺真的很棒。我的節奏跟我的出手時機都很完美，而且我讓防守方猜不透。這是其中一個那樣的夜晚。」

他上一次得分突破五十大關是在一九九七年的春天，他在季後賽對上華盛頓時轟下55分。下一場比賽，他差一點就要繳出另一個輝煌表現。「只能說不可思議。」大衛・阿爾德里奇回憶道：「他差點連續兩個晚上轟下五十分。我兩場比賽都有看。而他在第二場比賽打完火冒三丈。真的很有趣。」

紐澤西的前鋒肯昂・馬丁（Kenyon Martin）來打第二場比賽，跟記者放話說他想要防守喬丹。「我記得肯昂・馬丁說：『我要他。我要防守他。』」阿爾德里奇回憶道：「然後麥可給他上了一課。你知道嗎，他其實已經一無所有。他完全是靠狡詐與聰明與對比賽的認知來做到這些事情。他的身體條件已經一絲不剩了……而他應該是沒有希望的，但結果他卻轟了五十分!!這真的太令人不敢相信了。」

阿爾德里奇還記得他當時在記者席上倚身靠向芝加哥的專欄作家傑・馬里亞堤，問他：「你跟我在看同一場比賽嗎？這傢伙正在這裡做的事情，你知道有多不可思議嗎？」

喬丹開始在隊友之間建立信心，讓他們相信自己可以投進那些以前從來沒有投進過的球。從十二月開始一路到全明星賽，巫師隊衝出二十一勝九敗的成績。那大概是麥可喬丹的巫師隊的高峰了。他的膝蓋成了負累，而這支球隊確實沒有足以維持這股動力的球員。從訓練營開始，恨意就已經在某些球員的心裡滋長，因為喬丹專橫霸道的態度，也因為他是老闆的事實，雖然紙上並非如此，實際上卻是如此，他也親手挑選了他的老教練來執掌球隊的兵符。除此之外，他與隊上最頂尖的年輕得分手理查・漢彌爾頓之間有一份愈來愈強，卻大多沒被明講的摩擦。

那年一月，在這一堆混亂之間，茱安妮塔・喬丹在芝加哥訴請了離婚，然後很快地，太陽報的一位記者就出現在巫師隊的休息室詢問他夫妻決裂的事情。從芝加哥時期開始，訪談喬丹的重點一向都是放在籃球相關的議題上。如今，在打贏洛杉磯快艇隊之後，大家目睹喬丹與那位記者的衝突，對某些人來說這是不協調而且令人難受的。那位太陽報的記者問說離婚是否在所難免，喬丹回嗆說：「不干你的事。」同一天晚上，比賽結束之後，華盛頓的一份刊物鉅細靡遺地描述喬丹於華盛頓一間夜店在包括提姆·葛洛佛等等的隨行友人的協助之下試圖搭訕一名女子的過程。

他在二月被選進全明星賽，但大家大概只記得他有一球灌籃放槍。在四月二日，他拿下生涯新低的兩分，巫師隊也以113比93輸給湖人隊。兩天後，球隊宣布他因為膝蓋問題將錯失接下來的球季。巫師隊帶著連敗紀錄退出季後賽的競爭行列。

「第一年很艱辛。」強尼·巴赫回憶道：「第二年更加艱辛。要維持那樣的體能狀態以及那樣的上場時間比以往困難多了。儘管如此，其他球隊還是一樣全心全力要阻擋麥可。比賽是充滿身體碰撞的。我想他付出的遠比任何人都多。因為他以前太厲害了，所以現在每場得22分無法讓他自己與大眾滿意。」

在休季期間，巫師隊把理查·漢彌爾頓交易到底特律，換來傑瑞·史塔克豪斯，到了二〇〇二年的秋天，喬丹也準備好要再戰一回了。「上一季實在是……哇賽！我的意思是，真的是比你所能想像得更糟。」大衛·阿爾德里奇回憶道：「而我想這再一次讓某些人確定了他是一個糟透的總管。而那些球員也確實是他一手挑選來的。」

第二年的計畫是：喬丹將減少上場時間，以第六人的身分幫助球隊。「整個季前他反覆說著同樣的事情。」阿爾德里奇回憶道：「他要當球隊的第六人。他要讓史塔克豪斯擔任主將。然後他會上場帶領第二隊的球員們收拾殘局。而我記得自己當時心想：『這相當可行耶！』事實上，光是聽他這樣講我就把他選為年度最佳第六人了。因為，我想一個弱版的喬丹，對上其他板凳球員，一定還是可以每場攻下十六或是十七分。這太有道理了。結果，球季打了兩個禮拜之後，這一切就這樣結束了。我不知道是他的自尊太強還是他覺得史塔克豪斯不夠強。他又把自己放回先發陣容裡。」

這樣的舉措帶來了埋怨，大家認為柯林斯再度無法挺身拒絕穿著球衣的球隊老闆。阿爾德里奇說：「我願意幫道格辯護，不管是在報紙上或是電視上，我會一字不漏地這麼說：『就這樣決定自己要重返先發，你讓你的教練陷入進退維谷的窘境。』我永遠無法了解他為什麼要這麼做，因為他從板凳出發有道理得多。那真的很有道理。如果他一場比賽打二十四分鐘而不是三十七分鐘的話，那將減少他的上場時間，也同時減少對他膝蓋的磨損。我想那絕對行得通。但他就是無法坐在場下旁觀。」

隔年的這個球季，當巫師隊遇上底特律，他與剛被交易掉的漢彌爾頓之間的心結浮上檯面。「當我們把他交易到底特律時，理查有點不爽。」泰倫・魯回憶道：「我們在一場比賽裡對上底特律，理查比平常更拼。他對麥可噴垃圾話，而麥可的反應是：『理查，我是對事不對人，我只是想要打球。』理查的嘴巴還是沒停下來，所以麥可說：『聽好了，理查，當你穿著我的鞋子時你要怎麼跟我講垃圾話。你的腳上有喬丹牌的標誌耶。所以你到底要怎麼跟我講垃圾話？』我們聽到都笑了。那個交易是對事不對人的。我想他喜歡理查。我想他只是試著在傑瑞・史塔克豪斯身上找到一個更有侵略性的得分手，他希望史塔克豪斯可以運球創造自己的出手機會，可以吸引包夾，可以讓球隊處於最容易贏球的位置。我認為這是他試著做到的事情，絕非針對個人。」

喬丹持續因為他的膝蓋與球賽的身體挑戰而掙扎。那年的十二月十五日，他再度於一場比賽中只得兩分。然而，他從谷底反彈找回狀態，並在二月重返全明星賽，而且出乎意料成為先發球員。他攻得20分，超越卡里姆・阿布都・賈霸成為全明星賽史上總得分最多的球員。但是，從很多角度來看，那都是折磨人的一晚。他前七次出手全部落空，有四次出手遭到封阻，還出現一次灌籃放槍。他在讀秒階段的一投讓東區明星隊取得領先，但結果柯比・布萊恩把比數追平。在兩次的延長賽中，喬丹出手三次皆墨，而東區明星隊也以155比145敗下陣來。

這一個球季成了某種喬丹曾發誓不再經歷的告別之旅。當巫師隊造訪洛杉磯，也是他最後一次跟湖人隊交手的時候，柯比・布萊恩賞了他一份臨別大禮。「結果柯比在第一節就把他給毀了，他好像在那場球的上半場就轟下40分。」J. A. 亞丹德回憶道：「那就像是薪火相傳的真正結局。我的意思是，這對他來說一定是令人謙卑的。我的意思是，他根本無能為力。」

前一年球季，當布萊恩開始一段連續得分破四十的場次時，喬丹曾評論說他與布萊恩似乎有著同樣的特質：他們都試著把自己與同時代球員之間的距離拉開。對喬丹來說，大部分是要比同樣天賦過人的克萊德・崔斯勒成就更多。

隨著巫師隊一路打到季末，喬丹與許多隊友之間的關係惡化了。在芝加哥，為了幫助喬丹與天分比較低下的隊友們相處，傑克森發展了一些策略，像是喬治・孟佛的正念冥想訓練。著重團隊動能的傑克森，整個作風的目的就是要放大每個球員的優勢，縮小每個球員的弱點。在華盛頓，沒有菲爾・傑克森，沒有喬治・孟佛，沒有泰斯・溫特的進攻戰術，而且幾乎同等重要的是，沒有皮朋。過去曾經有過的出口，現在全都消失無蹤，而他似乎不太信任身邊的重要球員們。「無論他以前曾經有過什麼樣的信任感，現在全都沒有了。」一位友人透露：「那是非常孤獨的處境。」

情況即將變得更糟。球季結束之前約莫三週，克勞斯從巫師隊的工作人員那裡聽到關於喬丹的一些令人不安的評論。「我打給艾伯・波林。」克勞斯在二〇一二年回憶道：「他跟我說：『我要搞翻你那個朋友。他以為他在搞我。你等著看吧。他什麼都不知道。』艾伯自己也是個天殺的狠角色。」

不久之後，《紐約時報》的籃球寫手麥克・懷斯（Mike Wise）從線人那裡接到一通電話，線人跟他說了一個驚人的消息：波林要在球季結束之後讓喬丹走人。懷斯開始進行訪談，然後很快就發現，除了他自己親手挑選的經理們之外，喬丹在工作人員與球員之中沒什麼朋友，面對波林，他高估了自己手上的牌。

「我知道他們之間有問題。」大衛・阿爾德里奇回憶道：「這就是為什麼我會覺得麥可首先要做的事情之一就是去找艾伯，跟他說：『聽好，我們可能把事情搞砸了。我們接下來要做的事情是這樣。你是老闆。我們了解這件事。我們絕對不會做你不想要的事情。如果我的人對你的人態度粗魯，如果他們對你的人態度高傲，我道歉。以後不會再發生了。』然而他沒有這個會面的機會。」

懷斯在《紐約時報》上大肆書寫喬丹的麻煩，也預告了波林即將拋棄喬丹。泰倫・魯還記得他被報導的語氣嚇到了。「他怎麼可以被這樣棄如敝屣？」魯說：「你擁有的這個人，他在四十歲的高齡重返球場，還能每場平均拿下二十分，還能維持高命中率。我的意思是，我覺得他是很偉大的。然而，他不可能是當年的麥可，這我們都心知肚明，但是他的求勝意志以及他對比賽的熱情都跟當年沒有兩樣。」

布倫特‧貝瑞還記得他讀了報導，對於某些球員表現的態度感到震怒。「然而你知道嗎？」貝瑞說：「那不是他應該背負的十字架。當一位像這樣的球員願意花時間去訴說、去教導、去表達，讓你知道你應該怎麼做才能釋放自己的最高潛能，那該負責去做的就是他們。因為，我們打開天窗說亮話吧，那是你的工作。如果麥可從沒花時間去做這些事，那情況又完全不同了。」

「我想他們是可以一起工作的。」阿爾德里奇如此評論喬丹與波林：「我想在某個時刻，他們可以找到共事的方法，但是這件事情之後就無法了。顯然，當紐約時報的報導被刊出來之後，許多人發出不平之鳴。現在感覺就像是箭在弦上，而情況遠比你們這些人所知道的更嚴重。」

那則報導似乎太過牽強，喬丹與大衛‧佛克都不認為那可能會是真的。「我想，要是他可以對艾伯‧波林多展現一點敬意，他就可以全身而退。」阿爾德里奇說：「我認為敬意的缺乏就是結束的開始。這可是紐約時報的報導。那很清楚了，報導一旦被刊出來，事情一定會照著發展，因為你不會隨便在紐約時報上放風聲，除非你已經計畫好要做某些事情了，不是嗎？所以，雖然我沒有辦法得到確認，這風聲顯然是被有心人士放在紐約時報上的。無論是誰把這個事情放在這份報紙上，我都覺得他是聰明的，因為我想大部分的當地報紙都會同情麥可，所以它們不會願意發出這樣的攻擊。」

作為一個資深的籃球寫手，懷斯從來不迷戀華盛頓版本的喬丹，讓他訝異的是，喬丹似乎迷失在自己的世界裡，幾乎像是貓王般的角色，已經與現實脫節了。在二〇一二年回首，懷斯表示，在華盛頓，喬丹與他的友人就是高傲的代表。

強尼‧巴赫卻有不同的看法。沒錯，在他試著打球的時候，喬丹可能會變得孤僻而且若即若離。然而巴赫眼中的喬丹是亟欲取悅波林的，縱使知道球隊沒有獲勝的希望，他還是願意將自己的名聲擺在一旁，下海去幫助球隊。連續第二年，球隊以三十七勝四十五敗的戰績作收，與季後賽無緣。喬丹穿著華盛頓球衣的最後一個晚上成了一個溫馨的場面，清緒激動的巫師隊球迷讓他沐浴在溫暖與關愛之中。那個球季與那段經驗對喬丹來說都是巨大的失望，然而在最後的那一夜，他的臉上掛著大大的微笑，似乎真心享受球迷們的致謝。

儘管紐約時報那樣寫，球季結束之後，走去與波林會面的喬丹還是滿心期待自己將會因為所付出的一切而得到獎賞。畢竟，當他初來此地時，球隊的財務狀況一團糟。喬丹與他的人馬幫球隊擺脫了許多災難性的合約，同時整頓好財務的狀況，讓球隊可以引進年輕的球員。他以最低薪資打了兩年球，並且把全數薪資都捐出去。這段時間，只要他有上場打球，門票一次又一次地銷售一空，史無前例的進場人數幫助球隊填補了虧損，並且讓球隊大舉賺進三千到四千萬美元的收益。

那一天，波林的訊息是簡短而無情的。根據各方估計，他顯然為喬丹準備了好幾百萬元的遣散費。而喬丹顯然把錢留在桌上，迅速地離開了。

那個從來沒有解雇過任何人的艾伯・波林把麥可喬丹給解雇了。職業籃壇裡的許多人都因為事態的發展而感到震驚。喬丹被許多人視為國寶，他是籃球場上最重要的人物，也是為ＮＢＡ帶來數十億美金收益的男人。

「那是很野蠻的。」認識兩人而且有四十年ＮＢＡ主管經歷的派特・威廉斯說：「你突然間有這兩個各行其事的陣營。這個組織朝著兩個不同的方向走。這件事震撼了麥可。」

「結局非常糟糕。」強尼・巴赫回憶道：「他突然間被掃地出門。他全部的人馬都一樣，我們全都失業了。不管人們之間流傳著什麼，我也不了解。麥可是那種信守承諾的人。而如果你給了他承諾，你最好也能守信用。他們明明有過協議。有些事情是不能白紙黑字寫出來的。」

連隊上的球員都被嚇到了。

「這是很難接受的。」泰倫・魯主動提到：「我的意思是，當這個人重返球場打球，在兩年的打球時間裡幫你賺回過去五年虧損的錢……他只用了兩年就把虧損都補回來了，而你竟然這樣以怨報德？那是令人傷心的一天。」

就連華盛頓這個骯髒詭計之城似乎都因事態的急轉直下而震動。阿爾德里奇解釋道：「現在的華盛頓有一個很大的辯論：艾伯是否蓄意利用麥可，等到他沒有利用價值就把他丟到一旁呢？你知道的，我想很多人是這麼相信的。麥可期待會發生的事情並非秘密。那並不是什麼出奇不意的事情。他覺得自己會回去擔任總管。在打球的那段時間裡他對此並不掩飾。我的意思是，他並不是在退休前三個禮拜突然間向某個人提出這個要求。」

阿爾德里奇說他傾向於相信波林從來不打算信守承諾讓麥可回來。

他說：「我比較傾向認為波林絕對不會把球隊賣給麥可，絕對不會給麥可超過百分之五十的球隊股權。我從來不相信他會這麼做。」

被炒魷魚的那一天，喬丹在城裡度過最後一晚，網路上鉅細靡遺地記錄他一整晚的行蹤，並且把他描述成一個失魂落魄的人。

「他遠走高飛了。」大衛・阿爾德里奇回憶道：「他遠走高飛了……那件事之後我好久沒有見到他。」

第38章 北卡羅萊納

夏洛特山貓隊（Charlotte Bobcats）感覺起來絕對不像是黑人勢力的代表，至少長久以來都不像。但是喬丹於二〇〇四年在那裡重出江湖。出版業鉅子羅伯特・強森（Robert Johnson）被允許以這支擴編球隊代替黃蜂隊。在聯盟的一段悲傷而酸楚的章節之中，黃蜂隊離開夏洛特，打包遷往紐奧良。夏洛特成為ＮＢＡ版本的車諾比。黃蜂隊是聯盟主要的小市場球隊之一，嶄新的夏洛特體育館（Charlotte Coliseum）在一九八九年落成，很快地，每天晚上進場的觀眾都快滿到屋頂了，球迷們帶著仰慕之情為阿朗索・莫寧、賴瑞・強森（Larry Johnson）與馬格希・博格斯（Muggsy Bogues）等等球星加油。然而，不到十年，老闆喬治・辛恩就急著想要有另一座擁有空中包廂的新體育館，以便賺進更多收益，同時增加球隊的競爭力。情況變得愈來愈難看，在這歹戲拖棚的鬥爭之中，辛恩最後被控以性侵。球迷轉身離去，辛恩打包球隊離開這座城市，也在職業籃壇留下了可憎的臭名。

在這一切紛亂之中，山貓這支擴編球隊於二〇〇四到二〇〇五球季在美麗的市中心體育館開張，然而球迷的反應不慍不火。作為在主流的體育隊伍之中擁有多數股權的第一位非裔美籍人士，強森對於跟喬丹達成協議大感興趣，他希望喬丹能以少數股權擁有人的身分來負責籃球事務的營運。當時，喬丹已經暫時將婚姻修補好，但這份工作需要他花更多的時間在場。事實證明，這個新職位對於重新開啟的家庭生活來說是極度不理想的。

撞球

在二〇〇四年的尾聲，丹尼爾・莫克（Daniel Mock）在夏洛特男子俱樂部（Charlotte Men's Club）當酒保，那是城市南區的一間高檔上空酒吧。小時候，莫克崇拜喬丹，在牆上貼滿他的海報，蒐藏了所有可能得到的球衣。他甚至在一場名人高爾夫球賽裡拿到喬丹的親筆簽名，並且珍藏著在高爾夫球道上追隨自己的英雄的回憶。所以那天晚上他慌了手腳，因為他看見喬丹、羅伯特・強森、歐克利與達拉斯小牛隊的老闆馬克・庫班（Mark Cuban）一起走進男子俱樂部，而且就坐在他工作的那個小型私人酒吧區。那是個縱跨兩層樓的大型俱樂部，有四個酒吧，三座舞台，每個晚上還有六十名上空舞孃帶來不間斷的表演。

「他們走進男子俱樂部，而我整個呆若木雞。」莫克笑著回憶道：「我嚇傻了，而所有的女服務生都在取笑我。他們進來坐下之後，我去幫他們點餐，然後找了一群女生為他們熱舞。」

兩張桌子被併在一起，如此一來這些男士才能在舞孃的陪伴之下用晚餐，這些舞孃輪番上陣專門為他們跳舞，然後跟庫班、喬丹與強森坐在一起。歐克利走到幾呎之外，在莫克負責管理的小吧台坐下。他們很快聊起天來，莫克也告訴他說喬丹「就是他生命中的偶像」。

「真的啊。」歐克利說：「那我叫他過來這裡。」

莫克驚慌失措，好像要被介紹給全校最漂亮的女生認識一樣。

他說：「不，不要這樣。」

在歌與歌之間，每一個上空舞孃會去坐在那些男人們的大腿上。俱樂部找來一群舞孃，要她們一次六個輪流進出喬丹的餐桌。他們會跳五分鐘左右的舞，然後陪男人們坐著。

終於，莫克走過去跟喬丹講話。「我說：『喬丹先生，您對於今晚的一切還滿意嗎？』他們抽著超大根的雪茄。『我只是想讓你知道我十一歲的時候在太浩湖得到您的親筆簽名。你是我年少時的偶像。』」

莫克跟他聊起州冠軍的事，也感謝他們今晚大駕光臨。

喬丹問他：「孩子，你還留著那個簽名嗎？」

莫克解釋說，為了妥善保存，他把那個簽名鎖起來了。

喬丹笑著說：「嗯，那你最好把它給留好。」

這群人用了晚餐也喝了香檳。在這樣的地方，他們可以從水缸裡挑選自己要吃的龍蝦，也可以看著自己的牛排被煎好。他們吃完之後——那時他們的帳單早就超過一千美金——喬丹起身，帶著三個舞孃到附近的球桌打撞球。他走過的時候，歐克利正好在跟莫克解釋說他們隔天一大清早要在 Firethorn 鄉村俱樂部打高爾夫球。本身也是一位熱情高爾夫球手的莫克曾在那裡工作。

「喬丹說：『對啊，Firethorn 很難打。』」莫克回憶道：「我跟他說我以前在那裡工作。」

「真的啊。」喬丹突然停下來看著莫克，對他說：「跟我談談那個球場。」

這位酒保開始鉅細靡遺地描述球道的配置，並且提供建議：在哪個洞要用哪支球桿，在哪裡要用三號木桿，在哪裡不要用。「他坐在那裡大約五分鐘，就這樣盯著我，好像正在記錄一切資訊。」莫克說：「然後他去打撞球。他玩雙打，他跟一個中國小妞對上兩個潘蜜拉・安德森（Pamela Anderson）那種型的高挑金髮妹。她們都上身全裸。他手裡拿著一根巨大的雪茄，只用一手打球。而每次準備要出桿的時候，他就會站在那裡，嘴裡叼著那根巨大的雪茄。他把另一支手放在背後，把桿子架在球檯邊。每一次他要出桿的時候，其中一個女孩就會俯身把自己的奶子放在球檯上。」

又或者，那些女人會以撩人的姿勢站在喬丹準備要打的那個球袋後面。

「我跟歐克利坐在那裡。」莫克笑著回憶道：「然後他說：『哦，又是另一個屬於麥克的夜晚。』大概一整晚就是這樣。」

強森提早離開了，但是庫班、喬丹與歐克利留在那裡直到清晨兩點之後好一陣子，快要三點的打烊時間才走。知道他們清晨五點要開球，莫克瞠目結舌。

隔天起床，莫克打電話給鄉村俱樂部裡的一個職業球員，也是他的一個老朋友，他告訴莫克，工作人員想要讓喬丹他們在早上六點半開球。「他說那樣太晚了。」這位酒保回憶道：「他要他們讓他在早上五點四十五分開球，就在日出之前。我跟我朋友說：『他們昨晚到三點都還沒睡。』他說：『別鬧了，只睡兩小時？』」

那位職業球員問說他怎麼知道他們到那麼晚都還沒睡。莫克告訴他說他們前一晚待在男子俱樂部。「他說：『不可能。』」莫克笑著回想：「他說：『我們這裡有一群會員想要跟在他們後面打。於是喬丹買下四個開球時段，這樣他們附近就不會有任何人。』所以他們買下四個開球時段，而且前一晚還在俱樂部待到清晨，也花了不知道多少錢。我記得那些女孩們說他們的帳單是一千八百美金。我滿確定買單的人是庫班。他整晚都讓兩個女生坐在他的大腿上，大口喝著伏特加，一邊笑著一邊抽雪茄。」

那位職業球員回報說喬丹、歐克利與庫班迅速走過球道，在九點三十分就打完了。然而，他們的胃口似乎還沒被滿足。

後來，喬丹確定成為山貓隊裡的一位總管，這段期間他仍不斷環遊全球，打高爾夫、賭博與跑趴。他很快就再度面臨離婚，這似乎不讓人太意外，他與茱安妮塔十七年的婚姻就在二〇〇六年的十二月畫下句點。根據富比士的估計，這將讓喬丹花費一億五千美金，據說是史上最巨額的贍養費之一。

在短短幾年之內，他那曾幾何時似乎是碰不得的形象受到了重創，發狂的群眾往往一整天耗在網路上批判他的種種失策。夏洛特在二〇〇六年的選秀會上以第三順位選進亞當・莫里森（Adam Morrison）之後，更多失望接踵而至。事實證明，莫里森是另外一大敗筆，對喬丹的形象來說又是一大重擊。隨著批評聲浪日增，一些喬丹觀察者們納悶他為何不向克勞斯請益，談談作為一位NBA人事總管的巨大挑戰。其他人知道喬丹不會走這那條路。在大家的眼中，他已經受自己的名聲所囿，在小圈子之外跟別人討論的事情是很有限的。

然而，喬丹默默地做了第二好、或者也許甚至比跟克勞斯討論更好的事情。吉姆・史塔克已經離開公牛隊，成為明尼蘇達灰狼隊的總管。他跟喬丹常常探討球員相關的議題。

史塔克回憶道：「我們在二〇〇四到二〇〇八年之間有過很多對話。」

他們為了在選秀會上選擇亞當・莫里森的事情聊了很多。他說：「亞當是一個很有天賦的進攻球員。事實證明，他後來因為糖尿病而有所缺陷。他原本就是那種比較脆弱的孩子，然後NBA的緊湊行程又對他造成了傷害。我跟麥可討論過這件事情。我們坦承以對。在選秀會上的那個時間點，沒有任何適當的人選可以挑。總之那就是一個很差的選秀會。」

擔任一個總管需要很大的努力與很好的運氣。史塔克解釋道：「你做完所有工作然後準備就緒，希望能有一點好運，而那個對的球員能夠被你選到。」無論如何，這份工作似乎讓喬丹施展不開，不知道為什麼他總是抓不好時機。那些目睹喬丹在NBA選秀營偵察球員的人們都深感訝異，因為喬丹的自信似乎受損。雖然跟往常一樣友善，面對這些艱難的經驗，喬丹似乎對自己沒什麼把握。他疲倦的面容也提醒了認識他的人：在光榮歲月終結之後，喬丹究竟經歷了多少風霜。事實上，有時候他的肢體語言格格不入，有如十年前身處棒球的陌生世界一般。

布萊恩

在二〇〇八年NBA的選秀前訓練營（pre-draft camp）裡，喬丹在奧蘭多的迪士尼綜合運動園區（Disney sports complex）獨自坐在最遠端的位子上，望著有希望進軍職業的大學球員以及自由球員們在下方的球場上練習與比賽。他似乎心不在焉，以至於一位過去認識的記者要求他接受訪談時，喬丹答應了，似乎很高興可以不用繼續看著這些比較差的球員們如履泥淖地打著球。記者的問題終究繞到柯比・布萊恩身上。

在這十年之內，菲爾・傑克森已經在洛杉磯拿下三座總冠軍，到了那一年的春天，湖人隊又在柯比・布萊恩的帶領之下復活了。喬丹饒富興致地看著布萊恩為傑克森與溫特效力，取代他當年在三角戰術中的角色。雖然說布萊恩大力否認自己是個抄襲者，這位湖人隊的後衛確實花了好幾年試著變得跟麥可喬丹一樣，從青少年時期的光頭造型到與喬丹如出一轍的癖性。在一整個想要成為喬丹的世代裡，他似乎是最好的那個人。在一整群想要繼承喬丹衣缽的球員之中，布萊恩也許就是真的可以做到的那個人。

跟傑克森與他的教練團一樣，喬丹本人也帶著興趣觀察布萊恩的盛世。兩位球員的比較總會在網路上掀起激烈的論戰。坦白說，喬丹不懂這些小題大作的意義何在。畢竟，人類的行為本來就是有樣學樣的。人類會複製並且仿傚彼此，如同這幾十年來每個搖滾樂團都想要成為披頭四或是滾石樂團一樣，而這兩個樂團本身也從美國前幾代偉大的藍調樂手身上獲益良多。

他的打法顯然為布萊恩開闢了一條道路。喬丹在那天評論道：「然而，為我照亮道路的人又有多少？這是籃球的演化。要是我沒有看到大衛•湯普森以及那些前人打球的話，我絕對沒辦法用我的方法打球。同樣地，要是沒有看我打球的話，柯比絕對沒有辦法用他的方法打球。所以你了解了吧，這就是籃球的演化。你沒辦法改變這件事。」

在言談之中，很快可以聽出來喬丹是尊敬布萊恩的，而且不帶一絲高高在上的優越感。他尊敬任何能做好工作又擁有心理強度的球員，而布萊恩通過這兩項標準。他說：「所以他跟我並沒有那麼多的不同，但他跟我也是不同的。人們必須要去理解並且明白這件事情，你可能會找到許多相似之處，但是他跟我絕對是不一樣的。」

就算撇開布萊恩對喬丹明顯的模仿不談，讓這兩位球員的比較變得有趣的是，布萊恩跟喬丹打一樣的三角戰術，而且有著一樣的教練組合：傑克森與溫特。這是一個可以製造空間給超級球星運作的系統。喬丹說：「三角戰術是一套很棒的進攻體系，球員們可以得到空間，也可以移動到正確的位置。然而，你需要一個像柯比這樣的人來執行，方能讓每個人都參與其中，並且讓每個人都變強那麼多。」

早在多年以前，溫特就以六個團隊戰術的原則來發展出他的系統。但是當溫特在一九八五年開始執教喬丹時，他發現你必須要有第七個原則——極具天賦的球員凌駕於所有其他原則之上。

你必須要為一個偉大的球員調整所有的事情，溫特一直以來都是這樣讓步的。

「泰斯絕對是對的。」喬丹那天微笑著這麼說，回想起自己在公牛隊許多次練球時與溫特因為各式各樣的議題而爭執不下。「而柯比現在也在經歷同樣的過程。」

在這套系統裡，布萊恩有自己的旅程，那些心懷怨恨的球迷是很無聊的。喬丹評論道：「當你談到偉大或是成功，柯比已經成就了一切。無論如何，成功是非常相似的。對於在你之前的先人，你無法多說些什麼，因為要達到成功，你必須擁有與他們類似的特質。」

與其說是模仿一個風格，不如說是追求一套已經被證實的成功方程式。喬丹說：「而成功已經在等著他。他已經做好了能夠達致成功的工作。」

喬丹也表示，透過觀看布萊恩，他可以回味自己生涯的某些部分。這兩個人會通電話，聊一些只有他們兩個能懂的事情。在二〇〇八年的冠軍系列賽中，得知喬丹對他有所美言，布萊恩的耳朵馬上豎起來，幾乎像是一個急著要簽名的小孩。「麥可喬丹在討論我？」他問：「不愧是我的好兄弟。」布萊恩顯然從兩人的關係之中得到支持或甚至自信。

幾年之前，湖人隊的教練團早已做出結論：講到他們好勝天性中的雄性領袖特質，兩人非常相像，幾乎到了詭異的程度。每個人都同意，扯到輸贏，兩個人都是毫不留情的。而且他們的球技也十分相近，只是喬丹的手掌比較巨大。兩人主要的差異來自於大學的經驗。喬丹曾在北卡大的籃球系統之下打球，所以比較能接受溫特三角戰術之中的團隊概念。布萊恩是從高中直接跳級職業聯盟的孩子，渴望一舉成名天下知。

「我常會思考他們兩個有多麼相像。」溫特評論道：「他們都展現了絕佳的反應能力、敏捷度與跳躍力。兩者都有很棒的投籃手感。有些人會說柯比是比較傑出的射手，但麥可隨著生涯演進確實也發展成為一個射手。我不知道在麥可的巔峰時期，柯比是不是一個比他優秀的射手。」傑克森也承認兩人的相似性，但是認可說只有一個喬丹。

觀察者們喜歡指出，喬丹所處的公牛隊並沒有強大的中鋒，而溫特總是如此駁斥：喬丹本身就是一個強大的低位球員，在本質上他就是他的時代裡最頂尖的低位武器。布萊恩自己也帶著驚人的低位技巧進入

NBA，然而，當他跟俠客歐尼爾同在湖人隊的時候，因為歐尼爾霸佔禁區，他永遠沒有空間可以在低位打球。

溫特懷疑喬丹是否可以與歐尼爾合作無間。

溫特表示，從很多方面來看，布萊恩跟喬丹的低位能力不相上下，除了一個關鍵元素之外：喬丹比布萊恩強壯多了。這位教練說：「比起柯比，麥可比較有站穩腳步的本領。」

跟喬丹一樣，布萊恩在場上真正的位置是小前鋒而不是後衛，這讓他得到了許多成就，如同溫特常常解釋的，這讓他可以「在防守的後方」打球。儘管布萊恩擁有這樣的進攻火力，溫特說湖人隊還是需要讓球流動，他也說布萊恩的隊友們對他太過言聽計從，就如同當年喬丹的隊友一樣。

另外一個差異是兩人的領導風格。為了讓自己的隊友們準備好在壓力之下表現，喬丹承認自己會以嚴苛，有時甚至殘酷的方式對待他們。

溫特說，布萊恩採取的是比較仁慈而溫和的做法。

當然還有無從比較的皮朋。溫特常常說，無論如何，你都不可能低估皮朋的貢獻。

春田與往後的未來

在這段期間，喬丹遇見了超級名模伊薇特・普莉雅多（Yvette Prieto），於是他的生活開始改變。山貓隊極度掙扎，據說一季損失了好幾千萬，同時像是TMZ之類的網站變成飛人大帝身旁的合唱團。爭議與批評似乎無時無刻都在虎視眈眈。在二〇〇九年，也是他具備資格的第一年，他就被票選進入奈史密斯名人堂，而這也將成為他下一個需要背負的十字架。

喬治・孟佛曾經說過，要論斷一個人，要看他的作為，而非他的言詞。那年八月，隨著入選儀式接近，喬丹沒有選擇菲爾．傑克森與他同行，而選擇了強尼．巴赫。這位資深的助理教練已經八十幾歲了，因為離婚贍養費耗盡ＮＢＡ退休金而難以度日。喬丹花錢讓他當年的「攻擊」教練風光出席這項盛會。他也邀請初入球隊時就認識的兩位公牛隊員工——票務經理喬．歐尼爾以及公關提姆．哈倫——跟他一起飛往麻薩諸塞州的春田（Springfield），同坐在Jump 23飛機上的還有普莉雅多與包含喬治．寇勒在內的一小群人。

「老實講那真是滿讓人興奮的。」歐尼爾如此描述那個經驗：「我好幾年前就開始在公牛隊工作了。我開始在那裡工作時麥可可能還只是高一或高二生。提姆．哈倫和我是麥可在芝加哥最早認識的幾個人。當時是個非常不同的時代。他那時還不是無與倫比的超級巨星。如今，我不知道地球上最無人不知無人不曉的人是誰，但麥可也絕對不遠了。跟麥可和他的女朋友一起搭機前往名人堂的典禮，我無法告訴你這對我來說有多大的意義。我們坐在那裡談笑，講一些陳年舊事，偷溜出去打高爾夫，做這個或做那個。麥可不會忘記人。他把強尼．巴赫帶去參加名人堂的典禮。我想，從很多方面看來，麥可最熟的朋友都不是名流。他有一些一起胡混一起瞎聊一起打高爾夫的好兄弟們。當然，他有好幾百萬個名人朋友，但是整天跟他混在一起的都是一般人，而我想他很享受這樣。」

他們在航程中都在聊他剛進聯盟的第一年，公牛隊瘋狂的陣容，辦公室的垃圾桶高爾夫球賽，要等一列一列的小孩子進出之後公牛隊才能踏進天使守護者體育館練球。他們一邊笑著一邊緬懷從前，然後歐尼爾注意到，當他們愈接近春田，喬丹似乎變得愈緊張。

「縱然麥可經歷過那麼多的閃光燈與輝煌時刻，我想，有時候當聚光燈投射在他身上時，某種羞澀還是會浮現。」歐尼爾在二〇一二年的訪談中評論道：「我想這整件事讓他有點不自在，因為麥可喬丹進入名人堂是一件太大的事情。我想在某種層面上他期待這件事情，如同在某種層面上他也期待這件事情結束。喬治跟我們一起在飛機上。直至今日，喬治跟我還是會說：『你能相信我們從哪裡起步，現在又到了哪裡嗎？』」

至於他的演說，歐尼爾注意到喬丹沒有準備任何東西。「他真的沒有寫那麼多。」他的老朋友回憶道：「他並不真的確定自己要講什麼。要踏上講台，他還滿緊張的。」

喬丹要求他以前的偶像大衛・湯普森介紹他出場，並且在滿場的籃壇菁英面前站在他身邊，這些觀眾花了大把銀子來出席籃球的加冕盛會，來看麥可站在最終極的聚光燈下。就是在這個時候，在這個充滿情緒的瞬間，喬丹選擇將自己的好勝心性開誠布公，選擇去談論所有在生命的旅程中推動著他的事情，無論是真實的或是幻想的。就連對長期的喬丹觀察者來說，對那些自以為十分了解他的人來說，這段演說都是令人驚訝的，對於某些人而言更是令人失望的。對於大部分的群眾而言，這段話是刺耳的：他談到自己的憤怒；談到在高二的時候被校隊一軍拒於門外；談到狄恩・史密斯不讓他以大一菜鳥之姿登上《運動畫刊》的封面；談到他與泰斯・溫特之間牽扯到win裡面有I的論戰；談到他對傑瑞・克勞斯的厭惡；甚至談到他與派特・萊里因為一間旅館房間而發生的爭執。那一天，透過這段坦白的致詞，他羞辱的人似乎跟他感謝的人一樣多。

沒有人比傑瑞・克勞斯更訝異，也沒有人比他更得意。克勞斯在二〇一二年回憶道：「我坐在那裡，我有點，應該說，驚訝吧。但話說回來，他是麥可耶。他在台上這麼做讓我訝異。當他出口酸狄恩時我真的嚇到了。我？你可以預期。狄恩？我看很難吧。狄恩一定坐在那裡想說：『什麼？』狄恩一定也嚇到了。我們忍受這種態度夠久了，久到足以拿下六座總冠軍，現在你們了解這種態度源自於誰了吧。」

克勞斯把這段演說跟兩年前丹尼斯・羅德曼入選名人堂的演說做比較，羅德曼的演說中充滿了情緒與自我訓誡。「丹尼斯的行為舉止可能很可怕。」克勞斯說：「但丹尼斯的心地是善良的。他做了一些傷害自己的事情，但是丹尼斯永遠不會去傷害別人，他只能傷害自己。麥可呢？麥可根本不在乎傷人。我並不是說他瘋了。我看過無數次他和藹可親到不可思議的樣子。我會說如果心理醫生可以把他抓來解剖的話，他們一定會很高興。那一定很有趣。他是我共事過最聰明的籃球選手，但是名人堂的那件事，那段演講，那幫助我讓別人了解他到底有多蠢。那次演講過後，有無數的人跑來跟我說：『我不知道麥可是這樣一個混蛋。』」

傑克森是一個傑出的心理學家，他把麥可引導出來。克勞斯說：「我們有一支非常棒的籃球隊，隊上許多人都有著很緊繃的自尊心。菲爾接受了這些自尊心，並且把它們放在正確的地方。他了解這些球員，也了解如何讓他們一起工作。」

另外一個關鍵是溫特。特勞斯說：「為了追求完美，泰斯對麥可比任何人都嚴格。麥可本來並不喜歡三角戰術。他說：『這他馬的爛東西有什麼屁用？』他花了整整一年才接受，但後來他了解到，透過這套戰術他可以如何在低位打球。」

當這位前任總管（他在二〇〇三年被藍斯朵夫解雇了）談論著名人堂的演講，他開始放鬆，然後講起喬丹是一位多麼偉大的競爭者。他說在他們共事的年歲裡，喬丹沒有一次逃避最困難的任務或是最沉重的負擔。克勞斯說他有一整個資料室，裡面放滿喬丹每一次絕妙表現的錄影帶，然而兩人共事的經驗帶來太大的芥蒂，所以他一次都沒有把這些錄影帶拿出來看。終於，他也因為自己持續做出攻擊性的發言而筋疲力竭了，他再一次斷言：「他就是他。麥可與我永遠都不會一起吃飯了。」

媒體與崇拜的年代帶來了自戀，而許多不愉快的事情都源自於這份自戀。克勞斯說：「倘若麥可在埃爾金以及奧斯卡和那些人的年代裡打球，你就不會有那些麻煩。反之，倘若你把奧斯卡與埃爾金放在今天的氛圍裡，同樣的事情一樣會在他們身上發生。比爾・羅素在今天也能一年賺三千萬美金。」

然而，如同喬丹多次表明的，他的時機就是屬於他的。在聚光燈下，他的態度一如既往：目空一切，永不低頭。如桑尼・瓦卡羅評論的：「他似乎被膏過聖油。我是認真講的，所有的事情。我的意思是，就算他的所做所為與應該要發生的事情相反，結果也會是好的。」

喬丹離開春田，繼續過他的生活，而體育專欄作家、大大小小的報紙、體育廣播節目主持人、網站以及電視上的球評都嚴厲批評那段演說。大體而言，他們搔頭苦思，感到既困惑又憤怒，因為對於這位長久以來受世代景仰的英雄，他們竟然無法開開心心地為他慶祝。

大衛・阿爾德里奇說：「我覺得他的心在正確的地方，我真的這麼覺得。」

然而，面對這位改變一切的男人，大眾想要更令人滿意的東西。

球隊老闆

他轉而著手於另一個任務：完成山貓隊的購買。史上第一次，前任球員成為一支NBA球隊的多數股權擁有者。不知道為什麼，在這過程中被忽略的是，大眾差一點就可以解決一個長久以來的謎團。大衛・史騰與喬丹從來不親近，但如今史騰卻在幕後努力讓這支球隊的移轉成真，成功移轉之後，他繼續幫助他們調整。傑克・馬可倫企圖解答許多人曾經問過的那個問題：喬丹是否在一九九三年被逼著退出籃壇？史騰當時並沒有站出來多做一些解釋，釐清整個情況，對此喬丹心懷怨恨。這位理事長也知道他巨大的怒意，然而馬可倫指出，當時的史騰陷於一個尷尬的處境：如果他說太多，或是用太多力氣反駁，只會餵養那些陰謀論的愛好者。而喬丹卻把這位理事長的做法解讀為漠不關心。

兩人之間的對話只有他們自己知道，而兩人也都沒有再多加討論或是提供更多的細節。看來，現在的證據最多也只是間接的，但卻非常強而有力：倘若當年喬丹確實被逼退，這位理事長顯然歡迎他以球員的身分復出，但是絕對不會同意他成為一支球隊的老闆。畢竟，對於自己的作風，喬丹幾乎沒有悔改。網路上基本上充滿了手機照相機所拍下的證據，證明喬丹在後來的過渡期間到處跑趴玩樂。克勞斯說：「我不知道真的有過所謂的賭博問題。」這個惡名昭彰的「麵包屑」一旦有機會可以攻擊喬丹，他絕對不會遲疑，只要是合理的。然而他在二〇一一年與二〇一二年的訪談中一次又一次地表示：根本沒有什麼賭博問題。

倘若真的有賭博問題，史騰似乎極度不可能那麼努力讓喬丹的擁有權成真。既然事實正好相反，這也證明了喬丹離開籃壇前往伯明罕的原因就只是如記錄所述：悲痛與憂傷讓他興起了一個欲望，想要在棒球的世界裡更接近他的父親。

說回山貓隊，他們在二〇〇九年解雇了幾十位員工，這對佛瑞德・懷特菲爾來說是很為難但卻又不得不做的事情。現在喬丹已經成了多數股權的擁有人，為了改善整支球隊，他們開始把新的人選放在那些職位上，並且著手處理一些商業上的議題。他們把焦點放在比賽的營運上，以求大眾能在每場比賽中盡興。為了吸引區域居民的興趣，在沒有比賽的夜晚，他們也在建築物裡舉辦最好的餘興節目。這座體育館尚未贏得任何命名的權力，所以他們馬上將這份權力賣給時代華納有線（Time Warner Cable）。一個接著一個，工作人員找到最好的事情，並且開始著手進行。他們看見喬丹在會議裡現身，並且發現了他的母親與狄恩•史密斯好幾年前就知道的事情：他是個很棒的傾聽者。他開始跟季票的持有者們開會，通常是在最艱困的時期，例如說難堪的落敗之前或之後，而這樣的落敗層出不窮。

一開始迎接這位老闆的是好運氣。他雇用了名人堂成員，也跟他一樣是北卡羅萊納大學校友的賴瑞•布朗來擔任總教練。喬丹在二〇一〇年初掌管這支球隊，那年春天，他看著山貓隊在短短的隊史中首度打進季後賽。然而，在接下來的休季期間，他必須進行艱苦的縮減成本行動，釋出了隊上幾個最棒的球員。觀察者們指出，山貓隊之所以會在二〇一一年掙扎，就是因為失去了控球後衛雷蒙德•費爾頓（Raymond Felton）與中鋒泰森•錢德勒。而這也代表了喬丹與布朗很快就必須分道揚鑣，而且沒辦法好聚好散。布朗後來在丹•派崔克（Dan Patrick）的廣播節目上抱怨說喬丹身邊的人「啥都不懂」，他們只是一群「唯唯諾諾的人」，當他在那裡工作的時候，這些人讓他「作噁」，而且喬丹還安排「間諜」監控教練們。

為了取代布朗，喬丹把資深教練保羅•席拉斯（Paul Silas）從退休狀態中挖出來，然而這支掙扎的球隊還是在那年春天跌到了谷底。就是在這個時候，喬丹再度換上籃球裝束，親自參與練球去測試他的球員們。「他對於籃球的知識非常淵博。」席拉斯在當時評論道：「他到過那裡，他贏過很多總冠軍，所以他理解你要付出什麼樣的代價。他是一個很堅韌的男人，對球員們很尊重，他是受到球員們擁戴的人。但是他的態度也同樣堅定。他只是希望每個人可以保有威脅性。」

喬丹的老朋友羅德•希金斯現在是這支球隊的首席籃球總管，他需要在球季開始之前補進一名中鋒，於是把當時身為自由球員的夸米•布朗納入考慮。布朗代表著喬丹人生中一個難堪的章節，所以希金斯覺得簽下布朗之前最好先獲得這位老闆的同意。布朗在聯盟打滾十年之後，奠定的名聲是一位可以防守與抓籃板的浪人中鋒。

喬丹說：「如果你覺得他可以幫助我們贏球，那就把他簽下來。」

現在，喬丹發現自己再度在練球時對上布朗。

「我們的關係還是一樣。」那年春天被問起喬丹時，布朗說：「ＭＪ就是ＭＪ。這從來不是像大家想的那樣。這是老闆與球員之間的關係。而事情就是這樣。當你的表現不好時，他當然不會一直對你和顏悅色。但作為一個人，ＭＪ是很棒的。他是一個很棒的老闆，你會願意為他拼鬥，正因如此我才會來這裡為他打球。」

被問起四十八歲的喬丹在練球時的表現，布朗說：「他絕對是竭盡全力。他現在比較老了點……但他還是可以把球投進。他還是撐得住。我不知道全場會怎樣，但打半場他還是一個好手。」

至於那惡名昭彰的垃圾話呢？

「那是他一定會做的。」布朗這麼說，他現在笑得更開心了。「我的意思是，他是ＭＪ耶。我們會用垃圾話回嘴嗎？不，不，不。但還有哪一隊的老闆可以親自參加練球，而且來真的？他一進到練習場地，打球的層級與競爭性就馬上提高了。他噴著垃圾話，他開著玩笑。他在現場是很好的，因為每個人都想要認真打……。」

他又笑了一聲說：「你最好認真打。」

當山貓隊在那年春天掙扎，作為總管的喬丹持續承受巨大壓力。然而，他同意把亨利．丘（Henry Cho）找來主掌籃球營運，他是聯盟裡有才華的年輕人事評鑑員之一。觀察者說，這對喬丹而言是一個很大的讓步。許多人說，信任對他來說從來不是一件容易的事，但現在這終於變得不得不了。

「這絕對是一個看似瘋狂其實有理的方法。」吉姆．史塔克如此評論喬丹：「麥可是非常、非常、非常聰穎的。非常精明。非常有見識。他做的事情，沒有一件是偶然的。他非常精於算計。非常慎重。我相信對於自己要去的地方，他有著一雙千里眼，但有時候事情的發展並不如他所願。他顯然可以在過程中學習。他學得很快。當某件事情發生，他會馬上做出必要的調整。但是當一個老闆或是經理絕非一份兼差的工作。你要無時無刻待在那裡。然而他是麥可喬丹，全民的偶像，要他如球隊所需一週七天一天二十四小時待在那裡是很難的。他了解到自己的生活對於這個角色並沒有助益。他同意稍微退一步成為最後的決策者。年少時的固執可能會讓他堅持想出辦法，然後依自己的方式行事。但他現在成熟了，了解自己必須要退一步，不要待在最前線。作為一個人以及一個人類，我認為他在這件事情上展現了高度的成熟。以前的他絕對不會這麼做。絕不可能。以前他的做法會是更努力更強硬，硬是找到一個方法把這件事做好，他當年就是這樣超越底特律的，在他終於突破之前他就是這樣面對那些挑戰的。」

喬丹很快就發現，所有的讓步只是確保了更多他從沒想像到的麻煩。二〇一一年的春天，他和他的工作人員們看著球隊的運勢短暫復甦，然後決定扣下板機，把隊上的資深領袖，也是全明星球員傑洛德・華勒斯（Gerald Wallace）交易到波特蘭，換來選秀順位以及幾個角色球員的詭異大雜燴。這個決策的目的是要重建球隊，承受輸球以換取未來的年輕球員。這個交易讓山貓隊被捲進連敗的深淵。華勒斯是一個顧家的人，在夏洛特也是一位牢靠的社區人物，他後來跟媒體說他感覺被喬丹「背叛」了。我們可以合理猜想山貓休息室裡的某些球員也有同樣的感覺。喬丹顯然明白這種感覺。當芝加哥公牛隊的管理階層為了建立球隊的未來而把他最好的朋友們與並肩作戰的兄弟們交易掉的時候，作為球員的他也是坐在休息室裡，感到困惑與受背叛。現在輪到喬丹當壞人了。在交易之後的那幾天，他給社區的回應大概就是冷酷的沉默，這讓一些觀察者斷言：對於這項交易之中的殘酷，喬丹是麻木不仁而且毫不在意的。一個自作聰明的人可能會向喬丹指出，克勞斯也會厚顏無恥地做出華勒斯那種交易。

有一段時間，喬丹把他的老朋友查爾斯・歐克利雇來擔任山貓隊的助理教練。

「他是個好人。」在另一個輸球之後的夜晚，歐克利如此評論喬丹。他又補充說，現今的ＮＢＡ球員都是被寵壞的愛哭鬼，他們不了解什麼叫作苦幹實幹，什麼叫作咬緊牙關。

喬丹對一個旁觀者微笑著打趣說，如果現在歐克利還可以每晚搶下十個籃板，那他就可以重回球場大肆取分。喬丹興致勃勃地說：「如果他能抓十個籃板，我就能拿二十分。」

要是這是真的就好了。喬丹很清楚，帶領一支小市場的NBA球隊，眼前通往成功的道路狹窄而漫長，在這條崎嶇的路上，他必須一步一腳印地贏得尊敬。

隔天他起個大早前往市區，帶著他的球員為當地學校做公共服務，他在那裡捐了好幾十萬美金，好讓中學的運動相關計畫不要因為預算縮減而不了了之。那年夏天，聯盟又發動另一次球員的封館，從很多方面來看，這一次比其他幾次更充滿憤怒。以前，喬丹曾經站在球員這一方，投身爭執去對抗老闆們。然而，如今他是一位多數股權的擁有人，身邊少數股權的擁有人們都因為球隊損失好幾百萬美元而受創。他站在老闆這一方，積極投入這一場勞資糾紛。這是他應該要做的事。對於合夥人們，他有信託的責任，必須幫助他們達成對勞方最無情，對資方最有利的協議。但是，在大眾的眼中，他仍然是飛人喬丹，如今卻廣泛地被斥為這份理想的叛徒。在一張張年老的白人面孔之中，他是唯一一個黑人老闆。

那是一個很低落，很低落的時刻。

然而封館在那年冬天結束，而二〇一一年的景況雖然悽慘，如今在喬丹的後照鏡裡卻宛若波光閃閃的綠洲，因為他在二〇一二年承受了真正潰不成軍的大敗。這支年輕的夏洛特球隊，被剝奪了老鳥球員的領導與才能之後，面對史無前例的大屠殺，這將讓喬丹一次又一次地被諷刺為這項運動史上最大的輸家。

輸家

在多災多難的那一季之中，當活塞隊到夏洛特作客，一個亮點終於浮現。喬丹當時跟一位作家一起造訪球場，然後他得知底特律的首席籃球總管杜馬斯也來看比賽。喬丹瞪大眼睛問：「喬也在這裡嗎？」他馬上轉頭，穿過走廊前往活塞隊的休息室，同時杜馬斯也剛好現身。他用手臂環繞住這位也在底特律面臨自己的麻煩老宿敵的肩膀，然後兩個人攜手走過長廊。喬丹想要讓他見見他的未婚妻普莉雅多，這位美麗的女人似乎為這位在籃壇失意的男子帶來幸福與平靜。

二月，當他的生日接近，印刷、網路與廣播的媒體都開始把他稱為史上最糟糕的球隊老闆。最諷刺的一筆是，二十三號的喬丹手下的這支球隊以二十三連敗結束球季。當他的球隊崩毀，許多晚上他都像是一頭被困在建築物裡的獅子。在這個縮短的球季，他們最後的戰績是七勝五十九敗，勝率是零點一零六，也成為NBA史上單季勝率的最低紀錄。原本的紀錄在一九七三年由費城七六人隊所創下（零點一一零）。在丘（Cho）幫忙引導的策略之下，喬丹的籃球俱樂部把更多大合約球星交易出去，選擇一套更加年輕也更加沒有經驗的陣容，好幫球隊得到更高的選秀順位。

雖然他們沒有料到球隊會如此一敗塗地，喬丹堅稱他與他的員工們對於球隊的未來是有願景的，而他們要堅持自己的計畫。例行賽結束之後，他將保羅・席拉斯從總教練的位置上調到管理部門，席拉斯也說他同意這個決定。

那年選秀樂透的大獎是全國冠軍肯塔基大學的當家球星安東尼・戴維斯（Anthony Davis），但就算付出淒慘戰績的代價，喬丹的運氣還是背叛了他。紐奧良在選秀樂透裡抽到狀元籤，抽到第二順位的山貓隊選擇了麥可・奇德—吉爾克里斯特（Michael Kidd-Gilchrist），他也是肯塔基大學另外一名傑出的年輕邊翼球員。

喬丹在夏洛特待到後來，謠言開始甚囂塵上，說他要雙手一攤把球隊賣了。一整代跟他一起成熟的球員們持續把他看作榜樣。像是艾德・平克尼或安東尼・帝奇這些曾跟他並肩作戰或捉對廝殺的球員們依然抱持著遠大的希望，相信他會把局勢扭轉。其他人則默默表示，如果他沒辦法把事情做得更好，就應該把球隊賣掉。

在二〇一二年辭世之前，萊西・班克斯曾對喬丹籃球之後的生涯發展表達失望之情。班克斯引述他採訪穆罕默德・阿里的經驗，說喬丹應該找到一些回饋人類的方式，試圖成為像阿里那樣的雄獅。更多的其他人也自發性地表達相同的渴望。桑尼・瓦卡羅說現在該是喬丹將能量投注在除了自身的享樂主義之外更偉大事物上的時候了。瓦卡羅表示，若是他能追隨他母親的腳步，將會有不錯的結果。

傑瑞・克勞斯則認為，喬丹太專注於己身，所以絕不會去做那樣事情。他說：「他覺得這個世界虧欠他。」

然而，事實似乎是，他在夏洛特的歲月被忽視了，如同他在伯明罕的日子也無人珍惜一樣。後來，在一部關於他棒球時期的紀錄片裡，形形色色的觀察者出面表示，當時他們並沒有發現，藉由堅持打棒球，藉由讓自己成為一個棒球員，他其實成就了一件偉大的事情。他在夏洛特付出的努力對那個區域的經濟健全是至關重要的，而他們也開始顯露真正成長的徵兆。歐巴馬總統選擇在夏洛特的體育館召開二〇一二年的民主黨大會，並在那裡接受提名競選連任，由此似乎可以看出端倪。

然而，二〇一二年球季裡那種難以抵擋的負面能量又製造出新一波的流言：面對巨大的虧損與失望，喬丹準備要把球隊賣掉。他急忙跳出來反駁，公開表示他將長期投資夏洛特，不論在這個區域重建一支NBA球隊要花多久的時間。

那年夏天，他必須要雇用一位新的總教練。有報導指出，他在考慮現年七十多歲的堅韌老手傑瑞・史隆，或是在湖人隊為菲爾・傑克森擔任過球員與助理教練的聰穎年輕新面孔——布萊恩・蕭。結果，喬丹出人意表地選擇了基本上名不見經傳的麥克・鄧拉普（Mike Dunlap），他唯一比較為人所知的地方是嚴峻的練球與繁重的體能訓練。作為一個球員，喬丹透過練球奠定自己的地位；作為一個老闆，他現在也希望透過練球爬出深淵。

在二〇一二年的秋天，他手下這支年輕球隊打出令人驚喜的開季，在短短幾週之內贏下的場次比之前那隊整季贏下的還要多，然而經驗的不足很快阻礙了他們的腳步，於是他們落入十八連敗的窘境，雖然他們仍奮力屢敗屢戰，希冀從另一段折騰的經驗中破繭而出。在此種挑戰之中，一些親近的觀察者發現，跟普莉雅多訂婚之後，喬丹現在似乎變得比較快樂。高爾夫之旅似乎變少了，而他也似乎比較專注於眼前的任務。兩人在二〇一三年結婚，就在媒體大肆慶祝喬丹五十歲大壽之後。儘管這些事情令人感覺良好，山貓隊在那年春天又是跌跌撞撞。休季期間，喬丹決定再次更換教練。他雇用了湖人隊的助理教練史蒂夫・克里福德（Steve

Clifford），然後看著依然是聯盟最年輕球隊之一的山貓隊在那年秋天展現可觀的進步。夏季，喬丹取得使用黃蜂隊這個名字的權力。紐奧良的球隊變成鵜鶘隊（Pelicans），而在二〇一四到一五球季，喬丹回到夏洛特主掌黃蜂隊。同一時間，他幾乎一整年都在試圖賣出他在芝加哥北部的海蘭德公園那座五萬六千平方英尺的豪宅，一開始在公開市場上叫價兩千九百萬美元，後來據說在拍賣會上的售價是一千八百萬美元，接著出價又大幅下滑。

二〇一三年底，新任喬丹太太宣告懷孕。（在二〇一四年的二月，就在麥可的五十一歲生日前夕，她生下一對名叫維多莉亞與伊莎貝爾的同卵雙胞胎，讓ESPN和其他媒體開玩笑說這位父親又得到「一雙新喬丹」了）。緩慢而持續地，他在生活裡建立起新的動力。他開始比較認真健身，而且努力甩掉幾十磅的贅肉，同時，關於他計畫短暫重返球場的謠言沒有停過。這是他一直以來暗示要做的事情——在五十歲時復出，再次上場拼鬥。大致上這證明了他的因果報應持續糾纏，把他的人生從一個難忘的夢幻帶往另一個。

如果說喬丹在夏洛特所遇到的真的是黑人勢力的代表，甚或只是黑人勢力的展演，那麼這將跟其他所有黑人運動一樣，只能在漫長而艱困的道路與眾多的磨難之後才能嚐到勝果。在伯明罕的黑夜裡，他常常拜訪已故的父親，所以我們不難想像，在夏洛特最淒涼的那些夜晚，喬丹很可能再度獨坐於體育館的黑暗之中，與詹姆士・喬丹一起回顧所有已經發生的事情，向他訴說那些討人厭的期待與困窘。

我們也不難想像，在那些夜裡，喬丹的思緒進入幻想，或至少是腦海中浮現的景象，停留在作為一個老闆所能希望的最好的事情上：在遠方搖曳著的，是一個盛大的球季，球隊在季後賽一路挺進。在喬丹的腦海裡，不難想像所有的家人都興致勃勃地出現在那裡，連道森・喬丹都在，挽著自己的情人克萊萌特。麥德華與親愛的老貝兒女士也在。整個喬丹家族都來了，事實上，匹伯斯家族也來了。他們全都在場。荻洛莉絲、「姐姐」、賴瑞、蘿絲、所有的表堂兄弟姊妹、親戚們都來了，因為比賽前的期待而容光煥發。

嗚笛聲響，比賽就要開打了，體育館卻忽然騷動起來。大家四處都不見麥可的蹤影。

他在體育館深處的辦公室裡，坐在那裡，一如他這一輩子一直在做的，跟詹姆士交談。他的雙眼睜大，閃爍著光芒，盈眶的淚水讓他在模糊中幾乎看不見自己的父親。他突然想問老爸那個長久以來縈繞在心頭的問題，他想要大聲問：「爹地，你現在覺得我怎麼樣？你覺得這一切怎麼樣？我還是需要進屋裡去嗎？」

我們可以想像，喬丹此時停下來，了解到他的親近友人與許多球迷早就了解到的事情：他已經不需要再問了。長久以來心裡狂暴的辯論可以永遠結束了。答案就在他的眼前，就在我們所有人的眼前。他可以看得一清二楚。

【譯者後記】

身為一個譯者兼喬丹信徒，還有什麼比這更幸福的事呢？

一九九八年，六月十五日，猶他州鹽湖城，全世界籃球迷不應該、也不可能忘記的時間與地點。

NBA總冠軍賽第六場，芝加哥公牛作客猶他爵士。公牛隊在七戰四勝制中取得三比二領先，拿下這場，便可連續兩年從爵士隊手中奪下冠軍金盃，第二度完成三連霸。

比賽時間剩下二十秒，比數86比85，爵士領先公牛一分，並且握有球權。有經驗的觀眾大概能夠感覺此役公牛大勢已去，默默期待著第七戰的比賽了。此時，爵士主帥卡爾·馬龍在丹尼斯·羅德曼的貼身防守之下開始背框單打，準備用一招讓他足以在未來躋身名人堂的翻身跳投，為宿敵公牛隊敲響當晚的喪鐘。

忽然，天外飛來一掌，把馬龍手上的球拍掉。

像是要告訴對手：要逃出我佛的五指山，時間還早。

像是要告訴全世界屏息觀看的芸芸眾生：該是神接管比賽的時候了。

這一掌的主人，名叫麥可喬丹。此時球落在他手上，全世界的爵士球迷，心大概都涼了半截。

或者我應該更正，此時球落在「祂」手上……。

沒有選擇喊暫停，喬丹從容不迫地將球帶過半場，在四十五度的三分線外好整以暇地運了幾下，姿態從容瀟灑，但吐露之霸氣絕對足以讓防守者屏住呼吸。最後十秒，喬丹壓低重心，準備進攻。右手運球朝禁區中心地帶疾速切入，然後猛然將球換回左手，行雲流水，曼妙似舞。

此刻防守他的，不是爵士隊的球員（負責防守他的那個人叫作拜倫・羅素，早已被剛剛那招換手運球晃倒在地），而是億萬斤重的壓力——這是他生涯最後一次出手，這一球不能不進。這代表全世界球迷的信任與信仰，這一球不能不進。這將為他被神格化的籃球之路畫下句點，這一球不能不進。

然後，喬丹把他一生的傳奇，一身的神技，化為一個最簡單最純粹的罰球線跳投。球在空中劃出一道完美的拋物線，時間凝結，彷彿變成黑白默片的球場上，只剩他身上那件戰袍還是火紅色的，迎風飄飄，宛若燃燒。

出手後，他維持投籃的姿態靜定良久，似乎在細細品嚐這一刻，也似乎要讓世間的凡夫俗子有足夠的時間，把這幅畫面在心底烙成永恆。

那顆球破網而入的瞬間，我終於了解什麼叫絕代風華，什麼叫天威莫犯，也確定了一件事：往後的人生裡，不管在任何領域，都不會出現一個比麥可喬丹更令我崇拜傾心的角色。

當時在電視機前面瞠目結舌的我，才國中二年級，不會知道十多年後，自己竟會有幸為麥可喬丹譯一本書。

談起麥可喬丹，我常說：

麥可喬丹不是我的偶像，他是我的信仰。

我不是喬丹迷，我是喬丹信徒。

寫這一篇後記，我本想好好描述自己對喬丹的喜愛，卻發現情溢乎辭，而且溢得太多，文字如何也捕捉不了心中洶湧的感受。

後來又想好好讚頌一下喬丹有多偉大，卻發現那就好像要讚頌太陽有多亮一樣，筆力不夠，怎麼寫都近乎褻瀆。

所以，姑且先讓我談談這本書吧。

兩、三年前，我無意間在網路上發現有一個叫作 Roland Lazenby 的人要為麥可喬丹作傳。幾天後，我剛好與遠流出版社裡與我相熟的編輯希林兄一起吃飯，便跟他提起這本正在撰寫之中的書，他也立刻在筆記本上記下。

這就是一切的開始。

接下來，我一邊過著我的補教人生，一邊注意這本書的進展。可惜，所能得到的消息非常有限。案牘勞形，俗務纏身之下，我也漸漸將其淡忘。

一年前，另一家出版社找上我，要我翻譯一個運動員的傳記。因為補習班的工作太忙碌，撥不出時間，我拒絕了，但卻也再次想起 Roland Lazenby 與他的麥可喬丹傳。上 Amazon 一查，竟然已經進入預購階段。我立馬寫信給遠流的希林兄，告知此事，他也隨即將全書的電子檔寄給我閱讀，並展開簽約事宜。

我告訴他：「若真能簽下此書，我願意完全放下補習班的工作，專心翻譯。」

然後，是漫長的等待。要說漫長，其實也不過就兩、三個月吧，但我總覺得那是一段天長地久的時間。為什麼？因為我怕。我怕這本書被別的出版社簽走，被別的譯者拿去翻。我太害怕了。

「我可以接受台灣沒有引進這本書，但我不能接受台灣引進了這本書，但是翻譯的人卻不是我。」我在給遠流的信裡這樣寫。

接近暑假的時候，總是補教業烽火四起之際。一天下午，因為教學理念徹底不合，我與老闆起了嚴重的衝突，我當下決定離開補習班。就在當天，我收到希林兄的來信，說美國那邊已經把合約寄來，他成功簽下麥可喬丹的傳記了。

也許，這就是所謂的緣分吧。

我一看日期，那一天是六月十五日，正好是喬丹在鹽湖城最後一擊的週年紀念。

一九九三年，三十歲的喬丹從籃球場上退休，改打棒球。

二〇一四年，三十歲的我從補教業退休，專心翻譯他的傳記。

為麥可喬丹這樣的人物作傳，是一件很困難的事。關於他的一切，早已被各種可以想像到的媒體，以各種可以想像到的方式傳頌了數十年。如同喬丹本人在入選名人堂的演說上所講：「關於我，還有什麼事情是你們不知道的？」

Roland Lazenby 做到了——他真的挖掘出好多我們不知道的事。

他完成了一本敘事宏大，鉅細靡遺的好書。

台灣有很多真正的喬丹迷，他們經歷過美好的九〇年代，曾經蹺課看喬丹單挑活塞壞孩子軍團，曾經蹺班見證公牛隊二度完成三連霸偉業。他們現在已經三十多歲或四十多歲了，有空還打籃球，但卻不太看NBA了。對他們來說，失去喬丹的NBA，沒有什麼值得一看之處。

這些人們，請來讀這本書吧。我保證，你們會發現許多意想不到的驚喜。

台灣有很多虛假的喬丹迷，他們沒有看過喬丹飛行的姿態，但全身上下都是喬丹牌的飛人logo。他們在店家門口徹夜排隊，為了隔天能抽籤買到最新上市的喬丹鞋。有的人買了之後穿在腳上耀武揚威，有的人買了之後馬上以更高的價錢轉手賣出去。對他們來說，麥可喬丹這個名字，只是一個潮牌名稱。

這些人們，請來讀這本書吧。如果對喬丹一無所知，滿身的飛人logo只代表你是一個瞎咖而已。

就算對籃球毫無興趣的人，也請來讀這本書吧。因為，麥可喬丹不只是球員、球星、球神，他是一段歷史，是一個時代的表徵，也是黑人力量崛起的關鍵。

我花了五個月的時間翻譯這本書，譯到某一場經典戰役，就會上 Youtube 重溫喬丹的美技。看完每每胸中腫脹，熱血沸騰，非要到附近的球場打打球才能冷卻下來，繼續翻譯。每一天在電腦前工作，都像有喬丹作陪。身為一個譯者兼喬丹信徒，還有什麼比這更幸福的事呢？

我的第一本譯作，是美國網球名將阿格西的自傳，據說賣得不錯，所以很多人介紹我的時候，都會說：「他就是翻譯《阿格西自傳》的那個人。」以後，我希望別人提起我的時候，能夠說：「他就是翻譯《麥可喬丹》的那個人。要不是有他，台灣可能不會有這本書。」

若能如此，身為一個譯者兼喬丹信徒，我也就心滿意足了。

蔡世偉

為《麥可喬丹傳》推薦，義不容辭！

我在台視買進NBA主播實況時，正是喬丹的瘋狂時代，從我口中播出了他6枚總冠軍戒指的過程與精彩！

他的三六〇度空中挺腰轉身灌籃得分！罰球線起跳大鵬展翅單手扣籃有如飛人！上半場就投進6個3分球，他說心情放鬆時看籃圈像水缸那麼大！經典事蹟太多，寫不完。

退休時我為他寫了一首詩〈插翅之人〉：

喬丹停飛　收超雙翅
世人同嘆　奇才消失
最後分秒　扭轉頹勢
灌醉了全場球癡

空中旋轉　灌籃取分
單邊入陣　翻身球進
中路突破　同中已無長人
快手抄截　眼中亦無矮人

節奏如琴師操琴
自信和巫師掌運
舉世惋惜激流退隱
「喬丹」是世界語言 國界不分

多少年後，人們亦難忘，喬丹，插翅之人，這一代球神！
神人傳奇，故事驚人，快看書吧！書中內容，值得玩味，值得追尋！

傅達仁 序於二〇一五年五月四日
（中華民國籃球國手，國家教練，台視體育部經理兼主播，曾獲廣播電視金鐘獎）

麥可喬丹傳
MICHAEL JORDAN：THE LIFE

作者　羅倫・拉森比 Roland Lazenby
譯者　蔡世偉
責任編輯　蔡曉玲
行銷企劃　顏妙純
封面設計　李東記
內頁設計　張凱揚

發行人　王榮文
出版發行　遠流出版事業股份有限公司
地址　臺北市南昌路 2 段 81 號 6 樓
客服電話　02-2392-6899
傳真　02-2392-6658
郵撥　0189456-1
著作權顧問　蕭雄淋律師

2015 年 6 月 1 日　初版一刷
2016 年 3 月 8 日　初版六刷

定價　新台幣 499 元（如有缺頁或破損，請寄回更換）

ISBN 978-957-32-7650-0
遠流博識網 http://www.ylib.com
E-mail: ylib@ylib.com

This edition published by arrangement with Little, Brown, and Company, New York, New York,USA.
Through Bardon-Chinese Media Agency.

國家圖書館出版品預行編目 (CIP) 資料

麥可喬丹傳 / 羅倫 . 拉森比 (Roland Lazenby) 著 ; 蔡世偉譯 . -- 初版 . -- 臺北市 : 遠流 , 2015.06
面；　公分
譯自 : Michael Jordan : the life
ISBN 978-957-32-7650-0(平裝)

1. 喬丹 (Jordan, Michael, 1963-) 2. 運動員 3. 傳記

785.28　　104008374

1988 年 NBA 全明星灌籃大賽是美國職籃史上最經典時刻，喬丹招牌的罰球線起跳灌籃，就是在此年誕生。（美聯社）

第一代美國夢幻籃球隊，1992 年出征巴塞隆納奧運會，是各代夢幻中的夢幻組合。（美聯社）

1993 年 NBA 總冠軍戰，芝加哥公牛隊與鳳凰城太陽隊最後一戰，太陽隊的巴克利試圖力挽狂瀾，喬丹全力阻擋。（美聯社）

1994 年 NBA 新一輪賽季開賽前夕，喬丹飛抵芝加哥出席了公牛隊新體育館的「向喬丹致敬之夜」。（美聯社）

為了一圓父親的職業棒球夢，1994 年喬丹從芝加哥白襪隊 2A 開始他短暫的職棒生涯。（美聯社）

1997 年偉大的「流感之戰」中，皮朋一直在喬丹身邊提供支援。喬丹說他會留著冠軍賽最有價值球員的獎盃，但要把隨獎附贈的車子送給皮朋。（美聯社）

2003 年，洛杉磯湖人隊小飛俠柯比 · 布萊恩與身在巫師隊的喬丹友好互動。（路透社）

2015 年是運動飲料品牌「開特力（Gatorade）」的 50 週年慶。2015 年初，開特力重新製作 23 年前「跟喬丹一樣（Be Like Mike）」廣告，重現當時廣告中的畫面以及喬丹的經典好球。同年的 50 週年慶活動中也邀請已退休的前紐約洋基隊隊長德瑞克．基特（Derek Jeter，後排），前美式足球明星裴頓．曼寧（Peyton Manning，前排左一）與前女子足球明星米亞．哈姆（Mia Hamm，前排左二）。（美聯社）